良い占領?

第二次大戦後の日独で米兵は何をしたか

The Good Occupation: American Soldiers and the Hazards of Peace

Susan L. Carruthers
スーザン・L・カラザース　小滝 陽＝訳

人文書院

良い占領？——第二次大戦後の日独で米兵は何をしたか

目次

凡例

・〔 〕は訳者による註。

・日本語としての読みやすさを優先し、原文になかった段落分けおよび小見出しを追加した。

・原文の註は基本的にすべてのパラグラフ（段落）の末尾に付されている。そのため、日本語版の各註は段落を超え、前の註以降の全文にかかるものとする。

序論　「占領」という不快な言葉

長らく、アメリカ人は軍事占領について矛盾した見解を抱いてきた。しばしば、彼らはかつて自国がどこかを占領したという事実を否認しようとする。しかし、占領の事実を公然とは否定できない、もしくは、そうすることがあまり好ましくないような場合、アメリカ人は米軍の善行を理由にして、占領に関するしかるべき考察を頭から避け、アメリカが際立って徳の高い統治者だったと主張する。

ピーター・セラーズはこの国家規模の自尊心を一九五九年の風刺に満ちた映画『ピーター・セラーズのマ☆ウ☆ス *The Mouse That Roared*』で痛烈に皮肉って演じている。ヨーロッパの架空の国、ちっぽけなフェンウィック大公国はアメリカ合衆国に宣戦布告するのだが、その目的はいくさで敗れることにあった。負ければ国は衰退するどころか、「夢見ても追いつかぬ」ほどの隆盛を迎えることになるだろうと、高位も高官も安心しきっている。

セラーズは一人で三役をこなし、そのうちのひとつ、大公国の首相が、公妃（これもセラーズ）の前で敵について解説する。「アメリカ人というものは摩訶不思議な国民なのであります。どんな国も他国を赦すなんてことは滅多にしませんが、アメリカ人はなんでも赦す。いかなる国であれ、合衆国と戦端を開き、かつ敗北することほど有益な国家事業はありません。侵略者が敗れるや否や、アメリカ人は湯水のように食料、機器設備、衣服に技術と援助し、あまつさえ莫大な金銭までつぎ込んで、きのうの敵を救おうとするのであります」。

だがいうまでもなく皮算用は恐ろしい方向へ逸れていく。大公国の、これまたセラーズ扮する攻撃隊長はなんとも回り合わせの悪い男で、米国の最新鋭スーパー兵器「クァディウム爆弾 Q-bomb」をうっかり奪取してしまい、戦争に勝たざるを得なくなるのだ。[1]

占領したことは認めたくないのに、自ら卓越した占領者であるとも信じている。そんなアメリカ人の「二重思考」が、二〇〇三年三月のイラク侵攻に至る過程で露呈した。ジョージ・W・ブッシュ大統領をはじめとする「イラクの自由」作戦の主要な立案者たちは、サダム・フセイン打倒を目的とした軍事作戦への支持を得るため、第二次世界大戦後のドイツと日本に頻繁に言及した。

フセインを追い出せば、イラクだけでなく中東地域全体を民主化できると、作戦の支持者たちは語った。疑う人々を安心させるため、ブッシュ、コンドリーザ・ライス、ドナルド・ラムズフェルドなどは、一九四五年からの合衆国による枢軸国占領を歴史のアナロジーとして引き合いに出した。ジョン・ボルトン国務次官にいたっては、イラクに対する「一種の非ナチ化」を平然と提案した。ナチス・ドイツや帝国日本のような有害な体制を、豊かで平和的な同盟国に再建できたのだから、イラクを同じような方向に変化させることも、当然、可能だろうというわけである。[2]

二〇〇三年三月一日のラジオ放送で繰り返し流されたアメリカン・エンタープライズ公共政策研究所における講演の中で、ブッシュが印象深い発言を行っている。

> イラクの再建には我が国を含む多くの国々の継続的な関与が必要となるでしょう。我々は必要な期間だけイラクに駐留し、一日たりとも余計にとどまることはしません。アメリカは以前に

も、第二次世界大戦後の平時にこうした種類の関与を行いました。そのときの我が国は、敵を打ち破った後、占領軍を残して去るようなことはしませんでした。憲法と議会を残してきたのです。永遠の敵を残してきたりもしませんでした。そこに、新しい友人と同盟国を見出だしたのです。

日本やドイツの文化は民主的な価値を維持することができないと、多くの人が言う時代がありました。彼らは間違っていました。今日、イラクについて同じことを口にする人がいますが、それも間違いです。誇るべき遺産と豊富な資源、高い技能と教育を与えられたイラク国民になら、民主主義に向かって進み、自由を生きることも十分可能です。[3]

時がたつにつれ、この大統領の予見には暗雲がたれ込めていく。この講演の一九日後、『ドイツと日本の戦後占領――イラクへの教訓』と題されたＣＩＡのレポートが開戦を前に発表され、侵攻と占領を受けるイラクが、何年にもわたる戦争で徹底的に破壊されたドイツや日本とは、あらゆる点で異なるだろうと警告を発した。[4]

このように、ブッシュがドイツと日本の例を持ち出してイラク占領を正当化した点には、批判が集まった。しかし、ドイツと日本の占領に関する彼の偏った歴史認識自体が問題とされることはあまりなかった。ブッシュは枢軸国の戦後復興について称賛するときでさえ、占領実態の詳細には触れず、合衆国による占領期間の短さと寛大さを印象づけようとしていたというのに。

一方、これが一九五〇年代のドイツや日本であれば、アメリカ軍が「一日たりとも」余計に居座らなかったなどというブッシュの考えに同意する人は、まずいなかったことだろう。ドイツと日本の占領はそれぞれ公式には一九五五年と一九五二年まで続き、沖縄は一九七二年まで合衆国の統治下におかれた。しかし、公式の占領が終了した後でさえ、相当な規模のアメリカ軍が韓国・イタリアと同様、ドイツ・日本にも駐留し続けた。その存在感は大きかったし、常に歓迎されたわけでもない。実際、米軍基地は、地政学的な優先度に応じて増減を繰り返しながら、これらの地域や他の多くの場所に、今も居座り続けている。[5]

一九四五年に枢軸国の領土に踏み入った連合軍は、和解の精神どころか、敵を非工業化し、非軍事化するという、明確に懲罰的な任務を帯びていた。のちに〔ドイツ・日本との間で〕新しい同盟関係が作られたとしても、そうした友好は当初から意図されていたものではなく、偶然によって生み出された面が大きい。それは、戦時中に存在した友好と敵対の関係が逆転し、ソヴィエト連邦が合衆国の一番の競争相手となったことの結果でしかなかった。ワシントンの政治エリートが、かつての敵との間に反共という共通の大義を見出したことによって、日本と西ドイツはアメリカの大戦略における前線基地となったのである。

なるほど合衆国は「憲法と議会」を残したかもしれない。しかし、勝ち誇った連合国はドイツと朝鮮半島を、それぞれ二つの敵対する国家に分裂させてもいた。こうした分断は、対立を強める二つの超大国が、戦後における一時的な措置だったはずの分割占領を解消できなかったために生じた。ドイツの分断は四五年間続いた。朝鮮の分断は今も継続している。米軍とソ連軍が侵攻した一九四五年時点で、朝鮮が表向き敵国の領土ではなくなっていたことを考えると、この運命はよりいっそう衝撃的である。怨嗟の的だった日本による植民地統治の四〇年間が終わった後、朝鮮の人々は連合国の到来が解放と独立を意味するものと当然考え、それが恒久的な分断につながるなどとは夢にも思わなかった。[6]

長期にわたる軍事力の裏づけもなしに、敗戦国の民主化が一夜にして成し遂げられたかのごとく語ろうとすれば、右のような不都合な歴史を無視するほかない。ブッシュが語る夢物語の中にも、いちおう「占領軍」という言葉は出てくる。しかし、それも結局のところ、アメリカは敗戦国の領土に「占領軍」を置いてこなかったと言うために使われているに過ぎない。そして、この言葉〔「占領軍」〕を避けるのは「イラクの自由」作戦を主導する他の人々にも共通の傾向だった。また、そうした言葉選びの慎重さは、連合軍がイラクを侵略し、自らその統治権力となった後まで継続した。アメリカ政府はまだ、それを占領と呼ぶべきかどうか決めかねていたのだ。

二〇〇三年から二〇〇四年までの一年間イラクに存在した、連合国暫定当局の長ポール・ブレマーは、占領という言葉が「アメリカ人であれば誰でも居心地悪く感じる、いやな言葉だ」と述べている。しかし、これは純粋に言葉のイメージだけの問題ではない。ブレマーが冗談めかして「頭文字《イニシャル》O」〔原書では、「Oワード」すなわちOccupation〔占領〕の頭文字をとった伏字〕と呼んだものを露骨に用いることは、同時に、国際法が占領者に対して公式に課している各種の責任を認めることにつながる。暫定当局は、そうした占領という状態を正面から受け止めることを嫌ったのである。[7]

占領という言葉から不快な含意を取り除こうとする試みは、新しいものではない。イラク侵攻から六〇年前の指導者も同様のジレンマに苦しんでいた。一九四一年一二月に合衆国が第二次世界大戦へと参加する数ヶ月前、すでに、ワシントンにある様々な軍事機関と民生機関は、連合軍が枢軸国の領土を占領する事態を想定し始めていた。イタリア・ドイツ・日本の降伏に向けた軍事戦略上の計画と並行して、戦後のための準備が進められた。しかし、「連合国 united nations」がまだ恒久的な国際機関〔国際連合 The United Nations〕とはなっておらず、内輪もめの多い戦時の同盟に過ぎないこの時点では、戦後秩序と敵対国への裁きについて、各国内部や連合国間に様々な構想が並存する状態だった。

連合国は総力戦が枢軸国の完全敗北によって終結することを望んだ。しかし、その後はどうするのか？　だれが敵の戦争機械を非武装化し、解体するのか？　その後に何が作られるのか？　再建の事業はどれくらい続くのか？　戦争終結後、アメリカ軍が征服先の国々を無期限にいつまでも占領し続けるという見通しは、すさまじい論争を巻き起こした。この論争は、陸軍が戦後の占領事業を担う将校を養成するために軍政学校を設立したことを伝える、一九四二年のニュースによってさらに激しさを増した。

その頃、孤立主義から渋々転向したばかりのハースト系列の報道〔ウィリアム・ランドルフ・ハーストは、一九〜二〇世紀転換期に、初めて新聞を系列化した〕は、ナチス・ドイツをまねた〔と、コラムニストが見なした〕「大管区指導者《ガウライター》〔ナチ党組織の地域区分である大管区の長〕の学校」を激しく攻撃した。『シカゴ・デイリー・トリビューン』紙は、「この学校の計画は、アメリカ人の気質や我が政府の根本原則に全面的に背理している」と非難した。そして、「我が軍の兵士を長期にわたり外国領土の占領に用いるなどとはばかげた考えだから、外国での軍政に従事する将校の訓練もばかげている」と述べた。[8]

これに対し、右の講論の余地多い学校を支持する人々は、ヘンリー・ルース言うところの稀有壮大な「アメリカの世紀」を国際政治の舞台で実現したい人々と一緒になって、以下のように反論した。すなわち、アメリカ軍は、実のところ、合衆国の歴史を通して多くの場所を、しばしばかなりの長期にわたり、占領してきたのだと。一九四二年には、議会図書館の情報専門家であるベンジャミン・アクチンが、一八一五年以降に合衆国が行った二一回の占領を列挙してみせている。

すぐに過去を忘れてしまうアメリカ人ときたら「この事実をまったく知らない」とイエール大学の歴史学者ラルフ・ヘンリー・ガブリエルは嘆き、この記憶の欠落を「アメリカのパラドクス」と呼んだ。そして軍政学校の学生、歴史家仲間さらにはアメリカ市民のために、一九世紀のニューメキシコから始まり「たくさんの重要な名前や卓越した成功」を含む「古い伝統」について解説する仕事を始めた。

占領は、アメリカ人が欧州列強に結びつけたがる帝国主義に、危険なほど似ているのではないか。あるいは、両者を分けるのはその持続期間に過ぎず、もしかしたら同じことでありさえしないか。こうした懸念を鎮めるため、ガブリエルに劣らず、真面目に努力する人々が他にもいた。[9]

記者であり小説家でもあったジョン・ハーシーほど、戦時中、占領のイメージを粘り強く、魅力的に訴えた者はいない。彼が占領下のシチリア島を舞台として一九四四年に発表した小説『アダノの鐘』の主人公ヴィクター・ジョッポロ少佐は、文化的な差異に対して鋭敏な感受性を持つ占領軍将校のモデルとなった。読者が「この人物をよく知ってくれる」ように願う著者ハーシーは、他ならぬ合衆国の「未来」は「何もかも我らがジョッポロたち」の手にかかっていると断言した。移民の息子にして、完全な同化を果たした「賢明で公正な」ジョッポロたちなら、文化やイデオロギーや世代の違いを乗り越えて、両親が後にしてきた土地〔ヨーロッパ〕に新世界の価値観を移植することができる、と。戦時中、アメリカ人の間で戦後占領が不人気なことを承知していたハーシーは、「戦後軍」も最後までやり抜かなければならないと訴えた。こうした著者の訴えは、小説の主人公同様、その後の数十年にわたり何度も見直されていくことになる。[10]

米軍の兵士は、独特の自信のなさこそあれ、並外れて優秀な戦後再建事業の担い手である。こうした〔ハーシーのような〕楽観的な信念は、戦争中にすでにみえかくれしていたが戦後はっきりと姿を現すようになった。ポール・ファッセルいうところの「史上最悪の戦争」が「良い戦争」に変化するためには、人々の想像力に訴えかけるフィクションの大量生産が必要だった。同様に占領も、しかるべき〔戦争の〕続編としての「良い占領」になるため、事実の省略と選択を必要とした。現代のアメリカ人はドイツと日本の再建を称賛の言葉でもって理解している。そのことは、イラク侵攻への支持調達を狙うブッシュ政権が戦後史を戦略的に利用したことからも明らかだ。しかし、第二次世界大戦中から戦争直後のアメリカ人は、自国の「軍政」の試みを高潔で必須の事業とは思えずにいた。そのことを忘れるべきではない[11]。

「良い占領」の生成

戦争終結から七〇年が経った今、自由主義と資本主義の線に沿ったドイツ及び日本の戦後再建は既定路線だったと、つい想像したくなる。しかし戦時中には、これから打倒する枢軸列強の処遇について、自明なことなど何一つなかった。戦時中、日本に対するアメリカ人の敵意は非常に強かった。それは、ギャラップ社による一九四四年の世論調査が、「戦後、国としての日本に何をすべきだと思いますか？」という質問項目への回答に、「すべての日本人を殺す」という選択肢を入れたほどだった。恐ろしいことだが、一三パーセントの回答者はこの選択肢を選んでいる。約三分の一は「政治体」としての日本を破壊するべきだと答え、「復興・再教育する」に賛成したのは八パーセントに過ぎない。もし日本を地図上から完全に消し去れるのなら、戦後占領について語ることなどまったくの無駄というわけだ。

それほどまでに報復的な考えを取らない論者でも、自分たちとまるで異質な国家の占領に手を染めるべきだろうか、とは思っていた。広く議論を呼んだ『ハーパーズ』誌の記事の中でナサニエル・ペッファーが書いたのは、次のようなことだった。すなわち、日本の敗北はひどく破滅的なものになるだろうし、中国とソヴィエトという敵対的な隣人による包囲はあまりにも完璧なものになるだろう。だから、高くつくうえ成果も定かでない長期の占領など、合衆国は行う必要はないのだ、と。

一方、ドイツの将来に関する議論も同じくらい激しかった。財務長官ヘンリー・モーゲンソーが戦後ドイツを「田園化」すべしと言ったのは有名な話だ。その領土を二つか三つに分け、長期にわたって農本主義の状態に置くというのである。たいていのアメリカ人は、ドイツを滅ぼすことまでは望まなかった。しかし、大規模なドイツ人の去勢と断種についてなら、彼らも、真面目に話し合っていた。それは瞬間的な全滅ではなく、もっと緩慢な「除去」ではあったものの、ドイツの消去という点ではまったく同じである。フランクリン・D・ローズヴェルトはと言えば、「我々はドイツ国民を殺したくない。ドイツには存続してもらいたいが、彼らがソヴィエト連邦より良い生活水準を得ることは望まない」などと、平然と語っていた[12]。

アメリカ軍によるドイツと日本の占領が決定された後も、どれくらいの期間にわたり、どれくらいの数で、他の連合国とどのように連携しながら軍隊が駐留するのかは不明だった。一九四五年に占領が始まった後も、ワシントンの計画立案者は軍政を、敗戦国の人々に対する支配を民生機関が担うようになるまでの短い経過措置と捉えていた。占領開始当初、国家意思決定の最高レベルにおいてさえ、占領の性質や構成、継続期間に関する根本的な疑問は消え去らず、数ヶ月たってもそのままだった[13]。

大衆はドイツと日本の占領ばかりよく覚えているが、〔アメリカ人を〕困惑させる過去の占領は他にもある。一九四三年にガブリエルが指摘した記憶喪失は今も続いているので、第二次世界大戦中と戦後に、自国の軍隊がいかに多くの領域を統治したのか知ったら、アメリカ人は驚くかもしれない。それが「解放」と「占領」のいずれであったにせよ、である（これら二つの言葉は、枢軸国の支配から解放されたフランス・ベルギーのような国々の悦ばしい運命と、敵国の領土にふさわしい過酷な処遇とを、少なくとも理論的には区別する）。

枢軸国の支配を受けた北アフリカ、マレー、シンガポール、インドシナ、ビルマ、そしてオランダ領東インドなど、かつての植民地の将来は、とりわけ議論をよぶものだった。戦時の都合に応じて出された美辞麗句だらけの声明〔大西洋憲章〕の中で、ローズヴェルトとウィンストン・チャーチルは、はっきりとは約束しなかったものの、植民地の無い戦後世界を仄めかした。それは、再び権力を握らんとする帝国支配層からは嘲笑われたが、植民地支配を受ける人々からは、強く期待された見通しであった。

多くの場所で、日本による占領の終わりは解放につながらず、しばしばアメリカ政府の物質的支援を受けた植民地当局が権力を取り戻した。間もなく今度はフランス、イギリス、オランダを相手とする〔植民地独立のための〕戦争が再開された。一九四一年一二月に日本人により奪取されたフィリピンは、一九四四年と一九四五年に多数の島々が奪還されてアメリカ軍の統治下に復帰した。一九四六年七月にアメリカからフィリピンへの公式な権力移譲が行われるまで、その状態が続く[14]。

一九四三年の夏から秋にかけて、ヨーロッパのアメリカ軍ははじめにシチリア島を、次にイタリア南部を占領した。トリエステについてはイタリアとユーゴスラビアが領有権を主張したために一九五四年まで連合国の統治下にあったが、それを除くと、イタリア占領は一九四七年まで続いた。この全期間を通して、連合国軍政府が占領を執り行った。チェコスロヴァキアの一部も米軍は短期間ながら占領した。赤軍に移譲される前の一九四五年春から夏のはじめにかけてである。一方、オーストリアは一九五五年まで四ヶ国による占領を受けた。一九四四年一〇月までにアーヘン周辺の小地域が奪取されていたドイツの場合、アメリカ軍政府による占領は一九四九年の連邦共和国成立まで続いた。しかも、その後、一九五五年までアメリカの文民高等弁務官が監督者の地位にあり続けた。

太平洋ではアメリカ海軍の軍人が、ソロモン諸島、ギルバート・マーシャル諸島、サイパン、テニアンなど、日本の支配から奪取もしくは奪還したいくつかの島々に、単独の統治権を行使した。一九四四年に日本から奪取されたグアムは、一九五〇年までアメリカ軍政下に置かれていた。琉球諸島最大の沖縄島は一九七二年まで日本の統治に「復帰」しなかった。

日本本土に最初のアメリカ軍部隊が到着したのは一九四五年八月末だった。その規模は、イギリス、英連邦諸国、ソヴィエトなど日本占領において周辺的な役割を果たす他国の部隊を圧倒するほど大きくなるように、あらかじめアメリカ政府によって計画されていた。一〇月には第一〇軍が仁川に上陸した。解放軍として歓迎されたアメリカ軍部隊は、朝鮮の人々の自決への熱望を「時期尚早」と決めつけて抑え込むべく、ただちに露骨な力の行使に乗り出した。一方、中国北部を占領するべく派遣された数千人の海兵隊員は、一時、国民党側に立って中国の内戦に参加した。[15]

戦争が始まったときと場所が様々であるように、「戦後」もまた、まだらに進む現象だった。歩兵マイロ・フレータンは、一九四五年四月一二日（ローズヴェルトが没した日）にドイツから家族へと書き送った手紙の中で、支配領域が広がり、戦闘が終了する漸進的な過程を説明している。この兵士は次のように述べる。「いま戦争は毎日ちょっとずつ終わりに近づいている。僕たちが新しい土地を占領すると、大陸のその部分だけ戦争が終わる。僕らが全体を占領したとき、すべてが完了するだろう」。ところが、ドイツ全土が連合軍によって占領され、降伏に関する諸文書が調印された後でも、「すべて」が終わったかどうかは、ますます判然としない状態だった。

こんな破滅的な戦争を決定的に終わらせるには何が必要なのか？　文民と兵士が、そして勝者と敗者が、それぞれ異なる答えを持っていた。しかし、彼らが一致する点もあった。すなわち、「平常」を取り戻す過程は、それがいかなるものであるにせよ、武力による対立を止めるより困難で、見通しのつきにくいものになるだろうということである。多くのアメリカ人評論家が指摘したとおり、平和は一挙には実現せず、長く苦しい努力によって手に入れねばならないものだった。著名な学者やジャーナリスト、写真家、小説家なども、終戦直後のアメリカ人が「平和を勝ち取りつつある」のかどうか、まったくと言っていいほど確信できずにいた。[16]

一方、多数のアメリカ軍兵士の側には、自分たちが祖国に帰り、軍服を脱いで初めて、本当の意味で戦争が終わるのだという確信があった。彼らは、五月八日のヨーロッパ戦勝記念日《VーEデイ》（ドイツの降伏文書調印日）と九月二日の対日戦勝記念日《VーJデイ》（日本の降伏文書調印日）でもって平和が「降って湧いて」こなくとも、落ち着いていた。兵役を務める数百万の男女にとってこうした日付（もしくはもっと早い日付）は、占領軍の一員としての新たな日々の始まりに過ぎなかった。こうした戦争から平和への移行期間が、わずか数週で終わった者もいる。他方、数ヶ月あるいは数年続いた者もいる。

言うまでもなく、占領される側ではもっと多くの人々が影響を受けた。政治学者ハヨ・ホルボーンの推計によると、戦争終結の時点で三億人がアメリカ軍政下にあったという。一年後でも一億五千万人が連合国軍政府の支配下にあった。[17]

ほとんどのアメリカ兵にとって、占領業務とは、あまりにも長く続いた兵役の最終章であり、枢軸列強の敗北とともに終わるだろうとたいていの者が期待した仮死状態を、長引かせるものだった。戦争のエピローグ（もしくは平和のプロローグ）が、大衆の記憶から（表面的なあらましを別にすれば）大部分欠落している理由は、占領業務に対して多くの人々が抱いた嫌悪によって、だいたい説明がつくのかもしれない。戦闘を経験した兵士の多くにとって占領業務はとりわけ士気を削ぐ、つまらない幕切れだった。第一七機甲歩兵大隊の部隊史は、「停戦後の時期について言うべきことはほとんどない」とそっけなく述べている。

ドイツ駐留第三軍の司令官で、バイエルンの軍政府長官を短期間務めたジョージ・S・パットン将軍にとって、戦争の後始末はあまりに煩わしく、日記に記録をつける暇があるときさえ、繰り返し「重要事態なし」と書きなぐるほどだった。戦闘の記録をとるのに夢中になる軍事史家も、暗黙の裡に同様の立場をとった。第二次世界大戦の兵士の経験に関する豊かで詳細な歴史叙述は、一九四五年八月をもって突如終わりを告げる。あたかも、敵の無条件降伏が確認されるやいなや、GIたちがさっさと荷造りして祖国に帰ったのかのようだ。[18]

しかし、第二次世界大戦後の占領がこれまでまったく考察されてこなかったわけではない。それどころか、いまだに物議を醸す近年の戦争と占領のせいもあり、過去一五年の間にたくさんの研究が現れた。戦後に移動したり、その場にとどまったりした「強制移住民 displaced persons」〈略称DP、以下〈移住民〉と略記〉や他の難民の運命は豊富に記述され、分析されている。ジェンダー史家が占領にまつわる性の政治を解剖する一方、連合国が試みた被占領者の政治的・文化的・精神的な改造について研究する者もいる。「戦後」それ自体も、トニー・ジャットによる同名の包括的な著作によって、かなり学問的水準の高い関心を一般から集めた。その現代との関連の深さゆえであろうが、皮肉にも二〇〇三年にイラクに向かう国務省職員がこれらの歴史書の一部を繙いた。

イラクの新憲法作成のために一年間働いたニューヨーク大学の法学教授ノア・フェルドマンは、バグダッドに向かう飛行機で乗り合わせた誰もが日本の占領に関する本を読んでいたらしいと書いている。戦後日本に関する研究書『敗北を抱きしめて *Embracing Defeat*』で二〇〇〇年にピューリッツァー賞を受賞したジョン・ダワーは、この話を聞いておののいたかもしれない。二〇〇三年、ダワーは日本がイラクのモデルとしては役に立たないと、先見の明をもってブッシュ政権に警告していたのだから。[19]

過去の占領に対する、こうした最近の関心の一部は、多かれ少なかれ、国家にかつての成功を再現させようという、明確な欲求に突き動かされていた。シンクタンクや政治学部の研究者は、占領を成功させる「公式」を求めて比較歴史分析の手法を用いている。例えば、人口規模に比して最適な軍事力はどれくらいかとか、専制的な政体を代議制民主主義に変化させるにはどれくらいの時間が必要かといった観点からの研究である。『国家建設におけるアメリカの役割――ドイツからイラクまで』と題された二〇〇三年のランド研究所の書籍の裏表紙には、同書が「戦後の安定と再建のための素晴らしい『ハウツー』マニュアル」であり、自分はそれを「いつでも参照できるように携帯」していたというブレマーの賛辞が載っている。[20]

良い結果をもたらす魔法の公式を求めると、決まって、より多くのことをしようとする結果を招いてきた。もっとたくさんの計画を、もっと軍隊を、もっと金を、もっと時間をといった具合に。実際、いまでも学者の一部は、合衆国の計画立案者がすべてをもっとたくさん投入するという方針に従っていれば、イラクとアフガニスタンの結果はましになっただろうと考えている。しかし、本書はそうした研究とはまったく立場を異にする。

本書の目的は、占領を成功させる手順を示すことではなく、第二次世界大戦の生きた経験という卑金属を、黄金の国家伝説に変えた錬金術を解明することである。言い換えるなら、占領は、その最中と事後において、どのように良いものにされていったのかを問う、ということである。

ファッセルやマイケル・C・C・アダムスのような書き手は、戦時中のアメリカの特徴として繰り返し語られる顕著な道徳性というのが、後世の願望に基づく創作であることを明らかにした。つまり、「良い戦争」の神話を脱構築したのだ。研究者たる者、戦争の事後に関する理解に対しても、同様に注意深い検討を加えねばならない。ポスト一九四五年の占領の周囲に立ち込める美徳のオーラはいまだに拭い去られていない。それどころか、過去の戦後再建の成功を模倣・再演するべく計画された試み――最近イラクで合衆国が行った占領事業――と比較されることによって、そのオーラは、ますます強まっているのだ。[21]

占領の現象学

本研究は、アメリカ各地に所蔵された、未刊行の手紙・日記・回想録など、数百点のコレクションに依拠して、男女の兵士を考察の中心に据える。占領を実行した人々は、その危険と、そこから得られる見返りをどんな風に語っただろうか？　私的な日誌や故郷への手紙に戦後の経験を記す際、どんな自己理解を作り上げただろうか？

近年、占領に対する関心が急激に高まる中でも、兵士の主観はきわめてわずかな注目しか集めていない。これは勝利の心理学や現象学に対する広範な関心の欠如に対応した事態である。ヴォルフガング・シヴェルブシュが「敗北の文化」と呼ぶものの方が、〔勝者の経験よりも〕多くの注目を集めてきた。一見すると、勝利よりも敗北のほうが明らかに複雑で、苦痛を伴う状況のように思えるからだろう。他方、征服について、勝者〔である兵士〕の口から語られるべき大事な話など残っているのかと、いぶかしむ向きもあろう。ひとえに勝者とは、望むことなら何でも自由にできる者のことであり、文章の中で己が武勇を神話化する力を与えられ、自分自身の解釈を貫徹することができる者だ。まさに「歴史は勝者によって書かれる」というチャーチルの有名なことばのとおりだ。

しかし、勝利の意味や感じ方は「戦後軍」の兵士と同じ数だけ多様に存在した。アメリカの軍人は、戦後民主主義の代表として生まれ変わったけれど、彼ら自身は人種隔離が横行する露骨な身分制の組織に属していた。公平な視点を持つ勝者もいるにはいたが、あらゆる階級・性別の兵隊たちが自らを全能の征服者ではなく、被害者と考える傾向を持っていた。つまり、自分は状況の、規律の、あるいは差別の被害者だと、彼らは感じていたのである。おおげさに喧伝された勝利の果実は、しばしば、そのイメージと実態が大きくかけ離れたもののようだった。[22]

「パパ、戦争のあとはどうしたの？」――そんなふうに尋ねる好奇心旺盛な子どもの姿は、めったに想像されない。このことが、戦後には取り立てて何もなかったという、広く共有された文化的観念の存在を物語っている。しかし、イギリスの歴史家A・J・P・テイラーが指摘するように、「そのあと何が起きたの？」というのは典型的な「子どもの疑問」である（ちなみに彼はこの疑問に答えることが歴史家の「第一の役割」だと信じていた）。だとすれば、J・D・サリンジャーが一九五〇年に『ニューヨーカー』誌に発表した短編「エズメに――愛と悲惨さをこめて For Esmé―with Love and Squalor」こそ自分の言いたいことをフィクションの形で例示してくれたとテイラーなら評価しただろうと考えても、おかしくない気がする。

異常に豊富な語彙を有するイギリスの孤児エズメは、友人になったGIに向かって敗戦後のドイツの話を手紙に書いて送ってほしいと言う。エズメは「極々悲惨かつ感動的に書く」ように指示したあと、ふと、このアメリカ人軍曹が「悲惨さについてよく承知して」いるのかと尋ねる。これに対し、彼は「四六時中いろんな形の悲惨さを見て、よく分かるようになってきている」と答え、彼女を安心させた。〔訳出にあたり柴田元幸訳『ナイン・ストーリーズ』ヴィレッジブックス、二〇一二年を参照〕仮にGIが占領地域から祖国へ出した数多くの手紙をエズメが読んだとして、がっかりすることはなかっただろう。[23]

悲惨な商取引の様相を帯びた占領下の生活について、アメリカの民間人は新聞やラジオ、ニュース映像以外からも知識を得ていた。戦時中の郵便検閲から解放された占領軍兵士は、「〔戦争の〕次に何が起きたか」を細大漏らさず書いて祖国に送ったからである。ある兵士は、「ここアウグスブルクでチョコレートバーが一本あれば何を手に入れられるか知ったら、驚くと思うよ」と、回りくどい表現でノースカロライナ州ヒッコリーに住む叔母に書き送っている。占領地での「親交 fraternization」〔アメリカ兵とドイツ人の交際、とりわけ性的関係を含意する語〕に関するおびただしい数の報道を思えば、あるいは、これも回りくどい表現ではなかったのかもしれない。

ドイツでCレーション〔アメリカ陸軍が配布した携帯食料セットの名称で、Kレーションも同じ〕の包みを得るために自分自身を差し出す難民の女性や、自分とさして年齢の変わらない姉たちとの売買春をあっせんするナポリのイタリア人少年らについて、もっと明け透けに描写する兵士もいた。軍上層部による性感染症撲滅の試みについて躊躇なく母親に伝える息子たちもいたし、ゲイシャ・ハウスでの取引について詳しく兄弟に語る者もいた。

より政治的な意識の高いGIは、失脚したはずの敵国のエリートが特権的地位に返り咲くのを見たり、高級将校の反ユダヤ主義的なののしりを聞いたりして、敗戦国の体制の抜本的な見直しが果たして実現するのかどうか疑問を書き綴った。一方、占領軍の中でもアフリカ系アメリカ人兵士の場合には、上からの公式命令として人種差別が制度化され、さらにそれを下からの非公式の監視が支えているような状況の中にいながら、民主化の任務を担う矛盾について深く考えこまざるを得なかった。

アメリカの「戦後兵」は戦後の紆余曲折に対する単なる受動的な傍観者ではなかった。兵士は日々たいしたことなどしていないだろうと、多くの人々は考えていた。しかし、実際の兵士は途方もない作業に従事していた。彼らは数百万の〈移住民〉を移動させ、他の人々をキャンプに収容し、軍隊を非武装化し、囚人を監視し、補給物資を守り〔あるいは、ちょろまかし〕、ミクロなレベルで〔ある人物が〕有罪か無罪か、信頼できるか否かを判断しなければならなかった。

現時点のどの苦難が救済に値し、誰の過去の罪が処罰にふさわしいのか？　占領軍兵士は、こうした判断をあらゆるレベルで継続的に行わねばならなかった。しかし、ひるがえってそうした即時的な自分たちの判断が、戦後の大状況とどんな風につながっているのかまでは、兵士には理解できなかったかもしれない。〔いずれにせよ〕「戦後軍」の兵士は、人類史上もっとも破壊的な戦争の破滅的な影響を和らげたり、時によっては悪化させたりする、多様で不可欠な役割を演じていた。

　兵士はもっとも極端な形の存在（そして存在の消滅）に直面した。ヨーロッパとアジアの全域で、彼らは戦争により荒廃した町や都市や村々に入った。すでに数百万の命が失われており、数えきれないほどの人々が回復も理解も不可能な破壊を被っていた。占領とはまったくもって身体化された経験だった。野ざらしの死体と生々しい人間の欲求に接する占領軍は、極限状況に対処する責任を負っていた。死者を埋葬し、飢えた者に食料を与え、病気が疑われる者を消毒し、人間の体を収容所や列車に押し込んだのである。

　無駄にした人生《ウェイステッド・ライフ》の時間と排泄物《ウェイスト》についての記述は、アメリカ人が書き残した手記のいたるところに現れる。占領初期の段階で訓練を受けた将校は、以下のような警告を受けた。すなわち、軍政府の仕事は「人間の基本的な必要に応えることに他ならない。諸君は彼らに食料と水を与え、それによって生み出される糞尿を処理するために必死に格闘することになるぞ」と。

　元大学総長の軍政官マルコム・マクリーンは、シチリアとサイパンで見聞きしたことを踏まえ、さらに以下のように記した。「諸君は病人を治療し、人間の皮膚から砲弾の破片を抜き取り、死者が出た場合には――死者は非常に多く出るが――それを埋めねばならない。また諸君は牛・豚・鶏を追いまるでスラム住民のように見つかる限りの廃品を漁り、そのすべてを利用しなければならない」と。[24]

　こうしてみると、「平和を勝ち取る」のは戦争に勝つより大変だとアメリカ兵が主張したのも、無理からぬことであった。戦後再建には戦時中の破壊行為よりも巧みな手腕が必要だった。統治は、戦闘による殺害よりも多くの技能と忍耐と洞察を必要とした。平時に感情を制御すること、適切な相手に憎悪を向けること、そして誰を信頼すべきかを見極めること――これらは戦闘中に敵を見失わないことより難しいと多くの将校が断言した。戦後の混乱状況の中では、制服のような個人の身元を判別する材料が簡単に取り換えられてしまうため、誰がどの陣営に属するのかを見分けるのは容易ではなかった。これは、マルタン・ゲール〔出征中、別人に名を騙られた一六世紀フランスの農民〕からドン・ドレイパー〔死んだ上官の名を騙るドラマ『マッド・メン』の主人公〕まで、復員兵なら昔から知っていることだが。[25]

誰が同盟者で、誰が敵で、誰が敵の敵なのかという、兵士の判断は〔戦後に〕一変した。つい最近までアメリカ兵とともに戦っていた者や、戦時中、敵により差別され、迫害された人々よりも、この間まで敵だった者の方に親しみを感じる兵士が現れた。どこの占領地域でも、兵士は、彼らが統治する人々への嫌悪と興味の間を揺れ動いた。嫌悪は欲望と混ざり合っていたのである。

武器を独占し、豊富な物資の補給を受けていた占領軍兵士は、女性の身体に容易に接近することができた。この勝利の報酬を受け取った者もいれば、受け取ってよいのか苦悩した者もいる。

占領の業務は第一に懲罰なのか保護なのかという点に関して、兵士は矛盾する言葉を聞かされていた。そんな状態で、正しい振る舞いと正しくない振る舞いのせめぎ合う引力をどうやって調和させたらよいのか？　より根本的な次元の問題として、占領される人々が人間らしい扱いに値すると確信するには、どうしたらよいのだろうか？　兵士は悩んでいた。

不安とためらい

合衆国によるドイツと日本の占領事業が神話のオーラをまとい、その実像をゆがませる以前、アメリカの軍人と民間人は占領業務について、今とは異なる考えを抱いていた。頭文字Oは昔も今も不安を引き起こすが、一九四〇年代が現在と大きく違うのは、アメリカ人が自らの戦後事業の結果に対して傲慢な自信を持たなかったところだろう。戦時中には、軍政府の偉大な伝統をでっち上げようとする試みが存在した。しかし、南北戦争後の南部であれ、両大戦間期のハイチであれ、第一次世界大戦後のラインラントであれ、先行する長期占領が目覚ましい成功を収めたとは、どのような基準からも言えなかった。

すべての戦争を終わらせるはずの戦争〔第一次世界大戦〕からたかだか二〇年後に、またしてもドイツによって始められた戦争は、ラインラント占領が失敗だったことを物語っている。二〇〇三年には、ブッシュがイラクの立て直しに時間がかかるかもしれないと認めたが、他の熱狂者たちはもっと気楽に構えていた。国防長官ラムズフェルドの補佐官だったケネス・エーデルマンは「イラクの解放」は「朝飯前」だなどと軽々しく主張した。副大統領ディック・チェイニーは、アメリカ兵は「解放者として歓迎」され、「菓子と花」でもてなされるだろうと語った。[26]

だが、第二次世界大戦中、占領が簡単などと妄想する者は、一人もいなかった。解放後のフランスとベルギーでの経験を通して、強い衝撃とともにリアリズムを注入されていたからだ。一九四五年四月の戦時情報局による報告書は、「わが軍を出迎える当初の熱狂は、すぐに苦い失望に変わることが分かっている」と警告した。占領軍兵士は、占領される側の抵抗を予想しておくように繰り返し注意され、「困難で不快」な仕事を抜かりなく厳格に果たすよう求められた。イタリア、ドイツ、日本の順で〔アメリカ兵の間に〕生じた驚きは、敗戦国の人々が事前に聞いていたよりは随分マシな振る舞いをするということだった。[27]

当事者の詳細な証言から戦後のメンタリティを再構成するということは、すなわち、前例のない世界と自国の変容期に、アメリカ人が、自分自身と軍隊、そして、世界の中の自らの地位というものを、どれほど多様な形で捉えていたのか理解するということである。国家により召集された「もっとも偉大な世代」〔第二次世界大戦の従軍世代を指す〕の多くは、兵役の義務を課す軍隊を嫌悪し、あまりに長いおあずけをくらい続けたような民間人としての生活の再開を、今や遅しと待っていた。一九四六年一月のマニラ、東京、パリ、フランクフルトでは、戦後の兵役に対して強く抗議する数万の兵士が、即時の動員解除を求めてデモを行った。

それから七〇年がたち、戦後の景観の中には数百もの米軍基地が埋め込まれた。〔かつては〕それが常態でなかったことや、そこに至る戦中・戦後の過程が円滑でなかったことなども、今となっては簡単に忘却されてしまう。旧枢軸国の人々が「敗北を抱きしめた」様子について、我々は色々と知っている。ところが、アメリカの軍人や文民が、戦後の世界における自らの優越的地位を抱きしめた、不器用でためらいがちなやり方となると、あまり多くを知らない。ついてはここに、一筋縄ではいかない勝利の歴史を記すこととしよう。

第1章　占領準備

軍政学校の設立

「本当に、なんて楽しいのだろう――老いた血を騒がせ、子ども時代の情熱をよみがえらせる変化だよ」。一九四三年一月の妻宛ての手紙の中で、マルコム・マクリーンが興奮気味につづっている。「あらゆる種類の良いことが僕らの体の中で起きているんだ。ここ数年来、何ヶ月もかけて歩いていたのより長い距離を、ここではたった四日で歩いてる感じだ。食事は軽めだから、お腹が空くよ。面白くて気持ちの良い人たちとたくさん話してる。僕らは、何年も準備して取りかかりたいと思わせるような、そんな将来の仕事を構想しているんだ」。

マクリーンの高揚感は、〔長期休暇期間の〕キャンプ旅行の道連れが、とりわけ気のいい人々だったことを示している。ところで、彼の気分がこんなにも爽快なのは、勤め先の学校が休みになったからではない。むしろ学生として別の学校に入りなおしたからだった。五〇歳の誕生日から数日後、マクリーンは歴史的黒人教育機関であるハンプトン校の校長職を辞していた。彼は大学トップの身分を学生の身分と交換したのだ。そのうえ、彼は民間人の上着を脱ぎ、軍服に袖を通したが、これも予期せぬ喜びのもとになっていた。「小ぎれいにめかしこみ、でもリラックスして、そのうえ靴磨きまでするのだから楽しいよ」と、兵士であり、男子学生でもあるこの中年は快活に語った。

教育者であり、公正雇用実施委員会の前委員長でもあったマクリーンは、フランクリン・D・ローズヴェルトからの個人的な依頼を受けて、軍政学校《SMG》の四ヶ月学習プログラムに参加していた。陸軍憲兵総監の下、ヴァージニア大学シャーロッツヴィル校内で運営されている同校が、ある空前の使命をどれほど達成できているか。これを明らかにすることこそ、「学生であり、スパイでもある」マクリーンの任務だった。その使命とはすなわち、敗戦国の領土と、枢軸国による占領状態から解放された地域を統治できるように、学生を訓練することだった。[1]

一九四二年五月に開校するなり、軍政学校は、あらゆる政治的立場からの批判にさらされた。左派はこの学校の存在を、御しがたい帝国主義的野心の表れと見なした。『ニュー・リパブリック』誌などは、むしろ進歩的な戦時捕虜を訓練して、ファシスト打倒後のドイツ指導層にするという、モスクワの計画を支持していた。一方、リベラルな国際主義者たちは、〔戦後も〕合衆国が世界で指導的な役割を果たし続けることを望んだ。とはいえ、彼らもイタリアのファシズム、ドイツのナチズム、そして日本の帝国主義が滅んだあと、民主的な政体の建設を呼びかける者が果たして軍人でいいのかどうか、迷いを抱いていた。

しかし、〔軍政学校に対する〕もっとも激しい批判者は保守派の人々だった。彼らは、〔孤立主義の立場から〕一九三〇年代を通して世界規模の戦争への参加に強く反対し続け、パールハーバー後になってようやく、それも苦渋の思いでアメリカの参戦を容認したところだった。ハーストが所有する『シカゴ・デイリー・トリビューン』紙は、シャーロッツヴィルの軍政学校について、ナチのやり方をまねた「大管区指導者《ガウライター》の学校」だと決めつけた。同紙は、「ワシントンの最高司令部は、アメリカが敵のあらゆる下劣な点をまねしなければならないと腹をくくったのだ」と言って、軍部を非難している。この刺激的な言葉は、財宝集めと流血を好む「地域の暴君」として嫌悪されたヨーロッパ占領地域のドイツ国防軍権力者たちに、軍政学校の卒業生をなぞらえるものだった。

軍隊の派遣と外国との対立が長引くことに反対する『トリビューン』紙は、「ヤンキー〔ここではアメリカ人を指す〕の大管区指導者」を生み出すことがアメリカと外国の双方に災いをもたらすと考えていた。『トリビューン』にとって軍政学校とは、小さな政府と自主自立に対する共和主義的なこだわりを捨て去り、連邦の権限をグローバルに拡大する前触れだった。このことは、第一に合衆国軍の統治下に置かれる外国の人々にとって不幸であり、第二にアメリカ市民にとっても憂慮すべき事態だった。おそらく「ワシントンの政治家の中に」、シャーロッツヴィルの卒業生を「将来、敵国人でなくアメリカ人を支配するために使える」と考える者がいると、社説は暗い調子で警告した。

さらに追い打ちをかけたのは、ニューディールの陰謀家たちが、その悪事の場として、われらがトマス・ジェファソン氏〔連邦政府権力の拡大に批判的な第三代アメリカ大統領〕が作ったヴァージニア大学のキャンパスを選んだことだった。[2]

軍政学校の存在が初めて一般に知られた際に、こうした活発な議論が起きたことは、少しも驚くに値しない。結局のところ、アメリカ人軍政要員の養成という事業を、戦後世界の在り方や、グローバルな問題におけるアメリカの役割をめぐる刺激的な問いから、切り離すことなどできはしなかったのだから。〔プロパガンダを担当する〕ワシントンの「世論管理」機関は何のために戦争を行うのかについて、肯定的なイメージを流布しようと努力した。しかし、それはこの戦争が誰と、あるいは何と戦うものなのかを示すことに比べて、はるかに難しかった。

ローズヴェルトの「四つの自由」と大西洋憲章の荘厳な美辞麗句は、「すべての土地のすべての人々に対する自由」を約束しながら、意図的に、具体的な部分をあいまいにしていた。戦時中の言説における「自由」と「民主主義」の指示対象は空っぽで、あたかも塗り絵の輪郭のごとく、個人の想像力で意味を満たすことができる抽象概念だった。戦争が終了した暁には、誰に、どんな方法で、どのような自由を与えるのか。こうした点について、ローズヴェルトも、彼の閣僚も、そしてうるさがたの連合国も合意できていなかった。連合国の人員はどれくらいの間、敗れた敵国を占領するのか、また、ムッソリーニやヒトラー、そして、裕仁の体制をどんな種類の体制に替えるのか。こうしたことが、戦時中にははっきりしなかった。アフリカとアジアで枢軸列強に併合された土地の将来はもっと不透明だった。戦後の世界における植民地帝国の存廃も未定だった。[3]

右のような問題が非常に長いこと解消されなかったのは、政治的な複雑さと地政学上の重要性ゆえであって、事前の検討不足のせいではない。実際、戦後についての計画作成作業がワシントンで最初に具体化したのは、戦争の前である。日本によるパールハーバー攻撃の三ヶ月前、すなわち一九四一年九月には、法務総監が最初の軍政要員の訓練プログラムを議題に乗せている。しかし、この提案は当初から論争を巻き起こした。

一九四三年二月、憲兵総監アレン・ガリオンは、「我々の軍政府計画は前例がないとか、非アメリカ的だとか、帝国主義的だとか、大げさだとか、個人的な野心に基づいているなどといって、攻撃されている」と嘆いたが、これは事実だ。ローズヴェルトの文民アドバイザーたちは、そこまで重大な責任と大きな政治権力を軍部に託すことに、強い懸念を抱いていたのである。

市民生活に軍隊の支配が及ぶことへの忌避感に根差して歴史的に形成された、大規模な常備軍に対するアメリカ人の嫌悪。それがもたらしたものこそ兵士は完全に非政治的でなければならないという主張だった。一九四五年まで将校は投票することができなかった。また、戦時中は兵士が政治的に急進化することへの保守派の不安が強く、ＧＩに「政治的に汚染」されていない書物を読ませるために様々な方法がとられた。民間の評論家の見立てによれば、うぶで、ことによると出世への野心が強い兵士というのは、敗戦国民に民主的な価値観を授ける仕事にはまるでふさわしくなかった。民主化を強制するという、いかんともしがたい矛盾は、階級によるヒエラルキーが強固に維持された、トップダウン式の権威主義的な組織〔軍隊〕に属する者がこれを実行するとき、より明らさまになるだろうと考えられていた。[4]

政府高官の中で、もっとも頑固に軍政府構想に反対したのは、ハロルド・イッキーズである。一九四二年一〇月の嵐のような閣僚会議の席上、「強い危機感を抱いた」この内務省長官は、シャーロッツヴィルに潜む「帝国主義の病原菌」を公然と非難した。しかし、そのときにはすでに、議論百出の学校の開設から五ヶ月が経っていた。大統領自身が不安を述べたにもかかわらず、陸軍省の説得が成功していたのである。戦闘の不可抗力が音を立てて前に進んでいる中では、連合軍後方の補給線を確保することが最優先である。軍による、この決定的な主張を前にして、どんな民生機関も、あるいは計画中の国際機関も、反論はできなかった。

戦争が完全に終わるまで、統治は軍隊が行わなければならない。「これは戦争に付随する不可避の事象の一つであり、国際法によって完全に正当化されており、あらゆる戦勝国の軍隊が、仮に避けたいと願っても叶わぬことなのだ」と憲兵総監ガリオンは主張した。敗戦国の人々が完全に大人しくなったことを確認して初めて、軍人は文民の行政官に役割を譲ることができる、と。[5] 戦時中の議論においては、軍事的な必要性が他のあらゆる論理を凌駕したのである。

とはいえ、〔軍政に対する〕すべての疑念を鎮められたわけではないし、敗戦国の人々の統治を速やかに引き受けられる専門民生機関の設置を求める声が消え去ったわけでもない。軍政に対する批判は、その継続期間の長さに対するものを超えて、軍政学校の「二流」の教員や学生に対する大統領の不満にまで拡大していく。

シャーロッツヴィルの軍政学校は、怠惰で無能なために前線の厳しい任務には耐えられない三流将校の「捨て場」である。瞬く間に、そんな評判が立った。ローズヴェルトの協力者たちは、反ニューディール派の共和党員が牛耳っていると目される同校の政治的構成について、しきりに大統領に警告した。「ローズヴェルト政権に好意的な人物はこの学校に応募しても仕方がないと、報告を受けています」とは、大統領の行政補佐官ジョナサン・ダニエルズの上伸であった。[6]

一九四二年八月、ローズヴェルトは、シャーロッツヴィルに出席している学生の年齢と行政経験を明らかにするため、その内訳を提出するよう陸軍参謀総長ジョージ・マーシャルに求めた。ローズヴェルトは、同校のプログラムとその運営、そして、学生集団が「まったくの欠陥品」ではないかと、相変わらず恐れていたのだ。人種隔離された軍隊の将校である訓練生はすべて白人で、さらに、設立後二年間は男性のみであった。学生集団の中心は圧倒的にＷＡＳＰ〔アングロ＝サクソン系白人プロテスタント〕で、階級、宗教、エスニシティ〔本書はethnicityの語を、民族、人種、地理的ルーツなどの要素によって他と区別される集団への帰属という意味で用いている〕の違いはわずかだった。また、最初の入学者の平均年齢は四八歳で、これにはダニエルズも、「遠い土地の見知らぬ人々の統治を助ける困難な仕事を学ぶには、少々薹《とう》が立っているのではないか」と心配した。

彼らの多くが戦前は予備役将校であり、アンバランスなほどに法律家が多かった。ダニエルズの言葉によると、〔軍政訓練生の人物像は〕「『ベテランの専門職』型で、几帳面な愛国者であり、政治的・社会的には保守」ということになる。最初のクラスのうち、業務に役立つ何らかの海外経験を有する者は八パーセントに過ぎなかった。

自分自身もワシントンの法律家であった副学長のジェシー・Ｉ・ミラー大佐は、軍政学校の教授陣が「落ちこぼれを訓練して帝国主義者にしようとしている」わけではないと強く主張した。しかし、統計データを見ても、口伝えのゴシップを聞いても、ローズヴェルトは、遠い土地の「見知らぬ人々」を統治するためにヴァージニアから出撃する地方総督〔軍政官〕に対して不安ばかり感じた。だから、彼がこの物議を醸す学校に二人のスパイを送り込んだことも不思議ではない。その二人とはすなわちマクリーンと、彼の義理の息子で、シアトルで新聞を発行するジョン・ボーティガーである。[7]

軍政学校のカリキュラム

シャーロッツヴィルで学ぶ軍政官候補は、戦時動員により急激な変化を遂げた後のキャンパスに通った。一九四二年に、〔ヴァージニア大学の〕ジョン・ロイド・ニューカム学長はすべての学生に体育受講を義務づけ、数ヶ月のうちに、一七〇〇人の学生中、約一三〇〇人が何らかの軍事プログラムに参加した。「ヴァージニア大学は、過去の、どんな工業プラントよりも完全に、軍事目的への転換を果たした」と大学史の編纂者が述べている。なにも、大学生と入れ替りにやって来た軍政学校の訓練生だけが、ジェファソンの作った田園風キャンパスに勇ましい空気を吹き込んだわけではないのである。

大学を卒業して何年もたつ軍政学校の学生は――そもそも大学にいた経験があればだが――講義室や図書館で長時間を過ごす、学習習慣を取り戻さねばならなかった。しかし、彼らのすべてが、単に年齢のいった学生として大学での生活に順応したわけではない。学生でもあり兵士でもあるという二重の身分について、決まりの悪さを感じる者もいれば、楽しく感じる者もいた。マクリーンが興奮気味の手紙に記したとおり、軍政学校の訓練生は常時軍服を身に着けなければならなかった。軍政学校総則第四号で「敬礼など」と略記された軍隊の習慣は、「注意深く遵守」されねばならなかった。「授業中は禁煙」とされ、学生は行進や基礎訓練、小火器の扱いなどを学ぶ（もしくは学びなおす）と同時に、その中年の腹回りを引き締めなければならなかった。

『ワシントン・ポスト』紙のちょうちん記事が述べたように、すべての学生は、「ひとたび有事となれば机を離れ、銃を撃ち、作戦行動を指揮できるように」基礎的な陸軍の軍事訓練を受けていた。これが事実だったとしても、すべての訓練生が「ドーボーイ〔第一次世界大戦に派遣されたアメリカ兵を指す〕並みの肉体を持っている」との『ポスト』紙の主張は、信ぴょう性に欠けた。[8]

軍政学校も完成に近づくと、学生の平均年齢が下がり、職業経験の幅は広がった。卒業生の一人は同期の一五〇人について、「自分がこれまで知る中では、まずもっとも優秀な集団だ」と称賛した。「どんなに注意深く選んだところでミスは避けられないから、ダメな奴も何人かはいたよ。でも、少なくとも九〇パーセントの連中は本当に、すごく優秀だった」と。

三六州から集まったこのグループには「医者、法律家、製造業者、ビジネスマン、銀行家、シティ・マネージャー〔二〇世紀初頭からアメリカ各地の都市で採用され始めた行政専門職〕、少佐が一人か二人、下院議員が一人（イリノイ州選出のT・V・スミス）、財務、農務、司法などの各省から来た役人、教員と大学教授が何人か、そして、陸軍でのキャリアを持つウェストポイント士官学校の出身者のような職業軍人がたくさん」含まれていた。ここにわずかながらコスモポリタンな要素を付け加える者として、「ポーランド人将校が三人、ベルギー人が二人、オランダ人が二人、イギリス人が二人、それにノルウェー人が一人」おり、各自の国や亡命政府を代表していた。[9]

少なくとも書類上、教授陣はいっそう素晴らしかった。ウェストポイントの卒業生で、ヴァージニア大学公共政策研究所の所長を務めていたハーディー・クロス・ディラード大佐のはからいもあり、陸軍省は軍政学校を、月わずか七五ドルで同大学に間借りさせていた。教授や客員講師には人文学から社会科学までを横断する各分野の著名な研究者が含まれ、そのほとんどがアイヴィー・リーグ〔アメリカ合衆国北東部にある名門私立大学八校の総称〕から来ていた。学生は「我々や連合国が解放もしくは占領しようとする、世界中の様々な国」について、たくさんの講義を受けた。「ブルガリアやビルマのような国については各一回の講義があり、日本やイタリア、ドイツなどは、それぞれ専門の連続講義が行われた」。

カリキュラムには人種理論も組み込まれたが、これはミラー大佐の言によれば、学生が「自ら統治することになる場所の歴史的、政治的、地理的、人種的、そして、経済的な諸条件について正確に理解する」との意図に基づいていた。学生はイェール大学のアーノルド・ウォルファーズから「ドイツ人の操作術」を学んだ。ドイツ人は「〔相手の〕自己抑制や礼儀正しさ、あるいは親切心さえ弱さの証」と取り違える傾向にあるので、「多大な注意とエネルギー」が必要だとされた。しかし、「妥協のない断固たる態度」と組み合わさった「公平さや、礼儀正しさ、そして、人間的な思いやり」が、ドイツ人を再教育するに当たって「どれほど多くのプロパガンダでも望みえないほどの」効果を発揮するだろうと、ウォルファーズは予言した。「日本人の気質」についての教育は、コロンビア大学教授のヒュー・ボートンが担当した[10]。

軍事組織や国際法、そして歴史を学ぶかたわら、学生は共同の「演習問題」に多くの時間を費やした。異なる専門性を持つ班ごとに、特定の地域を想定した占領計画を立案する課題が出されたのである。この訓練は軍政学校の学生たちに、彼らが管理することになる占領地域の市民生活の全局面について、予測することを求めた。具体的には、食糧供給から輸送、通貨管理、公衆衛生、下水システム、学校経営などがこれに含まれる。

当初、このロールプレイ的な計画策定は、全く架空のシナリオに基づいて行われ、学生はシャーロッツヴィルやカリフォルニアの占領計画を立てるように命じられた。しかし、カリキュラムの改善が繰り返される中で、この演習は連合国が占領する予定の都市や地域の行政のために、実際的な青写真を作成するよい機会とされていった。歴代の訓練生は、地図や表やデータセットの検討に十分な時間を費やしたが、これらは想定される任地の基本的な配置や行政機構に習熟できるように作られていた。この実践的な指導のおかげで、シャーロッツヴィルは座学にばかりこだわっているという、政府内外からの批判も抑えられた[11]。

しかし、軍政学校の教官と文民の教授陣は、自分たちのアイデンティティーや目的について、未決定の状態に置かれていた。こうした問題の少なくとも一部は、戦後の占領の期間や性格、政治的目標などをめぐる、アメリカ政府内部と「ビッグ・スリー〔米英ソ三大国〕」間の論争に決着がつかないことが原因だった。一つないし複数の新しい民生機関を創設し、戦争の終結が明白になった段階でただちに敗戦国の統治を担わせるという案が次々と提出された。

前ニューヨーク州知事ハーバート・リーマンの指揮の下、一九四二年一一月に設置された対外救済復興局は、一年後、新設の連合国救済復興機関《UNRRA》に吸収された。この機関は四四ヶ国からの拠出を受けていたのに、合衆国の管理下に置かれ、リーマンが指揮を執った。一方、福祉に焦点化した救済復興機関の業務は「支配」とは別のものになるよう「配慮」されていた。そのため、イッキーズとその同調者たちは、〔救済復興機関とは別に〕専門的な文民行政集団が必要だと訴えていた[12]。

憲兵総監部は、従来、ぜひとも、できるだけ早い段階で文民の手に権限を委譲したいと、しきりに主張していたにもかかわらず、いざとなると右の提案を拒否した。その理由として彼らは、軍の将校と救済復興機関の間で指揮系統が絶望的に煩雑になる恐れを持ち出した。陸軍省が特に腹を立てたのは、食糧配給の権限が、軍人の手を離れることだった。人類学者マーガレット・ミードは、食糧こそ外国の人々を管理するための第一級戦略兵器であると主張していた。

シャーロッツヴィルとつながりを持つ軍の要人たちは、「アメリカの過去の経験は、軍による統治を破棄しようとするせっかちな衝動の存在を示している」と、それまでよりも頻繁かつ強い調子で警鐘を鳴らし始めた。彼らは、その論拠として、一九〇〇年代初頭のフィリピンで、軍にモロ〔フィリピンのイスラム教徒に対する蔑称〕の反乱鎮圧を延々と実施させておきながら、フィリピン統治を民生機関に引き渡した、「勇み足の」決定を持ち出している。[13]

ところが、拙速な撤退の危険に対する右のような断続的な〔軍の〕注意喚起は、陸軍省から従来出されてきたもっとも一貫したメッセージと矛盾していた。そのメッセージとはすなわち、戦闘によって生じた緊急事態がひとたび収まってしまえば、軍人は軍政府の仕事を好まないし、その仕事に向いてもいないというものである。こういう次第なので現に軍は、軍政の準備を繰り返しおざなりに済ませてきたのだとこれまでの軍高官は主張してきた。

一九四五年に出された『軍政学校訓練史』四巻本の序言は、過去一四〇年間、アメリカ陸軍は「いくつもの軍政府を指揮したことがあったが、そのために一人の将校も訓練したことはない」と述べている。数々の占領経験をそのつど素早く忘れ去るアメリカ軍は、一貫性のある方針を生み出すこともなかった。だからこそ、第一次世界大戦後の合衆国によるラインラント占領の公式史〔通称ハント報告書〕が、〔今後は〕より入念な〔占領の〕準備を行ってほしいと、率直に要請したにもかかわらず、またぞろ、同じことがくり返されたのだと。

憲兵総監部によれば、アーヴィン・L・ハントは、その報告を締めくくるにあたり、「ほとんど祈るような調子で」以下のように述べたという。すなわち、「アメリカ陸軍がそのような軍政任務を再度もとめられることがあるとしたら、必ずや自ら関与する専門任務中の業務に対して適性を有する、十分な数の将校を最初に訓練しておかねばならない」と。シャーロッツヴィル軍政学校の創設者たちに言わせれば、それゆえにこそ、同校には固有の重要性があるのだった。[14]

結局、軍の〔占領に対する〕及び腰の姿勢のせいで、占領の中身は極端に狭く定義されることになった。訓練生は自らの役割を純粋に指導的なものと見なすように教えられた。それはすなわち、政治な き「政府」である。軍政府の官吏は監督をするのであって支配するのではない、と訓練生たちは教わった。彼らは行政の甲羅のようなものであり、従前から存在する地元の仕組みの上に、ただ覆いかぶさるのであった。また、厳密にいえば、戦域司令官のみが軍執政官と呼べる存在だった。シャーロッツヴィルの学生は単なる軍政府の官吏に過ぎず、したがって、政策を練ることは彼らの仕事ではないとされた。さらに、彼らは地元の習慣や法、伝統などを変更することも許されなかった。なんといっても彼らの仕事は、前進する戦線の背後で、聞き分けの無い民間人の妨害を排し、軍の作戦と補給線が展開できるように保証することだとされた。

軍政府に固有の目標とは「人々が陸軍を邪魔するのではなく、助けるように誘導し、接収・廃棄された敵の資産を管理すること」だと、トマス・バーバーは学生たちに告げた。彼はやがて占領者となる学生に向けて、占領地域の人々のやり方に干渉しないよう戒めた。なぜなら、軍政府は「人々にとって耐えがたい重荷」を象徴するからである。「馴れ合おう」とするあらゆる試みは、手ひどいしっぺ返しを受ける恐れがあった。「馴れ馴れしくされることくらい苛立たしいことはないし、特に相手を心から憎んでいるような場合にはなおさらだ」とバーバーは警告した。「もっともよい政府とは、最小の政府である」と、学生リチャード・ヴァン・ワーグネンが律儀にメモしている。[15]

だが、軍政学校の卒業生もすぐに気づいたように、武器の力で権力を行使することは政治的な行為以外の何物でもなかった。一方、ラインラント〔占領〕に関するハント報告書が「陸軍省の史料室で何年もうたたねしていた」という、コーネリアス・ウィッカーシャム准将（シャーロッツヴィル校長）らの言い分も、〔軍政府の仕事には政治性がともなわないという主張と〕同じくらい、嘘っぱちだった。たしかに、軍政学校それ自体は、組織面での革新だった。しかし、両大戦間期の将校といえども、軍政について何かしらの教育は受けていたのだ。合衆国軍が二〇世紀最初の三〇年間に実施した占領の数を思えば、そうでないほうが不思議だろう。

海兵隊によるハイチ占領が一九一五年から一九三四年まで続いた一方、ニカラグアとドミニカ共和国も相当な期間にわたるアメリカの占領を受けた。一九二〇年には、フォート・レベンワースのH・A・スミス大佐が『軍政』と題された入門書を執筆しているし、一九二〇年代と一九三〇年代を通して、将校たちは占領「問題」と格闘し続けた。〔第一次世界大戦に続く〕二度目のグローバルな紛争を予測した陸軍省は、一九四〇年に、『軍政に関する基礎的野戦マニュアル――野戦マニュアル27-5』を発行している。これはハント報告書と並んで、軍政学校見習い期間の「バイブル」となった。[16]

こうした〔占領の〕準備不足を誇張する軍高官の発言は、民間にも共有された、占領に関しての根深い心理的矛盾を示している。シャーロッツヴィルの教官たちは、学生をよりうまく指導し、励ますために、軍政府による占領の勇ましい伝統をでっち上げようとした。同時に彼らは、断固として反帝国主義的な自己像も維持するつもりでいた。その結果、明らかな自己矛盾に陥ったのである。「無能者を帝国主義者」に仕立てているという軍政学校への非難に場当たり的に反論するだけでは、こうした矛盾の解消はおぼつかなかった。必要とされていたのは、占領を帝国主義との連想から切り離し、軍政学校と合衆国の高潔なアイデンティティーを守ることだった。

史料を掘り起こし、組み合わせて「利用価値のある過去」を作り出した教官たちは、アメリカの軍隊は建国以来、多くの場所をしばしば長期間にわたり占領してきたと学生たちに吹き込んだ。たしかに軍事占領を抜きにして、合衆国の領土が現在のような広さになることなどあり得なかっただろう。

ルイジアナ、フロリダ、ニューメキシコ、カリフォルニアなど、購入や征服によって獲得された領土は、そこが州に昇格し、共和国へと編入される前の初期段階では、軍執政官により統治されていた。イェール大学の歴史家ラルフ・ヘンリー・ガブリエルは、こうした軍政の実験について何度か講義を行っている。その中でガブリエルは、ウィンフィールド・スコット〔一九世紀の陸軍将校〕を取り上げ、その先見性を特に称賛している。ガブリエルに言わせると、スコットこそ、良い統治者は地元の仕組みや慣習、慣例に対する干渉を最小限にとどめるという思想を、いち早く体現した人物だった。ガブリエルのもう一人のヒーローは、医師にして将軍のレオナルド・ウッドだった。この人物は世紀転換期にキューバの軍政官を務め、「アメリカの港にとって衛生上の脅威であった細菌の巣」を徹底的に洗浄した。[17]

しかし、ガブリエルが示した過去の例からも分かるように、軍政府を帝国主義から切り離すためには、特に鋭利な言葉のメスが必要だった。別の見方を採れば、延々と続く〔アメリカによる〕占領の系譜など、この国の歴史がアメリカス〔米州〕の内外において帝国主義的なものであることや、過去においても常にそうだったことを裏づけるに過ぎない。軍政の計画と訓練を主導した者の経歴は、〔アメリカの〕支配エリートと帝国主義との深い結びつきを、さらに明確に示していた。

驚くべきことに、軍による帝国建設の野望を示すものとして、シャーロッツヴィルの軍政学校を非難した人々さえ、論陣を張る際には露骨に植民地主義的な言葉を用いた。例えばイッキーズは、内務省こそが戦後の行政官を供給する仕事に適していると述べるために、「原始的な人々」〔特にアメリカ先住民〕を相手とした同省の特異な経験〔内務省内にはインディアン局が置かれた〕を引き合いに出している。イッキーズの考えを実行に移そうとしたソール・パドーバー博士は、「非白人に対する行政の貴重な実践経験を有するインディアン居留地の監督官なら、その知識と経験を提供することができるだろう」と熱っぽく語った。

植民地主義に反対し、文民統治を好むと公言していたローズヴェルトは、一九一七年に海軍次官補としてイスパニョーラ島を訪れた後、ハイチを「スムーズな軍政」の下に置くという、海兵隊の提案を了承している。イスパニョーラ滞在中にプランテーションの購入を検討していたローズヴェルトは、自分がハイチ憲法を書いたのだと豪語して、人々を惑わした[18]〔占領下で作られた憲法により、アメリカ人投資家によるハイチの土地購入に道が開かれた〕。

ガブリエルとシャーロッツヴィルの教官たちは、合衆国の軍隊が海外で行った統治の際立った美点を強調することで、帝国主義という言葉に含まれるネガティブな意味を払いのけようとしたが、無駄だった。アメリカの歴史には「名誉なことに自己利益や、前君主の復位や、条約署名や、賠償金支払いの強制を目的としない領土占領の事例が見られる。それは主として恩恵的な動機に基づく占領だった」とポール・シップマン・アンドリュース中佐は胸を張る。キューバ、フィリピン、ハイチ、プエルトリコのいずれについても、「発見したときより良い状態」にして去ることを決意した合衆国は〔現地の人々の中に〕「自尊心と自治の能力」を育てる以外、いかなる目的も持たなかったのだとも、アンドリュースは言った。

この大胆な断言は、皮肉にもヨーロッパの植民地列強による、ありふれた自己正当化と――そして、期間は未定だが、いずれは終わる保護的信託統治として位置づけられた、帝国主義的支配とも――そっくりだ。とどのつまり、国家が他者の搾取を正当化する際に、自らの強欲な自己利益を目的に挙げることなど、めったにないということだ。しかし、〔アメリカによる〕占領が人道的であることを証明しようとする中で、シャーロッツヴィルの教官たちは別の袋小路に陥ってしまった。

軍の高官は自分たちのことを、軍人的なたくましさに欠けた「よきサマリア人の国際主義者」ではなく、力強い行動の人と見なしたがった。軍政府が何らかの人道的な目的にたまたま貢献することがあるとしても、軍政府の第一の機能は、あくまでより迅速な勝利のために秩序を樹立することだと、学生は定期的にくぎを刺された。ディラード大佐は新入生に対して、「君らは世界中に〔ロサンゼルスにあるような〕四車線の高速道路を作りに行く復興の専門家ではない。陸軍の勝利を助けることを第一の目的とする、タフな陸軍の仕事が君らの任務だ」と戒めた。[19]

ところで、戦後の軍政府構想を正当化する模範を、貧弱な材料から作り出そうとして苦心する軍政学校の教官が、もっともいとわしく思ったものは何か。それは、〔アメリカの南部人としての自覚をつよくもつ〕シャーロッツヴィル住民の記憶に深く刻まれた、アメリカ史の一場面だった。アメリカ人は占領に関する一切の過去を忘却していると、ガブリエルは主張したが、それは、アメリカ南部の人間たちを含めずに一般論を語っているにすぎない。一九四〇年代の南部人は、南北戦争中、多くの南部連合の拠点が連邦軍によって占領されたことを、いまだにはっきりと記憶していたのだから。

事実、〔いくつかの地域では〕〔南北戦争に敗北した後も〕反抗的な南部諸州に対する〔北軍の〕軍政が行われた。一部の地域では、それが急進的再建の時代〔リンカン大統領の暗殺後、人種間の平等を推し進める改革が行われた時期〕を通して何年も続いた。挙句、頑迷な南部白人が、「連邦の銃剣」によって非道な支配を受けたと思うのを、放置したのである。大戦後、一部の南部人は、自分たちが渋々とはいえ枢軸国領土を占領していることに気づき、世代を超えて受け継がれる悲惨な体験に悩まされた。

その一方、アフリカ系アメリカ人と進歩的な白人は、〔南部を占領した〕連邦軍が白人至上主義団体によるテロリズムを阻むこともできなければ、その意思も持たず、〔あろうことか〕拙速に撤退して、〔南部における黒人〕解放の願いを裏切ったことを思い出していた。ハワード・ファストは、一九四四年に出版されて人気を博した、急進再建期を舞台とする自分の小説『自由の道』は、以下のような意味の警告だと述べた――すなわち、アメリカ国内における人種主義の除去と海外におけるファシズムの根絶を同時に進めようとすれば、数年ではなく数十年の占領が必要になる。[20]

再建から特に大きな衝撃を受けた南部人の一人こそ、自身もヴァージニア大学の卒業生だったウッドロー・ウィルソンである。恐るべきヤンキー〔ここではアメリカ北東部の出身者を指す〕の銃剣について聞かされながら育ったウィルソン〔一八五六年生まれで、幼少期に南北戦争を経験〕は、奴隷から解放されたアフリカ系アメリカ人に参政権を与えようとする連邦の努力を、「双方の人種にとって不自然で、破壊的で、なおかつ、徹底した堕落を促し、野蛮化する」ものだと考えた。

黒人の公民権を支持する連邦の試みは、あるべき人種秩序の転覆を意味するというのが、ウィルソンの時代の支配的な見解であり、コロンビア大学の歴史家ウィリアム・ダニングとその追従者が知的な権威を与えた妄想であった。このような合衆国史の解釈は、自治に対する適性／不適性という人種化された観念とともに、第一次世界大戦の戦後秩序に関するウィルソンの構想を深く規定していた。ウィルソンは、勝者は思いやりを持ってドイツを統治すべしと主張した。彼はそのとき、復讐に燃える者が好き放題を許された時に起こり得ることへの戒めとして、南北戦争後の南部における軍政府の神話化された破壊行為を引き合いに出している。[21]

南部再建とは、占領によって尊い〔南部の〕生活様式を破壊することを決意した、悪意あるヤンキーの、グロテスクなバカ騒ぎに過ぎない――ウィルソンは自国の再建期をそう理解していたからこそ、占領軍は征服した領土の規範と伝統を尊重しなければならないという信念を抱いていた。ハント報告書に恭しく掲載された、この益体もない「鉄則」は、一九四〇年の『野戦マニュアル27-5』でもくり返された。すなわち、地元民の手になるがゆえ「彼らにもっとも適した既存の法律や慣習、組織」を変更してはならぬというのである。

この戒めと同時にガブリエルは、ダニング学派の歴史解釈を福音として伝えた。すなわち、〔連邦による〕南部の軍事占領は「復讐心と憎悪に基づいた」ものであり、強欲で悪意に満ちた北部人が「〔南部の〕文化を変え」ようとする破壊的な試みだったという解釈である。軍政学校卒業生のジャスティン・ウィリアムスは、「〔北軍の〕ベンジャミン・F・バトラー将軍によるニューオリンズ統治は、失敗した軍事占領の例に挙げられた」と回想している。「バトラー将軍は、銀食器を没収し、上流階級への軽蔑を露にし、北軍兵士を侮辱した女性を投獄することによって南部を激怒させ、抵抗を頑なものにし、イギリス及びフランスとの外交関係も損なった」のだ、と。[22]

現代の歴史家は南北戦争後の時期における〔連邦の〕軍事力行使を、「新生国家建設」のための進歩的な事業として称賛する傾向にある。しかし、第二次世界大戦中には合衆国による「最善」の〔南部〕占領が、最悪の政策として理解されていた。シャーロッツヴィルの教官が創り出そうとした国家の威信を高める伝統は、南部占領とは相いれないものと見なされたのである。急進的再建はむしろ、大きな原則からの逸脱と見なされた。

このように、軍政官は現地の伝統に手をつけないという〔シャーロッツヴィルで教えられた〕信条は、今日の世界で多文化的感受性と呼ばれるものとは、あまり関係がない。むしろ、極端に人種に囚われた歴史の理解に基づく主張だった。しかし、教官たちがいくら南北戦争からの再建を占領の歴史に含めないようにしたところで、「ブロンズ像になった南部連合の英雄たちが寄り集まり」〔街中に〕点在する紛うことなき南部の小都市で、軍政訓練生が〔南部占領という〕消えない過去と無関係に過ごすことなど、できようはずもなかった。

訓練生の多くはキャンパスの外に部屋やアパートを借り、シャーロッツヴィルの住民と付き合いながら暮らしていた。〔南部占領の〕過去を思い起こさせる地元の言葉を嫌った二期生は、地元民が彼らに授けた「カーペットバッガーズ」というあだ名よりも好ましい自称として、「外国行きの者《オーバーシーザーズ》」というおどけたニックネームを発案した。ちなみに、カーペットバッガーズとは、南北戦争後、鉄道建設や投機事業から上がる利益を求めて大挙南下してきたヤンキー〔北東部人〕を指す、侮蔑語であった。[23]

「オーバーシーザー、フランス語は話せますか Overseas-er, Parlez Vous」は、シャーロッツヴィル卒業生の手になる、いくつかの歌のうちの一つである。こうした歌は卒業ディナーで披露され、クラス年鑑に収録された。占領任務の責任や危険、報酬に関する、たくさんの錯綜したメッセージに対し、軍政訓練生がどう折り合いをつけたのか、これらの曲は示唆に富んだヒントを与えてくれる。例えば、卒業生のクラスを前にした陸軍次官ロバート・パターソンは「我々は帝国主義には用がない」と宣言したのに、学生はピスヘルメット〔イギリス軍などが植民地で採用した防暑用ヘルメット〕をかぶった将軍の役を嬉々として演じた。

ある行進曲〔『彼方へ Over There』の旋律に乗せて歌われた〕には、「先住民をだらけさせるなよ／女の子は愛嬌たっぷり／土地からは搾り取り放題」というコーラスが含まれていた。別の二行連句は、「先住民は穏やかに統治しろ、さもなきゃ奴らの巻き毛が伸びちゃうかもよ／部族は優しく治めなって、八つ裂きにされて、ぶった切られちゃうけどね」と続いた。さらに、ポール・ゴーギャン風の南太平洋諸島人〔の空想〕から日本本土に思いを移し、軍政学校の規則集を投げ捨てる日を思い描いたオーバーシーザーは、より報復的な空気を漂わせていく。「いつか日本へ行ったら、忘れられることはみな忘れてしまおう／そして、戦争の法をこの手につかむんだ」と。[24]

日本占領の準備

一九四四年には、日本占領で直面することが明らかな困難を想定し、軍政要員の訓練プログラムが劇的に拡大された。元の計画では、シャーロッツヴィルはその存続期間中、六千人の軍政官を輩出することになっていた。しかし、これは軍政府の主な任務を戦闘の補助とする考えに基づいた数字だった。いったん「戦略的」段階が終われば、占領は「領域支配」段階に入ることとなり、軍政官は文民の行政官にバトンを引き継ぐことになっていたのだが、いくつか新しい展開があったせいで陸軍省の当初の計画に狂いが生じた。特に、軍政から引継ぎを受ける文民組織が発足しないうちに、あまりに広大な枢軸領土を占領してしまうと、占領の計画が「奇怪なほど的外れ」になってしまう恐れがあった。

北アフリカの連合軍がエルヴィン・ロンメルに勝利したことで、一九四三年には、戦争の流れが決定的に変わっていた。二月の赤軍によるスターリングラード包囲突破の成功も、東部戦線のドイツ国防軍に撤退を強いていた。これらの展開が相まって枢軸列強の崩壊日程が繰り上がったため、陸軍省は、より多くの軍政要員を、より迅速に輩出する必要に迫られていた[25]。

太平洋戦域のために占領担当官を訓練する必要性も、計画立案者の頭の中で日に日に大きくなっていく。教育プログラムの期間を四ヶ月から八週間に短縮し、ひとクラスの規模を大幅に拡大しても、シャーロッツヴィル単独では、相応しい速さで十分な数の軍政官を輩出することができなかった。追い詰められたヘンリー・スティムソンは、女性が軍政府のために働くのは、前線のすぐ後ろの過酷な生活からして論外だという、従来の立場を修正した。

この方針転換により、一九四四年七月に四人の「女性らしい学生《フェミニン》」(『アトランタ・コンスティテューション』紙の表現)がシャーロッツヴィルの二五〇人クラスに加わる道が開かれた。申しわけ程度の彼女たちの存在が、陸軍省の差別的な政策に不満を持つ専門職女性の気持ちを鎮めたかどうかは分からないが、少なくとも、卒業者の総数を急増させることには、ほとんど役立たなかった[26]。

しかし、女性軍政官が少ないことよりも、シャーロッツヴィルの学生が語学訓練に割く時間が少なすぎることの方が、軍部にとって大きな問題だった。週五時間の指導では、イタリア語、フランス語もしくはドイツ語のささやかな会話力を得るにもおよそ不十分だった。日本語で自分の考えを伝えられる軍政官を養成するにも明らかに時間が足りなかった。ミラー大佐も述べたように、よしんば「流暢な話者になる」ことではなく、「現地人通訳に嘘をつかせない」程度の語学力を身に着けるのが目標だとしても、すべての日本民族の中に植えつけられている可能性のある不実な意図を見破るには、さらに多くの訓練が必要であった。また、降伏後の日本では、文書を翻訳し、文化について説明し、意思疎通を取り持ってくれる、たくさんの仲介者も必要になる。

ところが一九四一年の陸軍省による集計では、大学でアジアの言語を専攻するアメリカ白人は六〇人しかいなかった。憲兵総監ガリオンは、「極東の言語、制度、ものの見方に精通した者は、事実上、存在しない」と嘆いている。戦争前夜、海軍と陸軍はそれぞれに、宣教師のもとに生まれた子ども、冒険好きな留学生、あるいは進取の気勢に富んだ商人のいずれかを問わず、適切な語学スキルを持つ白人市民をと探し回った。

目を引くのは、シャーロッツヴィルへの入学を最初に許された四人の陸軍女性部隊《WAC》の将校の中に、朝鮮で宣教師の下に生まれた中尉と、ジャーナリストとして上海、マニラ、香港、満州にいた経験のある中尉が含まれていたことである。しかし、そうした者の中でも、まずまずの健康状態の五〇歳以下の者となると、その数は極端に限られた。同じことはバイリンガルの「情報提供者《インフォーマント》」――これは、仕事として語学を教えて料金を取る講師を意味する、偏見混じりの軍隊用語である――にも言えた[27]〔特に英語以外を母語とする講師への偏見が含まれる〕。

実のところ、答えは手近にあったのだが、そのもっとも自明な解決策は、戦時の計画立案者にとってもっとも受け入れがたい選択だった。日系アメリカ人の語学力を伸ばし、それを十分に活用することが戦時国家に利益をもたらすのは明らかだった。しかし、軍高官の日系人に対する敵意はあまりに強く、不信感と人種化された嫌悪感で身動きが取れない状態だったのである。一九四一年一一月、陸軍の情報部は、サンフランシスコのプレシディオに小規模な語学訓練学校を開設した。その頃までに、数千の日系人が軍に入隊しており、同学校の六〇人の学生のうち、五八人までが二世だった。

しかし、翌年、プレシディオの施設を運営する第四軍が、すべての日系人を戦時転住局《WRA》のキャンプに一掃する任務をも課されると、「二世のいなくなった西海岸で二世を訓練することの困難さ」が「克服しがたいもの」になった。これは戦時中に日本語を学んだ、ある学生の指摘である。この問題は、軍機関と民生機関の双方を等しく悩ませた――もっとも、両者の区別はますます不明瞭になっていたが。カリフォルニア大学バークレー校では、日系の教授陣が収監されてしまったため、同大学に在籍する著名な中国学者のオランダ人が、肩書きを日本専門家に変更された。朝鮮人は日本語指導の任についた。[28]

結局、時とともに、陸軍省は方針を軟化させた。ハワイ出身の日系人数千と、事細かな忠誠テストを受け入れた戦時転住局キャンプからの応募者が、軍への入隊を認められたのである。ただ、これも、サウスダコタ選出の下院議員カール・E・ムントが、アメリカによる日本占領の準備不足問題に対して、あべこべの解決策を持ち出した後で、ようやく実現したことだった。

ムントは、日系人を収容所から出して軍隊に入れるよりは、むしろ戦時転住局のキャンプを陸軍省に移管して、「将校が軍政の技能を学ぶ実験場」として使えばいいなどと提案した。ムントの考えでは、彼の計画を実行することにより、現在、政府が柔道と囲碁の指導に使っている「恐るべき金の浪費」が廃止できる一方、軍政訓練生は、新たに戦時転住局のキャンプの司令官となり、後々日本で応用可能な管理能力を磨きながら、日本人の心理に関する知見を収集できるはずであった。[29]

強制収容された日系人を軍政府のモルモットにするという、このムントの企みは実現しなかった。代わりに陸軍省は、アジアでの占領業務に任じられた将校と下士官兵を対象とする、語学指導の特別集中プログラムを拡大した。未来の将校候補と目される下士官兵のための陸軍専門訓練計画とともに、民政訓練学校《CATS》が全国一〇大学に開設された。海軍はコロラド大学ボールダー校に日本語学校を設置した。一方、ミシガン大学は陸軍のために、同種の学校の中でも最大規模のものを受け入れたが、その学生は、日系二世と白人アメリカ人の志願兵たちだった。

さらに優秀な候補生は陸軍情報部の語学学校に転入させられた。この学校は、当初サンフランシスコにあったものが、ミネソタ州のキャンプ・サヴェッジに移り、さらに同州のフォート・スネリングに移動した。かつては困窮した高齢男性のための宿泊施設だったキャンプ・サヴェッジを、卒業生は「地獄の巣《ヘル・ホール》」と呼んで回顧した――日本語訓練プログラムは公務上秘密とされていたので、同校の実態は地元民の好奇の目から、不自然に隠されていた。日系人訓練生は数の上では同校の多数派だったが、露骨に粗末な別区画に分離して住まわされ、兵舎の裏にある七面鳥農場跡のタール紙を張った掘っ立て小屋に押し込まれた。その上、反抗的と見られていた日系人志願兵は、定期的に日記や手紙を調べられ、没収された。[30]

日本語訓練施設の生活は、一日二〇時間のつらい学習と、ときに不条理なほど過酷な軍の規律が組み合わさったものだった。はじめミシガンで学び、のちにキャンプ・サヴェッジに移ったドナルド・リチャードソンは、「辞書が汚れている」などといった違反行為での懲罰を回顧している。[31]

しかし、彼と同期の白人学生は、日系人学生には許されない特権を、彼らの犠牲の上に立って享受していた。リチャードソンと仲間たちが「つぼみの中のニップス Nips in the Bud」という嫌味なタイトルのミュージカル・レビューを演じた際には、その素人出し物が戦時公債販売のための資金集め演目に採用され、ミシガン州イプシランティにあるフォード社のウィロウ・ラン巨大工場の他、いくつかの場所で演じられた〔「ニップス」とは太平洋戦争期に盛んに用いられた、日本人・日本兵を指す侮蔑語。ミシガン大学の日本語学校に在籍するアメリカ兵が創作した上記ミュージカルは、彼らの学校生活を題材とし、「ゲイシャ・ダンス」などの演出を含んだ。タイトルは「蕾《つぼみ》のうちに摘み取る」とも読め、『バックス・バニー、ニップを摘み取る《ニップス》』（一九四四年）のような商業作品にも見られる差別的ダジャレ〕。リチャードソンの回想録では詳らかにされないが、次のような威勢のいいコーラスに、日系人のクラスメートが（多少はいたとしても）多く加わっていたとは考えづらい。

日いづる国〔日本〕で掴むチャンス
そいつは本物さ
だから、賭けてよ
俺たちがその日が落ちるのを早める方に
そうさ、俺たちは、蕾の中のニップス／蕾のうちに摘み取るぜ

ただ、リチャードソンも、自分や他の白人の「坊やたち《ニッパーズ》」が、構造化された軍のレイシズムから恩恵を受けていることに気づき、居心地の悪さを感じてはいた――本人の言によると、彼らは「サヴェッジやスネリング、そして、その後の配属先における二世差別の生ける象徴」だった。白人学生たちは、日系の級友がなることのできない、将校になることができた。結果、占領下の日本では、白人の将校が、語学力とは無関係に日系人の下士官兵を指揮することになる。[32]

任地への出発

一九四六年六月にフォート・スネリングの語学学校がその門を閉じるずっと前から、軍政学校最初の卒業生たちは、まだ知らぬ目的地に出発し始めていた。彼らが教室で習ったことの妥当性は、すぐさま〔現場で〕試されることになる。しかし、この先に何が待ち構えていようとも、物資の面での準備不足はなさそうだった。シャーロッツヴィルを卒業したばかりのある将校は、一九四三年八月の出発前夜、家族に宛てて細かな自画像を書き送っている。

かかとの高い軍靴とレギンス、カーキ色のズボン、開襟シャツ、幅広の布ベルト、それに安全帯サスペンダーを身に着けて、ベルトから拳銃と応急手当キット、水筒、それに弾倉を下げて、臭いのしみた長下着、靴下、つなぎの作業着、フード、それに木綿の手袋を詰めた背嚢をサスペンダーにかけて高い位置で背負っている、そんな僕が船に乗る姿を想像してみて。同じ布カバンには携帯用の金属食器セットも入っているけど、臭いのついた服はセロファンで包んであるから大丈夫だよ。背嚢の覆いの下に、きつく縛りつけてあるのは「トレンチ・コート」だ。

……このほか、馬蹄型包みの中には、テントの片割れと二枚の毛布、蚊帳、ブユと蚊を避けるための覆い、テント用のピン一〇本が入っているんだけど、テントは包みとしても使うんだ。体の左側には、布のケースに入れたガスマスクが右肩から斜めに下がってる。頭には鉄兜をかぶってる。右手に持ったスーツケースには、テントの残り半分と暗い色の制服、作業用の上着、カーキ色の着替えとか、その他色々が入ってる。左手には書類が詰まったブリーフケースを持ってる。……トラックには寝具入れと衣嚢が載せてあるけど、その中には、僕がどこかに落ち着くまで必要ないものが全部、入れてあるんだ。

各将校が、このように一つの段落にはうまく書ききれないほどの荷物を引きずっていた。とすれば、時おりシフト制の交替勤務につく下士官兵が、五段重ねの寝台で眠らねばならないほど海軍の輸送船上が窮屈であったことにも、合点がいく。[33]

大西洋の対岸では、イギリスの軍政官と連携するべく、彼の国のシャーロッツヴィルにあたるシュリーベナムにアメリカの軍政官が派遣されていた。他の〔アメリカ人〕軍政官は、イギリス陸軍元帥バーナード・モントゴメリーが率いる砂漠のネズミ軍団が最近ロンメルのアフリカ軍団を打ち破ったばかりという、北アフリカを目指した。アトラス山脈の中の高地、アルジェリアのクレアには、イギリス・アメリカ合同の民生集結地が設置された。

楽園《シャングリラ》とあだ名された丘の上の前哨基地は、「花々やヒマラヤスギ、花咲く木々が美しい」かつての結核サナトリウムの中にあり、「いよいよ歴史の表舞台に現れ出んとする、くたびれた軍政官にとって、完璧な環境」だった。「〔占領の〕準備の過程では、空想的な軍政府の世界に現実味を添える」定期的な高官の来訪があったほか、追加の計画立案の合間には、山でのハイキング、軍事教練、徒手体操が行われた。ドワイト・D・アイゼンハワーその人が唐突に立ち寄り、訓示を与えていくこともあった。彼は軍政官に創意を発揮するよう促し、行動しないことは、行動することよりも厳しく罰せられる――仮にその行動が最善の結果を生まなかったとしても――と約束した。[34]

シャングリラの空の下に位置するマグレブの平地では、アルジェリアと、その隣のチュニジアに到着したばかりのアメリカ人がいささかショックを受けていた。ドイツ軍とイタリア軍から奪取された領域は、取引の結果、占領地連合国軍政府の専管地域から外され、ビシー政権の生き残りが北アフリカにおけるフランスの権力を回復したのである。

アイゼンハワーは「諸部族を鎮める」のに必要な六万人の合衆国軍兵士を節約できるとして、この決定を正当化した。だが、このご都合主義的な取り決めは、進歩的な信念を持つアメリカ人に最初の不快な驚きを与えた。ドイツとイタリアの兵隊の長い列が捕虜収容所へと行進させられていたのに、北アフリカは、反動的なフランス植民地主義者によって、いまだ支配されていたのだから。連合国とジャン＝フランソワ・ダルラン提督との間の取引は、戦争の大目標に対する苦い疑念を、一部の者に抱かせた。ファシズムとの妥協がこんなに簡単にまとめられてよいものか、と。[35]

もちろん、ワシントンの政府が決定した、この「無条件降伏」からの最初の譲歩に対して、すべてのアメリカ兵が強い幻滅を感じたかというと、そうでもない。だが、北アフリカへの最初の上陸に対しては、ほとんどの者が尻込みした。アルジェリアは、鮮やかな色彩、不快なほど強い明暗のコントラスト、刺激性の匂い、不慣れな味が「いたるところに満ちており、途方もない想像力の持ち主ですら思い描き得ないところ」だと、陸軍の衛生将校ディーン・フレミングが記している。

ジョン・ホーン・バーンズの極度に自伝的な小説『ガレリア *The Gallery*』の登場人物の言葉を借りるなら、アルジェリアは数十年にわたる植民地主義と数ヶ月にわたる戦争によって「すでに、ぺしゃんこに押し潰され」ていた。そんな自分たちのコミュニティに、膨大な連合国の日用品や物資、そして、しばしば酒に酔い、決まって自惚れた連中が入り込んでくることを地元住民はどう思っていただろうか。少なくとも、彼らを見つめるアメリカ兵のほとんどは、そんな人々の気持ちを気にしたり、理解しようとしたりはしなかった。ただ、自分たちが引き起こした現地の困窮状態に無頓着な軍政要員も、見知らぬ状況に迷い込んだ自分たちの場違いぶりには、さすがに気づいていた。

ジョージ・マカフリー中佐は、緑茂るシャーロッツヴィルと埃っぽいオランを隔てる時間的・文化的な断絶に呆然としつつ、次のように日記に書いている。「だぶだぶの服を着たアラブ人がゆったりと歩き回り、しきりと煙草をせがんでくる中で、一五から二〇人の将校グループが小さな公園を囲む砂や石の上に座り、真面目ぶってイタリア語のフレーズを繰り返しているのを見るのは、ちょっと興味深い光景だった」

蠅のようにつきまとう、生傷だらけの薄気味悪い物乞いや、菓子を求めてしつこく群がる子ども、「わざわざ苦労して見るかいもなさそうな」顔を、「ベールの奥」から半分のぞかせる「ミステリアスな女たち」、そして、アメリカ兵のポケットの中身をくすねたり、何か別の方法で財布の中身を吐き出させたりしようと、どこにでも現れる、ずる賢い詐欺師。兵士の手紙や日記は、こうした人々への言及で溢れた[36]。

砂漠の陽炎の中、寛大な救済者というアメリカ人の自己イメージは崩れ去っていった。何気なく差し出したガムのスティックであれ、箱いっぱいのアメリカ製品であれ、気前の良い施しは地元民からの感謝を受けるよりも彼らをいっそう欲深くするだけのように思われた。そして強欲な外国人が増えれば増えるほど、アメリカ人は彼らを嫌うようになっていった。軍に連れられての海外旅行はどうやら兵士の見識を広げる経験とはならず、むしろ彼らの偏見を助長するようだと、フレミングは思った。「ここに、非常にたくさんの良いものが届けられ、まことにけしからぬ現地人の手によって取りさばかれるのを目にするとき、あるいは故郷からの便りで、同胞が同じものを手に入れることがどれほど難しく、あるいは不可能であるかを聞かされるとき、気の毒で救済に値するはずの国に対して、キリスト教徒が持ち得る最善の心構えすらも打ち砕かれるのだ」と、フレミングは一九四三年にアルジェリアから故郷に宛てて書いている。彼は以下のように続ける。

彼らを救済するという方針――いわゆるアメリカの無尽蔵な資源とやらを自由かつ広範に与えることで彼らを助けるという方針を携えて、合衆国陸軍がこれらの国々にやって来る限り、こうしたことが必ず起きる。これらの国の人々、あるいは、少なくともほとんどの兵士が目にする人々は、相応のキリスト教徒精神を持たず、明らかに騙されやすい合衆国をもてあそんでおり、そのことで兵士をうんざりさせている。惜しみなく物資を与えることについて、兵士を納得させようとするならば、彼らを征服者として、また、絶対の支配者として、こうした場所に派遣せねばならないだろう。くわえて、地元の人々には、受け取るものすべてに対して、その場で、即座に、対価を支払わせねばならない。合衆国が何かを差し出すとき、同時に何かを受け取れば、それほど大きな誤解は生じないのだから。

大盤振る舞いへのお礼にしては感謝の念が足りないと気づいたGIたちは、合衆国の方針のなかに嗅ぎつけた商取引もどきの部分を、前面へ押し出してくる。あっけらかんと手の内を見せ合い、いっそのことたっぷり稼ごうとなった。しかし、すべてを奪われた相手がどうしてアメリカ人が食指を動かすような交換品を、取引の場に持ち出すことができようか。取引相手の住人たちは連合軍兵士の食欲につけこむほかなく、兵士たちはどれほど気持ちよく腹を満たしても、なにか騙された気分になるのが落ちだった。住人たちが無一物であることはフレミングの考えの埒外にあった。

実際、間もなくアメリカ人は初めての土地に「征服者として、また、絶対の支配者として」上陸する。一九四三年七月九日の夜、イギリス陸軍第八軍及びアメリカ陸軍第七軍が、それぞれ別のシチリア島の海岸に上陸した。ハスキー作戦の開始である。[37]

楽観される占領

シチリア島では当初、占領地連合国軍政府と名付けられた戦後構想と、〔軍政府による〕「絶対的支配」という幻想が、困難な現実の前に崩れ去りかけていた。「AMGOTと略される、ひどく耳障りな」この組織の名称を、誰もが嫌っているらしかった。『ニューヨーク・タイムズ・マガジン』誌のコラムニストであるハーバート・マシューズは、この頭字語に「AMTORG〔一九二四年に設立されたアメリカ最初のソ連邦貿易代表部〕とかOVRA〔一九二七年に設立されたイタリアの秘密警察〕とか、何かしら非民主的なものにひどくよく似た」響きがあると考えたし、『ローリー・ニュース・アンド・オブザーバー』紙は、「連合国が何かを獲得し、それを保持しようとしている」気配をそこに嗅ぎ取り、連合国ナチ侵略国再建援助計画、略してARCONを、代わりの名称に用いるよう提案した。

間もなく、ある匿名の（おそらくは偽の）言語学者が、全体主義的な響きのするAMGOTという名称について、トルコ語で「馬のケツ」を意味するものだと口を滑らせたのは、おそらく好都合だった。以後、イギリス・アメリカ合同の占領事業は、連合国軍政府《AMG》という当たり障りのない名称に短縮・修正されて、進んでいくことになる。[38]

合衆国のメディアは、戦後世界の先兵たる連合国軍政府の進捗を注意深く監視した。そんな折、ちょうど良く、『アダノの鐘』という形で不朽の占領描写を提供したのが、二九歳のジャーナリスト、ジョン・ハーシーであった。銃後における国民感情の動員をはっきり意図した、この小説は、〔のちのちまで〕「良い占領」の雛形になった。

一九四四年二月に「戦争の鉄板から熱いまま」出版されたハーシーの小説は、ポール・オズボーンがすぐに舞台化し、ブロードウェイでセンセーションを巻き起こした後、二〇世紀フォックスによって大スクリーンに移し替えられた。ある評論家が「戦後についての最初の小説」と評したこの作品は、気味の悪い偶然だが、ドイツによる降伏文書の調印日（ヨーロッパ戦勝記念日《V-Eデイ》）にピューリッツァー賞を取っており、ハーシーはデビュー作で同賞を獲得した現在まで唯一の小説家になっている。[39]

『アダノの鐘』は目撃者の観察に、相当程度の希望的観測を組み合わせたものだった。ハーシーは『タイム』誌と『ライフ』誌のために占領地連合国軍政府《AMGOT》〔以下、特に断りなく「軍政府」と略記〕のお披露目を報じるべく、アメリカ軍上陸地点のジェーラに近いリカータで一週間過ごした。印象を書き留めたノートとシャーロッツヴィル卒業生であるフランク・トスカーニ少佐のポケットサイズの日記を持ち帰ったハーシーは、『ライフ』のために書いた記事を「怒涛の速さで」書き直し、三週間後には普通の長さの小説にしてしまった。

この勢いは、軍政府が軍事的都合を最優先することへのハーシーの落胆に発しており、より個人的には、ジョージ・S・パットン将軍への〔ハーシーの〕敵意によって強められていた。パットンはほぼ本人そのままのマーヴィン将軍として『アダノの鐘』に登場する。マーヴィンは「わが軍が駆逐しようとしていたものより、もっとひどい悪漢」として描かれた。戦時検閲があるためノンフィクションでは出版できないものをフィクションを通して告発する手段だったマーヴィンというキャラクターは、トスカーニをモデルとしたヒーロー、ヴィクター・ジョッポロ少佐の引き立て役でもある。[40]

ハーシーが造形したジョッポロは、誠実さや寛大さ、活力など、典型的にアメリカ的なものとして尊ばれた徳性を体現している。〔アメリカへの〕完全な同化を果たしたブロンクスの公衆衛生ワーカーとして、民間で働いていたジョッポロだが、イタリア系アメリカ人として受け継いだ文化的な遺産のおかげで、〔シチリアの〕地元住民の物質的・精神的なニーズに、ユニークな形で順応する。彼は、ファシストが溶かして軍需品にするために持ち去ってしまったオリジナルに代わる、新しい教会の鐘こそ、アダノの住民が何より欲しているものだと察する。

事実上の市長であるジョッポロは、漁民に漁をさせ、製粉工場に小麦を挽かせ、通りにたまった数世紀分の泥を洗い流させる。また彼は、アダノを支配したファシストのように、パンを求める行列を肘で押しのけて前に出ることはせず、その後ろに立ったまま、民主主義に関する初歩的なレッスンを行う。アダノの魅力的なブロンド美女ティナに惹かれたジョッポロは、称賛すべき自制心を示す――「ひどい孤独」を感じたにもかかわらず、彼は故郷の妻と、戦争捕虜として囚われているティナのフィアンセを思いやるのである。

最終的に、この創意に富んだ少佐は、〔アダノの教会に〕ぴったりな自由の鐘をどうにかして手に入れる。しかし、それと並行してジョッポロは、農民の荷車をシチリアの主要道路から排除するという命令を取り消し、マーヴィン将軍と衝突してしまう――将軍にしてみれば、この命令は軍事的に必要なものだったが、ジョッポロの目には人間的な共感の不足と映った。ラバに引かせる運搬手段がなければ、アダノの住民は食べ物も水もなく衰えてしまう。この小説の月並みなオチで、ジョッポロは解任命令を受け取る――ちょうど最初の鐘が鳴る、そのときに。[41]

ハーシーは、ローズヴェルト政権の内部分裂につながった、占領の性質と担い手をめぐる軍-民の間の論争を、「悪漢」と「善男」による図式的な対立の中に再現してみせた。大きな影響力を持ったハーシーの小説は、明確に文民側の価値観に与してこの論争に介入したのだが、では戦争と平和の間の不安定な空白期に、誰がそうした〔文民的〕価値を担うのか〔ジョッポロのように思いやり深い将校でないなら〕という問題については、向き合うことを避けていた。

小説内の出来事すべてをわずか二週間に押し込むこと――それは、アダノで起きる事件の多さゆえ、不注意な読者なら簡単に見落とすかもしれない時間操作だった――によって、ジョッポロは、文字どおりの意味でも、比喩的にも、鐘に救われる〔問題が顕在化する前にアダノを発つことができたという意味で」。また、ジョッポロが占領事業の全体を見届けずに済んだおかげで、その作者も、占領地域において、厳密には誰が、何を、どれだけの長さで行うのか、といった難問に答える責任を免れた。

しかし、押しつけがましいほどに教訓的な序言の中で、ハーシーは、アメリカ人は占領をよきものにすることに非凡な才があり、またそれを証明すべきだと読者に語り、戦後再建の担い手という国家的使命を受け入れてほしいと訴えた。「ヨーロッパがたしかな安定を得るまで、我が陸軍と戦後軍はそこにとどまらねばならない。ヨーロッパに駐留する各々のアメリカ人は、語学だけでなく、叡智と正義、そして、ヨーロッパ人に対して我らが与えねばならないと思う、その他もろもろについて、ジョッポロを大いに頼りにしてよろしい」。思いやりあふれるジョッポロこそ、「世界における我らの未来」の体現にほかならないのだから、と。[42]

一九四四年の出版時、たいていの批評家は、この小説の欠点に拘泥しなかった――その欠点とは、すなわち道徳的二元論への還元とか、あらゆる面で自治への適性を欠くおどけたイタリア人の「ステレオタイプ的描写」を通して、軍政府による全面的な地元主権の簒奪に対する〔アメリカ人の〕やましさを免除してしまうことなどである。『ネーション』誌に掲載されたダイアナ・トリリングの手厳しい評を除けば、『アダノの鐘』は圧倒的にポジティブで、大概はお世辞としか思えぬ反響を得た。ジョッポロはウッドロー・ウィルソンとイエス・キリストの合体だと、称賛者たちは持ち上げ、戦時書籍評議会は『アダノの鐘』を「必読書」――つまりは、多忙な市民も読むべき作品に認定した。この団体の宣伝活動による押し上げと、雑誌でのあらすじ紹介、ブック・オブ・ザ・マンス・クラブによる配本、そして、ラジオ版や劇場版、映画版への改作などを通じた普及のおかげで、『アダノの鐘』は占領に関する議論の試金石、すなわち踏まえるべき議論の出発点となった。

この感傷的な小説が、津々浦々にまで行き渡ったという事実は、次のようなことを雄弁に物語っている。すなわち、戦時中のアメリカ人は、今次の戦争が実際に良いものであること、そして寛大なアメリカの指導により、もっと良い未来にすらつながるものであることの確信を強く欲していた。へつらうように感謝を示すアダノの農民よろしく、主の御手に口づけしたがるファンからの手紙で、ハーシーのかばんは膨れ上がった。こうした溢れんばかりの賛辞の中でも、アルバート・アインシュタインは、若き著者に対してとりわけ強い謝意を示した。ハーシーが「公正と正義に対してなした少なからぬ貢献」を讃えたアインシュタインは、深夜に読み始めた『アダノの鐘』を自分は途中で置くことも叶わず、明朝五時まで起きてしまったが、この小説が与える「名状しがたい悦び」はそれほどのものだった、と告白している[43]。

『アダノの鐘』のおかげで、アメリカ人の大管区指導者《ガウライター》や植民地行政官の幻影が完全に払拭され、民間人も安心した。同時にこの小説は、戦争と、そこで自分自身が果たす役割を進歩的なものだと思いたい軍政訓練生のニーズにも応えてくれた。パットンを揶揄する率直な描写にもかかわらず〔あるいは、それゆえにこそ〕、『アダノの鐘』は、下士官兵・将校の別なく非公式の〔軍政〕入門書として受容された。夫がシャーロッツヴィルの学校に通うマーガレット・クレメントは、「この町は、あなたの本の話でもちきりです」と、ハーシーに書き送っている。「あなたは素晴らしい、価値のある仕事をされました。語りの方法として小説を選んだことで、平均的な市民や兵士にも、より説得力を持って事実が伝わるようになったのです」と。

この点を裏づけるように、ペンシルベニア州のキャンプ・レイノルズからハーシーに手紙を送ったサム・ピルズベリー伍長が以下のように書いている。すなわち、彼が所属する陸軍専門訓練計画では、過去二週間に五〇を下らない数の学生が、『アダノの鐘』を「軍政コースの公認図書として」読んだ。さらに、彼は続ける。「この小説を読んだ者は皆、それが非常に素晴らしい著作であること、そして、この戦争の主な目的のうちの少なくとも一つについて、鮮やかに分析していることを認めています。戦争の本当の目的について少しでも考えのある者など、陸軍にはほとんどいません。政府が語る気の抜けた面白みのない一般論が、平均的な兵士の頭をはっきりさせるのにほとんど役立たないことにも、ご同意いただけるかと思います。私たちの多くは軍政に向かうことになるわけですが、ジョッポロ少佐は、我々が各自のアダノ〔軍政担当地域〕に着いた際の、鮮やかな指針になることでしょう[44]」。

占領の「実態」

すでに各自の任地に到着していた軍政要員のうち、何人かはシチリアに短期滞在中のハーシーとも会っていたが、彼らは件の小説と軍政府の最初の仕事について、もっと暗い見方を取ることが多かった。そのうちの一人に、軍隊に入る前はニューヨーク州議会で労使関係を専門にしていた、軍政官モーリス・ニューフェルドがいる。一九四四年一月にシチリアからサレルノに向かう前夜、ニューフェルドは「軍政府の成績はC、それ以上はあり得ない」と手厳しく採点した。もし彼がハーシーの小説に成績をつけたとしたら、間違いなく、もっと低い点数になっただろう。

ニューフェルドは、妻ヒンダと、大評判をとったこの小説について、まさに議論しているところだった。ヒンダは小説の熱心な読者で、『アダノの鐘』は「真実の音を鳴らして」いるのかどうか、モデルとなった人物の一人にぜひ訊いてみたいと思っていた。モーリスの方は、実際に読む前から、妻や陸軍の広報部門に聞いた話で小説に対する興味を完全に失くしていた。「まったく馬鹿げていて、そのせいで、感傷の病の蒼白な色に覆われそうな気がするよ」〔大場建治対訳・注解『ハムレット』研究社、二〇〇四年を参考に訳出〕と。ますます熱くなったニューフェルドは、以下のように続ける。

私も会ったことがあるが、ハーシーというのは、きっと上っ面しか見ていない奴だ。彼は軍政にとって何が一番大事かを分かっていないし、フランク・トスカーニとたった一週間、リカータで過ごしただけだ――トスカーニは有能な将校だが、リカータの住民や、その他のどんなイタリア人にだって、三週間で民主主義を教えられるものか。それに、ゲームの現段階において、民主主義を教えることは大事な仕事じゃないし、そんな風にして教えられるものでもない。民主主義は、ファシスト以前に存在した彼ら自身の仕組みを再建して、そうした枠組みの中で働くように指導することでもって教えられるものだ。あるいは、学校を開き、農業や労働の組織をもっと効率的にし、アメリカも含めてどんな国さえも、また、アメリカ人も含めてどんな国民さえも心からは讃えたことのない、そんな目立たないすべての仕事を通して教えられるものだ。[45]

日々の占領業務はたいてい感謝されず、まったく華やかではなく、気が遠くなるほど膨大だというのが、ニューフェルドがシチリアから、そして、のちにイタリア本土から送った大量の書簡の中に繰り返し現れる主題だ。また、再教育など断じて諸君らの仕事ではない、とシャーロッツヴィルで教えられてきたはずの軍政官たちは、民主主義の教え方について悩むことになる――実践的な見本を示すのがいいのか、それとも、月並みなお説教をするべきなのか、と。

民主主義教育としての価値はともかく、ニューフェルドの最初の任務の一つは、ジェーラの通りから、馬の死体と一緒に、人間と動物の排泄物を一掃することだった。それというのも、チャールズ・ポレッティ中佐が述べたように、「パットン将軍は、汚れた通りは陸軍の輸送と健康に対する脅威であり、衛生の点で度し難いシチリア人のやり口を思い出させる不快な印であると見なした」からだ。不十分な「衛生」は、イタリアを占領したアメリカ人によって繰り返し非難されることになる。

イェール大学で訓練を受けた軍政要員たちは、肖像画家で美術史家（のち「遺跡専門家」）のディーン・ケラーから、「いくつかの非常に奇妙なトイレのつくり」を覚悟しておくように教えられていた。すなわち、イタリア人は「腸を空にする際、便座に座るよりも、しゃがんで鉄の手すりを摑むほうを好むのだ」と。「これは、道具でもって、単金属やタイル、磁器などの製品を作ることと比べると、我々にとって好ましくはなかろう」と、ケラーは認めた。「しかし、それは現に存在しており、少なくとも当座《いま》は受け入れざるをえんのだ！」地元住民はどんな風に廃棄物の問題を、とりわけ人体が生み出すそれを処理するのか、あるいは、そもそも、しないのか。どこに行ってもアメリカ人は、この基準で、地元民の礼節もしくは後進性の度合いを量ろうとした。[46]

　シチリアでの興奮と経験について語るアメリカ人将校は、「不潔」と「怠惰」をいつも決まってセットにし、シチリアの農民を、自分たち占領軍から百年単位、あるいは千年単位で遅れた人々と見なした。フェニキア人、ギリシア人、カルタゴ人、ローマ人、そして、ムーア人による占領の連続を経験したシチリア人は、のろまを弱者の武器として戦略的に用いているのだと、ニューフェルドは自分に言い聞かせ、進歩的な立場を保とうとした。

　しかし、強い嫌悪感を押さえるのは難しかった。「ときとして僕は、彼らの怠惰さに絶望し、ほとんど彼らを憎んでいる自分に気づく」と、ニューフェルドは、一九四三年一一月に妻に打ち明けている。ヒンダがシチリア島での夫の日記を読んだときもっとも驚いたのは、ページから漂い出て鼻をつく、その臭いだった。「ハーシーの本を読んでも、そこがこれほど汚物だらけだったことは、分からないだろう」とヒンダは驚き、アダノを美化する意図的な試みというよりは、むしろ中国で宣教師の下に生まれたという著者〔ハーシー〕の背景が、その〔汚物や臭いの〕省略の理由かもしれないと推測した。「東洋《オリエント》は……たぶん、それほど清潔ではないだろうから」と。[47]

他の者たちも、同様に、オリエンタリズムの眼鏡を通してシチリア人を見た。北アフリカからシチリア島へと初めて上陸した男たちは、それまでに出会った外国人を相互に比べて評価する癖があった。しばしばシチリア人の点数は低く、白人であることもヨーロッパ人であることも、彼らの悪評を免れさせるには不十分だった。フィリップ・ブロードヘッド（リカータで短期間、トスカーニの班に所属した）は、潤沢なオレンジ、レモン、リンゴ、そして、豊富なアーモンドとクルミの収穫、さらに「その全部に加えて、良い景色などなど」に恵まれた地元民が、なぜ「やたらと不満の種を見つけてくるのか」理解できなかった。

かつてアルジェリア人のすさまじい欲深さを非難していたフレミングは、シチリアに来ると「家屋、道路、水の供給、それにあぁなんたる鉄道だ――これらはいずれも原始的な状態で、北アフリカよりかなり低い水準にある」と記した。「人々は皆、『くれ《ギミ》』という英語を知っていて、施しや拾い物がないか探し、一日中ぶらついている。まるで雇用促進局〔一九三五年に設立されたアメリカの失業対策機関〕から仕事をもらっている者みたいに特に有り難がりもせず、ただ追加をもらいにまたやって来る。彼らが何もしなくたって、世界と、とりわけアメリカは、与えなきゃならないんだから」。

シチリアへの最初の上陸からほんの数日後にフレミングが予期したのは、この島にアラブ人はいないが、「いったん事態が落ち着いてみれば」、どうせシチリア人も「同じくらい碌でもないのだろう」ということだった。ところが、シチリアの国家憲兵《カラビニエーレ》、聖職者、要人らが最初になしたことと言えば、占領軍の前に「不愉快なほど準備万端」、ひれ伏してみせることだった。ご機嫌取りのおべっかは、それを観た者のうちの何人かに、まるきりの恩知らずさえしのぐほどの不快感を与えた。少なくとも後者には、正直という美点があった[48]。

北アフリカでもそうだったように、軍政官は、自分たちが地元民に対してした仕打ちよりも、彼らのためにしたことの方をよく認識していた。しかし、住民に対する虐待はあまりにありふれており、しかも、ときに余りに悪質だったため、完全に無視することはできなかった。

レイプの噂についてハーシーは、ファシストの前市長が流通させた悪貨として、割り引いて考えるべきではないかと曖昧に仄めかし、アダノの物語の外に追いやった。しかし、トスカーニ少佐のノートには「アメリカ兵による女性への性的虐待に関する多数の訴え」が書かれている。軍政府の将校が作成した多数の週次・月次レポートも、同様であった。ニューフェルドがシチリアで最初に書いた簡潔な日記が、何より先に手をつけるべき仕事として挙げたのは、「二人のアメリカ兵が一人のカラビニエーレから略奪し、一人を銃で撃った事案」を解決することだった。「その後、彼らは民家に押し入り、夫を撃ち、その父親を傷つけ、そして妻をレイプしようとした」と。

しかし、レイプの防止と捜査は、シャーロッツヴィルのカリキュラムで十分に教えられるテーマではなかった。ある教官は、第一次世界大戦後のラインラントにおける自分の経験を引きながら、学生たちに向かって、そんなこと〔レイプ〕は一度も起こらなかったとさえ言った。バーバーなどは、フランスやドイツでは「極度に熱狂したご婦人が多すぎて、そんなことをする意味など、なかっただろう」と考えていた。軍政官はレイプを訴追する義務を負っていたというのに、彼は「女に対しては常に冷淡であるべきだ」と学生に吹き込んだのである。[49]

シチリア以前に確立され、後にフランス、ドイツ、そして、どこでも繰り返されることになるパターンとも重なるのだが、占領軍兵士はいつも、地元の女性を簡単に手に入れられるものと思い込み、彼女たちの淫らで官能的な肉体を、「手に入れた」国から差し出されたものと見なした。ニューヨーク州知事を二九日間務めた後、新たにシチリア島にやって来た上級将校ポレッティは、シチリア人女性に対する関心と嫌悪をへぼな詩で表現した。そこには、軍政統治の対象と目的に対して彼らが抱えこんだ、深い矛盾が表れている。

麗しき乙女、その笑顔
ニンニク臭い息は、その場を汚す
物憂げな主婦、その足に靴はなく
洗濯・料理は道ばたで
ここに来られてうれしいけれど、出ていきたくてたまらない
こちらは地元にお返ししよう、立ち去る準備はできている[50]

レイプへの対応では当てにならない軍政官も、売春を行う女性に対しては、シチリア人が金銭でセックスを提供することを禁じた一つの布告を盾にとり、強く出ることができた。他にも、性感染症に罹患した女性が占領軍兵士との性行為に及ぶことを禁じる、もっと包括的な命令があったが、そんな規則は役に立たなかった。大きなポスターにルールを書いて掲示すれば、占領軍の命令を読んだ町の住民が素直に従ってくれるなどという、うまい話はなかった。そうかといって、〔住民ではなく〕友軍兵士の性行動の方を規制する用意もできていなかった。

連合国派遣軍最高司令部《SHAEF》が出した『解放地域の民生及び治安に関する手続きマニュアル』は、「同性愛的、変態的、もしくは有害な行為」を制圧するよう軍政官に命じていた。しかし、この指令が意味する具体的内容やその運用についての案内はなかった。

かくして、GIと性的な行為をして手に入れた二ドルをイギリス人憲兵に没収された二人のシチリア人女性がやって来て、その金を取り戻すのを助けてほしいと言った場合、軍政府の軍政官が取る対

応は一つだった。〔結局、軍政官は売春が禁止されているのを根拠に女性たちの訴えを退けた。〕この女性たちの依頼をひどく面白がったニューフェルドは、「ファイルして」保存するよう、妻ヒンダに指示している。しかし、ヒンダの方は、そこで軍政官が置かれた苦境の面白さよりも、決然と補償を要求する女性たちの切実さから、強い印象を受けたかもしれない[51]。

右のような事態を少し引いた所から見てみると、軍政学校での訓練が、連合軍が海外において直面したり、自ら創り出したりすることになる荒廃の度合いを想定し切れていなかったことに気づく。シチリア島の町や村のいくつかは、戦闘と空爆による猛撃を受け、ほとんど押し潰されてしまっていた。シチリア沿岸部ではコミュニティ全体がバラバラになり、丘陵地帯へと逃げ出していた。のちの沖縄同様、占領軍兵士は数千の島民が洞窟に隠れているのを発見した。瓦礫の下で腐敗する死体と、水の供給の杜撰さのせいで、チフスの蔓延が不気味に迫っていた。ドイツの焦土戦略と連合軍による空爆の結果、シチリアの困窮は甚大なものとなり、マルサーラでニューフェルドが記したところによれば、医者すら靴を履いていない有様だった。シャーロッツヴィルで想定されたどんなシナリオも、これほどの規模の災厄を予見できてはいなかったのである。

ニューフェルドの当面の仕事の中身を簡潔に示すなら、「町の再建」だった。シャーロッツヴィルのイタリア愛好家たちによる講義では、貧困は趣に富んだものとして描写されたし、戦争がこれほど完全に破滅的なものとは聞かされていなかった。占領軍兵士が直面した生々しい欠乏状態は、それに苦しむ人やそこから逃れようとする人を高尚な存在にはしなかった。マルコム・マクリーンがローズヴェルトに宛てた「スパイ」としての調査報告書によれば、「シチリア人やイタリア人がこれほど汚く、これほど責任感に乏しく、またちょろまかしや騙り、責任転嫁の技術をこれほどたくさん備えていると予想した」者は、特別な訓練を受けたはずの軍政官の中にもいなかった[52]。

シチリア島では様々なものが不足していたが、中でも、食糧以上に切迫した悩みはなかった。「飢餓がすべてを支配した」という、ジャーナリスト、アラン・ムーアヘッドの見立てにはたしかな根拠がある。占領の初期段階において、シチリア人最大の関心が胃袋を満たすことなのは、軍政官もよく承知していた。シチリアの産品に魅せられた軍政官は、豊饒の大地を思い描いていたが、間もなく全島で発生した食糧暴動を見過ごすことは、さすがにできなかった。

　ハーシーの情報提供者だったトスカーニ少佐が、そのノートの中で教会の鐘に言及することはなかった。しかし、物資供給の問題にはたびたび触れている——解体された自動車両の「消失」、常態化する農民の退蔵、物資を少数の金持ち以外には手の届かないものにしてしまうブラック・マーケットの蔓延などである。占領の最初の週にポレッティは、「飢餓状態にある人々を救済するために少量の小麦粉を託送しようとしたところ、まったく音の鳴らない市の救急車に載せねばならなかったほどの、完全な輸送手段の欠如」について記している[53]。

　労働者のストライキや、その他、公共の場でのデモと並んで、食料を求める人々の要求が増加した。してみると、フィクションの中のアダノとは違い、シチリア人は政治を見失ってなどおらず、主導権を発揮できないわけでもなく、社会・経済的な正義の観念を失ってもいないことが、ますます明らかとなった。彼らはまた、残存するファシスト権力者への自らの感情を表明するのに、ためらったりもしなかった。「市長は町をたたき出された」と、ポレッティが七月一七日の日記にそっけなく記している。「農民にとって、あらゆる統治は悪である」と彼は断言した。「そして、ファシズムが最悪なところは、それ〔統治〕がたくさんあったということなのだ」。

　軍政官がシチリア人に対して最初に抱いた印象は、彼らは党とその手先によって完全に飼いならされているため、許可がなければトイレさえ使えない、というものだった。しかし、こうした思い込みは、現地の心理と政治に対する、もっと複雑でしばしば矛盾を含んだ理解にとって換わられた。君主制と分離主義、そして共産主義によって細かな陰影をつけられたシチリア島の政治的構図は、軍政官にとって、とりわけ厄介な交渉相手だった。組織的な犯罪シンジケートが沈黙の掟と相互不信の習慣を植えつけた島では、相手の善意の裏を読むのがさらにいっそう困難だった。

アメリカ人は、シチリア人の間の同胞意識の完全な欠如とやらについて繰り返し口にしている。彼らが属するケチなコミュニティが、蓄えた食糧をよそに分け与えることを頑なに拒否するのは、「ある町の住民は、自分たちさえ食べられて健康なら、隣町の住民が飢え死にしようが、チフスで死のうが、気にもしない」からなのだ、と。しかし、自分たちの敷地の中の物資を周辺地域の人々が持ち去ってしまわぬように秘匿し、油断なく監視していた軍政官の振る舞いも、似たようなものであった。[54]

連合軍の将校は、シチリア人に対するのと同じくらいか、もっとひどい不信感をしばしばお互いに対して抱いていた。そのため、軍政府の面倒な業務を指揮するアメリカ人とイギリス人が、相手の庇護下にあるイタリア人のことを嫌いあっていたとしても不思議はない。イギリス人司令官が保守派を寵愛したのに対し、アメリカ人の有力者は、もっとリベラルな分子を育てたがった――あるいは、北アフリカでの〔ダルラン提督との〕妥協により体面が傷ついた後なので、少なくとも、そうした勢力を育成していると見られたがった。

軍政府の有力者同士の緊張は高まっていた。長官のレネル卿（フランシス・ロッド）は、戦間期にファシスト有力者とのつながりをよく知られた銀行家だったが、部下からは、合衆国側で最上位の軍政官フランク・マクシェリー准将と「公然の対立関係」にあると言われていた。このイギリス人貴族は、ポレッティからも公然と非難された。ジョン・マクロイに宛てた無防備な手紙の中で、ポレッティはレネル将軍を名指しし、あの人はライチョウ狩りのほうが得意だろう、と述べた。

彼はハードなデスクワークということの、本当の意味が分かっていない。ある問題に関する議論を注意深く聞いて、決断を下す代わりに、いつもせわしなくアフリカをうろついたり、皇太子と昼食を食べたりしている。彼は政府を運営することについて、何も知らない。問題の分析は表層的だし、たいていの人間よりひどい先入観に囚われている。ついでにいうなら、この種の人間には、自由で民主的な政府は育てられない。……レネル将軍は軍政府の非効率さの主たる要因だ。このリーダーが定める足取りは、ふらふらのすり足なんだ！

かつてアイゼンハワーは、クレアの軍政官たちにリーダーシップを示せと訓示を与えたものだった。しかし、ポレッティたちは、行政に対する熱意こそ軍政府にもっとも足りないものだと考えていた。軍政府が凡庸な人間を引きつけ、同時に引退した陸軍の役立たず共の捨て場にもなっているという以前からの不満は消えていなかった。あるひょうきん者などは、占領地連合国軍政府《AMGOT》という略称を「古えの軍人紳士たち、遠征中 Ancient Military Gentlemen on Tour」と読み替えた。[55]批判は地元産のワインと同じく、いたるところ自由に流通した。レオン・デヴィッドが述べたように、「イギリス人の『やり遂げた』は、ただのポーズに過ぎない」と信じるアメリカの軍政要員は、イギリス人が軍政府を支配することに苛立っていた。アメリカ人が、イタリア人に対するイギリス人の「植民地主義的な」尊大さを声高に非難し、他方でイギリスの軍政官がヤンキーの野暮天ぶりに不平をこぼす中、アメリカ人は同胞同士でも頻繁に小突き合った。個人的な敵意は同国人の絆で抑え込めるものではなく、階級的な偏見と相まって時に互いの絆を凌駕した。

同胞があまりに簡単に地元のエリートに騙されることにニューフェルドは仰天した――どれだけ

相手の地位に感心し、どれだけ世辞に弱く、そしてどれだけ素早く財力と能力を同一視してしまうのだ、と[56]。

　軍政府で顕著な存在感を示すイタリア系アメリカ人は、アメリカ本国での揚げ足とりに加えて、シチリア島でも数多くの辛辣な言葉を浴びた。社交的なポレッティは、特に評価の分かれる人物だった。『ニューヨーク・タイムズ』や彼をハーシー作品の「少佐殿」になぞらえたお手盛り雑誌記事などはポレッティを持ち上げたが、ハースト系列の報道は、ポレッティがオルバニー〔ニューヨーク州の州都〕での三週間の任期中、多くの「労働マフィアとならず者」に恩赦を与えたとこき下ろした。

　よりいっそうまずいことに、ポレッティはマフィアのボスであるヴィト・ジェノベーゼを通訳として雇ったと報じられた――この話についてポレッティは、フィオレロ・ラガーディア〔イタリア系の父とハンガリー系ユダヤ人の母を持つ共和党の政治家で、連邦下院議員、ニューヨーク市長、連合国救済復興機関の長官などを歴任〕が出所ではないかと疑い、自分に対する名誉棄損だと思っていた。ポレッティをそしる人々にとっての彼は、「あまりに反ファシスト的」であったり、君主制に敵対的すぎたり、過剰に野心的であったり、あるいは宣伝に対して貪欲すぎたりなど散々だった。

　イタリアの石切り工の息子というポレッティの家系も、ジョッポロ式の異文化の懸け橋を築くのに適した人間として彼を認めさせるどころか、明白な欠点として批判者の目に映った。一九四四年に陸軍省の偵察任務でイタリアを訪れたケネス・ロイオールは、「社会的地位の高いイタリア人」が、「ポレッティとその同類」を軍政府の高位にはふさわしくない、「貧しい移民」として毛嫌いしているとの情報を、数多く収集している。同僚の軍政官も、ポレッティの住民に対する扱いを「乱暴すぎる」と非難した。さらに、尊大さがイギリス人の専売特許ではないことを示すように、歯に衣着せぬ一人のテキサス人が、ポレッティはまったくもって「適当な階級の人間ではない」などと、不平を口にした。ロイオールは、イタリア訪問の最後に、「一つの組織の中に、こんなにたくさんの個人的な諍いがあるのを見たことがない」と記している。[57]

この点には、多くの軍政府関係者が同意した。つまるところ、彼らこそロイオールの第一の情報提供者だったわけだ。概して厳しいアメリカの報道機関の評価ではなく、身内の評価でも、軍政府は最初の試験に落第したのである。しかし、シチリア島で〔軍政府が罹患した〕病気を診断する者たちは、その感染源について同じ結論に達しても、様々に異なる処方箋を提示した。

ある人々は地元民への寛大さが行き過ぎていると考え、別の者はイタリア人が「粗末に扱われすぎている」と考えた。これら異なる二つの系統の考え方は、しかし、どちらも常にイタリア系アメリカ人を悪者にした。第一のパターンでは、イタリア系の人々はあまりに自由に現地の人々と交流しすぎているとされたし、第二のパターンでは、地元民よりも優位にあることを示そうと決意しているとされた。いずれの考え方も、ハーシーの主張とは違って、「ハイフン付き〔○○系〕」アメリカ人の占領に対する貢献を疑問視していた。

問題は、合衆国に来たイタリア人移民が十分な同化に失敗した結果、祖先への忠誠を抱きしめたいと強く望むようになったのか、それともまったくその逆なのかという点にあった。もしかすると、「アメリカニズム」の強制は、イタリア系アメリカ人の兵士にそのエスニックなルーツと決別するよう促し、その結果、自らの新しいアイデンティティーの絶え間ない再確認を必要とした一部の者が、そのアイデンティティーを証明するために地元の住民〔イタリア人〕をいじめたのかもしれない〔イタリア系軍政官を非難する人々はそう考えた〕。それから二年後、占領下の日本でも、同様の問題が浮上する——今度は日系アメリカ人の問題として。[58]

占領作戦に関するもっと大きな関心事、すなわち誰がそれに最適なのか、また、どうすればもっとも効率的に準備できるのかといった問題も未解決のままであった。非効率な行政、政治的失敗、食糧不足、高まるインフレ、常態化した略奪行為、そして性暴力など、軍政府がシチリアで抱えた幾多の問題は、第一義的には〔連合国による〕計画の欠陥と地元住民自身の欠点のどちらに由来するのか。はたまた両者は複合しているのか。この点について、組織の批判者の考えは一致しなかった。シチリア島における自らの経験を顧みた人々は、矛盾した結論に達した。

ニューフェルドのような人々は、シャーロッツヴィルとその他の場所で受けた訓練の不備を嘆きながら、占領地の状況を予測することの根本的な困難を強調した。理想的な「初期対応者」とは、尋常ならざる柔軟さに恵まれた者であった――つまり、急速に変化する状況に、創意と思いやりを持って適応することができる者である。

しかし、戦争が必ずやカオスを生み出すとするならば、しかも、それが事前に予期できない規模で起こる上、占領によって混乱が増すとするならば、戦後の詳細な計画など、はなから無駄な努力ではないか。また、事前に予測できない事態に対処できる能力が良き占領者に望まれる資質であったとしても、適応力を教えるなどということが果たして可能なのか、判然としなかった。ニューフェルド自身は、占領は入念に準備した文民行政官の職分だと、固く信じていたが、他の者はそうは思わなかった。[59]

占領のための訓練には何が必要なのか、また、そもそも占領のための訓練などすべきなのか。こうした疑問を抱いたのは、「アメリカ人の大管区指導者《ガウライター》」の戦後の野心を恐れ、占領という考え自体を攻撃した人々だけではない。占領という事業をもっとも強く支持した人々の中にも〔周到な準備ではなく〕臨機応変さを声高に讃える者がいた。意気盛んな兵士たちから、その小説を〔占領のための〕訓練教本と見なされていたハーシーは、『アダノの鐘』の一四ページ目で主人公に自分の講義ノートを破り捨てさせ、代わりに「ジョッポロがジョッポロに送る備忘録」という一枚の紙を携帯させた。

二〇世紀フォックスはこの小説の映画化に着手する際、この部分をさらに誇張した。件の映画スタジオは、ジョッポロの設定を、予期せぬまま軍政の仕事に押し込まれ、特別な軍政の訓練は何も受けていない戦闘員にしたがったのである。「ジョッポロは、あらかじめ何も学ばずにこの仕事をやり遂げたほうが、もっと善良な、何かもっと人間らしい登場人物になると思います——つまり、ジョッポロが自分の引き当てた仕事を特に好きではなくて、前進する〔戦闘〕部隊とともに進みたがっていたとした方が。こうすれば、彼は単に良いことをせざるを得なかったから良いことをしたのだ、という風になるでしょう。それで我々の民主主義と軍に対する信頼が、もう少しうまく表現できると思います」。

ワシントンにおける二〇世紀フォックスの代理人アンソニー・ミュートは、陸軍省長編映画部門のトップに宛てて、こう提案した。これとは対照的に、軍政府のベテラン兵士たちは、即興に対する期待こそが、問題の解決策ではなく問題そのものなのだと思っていた。[60]

戦時中に出現した戦後の風景〔シチリア占領〕を見た人々の中で、それがドイツ及び日本の占領の良いモデルとなることに疑問を差しはさむ者は少なかった。ムッソリーニの追放と国王による降伏の後、イタリアは、南部を連合軍の占領下に置かれ、北部からドイツ軍を放逐する共同の作戦に従事する、「共戦国」となった。共戦とは、あるイギリス人外交官のドライな言い方では、「イタリア人を友であると同時に敵としても扱う」という意味であり、マックス・アスコリの秀逸な表現によれば、「仮釈放中の敵」とでもいうようなことだった。

イタリアの特異な地位は、枢軸領土とその支配から解放された土地との線引きを曖昧にした。「軍政府」がドイツと日本を管轄する一方、「民政」担当の将校は「解放された」領土で行政を執り行うことになっていた。しかし、彼らは同じ訓練を受けた同一の人々であり、両者を区別するのは言葉のニュアンスだけだった。「民政」という語には、「軍政」よりも穏健な処遇が含意されていた。

したがって、共戦という語には軍政府が民政事業と位置づけられ、イタリアが他の枢軸国に想定される運命よりも寛大な占領体制を提示されたことが示されている。軍政府とは「非常に厳格だが、同時に断固として公平かつ並外れて寛大な、軍服を着た外国人のサンタのようなもの」だと、少なくともアメリカのジャーナリストは思っていた。ゆえに、シチリア人が甘やかされているという抗議の雨が降ることもなかった[61]。

一九四四、四五年と戦争が続く中で、敵の本丸〔日独〕に対して徹底した条件を突きつけんとする連合国の姿勢は強まっていった。無条件降伏の後に来るのは、連合軍の占領下におけるドイツと日本の全面的なつくり変えである。

勝者は、〔両国に対し〕定めのない年月にわたり、前例のない規模で攻撃的な外科手術を実施することになるだろう――それは、打ち破った敵の戦争遂行能力を破壊するだけでなく、その市民が戦争をしたいと望む、その欲求まで破壊する手術である。そんな稀有壮大な再建計画には、ドイツと日本社会のあらゆる面に対する支配が必要となるだろう。そして、もしこれが公式に表明される占領の長期目標なのだとすれば、軍政府は「地元の習慣と心理を可能な限り温存する、ある種の上部構造だ」などといったお題目に用はない。

シチリア島での経験は、訓練課程においてわざと隠されてきたことを明るみに出した――すなわち、占領は必ずや新しい「足元の現実問題」を作り出す、ということを。ドイツと日本での任務は、軍政要員にシャーロッツヴィルで教わった信条を投げ捨てるよう求めることになる。軍政の仕事が「敵国の戦後体制とは何の関わりもない」ゆえに、「そこに政治の要素はまったくない」などという考えは、もはやナンセンスになった。これ以降、現地の伝統を変え、イデオロギー的な不純物を一掃することこそが、中心課題となる。[62]

第2章　征服の日々

勝者の感慨

一九四五年三月二三日、ルクセンブルクからドイツへと浮橋を使って渡河する際、第三軍司令官ジョージ・S・パットン将軍は「ライン川に小便をする」ため停止し、その瞬間と自分の縄張りの両方をマーキングした――それは、彼の日記に記された勝利のジェスチャーであった（余白に書き込まれた「やれやれ《ヒュー》！」の文字が、領地に対する彼の自負と、勝ち誇った安堵感を際立たせている）。橋の下の流れに続き、将軍は「征服王ウィリアムよろしく、対岸の土を所領としてつかみ取ろう」とかがみこんだ。勝者の役回りは、苦もなくパットンのものとなった。自ら世界史上の重要人物となる感覚に酔いしれた彼は、何百年も前に凱旋の英雄たちが謳歌した、封建所領に対する広大無辺の権限を思い描き、胸を膨らませた。

一〇六六年にイングランドを征服したノルマン人に自らを重ねるだけでなく、同時代の多くのライバルに首尾よく先んじてヒトラー治下のドイツに乗り込む楽しみもまた、間違いなくパットンを高揚させていた。オマール・ブラッドレイ将軍に電話をしたパットンは、天敵であるイギリス陸軍元帥バーナード・モントゴメリーの名を出し、「第三軍がモンティを出し抜いたと、世界に伝えてくれ」と言ってはしゃいだ。連合国の将軍たちは、ドイツ国防軍を打ち破りたいという思いで一致はしたものの、戦争においてもっとも栄えあるベルリンを目指し、互いに競い合っていたのである。[1]

印象的なことは、敵地到着に関するパットンの描写が、その途上におけるドイツ人との遭遇に一切触れず、ただ連合軍の将軍とその運転手のみに言及していることである。ドイツへの侵入にあたって、もっと階級の低い兵士がパットンのような上機嫌を経験することは、まずなかった。大将たちは同盟国や敵国に対する決定的な勝利に一様に酔いしれたが、GIは現実の征服が危険に満ち、断片化された経験であることを知っていた。ライン川を渡ることなど、断じて勝利ではなかった。ドイツ国防軍は最後の最後まで、時に神出鬼没でありつつ、頑なで、したたかな敵であった。

第三帝国が、どんな狂気に取りつかれても巻き返しを望み得ないところまで打ち砕かれたことが（少なくとも連合国側には）明らかになった後でさえ、数週間は残酷な戦闘が続いた。勝利は手軽に手に入るものでもなければ、パットンが完璧に無視したドイツ人の身体から切り離して実感できるものでもなかった。征服に伴う感覚や特権、あるいは不満といったものは、敗れたドイツ人と交流する中でこそ経験された。GIは、ドイツの土くれをつかむことやその川の流れに水を注ぐことではなく、他者がより強い力に屈するのを受動的に眺めたり、能動的に強いたりすることを通して、自分が勝者であることを確認したのである。そうした権力の行使を喜びと感じる者もいれば、同じくらい不快に感じる者もいた。[2]

ペイン・テンプルトン大尉の場合、明らかに征服の任務にきまり悪さを覚えていた。モンタナ州ヘレナの公立学区で教育長をしていたテンプルトンは、自ら志願して軍政官になった。彼はキャンプ・カスターで基礎訓練を受けた後、イェール大学に移って、シャーロッツヴィル軍政学校の方針に沿った特別指導を受けた。これに引き続くフランス及びベルギーでの軍政先遣隊の仕事からは、幾分プロフェッショナルな満足を得られたテンプルトンだったが、自身も認めるように、軍隊での生活に「気持ちよく十分に馴染んだことは、一度もなかった」。

ザールブリュッケンからドイツに入ったテンプルトンの最初の仕事は、「市の公園に集められて合衆国陸軍の世話になっている、落ち着きのない〈移住民〉五千人のために、食料と水を調達することだった。数日後、テンプルトンと彼の部隊は、ヒトラーによる国家社会主義運動の初期にあって、彼らをもっとも好意的に受け入れ育んだ、南部バイエルン州を横断した。先遣隊はハイデルベルク、ニュルンベルクと進んだが、ミュンヘンの通過は遅々としたものだった。ドイツ人・ハンガリー人の捕虜と、彼らをせっついて街から出し、郊外にある戦時捕虜収容キャンプに移動させようとする連合軍兵士で、道路がごった返していたのである。

憂いに満ちた、この行列の観察以外に、取り立ててすることもなかったテンプルトンは、パットンの勝利のジェスチャーを反転させたような出来事を目撃する。「私の脳裏を離れない一つの場面がある」と、後に彼は書いている。「先頭集団にいた、一人の小柄で哀れなハンガリー人兵士が排尿しようと躍起になっていた。彼はせっぱつまっていたけど、とにかく行進は続けなくちゃならなかった。僕らが見たとき、彼はボタンの二・三個までは、どうにか外し終えたところで、力尽きていた。忘れてしまおう、こんな話は。こんな痛々しい終戦のジェスチャーなんて！」ライン川への放尿がパットンの勝利を象徴したのと対照的に、ハンガリー人捕虜の惨めに濡れたズボンは、屈辱的な敗北の象徴としてテンプルトンの胸を打った。[3]

捕虜の行列と出会って一時間後、テンプルトンと彼の先遣隊は、二軒の「宮殿のような別荘」を差し押さえた。彼は、この接収も気に入らなかった。「破壊と荒廃と飢えに満ちた世界で」豪勢な兵舎に収まるのが、正しくないように感じられたのだ。しかし、同僚の兵士たちは、そんな風には考えなかった。「戦争に勝ったのだ。目につく限り最高のものが勝者に与えられて、なぜ悪い」。この反語的な問いに、テンプルトンの同胞男女は色々な答えを返した。彼らは、様々な程度の安易さと満足感でもって、勝者の役を演じたり、拒んだりした。

ドイツ占領軍兵士に対する諸注意

連合軍がドイツに入ったとき、その第一の任務は、復興ではなく、懲罰だった。第三帝国によって開始された総力戦を、それに相応しく、必ずや帝国の全面敗北によって終結させる。かかる目標は、一九四四年九月に統合参謀本部によって策定され、連合国遠征軍最高司令官ドワイト・D・アイゼンハワー将軍に託されたドイツ占領の基本指令、JCS1067に、正式に明記された。アイゼンハワーはその指揮圏内で「立法、行政、司法の至高の権限を付与される」と、この指令は仰々しく宣言した――それは、権力を取り出す手品の布のような文言だった。

JCS1067は、ドイツが「解放のためではなく、あくまで敗れた敵国として占領される」と、言い切った。ドイツ国防軍に侵略・占領されたフランス、ベルギー、その他のヨーロッパ諸国とは異なり、第三帝国崩壊後の被征服国ドイツは、その国民がふさわしいと考えるやり方で、自らを統治する自由を否定された。むしろ、戦勝国ドイツの主権を向こう数年、無期限に停止することになる。この四ヶ国共同事業（第三帝国の廃絶は連合国管理理事会のソ英仏代表による監督も受けていた）の目的は、「連合国が掲げる特定の重要目標」の実現にあった。なかでも、「ドイツが将来再び世界平和の脅威となることを防ぐ」ことが、群を抜いて重要な目的だった。

一九四五年二月にフランクリン・D・ローズヴェルト、ウィンストン・チャーチル、ヨシフ・スターリンがヤルタで合意したドイツの「分割」という線に繋がるべく、JCS1067は、ドイツを非軍事化するとともに、その工業力を剝奪するよう命じていた。その間、ナチ党とその様々な関連団体を非合法化することで、イデオロギー面の武装解除も進むことになる。指令は、戦犯裁判の開始までに、ナチの役人を「即時逮捕」するよう命じていた。[4]

ワシントンの戦時計画立案者たちは、時間をかけてドイツ人を改造し、彼らが世界を二度と戦争に追いやることがないようにしたいと思った。しかし、結局、民主化は、戦後ドイツの運命たる「三つのD」、すなわち「非軍事化 demilitarization」「脱工業化 deindustrialization」「非ナチ化 denazification」の後に回された。JCS1067は、もっと壮大な文言を含んでいた一連の指示を捨てて、「民主的な基盤の上に立つドイツの政治生活の最終的な再建」のみを提案するにとどめている。つまり、短期的には、ドイツ人が持つ〔あるいは、もはや持つことが叶わない〕諸々の〔物質的〕手段を奪うことが、ドイツ人の頭の中の観念を変えること〔すなわち内面の民主化〕よりも優先されたのである。

他方で、この指令は、ドイツ人が戦争とその壊滅的な結果に集団的な責任を負っているという、物議を醸す原則も明示した。その結果、「良いドイツ人」はあり得るか、という戦時中の長い議論に〔実質的な〕終止符が打たれた。すべてのドイツ人は強制的にその罪を自覚させられるのであり、なん人もナチスの世界強国への挑戦によって引き起こされた「混沌と痛苦」の責任を免れ得ないのであった。チュートン人気質についての著名な分析者の多くが、ドイツ人は個人的・国家的な罪を認めることに抵抗するだろうと予見したことで、この指令はますます正当化された。

敗北に際してドイツ人は、ヒトラーの権力掌握とナチ政権の長期化、さらには戦時中に行われた恐るべき残虐行為におけるすべての役割から自分たちを切り離し、あらゆる責任をナチ高官に負わせる傾向にあった。ほとんどの専門家は、敗れたドイツ人が涙ながらの自己憐憫に浸ると予測していた。ナチの残虐行為の被害者に対する共感を欠いたドイツ人は、自らの苦難のためにだけ涙を流し、その苦難を盾にして、他者を非難するだろうと。頑な超越人種《スーパー・レイス》が認める唯一の過ちといえば、戦争に負けたことであり、始めたことではないと考えられていた。[5]

恐るべき任務と恐れ知らずの敵に直面したアメリカ陸軍は、とある多方面作戦に乗り出した。それは、占領を現場で担う兵士たちを教育して、倒した敵を武装解除する参謀本部の壮大なプログラムにおいて、兵士が果たすべき役割を理解させることだった。教則用の資料は、第三帝国降伏後に求められる個別の業務よりも、むしろドイツ人に対してGIが取るべき態度に力点を置いていた。一九四五年初頭に陸軍通信隊が制作した短編映画『ドイツにおける諸君の任務』は、その製作者たちが合衆国軍兵士の弱点と見なしたもの――間抜けなお人好しへと容易に転化する純真さ――をズケと指摘した。監督フランク・キャプラ、脚本セオドア・ガイゼル（ドクター・スースとして良く知られている）で製作されたこの映画は、人の良いアメリカの若者が騙されて、自分たちと同様、ドイツ人も真に気立ての良いまともな人々だと信じ込むのはアメリカ人の側の問題だと、厳しく言い渡した。

警戒が必要だ――このメッセージは、無実を訴えるドイツ人を皮肉な調子でこき下ろすナレーションのおかげでよく理解できた。ナチスではなくドイツ人こそが長い戦争の歴史に責任を負っているという主張が、『ドイツにおける諸君の任務』の柱だった。ヒトラーは、ビスマルクやヴィルヘルム皇帝にまでさかのぼる、総統たちの系譜の末尾に過ぎないとされた。また、GIたちは、第一次世界大戦の後という、それほど遠くない過去に、ラインラントを占領した合衆国軍がドイツとドイツ人の魅力にたぶらかされたことを突きつけられた。「我々〔アメリカ人〕は溢れんばかりの同情を示して、軍隊を引き揚げたのに」と。先人たちときたら、なんて愚かだったのだろう！[6]

再び騙されないようにする最良の方法は、だまされることのないようドイツ人をそばに寄せつけないことだと、映画は主張した。今度こそ、平和を維持する任務を断固やり遂げねばならないが、それには安全距離を保つことが肝心だ。「その手を握るな！」が『ドイツにおける諸君の任務』の第一の指令であった。占領軍が敵地に駐留しているのは、ドイツ人と友になるためでも、「議論する」ためでもない。「彼らの見解を変えようとするな。それについては、他の連合国代表が考える」。心理学で武装した博士たちの専門家部隊が用意されていると仄めかしつつ、ナレーターはそう観客に言い聞かせた。

打ち倒したばかりの敵であるドイツ人のことは、余計な口を利かずに、ただ見張っておけと、映画は占領軍兵士に命じている。映画の中では、最高司令官とは「公正だが、毅然として、親しまない」ものだという、JCS1067の文言をまねて、「諸君は親しまず、用心し、疑い深くあれ」と語られた。敵国民との親交に対するこの映画の厳しい戒めは、決して握手をするな、絶対に家庭を訪問するな、性別・年齢を問わずすべてのドイツ人を信用するな、というものだった。

『ドイツにおける諸君の任務』は、「もっとも危険」な集団について特に強い警告を発している――それは、集団で「ジーク・ハイル」の陣形をとり、腕を差し伸ばしてさえいなければ、まるでアメリカのボーイスカウトそっくりな、半ズボンとニーソックス姿の少年たち〔ヒトラー・ユーゲント〕である。〔映画によれば〕その人生を通してナチの教化に毒されたドイツの若者は、「全世界史上最悪の教育犯罪のたまもの」であった。だから、GIは特に子どもから距離を取らなければいけない。

一方、『ドイツにおける諸君の任務』はドイツ娘《フロイライン》に言及することを慎重に避けているが、これはおそらく、意図せぬ形で〔兵士の〕潜在意識に暗示をかけないためだった。しかし、敵国民との親交を禁じる、この映画は、「公的か私的かに関わりなく」、決して〔ドイツ人と〕心を通わせてはならないなどと、わざわざ強調している。この場面に付された映像が和気藹々とした家族の食事風景だったからといって、軍上層部がもっとも恐れた親密さが、日曜の午餐でないことは明らかだった〔映画では、兵士とドイツ人女性との間の性的な「親交」が仄めかされているということ〕。

兵士は、『ドイツに関するポケットガイド』全四三頁も受け取った。陸軍情報課が一九四四年に作成した、この小冊子が届けるメッセージは、映画と重なる部分も多かったが、その意図が分かりにくい部分もあった。序文の二頁目には、「敵国人と決して親交を結んではならない。絶対に！」と書いてある。〔兵士にとって〕占領任務の大部分は、〔余計なことはせず〕単にそこにいることだ、と本書は力説する。すなわち、「ドイツの国土における諸君の存在こそが、支配人種理論――世界を血の海に沈める任務にドイツ人を駆り立てたもの――が、まったく途方もなく馬鹿げていると、絶えず彼らに思い知らせるのだ。なぜなら、その価値観に従えば、諸君が彼らの土地を占領するのではなく、彼らが諸君の故郷を占領するはずだったのだから」と。

しかし、こうした記述と、その後に続く「保健」と題された部分でなされる警告との間に、整合性はあるのだろうか。そこには、「性病感染のリスクにさらされた」兵士は「ただちに予防措置をとるため報告」しなければならないと書いてある――しかし、「敵国民との親交」もないのに、いったい、どんな成り行きに流されて感染するというのだろうか。また、これに続く「結婚に関する諸事項」という段落も奇妙である。そこでは、アメリカ兵と「外国の女子」の結婚が、イデオロギーよりも兵站に関わる理由からまず不可能であると詳述されている。戦争花嫁〔アメリカ兵が、配偶者として本国に連れ帰る外国人女性〕のための輸送は「今後、長期間」利用できないだろう、と。[7]〔そもそも親交がないのに結婚するという想定の矛盾を指摘している〕。

このように、『ポケットガイド』の、両手を広げて近づいてくるドイツ人を迎え入れるなというメッセージは、筋が通っているとはいえないものだったが、武力による抵抗を予期せよという警告のほうは、ずっと明確だった。「諸君は非友好的な地域にいる。君の命は戦争中以上の危険にさらされているかもしれないのだ」と。この小冊子は、ハインリヒ・ヒムラー率いる約五〇万人の訓練された殺し屋が、「軍服を脱ぎ捨て、無名の市民として潜んでいる」と予言した。こうした予測は、占領軍兵士に軍人としてふさわしい振る舞いを教えるために使われる、単なる脅しとは違った。連合軍の上層部は、組織的な抵抗の脅威をきわめて深刻に受け止めていたのである。

最後までアルプスに立てこもるナチの狂信者やゲリラ組織「狼人間《ヴェアヴォルフ》」の幻影は、一部の人々の間で、ほとんど強迫観念と化していた。ドイツ国防軍が降伏し、総統自身がこの世からいなくなっても、親衛隊のエリート隊員やナチ党の突撃隊は大人しく敗戦を受け入れないのではないか。アメリカ軍の指揮官がこんな恐れを抱いたとしても、無理はない。一九四五年四月に陸軍諜報部門の報告がヴェアヴォルフの神話を払拭しようとした時にも、ブラッドレイ将軍とその賛同者たちは、依然として、敵の全面降伏を当てにするくらいなら、抵抗を予測する方が賢明だと考えていた。[8]

そういうわけで、ドイツ降伏前夜に占領軍へと衣替えしつつあった戦闘兵は、新しい仕事がいかに困難かつ危険なのかについて、繰り返し注意を受けた。これは、アメリカの民間人が新聞紙上でもっとも多く目にするテーマでもあった。一九四五年三月、『シカゴ・サン』紙は、以下のように報じている。すなわち、「特派員の中には、ジープのフロントガラスを防弾にしようか真剣に考える者がいる一方、ロイター通信は、すべての特派員に機関銃を供与する必要があると伝えている。くわえて、ドイツ入国前の噂は、肉親を亡くしたドイツ人の母親が二階の窓から狙撃してくる話とか、アメリカの歩哨の首をワイヤーコードで静かに絞めたり、ブービー・トラップや地雷で殺したりする、ドイツの地下組織の話でいっぱいだった」。ただ、『サン』のからかうような書きぶりからも分かるように、GIが敵の領土に侵入し始める頃には、右のような恐ろしい予想も、すでに大げさだと思われ始めていた。[9]

ドイツ入国

アメリカ兵にとって、敵国の領土に入ることは、画期的な意義を持つ重大事だった。軍政府訓練生や、陸軍特別訓練計画の課程から新規にドイツへ入国した者たちは、それまで数ヶ月にわたり地図や表や統計を検討してきた。そのため、書類上ではこの土地を熟知していた。これらの将校や下士官は、第三帝国を目指すべき第一の標的としていた。ハンス・アンダースも、そんな人々の一人である。オーストリアから合衆国へやって来た移民の息子「フリードル」は、ネブラスカ大学でドイツの地域と言語に関する課程を修了した後、一九四五年四月初旬にその国〔ドイツ〕に着いた。不吉な重々しさを漂わせながら、彼は、「目的としていた国に着いたよ」と、「ムンメル」〔アンナ・ヨゼフィーネという女ともだちの愛称。水蓮ないし水の妖精の意〕に知らせた。一方、同じ頃、戦闘の現場を担う兵士たちは、ドイツが自分の最終目的地なのか、それとも太平洋もしくはビルマ－中国－インド戦域へと移る前の単なる中継地点なのかも知らずに戦い進んでいた。

しかし、過去にどんな訓練を受けたかとか、先行きについてどんな考えを抱いているのかといったこととは無関係に、故郷に手紙を書く習慣を持つ、ほぼすべてのアメリカ軍関係者が、半ば屈服しかけているヒトラーの祖国について、その第一印象を記した。アイゼンハワーの大胆な表現を借りれば、「征服者として」ドイツに入ることは、どんな気分か――これこそ間違いなく、故郷の同胞が聞きたい点であった。こうした経験を書き残すことは、兵士にとって、様々な理由で引き起こされた深い不安感を整理したり、鎮めたりする機会となったことだろう。兵士は、自分が通過した半径二五マイルの範囲にある特定の地名や目印に言及することを、軍事検閲により禁じられていた。しかし、この規則は、兵士が自然地理や精神状態について記録することまでは禁じていなかった[10]。

三頁にわたってびっしりタイプされた、ドイツ入国に関する記録の冒頭で、ジュリアン・ヘイズは、故郷のありふれた安息日と、「僕がドイツに入った日曜の曇天の朝」を比べている——こうした対比は、信心深い家族のささやかな聖所と、平行宇宙の戦闘との間の深い断絶を際立たせるために、手紙の中でしばしば用いられた手法である。「そっちでは、豪勢なチキンの晩餐を用意していたかな、それとも、ちょうどいつもどおり、教会へ行くためのおめかしをしていたかな」と、ヘイズは考える。「でも、その日ドイツでは、何もかもが、明らかに日常と違っていた。そこには、破壊、混乱、失意、そして絶望の風景があったんだ」。

ヘイズは、「『竜の歯〔コンクリート製の障害物〕』や戦車罠、強化トーチカなどで守られた」名高いジークフリート線〔フランス国境沿いのドイツ要塞線〕を、〔連合軍〕歩兵が突破してみせたことに驚いていた。ドイツ国防軍は騙されやすかったのか、それとも準備が足りなかったのか知らないが、いずれにせよ、突撃は完璧な不意打ちになったらしい。「破壊された戦車、銃、車両が道路脇に並んでいた。まだ路上に擱座しているやつもあったので、僕らはこれをどけねばならなかったし、ひっくり返っているのや、溝の中で燃え尽きているのもあったよ」。

大慌ての撤退劇のあとでは、〔ドイツ軍〕兵士個々の備品や軍装の一部などが方々に散らばっており、驚くべき数の「死馬と、馬に引かせた砲の残骸などが打ち捨てられていた。これが、音に聞く、機械化されたドイツの陸軍だった」。そのすぐ後、ヘイズと彼の仲間のＧＩは、人間の死体に出会うことになる。「もうライン河というところまで来たら残骸の中に兵士の死体が横たわっていた。なんて凄惨な光景だろう！　すべては、死者を埋葬する暇もないほどあっという間の出来事だった。神よ、あの寒さに感謝します〔まだ、ところどころ雪が残っていたんだ〕。おかげで臭いがしませんでした……。あの恐ろしい景色はどんな言葉でも言い表せないよ。ショックを受けたなら、ごめんね。もしかしたら、書くべきじゃなかったのかもしれない。でも、まさにこれが僕の見たものだったんだよ。何か楽しいものを見つけたふりなんて、できやしない」。

ヘイズがついに生きた人間（一人の高齢男性と三人の女児だった）に行き会ったとき、彼らは一様にアメリカ軍部隊を無視し、征服者の存在に気づかないふりをしているようだった。しかし、ヘイズは彼らに背を向けるのではなく、その顔をまじまじと見たいと思った。その表情から内心を推し量り、ドイツ人が全面的な敗北をしかるべく受け入れている、その証拠を見つけたいと思ったのである。しかし、彼らは「その目に傲岸さを湛えている」とヘイズは思った。手を振るでも、歓声を上げるでもなく、彼らは「いまだに、ヒトラーが吹き込んだ尊大な心と、軽蔑的な態度を維持している……。彼らと親交を結ぶだって？　ごめんだね！　彼らに同情するって？　無辜の人々を殺して、それを誇り、機会さえあれば同じことを繰り返すような殺人集団に、どうやって同情するんだ！」

ドイツ人が受けたどんな待遇も「彼らには過分だし、もったいないよ」。それでも、ヘイズは総力を挙げたドイツ再建を支持していた――「最高のアメリカ人教師と教育者、最高の僧侶と宣教師を」と。これこそ、「我々自身の生活様式と平和愛好諸国の将来の幸福を守る」唯一の道だろうから。こうした任務が兵士の不在を長引かせ、アメリカ国内に反発を生じさせることを、ヘイズは承知していた。しかし、彼は他に方法がないと考えたのだ。[11]

一様に甘やかされ、十分な反省をしていないらしい〔ドイツの〕民間人に対してヘイズが抱いた深い反感は、一九四五年三月にドイツへ流入した多くのＧＩが共有したものだった。「戦友の一人は彼らに向かって発砲し、気分を晴らしていたよ」と、ある兵士が書いている。解放後のフランスやベルギー、オランダから、ドイツへと入った途端、気圧が下がったように感じる者もいた。民間ではロマンス諸語の教授だったモーリス・カーツ軍政官は、フランス人の妻に宛てた詩のような形式の手紙の中で、この異様に鬱々とした空気を描写している。

そう、これが占領下のドイツだ！

解放された国と占領された国の、なんたる違い！

国境を越えた瞬間、不快な重苦しさと予感が降ってくる。重荷はほかにもある。全方位を敵に取り囲まれる心労だ。


占領する者とされる者は、その最初の接触において、緊張に満ちた注意深い距離を保ち、民間人側が背を向けない限り、敵意に満ちた眼光や無表情な凝視を交わすことになった。ヘイズ同様、多くの兵士が、ドイツ人の顔に表れた失意や反抗心を読み取ろうとした。とどのつまり、敵を監視することは占領軍兵士の任務の一部だったから、彼らは状況が許す限り厳しくかつ頻繁に敵国市民の顔を見つめる体になったのである。しかし、無表情な顔が、不機嫌ながらの受容を示しているのか、それとも抑えきれない傲岸さの表れなのか、判断するのは困難だった。特に、連合軍による短兵急なドイツ突貫が行われている最中では、〔ドイツ人の〕感情を読み取るという捉えどころのない仕事はなおさら面倒になった。[12]

ジークフリート線を突破した後の行軍ときたら「危険なほどの猛スピードで、あたかも、ドイツの国土をできるだけ速く通り過ぎたいかのようだった」とカーツは語っている。村や町はほとんど何の抵抗も示さず、次々と陥落していった。GIは、シーツやベッドカバー、タオル、破れたシャツなど、民間人が降伏の印として窓から垂れ下げた様々な種類の白い布について律儀に記録している。

自治体の建物の壁に書かれたナチのスローガンが消されずに残っていた場所では、決死の抗戦を呼びかける仰々しい文句や連合国に対する侮蔑の言葉が、意図せざる皮肉になっていた。当時二四歳の情報将校で、後にメディア社会学の中心人物となるレオ・ボーガートは、こうした数々の督励標語を書き留めている。すなわち、「我々は決して降伏しない！」「まず働け、しかるのちに勝利だ！」「総統を信じ、務めを果たせ！」といったものである。

アメリカ軍が着いてみると、ドイツ人が慌ててスローガンを消し去ったばかり、というところもあった。おそらく、彼らはナチ党から距離を取ろうとしたか、新たにやって来た征服者が、反撃の意思のない自分らに向かって発砲するのを避けようとしたのだろう。あるいは、その両方かもしれない。しかし、最終局面におけるドイツの防衛が驚くほど脆弱であったため、連合軍の進撃も自然と速まった。第四二六五需品トラック中隊に所属した不愛想な伍長は、この不適切に速い行軍が典型的な陸軍の出鱈目《ブル・シット》だと、妻に不満を漏らしている。

「たくさんの場所に行くが、何を見るでもない」とクラレンス・デーヴィスは愚痴を言った。まるで、この素早い前進が、下士官兵を困らせイライラさせるためだけに上官たちが思いついた厄介ごとでもあるかのように。〔デーヴィスを除く〕たいていの兵士は間違いなく、この進軍の勢いにもっと理解があったのだが[13]。

少年と年配者を急きょ徴兵・補充したドイツ国防軍の残党は、多くの戦場で持ちこたえることができなかった。しかし、家々を奪い合う市街戦がなかったからと言って、ドイツの町や都市が戦禍を免れたわけではない。それどころか、連合軍の爆撃機が立派に任務をやり遂げていたことについては、そのときドイツ国内を縦横に移動していたアメリカ兵の数多い証言がある。そこには畏怖の思いさえうかがえる。移動は徒歩だったり車両だったりと様々で、なかには猛爆に後れをとるまいと、自転車を徴発、必死にペダルを踏んで機甲部隊のあとを追った歩兵もいた。そうした兵士たちの眼前に次々と現れる都市は、どれも粉微塵に崩れていて、こんなに粉砕されてしまったら二度と再建はできまいと、大勢が予想したのである。

　ドイツがそれほどまで完全に崩壊しているのを見て、満足を表す者もいた。アルバート・ハトラーは四月にマンハイムで目撃した景色を描写し、「航空隊の能力を示す、素晴らしい風景だよ」と、妻レノアに書き送っている。他の者は、大穴の開いた、終末のような光景をなんと表したらいいか苦心していた。彼らは、かつて命が脈打っていた場所――すなわち有機的なコミュニティ――の破壊を強調すべく、粉々になったドイツの諸都市を、「骨組みだけ」とか「残骸」とか「心臓をたたき壊された」とか、あるいは「シロアリが裏も表もみんな食い嵐し《ママ》」などと描写した。デーヴィス伍長は、「お化けみたいな」構造物と記している。

　部分的に壊れた建物などは、舞台装置や、側面が蝶番で半開きになった巨大なドールハウスに見えることもあった。外壁が失われ、内部の仕切りの一部が残った建物の場合、その部屋とインテリアはポカンとむき出しになり、あたかも時間と空間の狭間で宙づりになっているかのようだった。そこかしこで、ベッドは元のまま置かれ、ランプシェードが揺れていた。あるＧＩは、カッセルの半壊した家で、外から丸見えになったトイレを使うドイツ人を目撃し、仰天している。こうした場所は、まるでシュールレアリストの作品が現実に現れたかのようだった。

　しかし、あらゆる所に死の痕跡が残っていた。一九四五年の春は早く、三月というよりはむしろ五月の陽気で、ヘイズが記した臭いの無い死体も瓦礫の下で腐り始めていた。目に見えない物でも、鼻は感じずにおれない。長くたなびく死が大気を満たした――それは、浸みこんでくるような、息の詰まるような、そんな存在の主張だった。[14]

　再建前のドイツの都市空間で、夜間、住民は皆どこに行くのかと、兵士は常々いぶかしんでいた。昼間、女性たちは通りに現れ、ＧＩが見るところ典型的なチュートン人の能率でもって、整然と瓦礫を積み上げていた。占領軍兵士は、服従を教え込むための罰として、これら「瓦礫の女たちTrümmerfrauen」に清掃業務を命じ、これを受け入れなければ配給手帖を取り上げることもあった。

しかし、アメリカ人が到着してみると瓦礫はとっくに片づけられた後、ということもよくあった。ジョン・ウィナーはこの勤勉さについて、ドイツ人が「謙虚な、あるいは自発的な被征服民ではなく……落胆もしておらず、精力的」であることの証左と捉えた。彼らはもう少し謙虚さを教わり、「その才能をしかるべき方向に向ける」必要があるだろう、と。戦争が生み出した死と瓦礫の只中で、生活は続いていた。しかし、その生活とやらは、いったいどこで営まれているのだろうか。

困惑したアメリカ人が想像できたことと言えば、せいぜい、ドイツの都市民は、夜は穴蔵や地下室に潜り、壁も天井も窓ガラスもない部屋で野宿しているのだろう、ということだった。朝になると、彼らは驚くほどきれいに着飾り、きちんと身だしなみを整えて、再び現れるのだ[15]。

住民が消えたようでいて、その実、お化けのように居残っているドイツの諸都市に対し、農村には農村の矛盾が存在した。そこには、しばしば息をのむような絶景があった。青々としたラインラントと画趣に富むバイエルン――そびえる峰々、整然とした森、空想的な城、色とりどりに飾られた山小屋――はヒトラーの第三帝国ではなく、間違いなく児童向け絵本の世界であった。あらゆる窓辺からゼラニウムが咲き誇り、花壇は丹精込めて手入れされていた。崩れ落ちた都市との、なんと鮮やかな対比！

ほんのりと香る大量のライラックの花で、ドイツは「天国のような匂いがした」と、シドニー・アイゼンバーグがブロンクスの家族に宛てた手紙に書いている。占領軍兵士は、この不釣り合いさに繰り返し当惑した。「僕は、彼らがこんな自然美の中にいながら、あんなに嫌な人間でいられることが、単純に理解できない」と言って、ドナルド・シェルドンは驚いた。二等軍曹アルフレッド・ロジャースは妻に、いったいこの人たちは何が不満なんだろうと、大げさに尋ねてみせている。
豊饒な上に広大な農地を持つドイツ人が、どうして生存圏《レーベンスラウム》のための戦争なんてする必要があるんだ？　灰燼に帰し、飢えに苦しむヨーロッパ諸国を通過してドイツに入った歩兵たちの目には、その国民が近隣諸国の人々よりはるかに豊かに見えた。自分たちよりも持たざる者から奪おうとする、この飽くなき欲望は、どこから来るのだろう？[16]
ドイツの道路には、さほどの田園風情はなかった。国中を移動するアメリカ兵は、やはり移動中の膨大な人口に驚かされている。数百万とは言わずとも、数十万の人々が、とぼとぼと気だるげに家路を行き、どこかもっと良い場所を求めて、ある地点から別の地点へと足を引きずっていた。人目を忍んで軍服を脱ぎ、民間人の生活に溶け込もうとした国防軍兵士もいれば、駆り出されて、巨大な当座の戦時捕虜収容キャンプに移送される者もいた。ボーガートは、ドイツが最終的に降伏する一ヶ月前、一九四五年四月七日の情景を切り取り、家族に書き送っている。

ドイツの道路は今、まったく異様な光景を呈しているよ。まずは我が軍の軍用車両の往来だ。車列が延々と続き、逆に戻ってくる車列もあり、ホロなしのGIトラックにはドイツ人の捕虜がぎゅうぎゅう詰めになっている。彼らは灰色にやつれて見え、ひげはそってない。我が方のプロパガンダ・ビラは明るい調子で彼らを描写するが、実際は、悦ばしいことなど何もないみたいだ。大体は中年男性らしく、ドイツ国防軍の緑の制服か、空軍の青灰色の制服を着ていて、なかには民間の服を国民突撃隊〔一六歳から六〇歳までの男性を対象としたナチス・ドイツの民兵組織〕風に着ている者もいるよ。時々は女性も一緒に詰め込まれていることさえある。こうした人々や、あるいはその他の民間人の様子に、古典的なアーリア超人の原型のようなものを探してみても、無駄だね。

いまや、そんな神話はドイツ人にとってすら時代遅れなんだと思う[17]。

戦時捕虜が拘束されていく一方、連合軍の爆撃を避けて農村に避難していたドイツ民間人のうち、軍政府による移動制限の試みをかわせた者は、動き出していた。他の軍人の書き手と同様ボーガートも、人々がその惨めな所持品を運ぶために用いる、きわめて多様な車について記している。ねこ車、乳母車、手押し車に、人や動物が引く車輪付きの箱などだ。苦境が〔輸送に関するドイツ人の〕創意を刺激したのである。身動きのとれない道路、追いたてをくらった群衆と即席の荷車といったドイツの光景は、南部で大学教授を務めるアフリカ系アメリカ人大尉レオナルド・テイラーの脳裏に、かつての歴史を思い起こさせた。無論、それは、「南北戦争の終結時に南部人が家路を目指す」姿である[18]。

一方、第三帝国によってヨーロッパのあらゆる場所から強制労働につれてこられた男女は、できるだけ早く、その捕獲者の下を離れようとしていた。ヨーロッパを東進してドイツに入ったボーガートは、故郷と愛する人々を目指して出発するフランス人とベルギー人を観察し、鮮やかに描写している。「僕は今、劇の結末でようやく合流する、別々の二つの物語を見ているような気がするよ。フランスやベルギーで、僕は、孤独な愛のない日々に希望を捨てず耐えながら、男をじっと待ち続ける女たちを見た。そして今、その男たちが、日に焼け、疲れ果て、やせ衰え、憔悴して、埃っぽい幹線道路を西に向かい足を引きずり、笑い合いながら、皆の荷物を積んだ車を引いていく様子を見ている。決して、決して忘れられない光景だ」。そして、ボーガートは以下のように結ぶ。「こうした人々のそれぞれが自分自身の物語を持っているけれど、その全部が合わさり、ファシズムのせいで流浪と移動と無秩序の状態に置かれたヨーロッパの、巨大な集合的物語になるんだ[19]」。

だが、すべての〈移住民〉が遠くまでたどり着けたわけではない。体に害のある蒸留酒と知りながら、それをがぶ飲みして死んだ者たちがいた。ライプチヒ郊外では、元強制労働者の集団が、穀物アルコールが積まれていると思しき鉄道タンク車にもぐり込んだ。あるアメリカ兵によると、彼らはその液体が「付近の化学工場の一つから出た」ブレーキオイルであることに気づいたが、時すでに遅く、「ほんのちょっぴり飲んだだけで、ひっくり返り、死んでしまった」という。〈移住民〉はいたるところで地下室に侵入し、瓶や樽の中身をぶちまけて酒のプールを作り出し、四つん這いになってそれをすすり、溺れ死んでいった[20]。

ドイツは難民で溢れかえっていた。第三六二戦闘機大隊の広報将校ポール・ミッチェルの言葉では、「放浪者《ホーボー》の国」だった。「子どもたちは列車の連結部に乗り、家族全員が貨車の上の毛布で眠っていた」。鉄道の駅は旅と人生が交錯する交換所となり、移動中の軍人は、死に物狂いの人々とごく近い距離でまみえていた。ミッチェルは、部隊の車列がレベンスブルクの崩壊した駅に入った際の印象的な様子をスケッチしている。

> あらゆる場所から来た〈移住民〉が、みすぼらしい荷物、泣きわめく子ども、悲しげな表情の女性、ふざけ合うティーンエイジャー、そして奇妙に静かな老人たちに囲まれて、ホーム上にいた。貨物車で生活する者もおり、一つの貨車に一〇から二〇人が乗り込んで、彼らを故郷へ引いていく機関車を待っていた。しかし、彼らはどこへ行くのだろう？　何を目指して帰るのだろう？　根こそぎにされたのだ。家族のつながりは損なわれ、壊されて、現実的な目的を欠く空虚な空想世界に、廃墟と霧の「気だるい」世界に、彼らは集められたのだ。
>
> 誰もが腹を空かせていた。そして、軍の列車が入ってくるたび、そこに殺到した。男は煙草をねだり、捨てられた吸いさしをいちいち拾い上げた。子どもは開いた車両のドアに群がり、我々

の糧食を見つめた。クラッカーにバターを塗り、堂々とパクつくのは危険だ。即座に、人だかりができ、根源的な人間の嫉妬の的になってしまうから……

一人の中年女性がグレイジャー大尉に食べ物を乞うた――もう三日も食べていないのだと言う。その涙にほだされた大尉は、彼女のところへ行き、チーズとクラッカーを与えた。彼女は泣いて、彼の手にキスをした。その少し前、彼女は先頭車両のところでGIたちと交渉し、食べ物をくれれば「死ぬまで一緒に寝る！」と言っていた[21]。

強制収容所の光景と臭い

これまで述べたことも、人間の存在が肉体的な欲求に切り詰められる、実に痛ましい場面ではあった。だが、アメリカ人が四月以降にドイツ各地の農村で目にした収容所ほど、生き残ろうとする人間のしぶとい意志のすさまじいまでの証を――そして、絶滅にかける第三帝国の恐るべき意志の証を――目の当たりにする場所はなかった。多くの兵士は収容所だった場所で数時間を過ごし、なかには数日、もしくは数週を過ごす者さえいたが、それは占領軍の一員としての初期の態度を形作る経験になった。

時には、兵士が収容所に着く直前に親衛隊《SS》の看守たちが逃げ出していたり、制服を囚人の服と取り換えたりしている場合があった。しかし、この偽装が成功することはほとんどなかった。服を取り換えたところで、看守の肉づきのよい頬と豊かな胴回りは隠せなかったからである。彼らの大きく膨らんだ体は、骨ばかりの囚人たちの状態とは、見誤りようもないほど対照的だった。

囚人たちは、彼らを移送しようとしたり、あるいは、彼らがまだ厳しい肉体労働に耐える場合には書類と死体を燃やすのを手伝わせようとしたりして看守たちがあがく、その土壇場を生き延びていた。連合軍の到着に際して、SSの隊員は、自分たちが皆殺しの対象に指定した当の人々に成りすまし、逃れようと考えた。当然ながら生存者は、ただちにこの倒錯したペテン師たちの正体を暴露した。[22]

連合軍の高官を欺こうとするとき、SSの仮装はなおいっそう、厚顔なものとなった。新たに解放されたオーアドルフの強制収容所を訪れたパットン、ブラッドレイ、アイゼンハワーの諸将は、「鞭打ち台」や、ピアノ線を使って「逃亡を試みた者を吊るす絞首台」など、拷問と殺人の様々な技法に関する詳細な説明を受けた。パットンは、四月一二日の日記の中で、ローズヴェルトの訃報を伝えるラジオ放送にそっけなく言及するとともに、「〔収容所の〕元囚人の一人が興行主のごとく振る舞っていた」と書いている。この「興行主」についてパットンは、「もしかしたら死刑執行人の一人ではないかと思うほど、栄養状態が良さそうだった」と述べている。

彼の直感は正しかった。後ほど書かれた日記の註によれば、「二日後、この同じ案内人は、戻ってきた元囚人たちによって八つ裂きにされた」という。オーアドルフ以外でも、囚人たちが、彼らを捕らえた者と立場を入れ替えていた。合衆国の兵隊が着いてみると、生存者たちが看守たちに裁きを下したところであったり、あるいは今まさにとどめの一撃を加えんとするところだったりしたことが、一度ならずあった。ときには、目にした光景に吐き気と怒りを覚えたアメリカ兵が、私刑の執行に加勢することもあった。

フィリップ・ブロードヘッド少尉は、新たに解放されたバイエルン州ランツベルク・アム・レヒの収容所で、友軍兵士を撮った写真の裏に、以下のように記している。「この部隊が到着する直前、収容所の生存者たちが付近をうろつく元看守の一人に気づいた。生存者たちは、荒れ狂った蛮人の一団よろしく、彼ら同様に弱っていたその男を素手や棍棒で殴り殺した。我が部隊の何人かが収容所の指揮官を捕らえたが、彼は尋問のため生存者のうちの七人に引き渡され、その後、消息が知れない。

ニュルンベルク〔の戦犯裁判〕よりもずっと迅速な裁きだ」[23]。

収容所の落ち着いた外観からは想像もつかない、こうした光景は、とうてい信じがたく、したがって表現もしがたかった。ジャーナリストの報告と同様、兵士たちの手紙も、収容所で向き合ったものに言葉や想像力が及ばないことを繰り返し強調している。「あまりに恐ろしくて描写できない」と、五月一〇日にダッハウを訪れたクリフトン・ライルは日記に記した。「山のような新しい死体が、ホースでスプレーされた後、埋められた。硬直し、腐敗した、たくさんの裸の死体。監房の中では、さらに数千人が死にかけている。そして檻の中には、ほとんど裸の数千人がいる」。

だが、その極限状態がどれほど「名状しがたかった」としても、書く中で、そして書くことによって、ナチの犯罪を確認する必要があった。これもまた、文章の巧拙を問わず、兵士の手紙が一様に強調する点である。「そこを訪れる全員の想像力を麻痺させた、これらナチの強制収容所については、国もとの皆も間違いなく聞いていることと思う」。ジョセフ・ジェイミソン曹長は、一九四五年四月二五日にこう書いている。他のGIと同じくジェイミソンも、最愛の人々がどこかで聞いた話に対し、彼自身の説明による裏づけを与え、納得させようとした。

収容所が存在したことや、それが殺人を目的としていたことについて、疑いをはさむ余地はなかった。収容所の現実について、アメリカのメディアがその凄惨さのおおよその程度さえ伝えられていないのではないかと、目撃者たちは一様に疑念を抱いていた。同時に、どんな描写も（不十分だが）真に受けてはもらえないだろうとも、恐れていた。「君たちが読んだのはプロパガンダではなく、完全な事実だ」と、ヘイズは強い調子で断言している[24]。

他の多くの人々と同じように、ジェイミソンも、収容所の中のグロテスクな堕落の光景を、ドイツの景色の「信じられないほどの美しさ」――「きれいな緑の丘、良く手入れされた農場、すべての道路わきの生垣……その周囲に、とても芸術的に木々を配された……可愛らしい古城」——と対比することで、際立たせようとした。「ＧＩの人だかりに近づいたところ、何が起きているのか見るように、前に押し出された。およそ七五から百人の男、もしくは、その骸骨が、地面に横たわっていた。銃殺され、あるいは鈍器のようなもので殺された者たちの死体は、黄淡色か青っぽい色だった。それから、ナチスが餓死した人々の死体を灰燼に帰した、石灰窯の所へ行った。近くの小屋には数百の死体が薪のように山積みされていた」[25]。

大量の死を現実の出来事として伝えることで、故郷の人々が話を信じ、ドイツに対する懲罰の必要性をより深く理解するように仕向けたいというジェイミソンの衝動。これは連合国派遣軍最高司令部《SHAEF》の首脳にも共有されていた。アイゼンハワーは、ＧＩ、ドイツ人、特派員、政治家、その他、各国の重要な世論形成者など、できるだけ多くの人々が収容所を直に目撃しなければならないと、頑強に主張した。

〔収容所の〕目撃を強制するという、この最高司令官の決定には、様々な理由があった。陸軍の調査で、ＧＩの四分の一が合衆国の参戦理由を理解していないことが繰り返し示されていた。だが、ナチの残虐行為を間近で目にすれば、いまだ決心のつかない兵士たちにも倫理的な確信を植えつけられるだろう（と、アイゼンハワーは期待した）。「適切な対象に向けられた嫌悪感」という良薬は、前代未聞の忌むべき行為を引き起こした組織、人員、思想を消し去るために、ドイツに駐留することの必要性をＧＩに印象づけ、連合軍による占領に貢献するだろう、と[26]。

他方、ドイツの民間人が強制収容所を訪れることは、ＪＣＳ１０６７の基本信条たる「集合的な罪」を、よりはっきりと自覚することにつながるだろうとアイゼンハワーは考えた。傍観者と犠牲者の対面には、ドイツ人の道徳的自尊心を挫く力があると、アイゼンハワーは固く信じていた。アメリカ軍の司令官たちは、収容所に隣接する街や村の住民に対して、自分たちがその罪過の共犯者であることをより強く突きつけるべく、大勢が埋められた穴から、もっと尊厳ある墓地へと、死者を改葬する仕事を割り当てることがあった。その際、手を洗うことは、比喩的にも文字どおりの意味でも禁じられた。第三帝国による殺人の犠牲者を埋葬する同胞の様子を遠くのドイツ人が見られるように、その光景はカメラで記録された。一部のドイツ人がこれに抵抗したのも無理はない。

些細な不平や要求を持ち込んでくる民間人の群れに苛立っていたある軍政官などは、彼らを追い散らす奇抜な策として、「すべてのドイツ人が見られるように」、待合室に強制収容所の写真を掲示した。これを見たくないがため人々の数はまばらになり、一時間に一人・二人しかやって来なくなったという。[27]

第三帝国の住人を扱い始めた当初、アメリカ人をもっとも苛立たせたドイツ人の振る舞いの一つが、その潔白のポーズだった。収容所は、しばしば町や都市からほんの数マイルの距離に置かれたにも関わらず、そこでの出来事を知っていたという者は誰もいなかった。ドイツ人の口からうんざりするほど聞かされるこの手の主張は、とうてい信じられるものではなかった。収容所に隣接して住む人々が、強制労働と大量死の現場に入ったことがなかったというのは、本当かもしれない。だが、間違いなく彼らは、列車の到着と、数々の煙突から立ち上る煙を見ていたはずだ。収容所の縁に立ち並ぶ木々やフェンス、そして、鉄条網の内側で起きた事柄を逐一、目にせずとも、焦げ臭く、吐き気を催すような焼ける肉の臭いと、漂いだす腐敗臭は、間違いなく感じ取れたはずだ。目を逸らすことはできたかもしれない。しかし、より確実な感覚器官である鼻は、嘘をつかない——その持ち主が嘘をついても。

こうした強制収容所の不快な臭いは、しばしば兵士たちが言葉にしようと努力したものであり、また、鼻孔と記憶から消し去ろうと苦闘したものでもあった。四月二九日、ブーヘンヴァルト収容所を訪れた直後の日記に、ジョン・マギニス少佐はこう書いている。「それは、何とも似ていない臭いだった。まるで、この恐ろしい施設の中のすべての死と病と腐敗が煮詰められ、五感にショックと不快を与える、特有のひどい臭いを持ったエッセンスに蒸留されたみたいだった」[28]。

戦利品を漁る

ナチ体制の犠牲者を目撃し、手で触れることを強いられたドイツ人の反応は、それを強制し、観察する側のアメリカ兵にとって、捉えどころのないものに映った。たいていの場合、彼らは無表情を装っており、内心の発露だと信じられるような感情の表出は、ほとんどなかった。しかし、強制収容所内を見学させられ、ときに、そこで労働をさせられたドイツ人たちが、いかなる良心の呵責や哀しみ、あるいは反抗心を抱いていたにせよ、彼らは自分たちが「負けた」ことは、当然、承知していた。できれば避けて通りたい光景や人間や死体に、武装した敵の軍隊の手で直面させられたのだから。一方、罪の報いを言い渡す側のアメリカ兵について言えば、おそらく、こうした瞬間にこそ、自らが勝者として持つ力を強く自覚したであろう。

しかし、占領軍の兵士が、ドイツの民間人に対して新しい主人への服従を真正面から強いる場面は、これに留まらなかった。軍政先遣隊の最初の任務の一つは、行政施設や宿舎として使用するために不動産を徴発することだったが、これを歩兵があらかじめ勝手に行っている場合があった。そのやり方は様々だった。例えば、テンプルトンの目に住民の立ち退きは、彼らの政治的な見解や過去の経歴いかんによらず、「戦争と占領の残酷な仕打ち」と映った。

ユダヤ人移民の息子としてポーランドに生まれ、自己の存在に鋭く自覚的なボーガートも、不快感を覚えながら、征服に必要とされる独裁を実践していた。赤ん坊を連れた若い難民女性とともに、ドイツ人のカップルを立ち退かせた顛末を記す、四月一四日の故郷宛ての手紙の中で、「僕らは征服者として、ここにいる。僕たちの安全と快適さのために、ドイツ人が苦しみ、困惑する」と、ボーガートは書いている。

若い兵士たちが泊まるのに、その家が必要だったことは分かるし、僕らが追い出したドイツ人が、どこかで宿を見つけることも分かってはいるよ。ただ、一時のことに過ぎないとしても、人間をそのルーツと家と愛着のある生活の諸々から引き離すっていうのは、気分のいいことじゃない。ここ半年の僕の仕事は、間違いなく多くの家庭を壊し、若者を殺し、その女たちを苦しめることを助長したけど、それは、いつも回りくどい、抽象的な方法を通してだった。いまや僕は苦悩をもたらす執行者であり、そこに何の喜びもない。[29]

とはいえ、ドイツ人を立ち退かせて、それを占領軍に割り当てたり、収容所の生存者や他の〈移住民〉たちを泊めたりするとき、すべてのアメリカ兵の胸が疑念と不安にうずいたかと言えば、そんなこともない。例えば、マイロ・フレータンなどは、ドイツ人の巧みな涙を前にしても容赦なく彼らを家から追い出したことについて、長々と両親に書き送っている。フレータンの話の中では、涙を流すドイツ人少女が、かつて撃墜されたアメリカ人航空兵の襲撃に加わっていたという一事をもって、この接収が完全に正当化されている。

家を失ったことを抜け抜けと愚図るこの一七歳の少女は、アメリカ人への協力を拒否したうえ、彼らに唾まで吐いたことがあったと、フレータンは説明する。消息筋がそう言ったのだ、と。「僕がその件について尋ねると、彼女は泣きだして、『戦争がわりぃ』だか、なんだか、ぶつくさ言ったから、僕はその尻をカーペット叩きでぶって、俺の前から消えろ、俺はＳＳの隊員だぞって言ってやったよ。僕らはいつも、ドイツ人に対して公正以上の扱いをしてやってるけど、いつまでも高飛車で偉そうな根っからのナチスの町の奴らだって、僕らが来たらすぐにやり方を変えなきゃならないのさ」[30]。

同様に他のＧＩも、財産の接収は明らかに公正なものだと主張した。すなわち、戦禍を免れた最上の家屋に対して、アメリカ兵があらゆる権利を有する以上、接収はドイツ人にとって甘受すべき運命なのだ、と。「もし気に入った家を見たら、軍政府に言うだけでいい、手に入れてくれるよ」と、ロジャース軍曹は妻ノーマに書いた。彼は、つい最近、ダッハウ強制収容所における歩哨任務で大量の骸骨の上を踏み歩くことを強いられ、その後の数日間、体調を崩す経験をしたばかりであった。したがってロジャースが、「〔ドイツ人に〕できるだけ不快な思いをさせて……どんなに良い家だろうと……彼らを追い出して、息抜きに王様のような生活」がしたいと述べたことも、驚くにあたらない。「征服者として暮らす」とは、何を意味するのか。これはアメリカ兵の文章に繰り返し表れるテーマだ。こうした文章は、ドイツ人が立ち退いたばかりの兵舎と家屋を占有し、前の住人のテーブルで筆を執り、ときに彼らのメモ用紙さえ使って書かれた。

だが、占領者として快適な暮らしを手に入れるという、こうした短期間の境遇の変化が、不快に感じられる場合もあった。踏み込んだ場所によっては、以前の住人の消し難い痕跡が感じ取れたからである。マンハイムで軍政官を務めるユダヤ人のハトラーは、妻に対して、「ナチのものだった快適なアパートの居間で、ピンクのシーツの間に挟まり寝ているよ」と、嘲笑気味に伝えている。ダッハウでは、ロジャースが親衛隊の看守の宿舎だったところで夜を過ごしていた。彼はノーマに、ベッドの心地よさと扉のすぐ外にある浴室の便利さしか語っていない。しかし、タコつぼ壕の代わりにマットレスの上で眠ることがいかに快適だったとしても、周囲の環境がそんな風〔ダッハウ収容所〕では、夢見も悪かったことだろう。[31]

ほろ苦い部分もあるとはいえ、羽毛のベッドや水洗トイレといった新しい住環境は、もっともたしかな勝利の果実の一つであった。他人の生活の一時的な占有者になるという、自身の特殊な立場に感動した占領軍の兵士たちは、しばしば「解放された」便せんを使い、ドイツの家々の家具や内装の詳細を饒舌に記した。「僕らは、テーブルやピアノ、椅子、ドレッサー、寝室用テーブルなど、ほとんど新品の家具が何でもそろった、四階建ての素晴らしい家を手に入れた」と、二等軍曹ダン・セルフはミシシッピ州の友人に伝えている。

「ゴルディロックス」の話〔イギリスの童話〕に出てくる三匹の熊よろしく、GIたちは、新しい住居のマットレスの良し悪しを素早く判定した。「少し柔らかすぎる」と、セルフは結論づけている。一方、グロス・ガルツの平凡な集落にある「大昔の、天井の低い」農民の住居では、ポール・ホーベンリーチが藁のマットレスを、この一時の休憩所におけるほかのすべてのことと同じく、不快に感じていた。[32]

しかし、全般的にいって、アメリカ兵は手に入れた住環境に大満足していた。「いたるところに花が咲き、ドイツ人の素晴らしい手入れがあらゆるものに行き届いている。征服者とは良いものだ」と、ヨーロッパ戦勝記念日から一週間後に母国へ宛てた手紙の中で、ジャック・ホワイトロー将軍が快哉を叫んでいる。多くの男たちが手紙の相手に伝えたのは、占領軍兵士たる自分たちが楽しむ堂々たる贅沢が、故国の訓練キャンプの惨めな環境や、行軍中の欠乏状態だけでなく、かつて民間人として経験したあらゆるものを凌駕しており、「王のような暮らしだ」ということだった。こうした表現は、ロジャース軍曹とセルフ軍曹の手記にも現れる。兵舎として徴発された豪華な城を、下士官兵が占有する場合もあった。

一方、チロルでは、ライルが仲間の将校とともに山登りをしながらシャンパンのボトルを空け、「ヴーヴクリコ・ブリュットや最上級のサンデマン・ポートといった美酒を、配給として全将校及び下士官兵に配り」、ヘルマン・ゲーリング将軍の膨大な（そして高価な）ワインセラーをどんどんと消尽していった。一九四五年春のドイツは、血とワインにまみれていた。[33]

合衆国における自分たちの慎ましい生活と、今ドイツ人に成り代わって楽しんでいる豪華な余禄の間のかい離について自覚し、考え込む者もいた。もし、これが「王のように暮らす」ということなら、庶民の生活に戻るのはなんてあっけないことだろう、と。ドイツとの戦争が終わる一ヶ月前、ボーガートは早くも「社会復帰の憂鬱」を予測している。「人生の貴重なエッセンスがどれほどの物か、その手につかんで知ってしまった男たちが、果てしなく単調な暮らしに（そして、目に見えて低い生活水準に）再適応することは難しい」と、彼は考え込んだ。「オフィスの雑用係という以前の仕事をオファーされる航空隊大佐や、ドイツの城に住んだ後、さもしい小作人のあばら家に帰る黒人の軍曹――彼らの話は陳腐なエピソードになったが、いまなお妥当なものだ[34]」と。

ドイツの家々を占領する経験によって際立つ矛盾とは、ローズヴェルト大統領が掲げる「欠乏からの自由」と、アメリカの貧困の現実との間のギャップだけではなかった。「最後の晩餐など」キリスト教の聖像が膨大な数に上ることに気づいた多くの兵士は、ドイツ人の清浄な信心深さのうわべと、彼らが集団で行った恐るべき犯罪との間の隔たりに悩んだ。ジョージア州オーガスタ出身の歩兵オーブリー・アイヴィーは、一九四五年五月四日に妻に書いた手紙の中で、この困惑を表現している。

今、僕らは素敵な家にいて、そこの家具は美しくて、高さ約七フィートの大時計にはあらゆる種類のチャイムが付いていて、やれやれ、我が家に欲しいくらいだよ。愛しい人、こっちでは最高に美しいイエス様の絵がどんな家にもあって、この家なんか、ほとんど全部の部屋にあるんだけど、僕にはそれがよく理解できないんだ。だって、どんな家でもキリストの磔刑像がすべての部屋に置かれていて、大きいものがすべての幹線道路に置かれていて、そして、日曜になると人々はみんな、教会に集まるんだよ。[35]

もっと深い憤りを表現する者もいた。本棚のもっとも良い場所には、たいてい、聖書でなく『我が闘争』が置かれているのに気づいた彼らは、〔住人たちが〕せめて急いで、どこにでもあるイエスの像のいくつかを、総統の肖像代わりに置くくらいはできなかったのかと不思議がった。ホワイトローは、またしても朗らかに意趣返しをしている。「ヒトラーの肖像を納めてあった額に」妻の写真を入れ、こちらの方が「アドルフよりもはるかにいい」と太鼓判を押したのである。このお愛想に妻が喜んだかどうだか、それはわからないが。[36]

新しい宿舎の鐘つき時計に感心するアイヴィーの物欲しげな視線には、征服につきまとう、もう一つの行為、すなわち略奪が暗示されている。軍法はそれを厳しく禁じており、その点は『ポケットガイド』や『ドイツにおける諸君の任務』でも強調された。前者はその巻頭ページで、「果樹園や農園での盗み」のような、GIの間では些細な罪とされることさえ、「卑劣な行いであり、軍法会議で罰される」と述べている。陸軍がそれほどまで厳正にドイツ人の財産を尊重する態度を維持していたなら、兵士もまず野戦軍法に従うほかなかっただろう。多くの兵士が、故郷に宛てた手紙の中で、「ドイツ人が我々から恩を受けていたとしても、我々は彼らに対価を支払おう」と約束していた。

しかし、混沌とした状況は、たくさんの兵士が、そこら中にある磔刑像やそれより価値のある戦利品など、こまごまとした品を入手する機会を生み出した。連合軍兵士の目には、ドイツが「略奪するための世界」に見えていたのだと、歴史家リック・アトキンソンは書いている。彼は、第二九師団の部隊報告書から、「我々は略奪行為が可能な範囲の速度で進軍している」との文言を引用している。この分捕りの乱痴気に加わった憲兵たちは、GIから「略奪軍《ルートヴァッフェ》」（ルフトヴァッフェ（ドイツ空軍）のもじり」とあだ名されたが、それも、けだし当然であろう。[37]

占領軍は、ナチに関係する物を集めるのに、ことのほか熱心だった。ナチ党の記章、ヒトラー・ユーゲントの短剣、そして鍵十字があしらわれた旗などを手に入れることは、ヒトラー打倒にあたっての個人的な取り分を主張することだった。それは、まさに今この場所での勝利の証だった。しかし、こうした物品をため込む際、アメリカ人はより遠い将来のことまで見越していた。つまり、誇らしげに戦利品を披露して、孫たちを感心させる日を思い描いていたのである。しかし、こうした品を喜ばない家族もいた。略奪行為が場所を問わず行われていたと知れば、彼らは、さらに強い嫌悪感を抱いたかもしれない。GIは、強制収容所からも「土産」を持ち出していたのである。

ブーヘンヴァルト収容所を訪れたマリオン・デイヴィは、自分の運転手が、「焼却前の遺体の金歯を取り外していた男から」木槌とエプロンを「記念品」として持ち逃げした、と記している。別のGIなどは、妻に対して、自宅に送ったナチの腕章のシミが、彼女の思うようなもの――つまり、彼が殺したドイツ人の血ということだろう――ではないと、気障な笑いで安心させようとしている。「それは空襲で焼けた（ハハ）家で見つけたんだよ……ひどく汚れてるのは、僕がポケットに入れて、しばらく持ち歩いてたからなんだ。洗濯に放り込んどいて（ハハ）」。そうかと思えばフレータンは、「ドイツ兵の旗を手に入れた」と自慢してから、「ちょっと、それを洗って……何か縁取りを着けておいてよ、鍵十字に縫い目がかからない」ようなら、と母親に指示している。[38]

「土産」――兵士たちが好んだ戦利品の呼び方――を集めることにかけては、将校たちこそ最悪の規則違反者だと、とかく下士官兵は文句を言った。しかし、ナチ党の記念品を集めることは、人種、軍隊内の階級、あるいは宗教を問わず、占領軍兵士に共通の嗜癖だった。ユダヤ教徒のＧＩや将校たちはキリスト教徒の戦友と同じくらい真剣に収集したし、故郷の人々の希望とあらば、よりいっそう精を出すこともあった。

例えば、軍政府の福祉担当官だったアイゼンバーグは、自分自身のために新たに手に入れた「将校のフィールドコート」にラビットファーのフードを着けるよう手配したが、同時に、ブロンクスに住む甥ボブのため、鍵十字の旗やその他の掘り出し物を熱心に集めていた。アイゼンバーグによれば、彼の通訳を務めた元ドイツ空軍の伍長が、ボブのために特別に筆をとった絵物語こそ、「もっとも興味深い戦争土産」だった。しかし、「父さんが戦争土産をひどく欲しがったのには面食らったな」と、独りごちたアイゼンバーグは、甥の母親に対して、ボブには大きなナチの旗を諦めてもらうかも、と告げている。「店に掲げられるから、父さんへの最高の土産になるだろう」と言って。

フィラデルフィアのストロベリー・マンション地区で菓子屋を営むウクライナからの移民、サミュエル・ローゼンフェルドは、ドイツで兵役を務める息子ジャックに、別の種類の記念品をねだっている。一九四五年四月、ローゼンフェルドはイディッシュ語で以下のように指示した。「スマートで品の好いドイツ人の男を見つけたら、箱詰めにしてフィラデルフィア美術館に送れ。そしたら、みんながそいつを見物に行くだろうさ[39]」。

占領軍兵士が集めたのは、ナチ党のエンブレムだけではなかった。二時間の猶予の後に立ち退くよう命じられ、空となったドイツ人の家の中にも、たくさんの誘惑の種があり、去り行く住人もそのことに気づいていた。一時占拠された家主の女性が、とっておきの品々の脇に置いたメモを読んで、ある将校は面白がっている。そこには、自分は「ブルックリンに住んでいたことがある」ので、どうか、その持ち物を丁寧に扱ってほしい、と書かれていた。どうやらアメリカ兵は、この懇願を聞き入れたらしい。しかし、他の多くの兵士は、行儀のよい客として振る舞うことを拒否した。

立ち退きを「戦争と占領の残酷な仕打ち」と見なした規則に細かいテンプルトンでさえ、その心中〔のやましさ〕をうかがわせる受け身の表現でもって、以下のように記している。すなわち、「小さくてかわいい塩とコショウの容器が、期せずして」、僕のトップコートのポケットに「入り込んだんだ」と。故郷に宛てられた手紙は、しばしば、こうした「手癖の悪い」行為を記録しているが、それは手紙の書き手自身による場合もあれば、同僚の兵士による場合もあった。アメリカ兵の盗癖は、あっという間に占領のトレードマークとなり、略奪品の小包を受け取るという個人的な経験や、あるいはジャーナリストの報告を通して、故国の人々にも知れわたった。

『シカゴ・デイリー・トリビューン』紙は、ヨーロッパ戦勝記念日の一週間後、「第三帝国におけるヤンキーの略奪行為、大問題に」との見出しを打ち、「土産物を取ること」は「とかくスキャンダルになる」と警鐘を鳴らしている。また、「徴発と没収のための、あらゆる軍事的口実がなくなる状況に、兵士は適応しなければならないだろう」とも警告している。しかし、占領の任務は、没収行為を焚きつけるだけでなく、大なり小なり、それを積極的に必要としていたようにも思われる。[40]

アイヴィーがジョージアの家族のために大きな柱時計を欲しがった一件は、本国への物品輸送の限界を示している。しかし、オフィスビルやナチ党の本部、家屋、納屋、物置などから持ち出した運搬可能な品々は、「略奪軍」にとって格好の獲物だった――ただそれは、合衆国軍部隊の到着より早く、赤軍がとっていなければの話だった。ソヴィエト兵は、アメリカ兵が享受したような豊富な補給を自軍から受けることができず、「必要物資の現地調達」を命じられていたため、東部の占領地域にほとんど何も残さなかったのである。

〔ただ、〕一部の人々は、こうした生存のための切迫した状況がなかった割には、アメリカ人も〔ソ連兵と〕同じくらいドイツから奪っていると考えていた。著名なアフリカ系アメリカ人のジャーナリスト、ロイ・オトリーは、婉曲な言葉遣いが、どれほどの罪をごまかしたか、即座に指摘している。赤軍が行えば「略奪」となることも、アメリカ兵が行うと単なる「土産物漁り」になるのだ、と。[41]

しかし、略奪が無制限に許されていたわけではない。陸軍は、すぐに盗まれた資産のアメリカへの発送を防ぐ郵便規制を敷いた。また、兵士がドイツの民間人に対して銃を向け、強盗を働いた悪質な事例に対処するべく、軍法会議を招集した。いくつかの事例では、下士官兵が、上司から盗んだ小道具を利用して将校に化けていた。これは武器を用いた盗みを、軍政府により命じられた徴発に偽装するための行いだった。

ライルは一九四五年六月一六日の日記に、「兵士の略奪行為は重大な問題だ」とこぼし、ある上等兵を高等軍法会議に送ったと記している。「彼は自分が将校、つまり大尉だと偽って、市長にカメラを要求し、そして、彼を殴ったとされている。そのとき彼は、名の知れたナチの売春婦と一緒だった。遺憾だ」。この場合、加害者の行為は軍法に違反しただけでなく、もっと柔軟な、兵士たち自身の行動規範にも抵触していた。この規範に則れば、個人の持ち物ではなく、大雑把にでも敵軍の資産と言い得るものだけが、取っても違反にならない獲物であった。

これに照らした場合、新たに捕らえたドイツ国防軍の兵士から、ゴーグルや勲章、時計などを獲ることは許された。しかし、ドイツの民間人を「身体検査」のために呼び止めることは許されなかった。「時計を取り上げるというのは解放ではなく、明らかに略奪だった」と、第八二空挺師団の兵士がのちに回想している。[42]

裁定者の仕事

戦争最後の数週間と、その直後の時期に、盗難は無秩序の大きな要因となっていった。連合軍兵士だけが犯人ではない。爆撃を受けた都市部では、ドイツの民間人が「早い者勝ち」の精神を発揮し、空襲後の通りへ飛び出して、破壊された店から略奪したり、家々の瓦礫から中の物を拾い出したりしていた。この騒乱に、ポーランド人、ウクライナ人、ロシア人を中心とする強制労働者の集団が加わり、家財や食糧、そして、酒を探していた。コラムニストのドロシー・トンプソンは、当て所なく移動する〈移住民〉を、「禁猟区で獲物を殺し、ステーキ肉を切り取り、馬を盗んで、至福のときを過ごす中世の傭兵」になぞらえている。

しかし、ほとんどの兵士の目に、集団での酩酊は潜在的な脅威と映っていた。ほぼ完全に破壊されたニュルンベルクに入ったテンプルトンは、三万人の〈移住民〉が「略奪し、傷害と殺人に及び、めちゃくちゃに酔っぱらって、好き放題に振る舞う」伏魔殿の光景を目にした。「辺りに〈移住民〉以外の民間人はほとんどいなかった。彼らのそばを車で通れば、我々に会って挨拶するため、嬉しそうに走ってくるだろう。たいてい、彼らはシャンパンか他の酒のボトルを持っていて、ときには、それを我々のジープに投げ込んでくる。ボトルは良く割れて、我々の車や服の一部を水浸しにする」と書いている。

ここでテンプルトンが仄めかしているのは、周囲の人々にとって、その雰囲気が単なるどんちゃん騒ぎではなく、脅威となりかねない狂気の騒乱だったということである。シャンパンの大瓶を投げるのは、粗野な奔放さゆえかもしれない。しかし、投げた本人の上機嫌で、割れた破片の鋭さが減じるものでもなかろう。しばしば瓶だけでなく銃も持った酔っぱらいの群衆は、彼ら自身とその他の人々の命を危うくする脅威となった。略奪する〈移住民〉以外に、民間人の姿がニュルンベルクの通りから消えたとして、それはすべてのドイツ人住民が連合国の爆撃機や、前進するアメリカ軍部隊を嫌って避難したせいではなかったのである。民間人は財産と、そしておそらくは命にも危害が及ぶのを恐れて、右で述べたような場面を避けたり、逃れようとしたりしていた[43]。

この大混乱の最中、軍政要員は、〔〈移住民〉による〕粗野な祝宴と意図的な報復行為を区別し、生存のために不可欠な行動と犯罪的な破壊行為を見分けようと、奮闘していた。数年にわたり強制労働をさせられた後の〈移住民〉は、無制限の権利を得たつもりで自由に略奪を行った。しかし、ドイツ人の側も、甘んじて受け入れるより仕方のない戦後賠償だと観念して、財産を放棄するとは限らなかった。そのため、占領軍兵士は〔両者の〕対立する主張の間で裁定を下さねばならなくなった。

いくつかの事例で、兵士の同情心は〈移住民〉の側に向けられた。とりわけ、〈移住民〉がドイツ人から暴力的な抵抗にあった場合に、そうなった。ボーガートは、「鶏を『見つけた』二人のロシア人を、ドイツ人の集団がリンチにかけようとするのを二人の兵士が止めた」出来事について、両親に書き送っている。ボーガート自身の状況倫理は明快であった。すなわち、「ある男〔移住民〕が飢えていて、盗む以外には食べる道がないとする。この場合、おそらく、盗むことは根本的に正当な行いだろう」と。

同様に、イェーナでは、デイヴィが以下のような裁定を下している。すなわち、オーアドルフ収容所の元囚人たちには、あるドイツ人女性——彼女は略奪者の集団に対抗するためアメリカ人の助力を求めていた——から、彼女がため込んだ服を得る優先的な権利がある、と[44]。

しかし、ドイツ人に有利な調停を行う兵士もいた。ある者は、民族的な近しさという〔自他の〕絆に反応した。ケネス・クローズは、ガウ＝アルゲスハイムの住民の「外見や話し方が、僕がレディングで共に育った『ペンシルベニア・ドイツ人』のよう」だと思った。「例えば、シュヴァーベンハイムの市長は、僕の祖父ヘンリー・アーヴィング・クローズに驚くほどそっくりだ」と。数年後、占領軍兵士としての経験を振り返ったクローズは、「そんな人々に向かって、厳めしい征服者として振る舞うのは難しく」、その「不適切な弱腰」を通訳に叱られたと認めている。

　南部白人の中には、彼らが子どものころから聞いて育った、南部再建についての集団的な歴史の記憶に言及し、ドイツ人に対する寛大さを正当化する者もいた。彼らは、「くそったれヤンキーの兵士〔ここでは北東部出身者を指す〕やカーペットバッガー、そして、スキャラワグ〔北部の再建政策に協力する南部人〕のようには振る舞うまい」と、固く決意していた。〈移住民〉による補償要求はドイツ人の財産権を凌駕するという考えを、ただ認めないだけという者もいた。

　アリゾナ出身で、民間では視学官を務めていたシェルドンは、五月一四日に、〈移住民〉の集団から略奪を受ける小さな商店で遭遇した揉め事を故郷に書き送っている。「僕が奴らをたたき出したところ、若い男の子が、僕を中に招き入れた。そこには少年の他に、八七歳の小さな老婦人がいた。少年によれば、『彼女が店の持ち主で、あなたに「ありがとう」と言いたがっている』のだそうだ。僕が手を握ったら、彼女の頬を滂沱の涙が流れ落ちた。もしかしたら、僕は彼女の手を握ることで、いくらか親交を結んでしまったのかもしれないけれど、アメリカのために良いことをしたと思っている」と。クローズと同様、シェルドンも後に、〔ドイツ人との親交を禁ずる〕軍政府の布告を厳格に施行できない気質の自分は、「征服者に向いていない」と結論づけている。[45]

　占領任務の中で、かなり多く求められるのが、感情の自己管理だった。こうした、いわゆる自制心は、手紙や日記を書くことで培われた。占領下のドイツにおいて、誰が、誰に対して、何の借りがあるのかを見極めるという困難な仕事に疲弊した内省的な兵士たちは、ドイツ人を再教育するという日々の仕事に、厳格な感情の制御が必要とされることを痛感した。民間での生活における何物も、そして、どれほど多くの特別訓練も、軍政要員がその任務において求められる精神的な備えを与えてはくれなかった。〔ドイツ人に〕同情しそうになる性根を叩きなおさねばならないのだ。

しかし、第三帝国の犯罪に個人として加担したわけではない民間人の哀願に対して無感覚になるには、特殊な胆力が必要だということを、ボーガートは痛いほど分かっていた。

陸軍はいまやドイツの奥深くにいるわけだから、「敵」という言葉の範囲も民間人にまで広がってしまうし、以前の状態であれば、思いやりと礼儀正しい態度を持つように促されたような、そんな、ちょっとした出会いのすべてが、敵対心をその根底に含むようになってしまう。大局的な問題を忘れて、個々のドイツ人を普通の人間として扱うことが、間違いなく一番安易な方法だ。だが、長い目で見ると、これはうまくない。盲目の年配男性とその娘、それに彼女の子ども三・四人（その目は好奇心と恐怖で見開いていた）を、いつも彼らが使っている近道（僕らの受け持ち地域の近くを通っている）から迂回させるとき、〔自分は〕平静を保ってはいられない。それでも、僕は自分の行いの正しさについて、少しの疑いも抱いてはいない。[46]

本能的な親切心と過去に受けたしつけのせいで、ボーガートが特殊な状況をつい大目に見ようとしてしまうこともあった。だが、彼は、占領の使命においては、あらゆるカテゴリーの人々に対して、等しく、断固として厳格に接することが必要だと、認識していた。きめ細かな区別を設ける時間も、道理もなかった。特別なケースに配慮することは、軍政府の効率を損なうだけだった。

同じく、親交禁止の熱烈な支持者だったカーツは、ドイツの最終的な降伏の数日前に妻に宛てた手紙の中で、この点をもっと劇的に表現している。「あぁ、愛しい人、僕らは彼らを嫌わねばならない、それは分かってる。しかし、嫌うというのは簡単じゃない……。お願いだから、滑稽な奴と思わないでほしいんだが、殺人という、ジョニー・ドーボーイ〔戦時中のコミックに登場するアメリカ兵〕たちの任務でさえ、多くの点で、僕の仕事ほどに神経を参らせるものじゃないと、心底、真面目に思うんだ」[47]。

しかし、ボーガートやカーツを含む占領軍兵士が、たちまち厳しい顔を見せる場面も多くあった。ドイツの民間人が、卑屈なへつらいの笑みを浮かべた場合、同情的に耳を傾けられるよりは、〔アメリカ兵からの〕罵り交じりの叱責を受けることが多かった。合衆国の兵士が接収票を出さずにラジオセットを持ち去ってしまったと訴えるため、向う見ずにもボーガートの執務室にやって来た二人のドイツ人女性は、怒気をはらんだ彼に撥ねつけられた。かといって、芝居がかった演技――おびただしい涙をともなう特段の哀願――が、卑屈な服従よりも目的を達しやすいかと言えば、そういうわけでもなかった。

二言語〔英独〕を自在に操るアンダースの仕事は、正当な理由があって旅行を希望する民間人に許可証を発行することだった。そこで、彼はこうしたパフォーマンスを一人、数多く目にすることになった。何人かの請願者がアンダースをとりわけ激怒させたが、彼はそうしたエピソードを〔ヴァージニア州〕ヴィーナの母親に詳しく物語っている。当初、許可証を得るのに「大変結構な」理由を持つと思われた一人のドイツ人女性は、アンダースの躊躇を見て取り、彼が申請を却下しようとしているのではないかと案じた。「そこで彼女は、あぁ、どうか私に『人間ニフサワシイ思イヤリノ気持チ』をお示しくださいと言ったんだ。神よ！と、彼女がこう言った瞬間、僕はキレてしまった。ドイツ人が世界中に大変な不幸をもたらした後だというのに、よくまぁ図々しくそんな言葉を吐けるものだと彼女に言って、僕はきっぱりとノーを伝えた」[48]。

悪びれようとしないドイツ人と対面した軍政官は、彼らに対して、第三帝国の犠牲者への負い目を直に突きつける機会を得た。こうした仕事には、ぞっとするような満足感もあった。カーツは、両親を強制的に離婚させられ、戦時中は母と共に隠れていたという「片親がユダヤ人の少女」の件で、特に心を動かされていた。しかし今、〔ドイツ人の〕市長が彼女たちに配給することを拒んでいる。そのため、この若い女性がカーツに援助を求めてやって来たのだった。

カーツは妻に対して、以下のように説明している。「市長には、彼女がユダヤ人として、すべての、かつ、あらゆるドイツ人に優先されると、はっきり伝えたよ。そして、彼女に対して何をいつ与えるべきか市長に指示した」。市長と対決した後、カーツは女性を車で家まで送り、〔そこで〕母親に会ってほしいと招き入れられた。「とても上品な貴婦人と扉の所で対面したよ。それは家畜小屋だった！冗談かと思ったけど、何も言わないことにしたよ。僕はガタつく階段を一つ上がって、小さな部屋に入った。この『家』の屋根は、向かい側にある岩の陰から狙撃してくる親衛隊の銃火で壊れていて、その下にベッドが二つ置いてあった。これを見て、怒りのあまり、僕は唇をかんだよ。でも、部屋の真ん中にきちんと置かれた小さなテーブルの上に……手製のケーキと……お茶があるのを見たとき、怒りはほとんど涙に変わった」。

この哀切な表敬訪問の後、市長宅に隣接した空き物件に母娘が入居するのを市長が妨害している、と耳にしたカーツは、再び彼を呼び出した。「僕は市長に、例の『家』の例の『部屋』に自分の家族を住まわせたいかと尋ねた。彼は恐怖で真っ青になった。僕は、彼と家族が二四時間以内に隣家の一部屋に移らなければ、六ヶ月間、例の家畜小屋の二階の部屋に住むことを個人的に命じると伝えた。彼を追い出しながら、僕は、引っ越しは自力でやれと命令した。にらみつける僕の下から逃げられて、彼はほっとしていたに違いない」[49]。

征服にはいかなる義務がともなうのか、また征服を通してどんな利益が享受されるのか。戦闘が突如として止んだとき、これを見極めることが、第三帝国崩壊前の最後の数週間にドイツに到着した連合軍兵士の仕事となった。そして、それは彼らを悩ませた。五月七日にランスで、ドイツ国防軍の将軍たちが連合国の用意した降伏文書にとうとう調印した。この文書が、話し合われた最終版の文面と食い違っているとソヴィエトが抗議したので、後日ベルリンで別の版の文書が公開されている。

ついにヨーロッパの戦争は終わり最高司令部は五月八日〔ソ連時間五月九日〕をヨーロッパ戦勝記念日《VーEデイ》と宣言した。しかし、合衆国軍の目から見て、ドイツ占領の第一段階は未完のままであった。というのも、アメリカ軍はまだ、かつてのヒトラーの首都に到達していなかったからである。実際、七月のはじめまで、すべての連合国陸軍が殺到する最高の栄誉〔ベルリン〕は、赤軍による単独占領状態にあり、そのことが、フランス、イギリス、アメリカの司令官たちを苛立たせていた。[50]

ベルリンのどの地区を誰が占領するのかをめぐって議論が続く中、アメリカとソヴィエトの将軍たちの間に信頼関係の綻びが生じた。これが原因となり、ドイツの占領から数週間、合衆国軍政府のベルリン先遣隊は、宙ぶらりんの状態に置かれた。このグループ（AI-AIとして知られる先発隊）は、六月一八日に首都から約百キロのところにあるハレに到達した。フランスやドイツで数ヶ月間、ベルリンの都市計画について研究してきたベルリン先遣隊は、ただちに首都に入れるものと予想していた。ところが四日後、彼らの車列の規模と構成が〔事前に〕合意された範囲を超えていると主張する、赤軍の将軍たちによって、先遣隊は進軍を止められた。ロシア人によれば、兵士一七五人、将校三〇人、車両五〇台を超えてはならないとのことだった。

ソヴィエトにアメリカの武勇を印象づけようとあつらえた隊列の規模を縮小し、赤軍が強く主張した裏道ルートを通ることで、アメリカ人はようやく出発することができた。「ソヴィエトの連中ときたら我々がエルベ川以東で目につくことすら望んでいないようだった」とは、先遣隊上層部のメンバー、マギニス少佐の日記の見立てである。ドイツの民間人が見当たらないことも、特筆すべき点としてマギニスを驚かせた。この地の農村風景の中にいるのは「畑の家畜を見張る、ジプシーのようなソヴィエト軍の先遣隊」だけらしく、彼らは「正規軍というよりは、パルチザンとか反乱軍のように」見えた、と。[51]

部隊の次の失望は、戦前にドイツ映画産業の中心地だったバーベルスベルクという郊外で、再び進軍を止められたことだった。合衆国軍政府にはベルリン南西部の占領が割り当てられていたが、先遣隊は首都に入ることすらできなかった。さらにそのまま彼らは、ポツダムで予定されている三大国の会議を準備せよという、新しい臨時命令を受け取ったのである。六月二六日になって初めて部隊の指揮官たちはベルリン入城の許可を受けたが、それも偵察目的のみに限られていた。四日後に行われた先遣隊の最終的なドイツ首都への入城は、アメリカ人軍政官が熱望した、凱旋の壮麗さには欠けていた。気がついてみれば、霧雨のそぼ降る夜、五〇人の将校と一四〇人の下士官兵が、ベルリンのすみっこに寝る場所もなくとどまっていた。

行くべき宿もなく、我々はグリューネヴァルトという、ベルリン市南西部の巨大な森林公園にたどり着いた。何より悲惨だったのは、泥と雨の中で小型テントを立て、一晩中そこに這い込まねばならないことだった。……これは、偉大な征服力を持った軍隊による敗戦国首都への入城としては、間違いなく歴史上、もっとも冴えないものだ。合衆国の軍事力を体感する、まさにその瞬間、その場所で、決して消え去ることのないであろうロシア人への怒りを植えつけられたのだ。[52]

指揮官のフランク・ハウリー将軍はというと、突然の野営をさして苦にはしないと公言していた。

〔それというのも、次のような事情があったからだ。〕少し前にハウリーは、かつてドイツ国防軍の兵舎だったハノーファー郊外の建物に短期間、逗留していた。この建物の直近の滞在者は〈移住民〉だった。建物に入るや否や、ハウリーと彼の部下たちは「人間の糞便と生ごみ」が床や壁にこびりついているのを見つけた。うんざりした将軍は、「人が住み、糞をした場所に対する恐怖症」を告白している。この経験を払いのけることができなかったハウリーは、「汚い家に入る」くらいなら「素晴らしく美しい森」の方が良いと考えていた[53]。

いったんベルリンに落ち着くや、ハウリーとマギニスは空襲による被害をほぼ免れた、郊外の高級住宅地ダーレムに居を構えることができた。しかし、下士官兵はそれほど幸運ではなかった。ベルリンまでピカピカの自動車ではなく、四〇×八フィートの有蓋列車に詰め込まれてやって来た落下傘兵エドワード・ラフリンは、気がついてみれば、かつてドイツ海軍将校の宿舎だったところに収まっていた。赤軍の兵士が家具をあらかた持ち去ってしまい、「残っているのは黒々と磨き上げられた、大きくて重たい装飾つき木製テーブルだけだった。磨き上げられた表面のど真ん中に〔赤軍の〕誰かが排便していた」。

その赤軍兵士は天板に文字も刻んでいた。ロシア語を話す落下傘兵の翻訳によると、このメッセージは、侵略してきたドイツ人が、件のロシア兵の家族を殺したことを説明していたという。この大便による勝利の印――パットンによる勝利の排尿の、さらに粗野なヴァリエーション――は、喪失の印でもあった。洗練された習俗を嘲笑うほどスケールを異にした、生命の消失の証である。占領下のドイツでは、喪われた《ウェイステッド》命と人間の排泄物《ウェイスト》が、いたるところに存在した。一九四五年八月になっても、ライルは、「壊れた壁の下から漂いだし、空気中を舞う、埋まった死体のうんざりするような臭い」を鮮明に書き残している[54]。

第3章　アジアでの勝利を演出する

計算されつくした降伏式典

一九四五年九月二日、アメリカ海軍の新造戦艦ミズーリの上で、第二次世界大戦の最終幕が演じられた。アメリカ軍の小艦隊と多数の日本船の残骸に取り巻かれた東京湾上のミズーリ号には、日本の外交官と将校の一行による降伏を受け入れるべく、アメリカ陸海軍の将校百人と、連合国の代表九人が待ち受けていた。数千人のアメリカ兵とともに居並んだ、大勢の記者やカメラマンが、わずか二〇分弱の式典を見届け、文章にし、記録した。二部の最終降伏文書に署名がなされ、ダグラス・マッカーサー将軍が大仰な演説をぶった後、数百に及ぶアメリカ軍戦闘機とB‐29爆撃機の編隊が頭上で轟音を響かせて、上空から勝利を知らせた。

ミズーリ号の隣の船から「ビッグ・ショー」を目撃したニコラス・ポープ軍曹は、その夜の日記に、この見世物の効果について次のように書いている。「往生際の悪いジャップが面倒を起こすという噂もあるが、それはないと思う。なぜなら、あまりに強い力がそこにあるからだ。湾はアンクル・サムの軍艦でいっぱい。空は我が航空隊で真っ黒に埋め尽くされている。我が軍の飛行機が、良からぬ企みを圧する狼煙のように星のマークをきらめかせるのを見上げるのは、それは気分がいい[1]」と。

この圧倒的なアメリカの力の誇示により、日本人は面目を失った。一方、連合軍部隊は、打ち負かしたばかりの敵が自分たち占領者の前に服従するほかないことを確信して、沸き立った。ドイツ降伏を記念するランスの式典が、ソヴィエト政府が後日ベルリンでの再演を求めるほど拙速に演じられたのとは違い、戦艦ミズーリの式典には細部に至るまで入念な準備が施された。日本の降伏に際して、間違いの入り込む余地があってはならなかったからだ。合衆国の司令官たちは、日本の降伏式典に〔ドイツ降伏式典より〕ずっと多くのものを賭けていたのである。

東西からなだれ込む連合軍によって征服されたドイツと違い、裕仁がポツダム宣言受諾を放送した八月一五日の時点で、日本本土はいまだ侵攻を受けていなかった。自分たちの軍隊の降伏を目のあたりにしなかった日本の民間人は、果たして自国の敗北を受け入れられるのだろうか。また、日本兵は天皇の命令に恭しく従うだろうか。もしかしたら、命令を無視して戦い続けはしまいか。[2]

ポープの日記が仄めかすように、日本占領の前夜、あらゆる地位の合衆国軍兵士が最悪の事態を懸念していた。敗北よりも自殺を名誉と見なすように訓練された神道の狂信者という通俗的な日本人像は、その国がいまだ「軍事的征服を受けた経験がない」という知識と相まって、無条件降伏に対するアメリカ人の猜疑心を強めていた。

日本占領の主力に指定されたアメリカ陸軍第八軍の指揮官、ロバート・アイケルバーガー将軍は、「ライフルを持った一人の規律なき狂信者は、平穏な占領を懲罰的な遠征に変えてしまうだろう」と思った。だからこそ、降伏式典を通して敗者に自らの敗北を完膚なきまでに思い知らせることが、勝者にとって〔ドイツの場合以上に〕いっそう重要になったのである。かくして日本の外交・軍事エリートたちは、〔降伏式典における〕様式化された服従の儀式に名前も台詞もない屈辱的な端役として登場させられることになったのだ。[3]

ミズーリ号で長広舌を振るうマッカーサーは、「我々が奉仕しようとする聖なる目的にもっぱら資するところの、いと高き高潔さ」にいたる、〔日本と連合国〕共同の責務を強調し、勝者と敗者が「不信や怨恨、あるいは憎悪の精神」を持って向かい合うべきではないと力説した。しかし、この最高司令官による大げさな表現は、式典を覆う相互不信——怨恨や憎悪とは言わぬまでも——を、あまり隠せなかった。「いと高き高潔さ」を持ち出しておきながら、式典は敗者の恥辱を強めるように意図的に演じられていたのである。

あらゆる演出が日本人の弱さと無力さを強調したが、そのことは日本側の降伏文書が慎ましい布で覆われていたのに、勝者の文書が美しく堅牢な革表紙で綴じられていたことにも表れている。そのうえ、勝者は陸の上で式典を行わず、代表団を戦艦ミズーリに連れ出すことによって占領地における数的不利を覆い隠そうともしていた。偵察任務を帯びた合衆国軍将校の小グループが厚木航空基地に到着したのは八月二八日である。その二日後から、海兵隊の東京湾岸上陸と並行して、兵員の航空輸送が二四時間ぶっ通しで行われた。にもかかわらず、九月二日時点の占領軍兵力はわずか一万一千人に過ぎなかった。

第八軍の東京到着もなし得ず、裕仁を皇居から追い出す〔そして、そこに自分が住む〕夢も諦めたマッカーサーが、旧アメリカ大使館に居を構えるのは、ようやく九月八日である。降伏セレモニー時点の合衆国軍は、その大部分を横浜に詰め込まれた最小限の規模の軍隊だった。ただ、占領側の陸軍力がハリボテだったのに対して、東京湾に停泊する駆逐艦、戦艦、上陸用舟艇の艦隊規模は、かなりのものだった。「史上もっとも偉大な無敵艦隊」とアイケルバーガーが呼んだそれは、より強い力を持つ者が誰なのかを疑問の余地なく示すことができたのだ[4]〔それゆえ降伏式典の場にふさわしかった〕。

日本側代表団は、あらゆる場面で自分たちが罰を受けていることを自覚させられた。ドックから乗ってきた駆逐艦ランズタウンを降り、戦艦ミズーリに乗り移るのは一苦労だった。甲板を隙間なく埋め、あらゆる手すりから首を伸ばす数千人の水兵に見つめられながら船から船へと移動するのは、もっと危険な作業だった。同時に、たくさんの写真家が一斉にシャッターを切る音は、少なくとも一人の日本人参加者にとって「火矢が雨あられと飛んでくる音」のように聞こえた。これらすべては帝国政府を代表する外交官、重光葵にとって特に負担が大きかった。

一九三二年に、祖国の植民地化に抗議する一人の朝鮮人の爆弾攻撃を受けて、重光は片足を失った。それ以来、彼は木製の義足を身に着けていた。歴史家ジョン・ダワーの言葉によれば、この外交官のぎこちない足取りは「日本の無力さと弱さを強烈に印象づけた」という。

重光の痛々しい歩みと、日本側代表団のあからさまな不快感――マッカーサーが現れるまで、彼らは「約十分間」、立ったまま待たされた――はアメリカ人の見物客に他人の不幸を楽しむ機会を与え、そして、少なくとも何人かが実際にそれを楽しんだ。この緊迫した幕間こそ、式典の「最高の場面の一つ」だったというのが、あるアメリカ陸軍高級将校の意見である。[5]

こうして待たされる間、日本側代表団は、降伏文書に調印するテーブルの背後に額入りで飾られた旗に目を留めた。それは、一八五三年マシュー・C・ペリーがポーハタン号にかかげた三一個の星のついた軍旗そのものだった。つまり日本は軍事占領されたことはなくても、約百年前、アメリカの砲艦外交によって「開国」させられたことならあるのだと思い知らせるに十分なものだった――〔その意味で〕マッカーサーは、ペリー直系の軍人だったと言える。[6]

多数のアメリカ水兵を満載した戦艦ミズーリの巨体から、「強面の教師の登場を後悔しながら待つ学童」のように放置される屈辱に至るまで、このイベントの演出には、日本人が自らの劣位を思い知るよう、その体格の小ささを印象づける計算が張り巡らされていた。勝者による「一大道徳劇」〔ダワーの表現〕において、力と正義は同義語であった。物質的にも人間的にも、実に大きさこそが問題だったのだ。少なくとも合衆国軍の高官たちは、そう確信していた。アメリカ人が〔自他の〕肉体について極端に意識的であることは、降伏式典の二週間前にすでに明らかだった。

フィリピンの最高司令官執務室で敗北後の日本からの最初の使者と面会する役目に、マッカーサーはチャールズ・ウィロビー将軍を選んだ。このときのことを日記に記したアイケルバーガーは、体に合わない重たい制服を着こんで、「略綬〔勲章代わりの綬〕」を着けた「ジャップの参謀将校共は、見るからに不格好で、やせた体つきの一団だった」としている。他方、ウィロビーは「体重約百キロ、靴を脱いだ身長が約一九二センチもあり、好対照だった。彼らを警護する憲兵たちも、平均的な兵士より体格の良い、選りすぐりの集団だった[7]」のだ。

巨大な二門の一四インチ砲が、不吉な四五度の仰角でにらみ下ろすミズーリ号の甲板上では、日本人の体格や外見、態度など、あらゆる要素が、それを見るアメリカ人に卑小な印象を与えた。足場に立つカメラマンが上から撮った式典の写真には、小柄で挙動不審で落ち着かない様子の日本人が写っている――敗者代表は、勝者の海に周囲を取り巻かれていなければならなかったからだ。また彼らは、アメリカの指揮官たちと比べて着飾りすぎていた。

マッカーサーは、タイもリボンもない気楽な服装にするように命じていた――厚木に上陸した際、自分と他の合衆国軍将校が武器を携行しないことに決めたマッカーサーのこだわりからして、この無頓着な態度には一貫性があった。「もし彼らが我々を殺害しようとしたら、武器を携帯していても役には立たないだろう」と、マッカーサーは事もなげに言ったとされる。「それに、自分たちには恐怖心などまったくないと示すことこそ、彼らに対してもっとも強い印象を与えるのだ。もし彼らが負けを理解していないのなら、そうやって分からせてやろう」と。

あるジャーナリストが言うように、マッカーサーたちの着くずした服装とは「熟練の劇作家の筆によるもの」だった――すなわち、「簡素さによる、華麗さの演出」である。文字どおり胸襟を開いた最高司令官が示したのは、日本人を軍人としての礼を示すだけの価値を持った敵とは見ていない、ということだった。この計算づくのカジュアルさによって、日本側外交団のフォーマルな服装が、なおいっそう場違いなものになった。アイケルバーガーは「日本の全権は燕尾服、縞のズボン、山高帽、それに手袋で着飾っていた」と日記に書き、彼の参謀長クローヴィス・バイアーズは、別の将校による以下のような軽口を伝えている。すなわち、〔日本側代表団の〕この古風な「身なり」は「どれも、コミック・オペラの雰囲気を完璧に演出するために必要だったのだ」と。[8]

たしかに、その場のムードは表面上、ギルバートとサリヴァンの喜歌劇『ミカド The Mikado』〔江戸時代の日本を舞台とし、一八八五年にロンドンで初演〕のようであった。しかし、その実、式典の空気は軽薄ではなく厳粛だった。この暗い雰囲気は、マッカーサーが日本人に囚われた二人の捕虜を前面に押し出したことに起因していた。甲板へと劇的に登場する最高司令官の後ろには、二人の将軍が付き従った。一人はコレヒドールの戦いの後にフィリピンを明け渡したジョナサン・ウェインライト将軍であり、もう一人はマレーとシンガポールを日本に譲渡したイギリスの将軍、アーサー・パーシヴァルである。二人はその後、終戦まで日本の捕虜収容所で過ごした。

彼らのやせ衰えた姿は、日本軍が連合国捕虜に行った身体的な虐待を強烈に思い出させた。その憔悴は、敗者たる日本人へのいまだ消えない敵意を呼び覚ました。これはバイアーズの見立てだが、ウェインライトにスポットが当たることで力関係の完全な逆転が劇的に示され、アメリカ人がこの式典をさらに楽しみやすくなったのである。日本人はもう誰かに何かを命じることなどできはしないのだ、と。降伏式典の前夜、バイアーズは以下のようなことを自宅に書き送っている。「苦難を耐え抜いた男の前で、この小柄な黄色い悪魔どもが服従を誓う光景に、すべてのアメリカ人が歓喜するだろう」[9]。

ミズーリ号での式典後にバイアーズが残した記述が、上記の予想を裏づけている。わなわなと震えるマッカーサーの手や、彼とウォルター・クルーガー将軍が日本人に向けた獰猛な目つきに注目する者もいたが、バイアーズは、重光を「ぶちのめしたい」と口にしたルイス・ビービ准将のことを書いている。「それができたら、どれほどいいか」と述べるとき、ビービが思い出していたのは、日本軍の将校たちが、「自分たちの優位性を示すためだけに」ウェインライトの頬を七回張ることを一兵卒に許した件だった。ビービのこの発言により、式典の後、日本代表のうちの何人が「ハリカーリ〔腹切り〕」に及ぶか、熱心に議論されたという。バイアーズ自身は、それほど多くの自殺者は出ないと見ていたが、クライマックスに行われた空軍力の誇示によって、日本の高官たちが「自ら窮地《ジャム》を招いたことをついに悟った」ことには、大いに満足していた[10]。

一方、〔アメリカ兵にとって〕この式典は、スウィートなジャムであった。歴史的場面に居合わせたことを鋭く感知した戦艦ミズーリ号上のアメリカ兵たちは、その甘美な味に酔いしれたのである。船上の兵士にとって、その日の出来事の記念となったのは、財布に入れる小さな特製の引き出物カードだった。この記念カードにはミズーリ号の指揮官スチュアート・マレー艦長、マッカーサー将軍、そしてチェスター・ニミッツ提督とウィリアム・ホールジー提督のサインが、赤い夕陽を背景に印刷されていた。

その日の朝、コダック社製の小型カメラにより撮影された何千ものスナップショットと同じく、この記念品も兵士により保存され、秘蔵されていくことになる。トランプのカードよりも小さい勝利の記念品は、その持ち主が「世界創造の瞬間に居合わせた」という、たしかな証拠になった。数十年後、戦争の思い出話を疑われたら、このカードを、疑うやつらや孫たちの眼前に得意げに突きつけてやれるだろう。[11]

沖縄占領の中の暴力

一九五〇年の回想録『東京にいたる密林の道 *Our Jungle Road to Tokyo*』の中でアイケルバーガー将軍は、日本占領の第一段階を、まるで夢の中の出来事のように描いている。「我々全員が歴史の頁の中を歩いているような神秘的な気分」について語る彼の筆致は、空間と時間の中を糸の切れた凧のようにフワフワと浮遊する感覚を起こさせる。しかし、この本の筋書きを決めたのは、他でもないアイケルバーガーたちではなかったか。アイケルバーガーはドラマの傍観者であって、参加者ではないというのか？　彼の詩的な文章表現は、行為者の主体性と権力の問題に答えていない。

しかし、アイケルバーガーが書いた私的な日記のほうには、歴史がどのようにして形作られたのか、また、それを作り出したのが誰なのかが、もっとはっきり書かれている。一九四五年九月二日の日記は、同日朝の戦艦ミズーリにおける勝ち誇った気分とは相いれない、くぐもった、バツの悪そうな記述で終わっている。「一七時ちょうどにマッカーサー将軍の宿舎に呼び出され、海兵隊員が関わったとされる、いくつかのレイプ事件について話し合った。その場で、第一一空挺師団の隊員による『騒動《アクト・アップ》』についても報告を受けた」と。[12]

九月五日以降、部隊指揮官の検閲を受けなくなった兵士の故郷への手紙から判断する限り、「騒動《アクト・アップ》」は、ひどく控えめな表現であった。ある一等兵曹が友人に伝えたところによれば、第一一空挺師団の隊員は日本の首都で凶暴」になり、「路上で人々に銃を突きつけ、目につく限りの場所で略奪し、東京電話交換所では居合わせた全員から奪い、すべての女性をレイプした。挙句、彼らは横浜銀行に侵入し、強盗を働いた。殺人以外のあらゆる罪状により、七百人が軍法会議に出廷している」とこの兵曹は書いている。

この虫唾の走る集団の中には、「略奪団を組織した」かどで召喚された「約一〇人の将校」が含まれていた。つまり、件の重犯罪は、将校によって率いられた計算づくの報復的暴力だったことになる。彼らは、マッカーサーが東京への到着を「復讐」と表現した際に彼が言わんとしたことを、極端に解釈したのだ。ある高官は日本から妻に宛てた手紙の中で、占領した日本の航空基地に対しアメリカ陸軍の兵士と海兵隊員が加えた「無分別な略奪」と大規模な破壊について、怒りに満ちた描写を書き連ねている。

ハリー・マクマスターズ海軍大尉は当初、こうした行為を「戦争から生じた憎悪」の産物として合理化しようとした。しかし間もなく、占領者にとっても価値のある物品をダメにする度を超した破壊的狂乱に対して、より強い怒りのこもった非難を加えるようになった。彼は、海兵隊員の破壊行為について、「わが軍の規律に対する汚点」だと述べている。

また、マクマスターズは、最初に東京に到着した兵士がふらりと商店に立ち入り、気に入ったものは何でも盗んだと知って遺憾の意を表した。そして、「我々は、南京やマニラなどにおける日本人の略奪について言い立ててきたが、ふたを開けてみれば自分たちが彼らよりましでも何でもないと思い知らされるのは、まったく恥ずべきことだ」と悲しげに結んでいる。[13]

九月五日に手紙の検閲が廃止されたことから、こうした悪事は私的な手紙を通して〔アメリカ本国に〕伝えられるようになった。しかし、占領下の日本に関するアメリカ人の公的な評論の中で、この問題が取り上げられることはなかった。やがては大統領となる野心をもっていたマッカーサーは、占領に対する日本人の否定的な証言をもみ消してでも本国における自らの清廉なイメージを守りたいと思い、記者たちをコントロールしたのである。

大規模な合衆国の記者団をはじめとする、日本及び海外の特派員は、厳しい検閲による制限を受けていた。当然、一九四五年の秋に、占領軍とのつながりを持たないアメリカ人が日本からの報道にいくら目を凝らしてみても、新聞紙面からレイプ事件やその他の「騒動」について知ることは、まず不可能だった。

『ニューヨーク・タイムズ』の場合、一九四五年の秋に日本と関連づけてレイプに言及したのは一度だけである。九月一〇日の同紙の記事は、マッカーサーが兵士に与えた訓示を短く引用している。彼はそこで、「略奪や盗み、レイプ、その他、人としての振る舞いの普遍的な物差しにあえて違反する行為は、諸君らの大いなる名誉を汚すものだ」と戒めている。

しかし、名誉を汚す事態がとっくに起きてしまっていることを、『タイムズ』が明言したり匂わせたりすることは決してなかった。八日後の『アトランタ・コンスティテューション』紙は、「セックスに関わる事件はごくわずか」で、「日本人が訴えてくる『レイプ』事件の三件中二件までは」事実無根だという、第八軍憲兵司令官の主張を無批判に伝えている。[14]

その後、数ヶ月の間に、アメリカ軍の規律と士気の崩壊を伝える批判的な報道が増えていく。それでも、同時代の人々は、〔アメリカが中心となり実施された〕初めての日本占領が、四ヶ国がからんで混乱を引き起こしたドイツ〔の占領〕よりは全体としてうまくいっていると考え、称賛し、全体的には高評価を与えた。初期の段階から「良い占領」として称賛された日本の事例は、その後の数十年間にわたり通俗的なアメリカの記憶の中で祭り上げられていくことになる。

「占領とその後に関して特異な点は、不快なことがほとんどなかったところだ」と、ジョン・カーチス・ペリーが、一九八〇年に書いている。のちにリー・ケネットも、『GI――第二次世界大戦のアメリカ兵』の中で、こうした評価を追認した。日本の市民を代弁するような口ぶりのケネットは、占領軍兵士が「これといった恨みや復讐心を含まない、独特な形の占領を象徴するようになっていった」と述べた。[15]

〔アメリカによる占領の〕際立った美徳を賛美する右のような人々は、日本における〔兵士の〕残虐行為の数々を無視している〔ジョン・カーチス・ペリーの著書『鷲の翼の下で *Beneath the Eagle's Wings*』は日本占領を驚くべき成功と見なす一方、本書で指摘される数々の問題や占領政策の矛盾にいち早く言及しており、その評価は実際には複雑である〕。さらには、占領下で単に不愉快などという言葉では言い表せない辛酸をなめた沖縄を、日本から完全に切り離して考えさせようともしている。政治的にも、戦後数十年間、沖縄は日本から分離されていた。他の日本領土における占領が終わってから二〇年後の一九七二年まで、合衆国は沖縄の施政権を手放さなかった。ただ、一九四五年〔八月以前の〕時点ではまだ、アメリカの政策立案者たちは、戦後沖縄の長期的な運命を決めていなかった。彼らが決めていたのは、一九世紀末から日本の一県であった琉球列島最大の島を、その三五〇マイル北に位置する日本本土への最終攻撃のための足掛かりにすることだけだった。

沖縄戦は太平洋戦争でもっとも残酷な戦いの一つだった。この戦いは一九四四年一〇月からの数ヶ月にわたる空襲で始まった。この間に日本政府は、およそ四五万人と推計される沖縄総人口のうち、約一〇万の民間人を県外へ移送し、残った人々の多くを本島南部から北部へと転住させた。他の人々は、内陸部や南部の海岸周辺にある洞窟へと避難したが、一四歳から四〇歳の男性は、強制されるか、あるいは自ら積極的に選んで勤労部隊や軍隊で働き、島の防衛支援にあたった。

一九四五年四月一日に島の西海岸に上陸した際、合衆国軍はほとんど何の抵抗もないことに驚いた。というのも、彼らは、事前に、戦闘の死傷率が八〇から八五%に及ぶかもしれないという、重苦しい警告を受けていたからである。しかし、静かな時間は長く続かなかった。アメリカの指揮官と参謀は、すぐに〔自分たちの〕予測の誤りに気づく。彼らは、上空から得た誤情報と古くて使い物にならない統計に基づき、本島北部の守備が厚く、その人口はまばらだと判断していた。ところが海兵隊がこの地域を素早く確保したところ、そこには一〇万の避難民がいたのである。

彼ら避難民の生活は、準備の不十分な軍政要員の手に委ねられることになる。一方、第一〇軍が島の南部に進むと、人口の減少したこの地域を日本軍が要塞化していることが判明した。その後、消耗戦は六月の終わりまで続いた。終結までに四万九一五一人以上のアメリカ人が死傷し、さらに、約一一万人の日本兵が死んだ。正確な沖縄の民間人死者数はいまだ不明だが、おおよそ本島人口の四分の一に上ったと推計されている。つまり一〇万人以上である。[16]

死傷者の中には、沖縄の軍政要員として選抜された陸海軍の将校と下士官兵が、かなりの数含まれていた。専門的な訓練を受けた占領部隊員に、これほど多くの死者と精神疾患が出た例は他にない。彼らは数ヶ月にわたりハワイでのんびりと訓練を受けるか、もしくはコロンビア大学に設置された海軍の軍政学校で学んでいた。こうした人々は最初の上陸作戦に参加するか、あるいはその直後に島に着いており、とても「戦後軍」とは呼べなかった。

空襲はいまだ毎晩続いていた。テントとタコつぼ壕ばかりのアメリカ軍キャンプにとって、日本軍の狙撃手は相変わらず脅威だった。ある兵士が述べたところによると、キャンプを守る臆病な憲兵と訓練不足の歩哨は、動くものなら何でも、「そよ風に揺れる草の塊にすら」、やたらに発砲したという。

実際、この兵士の友人は、沖縄に着いて二日目の晩に太ももを撃ち抜かれていた。第二四兵団の手引書は、「夜間徘徊する民間人を撃つことをためらうな」と教えている。「たしかに彼らは害のない旅人かもしれないが、同時にジャップのスパイの可能性もある。死ぬくらいなら間違いを犯す方がましだ」と。[17]

行政の基礎を学び、合衆国の占領の歴史に精通した軍政要員も、戦闘への備えはまったくできていなかった。護身用に支給された武器の撃ち方すら知らない者もいた。ある兵士は親友を亡くした後、「高射砲」が何かさえ教わっていなかったとつらそうに述べている。別の将校は、弧を描いて飛ぶ砲弾の音をそれと認識することができなかった。

ある晩、外の騒ぎがいったい何だか分からず、深夜の銃撃戦の真ん中にテントから這い出してきた彼の姿は、白いアンダーシャツにパンツ一丁だった。この純朴さを見聞きした者は、彼が生き残ったと知って驚いた。しかし、この一件は軍政府の準備の失敗を象徴する事例として、占領の初期段階に関する公式報告書に記録されている。

実践的な訓練の不足に加えて、海軍と陸軍の役割分担の不備がこうした事態を助長した。沖縄の「奪取」は海兵隊と第一〇軍により行われたが、島の行政は当初、海軍と陸軍が分担した。陸軍規則に対する海軍の理解不足のせいで「同士討ち」による死者数が増えた。ある若い水兵は、陸軍の歩哨の停止命令を理解できなかったために射殺された[18]。

沖縄のアメリカ兵は、状況が危険なばかりか、無慈悲で寒々しいものだと感じていた。沖縄との最初の出会いに仰天した海軍大尉は、「ちくしょうなんてひでえとこだ」と、ノースカロライナ州に住む母親に書き送っている。リチャード・レンドルマンは、ジョン・ハーシーがシチリア島で小耳にはさんだという一節を引きつつ、沖縄は「たぶん、クソみたいなところ」なのだと述べた。「こっちはそれをジャップどもにお返ししようとしたが、奴らは『おまえらが獲ったんだから、持っておけ』と言ったと、そういう話だ」。

その年の暮れにかまぼこ型プレハブ兵舎が建つまで、テントかタコつぼ壕が宿舎だった。それらは乾燥した気候でも十分に不快だったが、島を大雨や台風が襲うとたちまち悲惨な泥沼と化し、キャンプは一夜で壊滅させられてしまうのだった。下士官兵は、雨や台風の猛威の痕跡を、ビールの缶やヘルメットの裏当てから洗い落とさねばならなかった。便所は極端に原始的か、さもなければそもそもなく、戦場経験を持たない者は、急いで〔排便用の穴を掘る〕「塹壕掘削用具」の扱いに習熟しなければならなかった。[19]

一方、食糧の供給はすぐに滞った。乾燥したCレーションとKレーションで数週間を生き延びる兵士は、単なる食事への倦怠感だけでなく、栄養不足の兆候とも戦わねばならなかった。レンドルマンは故郷に宛てた手紙の中で、「デイモン・ラニアンの短編小説『リトル・ミス・マーカー Little Miss Marker』から一節を借りるなら、僕の胃袋は喉を切られたと思ってるに違いない」と、おどけた調子で書いた。「ここ二週間、僕が胃袋に入れた物といったら、鳥を養うにも足りず、犬にお似合いなものさ」と。母親に分かりやすいように、彼はKレーションがどんなものだか説明している。

包みを開くときは、クラッカー・ジャック〔キャンディでコーティングされたポップコーンの商標〕みたいな菓子やオマケが入っているんだろうか〔一九一二年以降、上記の菓子にはオマケのおもちゃがついた〕、さもなきゃ、日本の戦時公債でも入っているのかなと思うんだ。でも、何ヶ月かすると、「夕食」の包みの中身は、たいてい次のようなものだと分かってくる。チーズがひと切れ、古くなったクラッカーがいくつか、砂糖の塊が四つ、ネスカフェのインスタントコーヒー、もしくはグレープかレモンかオレンジのジュースミックスがひと包み、煙草が三つ、ガム二つ、キャンディ一つ、マッチが一山、水を浄化する錠剤が一つ、それに何枚かのトイレット・ペーパー。なあ、これで食事が作れたら、僕は港湾局長になれるね。[20]

食事に次いで、手紙が士気維持の頼みの綱だった。ところが、沖縄における郵便サービスは、ジェームズ・T・ワトキンス四世少佐の必死の努力にもかかわらず、滞りがちだった。日本の歴史に精通したオハイオ大学の政治学教授ワトキンスは、日本語を流暢に操る数少ない合衆国軍将校の一人だった。だが、このワトキンスが数ヶ月にわたり郵便局を運営する任を受けたことは、軍事官僚機構が行政上の必要と個人の技能をマッチングする能力のなさを端的に示している。この仕事でワトキンスが沖縄の人々と接する機会はゼロだったのだ。

ワトキンスも海軍が自分の技能をうまく活かせないことには失望していた。ただ彼は下士官兵の福祉にも個人的な関心を抱いていた（兵士の年齢や礼儀正しさが自分の学部学生に似ていると、ワトキンスは妻に書いている）。兵士が故郷に手紙を送る際の主たる検閲官だったワトキンスは、彼らの士気の著しい低下に気づいていたのである。ワトキンスは、兵士の不満の危険な高まりに対処するよう上官たちに繰り返し訴えたが、その甲斐はほぼなかった[21]。

ワトキンスの努力が功を奏さなかったため、兵士の間にもともと共有されていた、ある印象がさらに強まった。すなわち軍政上層部は、下士官兵や下級将校に服従を強いることを第一の目的として、便所掘りや皿洗い《KP》、歩哨といった屈辱的な仕事をさせる、傲慢で利己的な臆病者の集まりだという評判である。「ここで俺たちはグーク〔アジア人に対する蔑称〕を扱ってるんじゃなくて、俺たちこそがグークなんだ」というある兵士の発言を、ワトキンスが記録している。この発言には、〔兵士の〕将校階級に対する態度と同じくらいはっきりと、沖縄の人々に対する〔侮蔑的な〕態度も示されている。

それはさておき、兵士から特に激しい批判を向けられたのが、その臆病さと尊大さで当初から知られた司令官、ウィリアム・クリスト准将だった。四月一日の最初の上陸作戦から一〇日間、クリストは昼間の短い視察以外で〔彼が危険と判断する〕海岸に来ることを拒んだ。臨時キャンプでようやく他の軍政官らと合流すると、今度は、彼用のテントを立てたり動かしたりするよう、繰り返し下士官兵らに命じた。遮蔽物に邪魔されずに海岸の眺めを楽しめる位置を探していたのだ。この作業が終わるまで、兵士は各自の小型テントを立てる時間もなかった。それからクリストは彼専用の防空壕を掘るように命じ、完成後はそこから出るのを嫌がるようになった[22]。

アメリカの占領軍部隊が置かれた状況がどれほど厳しいものであったにせよ、生き残った沖縄住民のそれのほうが、はるかに過酷だった。数ヶ月にわたる爆撃と大規模な移住により、島の人口は激減していた。都市や町は破壊しつくされていた。沖縄の豚やヤギ、鶏の大部分は、軍隊風に言えば、「民間経済から不可逆的に除去されていた」。住居の大半は崩壊し、住民は避難するか、死んでいた。あまりに破局的な破壊の結果、貨幣の流通は完全に停止していた。生存とは、すべてが崩壊した流血状況の只中で行われる日々の苦役だった。

数万の沖縄人が爆撃の中で死んだ。他の人々は洞窟や祖先の「亀甲墓」に逃げ込み、結局そこに閉じ込められ、アメリカの火炎放射器によって焼かれ、死んでいった。数知れぬ日本兵が、降伏したり捕虜となったりするよりも自決を選んだ。数百、あるいは数千の民間人が崖から身を投げ、手榴弾で我が身を吹き飛ばした。暗い未来より死の方がましと考える場合もあれば、日本軍に強制される場合もあった[23]。

あるアメリカ人航空兵は、初めて沖縄に到着したとき、いったい人々は皆どこにいるのだろうかと戸惑ったことを回顧している。ベン・ゲームスは、洞窟に火をつけて中の「日本人を追い出すため」に、戦友がガソリンを注いだ場所まで連れてこられた。ゲームスが崖の方を見ると、「僕の背丈よりも高く、人の頭部が積み上げてあった……。死体を燃やす前に、誰かが頭部を切り落として、積み上げたんだ」。浜辺は「貝殻に混じった人骨で足の踏み場もないほどだった」という。

もっと前から、失われた人命の莫大さに気づいていた者もいる。海兵隊のある兵卒は、四月末に故郷に宛てて次のように書いている。「膨れた死体に独特の臭いがひどい悪臭となって、空気のいたるところに満ちている。乾いた血と骨が散乱し、負傷した人々がちりぢりになっている」。ジョン・タウシグ上等兵は、故郷の新聞に自分の手記を転載するよう両親に頼みながら、「見たものすべてを忘れてしまいたい」とも書いている。その中には、縛られ地面に埋められて、「腹を切り裂かれ、舌を切られ、自分の陰部を口に押し込まれた」二人の戦友の死体も含まれていた。四ヶ月後に島に上陸した海兵隊員は、自分たちのキャンプが腐りゆく日本兵の死体から数フィートも離れていないことに気づいた。[24]

戦闘を生き延びた沖縄の人々のほとんどが故郷を追い出されていた。家を焼かれて帰れない人の数はさらに多かった。日本人の手でコミュニティが解体され、北へと追いやられる中で、多くの人が家族と離れ離れになっていた。この強制移住を逃げ延び、本島北部を歩き回って一九四五年の四・五・六月を過ごした数千人は、後方の補給線を確保しようと躍起な合衆国軍部隊に囲まれていることに気づいた。

日本兵の数はいまだに多く、妨害活動の恐れも大きかったため、第一〇軍は沖縄の民間人を「軍政府の管理下」に置いて、囲い込むことにした。本島北部の三分の一が瞬く間に「難民キャンプで覆われた」と、かつて海軍軍政府の連絡将校だったジョン・ドーフマンは回想している。[25]

最初の上陸後わずか数日で一〇万もの難民を北部に発見することなど、アメリカの作戦立案者たちは予想だにしていなかった。そのため、もともとわずかだった物資はたちまち底をつきはじめた。軍政府の各班は、防水シート、食糧、医薬品、車両といった補給物資の欠如と、人道援助活動の経験不足に悩まされていく。こうした怒濤のようなニーズに対処するのに魔法が求められたとしても無理はない。ある海軍将校などは、先端に白い星のついた白い細い杖を机の後ろにいくつも置いておき、「トラックを創り出す魔法の杖」とか「補給物資を創り出す魔法の杖」とか決めていたと言われる。[26]

しかし、どんなお守りも、破壊の猛威や、数週あるいは数ヶ月続いた洞窟の欠乏生活から沖縄の人々を守ってはくれなかった。民間でボストンの警察官だったポール・スクーズは、兵士たちが毎日ほぼ女性と子どもばかり数百人を洞窟から丘陵部に連れてきていると、妻マーガレット宛てに書いている。戦闘も終わりに近づいた一九四五年六月のことである。「小さな子どものほとんどは、頭から足まで、傷や、とびひ、あるいは疥癬に覆われていた」。汚れて病気を患い、シラミをわかせた人々の姿と臭いを前にして、スクーズは他の多くの軍政官と同様、同情と嫌悪の間を揺れ動いた。しかし、スクーズは避難民たちの我慢強さに驚いてもいた。

　一番びっくりさせられるのは、彼らの誰一人として泣かないことだ。複雑骨折した骨が腕や足を突き破っていることもあれば、目や顔の一部が吹き飛ばされていることもあるのに、彼らは決して泣いたり不平を言ったりしない。僕は、人間がこれほどの苦難に黙って耐えられるものとは知らなかった。僕らアメリカ人だったら同じ状況でどう振る舞うだろうかと、時々思う。ほんの小さな男の子や女の子を見ると、胸が痛くなるよ。ことにケガをした孤児などは、慰めたり世話したりしてくれる者もなく、一人で座っているんだ。

自身も一人娘を持つスクーズは、沖縄の子どもの窮状に特に心を動かされていた。愛娘が「草のスカートをまとった女の子の絵を描いて、それが実際の沖縄の人々の服装と合っているかどうか知りたい、もし合っているならうれしい」と送ってよこすとき、スクーズは故郷の娘の人生と、彼の周囲の子どもが置かれた状況とのギャップを、何よりも強く思い知るのだった。

「この地の人々は、君が思いつく中で一番貧しく、汚く、ぼろぼろの布切れをまとっているよ」と、彼は妻に伝えている。「数ヶ月間ずっと同じ服を着て、風呂にも入らず、丘や洞窟に隠れているとき、彼らがどんな様子だか想像してごらん。みんな、疥癬や傷、腫れ物に加えて、シラミだらけだ。ひどい悪臭だから、吐き気を覚えずに六フィート以内に近づくことすらできない」。沖縄の少女の服装や境遇には、エキゾチックなところも、うらやましいところもなかった。だから、スクーズの知りたがりの娘に土産として送るようなものも、あるはずがなかった。[28]

沖縄の人々が体の傷に対して発揮する黙従の精神は、軍政府が運営する収容所に対しても発揮された。少なくともアメリカの軍政官は、沖縄の人々の反応を見て、そう解釈した。

沖縄の民間人を「管理下」に置くとは、すなわち、彼らを戦時捕虜収容所とほとんど変わらないキャンプに入れることだった。ただ、そのキャンプの状況がアメリカが運営するどの戦時捕虜収容所より原始的なものであることだけが違いだった。

スクーズは、「ボストンコモン〔ボストン市中心部の公園〕より小さい」空間に、防水シートだけか、さもなくば最低限の覆いもなく、二万五千人の沖縄の人々が詰め込まれている状況を描写している。ところが、二人の地元警察官を帯同した収容所の視察の結果、規則違反はたった一件しか見つからなかった。スクーズは以下のように驚いている。「アメリカで、そんな狭い場所に二万五千人が密集している状況を想像してごらんよ。警察官は、ありとあらゆる種類の犯罪で、一晩に数百人は逮捕することになるだろう。しかし、ここで僕が見つけた異変と言ったら火事が一件だけだ[29]!」

臨時収容所の住人が不平を言わなかったとしても、それは決して不満がなかったことを意味しない。基本的な必需品が不足していた上に、民間人は無償の労働を課されていた。ジュネーヴ条約の適用対象となる戦時捕虜には、そう簡単に許されない扱いである。軍政官は数千の沖縄の人々を一日ほぼ八時間、武装兵の監視下で働かせておきながら、なんら強制はしていないと言い張った。

しかし、沖縄の収容所では強制労働が当たり前だった。クリストによれば、将校はすべての労働者に対し、通訳を介して次のように説明したという。すなわち、給与は「難民となった民間人が収容所で受け取る一日二食の他に……正午に受け取るKレーションのような現物で支給される」と。とはいえ、沖縄の人々が報酬を受け取っていないことを気にしてみたところで、「金で買えるもの」は何もなかったが[30]。

長時間の苦しい労働と厳しい規律は、男女両方に適用された。男性が軍用建設に駆り出される間、数百人の女性が戦火を免れたサツマイモや他の農作物の収穫に集団で派遣された。一日中、収穫のために働いた畑からイモを一つか二つ懐に入れる誘惑に抗えなかった人々は、厳しく処罰された。〔金のない人々が相手では〕規律維持の方法として罰金を科すわけにもいかず、また、強制労働者はそもそも収監されている〔ので監獄に入れることもできない〕ため、軍政要員は連帯責任制を採用した。そうして、違反者に他の労働者の怒りの矛先が向くように仕向けたのである。

サツマイモ二つを隠した老女に言及する際、スクーズは以下のように説明している。「こういう場合、法廷は、彼女が属する収容区画の全員を丸一日食事抜きにする。区画は通常、約百人から成る。全員からやっつけられた女は、きっと二度とイモを盗ろうとは思わないだろう。厳しいと思うかもしれないけど、二万五千人を管理するのは簡単じゃないし、厳格に管理しないとなめられるんだ」と。

潜在的な無秩序に対するこうした恐れは、スクーズ自身が先だって書いた従順な沖縄人という印象と矛盾している。そう考えてみると、右の発言は連帯責任に対するスクーズなりの弁解だったのかもしれない。六個のイモが原因で二百人が食事を取り上げられた別の事例に触れてスクーズは、それが

「極東全体で一般的な、とても効果のある」やり方だと神経質そうに正当化している。ただ彼は、日本人こそこうした支配の技法の第一人者であることには口をつぐんでいる[31]。

スクーズの手紙が示すように、軍政官は保護と懲罰を同時に行った。彼らは戦地で、医療、食料、住居、そして軍服から転用した衣服を供給しようと努力したが、同時に沖縄戦を生き延びた人々に混乱と災厄をもたらした。

戦闘が終結する前から合衆国軍は、沖縄を改造して新たな戦略的機能を付与しようとしていた。滑走路、燃料タンク、弾薬庫、兵舎などの軍事施設を建設するために、肥沃な土地の多くを含む沖縄のほとんどが、巨大な「基地整備計画」の対象とされた。軍政府の最初の一ヶ月間に関する公式作戦記録は、やましさをごまかすような言い回しで、以下のように説明している。すなわち、この計画は「日本本土に対する空・陸・海の最終攻撃が発進する強力な要塞へと沖縄の農村を作り替えるために必要な、大規模な人口移動の先がけになった」と[32]。

報告書の表に示された統計は、沖縄本島がどれほど完全に破壊されたかを示している。推計二五万人の生存者に対して、無傷で建っていると軍政要員が判断した家屋は三七〇〇戸だった。戦前、六万の人口を擁した沖縄の県庁所在地那覇には、いまや外壁だけを残して焼けた家がたった七軒あるばかりだと、ある兵士が友人宛てに書いている。別の報告書からは、もともと五から一〇人の家族が住んでいた家屋や敷地に、五〇から百人ほどが詰め込まれていたことが読み取れる。そしていま、島の中部や南部が軍用飛行場と兵営に衣替えする中で、こうした難民の多くが、またしても移動させられようとしていた。

アメリカの軍政要員は、こうした転住を異常な速さで進め、しかも移動させられる人々の状態をほとんど顧慮しなかったため、何人かは輸送中に窒息死した。一九四五年六月のあるメモは、軍用トラック一台に民間人百人がぎゅうぎゅうに詰め込まれたため、目的地に到着したころには大人三人が死んでいたと冷徹に記している。一人は六五歳の女性で、残り二人の女性は「それぞれ死んだ子どもを腕に抱いていた」[33]と。

軍政官の仕事の多くが「政府による監督というよりは災害救援」だったと、公式記録は結論づけている。これは紛れもない事実であろう。しかし同じくらい明らかな事実は、沖縄の人々が耐え忍んだ悲惨な境遇が、戦闘のみならず「基地整備」のせいでもあったということである。クリストの報告書はこの点について遠回しにしか述べていない。

戦闘が生活のあらゆる側面を消し去る過程でやり残された仕事を、海軍建設部隊《CBS》の重機がただちに完了させた。「島の表面《フェイス》のしわが伸ばされていった」と、ある将校が後に慨嘆している。「古来の文化全体が消えていった。町が次々と破壊されていった……道路、飛行場、ゴミ捨て場、キャンプなどを造成する中で、ブルドーザーが郷土まで壊していった」と。

しかしながら、こうした土地の再建事業を行う人々に外科手術のような繊細さはなく、沖縄の顔面美《フェイス・》容整形《リフト》に美的な点もほとんどなかった。「故郷に帰ったら、沖縄の社会と文化が消し去られるのを見たと言おう。僕らがそれをやったんだ」。別の若い将校が、一九四五年七月にやりきれない様子で書いている[34]。

空襲を無傷で切り抜けた住居にも次々と火がつけられた。その速さは、第一〇軍が五月一二日に「無差別かつ無秩序な現地建造物の焼却」を禁じる命令を出すほどだった。その八日後には、これを補足して「空港建設、道路建設、及び採石場の開設のような（しかし、これに限定されない）……軍事的必要が差し迫っている場合を除き、墓石、その他、地元記念碑の」破壊を禁止する、という命令も出された。ところが、この規定に含まれる「しかし、これに限定されない」との語句は、その範囲を随意に拡大可能であった。

こうして「軍事的必要」は、沖縄の建造物や段々畑、松の森などを広範囲にわたって押し潰すことができるくらいに融通無碍なものになった。「軍がいくつもの素晴らしいことを支持し、正当化するときに用いる『軍事的必要』という言葉の真の意味を、我々は皆この時に学んだ」と、軍政官ジョン・コードウェルが書いている。「我々は、それに『軍事的便益』という、より正確な呼び名を与えた。例えば、もし村を貫くハイウェイが拡幅されることになったら、いくつかの理由により、軍は、道の片側だけでなく両側の住居をブルドーザーでなぎ倒す『必要がある』のだ」。その過程で町や村全体が消し去られた。

後に、ある海軍の情報将校が、楚辺《そべ》という名の「中規模の村」が、どのようにして一ヶ月のうちに完全に消え去ったか描写している。「村や、それを取り巻く肥沃な緑の傾斜地は跡形もなかった。あとには網目状の道路に取り巻かれた砂利採掘坑があり、浜辺の方には様々な種類のゴミ捨て場を作るため、ブルドーザーとロードローラーで平らにならされた大きな区画があった。砕けた石が彼方まで広がるのが見えるばかりだった」と。[35]

特に戦闘が終結した六月以降、沖縄からのルポは少なくなり、右の状況について本国のアメリカ人が知る機会はほとんどなくなった。一九四五年一一月一七日の『サタデー・イブニング・ポスト』誌に載った珍しい二頁の写真記事は、「アメリカ側に四万五千の死傷者」という犠牲を強いて得られた「高価な不動産」の改修工事を、明るい調子で伝えている。ある写真は、何の変哲もない土ばかりの風景の中で海軍建設部隊が四車線のベイリー橋〔大戦中に用いられたプレハブ式の仮設橋〕を建設している様子を写している。この写真に付いた但し書きによれば、海軍建設部隊の努力は「円滑な輸送にかけるアメリカ人の情熱」の表れだった。[36]

こうした『ナショナル・ジオグラッフィク』風の快活な記事は、沖縄の「所有権を得る」ためにアメリカ人死傷者が払った犠牲以外、すべてをうやむやにしている。しかし、多くの軍政官は沖縄の惨状に仰天していた。とりわけ、コードウェルとワトキンス（どちらも民間では政治学者だった）、そして沖縄の「遺跡専門家」を自任する彼らの同僚、ウィラード・「レッド」・ハンナがそうであった。

ジャーナリストであり、日本語も流暢だったハンナは、沖縄の工芸品を保存するためのミュージアムを設立しようと心に決めていた。そのコレクションは、「かつての沖縄が、単なる崩れ落ちた農家と養豚場の島以上のものだったと示す」ことで、「高級将校と高官」向けの「プロパガンダに役立つ」ことになる。

クリスト准将は、沖縄の文化遺産にとってアメリカの「土産物ハンター」が爆弾や砲弾と同じくらい重大な脅威になっていると報告している。しかし、将軍の通訳を務める不満げな二世との会話を踏まえて、ある兵士が説明するところによれば、クリストはそんなことはとうにご承知だったという。なにせクリスト自身が、洞窟や慌てて放棄された家屋の中に銃や刀剣などのお宝が隠されてはいないかと沖縄の農村部を探し回る軍人の一人だったのだから。かように、陸軍の将校連が「午後一杯、学芸員の仕事をする」のではないかとハンナが恐れたのも、無理からぬ状況であった。[37]

一九四五年の春から夏にかけてアメリカの軍事的プレゼンスが指数関数的に大きくなり、八月には五〇万人ほどにまで膨れ上がる中、沖縄の人々の生活はますます不安定になっていった。八月六日（偶然にも広島の破壊と同日）付けの軍政府の報告書は、「レイプ、レイプ未遂、暴行、及び同様の犯罪事件の憂慮すべき増加」について記している。

日本が降伏するらしいとの噂が沖縄に対する凶暴な反応を生み出していた。本土侵攻に派遣される日を「耐え忍んで待ちわびる」不安で落ち着かない兵士の集団が、破壊され台風にも襲われた沖縄――ある海兵隊員は、「一個の大きなぬかるみの穴に他ならない」と表現した――に次から次へと流入している状況を考えれば、それも不思議ではない。八月一一日の武器荷揚げ作業の無秩序ぶりについて、多くの目撃者が故郷に書き送っている。「すべての対空砲が一斉に発射された、そんな感じだった。あちこちで曳光弾が飛んでいた」と。

軍政府の宿営地では、日本は降伏したという気の早い話につられて、歩哨たちがめったやたらに発砲し始めていた。「抑え込まれていた感情が猛烈な勢いで放たれたんだ」と、ワトキンスが家族に述べている。九月には、ジャック・アハーン中尉がブロンクスに住む叔母に宛てて以下のように書いている。「〔日本〕降伏のニュースが伝えられたとき、安全な場所はタコつぼ壕の中だけだったよ。日本が降伏した、戦争が終わったとみなが大喜びしている中で何人もが死んでいった[38]」。

本土占領の第一印象

アメリカ軍の参謀たちは、沖縄における日本側の執拗な抵抗が、本土侵攻に際しても繰り返されると考えた。占領を黙って受け入れる沖縄の人々の様子を見ておきながら、民間の日本人も戦闘中の日本軍ほど獰猛には抵抗しないはずだと予見する者は少なかった。

しかし一九四五年六月の雑誌記事は、「ジャップは征服されるのが好き」と伝えている。この楽観的な見立ては、〔住民の〕我慢強さについて、破局的な喪失を前に呆然としているのではなく、むしろ彼ら生来の従順さによるものだと受け取りがちな、兵士の傾向を表している。

「きちんと扱ってやれば、彼らも良い人たちだ」と、アルバート・ヴィリェガス上等兵は断言した。しかし、予想を裏切る沖縄の人々の従順さにもかかわらず、依然としてアメリカ軍の指揮官たちは、戦闘後の出来事より〔日本軍が激しく抵抗した〕戦闘そのものから〔将来の〕予測を立てていた――日本の降伏により連合軍の本土侵攻計画が立ち消えになった後ですら、それは変わらなかった。実のところ〔本土の〕日本人が〔沖縄の人々とは違って〕地上戦を目にしていないという事実それ自体が、占領軍に向けられる大衆的な抵抗への恐れを助長していたのだ〔戦闘の悲惨さやアメリカ軍の実力を目の当たりにしていない本土の人々が、闘争心を失っていないのではないかと考えられたということ〕。

第八軍が東京で何に出会うのか予想したアイケルバーガーも、やはり悲観的な見方に傾いた。「戦争によって大いに破壊された都市には野放しの人々がいて、公園にはホームレスがたくさんいて、郊外はどこも避難民でごった返しているだろう。各種のインフラは使い物にならず、生き残った人々の精神は荒んでいるなんてこともありそうだ」とアイケルバーガーは書いている。

日本人は指導者・一般大衆の別を問わず、自分たちの完全敗北を受け入れていないのではないかと、他の人々同様、アイケルバーガーも疑っていた。「日本政府との間に交わされた覚え書きの文面の中に、彼らが今度の敗北を、国の発展が一時的に遅れる以上に深刻な事態として受け止めている兆候はまったくない」とアイケルバーガーは八月一九日の日記に書いている[39]。

一九四五年八・九月に日本へ向かう船上で、ほかならぬアメリカ軍の指揮官たちが兵士に与えた公式の警告の中にも、アイケルバーガーの私的な予測と同じ内容が見出せる。駆逐艦オバノンが東京湾に近づいたとき、ホールジー提督が、第三艦隊の兵員が日本人に対して取るべき正しい振る舞いについて指示を与えたことを同艦に乗船した兵士が書いている。

無電技師のウォルター・リーは、日記に以下のように記した。「提督は日本人と親交を結ばないことと、彼らを冷淡に扱うことを命じた――つまり上官として振る舞えということだ。提督は、日本人は信用できず、社会に受け入れられるべきではないと言った。我々は法を作り、必要とあらば武力を行使して彼らを服従させるのだ」と。これに続けてリーは、「神様！　あの人はジャップ嫌いの年寄りなんです」と注釈を加えている。[40]

フタを開けてみると、正面から日本人の抵抗を受けるものと予期していた人々は面食らった。八月二九日に厚木に降り立った偵察隊の第一陣は、彼らと連携する日本の当局こそ礼儀正しさと有能さの見本だと思った。その時点までに日本軍部隊の多くは武器を奪われ、飛行機はプロペラを外され、各世帯から先祖伝来の日本刀《サムライ・ソード》が没収されていた。占領軍の到着前に警察官の軽武装のみを例外とする全国的な武装解除を実施するよう、マッカーサーが日本の政府に命じていたのだ。依然として武器を所持していた日本陸海軍の兵士も、それを使おうとする素振りはまるでなかった。同様に、アメリカ軍の先遣隊が道ですれ違う民間人も「我々が来てくれてうれしい」らしかった。[41]

八月三〇日、厚木の滑走路に降り立ったマッカーサーは、ごく小さな不服従に出くわす。日本のニュース映画のカメラマンが、その到着シーンを何としても撮りたいと思うあまりアメリカ人の写真家を押しのけたのである。こうしたさもしい振る舞いは許されなかった。マッカーサーは憤慨するアメリカ人に向かって「君が彼に、場所を空けさせなければならないんだ」と言ったという。

しかし間もなく、征服者に対して肘鉄を食わせたりしない程度には、日本人も〔自分の立場を〕よくわきまえているということが占領軍にも分かってきた。ほとんどは古い木炭自動車で構成されたマッカーサーの車列が横浜に向かってガタガタ走る際、最高司令官と側近が目にしたのは、「日本の市民のいかなるヒステリックな行動をも防止する任務を帯びた」警官たち（アイケルバーガーの参謀バイアーズの表現）が、通りに居並ぶ姿だった。

彼らは背中を道路側に向けていたが、通訳の説明によると、それは大いなる服従のサインということだった——従来は天皇にのみ示されてきたものだ。しかし、警官が封じ込めねばならないようなヒステリーの兆候はまったく見られなかった。同様に、二百人のアメリカ人のために徴発された帝国ホテルでは、日本人スタッフがほとんど異常なほどの気遣いを示し、「最大限にフレンドリーだった」[42]。多くの占領軍兵士が、自分たちを喜ばせようとする日本人の情熱をどう解釈していいものやら分からず、悩んだ。そうして、日本人が示す敵意の欠如に対し、安心よりは怒りを感じている自分に気づいた。予想された抵抗と実際に受けた親切の間のギャップが疑念を生んだ。「日本の人々はとてもフレンドリーでニコニコしてるんだけど、本心では僕らを嫌っていると思うんだ」と、一九歳のある伍長が岡山からシカゴの母親に書き送っている。

この手の猜疑心が生じることは、あらかじめ予想されていた。戦時中のアメリカ人がアジアの敵に結びつけたもっともありふれた特徴といえば、不実と二枚舌だった。一九四五年に日本に入った占領軍の誰も、一九四一年一二月七日の出来事〔パールハーバー攻撃〕を忘れてはいなかったし、伊江島、硫黄島、バターン、沖縄の記憶は、どれも鮮明だった。

否定的な見立てに傾いた合衆国軍の兵士は、彼らを戸惑わせる協力的で愛想のよい日本人の振る舞いを描写する際、しばしば「東洋人《オリエンタルズ》」のステレオタイプを当てはめた。日本人の表情は理解できない、彼らの心理は判読不能だと。礼儀正しい日本人のうわべの下に、どんな復讐心や支配の夢想が潜んでいるか、誰に分かるだろう？[43]

日本軍航空機の研究・開発状況について評価する任を受けた情報将校マクマスターズは、多くの占領軍兵士を戸惑わせる〔日本人の〕信頼性の問題について思い悩んだ。彼は戦前の日本に滞在した経験を持つ珍しい人物だった。それにもかかわらず、マクマスターズの態度は、とうてい正気とは思えないほど熱烈に敗北を抱きしめる人々〔日本人〕に占領軍兵士が抱いた疑いを典型的に示している。

一九四五年九月一〇日に書かれた妻宛ての長い日記の中で、マクマスターズは自らの反応を説明しようと苦慮している。彼は、一緒に働く日本軍将校と航空技師から感銘を受けており、なかでもオオ

ツキ司令官は「留保をつけるのが難しいほどの好漢」だと感じていた。しかしながら、

> 捕虜に対する日本の残虐行為についてのニュースがだんだんと知られるようになり、彼らが我々にとって利用価値のある設備を破壊していたという証拠がどんどん見つかり、そして、機密文書が破棄されたり、焼却されたりしていたことが分かってくると、我々の感情はますます厳しいものになっていく。彼らはおべっかが過ぎるし、お辞儀も、笑いも、敬礼も過剰だ。そんなものはうわべだけだ。我々に対する憎悪のプロパガンダを四年間も浴び続けた人々が……表面上はともかく、そんな風に一八〇度転換することなんて、できるはずがない。彼らのことがますます信用できなくなってきている。経験不足のせいで僕も最初の一週間かそこらは騙されていたし、他の人たちも多くはそうだったと思う。でも、いまや僕は彼らのことを見透かしつつある。[44]

　同僚の占領軍兵士の多くも、表面上は協力的な日本人の身振りが不誠実なものに違いないという結論に至った。軍政府周辺では、〔日本人に対しての〕防御姿勢を解くことができない高級将校連に関するこっけいな逸話が広まっていた――いくつかは出所の怪しい話らしいが。

　連合国翻訳通訳部《ATIS》の通訳ドナルド・リチャードソンは、ある二人の大佐について、苦々し気に書いている。彼らは翻訳通訳部が入居する郵船ビルディングのエレベーターの「オペレーターが元特攻隊《カミカゼ》パイロットたちだと聞いて」、最上階に行くときすらエレベーターを使おうとしないのだった。同じ頃、最高司令官の隠遁ぶりと、彼が一時たりとも自宅の気楽さを離れたがらない理由について、嘲笑混じりの論評がなされた。到着時にマッカーサーが見せた怖いもの知らずの素振りにもかかわらず、滞在中の一年間、彼が東京を離れたのは一二回にも満たなかった。[45]

しかし実際には特攻も、マッカーサーの命を狙う企てもなかった。神道狂信者による頑強な集団的抵抗の噂は、ドイツで予期されたヴェアヴォルフの抵抗ほどにも根拠がないことが明らかになった。あんなに凶暴な敵が、どうして負けたまま大人しくしていられるのだろうか？　もし日本人が敗北を受け入れたのなら、それはきっと天皇が彼らにそう命じたからだろう。それが大方の占領軍兵士の意見だった。結局のところ、日本人は「権力者に従うことにかけては本物の専門家」なのだ。

多くの者が抱いたそうした見方を、ある海兵隊将校も述べている。日本人に劣らずアメリカ人もまた四年に及ぶプロパガンダを浴び、露骨に人種化された言葉を使って敵を憎むように仕向けられていたのである。

日本人が一様に見せる服従の態度は、アメリカの戦時プロパガンダの主張を大筋で裏づけているように感じられた。すなわち、天皇には無条件で従えという神道の教えに沿って同一の鋳型から作られた人々こそ日本人なのだ、という主張である。兵士教育用映画『日本における我らの任務』（『ドイツにおける諸君の任務』と同様、セオドア・ガイゼルが脚本を書いた）は、占領下の日本において武装解除すべき真の敵は、あちこちに転移した「日本精神」だと教えている。[46]

こうした類の論評は、アジアに対する西洋の理解を長らく規定してきた偏見の一つを強化した。アメリカ兵は、そうした理解を特に女性と子どもに当てはめた――「日本精神」にもっとも忠実な人々と見なされたからである。

ある陸軍女性部隊《WAC》の大尉によると、占領軍兵士が最初に驚いたことは、「小さな子どもら」までが手を振り、笑顔を見せるだけでなく、「こともあろうに」勝利のVサインを作ってみせることだった。別の海兵隊将校は、子どもたちがアメリカ人に向かって「投げキッス」をすることに触れている。子どもたちは「そうするように叩き込まれている」に違いない。占領軍が走り去るときには上下の唇をくっつけて、それを投げろという指示に律義に従っているのだ、と。そうとしか、彼には思えなかったのだ[47]。

子どもと対照的に、女性は最初めったに姿を見せず、〔見せても〕ひどく無口だった。アメリカ軍兵士は、女性がこうした態度を取るのは、屋内にとどまって貪欲な征服者たちの抱擁から身を守れと、日本の役人が警告したからだと考えた。数日後、女性や少女が表に出てきたとき、彼女らはたいていモンぺという「くるぶし丈のブルマーのようなズボンを含む、不格好な上下の組み合わせ服」（ある上級将校による表現）を着ており、西洋人が日本人女性一般や、とりわけ「ゲイシャ・ガール」に結びつけて考えた、色鮮やかな着物は身につけていなかった。

日本人女性は戦時の用途に適するからモンペを着ているわけではないと、アメリカ人は考えた。これまた日本当局の命令によって、占領軍の目にできるだけ魅力的に映らないようにしているのだと。しかし、占領軍兵士が概して強い興味を抱いたのは、日本人女性の服装ではなく、その体と顔だった。自分たちが治めている奇妙な国と、その人好きのしない住民について事細かに描写した故郷への手紙の中で兵士たちは女性が「魅力に乏しく」「ガニ股」だと、しばしば公言している[48]。

手紙を書くことは第一印象を記録する機会となり、こちらとあちら、我々と彼らの間の相対的な優劣について考える機会ともなった。ドイツにおける多くの事象はGIにとって、文化的・民族的な意味で慣れ親しんだものに感じられた。しかし、一部の日系アメリカ人通訳を除く、ほぼすべての合衆国軍兵士は、日本を明らかに異質な国として受け止めた――それは解読不能の謎であった。このことは一部の好奇心旺盛な兵士にとって、むしろ日本探訪を魅力的なものにした。

アメリカ人が日本を占領するにあたって日本のどこにでも立ち入る特権をもったことで、日本発見のスリルはますます高まった。我々はやりやすくなったけれど日本人はさぞかし居心地悪かったろうに、それを凛として受け入れる様子に驚いたものだ」と、連合国軍最高司令官総司令部《GHQ／SCAP》付きの婦人問題担当官であるジーン・スミスが、そう書いている。

スミスは、同僚であるアメリカ人の一部が示した「征服者コンプレックス」についても記述している。スミスの観察眼は、以前は〔日本人によって〕共同利用されていた便益を、占領軍だけが享受するような場面で、特に無遠慮かつあからさまに示される、広範な〔アメリカ兵の〕特権意識を炙り出した。しかし、ひどく不慣れな環境の下では、征服者〔アメリカ人〕とて常に無敵の気分でいられたわけでもない。彼らの鬱屈した感情が、占領者と被占領者の間のやり取りを不穏なものにすることもあった。[49]

占領軍の一員であることによって優越的な地位が保証されるという期待――それは、背丈の大きい者のほうが強い権力を持って当然とする、アメリカ人の思考習慣と組み合わさっていた――は、何を言われているのか分からないこと、もしくは言いたいことが伝わらないことで脅かされた。アメリカ兵が日本で何とかうまくやっていこうとすれば、むき出しの力か、身振り手振りか、あるいは、日系アメリカ人の通訳に頼ることになった。そうでなければ、巷の日本人の英語の方がアメリカ人の日本語知識より上だったので、〔コミュニケーションは〕占領される側の語学力だのみになった。

語学力の不足というある種の心もとなさによって、一部の兵士は〔自分が〕危険にさらされていると感じた。〔アメリカ兵の〕円を奪い取ろうと躍起な「ジャップども」は、日本の文化に不慣れな他愛もない獲物につけ込むことなど造作もなく、自分たちを騙しているのだとアメリカ兵は確信していた。ハーバート・スパロー少将は、占領開始後六週間で、すでに日本の店員が「ガラクタのような『土産物』を法外な値段で」占領軍に売りつけていると書いた。「我々に対して使えそうな時以外は倫理など屁とも思わない連中を相手にするとき、こちらが倫理的であろうとするのも気の滅入ることだ」とスパローは追記している。[50]

こうした考えによれば、〔アメリカ人の〕不慣れさこそが〔日本人から〕侮りを受ける原因だった。「帰国するすべてのアメリカ人は、そこにどれほどの欠点があろうとも、母国は日本とは違うし、同胞も日本人とは違うという、安堵と感謝の念を抱くだろう」。スパローはそう結論づけた。報道関係者たちの解説も、軍事化された戦後の環境の中で行われる外国旅行が、コスモポリタニズムよりもナショナリズムを強化し、まったくなじみのないアジアの文化と習俗に触れるアメリカ人の視野を狭めると言って、右のスパローの推理を裏づけている。

一九四七年、海外への〔軍事〕展開に言及したハロルド・アイザックスは以下のように述べた。「アメリカ人が持つ、ごく普通に視野の狭い偏見のことごとくが、この巨大な強制的移民によって、百万倍にも強められてしまった。アメリカ兵は学生でも宣教師でもなかった。彼は望まずして故郷喪失者《エグザイル》となったのだ」と。

占領軍の兵士は、差異の兆候に目ざとい民族誌執筆者《エスノグラファー》でもあった。西洋の物差しで測られた日本人の生活様式は、その身体と同様、非常に劣った印象を多くの占領要員に与えた。占領軍兵士は、いつも、日本の建物は「小人」サイズで、家々は「精巧なドールハウスのようであり、僕らはほとんどミニチュアの世界にいる感じだ」と書き記した。サイズの面で卑小とされた日本は、時間の面では、未開状態から現代へと至る発展段階上の、数百年遅れた場所としてイメージされた。故郷への手紙は、日本の「後進性」や男女の「封建的」関係、農村の生活の「中世的」性格、そして、建物の「原始的な」状態に関する言及に溢れている――特に、水道と衛生について、こうした記述が目立つ[51]。

〔日本に対して〕もっと共感を抱いている観察者は、彼らが目にしている日本の貧困や原始的な状態が、どの程度まで戦争のせいだろうかと考えた――西洋人がしばしば「オリエント」につきものと見なす、原初からの停滞などのせいではなく。

合衆国軍が占拠したかつての帝国陸海軍の兵舎や民間の建物には、停止寸前の戦争機械を何とかして動かそうとする死に物狂いの努力の跡が、いたるところにありありと残っていた。ラジエーターや配管、コンデンサー、ボイラーなどは、みな剝ぎ取られていた。あらゆる再利用可能な金属の最後の一つが、そして節約可能な燃料の最後の一滴までが、軍事目的に捧げられていた。この国のほぼすべての男性は、ぼろぼろの制服か軍需品から作った衣類以外に服を持っていないようだった。これらすべての犠牲を賭して戦争に負けるとは！

戦時動員が日本に負わせた深い傷について立ち止まり考えたアメリカ兵は、最前までの敵が、いったいぜんたい、どうして戦争に勝てるもしれないなどと考えたのか、いぶかしんだ。そして勝利が不可能であると明白になった後、なぜこれほど長く彼らは戦い続けたのだろうか、とも。合衆国海軍の艦船からなだれ込む膨大な量の装備と補給を「目を丸くして」見つめる日本人の姿を見て占領軍兵士たちが思ったのは、あぁ、彼らも自分たち〔アメリカ人〕と同じような疑問を抱いているのだな、ということだった。[52]

日本の見物人はアメリカの物資に畏敬の念を抱いていたのかもしれない。しかし、彼ら日本人が自らの置かれた状況に圧倒されているという印象をアメリカの観察者たちは受けなかった。

数ヶ月前のドイツ人と同様、再建の仕事に勤勉に打ち込むかつての敵の姿から、強い衝撃を受けるGIもいた。最近まで居住区だった場所を何エーカーにもわたって破壊しつくした爆弾の跡に囲まれながら、都市住民は瓦礫を整理・整頓する作業を始め、再利用可能なものを使ってバラック小屋を建てていった。いまや、極々小さな土地でも耕作が行われていた。

「どこもかしこも、農園、農園、農園だ」とスパローが記している。「野菜は交差点でVの字に育ち、路肩の野菜、鉄道線路沿いの野菜も育っている」と。戦時中のイギリス人は「勝利のために耕す」ことを呼びかけられたが、日本人は敗戦を生き延びるために耕作していた。[53]

農村へ冒険に出た占領軍兵士は、日本社会の別の一面を目にして、ますます嫌悪感を強めた。その一面とはすなわち、人糞を肥料に用いることである。この習慣も故郷への手紙の中で数多く言及されている。GIは人糞を回収してまわる運搬車を蔑み、農村部に充満し収集車にこびりつく臭気に身震いした。戦後世界のあらゆる場所でそうだったように日本でも占領軍兵士は、境界を侵犯する光景と臭いに対してめまいを覚えた。

身体、人種、そして差異に関する判断は、しばしば本能的な嫌悪感とセットになった。おそらく占有した兵舎のトイレの設備が「とんでもなく不適切」だったせいで、アメリカ兵は、ますます他の人間〔日本人〕との接触を避けるようになり、日本人がそこにいた痕跡におびえたのだろう。「きれいなトイレの設備に、清潔な手洗い場と風呂さえあれば、平均的アメリカ人は何にだって耐えるだろう」。そう豪語した参謀バイアーズは、第八軍が占有している兵舎の状態がどれほど原始的かを書き記している。[54]

バイアーズ自身は、〔宿舎として〕民間の豪邸を接収しておきながら、何にでも耐えられたわけではない。例えば、彼は日本人の身体とその機能にひどく敏感だった。上野駅を訪問した際、バイアーズはオムツを着けていない赤ん坊を下向き四五度の角度で抱える親たちを見かけた。そして、その様子を次のように描写している。「衆人環視の下、ことは自然の成り行きとあいなった〔赤ん坊が小便をしたということ〕……。同じことは通りや側溝や、ビルの壁面に向かって、あるいは単に歩道でも行われており、誰もそんなことは気にしない。男性たちもよく同じことをする」。こう記すバイアーズは、この猥雑さが「パリでよくある半分目隠し」よりひどい、と判定している。日本人女性もそこまで恥じらいがないのかどうかまでは、バイアーズにも判断がつきかねたが。

ともかく、〔日本人が〕公衆の面前で排尿・排便することは一般的な行為ではなく、ことに荒廃した都市部の場合、空襲によってたくさんの人々が家を失った結果であるということを、ほとんどの占領軍兵士は理解していなかったということだ[55]。

一九四七年に出版された占領についての一般向け読み物では、元落下傘兵の著者が以下のように主張している。「日本占領に参加した兵士のほとんどは、溢れそうなおまるを突然渡され、その中身を用心深く守れと言われた人の反応を示した。ひどい悪臭のする見知らぬ国の管理者となることは、平均的なアメリカ人にとっては衝撃的だった」。

彼エリオット・チェイズの喩えは卓抜だが、誇張されている。すべての兵士が日本での任務を嫌ったわけではないし、日本や日本人に反感を覚えていたわけでもないのだ。マクマスターズのように、世界史的な意義を持つ任務に特に志願して参加した者さえいる。

勝利した軍隊の一員として日本に入るという見通しに、興奮した者もいる。南太平洋とフィリピンでの戦闘を経て、一九四五年九月に東京湾に入ることは、兵士サイ・カーンにとって「世界でもっともエキサイティングな瞬間」だった。「裸の女と比べたってエキサイティングさ」などと、茶化すような皮肉をカーンは戦友に書き送っている。日本の言語や文化について事前知識をまったく持たなかったにもかかわらず多くの事物に感銘を受け、日本の民間人と友になる機会を求めた者もたしかにいたことが分かる[56]。

しかし日本人の礼儀正しさにもかかわらず、あるいはそれゆえにこそ、占領の最初の数週間に多くの兵士が欲求不満をためることになった。敗者に対して従属的な立場を思い知らせることを勝者の責任――あるいは役得――と見なした兵士がいる。彼らは〔日本の〕人々が新しい秩序に完全に適応しているか、少なくともそう見えるために、その性根を叩きなおす機会がまったく与えられないと腹を立てていた。日本人ときたら、よくもまぁ、アメリカ人が一緒に新しいビジネスに踏み出すパートナーであるかのように、あるいは、際限なくお茶を出し接待すべき客でもあるかのように、振る舞えるものだと。

一部の怒れるアメリカ人は、日本人の礼儀正しさゆえにかえって彼らをもっと乱暴に扱ってやりたいと思った。「彼らの奴隷根性と卑屈さは侮辱的だ」と、著名なジャーナリストであるテディ・ホワイトが『ライフ』誌の中で述べている。「彼らのそうした態度が暗に仄めかしているのは、二つの国民の出会いが友情と対等さと敬意と真心に基づいているということだ。日本人がそういう態度に出るのは、我々の力の方が強く彼らを打ち負かしたからであって、日本人やその国が間違いを犯したと彼らが感じているからではない」[57]。

ホワイトのこの興味深い理論をあてはめれば、日本人の「奴隷根性」とみえる態度には実はへつらう者とへつらわれる者は対等と思っているところがあるわけだし、そうなると日本人を貶めるというアメリカ側の精神の安全弁も使えなくなってしまうわけだ。仮に日本人が自分たちの劣後と罪を自覚せず、ただ強い力に頭を下げているだけなのだとすれば、さらなるアメリカの力の誇示はますます彼らの卑屈な態度を引き出すだけだろう。腹の底では頭を垂れていない者が、より深くお辞儀をするだけのことだ。『ライフ』の同じ号には、アメリカ人はまだ「ジャップどもの鼻を敗北の死の灰にこすりつけて」思い知らせることまではしていないという恐るべき表現が出てくる。

なんとかして〔日本人を〕面罵したい衝動にかられた何人かの将校が悔やんだのは、〔日本本土に〕強襲上陸をしかけて、日本人に勝者の無敵の力を印象づける機会を逸したことだった。実際には、日本の降伏によりアメリカの艦船は何の抵抗も受けることなく粛々と湾に進入して、ドックに停泊した。さりとて、上陸作戦がしゃにむに行われた場所では、アメリカ海軍の兵士が勝ち誇るよりもむしろ無様でバツの悪い気分にさせられていた。つまずいて転んだ兵士のヘルメットは波にさらわれ、そのうち何人かは救助がなければ危うく溺れ死ぬところだった。そんな中、濡れて不機嫌になりながらライフルを捧げ持ち、びしょびしょの制服を着て波打ち際を歩き渡ることに堂々としたところは少しもなく、まして誇り高い気分などありはしなかった。こうした一連の光景は、すべて「表情のない」日本の見物人の群れに見つめられながら進行した[58]。

占領される側にその立場を思い知らせようと試みる中で、一部の将校は戦艦ミズーリの式典を小規模に再現した。会合する際、彼らは日本の役人を待たせ、その遅刻が完全に意図的なものであることを日本側に確実に分からせた上で、日本人の不快感と背丈の小ささの自覚を最大化するように演出した（一九四五年九月二七日に行われたマッカーサーと裕仁の最初の会合の際、前者の身長が後者よりずっと高いことを示した有名な写真も、こうした戦略のもっともよく知られた一例に過ぎない[59]）。

降伏式典から一週間もしないうちに本国に宛てて書いた手紙の中でマクマスターズは、日本人がいまや「占領が意味するものを理解しつつある」と妻に語っている。ここで彼が言わんとしていることの一つは、複数の部署が重複するアメリカの官僚機構――その複雑さと効率の悪さときたら、当人たちすらたじろぎ、怒り出す始末だった――のせいで、日本人が常に右往左往しているということだ。日本人は「大変忍耐強いよ」とマクマスターズは書いている[60]。

占領軍の高官が日本人に対して優位性を誇示するたくさんのやり方について、アメリカの下士官兵も熟知していただろう。権限を有する者は〔目下の者に〕自らの地位を見せつけ、〔自分の〕階級に応じた利益を確実に得る。そのためのあらゆる方法を、軍隊の上下関係に関する下士官兵自身の経験が教えていたからである。

ところが、あまりに露骨な軍隊の位階システムについて言うと、占領軍の兵卒の我慢の限界が急速に近づいていた。そこで将校たちは、勝者〔アメリカ兵〕が日本人の慎み深さをまねするのを大いに結構なこととして、〔下士官兵に〕推奨した。「同情的で無邪気なお人好し」になり易い、自分たち〔アメリカ人〕の国民性に注意しながらという条件付きだが。「我々は、この惨めで不潔な人種〔日本人〕を嫌悪の念をもって眺め、冷徹な正しさでもって扱うべきだ」とスパローは語った。

しかし、一九四五年秋に日本を占領したほとんどのアメリカ人にとって、自分たち自身に対するものも含む諸々の規則が強化される事態ほど、避けたいものはなかった。[61]

第4章　兵士と性

性行動を管理する

連合軍の占領部隊は枢軸領土に入るなり、以下の二点を思い知ることとなった。第一に、ＧＩは新しい性的パートナーを見つけるのに、いささかも時間を無駄にしないということ。第二に、そうした兵士の密通については、アメリカの特派員や写真家が、兵士とまったく同じくらい喜び勇んで本国の人々に吹聴するということである。兵士にとって、おそらく一番の関心事である性的関係は、戦後のヨーロッパとアジアに関する大衆的な評論においても常に重要なテーマだった。

占領の対象とされたもののうちで、女性の身体ほど大きな性的関心を喚起するものはなかった。また、「親交《フラタニゼーション》」と遠回しに表現される、打ち負かしたかつての敵との関係に対しては、あらゆる階級の合衆国軍兵士が貪欲さを示した。そのことが、何よりも素早くアメリカによる戦後占領のイメージを悪化させた。

一九四五年一〇月には、「失踪したナチ高官の愛人と暮らす、驚くべき数の高級将校」について、『タイム』誌が報じている。ドイツ人や「分別あるＧＩ」が、合衆国の占領機関を「通訳と愛人の政府」と呼ぶ中で、「アメリカ人は面目を失い、ドイツ人は傲岸さを取り戻している」と『タイム』は警告した。ベルリンにいた第一空挺軍のある准将はこの記事にいきり立ち、「『ナチ高官の愛人』と住んでいる高級将校など一人だっているかどうか、怪しいものだ」と妻宛ての手紙に書いた。しかし、同時に彼は、「ドイツ人女性と同棲する」将校ならたしかに何人かいる、とも漏らしている。『タイム』の記事が誇張だったかどうかは分からない。だが、いずれにせよ、〔占領の〕評判には傷がついていた。[1]

外国人女性を抱きしめるアメリカ兵の図は、戦争の終結前からすでに増え始め、後に同盟国の解放と征服した土地における「親交」の両方を象徴するものになった。一九四三年八月に占領下のシチリア島からもたらされた『ライフ』誌の最初の記事は、連合国軍政府《AMG》の統治下にあるリカータについての、ジョン・ハーシーの報告を大きく取り上げている。

同時に掲載されたロバート・キャパの手による写真の一枚は、一人のGIが相棒の靴磨きが終わるのを待ちながら、「女の子の体に腕を回す」様子を捉えていた。その女性の上向きの笑顔と兵士の満足げなニヤつきから、彼らの関係の刺激的な性格がはっきり読み取れる。ページ全体に大きく印刷されたこの写真を読者が見逃すことなど、まずあり得なかった。翌年、兵隊が大挙してフランス〔軍民を問わず、一般のアメリカ人がヨーロッパの官能の中心地として思い描いた場所〕に押し寄せた際の手柄話も、注目を集めた。解放されて激しく感謝していると思しきフランス人女性にGIがキスする写真は、またたくまにアメリカの雑誌を席巻した。

シャルトルで、ハーフトラック〔後輪のみキャタピラーのトラック〕に腰かけた兵士が女性と顔をくっつける様子を収めたラルフ・モースの写真は、『ライフ』の一九四四年九月四日号を飾り、一部女性読者の怒りを買った。アメリカの男どもときたら、どうして故郷まで取っておくべきキスを海外で浪費してしまうのか。それにこんな写真を掲載して、『ライフ』はどういうつもりか、と。[2]

もとより、こうした報道に注目する人々は外国人女性と兵士の間の親密な付き合いに、より強く警戒すべき問題が含まれることを知っていた。一九四六年には、元陸軍のひょうきん者が「ヨーロッパ戦勝《VーE》のあとには、すぐに性病《VD》が続いた」とダジャレを飛ばしている。しかし、アメリカ軍内部の性感染症罹患率はヨーロッパ戦勝記念日《VーEデイ》の数ヶ月前から、とっくに上昇し始めていた。注意深いアメリカ人なら新聞や軍にいる家族からの情報で、すでにそのことを知っていた。

「占領下の」イギリスや太平洋諸島、あるいは北アフリカなどGIが赴いた場所であればどこでも、性行為によって感染する病気が恐るべき勢いで増えていた。そのことを兵士とジャーナリストの両方が記録している。オランに短期滞在したモーリス・ニューフェルドは、一九四三年五月、以下のように記した。すなわち、一般のアメリカ兵は現地人に対して嫌悪感を抱いている。その上、「性感染症の罹患率は地元人口の九八％という高率に達している。それなのに、売春宿はいまも繁盛している。この事実を防疫所の長い列が無言のうちに示している」と。

北アフリカからイタリアへ、感染症は連合国の後を付いて回った。一九四四年には、『ニューヨーク・タイムズ』紙がロンドンでもっともよく知られた性売買の場に言及しつつ、次のように報じている。「ナポリにピカデリー・サーカスはない。だが、性感染症は、町中の貧しい少女や女たちの部屋に潜んでいる」と。[3]

メアリー・ルイーズ・ロバーツが近著『兵士の日常 *What Soldiers Do*』〔邦題『兵士とセックス』〕の中で明らかにしたように、兵士にとっては、セックスがフランスでの任務に対するあからさまな報酬となっており、そこでは合衆国軍が積極的に売買春を手助けする場合もあった。イタリアでは娼館の運営が合法とされていた他、非公認の場所でもセックスの売買が盛んに行われており、〔連合軍の〕兵士が合法・非合法いずれの商売をも助長していることは明らかだった。

軍政官ロバート・ヒルのナポリにおける最初の任務は、五百人から千人のセックスワーカーのために住居を探すことだった。その際、「検査官は『壁と天井と水さえあればいい』と言った」という。ただ軍の高官は、敵国領土にあってこそ兵士と民間人の関係は独特なものになると考えていたため、共戦国という特殊な地位にあるイタリアはあまり重要な問題とはされなかった。

他方、ドイツの地位について間違いは許されなかった。アメリカ兵は、それがいかなる形であれ、すべての年齢・性別のドイツ人との親交を禁じられた。『ドイツに関するポケット・ガイド』や教則映画、ラジオのスポット広告、ポスター、さらには戦争終結までの数ヶ月間に連合軍が第三帝国へとなだれ込む際に通った道路脇の大きなビルボードなどが、この禁令を繰り返し兵士にすりこんだ。だから『ライフ』がイタリアとフランスから読者に届けたような写真が、このうえ、〔敗戦国の〕ドイツからもたらされるなど、あり得ないはずだった。報じられたようなロマンスは〔フランスやイタリアの〕解放が生み出す副産物であり、キスは感謝の象徴だ〔少なくとも、写真はそう暗示していた〕。ならば、これと対照的な枢軸国の領土で同じことは起こるまい。そもそも勝者のアメリカ人が敗戦国民を抱きしめることは禁じられていた[4]わけだから。

果たしてドイツ人女性は、当初、予想どおり〔連合国軍に対して〕敵対的に振る舞うか、そもそも彼らの前に姿を現さなかった。ところが『ライフ』の一九四五年三月一九日号には、一人の伍長がマレーネ・ディートリヒ〔ドイツ出身の歌手・女優〕に似た女性の体をふざけて拘束する、衝撃的な一ページ大の写真が載っている。

しかしよく見ると、このGIの愛人は〔生身の人間ではなく〕工業生産品であった。眉が極端につり上がった、この女性は、長髪のカツラの上にドイツ国防軍将校の制帽をかぶった以外はほぼ裸のマネキンだったのである。この写真には、「アメリカ兵が本物のドイツ人少女と『親交』を深めることは禁じられている」との解説がついている。続けて、親交を「妨げることは難しい」との説明もあるが、それ以上に具体的なことは述べられていない。[5]

四ヶ月後、『ライフ』は数ページの写真つき記事を掲載した。そのタイトルは、「ドイツにおけるアメリカ人GI最大の不満、『親交禁止』の公式方針――『兵士とドイツ人との間の結婚、訪問、飲酒、握手、ゲーム、交流、贈り物の交換、散歩、同席、ダンス、会話を禁止する』規則」であった。

この規則に対する違反のひどさを示すため『ライフ』は、一人のGIが若い女性を暗いアパートの建物に押しつけつつ彼女の方に体を傾け、数インチの距離まで顔を近づけている、丸一ページの写真を載せた。説明文には「ヴィースバーデンのとある裏庭で、合衆国の兵士が声を立てて笑う可愛い女の子を追い詰めている。もし〔憲兵に〕捕まったら彼は、この少女が〈移住民〉だと言い張るだろう」とある〔第5章で詳しく扱う〈移住民〉との交際は禁止されていなかった〕。

このようにアメリカ兵が親交禁止のルールを巧みにかいくぐっているのは明らかだった。しかし、記事中のもう一枚の写真は逆のことを主張していた。すなわち、無邪気なGIをからかい罠にかけようと企むドイツ娘こそ、占領下のドイツにおける追いかけっこで真に巧みなプレイヤーであり、実際には〔GIではなく〕彼女たちの方が、相手をつかまえているのだ、と。

「ぺらぺらの」夏物のドレスとか、浜辺やプールではもっと露出度の高い服を着たドイツ人女性は、〔写真の中で〕禁断の財宝を見せびらかしている。『ライフ』の説明によれば「彼女らが得意げに自分をさらすのは、アメリカ人をからかうためでもあるが、主な目的は『女の魅力』でキャンディやガムや煙草をせしめること」だった。

『星条旗新聞』も、ビキニの水着を着てあえてGIに立入禁止区域の在りかを教え、さらに、そうした禁止令を無視するように〔GIを〕そそのかす若い女性たちの、似たような写真を掲載している。完璧なプロポーションを持つ彼女たちの写真には、「当局は禁止しているが、この角度からの眺めは悪くない」などという、キャプションがついている。[6]

親交が「禁止されている」はずなのに、それがあからさまに行われている占領下のドイツで、兵士の性的な抑制を崩壊させているものは何か。これに対するもっとも有力な答えは、女性が楽しみや利得のために占領者の気を引いているというものだった。この主張をほかならぬバーナード・モントゴメリー元帥のような高官も支持した。彼はドイツ人女性が「身につける服をどんどん減らして、親交禁止の方針を掘り崩す新しい形態の破壊工作」に従事していると非難した。

イギリス兵《トミー》もGIも、この危険なストリップ・ショーによって武装解除されてしまったと、『タイム』が報じている。「ブリーフ・ショーツとホールターネックを着たドイツの女の子は、合衆国の技師から丸見えなのを計算づくで、日光浴し……憲兵は……毎度、すれ違いざまにお尻を叩きながら、『親・交・禁・止』とささやく女の子に忍耐を試され……その部隊に対する影響ときたら、まさしく元帥の懸念したとおりだった」と。[7]

こうした記事は、セックスと占領軍兵士に関する通俗的な評論の多くに含まれたある矛盾を、端的に示している。おそらく、アメリカ兵と外国人女性との間の違法な親密接触ほど合衆国による軍政の体面を傷つけるものはなかっただろう。というのもドイツ娘は、解放に感謝するフランスやベルギー、イタリアの女性たちとは違うのだから。パーシー・ノースが『ライフ』誌上で指摘したように、あえて言えば、ドイツ人女性は「少し前まで戦友を殺した奴ら〔ドイツ軍兵士〕とデートしていたのだ」。

ところが、ドイツ人女性がナチ党のお偉方か、国防軍の雑魚の恋人だったということ、つまり、「かつて〔ドイツ兵により〕占領され／〔彼らに〕夢中になっていた《プレ・オキュパイド》」という事実は、むしろ彼女たちを危険で、魅力的な存在にしていたのである。ただし、それがどれほど嘆かわしくとも、占領地域における性的規律のゆるみが、全面的に、あるいは第一義的にさえGIのせいにされることはなかった[8]

〔代わりにドイツ人女性が責められた〕。

「語り得ぬもの」こそ人の興味を引くというわけで、淫らな魅力の源泉〔ドイツ〕についても、やはり大いに報じられてしまった。そうした〔淫らな〕事柄は表向き非難されているようでありながら、実は大目に見られていた。雑誌編集者、人気のコラムニスト、そして世論形成者らは、海外にいる自国の兵士の馬鹿げた振る舞いを伝えて、読者をゾッとさせたり、刺激したり、あるいは、その両方の気分を同時に味わわせたりした。ドイツでのGIの手柄話を語る者は、ことあるごとに性にまつわるくだらないダジャレを飛ばした。

一九四六年一〇月に『コーリアーズ』誌は「ヒーローと、ヒールの靴」というエドワード・モーガンのエッセイを掲載した。そこに添えられた写真には、ビキニを着た三人の「美しいドイツ娘」がビーチに掲げられた「〔ドイツ人〕立入禁止」の看板に抗議する様子が写っている。彼女らの抗議を受けるGIは、トランクス型の水着しか身につけていない。「強い男にならなければ、断固とした態度はとれないだろう」とキャプションが言う[9]。

かくして「占領」という一つの不快な言葉は、もう一つの言葉と固く結びついていることが明らかになった。それは「敵国人との親交《フラタニゼーション》」である。「親交」は「ほとんどのGIにとって、恐ろしく大きな意味を持つ言葉だった」と、ある陸軍の軍医が一九四五年七月のドイツから妻に宛てて書いている。しかし彼は、この言葉が「通常、アメリカ兵に対して持つ意味は一つだった」とも言う。この不快な言葉は、はるかにシンプルな四文字言葉〔fuck〕で置き換え可能だったのだ——あるいは、まったく同じ意味で、「フラッティン」と略すこともできた。

一九四六年には日本にいたダグラス・マッカーサーが、この問題について心配する手紙を従軍司祭に書き、「『親交』の意味を誤って解釈する傾向がますます強まっている——この言葉に不道徳な意味だけをまとわせる傾向が」と嘆いている。ここでマッカーサーは、性的な意味を言葉がまとった服のように捉えている。しかし、そもそも占領軍の兵士にとって親交という言葉は、大急ぎで服を脱ぐことを意味した。『アメリカのドイツ *America's Germany*』と題されたルポは、「親交とは厳密にはセックスの問題である」と、マッカーサーのような回りくどさを抜きに言っている。[10]

戦後のイタリアとドイツを舞台にしたアメリカ人作家の最初の小説群を世に出す際、出版社は、ドレスの襟を下げ、裾を上げること〔すなわち、肌の露出を増やすこと〕を、セールスの常とう手段にした。大衆向けペーパーバックの表紙はおろか、占領する者とされる者との間のゲイ・セックスを含んだジョン・ホーン・バーンズの一九四七年の小説『ガレリア』でさえ、ネグリジェを大胆に着こなしたあり得ないプロポーションの女性と、感情を秘めた目配せを交わすGIを表紙にしている。また、ハリウッドは評判をとったジョン・ハーシーの小説を映画化する際、撮影台本や宣伝素材の中でジーン・ティアニー扮するアダノの「金髪美人」にスポットを当てた。

一九四八年には、ビリー・ワイルダーの『異国の出来事 *A Foreign Affair*』が封切られた（この映画は、ナチ高官の元恋人で、四人の兵士の欲望の的となるベルリンの女性役に、マレーネ・ディートリヒを配している）。しかし、ダジャレの利いたこのタイトル〔「外交」と「外国での情事」の掛け言葉になっている〕は、占領下のドイツではとっくに自明の事柄だった、親密な関係と国際関係との結びつきを〔改めて〕強調したに過ぎない。ちょうどその頃、アメリカ人将校の恋人役を演じたディートリヒが、第八二空挺師団のジェームズ・ギャヴィン将軍と、スクリーン外でのロマンスを広く噂されていた。[11]

ドイツにおける「親交」とレイプ

第二次世界大戦の前も、そして、戦時中も、アメリカ軍の司令官たちは野放図な兵士の性的行動を抑制する確実な手段を見つけられなかった。兵士と地元民の間のあらゆる社会的接触を禁じることは極端なやり方であり、多くの指揮官の目から見て、マジノ線〔フランス北東国境に沿って築かれた対ドイツ要塞線〕ほどにも成功の見込みのない防衛線だった。ドイツにおける親交の禁止は、アメリカ軍がラインラントを占領した第一次世界大戦後に、すでに試みられていた。それは失敗し、すぐに廃止されていた。

軍高官が何と言おうと、第二次世界大戦中に海外に派遣された兵士はセックスに慣れてしまっていた。連合国派遣軍最高司令部《SHAEF》がいかに厳格な禁止令を出したところで、旺盛な異性愛の発露こそ軍人精神の不可欠な一部であると吹き込まれた兵士が、ドイツ入国に際して性的活動を思いとどまるなど、とうていあり得ないことだった。そんなことは百も承知のある高級将校は、もし親交禁止を強制するなら「できるだけ早い時点で可能な限り多くの我が国の女性をドイツに輸入するべきだ」と提案している。[12]

この恐るべき提案も示すように、軍による親交禁止令の最大の目的は兵士からセックスを取り上げることではなかった。ドイツ南西部アーヘン周辺の小地域に最初の合衆国軍部隊が入った翌日、すなわち一九四四年九月一二日に、ドワイト・D・アイゼンハワーは、〔兵士に対して〕すべての社会的接触を禁じる命令を出している。それは、いわゆるドイツ問題に関してアメリカ政府の方針が厳格化したことの表れだった。この禁令は、第三帝国の市民を完全な「のけ者」にすることで、彼らに「集団的な罪」を思い知らせるために出されたのである。

ドイツ人が「自らのやり方の誤りを理解」できるように、彼らとは「腕の長さの距離を取る《よそよそしくする》」のだと、陸軍省民生部長官ジョン・ヒルドリング将軍は言った。この比喩的な表現は、アイゼンハワーの禁令の文言によって、文字どおり実現されることになる。ドイツ人は、腕の長さより離れたところ、つまり手を握ることもできない距離に置かれた。握手すら禁じられたのである。社交上の礼儀正しさや普通の親切がすべて禁じられた以上、もっと親密な接触も許されないなどということは、あえて言うまでもなかった。[13]

親交に関するアメリカ政府の方針は、大衆の圧力でさらに厳しいものになった。これは、本来は個人の自由であるはずの振る舞い〔親交〕が公に知れ渡ったことの副産物だった。アメリカ軍がアーヘンを占領して間もなく、兵士がドイツ人家族にもてなされる写真が本国で出回った――GIが子どもらの肩に手を回し、宴会に加わる姿だった。それから数日ののち、「多くの国民の不興を買った」この写真について、フランクリン・D・ローズヴェルトがアイゼンハワーに電報を送っている。大統領は、最高司令部が親交を撲滅し、「こうした写真の出版を効果的に禁止する」よう求めた。これに対しアイゼンハワーは、自分はすでに「親交を完全に制圧するよう」命じたが、その禁令は最高司令部の権限内において今後いっそう徹底されるだろうと返答している。[14]

軍の指揮官は、どのみち実行できはしないと思いながら禁止令を課す自分たちの、立場の危うさに気づいていた。写真の流出を抑えるのは、少なくとも戦時の検閲規則のもとでは比較的簡単だった。というのも、許可証を持つ写真家のネガは、合衆国へ発送される前に軍当局のチェックを受ける決まりだったからである。しかし問題の違反行為がありふれていて、しかもひどくあからさまと来ては、（写真はともかく）噂話を抑えるのは困難だった。そこで軍当局は、考えつく限りのあらゆる理由をつけて、兵士をドイツ人との接触から遠ざけようとした。とりわけよく利用された口実は病気に感染する恐れだった。

反親交のプロパガンダは、ドイツ人女性を二つの意味で危険な存在と見なした。彼女たちは有害な思想傾向を持つとともに、性感染症のキャリアでもあるとされた。ポスターに描かれたのは、男を惑わしてアメリカの若者たちの精神にナチズムの病原菌をうつし、肉体には梅毒と淋病をうつす女妨害工作員の禍々しい姿だった。〔加えて〕強制収容所と絶滅収容所が解放された後の一九四五年春には、その犠牲者の写真が親交に反対する警告に用いられた。こうした写真は、アメリカ人は憎むべき犯罪者どもを遠ざけねばならないとのメッセージを強化した[15]。

まともな社会の埒外に出てしまったドイツ人を、通常の社交における礼儀正しさでもって扱うことなどできるわけがない、と考える兵士もいた。しかし、たとえ自らの任務が反ファシズムの原則に則るものだと理解している兵士であっても、〔現実に〕親交禁止の条文を守るのはひどく困難だった。職務上、ドイツの民間人と日常的に接さねばならない軍政要員の場合、親交禁止令が求める無愛想さや、露骨に無礼な態度を維持することが特に難しかった。彼らはドイツの民間人に対し思わず手を差し出してしまったり、身についた軍礼法を抑えきれず反射的に敬礼を返してしまったりして、運転手や通訳などの部下から諫められた。

本能に抗いつつも、果たしてそれは正しいことなのだろうかと自問する者もいた。ジョン・マギニス少佐は、一九四五年五月二二日の日記の中で、ベルレーベックの小さな店に写真を受け取りに行ったときの出来事を詳しく書いている。「平素のヨーロッパの流儀に則り、彼〔老店主〕は礼儀正しく、先に立って扉の所へ行き、出ていく私に手を差し出した。私はその手を取らなかったが、それをいくらか気に病んでいる。もし、私が通例どおりの短い握手をしたら、親交を結んだことになってしまうだろうか？　たぶん、なるのだろう」。

マギニスの場合、自分の不安の理由を突き詰めて考えなかったが、以下のような明確な懸念を抱く者もいた。すなわち、アメリカ人から無差別に背負わされた罪に苛立つナチ党員以外の一般のドイツ人にとって、親交禁止令とは良心の呵責よりも敵意の方をより強く掻き立てるものではないか、と[16]。

大人とまったく同じように、子どもにまで、罪の烙印を押すというのは特に厄介な問題だった。シドニー・アイゼンバーグはドイツの最終的な降伏の二日前に彼の心を波立たせたつかの間の出会いについて、ブロンクスの女兄弟と家族に書き送っている。「ご存知のとおり、僕はこの親交禁止の任務を極めて真面目に受け取っている。たいていの連中よりもね。〔ところが〕一度だけ、へまをしてしまったんだ。僕は毎日、運動のために仕事場から三マイル半を歩いて帰るんだけど、その途上で出会う〔ナチが言うところの〕支配民族《ヘレンフォルク》のことは完全に無視するようにしている。でも、ある日、小さくて可愛い七歳くらいの女の子が、小さな弟の手を引いて、かすかに僕に笑いかけたんだ――そう思いたいんだけど。僕が彼女のその行動を見てニッとしたところ、その女の子はすぐさま考え得る限り最高に可愛い笑顔を見せたんだ。一生忘れられないと思う。でも、この程度のことですら僕は後で気にしてしまったんだな」[17]。

アイゼンバーグ以外の兵士も、ドイツの子どもに対して、冷たくよそよそしい振る舞いを続けるのは困難だと感じていた。特にそうした子どもたちが、ナチの青年組織に入ったり、帝国の最終防衛に召集されたりするほどの年齢に達していなかった場合には難しかった。ドイツのティーンの中には征服者に対する憎悪を湛え、アイゼンバーグをはじめとする占領軍兵士をとまどわせる者もいた。しかし、幼児や児童は別だった。

兵士の中には、ドイツの子どもがごみ箱を漁ったり、礼儀正しくキャンディをねだったりするのを前にして、親交禁止令の遵守をかなぐり捨ててしまう者がいた。ある将校は「小さなドイツ人は、我々の最悪の敵だ」と、憤然と故郷に書き送っている。彼はその朝、子どもに話しかけている兵士を見とがめて、その名前をメモする際、「悪者のような」気分にさせられたという。しかし彼は、「兵士はこうした人々と交わってはならないし、子どものことは何にもまして無視せねばならない」と述べている。[18]

一般に、占領の初期段階における住環境は、兵士とドイツ民間人との濃厚な接触を生み出し、あらゆる形態の親交を止むを得ないものにしていた。「僕らが今住んでいる環境のせいで危うく親交を結びそうになってしまう」と、ある兵士が妻に書いている。親交禁止令がはっきり禁じていたにもかかわらず、ドイツ人家族との同宿は続いていた。占領軍兵士は、ドイツの家庭で味わう物理的な快適さと合わせて、彼らが住む宿舎の元住人についても頻繁に書き送っている。住人の中には自宅に留まり、アメリカ人占領者の家政婦や料理人、洗濯婦になる者がいた。[19]

軍隊の規律を激しく嫌う陸軍の理髪師ジェームズ・トンプソンは、ドイツ人の家族と同宿することがもたらす自由に感謝していた。ドイツ人との同宿のおかげで、骨の折れる歩哨業務や皿洗いを免れただけではない。トンプソンは余暇に布帽子を縫って、一つ四ドル五〇セントという立派な値段で販売する小商いの時間まで得たのだった。彼は宿舎の女主人が家をすべて掃除してくれて、生花まで飾ってくれることに、ひどく喜んでいた。

一九四五年六月まで、トンプソンは家の主人の「可愛い二歳の娘と遊ぶことにたくさんの時間」を費やした。トンプソンは予想外に安楽な状況を享受していることを故郷宛ての手紙に書いている。ドイツの「ホスト」が異邦人に行うもてなしは、アメリカ人家族にはとうていまねのできないものだと、トンプソンは思った。「もちろん僕らは征服者に決まっている。しかし、だからと言って彼らがここまでする筋合いはないんだよ」とトンプソンが書いている。たしかにドイツ人はGIを泊めてやらねばならなかった。それでも、征服者との付き合いをそれほど楽しんだり、あるいは楽しんでいるふりをしたりする必要はないはずだった。

そうした友好関係を〔ドイツ人と〕結んだり、片手間の内職を始めたりしたのは、トンプソンに限った話ではない。自分の宿舎の主人の姪がアメリカ式の「女性衛生」用品を持たないことを心配した、ある医療備品将校は、軍の物品からガーゼとコットンの芯をくすね、手製の生理用ナプキンを製造する仕事を始めた[20]（アメリカの使い捨て思想に馴染みがなかった件の姪は、ナプキンを洗って再利用しようとし、この将校をがっかりさせている）。

気の置けない家族付き合いは友情を育み、そしてもちろん恋愛関係も育んだ。さらには徴発された家屋の周辺で様々な家事労働を担う女性と兵士の間に、もっと営利的な性格の強い性的な接触も生じた。それゆえ、〔ドイツ人との〕親交を持つことが洗濯の問題を解決するもっともいい方法だなどという軽口が、普通のGIから飛び出すようになった。

一方、兵士が故郷に宛てて書いた手紙の中に親密度の高い〔ドイツ人との〕関係についての記述が少ないのも、それはそれで自然なことだろう。なんといっても、圧倒的多数の手紙は女性に宛てて書かれていたのだから（少なくとも、文書館に寄贈され、保存された手紙の圧倒的多数の場合は明らかに）。女性とは具体的には、母親、妻、ガールフレンド、叔母、姉妹、あるいは、かつての教師などである。また、指揮官たちが兵士の手紙を鵜の目鷹の目で（もしくは飽き飽きした目で）見張り、もし違反があればカッターを手に取る〔そして手紙を切り裂く〕という事実も一部の兵士の心に重くのしかかっていた〔それゆえ、彼らは女性との親交に関する記述を避けた〕。

ヴュルツブルクに駐屯する補給部隊の検閲が廃止された直後の一九四五年五月二三日、同隊に所属したクラレンス・デーヴィス伍長が、妻に宛てて以下のように書いている。「将校たちが居並んで座り、辛辣なセリフを吐くかと思うと、個人的なことをあまりたくさん手紙に書こうとは思わなかった」と。しかし、デーヴィスはおそらく彼の上官の覗き趣味を誇張している。実際のところ、手紙の検閲は親交禁止令と同様、適当にしか実行されていなかったのである。作戦遂行上の安全というよりは世間での〔軍の〕評判が問題となっていたため、真面目に検閲を行う将校がいたのも事実である。しかし一九四五年春のドイツで、一部の兵士は規則違反への言及が一切禁じられていることなどお構いなしに、しばしば赤裸々な、ときに毒々しい言葉で性の風景を描写していた。[21]

アメリカ兵もとっくに承知していたとおり、一九四五年春・夏のドイツでは、禁止があろうがなかろうが性的活動が盛んだった。GIにとって特に苛立たしいことの一つは、初夏までにドイツの戦時捕虜が解放され、故郷に帰りつつあることだった〔ドイツ国防軍の崩壊速度があまりにも速かったため、連合国は、降伏したすべての敵兵を長期間は収容できなかったのだ〕。一九四五年五月二六日にはオーブリー・アイヴィーが、ランダウから以下のように妻に書き送っている。「愛しい人、もちろん、こっちの兵隊はみんな怒っているよ。ドイツ兵がどいつもこいつも家に向かって歩き去るのを、僕ら自身はここにとどまり指をくわえて見ていなければならないなんて」。

なお悪いことに、動員解除された〔ドイツの〕帰還兵は、怒れる占領軍兵士の眼前でロマンティックな生活を大っぴらに再開し、そうした行為を行う自由を見せびらかした。六月六日にはレオ・ボーガートが、この問題についていささか感情的な手紙をブルックリンの両親に書き送っている。「国許の女性に対して誠実なGIや、あるいは単にトラブルを避けたくて、親交禁止の規則を守ろうとしているGIにとって、見目麗しいドイツ娘に抱かれて夕暮れの通りをゆっくり闊歩する、軍服を着たナチの兵士を見るというのは、きわめて腹立たしいものです」と。

GIの中には、親交禁止の規則を破り、「見目麗しいドイツ娘」を占領者の性的な領土のように考える者もいた。彼らは右で述べたような光景を見て、打ち負かしたはずのドイツ国防軍帰還兵が生意気にも自分たちのテリトリーを侵犯していると思い憤慨した。いずれにせよ、敗者の方が勝者よりもずっと早く故郷の快適さ——待ち望んだ再会の歓び——を享受できるというのは、なんともきつい皮肉だった[22]。

降ってわいた「平和の分け前」を公然と楽しんだのは、元国防軍兵士だけではない。徴用されてドイツに移住し、工場や農場で働く者が多かった〈移住民〉も、「野放しにされていた」。ドイツの農村生活に規律を与える任務の占領軍兵士たちを邪魔する飲酒と略奪の真っ只中で、ある軍政官言うところの「歓喜の家ミニチュア版」〔売春宿〕を営む女性〈移住民〉がいた。「その二人はポーランド人で、有益な仕事をしない限りは強制送還センターに送られる規則になっていたから、僕はそれをすぐに止めさせた」と、モーリス・カーツが妻に知らせている。そして、「有益」かどうかなんてことは見方によるけどね、と軽口を叩いた。

あらかじめ十分に予想されたことではあるが、このポーランド人たちの顧客は、〈移住民〉だけではなかった。親交禁止令がドイツ人以外に適用されないのをいいことに、アメリカ兵は、すぐに〈移住民〉と関係を結んだのである。こうした関係を制限しようとする指揮官もいたが、結果は芳しくなかった[23]。

ドイツ占領初期の段階で、ある下士官兵が男友達に宛てた一連の報告をご検討いただきたい。一九四五年五月の末、エディという書き手は以下のように書いている。「こっちで今一番ホットなのは、親交禁止とか、そんなものだよ。でも、ＧＩって生き物が、『柵さえあれば、監獄になるわけじゃない』と先刻ご承知なのは、君も分かるだろう。それに、『愛は必ず道を見つける……』」と。

こうした感情を吐露するのはエディだけではなかった。ドイツには「カワイ子ちゃんがうようよいるので、親交禁止の仕事はあまりはかどらない」といった意味のことを、ある将校が書いている。また他の多くの兵士も、同様の趣旨のことを故郷に書き送っている。結局、遅くとも七月初旬までには「愛」が抜け道を見つけたことは明らかだった。

「この間の移動の後、僕らはまたしても、いい取引をしたよ」とエディが男友達に報告している。「僕は今、戦時捕虜の檻の外で最高のかわい子ちゃんと暮らしている。皆と同じだ。ドイツ全土がちょうど大きな一つの売春宿なんだ。ぼくらに向かって親交なんて口にすることもないよ、あんまり馬鹿々々しいからね。ちょうど、この町には千人のポーランド人どもがいる。ほとんどは大人の女と女の子だ。週に二・三回、彼女たちとダンスをするのはいいね。どんな毎晩〔ママ〕でもいいね。夜遅くなると、酔っぱらってない男の方が少ないよ。七月四日の独立記念日には、大きなパレードがあった……。ちょっと、すごかったよ。将校も含めて、誰もまっすぐ列になって歩けないんだから。これが平和ってもんさC'est le peace……」[24]。

ここまで露骨ではなくとも、同じようなことは他の占領軍兵士の口からも語られている。布帽子製造業者のトンプソンは、一九四五年七月一二日までに、親交禁止令など「取り繕う価値もない」と結論づけていた。トンプソンにとって特に驚きだったのは、彼の部隊がデッサウのキャンプを引き払って三百マイル離れた新しい地点に向かう際、たくさんの〈移住民〉がついてきたことだった。彼女たちは、恋人のGIを見つけるため、道中ずっと行ったり来たりしていた。こうした「キャンプ・フォロワー〔軍隊の行動に付き従って各種のサービスを提供する、民間人や兵士の家族・関係者〕」の存在は、広範な現象になっていた[25]。

アメリカ兵がセックスを求めた相手は〈移住民〉女性だけではなかった。一九四五年の春と夏にドイツ人女性といちゃつくGIについて報じた、『ライフ』や、その他の写真記事に、誤解の余地はなかった――ただ、これらの記事は、女性による手引きを強調することで男性の主体性を矮小化し、強制や有無を言わせない力が果たした役割を曖昧にしていたが。

さらに『ライフ』は、GIたちが親交禁止令をかいくぐるため女性の「国籍を偽る」やり方にも警鐘を鳴らしている。GIは、恋人のドイツ人女性をポーランド人やロシア人、ユーゴスラビア人などに見せかけたのである。「兵士たちはドイツ人と親交を結んだことを決して認めず、いつもフランス人の女の子だとか、ベルギー人だとか、ロシア人だとか、ポーランド人だとか言い張る。実に抜け目ない」と、フェリックス・ヴァン医師が、五月末に妻に語っている。

こうした不正を撲滅するため、第一二軍集団司令部は、国籍を示す色つきの腕章を〈移住民〉に配り始めた。この不愉快な措置は、ナチに迫害された人々が、まさに同じような識別票を袖に付けさせられたのを思い出させた。同じ目的で襟のボタンを用いる部隊もあった。こうした身元を示す標識は案の定、捨てられてしまい、GIによる巧妙な偽装の防止には役立たなかった。結局、熱心な企業家精神を持つ兵士が、〈移住民〉の腕章やボタンの闇取引を横行させた。[26]

親交禁止令を素早く出し抜く点では、将校も下士官兵と同じだった。しかし、下士官兵が規則の裏をかこうとする場合、しばしば不正行為に手を染める必要があったのに対して、階級差に起因する優位性を最大限に利用できる将校の場合、もっと大胆かつシンプルに、規則それ自体をねじ曲げることができた。とりもなおさず将校は、規則を作ることも、運用することも、あるいは無視することもできたのだから。〈移住民〉や、〈移住民〉を騙《かた》らされたドイツ人女性と下士官兵との関係について詳細に語った前述のヴァン医師は、将校にも痛烈な非難を向けている。

彼ら〔将校〕の多くは「自制心を失っている」と、一九四五年七月にヴァンは書いている。独身者も既婚者も、将校は皆、お決まりのようにフランスやベルギーで出会った女性との関係を継続し、恋人のもとを訪れるため自分自身に許可証を発行し、随意に〔ドイツから〕西へと引き返していた。下士官兵と違い、将校は、遠距離恋愛の継続に必要な休暇と移動許可を自らに与えることができたのだ。

ヴァン医師は、「陸軍女性部隊《WAC》の隊員や看護婦と同棲」する将校もいると記している。

こうした行動を見た下士官兵は、ヨーロッパでもアジアでも、手の届く範囲のアメリカ人女性を上官が独占していると不満に思った。一九四六年四月、日本に駐留する無電技師のアラン・スターリングは、決まり文句的な不平を姉妹に語っている。いわく、「こっちで良いアメリカ人の女の子を見つけようとしても無駄だろう。将校の宿舎が彼女たちのモラルを粉砕する目的で頻繁に利用されているから。彼女らのほとんどはとても意志が弱くて、かつて嫌悪していたような振る舞いを自分でもすぐに始めるんだ[27]」と。

ドイツ内外で公然と情事を追い求める将校がいたのだから、何かと規則を破りたがる下士官兵だって、恋の冒険をして良いのだと確信したに違いない。特にヨーロッパ戦勝記念日《VEデイ》後における黙認状況の下で、親交禁止違反が厳格に罰せられることはまれになったのだから。

下士官兵は親交に対して六五ドルの罰金を科されることになっており、これはたいていの兵士の手取り給与の二ヶ月から三ヶ月分だった。だが、違反者が実際に給料を減らされることはほとんどなかった。将校は互いの「軽率な言動」に対しては特に寛大だった。二人の佐官級将校がドイツ人女性と公然たる「社交パーティーを催した」際、フランク・ハウリー将軍は「きつく叱った」だけで彼らを赦免し、厳しい処分を行わなかった。これに対する憤りをマギニスが日記に記している。

一方、バイエルン・アルプスではクリフトン・ライルが、彼言うところの「悪名高いナチの売春婦」と交わった将校を軍法会議にかけることで、規律の維持を図っていた（ライルの日記には、「そうしたこと」に対する彼自身の厳しい姿勢は示されるものの、判決がどうなったのかまでは分からない[28]）。

一部の将校による必死の努力の甲斐もなく、〔親交禁止の〕一線を守りきることはできなかった。軍事史家アール・ジームキーが書くように、「親交禁止は撤廃されず、ただ崩壊した」のだ。最初の実質的な後退は、一九四五年六月四日に訪れた。この日、最高司令部は、性感染症への罹患は今後、

「直接的にも間接的にも、親交があったことの証拠とはみなされない」との声明を内々に発したのである。ここから、上昇する感染率を抑え込むに当たって親交禁止令が何の役にも立たなかったことが分かる。

実際、親交禁止令の中途半端な遵守は、まったくの逆効果を生んでいた。アイゼンハワーによる最初の親交禁止命令が発された後、兵士が食事を受け取る際に並ぶ列の最後に置かれていたコンドームの山が撤去されたと、ある陸軍の衛生兵が記している。これにより兵士とパートナーの性的な衛生に支障が生じると見られたが、〔実際そのとおりで〕感染率は急上昇した。結果、兵士に防疫所の利用を促し、処罰の恐れなく治療を受けさせる新しい方針が必要になった。[29]

ただ、親交禁止の撤廃を正当化する際に持ち出された〔性病感染の封じ込めという〕実際的根拠は、〔アメリカ国内向けの〕広報という面では、ほとんど役に立たなかった。そこで本国に向けて発される公的な声明は、まず兵士と〔ドイツの〕子どもとの間の友好的な関係に〔軍の〕お墨つきを与えることで、〔親交の〕否定的なイメージを肯定的なものに転換させようとした。

六月一一日に布告を出したアイゼンハワーは、その中で、どこの国の子どもであれ否応なく魅了する、気前のいいGIのハート・ウォーミングな姿に言及した。だが、もちろん、アイゼンハワーは失笑を買った。最高司令部の真の関心が子どもにハーシーのチョコレート・バーを配ることではないことくらい兵士もとっくに承知していた。

小賢しいGIは、子どもを友好的に扱うことが公式に許可されたのだから若い女子との関係も正当化されたのだと考え、それまで以上にターゲットの年齢を下げた。これを踏まえて『ライフ』も、若いドイツ人女性にあいさつするGIの写真に「ごきげんよう、お嬢ちゃん」などと、思わせぶりな見出しをつけた。[30]

一ヶ月後、兵士と大人のドイツ人との会話を許可するアイゼンハワーの布告が出され、ついに親交禁止令は見る影もなくなった。アイゼンハワーは、この変更は非ナチ化の大いなる進展によるものだという無理筋の主張を平気で口にした。また、彼は〔ドイツ人との〕会話を許可する新しい方針によって、ＧＩは身の毛もよだつ絶滅収容所への怒りをドイツ人にぶつけられるようになるから、〔非ナチ化は〕さらに進展するのだと、示唆した――その機会を利用するだけの語学力や意志を持つ者など、〔アメリカ兵の中には〕ほとんどいなかったと思うのだが。

なんにせよ親交禁止の撤回が示しているのは非ナチ化の成功などではなく、むしろＪＣＳ１０６７の厳格な方針が現実には実行不可能だったことである。「集団的な罪」に対する最高司令部のこだわりは弱まり、相変わらず捉えどころのない「良いドイツ人」という表象が、再び方々で姿を現し始めた。

この急激に変化する雰囲気の中で、八月に親交禁止令はさらに緩和され、その二ヶ月後には完全に廃止された。一部の指揮官は将校に対して、軍施設に立ち入ったり、軍からの食糧を受け取ったりすることを許可されていないドイツ人との社交を引き続き禁止しようとした。しかし、秋のはじめまでには依然として禁止されているはずのＧＩとドイツ人との結婚が〔実態として〕認められ、振り子は禁止令緩和の方に傾いてしまった。

「僕にはまったく信じられない」と、ライルが憮然とした様子で日記に記している。「我々ときたらこの野獣〔ドイツ人〕と戦い、捕虜になった戦友を冷酷にも銃殺され、ダッハウその他の場所を目撃しておきながら、奴らの手についた同胞の血も消えぬ間に、この畜生どもと結婚しているのだから」[31]。

占領軍兵士の一部は、親交禁止令が撤廃されるや否やドイツでの〔アメリカ兵の〕狂騒がますます激しくなったことを記している。ドイツ人に対して断固たる一線を引くことを支持する者は、従来、陰で行われていたことが、いまや恥ずかしげもなく、どこでも行われるようになったことに憤慨した。ある軍曹が故郷に懸念を書き送っている。

〔親交〕禁止令が撤廃された、まさにその日、僕はジープに乗って外出していたんだけど、特に日没後に女たちが出てくると、車で走るだけでも何か新しいことが起きているなと分かったよ。僕はヨーロッパの人々がＧＩを批判的に見ることにも慣れてしまった。それというのも、以前ならＧＩは彼らにとって見慣れない珍しい存在だったわけだけど、いまや〔占領は〕新しい段階に入ったからだ。〔ドイツの〕女性にとって、ヒトラーのために子を持ち、ドイツ兵に我と我が身を投げ与えるくらいのことは朝飯前だと僕も理解した。だけど彼女たちは国を再建する時にも同じことをするつもりだろうか。きっと、数ヶ月後には妊娠した女がたくさんいて、その一部はアメリカ兵の子どもだろう。その点ではフランスもひどかったけど、ドイツ人に比べればフランス人はましだったと思うよ。

減少した人口を補うためにモラルをなくしたドイツ人女性のせいで軍紀が崩壊していると非難したのは、右のアルフレッド・ロジャースに限らない。というのも、ロジャースがもっぱら〔アメリカ兵に〕セックスを持ちかける側として描いたドイツ娘のイメージは、親交禁止を訴える〔占領軍の〕宣伝素材や、占領下のドイツから届く報道によって作り出された女性像の受け売りだったからだ。それは、異常な思想教育を受け、異常に多産で、異性を求める〔ドイツ人〕女性のイメージであった。[32]

メディアは、親交禁止の廃止とはすなわち、セックスせよというアイゼンハワーからの命令だと解釈して、この決定を歓迎した。少なくともＧＩは「親交命令」をそのような意味に解して小躍りしていると報じられた。他方、将校の中には、下士官兵がいまや公衆の面前で大っぴらにドイツ人女性と交わっているといってアイゼンハワーの命令に腹を立てる者もいた。その一人ジャック・ホワイトロー准将は、親交を結ぶカップルにつまずくことなく、ベルリンの街を出歩くことは不可能だと〔憤然としつつ〕書いている。

　昨日（一九四五年九月一六日）の日曜、午後の休暇を取って湖の周りを散歩していた。そこでは、いわゆる親交というものがいまだ全開で行われており、実際、それは増えており、私は何か散歩以外のエクササイズを見つけようと心に決めた。私個人としては、第八二師団の袖章と高名な部隊バッジ、そして従軍記章があしらわれた、同師団兵士のヨーロッパ作戦戦域《ETO》ジャケットを着ている二人のドイツ人女性を見つけたときが、怒りの頂点だった。制服の持ち主であるお調子者どもは兵舎へ引き返し、この子らにやるための食べ物を取って来ていた——おかげで彼女たちは生気を取り戻し、もっとよく親交を深められるようになっただろう。こちらで演じられるアメリカ人の男らしさに心底うんざりして、私はどなった。私が気に入らないのは、公衆の面前における彼らの振る舞いだ。

　しかしホワイトローも、これより前に妻に宛てた手紙の中では、「ドイツ人女性を抱きしめる高級軍人に対してできることといったら」大声を上げることくらいだと諦めを見せている。〔兵士の〕不名誉な振る舞いは、「薄汚いドイツ娘」のせいにされただけでなく、ほとんどの占領軍兵士が本当のところ「戦士ではなく小役人」であるせいだ、とも言われた。こうした気ままな下士官兵は、「制服をズート・スーツ〔大きくダブついたスーツ〕に着替え、そうした衣装をまとう人々のように振る舞おう」

としているのだ、と。〔ズートスーツを着る人々という表現で〕ホワイトローが仄めかしているのは、おそらくチカーノ〔メキシコ人移民とその子孫〕やアフリカ系アメリカ人である。[33]

親交禁止令の撤廃により、理屈の上では親交を〔性的なニュアンスから切り離して〕言葉本来の意味で用いることができるようになった。しかし、その後も親交とセックスの結びつきはなかなか消え去らなかった。禁止令の撤回が、ある種の社交上の接触にお墨付きを与えてしまったからである。一部の将校は、付き添いにかこつけて心置きなく「良いドイツ人」〔特に女性〕をエスコートできる機会を探し求めた。懇親会、ダンス、パーティー、そしてドイツ人宅の訪問が怒濤のごとく続いた。

社交上の接触を許可された若い独身の兵隊は、故郷への手紙の中でドイツ人少女とのデートを仄めかしたり、明け透けに語ったりするようになった。一九四五年七月末にドイツ人医師の家で開かれたパーティーについて母親に知らせようと、ハンス・アンダースがその様子を詳しく書いている。「ピアノとアコーディオンの奏者がいて、愉快な雰囲気だった。一部屋がダンス用に空けられていた〔そうだよ、僕も踊ったさ〕」と彼は述べている。サンドイッチと飲み物つきのお祭り騒ぎは翌朝四時半まで続いた。

一〇月、アンダースはシュレジエンから追放されてきた二二歳の〔ドイツ人〕女性に真剣な恋愛感情を抱いていた。彼曰く、その「女の子は他の誰よりも強い印象を僕に与えた」。ニューヨークの進歩派新聞『PM』の熱心な読者で、断固たる反ファシストでもあったアンダースは、この女性が自分はナチ思想の信奉者であると告白し、ナチはやり方がまずかっただけだと語ったにもかかわらず、その率直さを清々しく感じていた。彼が出会った彼女以外のすべてのドイツ人は、ナチ党のイデオロギーに対して一時でも魅力を感じたとは決して認めなかったのに、と彼は思った。

一人で〔シュレジエンの〕農場を切り盛りし、それを取り上げられた後はドイツを歩いて横断し、アンダースのオフィスで通訳の仕事にありついたこの年若い女性は、彼に感銘を与えた。彼女の「良識とたくましさ、そして精神性に、僕はそれほど強い印象を受けたんだ」と、一ヶ月後、アンダースは感激もあらわに、母親に書き送っている。そして、この並外れた女性イシーに会ってほしいと伝えた（しかし、この希望は叶わず、次の手紙を書いた一二月、彼は帰国の途上にあった）[34]。

占領下のドイツにおける性的な振る舞いの中でも、もっとも醜悪なもの〔レイプ〕について、告白する者もいた。〔しかし、普通、〕兵士はレイプの問題となると目立って無口になり、同僚のアメリカ人が加害者である場合には、とりわけ寡黙になった。将校や下士官の性的親交の様子を明けすけに描写してきた医療将校のヴァン医師も、妻への手紙に、「レイプみたいな犯罪が本当に一件でも」起きているのかどうか疑わしいとまで書いている。さらに一九四五年五月には、「まったく、ドイツには野放しの売春婦やビッチが多すぎる」と吐き捨てた。

ヴァン医師の見解によれば、性的に利用可能な女性がいる限り、〔兵士が〕レイプする必要はまったくなかった。つまり、ヴァンはレイプを女性嫌悪に基づく暴力ではなく、押さえつけられた性的エネルギーの表れと見なしている。この見方を取ることで、レイプは起こりようがなかったなどという三段論法が成立したのである。

こうした、まことしやかな理屈は、占領下のドイツに関するアメリカの大衆評論にも登場したが、その書き手は男性だけではなかった。ニューヨーク『サン』紙の特派員ジュディ・バーデンは、「〔性行為の〕手ほどきを受けるような段階で合衆国を発ったたくさんの男子たちは、専門家により〔ドイツの〕藪の中に連れ込まれて教えを被り、生きる喜びを素早く学習したのだ」などと書いている。そして、「仮にレイプなんてものがあったとしたら、それは明らかに不必要な行いだった」と述べたのである。

しかし、軍司法当局の見解は異なっていた。一九四五年一月七日から九月二三日にかけて、合衆国陸軍は一八七件のレイプ事件を審理し、二八四人の兵士に有罪を宣告している。実際のレイプ事件の数は、軍法会議の件数をはるかに超えていたと見て間違いない。[35]

兵士の故郷への手紙でも時おり言及されることだが、アメリカ兵以外の占領軍兵士もドイツ人女性をレイプしていた。歩兵部隊の下士官兵であるビル・テイラーは、仏領北アフリカの部隊がシュトゥットガルトで犯したと噂される集団レイプの罪に言及した。その際、両親がその事件をまったく聞いたことがなかったと知り、驚いている。

もっと意外なことに、ドイツ東部とベルリンで赤軍の兵士が関与した数万のレイプ事件について、アメリカ兵はほとんど語っていない。のちに多くの高級将校は元同盟国ソヴィエトの人々を嫌うに至った。そのときの素早さと比べてみると、占領下のドイツにおけるロシア人の規律と振る舞いに関しての〔アメリカ兵の〕当初の評価は、しごく寛大なものだった。そこには明らかなひいき目が存在したと、歴史家アティーナ・グロスマンは指摘している。

一九四五年四月一二日に本国に宛てて書いた手紙の中で、赤軍部隊の振る舞いに思いを巡らせたホワイトローは、「たぶん彼らは飲み過ぎていただけではないだろうか」などと推測し、さらに、「〔それというのも〕たぶん彼らは、私が見込んだとおりの人間であって、〔しらふの状態で〕意識的に残酷に振る舞うような邪悪さは、持ち合わせていないのではないか」などと考えた。一九四五年の八月から一二月までベルリンで過ごしたにもかかわらず、ホワイトローが〔その間の〕レイプ事件に言及することは一度もなかった。GIとドイツ娘との不適切な親交については、蔑みを込めて何度も言及したというのに。[36]

レイプは、大っぴらな話題とするには刺激的すぎた。あるいは、〔逆に〕あまりにも無視されやすい問題であった。しかし、人種に関する凝り固まった思想と、性行動の弛みが合わさったときに起きる暴力については、もっと率直に語られていた。歴史家デヴィッド・ブリオン・デーヴィスは、「一九四五年から四六年にかけての、アメリカ化されたマンハイム」に関する論文の中で、第一機甲師団の憲兵だった一〇代の自分が両親に宛てた手紙を長々と引用している。

そこで彼が詳しく書き記したことの中に、〔最終的に〕銃撃による傷害にまで至ったナイトクラブでの口論が含まれている。この出来事の発端は、黒人兵が白人専用施設に立ち入ったか、あるいはその逆であったという。合衆国軍内部の分裂を映し出すように、娯楽の場は人種隔離されていた。それを望んだのはドイツ人ではなく、アメリカ人だった。右の口論が誰の越境行為により始まったかはわからないが、「人種差別主義者の敵意は明らかに、黒人が白人のドイツ人少女とデートしたり、ダンスしたりすることに向けられていた」とデーヴィスは確信している[37]。

同じ〔人種〕偏見を共有する白人の将校と下士官兵は互いに協力し合い、ドイツ人女性との接触に関する人種化されたヒエラルキーを創り出して、それを堅持した。白人の兵隊はしばしば黒人兵士に銃を突きつけ、公式・非公式の「立入禁止区域」に従うよう要求した。社交空間の人種隔離に関する陸軍の公式方針は〔兵士による〕非公式の自警行為と組み合わさっていたのだ。

その結果、〔白人・黒人〕双方の間に憤りと怒りが生じた。白人下士官兵の一部は、軍の補給物資（『ライフ』はそれを「女たらし《フラウ・バイト》」と呼んだ）にアクセスしやすい黒人兵が、性的な競争において有利な立場にあると不満を述べた。だが、皮肉なことにこの特権は、アフリカ系アメリカ人の兵士を戦闘以外の雑用に充てる軍の制度化されたレイシズムの結果であった。需品中隊に配属され、ドイツ全土に軍の補給物資を運んでいた黒人兵は、そうした物品を民間に横流しできる、絶好の位置にいたのである。

一方、人種隔離された軍隊の一員として、ミクロにもマクロにも絶えざる攻撃にさらされていた黒人兵は、ある背景もあって人種差別的な慣行への怒りをよりいっそう強めた。その背景とは、ドイツを民主化するというアメリカの使命への果てしない称賛――しばしば、ナチの人種理論に対するひどく空虚な非難とセットになっていた――を〔現に人種差別を受けながら〕聞き続けねばならないことだった。

もし黒人兵が、白人の同僚よりも上手にドイツ娘と付き合えたのだとすれば、それは、豊富な物資を駆使して誘惑できたからというより、その求愛の作法が礼儀正しかったからである。少なくとも、ジャーナリストのロイ・オトリーは、そう語っている。

一九四六年にオトリーのインタビューを行ったローレンス・レディック〔ニューヨーク公共図書館ショーンバーグ・コレクションのキュレーター〕は以下のように記している。「オトリーによると、黒人GIが踏む手順は以下のようなものだった。彼らは最初の日、女の子にスパム〔缶詰ランチョンミートの商標〕を一缶わたす。二日目にチョコレートを渡す。そして、三日目にデートを申し込むのだ。白人GIはと言うと、この手順の最後のところから始める。すなわち、女の子の肩を軽くたたいて、『君がくれないなら、俺も何もあげないよ』と言うのだ」。

レディックがインタビューした中で、この見方に反対したのは、ウィルバー・ヤングだけだった。彼は「白人の仲間が」いかに「僕らを兄弟のように扱ったか」、説明している。それは「サウスカロライナ州出身の有色人種の南部少年と、ジョージア州出身の南部白人少年」が、二人のドイツ人姉妹の所へ連れだって出かけることを許容するような、友愛関係だった。「親交禁止の警告にもかかわらず、僕らは皆うまくやっていたんだ」と、ヤングは語っている。[38]

レディックが話を聞いた帰還兵は、すべてのドイツ人女性が、気前が良くて優しい黒人兵士に夢中だったと力説する。しかし、特に〔黒人〕兵士が白人女性と連れ立って公の場に表れるような場合、彼らを侮蔑するドイツ人〔女性〕も存在した。ナチの人種理論が執拗に広められていたことを考えれば不思議はないだろう。人種的な嫌悪を共有することで、〔アメリカ兵とドイツ人との間に〕国籍と民族を超えた、嘘のような同盟が成立する場合もあった。

フィラデルフィアに住む愛しの「あなた《ブーバラ》」ことシルヴィア・ソロヴに毎日一通、二通、あるいは三通と、情熱的な手紙を書いたジャック・ローゼンフェルドは、象徴的なエピソードを語っている。二人の手紙にはいつも、「我らが愛はファシズム打倒の希望と同じくらい強い」というモットーが添えられていた。ここには、ローゼンフェルドが親交の問題に関心を向ける背景となった確固たる政治的信念がうかがえる。さて、一九四五年六月三日のこと、そんなローゼンフェルドが怒っていた。

ねぇ愛しい人、この小さな「事件」について君に話さなきゃならない。僕は唇をかみ、歯噛みをしてこらえたけど、危うく気分が「サイテー」になりそうだったよ。僕らの部署の同僚の一人に、ユダヤ人の兵士がいるんだけど、彼が遊びに行く途中で、この話をしたんだ。彼は一人のドイツ人の女の子と歩いてデート中だった（そう、親交だね――とてもよくあることだ）。そしたら、黒人の兵士と一緒に歩く別のドイツ人の女の子と出会った。非アーリア系のユダヤ人とアーリア系のドイツ人は、どっちも驚き、不機嫌になったそうだ。ドイツ人の女の子は、これがまったくお気に召さなくて、行ってしまったそうだよ。こんな事があると、「一生懸命がんばって人々に何かを教育したり、あるいは彼らが息をつけるマシな世界を作ってやろうとしたりすることに、いったいどんな意味があるんだ」なんて言うやつも出てくるだろうね。すぐにでも君に会わなきゃ。こんなことが馬鹿みたいにいっぱい続くと、僕はひどい皮肉屋になってしまいそうだから。[39]

占領下のドイツでは急速な社会変容が進んでいたが、この自由主義化が果たして〔実際に〕どれくらい自由なのかははっきりしなかった。一九四五年一一月に、ホーフハイムから故郷のネブラスカへ手紙を書いたリーランド・ハイアットは、もっと恐ろしい事件について記している。「ここから約八キロ離れた小さな町で、一人のアメリカ黒人兵士が、ドイツ人のフロイライン（女の子）の一人と出かけたために、数人のドイツ人の手で殺された」。

しかし、ローゼンフェルドとは違い、この件について語るハイアットの第一の関心は殺人そのものにはなかったようだ。むしろ、彼は殺人の原因となった性的な振る舞いに対する嫌悪感と、自分個人の身の安全に関する不安を語っている。「僕は毎晩、戸締りをするように気をつけなくちゃならないし、ベッドの近くに拳銃を置いておかなくちゃならない」と、リーランドは女兄弟のクレアに手紙で伝えている。

この一〇日前にハイアットは、ドイツの男たちが二人のドイツ人女性を「堂々と」――しかし、彼の意見では正当な理由もなく――ぶちのめしたと伝えている。「その女の子たちは黒人兵士と一緒にいるところを見られたんだ。それをはしたないことだと思うやつもいるのさ」。そしてハイアットは、「黒人の女性部隊隊員をこっちへたくさん連れてこられないのが残念だ」と結んでいる。[40]

オリエンタル化された親交の諸相

戦後のアジアにおける親交についての公式方針は、占領地区ごとに異なっていた。アメリカの軍政初期に全面的な禁止が発令されたのは沖縄だけだった。この禁令はドイツにおけるものよりも長く、一九四六年まで存続したが、軍関係者と地元民間人との間の社交や性的親交を〔ドイツ〕よりうまく規制したとは言えない。

ドイツで親交禁止令が出された政治的、道徳的、イデオロギー的な理由と、沖縄で同様の方針が打ち出された理由は異なっていた。ドイツの場合、ナチズムの恐怖に対する「集団的な罪」をドイツ人に自覚させることが、親交禁止の推進動機となっていた。その際に論拠となったのは、市民は熱狂的にナチ党を受け入れ、一〇年以上も彼らを権力の座に据え続け、国外における侵略戦争の遂行を支持し、さらには国内外で行われた残虐行為に見て見ぬふりをしたという確信だった。

沖縄の場合、これとは対照的だった。ここでは、日本帝国の犯罪に加担した島民たちを礼儀正しく扱うべきではないなどという理屈は、親交禁止の発令にほとんど〔もしくはまったく〕影響を与えていない。地元民とのあらゆる親交の禁止は、むしろ〔占領軍の〕安全を確保することと〔沖縄の〕人々を心服させることを大義名分にして繰り返し発令され、正当化されたのである。〔沖縄の親交禁止令に込められた、右の二つの目的のうち〕どちらの目的も、人種と人種の差異に関する有害な思想に立脚していた。

沖縄戦終結の二ヶ月前に当たる一九四五年四月、第二四軍団司令部は「沖縄の人々について」と題された文書を発行した。これは、占領が〔沖縄の人々に〕及ぼす影響についての入門書で、「沖縄の人々に対するアメリカ兵の態度は」どうあるべきかなどと、修辞的に問うている。すでに生じていた「不適切」な振る舞い〔親交〕が、この公式文書の発行理由となっていたことは明らかである。しかし、同文書の中で特に取り上げられた親交の形態は、ドイツでアメリカ軍司令官を悩ませたものとは異なり、民間人を軍用車両に乗せるなどの違反行為だった。

右のメモは「彼らを乗せる理由はない——生まれてこのかた、ずっと歩いてきたのだから」と警告した。合衆国軍が進める基地整備計画のために、沖縄の人々が数千人単位で幼老の別なく強制移動させられていることなど、知らん顔であった。また、この文書は〔民間人に対して〕微笑んだり、手を振ったりといった友好的な仕草をしないよう兵士に対して力説した。手を振るという行為は沖縄の人々の目に「弱さの証」として映る、というのが理由だった。〔占領軍の〕司令部は「ジャップの兵隊は、民衆を殴ったり、銃で撃ったりして敬意を勝ち取った」などと臆面もなく主張し、「敬意」は力によってのみ維持されると仄めかしている。〔沖縄の人々に対する〕愛想のよさは永遠不変の自然の摂理に反しており、軍事戦略上の失敗よりも悪質だとされた。沖縄の人々となれ合う必要はない――彼らと我々は別の人種なのだから、と。[41]

沖縄の人々と疎遠にしなければならないのは、彼らがイデオロギー的に汚染されているからではない。人種的に劣っているからだ。これは、沖縄における親交に関して軍が出した声明の中で、広範に見られたメッセージである。こののち数ヶ月間、占領軍兵士に対して、「不適切な行動」を取らないよう警告し、〔自分たちとは〕明らかに異なる他者《アザー》に向かって「正しい態度」を取ることの重要性を訴える指令が次々と繰り出される。

GIは沖縄の人々を車に乗せることを禁じられただけでなく、住民のために働くことを一切禁じられた。「東洋人《オリエンタルズ》は、征服された者のために雑用をこなすような人間には敬意を払わない」と、一九四五年五月に出された第十軍司令官の指示が述べている。この文書は、一ヶ月前に出された指示を補足する形で、軍要員は〔沖縄の人々に〕敬礼やVサインを返してはならず、食糧や煙草、キャンディを配ってはならないと明記した。こうした警告を真面目に考えさせるため、同文書の結びには、アメリカ人の全精力を「日本兵を殺すという最重要任務に注がねば」ならないとの刺激的な一文が記された。また、これに従わない者は営倉入りだと脅された。[42]

沖縄における親交禁止令の背後には、ドイツの場合と異なる動機が存在したが、これを実行しようとする意志〔の強度〕にも違いがあった。多くの軍高官は沖縄の人々を侮蔑していたため、より固い決意でもって、アメリカ人が地元の人々に紳士的に振る舞うのを禁じようとした。

もし兵士が沖縄人に対して友好的に接しないのなら、彼らが地元の人々の宴に同席して写真を撮られることもないはずだった。しかし〔実際には〕一九四五年五月に軍報道写真部門が回覧した一枚の写真の中に、二人の合衆国軍兵士が沖縄の女性たちとお茶を飲む様子が写っていた。ウィリアム・クリスト准将は、これに格別の不快感を示した。クリストを特に怒らせたのは、〔写真の中の〕兵士が、地元の習慣に従って靴を脱いでいることだった。これでは、征服者が「東洋人」からの敬意を得ることはできない。それに、将校が「地元のやり方に合わせる」姿を見れば、下士官兵も親交禁止を真面目に受け取らないだろう。クリストはそう思った。

沖縄を離れてよそへ赴任する際、クリストは必ずしも彼の姿勢を共有できず、長く苦しんできた側近に向けて、最後の説教をぶった。クリストが指を振り振り行った、違反行為の写真に関する「講釈」を、ジョン・ワトキンスがあからさまな不快感とともに記している。「この人々は諸君と同じ階級には属さない。彼らを自宅での茶会に招いてはならん。なんだって、ここでそんなことをするのだ。もっと言えば、彼らは敵なんだぞ」とクリストは言った。ここで准将は、階級という言葉を人種という言葉の代わりに用いているが、彼の本心は明らかだった。[43]

要するに、クリストや他の高官たちは、人種的な二項対立に基づいて思考していたのである。〔彼らにしてみれば〕西洋人と東洋人が行き会い、挨拶し、ジープでドライブするなど、あってはならないことだった。クリスト達が自らと沖縄の人々との人種的な「違い」を主張するとき、前者はアメリカ人のアイデンティティーである、汚れなき白人性を思い描いていた。その結果、彼らは占領下にある沖縄のエスニックな情勢について、顕著な二つの事実を見逃した。

第一に、占領軍には数百人の日系アメリカ人通訳が含まれていた。軍政府が彼らぬきで地元民に命令を理解させようとしたら、露骨な力の行使に頼るほかなかっただろう。こうした通訳の中には、強制収容所から引き抜かれて特別訓練を受けた、合衆国本土出身の二世も含まれていた。また、ハワイ出身兵士の中には、沖縄で友人や親類縁者と邂逅する者もいた。これが、第二の事実である。

すなわち、「我々」と「彼ら」の間の絶対的な二分法を言い募ることで、〔クリストたちは〕一部は合衆国市民でもある、多くのハワイ出身者が沖縄にいるという事実を見失っていたのだ。アメリカ市民と外国人、友人と敵、そして、アメリカ人と「東洋人」の間の区別は、クリストや彼のお仲間が信じたがったほどに自明ではなかったのである。[44]

彼らは「我々とは人種が違う」（これは沖縄の人々にとって屈辱的であるだけでなく、日系兵士の働きをも侮辱する主張である）と将校が言っても、日系の下士官兵が〔同じ人種の〕地元の女性たちに言い寄るのをやめるなどということは、ありそうになかった。そして実際に、日系アメリカ人はたちまちガールフレンドを見つけた。このことは親交禁止を支持する者たちの不興を買った。

一方、白人のアメリカ兵なら異人種の島民に対して興味を持つこともなかろうと〔将校たちが〕高をくくっていたとすれば、それも誤りだった。上級指揮官が繰り返し親交禁止令を出さざるを得なかったことから推察するに、兵士が自由奔放に、それも様々な方法で「親交」していたのは明らかだろう。

七月初旬、クリストの後任チャールズ・マレー大佐が、以下のようにクギを刺している。すなわち「海軍建設部隊《CBS》は、村々を車で通り過ぎる際、煙草やキャンディを民間人に投げ与えてはならない。憲兵は、『グーク』の避難民の行列を護衛する際、可愛い女の子と歩いてはならない。各部隊は子どもをマスコットにしてはならない」と。[45]

ドイツ同様、社交と性的接触を禁止する試みは惨憺たる失敗に終わった。数ヶ月にわたるきわめて残酷な戦闘により荒廃した沖縄は、あらゆる人種・民族的出自のアメリカ兵にとって性的な機会を得る場にもなっていた。同意に基づくもの、強いられるもの、金が払われるもの、力づくによるものなど、セックスの形は様々だった。沖縄をめぐる戦いが終わるや否や、米国軍政府の報告書は「レイプ問題」の増加を指摘している。

沖縄の地元住民と白人将校は、常にレイプの第一義的な責任をアフリカ系アメリカ人の兵隊に押しつけた――環太平洋的な〔広がりを持つ〕レイシズムが、一点に収束していたのだ。一方、司令部では、将校が陸軍女性部隊員《WAC》や看護婦と「同棲」していた（ワトキンス大佐の家で開かれるパーティーでは、毎回、必ず酔っぱらい同士の情事が起こり、酩酊して大胆になったカップルが長椅子に大の字に倒れ、彼をうろたえさせた）。軍政府の前哨基地ならどこでも、将校と下士官兵が地元の女性と同衾していた。

売買春が隆盛を極めたが、これは少なくとも部分的には、日本による最終防衛準備のための沖縄の軍事化の遺産であった。日本兵にセックスを提供するために、朝鮮人「慰安婦」数百人が連れてこられていたのだ。性労働のために徴用された彼女らのうち、多くは日本の敗戦後も沖縄にとどまっていた。朝鮮半島への送還を待つ女性たちが「常に本管区におけるトラブルの種となっている」と、ある公式レポートは悪意を込めて主張した[46]。

しかし、売買春に従事したのが日本兵の「慰安」を目的に連れてこられた朝鮮人女性だけなどということはない。軍政府が沖縄の住宅地の近くに移転した際、金銭を介した「親交」がたちまち増加したことを知って、ワトキンスが仰天している。彼に情報を提供した下士官兵は以下のように説明した。「若い兵士や年長の兵士に近づいて声をかけ、ジェスチャーで『ハメハメ』したいのかと示すアプローチが取られます。『芸者か?』と彼は尋ねますので、頷いて同意してください。彼は両手で、座って待てと指示します。そしたら、彼は村へ行き、あなたがお望みのパートナーを連れてきます。近くの野原の温かい土の上が、長椅子の代わりになるらしいですよ」。

これに対しワトキンスは、まったく驚いたと述べている。司令部のパルクー・セール（文字どおりには「鹿の園」を意味する、ルイ一五世の娼館）は、どうやって「必要なプライバシーを確保する」のか、と。
しかし、軍政要員の一部は、明らかに、プライバシーなど必須ではないと考えていた。元陸軍将校のM・D・モリスは、陸軍が内密に行った売買春の簡便化について、のちに記している。「飲酒、貨幣流通、医師による検査、さらには、実に数千もの人々の秩序正しい移動といったものの管理を実施できるよう、外部から邪魔されない一つの場所に希望するすべての女の子を集める。その記録に残らないやり方を、しらふで賢い何人かの者が、公益のために考案したのだ」と。そんなこんなで、親交を禁止しようとする沖縄での試みは終わった。[47]

マッカーサーは日本本土に「固有」の方針として、公的な親交禁止の発令回避を決定していた。自分の評判に鋭く自覚的だったこの最高司令官は、間違いなくアイゼンハワーの二の舞を避けようとしていた。同時代の多くの評論家が指摘したように、アイゼンハワーの親交禁止令は禁酒法以来、もっとも広範に無視された方針となり、そのことで彼は面目を潰していたのである。

マッカーサーは後に、父親から教えられた教訓を引き合いに出して、自分の決定を説明している。父は、実行されることがたしかな命令以外は決して出すなと彼に教えたのだった。「私は、何があろうと絶対に親交禁止令を出すまいと思っていた」。これは、一九六七年の『エスクァイア』誌の人物紹介記事が、マッカーサーによるものとして引用した言葉である。[48]

しかし、親交禁止令に対する躊躇があったからと言って、占領の司令塔である連合国軍総司令部《GHQ/SCAP》や、ロバート・アイケルバーガー旗下の第八軍司令部が、日本人との親交を野放しにしたわけではない。総司令部が、かつての敵との間の友好関係を許さないということを、あらゆる将校・下士官兵がはっきり承知していた。少なくとも占領軍兵士の一部は、日本の将校や民間人との友情が持つ倫理上の問題を懸念していた。

海軍情報将校のハリー・マクマスターズは占領開始からたった三週間後に、そうした心配を妻に打ち明けている。「この親交に関して僕は良心にさいなまれている。というのも、日本海軍の司令官やその妻とそんな風にしてお茶を飲むのは、間違いなく親交だからだ。僕はこれまでドイツにおける我が軍の同様の振る舞いを厳しく非難しておきながら、この日本で同じことをしてしまっている。サイパンや硫黄島、そして、他のすべての島々で斃れた者たちのことを想像すると、これは裏切りではないかと思ってしまう。日本人は悔いておらず、負けたことを気に病んでいるだけではないかと心配だ。彼らに厳格に接することなしに、再教育なんてできるのだろうか」。

しかし、たいした時間もたたないうちに、アイケルバーガーとその参謀総長〔バイアーズ〕は、日本の様々なエリートたちから盛んに招かれ、鴨を網で捕まえて食する遊びや、他の伝統的な娯楽による歓待を受けるようになった。[49]

下士官兵はこうした秘密の異文化交流から排除されていた。しかし、もっとも人気の高いエロティックな形態の親交であれば、彼らも楽しむことができた。マッカーサーの最高司令部は当初、セックスに関して実用本位の方針を採ったのだが、それは占領軍による利用を目的とした慰安施設を設置するという日本政府の決定により拍車がかかった。この方針を正当化した論拠は、以下のようなものである。すなわち、売春女性がアメリカ兵の性的なニーズを満たせば、日本の「善良な」女性に対して向けられる（と日本の指導者が考えた）貪欲な関心から、彼女たちを守ることができる、と。

「慰安所」は「外国兵士の脅威に対する防波堤」と見なされていたと、歴史家サラ・コフナーが説明している。一億円の資金を充てられた特別な政府機関、特殊慰安施設協会《RAA》は、占領軍到着のちょうど一週間前に発足し、強制されて働いた戦時中の「慰安婦」とは違う、有給のセックスワーカーの勧誘に着手した。

大蔵省主税局長（そして、のちの総理大臣）池田勇人は、「大和人種の純粋な血統を守る」ことを助けるなら良い給料を支払おうと述べた。いくつかの推計によれば、特殊慰安施設協会の最盛期には、七万人にも上る女性が雇用されていたという（この数字について、歴史家の平井和子は、協会以外の全国の特殊慰安施設を含めた数字と考えた方が妥当ではないかと指摘している）。このほか、非公式の路上売春を行う「パンパン」として、数千人の女性が働いていたという。[50]

最初の偵察将校が日本に到着するまでに、複数の慰安施設がすでに開設され、営業を始めていた。第八軍の参謀長A・E・シャンツェが日本に着いたのは、第一一空挺師団より一日早く、一九四五年八月二九日だった。シャンツェは、ガラスを使ったモダンな建物の「各窓の前に四・五人の女性がいて、正面をびっしりと埋めた」ところを通りがかり、驚いている。

日本の外交当局の代表で通訳を務めるスズキ氏に、これは何の建物かと尋ねたところ、「日本政府から合衆国陸軍将校の皆様へのプレゼントです」という答えが返ってきた。この贈り物を受けた側は間もなく、これを利用するようになった。実際、シャンツェが書いた未刊行の回想録によると、この施設をいの一番に利用したのは、彼が施設の警備を命じた軍曹であった。のちに、この軍曹は「一糸まとわぬ」四人の日本人女性といるところを、件の窓ガラス越しに目撃されている。[51]

この日本政府からの「プレゼント」を受け取り、利用する将校も多かった。一九四五年九月一一日のアイケルバーガーの日記によると、彼と取り巻きの側近たちは、兵士による「慰安施設の利用」を妨げないことを決定した。陸軍は「個別の施設の認可や運営に関与する」ことはできなかったが、「清潔と秩序を維持」するよう、日本警察を通して「強い圧力」をかけたし、無秩序を抑止するため、慰安施設に隣接して憲兵を配置した（この動きには、アイケルバーガーが「立場上あるまじき行為」と軽蔑的に評した、海兵隊員によるレイプ事件への反応という側面もあった）。

兵士が持つ異性とのセックスへの欲求を満足させるには、許可制の売買春が最適だといくつかの理由により考えられていた。〔先述の〕アイケルバーガーの日記が示すとおり、軍の指揮官には、女性との身体接触が商売として提供されれば、レイプは抑止されると考える傾向があった（つまり、彼らは、レイプというものを、女性を支配・凌辱したいという暴力的な衝動の結果ではなく、純粋に抑圧された性欲によって引き起こされるものと理解していたのである）。

そのうえ、公的に管理された施設で働く女性のほうが一般女性よりも（少なくとも理論上は）監視が容易だと考えられていた。また前者であれば、定期的な医学検査を課すこともできると考えられており、実際、占領下の日本では、それが実施されていた。性病にかかった女性は治癒するまで兵士から隔離されるか、さもなければクビにされた。こうした措置によって兵士の性病感染を減らし、彼らの軍務への適性を維持できるだろうと、合衆国軍の高官は考えたのである。[52]

さらにもう一つ、このシステムの長所と考えられた点がある。それは、防疫が機能することで、動員解除後の兵士が、性と再生産の面で妻たちの健康に及ぼす悪影響を防げるということだった。つまり、高い価値を有するアメリカの女性を守るために、「いかがわしい」外国人女性を犠牲にするということであった。一九四五年六月の陸軍医療報告書の表現によれば、帰還した兵士が性病に感染しているという、その想定自体が「悲劇そのもの」だった。[53]

しかし、右の措置には弱点があった。もっとも明らかな欠陥は、軍お墨つきの慰安施設に秘密が求められたことである。アメリカ軍が兵士のための慰安施設を許容しているとか、まして、慰安施設を設置したなどと、本国の民間人に知られるのは論外だった。一九四八年、回想録のために考えをまとめていたアイケルバーガーが、「私は売春宿チェーンの親分にはなりたくなかった」と記している。

だが、〔日本との間に〕相当の地理的距離があり、また、ＧＨＱ／ＳＣＡＰが報道をつぶさに監視していたにもかかわらず、こうした施設を〔本国の〕公衆の目から隠し通すことは困難だった。セックス関連の事柄以上に隠すのが難しいことも、そうそうない。特に、問題となる男たちが、既婚・未婚を問わず、それぞれに理由があって、セックスするべきでないと思われているような場合には。

パールハーバー攻撃の前でさえ兵士の野放図な肉欲――あるいは、性的に堕落しやすい性質――が合衆国における熱心な議論の的になっていた。母や妻による監視を逃れた新兵は、セックスの相手を求める売春婦の格好の餌食と考えられていた。純潔運動家に煽られて成立した一九四一年のメイ法は、訓練キャンプの近隣における売買春を禁止した。三年後、陸軍が複数のフランスの町で売春宿の運営に実質的に携わっていたことが判明すると、公衆から非難が湧き起こり、軍は自らセックスの商取引に関与するという実利的な〔性病防止の〕方針を撤回せざるを得なくなった[54]。

海外で活動する合衆国軍にとって、こうした問題は特に目新しいものではなかった。先に述べたとおり、マッカーサーは、守られない命令を出すことの愚を父親から学んでいた。だとすれば、普通はプライベートなものと見なされるセックスを〔軍が〕兵士に提供する仕組みなど作れば、これを人々の目から隠し通せるものではないということも、父親から学んでいておかしくはない。二〇世紀初頭のフィリピンでは、当地の総督だったマッカーサーの父が、アメリカ軍の庇護下で繁盛する売春宿の存在を公に否定し、非難するはめになっていたのだから[55]。

実際に、軍公認の売買春の存在は繰り返し暴露され、問題化された。しかも、それは性病を制圧することにも失敗した。イタリア、フランス、ドイツ、沖縄、日本本土、朝鮮など、大戦中と戦後に合衆国軍が占領した場所では、どこでも感染率が急上昇した。戦時中に性感染症治療薬ペニシリンが発明されたにもかかわらず、このような失敗が生じた原因は簡単である。

若くて、しばしば酒に酔った兵隊は、防疫所を決まりどおりに使おうとはしなかったし、売春宿の主人は、女性に医学検査の受診を強制する規則に従わなかったのだ。また、アメリカの将校連と地元当局者は、イタリア、日本、朝鮮で、性労働を公認施設に封じ込めようとしたが、そうした試みも不徹底なまま失敗に終わった。[56]

そもそもセックスもセックスワーカーも封じ込められるようなものではなかった。軍公認の施設は、その周辺と、さらには兵営内部においてすら、「未管理」売買春の急増を妨げるのに、いっさい役立たなかった。売買春と性病を減らそうとする試みには切りがないことが判明した。軍医と公衆衛生担当官が状況を掌握したと思うや否や、必ず新しい女性が性労働に参入してきた。イタリアでは、一〇歳か一一歳の少年が自分の姉のために堂々と客引きをしていると、GIたちが記した。娼婦や、娼婦と疑われる女性を封じ込め、病理化し、犯罪化する全面的な施策が試みられた。

占領下のイタリアでは、怒りに燃えるアメリカ軍指揮官が「売春に対する容赦ない戦いの開始」を話し合い、その戦略と標的について、あたかも通常の戦場における作戦のような言葉遣いで議論していた。「売春と妥協しようとするすべての試みは、ただ、性病感染を勢いづかせるだけである」と、イタリア南部に設置された半島基地部門の首席医務官が息巻いた。彼は、イギリス陸軍がその占領地域において十分な数の防疫所を設置できなかったことと、性病に感染した女性を収容する病院の中で肉欲が野放しになっていることに、憤っていた。

パーチェの病院では、一つの病床を三人の女性が共有していた。「こうした事態は、連合国軍の歴史においても目新しいものではないが、しかし、これほどの規模の前例はない。性病問題について、弱腰な態度や優柔不断な姿勢は禁物だ。ここまで大きく広がってしまった以上、過激な手段に訴えて管理するしかない。必要ならダイナマイトでも使う。もし陸軍が、目下の戦いにおける任務を遂行するほど十分に強力であり続けたいと望むなら、性病（売春）を制圧せねばならない」。しかし、性病《VD》に対する作戦が、ヨーロッパ戦勝《VーE》ほど順調かつ決定的なものにならないことは、明らかだった。[57] 日本での性的活動のうち、民間のアメリカ人の目から隠されたのはレイプだけだった。売買春や、より広い意味での「親交」については、公的な評論や私的な文通の両方が、かなりたくさん言及している。

一九四五年一一月には、アイオワ州オスカルーサ出身の従軍聖職者《チャプレン》ローレンス・ラクール海軍中尉が書いた手紙が『デモイン・レジスター』紙に掲載され、騒動を巻き起こした。この手紙が語ったのは、海軍が水兵に日本での慰安施設の利用を自由にさせ、あろうことか、その内部に防疫所を設置しているということだった。慰安施設のうち最大の物は、デトロイトのフォード巨大工場にちなんで「ウィローラン」と呼ばれたが、こうした東京の施設の人気は非常に高く、憲兵が「ほぼ一街区にわたって四列に並んだ」兵士を見張らねばならないほどだった。

性的にうぶな若い兵士に売買春が及ぼす悪影響を道徳的な観点から論じたラクールは、〔兵士を〕堕落させる女性に対して、悪意に満ちた攻撃を加えている。娼館で働く女の九五から百パーセントが性病に感染している、と。「日本のすべての売春婦は、容姿や性的魅力という点で、合衆国の最底辺の街娼にも及ばない。顔や足に潰瘍がある」者もいるし、「かつてハンセン病に罹っていた」者もいると、このチャプレンは言う。さらにラクールは、相当な数の者が「新薬をもってしても治療は困難か不可能と言われる、東洋に多い特定の性病に感染していることは間違いない」と主張した。

身の毛もよだつこのエピソードは、ただちにあらゆる報道で取り上げられた。『ワシントン・ポスト』はラクールの主張に基づいて社説を書き、「〔軍の高官の〕金モールが人間の知性に及ぼす悪影響」を糾弾した。海軍ときたら、「性病問題を解決するためと称して、水兵に感染の危険を冒すよう勧めるという驚くべき方法」を採っているのだから、と。[58]

広く読まれたラクールの手紙からは、日本における売買春の悪名高さだけでなく、日本人女性の身体――ラクールはそれを不気味なほど破壊的で、破滅的なほど「東洋的《オリエンタル》」なものとして描いた――に対する〔アメリカ人の〕執着の強さもうかがえる。金銭を介したセックスとそれを提供する女性は、当初から日本占領に関するアメリカの公的な語りの一部になっていたのだ。

一九四五年九月八日には、『星条旗新聞』が早くも以下のように報じている。到着したばかりのGIは「ジャップの出迎え人」から挨拶を受けている。「彼らは、寂しそうにしているすべてのアメリカ人を」米軍慰問協会《USO》の巨大クラブらしきものの「開店記念イベントに連れて行く」。しかし、そこでは慰問協会よりずっと色々なメニューが提供されるのだ、と。

ドイツの場合はこれと対照的で、〔金銭を介した〕売買春よりも、ドイツ娘との親交の方がはるかに高い関心を集めた。「素人」のドイツ娘は、通常、報酬としてキャンディバーや煙草を受け取るものとされていた。[59]

占領軍兵士は日本人女性について、ドイツ娘に関するのとは異なる内容を、より多く故郷に書き送っている。実のところ、ドイツにおける「親交」事情についてもGIたちはよく書いていたし、ドイツ人女性の魅力について俗論を語ることも珍しくはなかった。ある歩兵が書いた「ドイツのカワイ子ちゃん《ベイブ》の中には、すげぇ美人がいるよ」といった類の記述は、兵士の手紙にアクセントを添えた。

しかし、ドイツ人女性がどれほど美しいかではなく、どんな風に美しいのかということになると、詳しく語られることはまずなかった。兵士の駄文は、「ドイツのカワイ子ちゃん」と言えば、当然、心の目でその容姿を思い描けるものと決め込んでいたからだ。ステレオタイプ化された清潔さや気丈さ、そして金髪などの要素がドイツ女性の魅力に結びつけられるのがせいぜいで、〔具体的な人種的特質としての〕「ドイツ人であること」は、彼女たちの魅力とは無関係だった。[60]

他方、日本人女性に対しては、民族誌的《エスノグラフィカル》な欲動と好色《ポルノグラフィカル》な欲動が結びついた占領軍兵士の好奇の目が向けられた。アメリカの兵士は、日本のどこを訪れても、大きさの違いや風習・文化の違い、そして、風景や建物の違いについて記したが、何よりも日米の身体の違いについて熱心に語っている。

黒人・白人どちらの兵士も、〔アメリカと日本の〕女性の身体に見られる遺伝形質的な差異のしるしを列挙しつつ、アメリカ人女性という基準に照らして、日本人女性の性的魅力を値踏みした。こうした我が物顔の特権行使にひどく無自覚だった占領軍の兵士は、しばしば日本人女性に対する評価を、妻や恋人に何の気なく伝えている。そうした兵士の感慨は、異国の地にあるアメリカ人探検家の「まったく自然な」好奇心の発露として、まかり通ったのだ。

兵士は時々、日本人女性が自分自身の体に無頓着だと述べることで、性的関心を示す描写を正当化した。日本人女性にはきちんと隠そうという気がないので、〔アメリカ人と〕同じような「慎み深さ」は示せず、とすれば、アメリカ人男性の方も自分の好奇心を丸出しにして構わないのだ、と。

特に、日本の田舎や裸の男女が出会うことも普通にある銭湯で目にした、むき出しの乳房については、多くの占領軍兵士がすぐさま妻や母親に書き送っている。肉体的部位に関するこうした類の直截さは、沖縄で書かれた手紙の中にすでに現れている。ポール・スクーズは、特に畑で働くときなど、沖縄人女性の多くは上半身裸だと述べている。また、子育てをする歳をとうに過ぎたような年配女性であっても、自分の乳首を幼児の「おしゃぶり」として口に含ませるとも書いている。

「こちらに着いてから、僕は乳首ばかり見ている。ありとあらゆる形と大きさのね。最初はどぎまぎさせられるよ」とスクーズはふざけた。しかし、彼はこうした描写に官能的なところはまったくないと言って、妻を安心させようともしている。「でも、女たちときたら、暇なときは座り込んで互いの頭のシラミを取り合っているんだから、同僚が彼女らに興味を抱くのは難しいよ。そんな様子を見たら、性欲は吹き飛んでしまうさ」[61]。

アメリカ兵はしばしば、日本人女性は魅力的でないと頭から決めてかかった。その際、理由として挙げられたことの一つが人種の違いで、もう一つは、女性たちがわざと醜く見せているということだった。アメリカ兵は敵だった者をレイプしたり、略奪したりする恐れがあるから避けるようにと、地元の当局が彼女たちに警告しているというのだ。

したがって、魅力的な日本人女性などという珍品が人前に出てきたときは、それにことさら言及することも正当化された。ほんの一週間前に、日本人は「不潔で萎びていて醜い」から売春婦のところに行くほど「身を落とす男なんて想像もできない」と妻に伝えていたマクマスターズは、疾走する武器運搬トラックの上から目にした「例外的に魅力的な」女に感激して、本国に手紙を書いた。

これは「一段落使って書いてもいいくらい珍しい」出来事だと述べた後、マクマスターズは、その女の「自然美をさらに引き立てる」きちんとした格好と化粧について詳述している。しかし、この幻のような美しさは例外的なものだと彼は言う。普通「中年女性はしわが深く、アメリカ人女性にはあり得ないほど年波が寄って見える。可愛い女の子だっているのかもしれないが、僕が見たのは今日が初めてだ」と。

二週間後、別の女性に出会ったマクマスターズは、彼女のむき出しの乳房について嬉しそうに妻に説明している。いわく「逗子を通って帰る道すがら、上半身裸の女が通りを歩いてくるのを見て、僕らは仰天した。彼女は、日本人としては例外的にいいチチ〔ママ〕をしていたよ。君の夫はどうしたと思う？　車を停めてバックさせ、もう一度、見てやろうとしたのさ！　彼女の慌てようといったら。全力で逃げていったよ。彼女が何を考えていたかは知らないけど、分かる気がするな」。

どうやら、〔マクマスターズらに〕襲われるかもしれないと感じた女性が怖がる様子を見せたことで、彼のスリルは倍増し、うれしくなったものらしい。〔手紙を読んだ〕妻の方はおそらく、この出来事もそれを物語る夫の調子も、さして面白いとは思わなかっただろうが。[62]

日本人女性の容姿に対する、同じくらい露骨な評価を、アイケルバーガー将軍以下あらゆる階級の兵士が、自分の配偶者と、ときには母親にも伝えている。第八軍司令官は、彼が常に「ミス・エム」と呼ぶ妻への手紙の中で、日本人女性に低い評価を下し、あの女給は「ガニ股であか抜けない、いつもの連中」だとか、この女給は「なんだか惨めったらしく見える」などと書いている。

彼は、特に西洋の服を着た〔日本人〕女性に不満を感じて、以下のように嘆いた。「彼女らの足や体は、我々が着るような服にはうまく合わない……。どうしてアメリカの女の子のまねをしようとするのか、私にはまったく理解できない。そんなことできるわけがないのに」。アイケルバーガーが、定期的に女給の外見に言及する気になったという事実は、将校がどんな状況で日本人女性と相対していたのか、また彼らがどれくらい日本人女性の容姿に興味を抱いていたかを示している。[63]

ドイツの場合とは異なり、日本の家屋に元の住人と同居する下士官兵はまれだった。しかし、将校の多くは接収された邸宅やホテルに住み、そこでは、日本人女性が掃除と食事の支度を行った。将校の中には明らかに、女性の魅力を基準として入念な家事労働者の選抜を行う者がいたため、本当のところ彼女たちはどんな仕事をさせられるのかと、疑念が広がっていた。

アイケルバーガーは、一九四六年五月二〇日にミス・エムに宛てて不機嫌な手紙を送り、この問題について以下のように書いている。「私が、そういう可愛い日本の女の子を女給として家に入れようとしたことは一度もない。彼女たちがいると華やぐとは思うが、そうした少女をたくさん周りに置いたら、コモリ氏のような日本の男たちが怒るだろう。うちの若い男たちの誘惑の種にもなってしまうだろうし——これは、下士官のことだけを言っているわけじゃないよ。私が訪れた場所のいくつかでは、若い奴らが手を尽くして美女を集めていた」。

ここでアイケルバーガーは、魅力的な日本人女性は「人形」のように「収集可能」な貴重品だというありふれた偏見を兵士と共有している。同時に彼の手紙は、こうした類の戦利品狩りが本来は遺憾なものであることも示唆している。当然、自らの所有物であるべき性的な財産を、外国の軍隊に盗まれたとあっては、ドイツ人男性同様、日本人男性も憤慨するだろうからと言って。[64]

将校・下士官兵を問わず、日本人女性について故郷に書き送った多くの兵士は、「ゲイシャ・ガール」というイメージのレンズを通して、彼女たちの印象を受け取っていた。着物姿の女性エンターテイナーは、アメリカ人にとって茶道や華道と並んでなじみ深い、日本の暮らしの一部になった。彼らの頭の中のあるべき日本像においては、アメリカ人中尉に唐突に捨てられる典型的な高級娼婦、蝶々夫人が、富士山と同じくらい重要な位置を占めていた。そのため、〔日本の〕象徴とも言うべき雪をかぶった峯と同じく、このエキゾチックな外国人女性〔ゲイシャ〕も故郷の人々のために描写されねばならなかった。

「ゲイシャ」に関する議論は、彼女らが娼婦ではないとするもっともらしい主張によって、さらに盛り上がった。一九四五年一一月の『ニューヨーク・タイムズ』の記事でリンゼイ・パロットは、GIのいう「ゲイシャ」が実のところ伝統的な芸者とは全然違うもので、〔伝統的な芸者は〕断じて娼婦ではないと主張した〔海外出征兵士の家族にとって、たいした安心材料にはならなかったが〕。『アフロ・アメリカン』のペイトン・グレイも同じ意見であった。

芸者という存在に与えられた〔娼婦であるとも、娼婦でないとも言える〕この曖昧さのおかげで、占領軍兵士は日本人女性についてユーモラスな調子で語れるようになり、手紙の相手の〔アメリカ人〕女性を喜ばせたり、いじめたり、からかったりすることができた。ジョン・ウォルターズは、佐世保に着いて間もなく、初めて街に入ったときのことを妻に書いている。「すぐ近くにいたのに、ゲイシャ地区に出かけていくのを忘れていたよ（ハハ！）」と。

さらに次の手紙では、彼の一行中の数人が「ゲイシャ地区」の警備についたこと、そして、「同地区と、そこの女の子について面白い話を聞いた」ことを書いた。しかしウォルターズは、自分が欲しているのは君だけだと、慌てて妻をなだめている。数人のティーンの女子店員と試しに話してみたとき、妻と幼い娘の写真を見せたら「ワーッ」と歓声を上げたよと言って。日本の戦争犯罪者たちを訴追する仕事の開始を待ち構えていたアトランタの検事ルイス・ゲフィンも、同じような調子で妻をおだてている。ゲフィンは、「君は彼らの誰より素晴らしい」し、「君がその手腕を示すことができる日を僕は待っているよ」などと妻に言い、航空便の運ぶ空想で互いの距離を埋めている[65]。

芸者との出会いを、異文化間の誤解に関する楽しい喜劇として描いたアメリカ兵もいる。ヴァーン・スナイダーの『八月十五夜の茶屋 *Tea House of the August Moon*』など、一九五〇年代以降にも受け継がれていく語りの形式である。

第七七歩兵師団の軍医ランドルフ・セリグマン大尉は、札幌での冒険に関する陽気な話を太平洋の某所で看護師をしているメアリー・ジェーン・アンダーソン中尉に宛てて書いた。以下の小話は、一〇人の将校と二人の芸者が参加した料理屋での宴会の様子を描いたものだ。日本酒と「陸軍省が一九四四年に発行した〔日本語に関する〕小冊子」のおかげで、このバカ騒ぎは大いに盛り上がった。〔小冊子に掲載された〕ほとんどのフレーズは軍事と関係しており、会話の役には立たなかった。「あなたは落下傘兵ですか？」とか、「手を挙げて降伏しろ！」とか、「どこに行けば、ブレーキを調整できますか?」とか……ゲイシャの一人に「そちらの地上風速はどれくらいですか?」と尋ねてから、彼女の腰を指さして、「あなたはこの地域をよく知っていますか? 防衛拠点はありますか? くぼみはありますか?」などと言った。馬鹿なことだと思うが、おかげで、その夜は盛り上がった。こうした類の冗談をゲイシャたちが本当に理解していたのかは分からないが、とにかく彼女らは大笑いしていたよ。[66]

同じように、アイケルバーガーの参謀総長クローヴィス・バイアーズも、「日本人形に生き写しな」三人の芸者に夕食の給仕をしてもらったことや、彼女らが「『ライスをご所望ですか』と英語で言おうとがんばり、その場の全員が大笑いした」〔米(rice)とシラミ(lice)の発音の混同を笑ったものと思われる〕ことを妻に書き送っている。

こうした発音の間違いとともに、奇妙な和文英訳も笑いを誘った。ある医療将校は、「すべての女は満員です」と書かれた、とあるゲイシャ・ハウスの掲示を大喜びで記録し、わざわざその写真を撮るためだけにそこへ行ったと言っている。また、GIに「ゴム長靴のままおあがりください」と依頼する、言葉足らずで紛らわしい掲示〔「コンドームを着けてお入りください」とも読める〕も記録している。[67]

バイアーズは、件の女性たちが「少なくとも表面上は高度に訓練され、非の打ち所のない道徳律を有する、将官級のプロ・エンターテイナー」だと、しゃちほこばって述べている。一方、セリグマンの方は、同じことをもっとおどけた調子で語った。すなわち、「真の芸者を、『女郎』とか娼婦と呼ばれるような他のタイプのエンターテイナーと混同すべきではない。日本の芸者は敬意を払われる存在で、アメリカで言えばナイトクラブのエンターテイナーに比肩するものだと、私は想像する。彼女たちは歌を歌い、ギターに似た長い弦楽器を奏で、冗談を言い、グラスが空になれば酌をする。そして、隙あらば煙草をくすねるのだ」と[68]。
「将官階級」以外の芸者との出会いについて、ひどく無防備に故郷へ書き送る兵士もいた。
一日おきにラッパを鳴らす任務を帯び、それを「たいした仕事」と自負した占領軍のマーヴィン・ライクマン伍長は、岡山からシカゴへと定期的に手紙を書いている。一九四五年一一月、母宛てに手紙を送った「愛する息子」は、軍が「当地に性病を防止する偉大な仕組み」を構築し、「性病感染の恐れがわずかでも残らないよう」女の子たちを「毎日検査」しているという話が、自分の一九歳の誕生日にふさわしい内容だとでも思ったのだろうか。

どうやらライクマンは、母親が、このとっておきの話を、〔彼が日本人女性と性的関係を持った可能性を示唆するものではなく〕単なる情報として受け止めるだろうと思っていたようだ。というのも、彼が書いたいくつかの手紙には、日本人に対する苛立ちが悪罵とともに綴られているからだ。「航空隊が、この列島すべての島が沈没するまで原子爆弾を落とし続けていたらなぁと心底思うよ」などと、ライクマンは誕生日の一〇日後に書いている。彼は日本人が「生意気になってきている」ことに怒っていた。「釣り目で二枚舌の――〔伏字〕の世話を焼く気はないよ」とライクマンは気色ばんだ。「故郷に帰るまで、僕はもう、あいつらに話しかけない。ここの人々とは一切関わり合いになりたくないんだ」と。

ところが、それからわずか一週間後、ライクマンは兄弟に宛てて、ゲイシャ・ハウスでありつける「とても良い取引」について書いている。「一時間で二ドル、もし一晩過ごしたいなら一五〇円、もしくは一〇ドルだ。そりゃあ、ものすごく金はかかるけど、いい時間が過ごせるよ。ジャップ女たちは見た目もいい。はまったことの一つは女の子と風呂に入ることだね。これまで、そんなことしたことがなかったし、すごくよかったよ」と。ライクマンはゲイシャ・ハウスで入浴以外のサービスにも金を払っており、それについて細部まで生々しく兄弟に知らせている[69]。

四ヶ月後、ライクマンは日本人に話しかけないと誓ったことなどすっかり忘れて、日本語のレッスンを受けていた。「ジャップが僕について何て言っているか分かったら、素敵だと思うんだ」と、彼は母親に軽口を利いた。

会話を上達させたいという動機に他意を生じさせてしまうゲイシャ・ハウスの秘密については口をつぐんだまま、ライクマンは日本人女性の美徳を称賛し始めた。彼女たちは「とても真心があって、結婚後は夫以外の男の目を見ようとさえしない」と、日本の性規範に関する一〇代の権威は得々と語る。対照的にアメリカの女の子ときたら、「自分を追いかけてくる男が大好きで、男の心をつかんだと思うや否や、彼に飽きてしまう。そして、次の遊びのためのおもちゃを探し始めるんだから[70]」。

身体的な見地からは、しばしば占領軍兵士に蔑まれた日本人女性だったが、貞淑さと従順さという二つの美徳によって、その評価をどんどんと上げていった。それは公私を問わず兵士の文章に頻出するテーマとなったが、同時に、男を骨抜きにする解放されたアメリカ人女性への、直接的・間接的な批評にもなっていた。

海兵隊のハロルド・ノーブル大佐は『日本統治に必要なもの *What It Takes to Rule Japan*』という一九四六年の著書で、この点を大げさかつ長々と語っている。「日本人女性は必ずアメリカ兵の心をつかむ」と。「彼女のおかしな服装や奇妙な言葉は、アメリカ兵にとって有り難くないものかもしれない。ずんぐりした体形は、彼に祖国を恋しくさせるだろう」とノーブルは不躾に述べる。「しかし、彼女の的確なユーモア、思慮深さ、そして、男性の暮らしを楽しく快適なものにしようとする真摯な努力は、GIに感銘を与えるはずだ」。

アメリカ人女性とは違って、日本の女性は「この世界は男のもので、そこにおける女性の役割は男を幸せにすることだと信じるように育てられている」。このソフトな女らしさは、日本を統治するといつまらない仕事を、途方もなく魅力的なものにする。「それはきっといい経験になるだろう」と、ノーブルは新兵たちに約束した。

バービー人形のような、現実離れした乳房を持つ魅力的な日本人女性「ベビサン」の漫画（予備役兵ビル・ヒュームが描き、最初、『ネイビー・タイムズ』紙に掲載された）も同じことを示唆している。もっとも、こちらは憐れなGIジョーをのぼせ上らせて、自分を真心ある「オンリー」だと信じ込ませる、手練れのキャラクターだったが[71]。

愛嬌のあるベビサンとは似ても似つかなかったのが、占領下ドイツの（悪）名高い漫画キャラクター、ヴェロニカ・ダンケシェーンである。『星条旗新聞』のために二〇歳の兵士ドン・「シェップ」・シェパードが描いたヴェロニカ・ダンケシェーンには、ベビサンのような曲線美の魅力はなかった。少々キャンディバー好きの度が過ぎて、たっぷりと肉がついた、ふしだらなドイツ娘は、襟の深い上衣と裾に鍵十字をあしらったダーンドゥル・スカートがお気に入りだった。ヒューム同様シェップも、この親交好きの女性を、アメリカ兵の気立ての良さにつけ込み、間抜けを餌食にする狡猾な策士として造形した。

しかし、「性病」の脅威の度は、ベビサンのそれとは段違いだった。ベビサンはアメリカ人の「ボーイフレンド」から円や米軍売店のごちそうを引き出す女性として描かれた。これに対し、ヴェロニカ・ダンケシェーンは性病とイデオロギー感染の脅威とされた——頑迷なナチである彼女の有害な信念は、交わる男を汚染した（「あー、はい、パパは党にいたけど、でも、それ社会的義務だたからね」などとキャプションもつけられた）。この点からして、シェップが創り出した下卑たキャラクターは、「親交」を深めるなと兵士に警告する陸軍のプロパガンダと同種のものだった[72]。

こうした漫画キャラクターの毒性は、〔ドイツ人女性に関する〕より広範な大衆的評論の主張とも合致していた。ナチズムに固執するドイツ人女性の強情さは、占領に関するアメリカの報道とルポに繰り返し現れる主題だった。一九四五年九月に『ニューヨーク・タイムズ』の記事を書いたタニア・ロングなど評論家の一部は、性病罹患率の上昇と「平均的な将校や兵士が敵のプロパガンダの口ぶりをまねる素早さ」とが、まっすぐにつながっていると主張した。「随分長いこと真面目に受け取られてこなかったが」、親交は兵士たちの身体と信念を蝕んでいる――心と精神とは言わぬまでも、とロングは書いている。

「今まさに、数百・数千の意識的・無意識的なプロパガンダ要員が、兵士と親交を結ぶドイツ人女性の中にいるのだ」とロングは単刀直入に警告した。ところがロングは、ドイツ人女性は「政治にほとんど無関心だ」とも述べている。つまり、彼女たちは固い決意の扇動者というより、ナチズムの病原菌の残り物を体内に寄生させた宿主のようなものと考えられていた。

一方、アメリカの評論家は、日本人女性に対しては能動的にせよ受動的にせよ、一切の政治的アイデンティティーを認めなかった。それゆえ、彼女たちがドイツ人女性のようなイデオロギー汚染物質として描かれることもなかった。大衆的な言説や漫画の図像の中で、ベビサンとそのご同類は、主に兵士の給料袋に降りかかる災厄として描かれた。また、日本の芸者がアメリカにいるGIジョーの妻やガールフレンドから取り分を奪うとすれば、その方法は過剰で尋常ならざるもてなしだとされた――それゆえ、解決策はペニシリンではなく、〔アメリカ人女性の〕優しい気遣い《TLC》なのだ、と。[73]

GIと日本人女性の間の親密な関係により、一部のアメリカ人の脳裏には、禁断の結婚、二人種の血を引く混血の赤子、許されざる花嫁といった幻影が思い浮かんだ。ところが、人種的血統と国民の境界に対する二重の脅威として受け止められた「人種混交 miscegenation」〔南北戦争後、黒人と白人との間の性的関係に対する恐怖を煽るために民主党系の新聞が流布させた造語〕の恐怖にもかかわらず〔ある部分では、それゆえにこそ〕、アメリカ人男性と日本人パートナーの結びつきは、GIとドイツ人との結びつきよりも自然に受け入れられた〔その理由については、以下で説明していく。〕。

性にまつわる日本の習俗が合衆国に比べて緩いのは文化の違いのせいだと、アメリカ人の観察者は考えていた。ある落下傘兵などは「日本の道徳がこれほどまでに柔軟なのは、着物や寝巻の着かたのせいだ。彼らはいつも、寝るときのような格好をしているから」と放言している。

当のGIがそうした〔日本の〕規範に適応したことは、現地での刺激に対する彼らの感受性の高さを示すわけだが、もし、それが「郷に入ったので郷に従っている」というだけなら、アメリカに帰った兵士は「平素」のやり方に戻ることもできるだろうと考えられていた。横浜で起きたことは、横浜だけのこと、というわけである。少なくともウォルト・シェルドン〔長く日本に住み、米軍ラジオ局に勤めていた〕は、それがアメリカ人占領軍兵士の日本における典型的な思考様式だと考えていた。「性的な奔放さは、故郷を遠く離れた、こんな場所だからこそ生じるもので、長い目で見れば〔アメリカ兵の〕生活様式に埋め込まれたわけではないのだ」と。[74]

さらに「ゲイシャ・ガール」について書く際の明け透けさから推察すれば、GIは祖国の人々がアジアでの情事を大目に見てくれると思っていたのかもしれない――なぜなら、そんな情事が外国人花嫁を故郷に連れ帰るまでに発展するなど、まさに、あり得ないことだったからだ。なんにせよ、総司令部が彼らの結婚に便宜を図るべく規則を変え、さらに、一九五〇年代に議会が排日移民規制を改正するまで、〔実際〕それはあり得ないことだった。

もし、本当に兵士と日本人女性との火遊びがたいした問題にならなかったのだとすれば、そうした関係を矮小化し、異国化しようとする、強い意志が〔アメリカ人の側に〕あったということになる。そこから分かるのは、日本人女性たちが、占領下のドイツ人女性とは種類の異なる、重要度の低い問題として捉えられていたことである[75]。

合衆国における大衆的な評論の中で、セックスは兵士にとっての第一の報酬であると同時に、主たる危険とも見なされていた。女性身体に対する接近の容易さは、征服する側の軍隊に与えられる古来の戦利品として、大げさに吹聴されていた。そのためGIの中には、占領軍兵士としての契約条項に含まれるであろう約束手形を、やたらに振りかざす者が出てきた。

この点を明瞭に示す出来事がある。一九四六年の秋にシアトルから日本へと出航する新兵たちは、「その場の雰囲気をよく表した、殴り書きの」ボード〔ある目撃者の証言〕を手に持ち、うち振った。すなわち、「東京もしくは、おっぱい行き」とか、「待ってろよ、東京」とか、「ゲイシャ・ガールに会えるぞ」といった内容のボードである[76]。

到着するや否や、占領軍の一員に与えられる性的優位を謳歌した者がいたことはたしかである。実際に現地の女性と同衾したのか、あるいは、単にそうしようと思えば簡単にできるという状況を楽しんだうえ、そうした簡単さを堂々と語ることで、故郷の女性に対して有利な立場を得ることを楽しんだのかという違いはあったにせよ。戦時中を通して多くの兵士は、故郷に残してきた妻やガールフレンドの真心の有無に強い疑念を抱き、「親愛なるジョン」への別れの手紙や、浮気についての絶え間ない噂を仲間内で話し合い、〔それぞれの妻や恋人の〕貞操に対する危機感を互いに煽りあっていた。

もちろん、海外で従軍する相当数の兵士は、自分自身、痛い腹を抱えていた。「GIは大酒を飲み、性交はあまりしなかった」とポール・ファッセルは主張しているが、これは正しくない。多数の兵士が、一見して差しさわりのありそうな場合にすら、その両方を非常に多くやりおおせていた。占領されたヨーロッパとアジアでのそうした状況は〔故郷の女性に対する兵士の立場の〕劣勢を覆すかに見えた。

「海外」の空気〔性的な無秩序〕を誇張して伝えつつ、外国人女性の肉体について分析してみせるGIの得意げな様子は、浮気をちらつかせて女たちを苛みたいという、かなり強い衝動を示している。イタリアにいる自分の純潔を疑う妻の小言にうんざりしたニューフェルドなどは、もし別の女性と同衾することがあったら、妻が疑心暗鬼にならなくてすむように、「たとえ君が死ぬほど苦しむとしても」正直に伝えるよと約束している。[77]

セックスという快楽の源泉は、それに耽溺した兵士にとっても、それをつつしんだ兵士にとっても、様々な形で問題含みだった。多くの兵士は、アメリカの軍政府が政治的に進歩的な、より良い世界を創り出すことを熱望していた。公正で持続的な平和を保つことが自分にもたらす利益について意識していた兵士は、倫理的な観点から、「良い占領」の実直な担い手たることを強く望んでいたのだ。一方、これとは別の理由で「親交」に苛立ちを感じる者もいた。彼らは将校カーストによって分配されるあらゆるものがそうであるように、性的な特権もきわめて不公平に分けられていると思い、怒っていた。

元占領軍兵士の一人は、謄写印刷された松山市の地図に「点線で区切られた赤灯地区と、『X』の印がつけられた『将校専用』を意味する家屋」が記されていたことを記憶している。地図の実在は決して立証されなかったが、「下士官兵の一部が〔自らの〕経験を踏まえて言い出した、将校に関するジョーク」として受け取られたのだろうと、フィリップ・ホスタッター大尉は推測している。

この戯言について、当たらずとも遠からずと思う者もいたかもしれない。というのも、階級の低い兵士の高級ゲイシャ・ハウスへの立ち入りを禁じている将校の存在は広く噂されていたからだ。また、実際、何人かの将校はそうしていた。[78]

しかし、正しい振る舞いとそうでない振る舞いのそれぞれが持つ、魅力と代償の狭間で葛藤する者もいた。学校では教えてくれないゲイシャ・ハウスの話を兄弟に聞かせたライヒマンも含め、すべての一九歳には、仲間からのプレッシャーによって常に揺さぶられながら、自分の童貞に価値があるのか否かを考えるという、ティーンの懊悩がつきまとった。

ジョージ・クローニンも、そんな占領軍兵士の一人である。この田舎出の少年は一九歳の一年を、戦後の任地としてはGIたちからもっとも嫌がられた朝鮮で過ごした。クローニンは、悲惨かつ素晴らしい、異国における一九四六年の日々を記録に残している（彼の日記の余白ページには、盗み読みする者に宛てて、「これを読む者、汝らはすべての希望を捨てよ」との警句が書きつけてある）。

日記の中でクローニンは、複雑な電話交換台を正しく操作できるだろうかと心配し、一番の戦友やお気に入りのカメラから引き離されることに悶絶している。さらに彼は、友人たちが定期的に通っている娼婦たちと自分も同衾すべきかどうか、何週間も独り言を書き綴った。朝鮮人女性の宿舎を訪れ、おしゃべりし、いちゃつく中で、兵士の日常生活における彼女たちの存在感は増していった。

してみると、はじめは不埒な行いと思えたものが、受け入れられそうに思えてきた（彼女たちが食事の支度や縫物、掃除などをしてくれるというオマケもあった）。何度も「間一髪の危機を脱した」後、クローニンはついに一人の女性と同衾し、大きな負債と化していた自らの童貞を失う。「まぁ、こんなもんだ。〔しかし〕よりによって、こんな日に」と、自負と羞恥と安堵をないまぜにしたまま、彼は日記に打ち明けている。[79]

クローニンの臆病な調子は、無遠慮で我が物顔の征服者のそれからは程遠い。しかし、他方で彼が相手の朝鮮人女性も自分と同じように傷つき、心を通わせ、捨てられたと感じる個人だとは思っておらず、ただの遊び相手と考えていたことはたしかだ。その意味で、他の多くの兵士と同様クローニンも、少量のCレーションが大きくものをいう占領下の朝鮮で、自分が占める特権的な地位に無自覚だったと言える。

しかし、鈍感な無神経さに満ちたこのティーンエイジャーの日記を読んで気づかされるのは、兵卒は朝鮮人との関係においていかなる特権を有していたにせよ、およそ全能からは程遠かったということだ。

軍隊の位階制度の最底辺に置かれたクローニンのような若き徴募兵が、自分の特権よりも無力さの方に敏感だったというのはよく分かる。クローニンと戦友は、若い朝鮮人女性をとっかえひっかえしつつ、かなり自由に所帯を構えることができた。しかし、どんな任務に就くのかとか、いつその任務を終えて帰国するのかといった重大なことは、彼らには決められなかった。占領軍の下士官兵は征服者であると同時に、従属的な下位階級《サバルタン》でもあったのだ（「サバルタン」は、現在、「従属的な立場に置かれた諸集団」を指して広く用いられる語となったが、かつてのイギリス軍やアメリカ軍では特定の兵士（下士官、副官など）を指す言葉として用いられていた）。

下士官兵は、自分の身にあらゆる喜びが降りかかってしかるべきと考えていた。そうした彼らの特権意識こそが、自分の下にいる〔現地の〕女性と、上にいる男性〔上官〕のそれぞれに、彼らが向けたまなざしの有様を、くっきりと浮かび上がらせている。

第5章　根こそぎにされた人、不機嫌な人

戦争と人の移動

一九四五年九月一六日に日記を書いたジョン・マギニス少佐は、大量死をもたらすまでに人種の序列とアーリア人の純血にこだわったはずの第三帝国が、ドイツ国防軍がそのとき占領していた広大な大陸部の多様な民族集団を根こそぎにして運び、混住させたという事実に驚きの声をもらした。「そう、ドイツ人はたくさんのヨーロッパ人を混ぜ合わせたのだ！」と。

マギニスはその日、ほとんど無傷のまま残ったベルリン市の南西周縁部ツェーレンドルフ地区の、テルトアーダムに設置された〈移住民〉キャンプを訪れていた。その経験が、マギニスに右の言葉を発させたのである。街路樹が残る同地区の広い通り沿いには、一九世紀の豪壮な邸宅に滞在する多数のアメリカ占領軍将校と共に、移動途上の〈移住民〉が数多く暮らしていた。

マギニスがテルトアーダムの〈移住民〉収容所を訪れたのは、同施設の設置からちょうど一ヶ月が経ったときだった。その頃、毎日二〇〇人がキャンプに到着していた。難民はシラミ駆除と検査・洗浄を受けてから服を着せられたうえ、「疾病なし」と判断されれば母国に送還された。彼らの出身国は、その行き先と同様、実に様々だった。

ドイツ人だけはテルトアーダムから締め出されていた。一九四五年の秋、中・東欧からは数百万人

のドイツ民族が追われていたが、合衆国軍政府はこうした「追放者」が〈移住民〉の身分を得ることを認めなかった。〈移住民〉には連合国が援助を与えるが、追放されたドイツ人には地元当局が対処すべしというのである。敵対する近隣諸国から望まれざる住人と見なされて排斥された民族同胞は、ドイツのコミュニティが受け入れねばならない。それが、ポツダムにおいて三大国が同意した大量追放の方針だった。[1]

〈移住民〉問題は「常に我々の周囲にあり、ほとんど軍政府民生部門の生活様式の一部と化していた」とは、ベルリンでの数ヶ月を振り返りつつ、マギニスが述べるところである。占領初期のヨーロッパでもアジアでも、戦前から戦後にかけて強制的な移住を経験した数百万人の処遇が、合衆国軍にとってもっとも困難かつ差し迫った課題の一つになっていた。第一次世界大戦のうねりと余波の中でヨーロッパを飲み込んだ人口大移動を記憶する連合軍将校は、再び戦争が起きれば、数えきれないほどの難民が発生するだろうと予想していた。

一九四三年には、戦後に予期される難民危機への対処を目的として連合国救済復興機関《UNRRA》が設立されていた。しかし、終戦直後の同組織は、多国籍職員の募集に手間取り、「復興」が正確には何を必要とするのかも見定められておらず、直近の難民行政を担当できる状態ではなかった。〔そのため〕まずは、軍政府が〈移住民〉を担当することになったのである。しかし、勝利した連合国が〈移住民〉に対応するのは、あくまで短期かつ部分的なこととされていた――つまり、〔連合国にとって〈移住民〉への対応とは〕「生活様式の一部」などではなく、一時的な兵站上の問題に過ぎない、というわけである。[2]

ほとんど実現不可能なほど遠大なアメリカの野心の代表格の一つは、混ぜ合わされた諸国民を整理しなおすことだった。「故郷を離れた」膨大な数の人々と、この混乱を引き起こした様々な要因は、その規模と複雑さにおいて圧倒的だったと、マギニスが語っている。

帝国の建設を計画したドイツと日本は、新たに征服した領土を保持・管理し、徴税、機械化、治安維持などの業務を遂行するため、数十万に及ぶ行政官や農民、エンジニア、そして軍政要員を海外に派遣せねばならなかった。入植者が自国の旗を追って出ていく中、枢軸列強は、植民地化した土地の人々を容易に搾取可能で、都合よく徴用・移送できる使い捨て労働力の供給源と見なした。日本とドイツの労働力が戦時の徴兵により枯渇したため、枢軸国に占領された土地の数百万の人々が、兵士やセックスワーカー、機械工、鉱山労働者、農業労働者として働くことを強いられた。

彼らはその肉体が求められる場所なら、どこへでも運ばれた。第三帝国の強制労働に関するもっとも包括的な史料調査によると、徴用された民間人、戦時捕虜、強制収容所の囚人などを含む同国の外国人労働者の数は一三五〇万人に上り、そのうち、生還した者は一一〇〇万人だという。日本については、一九四五年六月末に戦略諜報局の報告書が以下のような推計を出している。すなわち、連合軍が日本本土の四つの島を占領する際、主に朝鮮と台湾から来た約二〇〇万の非日本人を「日本人から解放、保護、もしくは隔離」する必要があるだろうと。[3]

勝利した各連合国は、戦時捕虜を早急に帰国させ、強制労働者を母国に送還することがもっとも切迫した戦後の課題であるという点で一致した。

〈移住民〉問題は早急に解決できそうだった。ひとたび戦争が終われば、枢軸国の戦争機構に奉仕するために共同体から切り離されていた人々が、その出身地に向けて、さっさと送り返されることになるだろう。机上の空論では、集団送還がシンプルで好都合と思われていた。

ドイツと日本での労働に意に反して駆り出された〈移住民〉は故郷に帰りたがるだろうというのが、アメリカの占領官たちの見込みだった。一九三九年八月、ドイツがポーランドに侵攻する、そのほんの数日前に発表された『オズの魔法使い *The Wizard of Oz*』も言うように、「故郷が一番」なのだから。数百万にのぼる男女のアメリカ兵も、この言葉には深く同意していた。[4]

ところが、人々は大人しく移送され、一様に故郷に帰りたがるだろうという楽観的な予測は、問題を複雑にする諸々の要因を見逃していた。すべての外国人労働者をひとくくりに扱おうとするワシントンの発想は、意に反して第三帝国のために働いたとばかりは言えない膨大な数のポーランド人、ウクライナ人、バルト人、その他の存在を過小評価していたのである。

ソヴィエト当局から「対ファシスト協力者」として扱われるのではないかと恐れたり、西欧で個人的な再出発の機会を得る可能性に魅せられたりした数多くの東欧出身者は、母国に帰ることを嫌がっていた。こうした〈移住民〉にとって、故郷は聖なる目的地でもなければ、保護を与えてくれる場所でもなかった。「祖国」という言葉は感傷的なノスタルジーよりも、むしろ恐ろしい未来の先触れとなる身震いを引き起こした。ドイツの戦時捕虜収容所を出たばかりの赤軍兵士の中には、東に向かう旅の終着地点が労働収容所や監獄、あるいはもっとひどいものになるのではないかと恐れる者もいた。

しかし、ドイツ軍の軍服を着た状態で捕まった多数の者を含め強制移住させられたすべてのソヴィエト市民に帰国を命じるというのが、ヤルタで合意された連合国の方針だった。そのため、戦争終結から数ヶ月間のヨーロッパ戦域においてはポーランド人、ロシア人、ウクライナ人、その他の集団を一時集合センターに囲い込み、その後、北や東へ向かう有蓋列車に詰め込むことが「諸国民の輸送者《ピープル・ムーバー》」たる多数のアメリカ兵の仕事になった。[5]

戦後の本国送還に対する抵抗の根強さを過小評価した英米の政策立案者は、ナチによるジェノサイドを生きのびたユダヤ人が持つ特有のニーズや希望も予測し損ねた。アティーナ・グロスマンによれば、連合国もドイツも、第三帝国による根絶作戦を生き抜いたユダヤ人について、「国家社会主義がしかけた絶滅戦争の後に、何らかの対処が必要になるなどとは露ほども思っていなかった」という。

一九四五年に連合国はドイツ国内で約九万のユダヤ人を解放したが、その約三分の一が数週間以内に死亡した。また、収容所とそこからの解放の時期を生き抜いた人々の中で、ドイツに残ることを希望した者はほとんどいなかった。〔ところが、〕第三帝国の崩壊後、ナチの収容所やソヴィエトの僻地に置かれた追放先から旅をし、息せき切ってポーランドに帰還したユダヤ人は、故郷が自分たちの帰りを歓迎するか、せめて受け入れてはくれるだろうという見込みが誤りであったとただちに悟る。

いまだ根強い反ユダヤ主義の暴力とポグロム〔ユダヤ人に対する集団暴力事件を指すロシア語〕は、一九四六年のキエルツェにおける恐るべき虐殺で頂点に達した。ポーランド系ユダヤ人は安全な避難場所を求めてドイツに戻ったが、そこはヨーロッパのユダヤ人生存者にとって、どこよりも意外な避難先だった。占領当局の集計によると、一九四六年までにドイツのユダヤ人人口はおよそ二五万に達し、その大半がバイエルンとヘッセンの合衆国担当地区に集中したのである。[6]

ユダヤ人生存者が直面した苦境により、〔〈移住民〉の〕機械的な帰国を前提に定められた方針の欠陥が露呈した。ユダヤ人〈移住民〉の落ち着き先をどこにするのかというのは、国を超えた悩ましい問題だった。生き延びたヨーロッパ・ユダヤ人のほとんどは、待ち望んだ聖地として目下建設中の民族の故郷パレスチナに行きたがっていた。だが同地へのユダヤ人受け入れの成否は、混乱の度を増しつつある委任統治領に難民の移住を許可するイギリス政府の意向しだいだった。そしてイギリス政府に、そんな意思は毛ほどもなさそうだった。

代わりの選択肢と見られた新世界の国々も、移民割り当ての見直し〔によるユダヤ人受入数の増加〕には消極的だった。他の国々同様、合衆国でも、移民受け入れの基準は強く根深い各民族へのひいきの順位を反映しており、東欧ユダヤ人には厳しいものだった。またこうした基準は、高い生産性を有すると推定される者の受け入れを道徳的な観点からの受け入れより優先していた。したがって、虚弱者や高齢者は不利になった。[7]

敗戦後の枢軸領土において脱軍事化と脱植民地化を同時に進めようとする連合国の決断が、戦後における人の移動に拍車をかけた。イタリアはかつての保護国アルバニアのほか、北アフリカ植民地とドデカネス諸島を没収されたが、このことはイタリア人入植者の海外領土からの引き揚げにつながった。ユーゴスラビアとの間で激しい領有権紛争が起こり、英米による統治が延長されたトリエステ周辺の北東部地域からも数千のイタリア人が去った。こうしてイタリアも「難民の地」となった。[8]

アジアの諸国民を「純化」する企ては、さらに大きな移住の波さえ作り出した。合衆国は日本降伏に際して海外にいた三七〇万人の日本軍関係者を送還するだけでは飽き足らず、かつて日本に住んでいたことがあるか、また本人が移動を望むかどうかに関わりなく、日本人を満州、中国北部、朝鮮、台湾、フィリピン、その他から除去するという方針を定めた。

朝鮮では一九四五年九月に合衆国占領当局がすべての日本人の登録を大急ぎで進め、「優先順位制」に則った送還を計画した。このシステムにより、まず軍隊が除去され、次に「望ましからざる者」（神道の聖職者、「ゲイシャ・ガールズ」、その他の厄介者を含む）の退去が続き、その後、日本人の文民と動員解除された兵士及び家族の除去が行われた。一九四六年末までには、五〇〇〇万を超える日本人がアジア全域から日本本土へと輸送された。

これと同時に、アメリカと英連邦の占領部隊が、日本にとって異質と見なされる人々を一掃する仕事に取りかかった。朝鮮人は朝鮮半島へと退去させられた。一方、琉球人（Ryūkyūan）という固有のアイデンティティーを付与された沖縄人は、家屋を破壊しつくされた島に数千もの難民を受け入れることなどできるわけがないという海軍軍政要員の不満を無視する形で沖縄に運ばれた。終戦から一六ヶ月の間に、百万を超える人々が日本から退去させられた。

一国の内部で市民としての《シチズンシップ》地位とエスニックな帰属意識と国籍がきれいに一致するように本来の居場所へと人々を返し、それによって「マイノリティ」を消し去ろうという試みは、人の移動と混住の長い歴史を無視するのみならず、目前にある、個人の希望も無視していた。だが、占領軍兵士と救済復興機関のスタッフもすぐ気づいたように、ヨーロッパでもアジアでも、人々は大人しく退去に同意したりはしなかった[9]。

〈移住民〉への対応を通して、無味乾燥になりかけていた占領という業務に、人助けのやりがいを取り戻す者がいたのは事実だ。しかし、それ以外の者にとって、〈移住民〉への対応は圧倒的に「頭痛のタネ」だった。ともあれ、この任務をどんな風に感じていようとも、仕事の巨大さ自体は否定しようがなかった。収容所の元住人や新たに収容された〈移住民〉、抑留に抵抗する者、そして、正しく、もしくは、誤って故郷と名指された場所に移動していく人々など、流動状態にある人間の管理は、「ヨーロッパ戦勝記念日《VEデイ》」と「対日戦勝記念日《VJデイ》」の後に続く数ヶ月間、壮大な事業として展開されたのだった。

それはまた「恐ろしく困難で、陸軍が目下直面しているどの仕事と比べても、明らかに厄介なもの」だった。「単純だったり予想どおり進んだりすることは何一つ、断じて何一つなかった」とペイン・テンプルトンが書いている。彼は〈移住民〉担当の分遣隊が軍政府のどの部署よりも早く解散するだろうから、むしろ早めに故郷に帰れるくらいに思って、そこに加わることを選んだ。しかし、すぐ簡単に終わる」という彼の予想はただちに的外れだと分かった。「はじめから四六時中すべてが混乱し、今日・明日おこることをだれも知らなかった。計画が作成され、白紙に戻され、また作成された[10]」と、テンプルトンは書いている。

強制移住とその管理に関する西側連合国の当初の想定が様々な形の抵抗に直面すると、すぐに方針は変更された。そして、雰囲気も一変した。敗者〔ドイツ・日本など〕と、彼らが抑圧・迫害してきた人々に向けられる勝者〔連合国〕の感情は、一九四五年の夏から秋にかけて劇的に移り変わった。

救済復興機関でよく言われたダジャレが示すとおり、移動を強いられた人々〔displaced persons,〈移住民〉すなわちDP〕は、はっきりと「不機嫌な人々」〔displeased persons, すなわちDP〕になってきていた。その中には、身に降りかかる災難への不満をますます強めて、早く故郷に帰りたいと願う占領軍兵士も含まれていた。そして、やがては移動を強いられる人と不機嫌な人との緊張に満ちた出会いが、占領のより大きな政治情勢を形作っていくことになる。

〈移住民〉とは誰か？

〈移住民〉とは正確なところ誰なのか？　占領要員はそれを一目で見極められないものかと思っていた。合衆国軍がドイツに入るや否や、道を「ふさぐ」ほど密集した人々の群れに驚いたと、兵士は口々に述べている。もちろん、移動するすべての人が収容所の生存者だとか、強制労働者だったというのではない。様々な東方の土地からドイツへ流入した「追放者」とは違い、公式の移動許可こそ受けていなかったものの、連合軍の空爆を避けて農村部に向かうドイツの都市住民も移動していたからだ。

しかし、人のアイデンティティーは外見に表れるものだと思い込んでいた多くのアメリカ兵は、もっともみすぼらしい格好をした者こそ〈移住民〉に違いないと決めつけた。一九四五年の七月にテンプルトンがミュンヘンで記したように、生存者が「いまだに、ダッハウかどこかの強制収容所で着古した縞模様の作業着を」身に着けている場合もあったことはたしかだ。

しかし、こうした衣服はおろか、制服さえ誤認のもとだった。陸軍技術兵のセオドア・インマンは、記章を剝ぎ取られた合衆国陸軍の〔制服の〕余剰品が〈移住民〉に供与された結果、だらしない身なりの兵士と〈移住民〉の区別がつきにくくなることに頭を悩ませている。[11]

誰が誰かを見分けることの難しさについて、もう少し自省的に語る兵士もいた。ドイツの混雑した道路について家族に説明した陸軍女性部隊《WAC》の将校アンヌ・アリンダーは、一九四五年七月六日にヘーヒストから出した手紙の中で、「誰が〈移住民〉で、誰が故郷に帰るドイツ人やら私には分からない」と告白している。やはり女性部隊将校だったベティ・オルソンは、フランクフルトに向かう旅の途上、〈移住民〉が操車場近くの「有蓋車の中で暮らしている！」と驚いている。

アリンダーと同じようにオルソンも、「右往左往する」人やただ地面に横たわる人でいっぱいの中央駅では、「誰もがみすぼらしく見えるので、ドイツ人なのか、〈移住民〉なのか」見分けることは不可能だと述べている。しかし、〔次の引用が示すように〕オルソンが〔はじめ〕ドイツ人と見間違えた〈移住民〉が、彼女の混乱を鎮めてくれた。

> ビルの周りには小さな老清掃婦が四、五人いる。小柄で、腰が曲がっていて、年を取っている。私は彼女らが〔親交を禁じられた〕ドイツ人だろうと思っていたから、微笑んだり、「おはよう」とか何とか言ったりもしなかった。そしたら、ある朝、そのうちの一人が私のところにやって来て、自分のことを指さしながら「ドイツ人じゃない。ユーゴスラビア人」と言った。それで分かったのだが、彼女らは皆〈移住民〉だったのだ。毎日お化けのように働いて、我々が「接収」した花瓶に花を生け、そして、もしかしたら、スープとパンしか食べていないんじゃないだろうか。心配だ。あぁ、そうだ、我々皆で、この〈移住民〉たちに食事の一部をあげてもいい――ドイツ人には駄目だが。でも、たった今、私はすべてのヨーロッパ人に食べさせることなどできやしな

いと言ったんだった。

こうした嫌悪や混乱やバツの悪さの表現が示すように、〈移住民〉はアメリカ人の秩序観を揺さぶるだけでなく、その共感性を試した。[12]

理論上、〈移住民〉を見分けることはもっと簡単なはずだった。しかし戦後になって登場した、この新しいカテゴリー〔移住民〕に影のようにとまとわりつく正邪の曖昧さへの疑念は、アメリカ人の脳裏から容易に拭い去られなかった。

連合国派遣軍最高司令部《SHAEF》が一九四五年五月に発行した『ドイツにおける強制移住民保護の手引き』は、強制移住民（〈移住民〉）を「戦争が原因で自国の領域外にある民間人」で、「母国に帰還したい、もしくは母国を見つけたいと考えているが、援助なしにはそれができない」人々と定義した。ソヴィエト連邦から連れてこられた強制労働者に加えて、ドイツにより併合・占領されたチェコスロヴァキア、ポーランド、ハンガリー、ブルガリア、ルーマニアなどの国々、すなわち「敵国もしくは敵国領土」から来た人々も〈移住民〉に分類され、一時的な保護と帰還のための援助対象とされた。

最高司令部の民生部門は、こうした「旧敵国民」が祖国に送還されることを望むものと考えていた。また、上記の『手引き』は遠回しにではあるものの、ドイツ人以外で敵に協力した者も〈移住民〉として扱われ、送還されると述べている。したがって、〈移住民〉という身分は必ずしも迫害を受けたことや被害者であることを意味しなかった。

ただし、特定のタイプの申請者には〈移住民〉としての身分が認められず、排除された。「敗残兵、脱走兵、無断動員解除者、その他、敵の軍隊及び準軍事組織からの非公式の除隊者」が別カテゴリーとされたのである。これらの人々は拘留され、「連合国のしかるべき動員解除当局」に引き渡された。

反逆者や裏切り者、そして戦犯は、彼らが裏切った祖国が適当と考えるあらゆる処罰を受けるために問答無用で送還されるというのが、三大国がヤルタで確認したことだった。[13]

　無理やり祖国に送還されるこうした人々とは対照的に、意に反して祖国から引き離された者というのが、〈移住民〉の定義だった。救済復興機関《UNRRA》と占領軍が彼らを母国に送り返せば、「国家の秩序」が回復されるというわけだ。

　ただし、このおせっかいな理屈には一つの例外が認められていた。最高司令部の『手引き』の言い回しによれば、それは「人種、信仰、あるいは連合国を助ける活動を理由として迫害された」人々だった。〔ユダヤ人をはじめとする〕迫害の被害者に限り、〔出身地への〕送還を拒否しても良いとされたのである。彼らは「連合国〈移住民〉として保護」されることになったが、その際に各自がどの国籍を持つかは問われず、ドイツ国籍を有する者も保護の対象とされた――これこそ、『手引き』がナチのジェノサイドを生き延びたユダヤ人に対して示した、唯一の配慮だった。[14]

　住居、雇用、その他の糧を持たない〈移住民〉は、当面の暮らしや故郷への旅に外部からの援助を必要とするだろう。それが、合衆国及び救済復興機関スタッフの共通認識だった。そして、もしも、自分でできないことを有能な他者に代わってやってもらわねばならないのが〈移住民〉なのだとすると、彼らは救援（relief）、復興（rehabilitation）、母国への送還（repatriation）を有り難く受け入れる、受け身の存在と見なすことができた（三つ目のRはUNRRAの組織名から抜け落ちているが、実際の任務には含まれていた）。

　ところが、最高司令部の手引書は、〈移住民〉が喜んで命令に従い、援助に感謝するなどといった類の〔甘い〕幻想を払拭しようと努めている。同書の冒頭に置かれた文章は、軍政要員と初めて接する〈移住民〉の思考様式を、以下のようにもっともらしく予想した。いわく、「過去数年の経験により、彼らは監督困難な人々になっているかもしれない。彼らには自発性というものがほとんどない。その復讐心が略奪や全般的な無法につながることもあり得るし、かつて自分たちを抑圧した者に対する鬱積した感情が、あらゆる形の規則や権威に対する憤りとなって表れる可能性もある」と。

このような〈移住民〉の性格づけにより、将来の任務に関する軍関係者の態度には、矛盾が生じた。右の引用では、「抑圧者」の手にかかったという漠たる「経験」が、〈移住民〉に共通の特徴とされている。しかし、この回りくどい言い方は、過去に〔〈移住民〉への〕虐待があったことを仄めかしつつも、その被害者に対する共感は示していない。〔それというのも、右の引用において、〕〈移住民〉は無気力で「自発性」を持たないと人々であると同時に、復讐の暴力に身をゆだねがちで、自分たちを監督しようとするすべての人間に対して攻撃的なほどの不信感を抱く人々とも見なされているからだ。

ところで、軍政府の最優先課題は管理である。だとすると、兵士が〈移住民〉に対して通常どおりの接し方をした場合、〔〈移住民〉の抵抗を招き〕戦後秩序は手をつけられないほどの危機にさらされてしまうのではなかろうか[15]。

〔そもそも、〕多くの元強制労働者は、きわめて自発的で、第三帝国の崩壊に際して、連合軍の指示をぼんやり待つようなこともなかった。つまるところ、生計の手立てを持たない彼らには、連合軍兵士が到着して事態を掌握し、乾燥糧食を分配するまで、ただ口を開けて待つ余裕などなかったのだ。元強制労働者たちは、ドイツの家や店、農場から、家財道具、服、食料を獲得する作業に取りかかった。「彼らの仕事は完璧で、強盗と略奪の職人技として非の打ち所がない」とアルバート・ハトラーが呆れている。

民間でシカゴのソーシャルワーカーをしていたハトラーは、マンハイムに所在する合衆国陸軍軍政府第七分遣隊の〈移住民〉担当将校として働いていた。略奪は単なる復讐心の発露ではなく、必須の生存戦略だったが、ハトラーを含む兵士の一部はこの点を理解し、資産の帰属をめぐる〈移住民〉とドイツ人の諍いでは前者に味方した。しかし、いくら〈移住民〉の側から見て盗みが不可欠なものであり、相応の報いであったのだとしても、非公認の資産接収はドイツの統治能力に対する挑戦となった。

これとまったく同様に、〈移住民〉による武器の所有は、軍事力を独占しようとする軍政府の企図に反した。マンハイムとその周辺地域は「自然と粗野と脅威の複合状態にあった」とハトラーが記している。流血のリスクを含む〈移住民〉の集団とドイツ民間人との遭遇は、占領軍兵士を悩ませた。兵士の中には、こうしたリスクに対処するため〔自ら〕殺人や殺人の脅しで応じることをいとわない者もいた。

とある将校が軍政府の仕事について自分の部下たちに説明する際、「もしトラブルを持ち込む者がいたら、森へ連れて行って射殺すべきだと言った」のをケネス・クローズが記録している。クリフトン・ライルは、自分の受け持ち区域を徘徊して農場を襲撃するポーランド人移住民の集団に悩まされた挙句、彼らを捕まえたら「何人か吊るす」と残酷な調子で日記に書いた。[16]

一九四五年春に、アメリカ軍兵士ができるだけ早く〈移住民〉を収容所に入れようとした動機の一つは、無秩序状態を抑え込むことだった。強制労働者として閉じ込められていた工場や家畜小屋、宿舎に依然としてとどまり、自治的なコミュニティを運営する〈移住民〉がいたかと思えば、農村部を移動しつつ、納屋や放棄された国防軍の宿舎で寝起きする者もいた。

都市部では公園に作られた即席のキャンプで露営する〈移住民〉もいたが、占領軍はこれを囲い込んで公式の収容所に仕立てようとした。軍隊が運営した最初期の収容所の中には、公園や農場の周囲をカミソリ鉄線で囲っただけという、戦時捕虜収容所の粗雑なレプリカのようなものもあった。緊急事態における軍の乱暴な対応を思い起こせば、戦時捕虜と〈移住民〉の移動を防ぐ任務を負った兵士たちが、両者の違いを机上のものに過ぎないと見なしたとしても不思議はない。

見境ない〔兵士の〕敵意に危機感を抱いた軍政要員モーリス・カーツは、「A大尉がすべての外国人、すべての〈移住民〉を牢屋に入れたがっている」と妻に伝え、この人物を『アダノの鐘』に登場する「イタ公《ワップ》」いじめのパーヴィス大尉に喩えている。放浪する者を収容所に追い立てる仕事にあたって、もっと楽しそうにする兵士もいた。ウィリアム・プンテニーは「大きな空き地に有刺鉄線を張った監禁場所を作っておいてから、要所に道路封鎖用の障害物を配置し、〈移住民〉をその収容所に集めた」こと、またその際、食料で誘い込んだことを記している。腹をすかせた人々はたいてい「言うとおりにした」とプンテニーは書いている。[17]

〈移住民〉を軍管理区域に集めようとするもう一つの切迫した動機は、公衆衛生と感染症拡大への懸念であった。第一次世界大戦に続いて起きたインフルエンザの大流行をいまだ鮮明に記憶していた軍の疫学者や文民の救援ワーカーは、戦後の大災害の再来を恐れていた。多くの〈移住民〉が解放されるまで暮らしていた環境や、あるいはいまでも暮らしている環境は、そもそも人間の身体を衰弱させる意図をもって作られており、いまや完全なる病原菌培養器の様相を呈していた。多くの強制収容所では、虐待によりやつれはて憔悴しきって病気に感染しやすくなっていた収容者を、チフスや赤痢の流行が襲った。

彼らのエスニシティや貧困、またその両者のゆえに、〈移住民〉を衛生観念や清潔さから無縁な存在として見下した〔公衆衛生の〕専門家は、接触感染に対する恐怖を煽った。〈移住民〉の出身地――あるいは彼らの出身地だとアメリカ人が考えた場所――は、病気のもととなる太古の沼のようなものとして想像された。それは、埃にまみれてバイ菌がはびこる東欧・ロシアの農場、あるいは、ユダヤ人が住む小都市《シュテットル》やゲットーといったものだった。[18]
〈移住民〉に対するアメリカ人の反応を規定した主たる要素といえば、嫌悪感だった。「筆舌に尽くしがたく汚い」という決まり文句ほど、公的な報告書や私的な書簡に定期的に表れる表現はない。あらゆる種類のゴミや廃棄物を意味する「汚物」という簡潔な言葉は、読む者の想像力に応じて、いかようにも解釈することができた。それは、上品さを保つために用いられる婉曲語法だったが、もっとも頻繁に意味するものといえば、要は人間の排泄物だった。

しかし、兵士の手紙や日記、回想録の多くが、いくら「人糞《フィーシズ》」を「汚物《フィルス》」と言い換えても、アメリカ人が何にことさら強い不快感を抱いているのかは明らかだった。それは、便意に襲われた〈移住民〉が、常にスッキリすることを優先する根強い性向を持つこと、そしてその後始末もしないということだった。テンプルトンの班に所属する衛生兵ハロルド・バージが、ニュルンベルクのユダヤ人用〈移住民〉施設でトイレが溢れたエピソードを綴るとき、彼は明らかに、自分の陸軍生活における「もっとも悲惨な日々」について語っていた。もっとも、バージはドイツ人の医療従事者に建物の洗浄を代行させ、自分ではその仕事を免れたのだが。[19]

軍政要員は様々な種類の「排泄物攻撃」に後ずさりした。歴史家フランク・コスティグリオラが記すところによれば、ドイツ国防軍に捕らえられた後、ソ連軍によって解放されたアメリカ軍捕虜たちは、「ロシア人による人糞の処理――もしくは未処理――が特にお気に召さなかった」という。事実、赤軍兵士と対面したアメリカ兵は、決まって「イワン」には一般的にトイレを流す習慣がないらしいと述べている。同じように、アジアにいた占領軍兵士のほとんども、恐れとユーモアの間を揺れ動く調子で、韓国と日本の人糞運搬車の鼻をつく臭いについて故郷に書き送っている。

〈移住民〉と至近距離に置かれたアメリカの軍政要員は、強い汚辱の感覚と汚染に対する恐怖を口々に語った。それを思えば、最高司令部の小冊子が便所の建設方法に数段落を費やし、トイレの各区画はどれくらい離して置くべきとか、小便器間の最適距離はどれくらいとか、望ましい利用者と設備の比率はどれくらいなどといったことをクドクド言うのも道理であった。[20]

被害者に対する同情と嫌悪

ナチの絶滅・強制収容所を生き延びた者に対するアメリカ兵の反応からは、人間身体の機能、あるいは、その機能の不全や劣化に対する、とりわけ強い恐怖が読み取れる。収容所に踏み込んだ兵士は、しばしば、やせ衰えた生存者の状態と一面に残された圧倒的な大量殺戮の痕跡に恐怖した。自ら目撃した恐るべき光景を故郷への手紙の中で言葉にしようとするとき、多くの兵士は、加害者に対する怒りと被害者に対する憐憫を同時に表明した。

しかし、囚人の体の状態と外傷に強い不快感を覚え、彼らから距離を置く兵士もいた。骨と皮ばかりになって身動きも取れない収容者は、死体のように薄気味悪い存在だった。また、一向に進まない連合軍の裁きを待つことなく、かつて自分を捕えた親衛隊《SS》員を処刑した生存者は、兵士に別種の警戒感（あるいは畏怖）を与えていた。[21]

収容所の囚人を意図的に飢えさせ、獣のように扱い、破壊することがナチの政策だったと頭では分かっていながら、生存者を十全な人間と見なすことができずに苦悩する兵士たちがいた。フレデリック・クローセンは、バイエルンで目にした強制収容所の跡を「囚われの患者がいる精神病院」に喩えた。もっと強く人間性を否定するような言葉を使う兵士もいた。「飢えた二五〇〇匹の豚が野放しにされたら、どんな事態になるか想像つくかい？」と。

バイエルンの名もない町で初めて多数の〈移住民〉を目にしたウィルバー・バーゲットが、一九四五年五月に家族に宛てて、この修辞的な問いを発した。「やつらはどこにでもいて、常にシラミだらけで病んでいる。手に入るものなら何だって取るし、僕がアイスクリームを食べるような感じでゴミを食うし、路上で近づいてきたドイツ人からズボンを脱がせて取り上げる三人組の男さえいたよ。やつらは町にあるものすべてをきれいさっぱり取ってしまった——着ているものを取り上げられなかった市民は幸運なほうなんだ」。

しかし、収容所の生存者を飢えた豚に喩えておきながら、バーゲットは財産とズボンを剝ぎ取られた地元のドイツ人に対する同情は一切拒否している。「あんなことを六年も放置していた市民に同情の余地はない。それなのに、〈移住民〉に取られた物のリストを僕らに提出してくる図々しい奴もいた。ユダヤ人から守ってほしいと大声で助けを求めてくる奴らもいたよ——自分たちが一九三九年からずっと苦しめてきた、そのユダヤ人からだ」。

理屈としては、ナチの迫害の生存者が救済に値することは分かっている。しかし、個人的な彼らへの不快感は抑えることができない。そんな根本的な矛盾を孕む兵士の感情が、収容所の〈移住民〉に対する合衆国軍の反応の中に顕著に表れていた。[22]

連合軍捕虜と日本人戦犯

占領要員は、枢軸国収容所の生存者全員に一律の対応をしたわけではない。彼らが、新たに解放されたばかりのアメリカ人捕虜を扱う際、〈移住民〉一般に対するよりもはるかに大きな配慮を示したことは言うまでもないだろう。なかでも、日本に囚われて数年を耐え忍んだ者は丁重に扱われた。

日本による囚人の扱いのひどさの実際の程度が分からなかった連合軍司令官たちは、噂と予測に基づいて最悪の事態を憂慮した。日本政府が戦時捕虜の取り扱いに関するジュネーヴ条約を遵守しなかったことと、戦時における日本の残忍さについての悪評が相まって、深刻な恐れを惹起していたのだ。そこで、太平洋戦域の英米軍将官は、日本に囚われた軍民の抑留者を発見・解放し、彼らに手当を施したうえで、迅速に故郷へと送還することに高い優先順位を置いた。

日本の降伏文書そのものに、これが喫緊の要求であると明記された。一九四五年八月一九日には、降伏文書の文言を決めるため日本代表団がマニラに召喚された。その際、「日本国内と日本支配地の全域において」戦時捕虜と民間の収容者に関し手に入るすべての情報を提供するよう、ダグラス・マッカーサーが命じている。

九月二日に出された総司令部の最初の命令が、これをさらに補強した。その命令とは、占領当局がキャンプ収容者に対して直接責任を負うまでの間、「すべての連合国捕虜と民間人収容者の安全と福祉が厳格に維持」されねばならないというものだった。

捕虜の発見・奪還は、特別な訓練を受けた専門の分遣隊により手早く行われる手はずになっていた（彼らは米英及び英連邦の部隊から選抜され、占領軍に続いて日本入りした）。日本の収容所に物資とパラシュートを投下する準備を整えた「救援チーム」が、被収容者五〇〇人につき一つずつ配置された。生死を問わず収容者を発見し、適切な敬意と迅速さをもって扱おうとする熱意のほどを、A・E・シャンツェの未刊行回想録が伝えている。「収容所に駆けつけて、『諸君、さぁ行こう、君らは自由だ』と言う以上のことが必要だ。収容区画の近辺にあるアメリカ及び連合国出身者の墓地を発見し、遺体を掘り出し、合衆国へ送り返すため墓地確認班が必要だ。収容所の傷病者に緊急の手当てを施し、横浜まで快適に送還するためには、医師、看護婦、病院衛生兵、運搬車が必要だ」と。

横浜には四隻の病院船が停泊し、収容所から救出された人々を祖国へ送る準備を整えていた。これを指揮したのは、海軍大臣がこの作戦のために自ら選んだ、ハロルド・スタッセン前ミネソタ州知事だった。[23]

しかし、こうした入念な準備が無駄になることもあった。ドイツでも起きたことだが、看守の警備の目をかいくぐれたり、あるいは〔連合国に〕捕まって戦争犯罪に問われることを嫌った看守が逃げ出したりしたおかげで、収容所の囚人の一部が自らの手で自由を手に入れる場合があったのだ。

一九四五年八月下旬、占領軍の第一陣と共に到着するロバート・アイケルバーガー将軍より前に状況を調査するべく、偵察班が日本に派遣された。その隊員たちは、歩いて収容所を抜け出してきたアメリカ人に対面し仰天している。自力で収容所を抜け出した彼らは、普通の列車に乗って東京にたどり着き、そこからヒッチハイクで厚木飛行場にやって来たのだ。

日本に来て、民間人で混雑する客室に入ったアメリカ人は、「誰もが飛び上がるようにして彼らに席を譲ってくれることに驚いていた」と、クローヴィス・バイアーズ第八軍参謀総長が妻マリーに書き送っている。「彼らが受けたと報告されているような親切や気遣いは、君が見たこともないほどのものだ[24]」と。

日本の手から解放された同胞を出迎える軍の要員は、残酷な扱いを耐え抜いた者の品位は下がらず、かえって上がると考えた。アイケルバーガーは元囚人の安息に「常に気を」つかい、彼らを乗せて横浜に入る列車を出迎えるため、足しげく駅に通った。こうした「非常に感動的な」再会に際し、アイケルバーガーは面と向かって、もしくは文章上で、あからさまに感情的な反応を示した。

その点ではバイアーズも同じだった。「アメリカ人の医師と看護婦が示す気遣いを初めて目にしたときの彼らの様子と言ったら、めったに見られるものじゃない」と、バイアーズはマリーに伝えている。一九四一年にフィリピンで囚われて以来、たくましさの見本とも言うべき、かつての姿を失ってしまった戦友たちを、高級将校は抱きしめた。待ちわびた〔同胞の〕帰還につきまとう悲哀が、涙ながらの深い同情を呼び起こした。
一方、見るも無残で怒りを誘う戦友たちの衰弱した体が、〈移住民〉との遭遇で生じたような強い嫌悪感を掻き立てることはなかった。元囚人は衰弱し、頬はこけ、「ボロボロになって」いた。それでも、そうした姿は、彼らを歓迎する戦友の目に自分たちと同じ種類の存在として映っていた。飢え果て、虐待されていようとも、この男たちは人間以下の存在などではないと。
同国人であることは共感の必須条件ではなかったかもしれないが、元囚人に対するアメリカ人の反応を強めていたことは疑いようがない。アイケルバーガーはあるとき、彼が出迎えた「列車に乗る帰還者のほとんどが、ジャワ島出身者であると知り」驚いた。「それでも感動的な光景だった」と彼は日記に書いているが、共感の程度は明らかに低かった。[25]
占領開始からようやく二週間が経った一九四五年九月二〇日、アイケルバーガーは横浜駅に再び姿を見せた。今回は、二つの軍楽隊と大勢の占領軍高官に付き添われた元囚人たちの最後の列車を出迎え、指示を出すためだった。連合軍は、本州、北海道、四国にあるすべての収容所から、総計二万三九八五人の囚人をたった一八日間で解放してみせたのだ。[26]
次にアイケルバーガーは、大森という横浜の北方約二一キロにある小さな島で、空になった収容所を日本人戦犯の収容所に作り替える仕事に着手した。この第八軍司令官は、元囚人の苦しみだけでなく、占領が日本の戦争指導者に対して甘すぎるという故郷の人々の批判もひどく気にしていた。「それで、戦時捕虜が収容されていた収容所に上から下まですべての日本人を入れれば、祖国の人々も日本人に寛大すぎるなどと言って自分を批判したりはしないだろうと、あの人〔アイケルバーガー〕は考えたわけだ」。バイアーズがそう妻に打ち明けている。
アイケルバーガー将軍は本国の人々の復讐心を満たすために「全力を尽くそうとした」――そして、

それは行き過ぎたというのが、バイアーズ参謀総長の評価だった。バイアーズの目から見て、トタン屋根とベニヤ板の建物が並ぶ大森収容所内部の環境は容認しがたいほど劣悪だった。畳敷きの寝台が二列と土間のほかには家具もなかった。「共用のタライ」を除く洗浄用設備はすべて屋外に置かれていた。

この収容所で第八軍が計画した大規模な改修工事は、この中途半端な洗い場をアメリカ式の水道設備に取り換えることだけだった。その象徴的な意味について、バイアーズがマリーに説明している。いわく、「戦犯容疑者に対するこうした取り扱いが目的としているのは、我が国の人々が囚われていた際に使っていた簡素な日本の設備を、彼らにも使わせることだ。〔だが〕それは、我々が遵守しようとしている衛生基準に問題をきたす。〔したがって〕今回は、アメリカ基準の清潔さを最大限尊重することになるだろう。そうすることで、我々の思想のうちのいくらかでも、目指す価値があるものだと彼ら〔日本人戦犯〕に思わせられたらと考えている」と。

占領軍将校は常に、お湯の出るシャワーと水洗トイレこそ文明の旗手だと考えた。衛生意識を改善することにより、収監中の戦犯を魔法のごとく改良できるだろうと、バイアーズは仄めかしたのである[27]。

健全な精神はよく洗った体にこそ宿るというアメリカ人の信念など、裁判と刑の執行を待つ身の戦犯にはどうでもよかっただろう。しかし、アイケルバーガーの作戦は、〔国内向けの〕広報としては良く機能した。『ニューヨーク・タイムズ』の記事は、「連合軍捕虜が残虐行為に苦しんだ、伝染病の温床のような収容所」に、東條英機大将を含む二三人の囚人が間もなく移送されると伝えた。

同記事は、「日本の捕虜収容施設の非人道的な状況について、連合国の人々が初めて知ることになった」大森収容所に、〔今度は〕日本人戦犯が収監されるという事実を取り上げ、そこに「寓話的な因果応報の味つけ」を施している。すなわち、「目下DDTによる駆除が進む」寄生虫を除き、日本人は身から出た錆はすべて甘んじて受け入れねばならないのだ、と。

一方、一〇月六日の『タイムズ』紙は、施設に入所する囚人たちの呆れたほど落ち着いた様子を報じている。日本のフィリピン侵攻を指揮した本間雅晴将軍は、収容所に到着した三〇分後、「寝台にあぐらをかいて座り、『ここでは起こり得ない *It Can't Happen Here*』〔一九三五年に出版されたシンクレア・ルイスの小説〕を英語で読むところを」目撃されている。[28]

〈移住民〉問題への初期対応

勝者の手によってその役割を根本から変えた枢軸国の収容所は、大森だけではなかった。ドイツの占領担当区域において、アメリカ軍は様々な強制収容所をドイツ人戦犯容疑者用の監獄に作り替えた。しかし、こうしたシンプルなやり方が、常にうまくいくとは限らなかった。例えば、〔ドイツの〕親衛隊が運営した収容所のいくつかは、〈移住民〉のためのキャンプになっていた。ユダヤ人〈移住民〉収容施設としては最大のものの一つがあったバイエルンのランツベルクのように、〈移住民〉と収監中の戦犯が互いに間近で生活する場所もあった（戦前、ランツベルク・アム・レヒの兵舎に付属した監獄は、アドルフ・ヒトラーとルドルフ・ヘスが『我が闘争 *Mein Kampf*』をでっち上げた場所として、かなり良く知られていた）。

反ファシズムを真面目に考える一部のアメリカ人将校は、強制収容所や国防軍の兵舎を〈移住民〉の居住に適した場所に作り替える事業が、ドイツ民間人の再教育を進める際の実地訓練になると考えていた。一九四五年六月のある日、自分の指揮下にあるバイエルンの町に一三〇〇人の〈移住民〉が間もなく到着するとの連絡を唐突に受け、仰天したカーツは、町の住人に最後通牒を発した。

「町の住人のほぼ全員が、これを甘んじて受け入れ」、皆が台所用品や皿などを提供したと、カーツは妻レアに伝えている。「この都市のもっとも愛らしい女の子たちや、誰より忠誠心の強いヒトラー・ユーゲントが、かつて奴隷労働をさせられていた者のために膝をついて床を磨く姿を見るのは、いいものだよ。僕は、すべてを四八時間以内に準備するよう、市長に命令しただけさ。この命令を達するため、彼は望むと望まざるとにかかわらず、一万五〇〇〇人の市民による助けを絶え間なく必要としたんだ」と。そして、「少し前に……ドイツの奴隷とされた人々のために、今度は自分たちが文字どおり労働してみせることで、町に巣くったナチの病原菌を自力で取り除くことができることを示す最初の機会こそ」この仕事だと、カーツは市長に伝えている。「市長がこの点を理解したおかげで、四八時間以内に四つの大きな建物が居住可能になった」という。[29]

〔〈移住民〉の〕集団送還を視野に入れた合衆国の軍政官は、ほとんどの収容所は、その限定的な目的にふさわしく短期間で閉鎖されるだろうと予想しつつ、仕事に取りかかった。つまるところ最高司令部の計画立案者は、〈移住民〉用施設を半永久的なコミュニティではなく、人々が束の間滞在し、故郷への帰路に就くなり去っていく中間地点と捉えていたのだから。

最高司令部の『ドイツにおける強制移住民保護の手引き』が「一時集合センター」にだけ言及し、収容所について何も語っていないのは示唆的である。前者のセンターの目的は、緊急の衣料と宿泊所を提供し、予防接収とDDT噴霧によって病気の広がりを抑え、国籍を証明できる個人を登録し、戦犯の疑いがあるものを除外することだった。[30]

一九四五年の春から夏にかけて、合衆国陸軍が運営する施設のいくつかは最高司令部の目論見どおりに機能した。〔第三帝国に対する〕最終的な勝利の数週間前にドイツに入るや否や、〈移住民〉関連の業務を自ら志願した軍政官たちは、猛烈な勢いで仕事を始めた。ハトラーはマンハイム到着直後の一九四五年四月三日、「ねえ、きみ、これこそ仕事だよ」と感激している。「これまでで一番膨大な仕事で、残りの人生を全部これに費やそうかというほどだよ……。とても信じられないような途方もなさだ」。

他の者と同様にハトラーも、故郷を離れた人の数や請願に来る者の出自の多彩さ、そしてパレスチナにたどり着くことから次の食事にありつくことにまで至る〔〈移住民〉の〕ニーズの巨大さと多様さに、畏怖の念を抱いた。「〔僕は今〕数人ではなく、数十万人について語っているんだ――ロシア人、ギリシア人、フランス人、イタリア人、オランダ人、ベルギー人、その他、僕らの受け持ち地域にいるかもしれない人々についてね。ヒンドゥー教徒やロシア人将校や、想像し得る限りのあらゆるものに話しかけたよ。毎日違うことが起きている」と、ハトラーは妻レノアに説明した。[31]

そして、毎日がすこぶる長かった。夜明けとともに始まり、深夜か翌朝まで続くシフトについて、ハトラーが詳述している。六つの収容所に二万八〇〇〇人の〈移住民〉を抱える「イリノイ州くらいの大きさ」の管区を監督していたハトラーの優先事項は、フランス人〈移住民〉を送還するための輸送手段を見つけることだった。送還は異常な速さで進められた。五月七日にハトラーは、登録、シラミ駆除、医学検査の後、「我々がドイツ人を追い出した素晴らしいアパート」に収容されていた三万六二一八人のフランス人男女が、列車で西に送られたと報告している。

業務のペースが「少し落ち始め」、当番時間が一二時間まで逓減してきたとハトラーが書くのは、ようやく六月末のことである。しかし八月初旬には、彼に割り当てられた〈移住民〉関連の業務は「ほぼ終了」していた。[32]

ハトラーとその三人チームが大急ぎでフランス人〈移住民〉を西に輸送している間、他の軍政分遣隊が進めていたのは、様々な国籍の東欧人を各自の収容所に入れた後、東に送る仕事だった。ある者は意気揚々たるお祭り騒ぎの中で出発していった。ドイツと国境を接するオーストリアのクーフシュタインにあるチロルのリゾートでは貨物列車を赤旗で飾り立て、緑色のトウヒの大枝を各面に打ちつけて出発を待つソヴィエト人〈移住民〉が鈴なりとなり、これを見たライルに強い印象を与えている。エスニシティについて言うと、故郷に帰る群衆は「モンゴリアンを多く含む、あらゆるもののミックスグリル」だとライルは思った。モンゴリアンとは、ソヴィエトの各アジア共和国からやって来た人々を指す軽蔑的な呼称で、〔当時〕当たり前に使われる言葉だった。[33]

送還に強く抵抗する者もいた。〔それというのも、軍政府が用いる〕「移動する／させるmove」という動詞は、〔〈移住民〉の能動性を示す自動詞ではなく〕いつでも他動詞、つまりは彼らを移動させるという意味の言葉だったからだ。

一九四五年の春から秋にかけて、ソヴィエトの支配地域に帰りたいなどとは毛ほども思わない者がかなりの数を占めるロシア人、ウクライナ人、バルト人などが、とりわけ多くの抗議行動を繰り返した。そうして、〈移住民〉に手こずらされることが増えてくると、ソヴィエト軍当局は、譲り渡すことのできない国家の財産として〈移住民〉を支配する権利をより強く主張するようになっていった。赤軍の連絡将校は、合衆国担当区域の収容所が逃げまわるソヴィエトの市民を匿っていないか確認するため、これらの収容所に立ち入る権限を要求した。収容所では、元ナチ協力者が祖国への帰還を希望する〈移住民〉を無慈悲に脅迫し、そのままそこに留まるか、あるいは〔ソヴィエト市民であることに〕口をつぐんだままでいるよう強制する政治戦を行っている。赤軍将校は、アメリカの占領当局に、そう訴えた。

強情な〈移住民〉に対して帰還するよう求めるソヴィエト及び合衆国当局の圧力が高まると、一部の〈移住民〉はさらに過激な方法を選んだ。有蓋車に駆り集められるくらいならと、多くの〈移住民〉が自殺を試み、アメリカ兵を挑発して自分を銃撃させせようとした。銃口を突きつけられた〈移住民〉の激しい抵抗や、多数の集団自殺といった一連の事象を、ドイツ担当政治顧問のロバート・マーフィーはきわめて控えめに、「暴力を含む不快な出来事」と呼んだ。これを受けて、合衆国は〔〈移住民〉の〕強制送還という方針を転換していく。[34]

武力を用いて〔〈移住民〉に〕強制するという不本意な仕事に悩み、懸念を表明した一群の占領要員の中にハトラーがいた。フランス人〈移住民〉を担当する業務が終わった後のハトラーの仕事は、ウクライナ人の集団をソヴィエト当局の手に引き渡すことだった。「昨日、ロシア人がロシア人だと見なした何人かのウクライナ人を移動させようとした際、ある場所から別の場所へ移動させられることで〔人間の身に〕何が起きるのか、目の当たりにしたよ。恐怖で硬直するんだ」とハトラーはレノアに伝えている。

「彼らをロシアの収容所に移動させるというのが我が軍の命令だった。人々は移動を拒否した。バリケードを張って建物の中に立てこもった。女性たちは跪き、連れて行かないでくれと兵士に懇願した。兵士は空に向けて発砲した。人々は叫び声をあげ、いたるところ混乱の巷となった」。強情なウクライナ人は「実に困った人々だよ。でも、人間は皆そういうものだ」とハトラーは言った。[35]

こうした「不機嫌な人々」をどう処遇するかは、合衆国軍政府にとって厄介な問題だった。当初、ワシントンの政府が〔ソヴィエトが求めたとおり〕〈移住民〉の意志に反する帰国を支持したのは、かなりの部分まで、自国の戦時捕虜の速やかな帰還を案じたからだった。そのため、赤軍支配地域からアメリカ人捕虜が出てくると、東ヨーロッパの人々に銃を突きつけて列車に押し込もうとする動機づけは弱まった。こうして、〈移住民〉をドイツから追い出そうとする無謀な作戦は、一九四五年の暮れまでに終了する。

ハードコア〔手のほどこしようのない残りもの〕などと不躾に呼ばれた残りの〈移住民〉は、帰国できない、もしくは帰国したくない者たちだった。こうして、「送還不能者」の適切な送り先を見つけることが、何よりも重要な合衆国の任務となった。アメリカ政府が、あまり乗り気でない各国政府をなだめすかして各々の移民制限を緩和させようとしたことから、高官級の論争も勃発した。〔イギリスの〕クレメント・アトリー政権は最大の障害だった。ハリー・S・トルーマンが一九四五年八月から要求していたユダヤ人難民一〇万のパレスチナ受け入れを、頑なに拒否したのである。同じころトルーマン大統領は、一切の〈移住民〉の受け入れに対して消極的な自国の姿勢を修正するよう連邦議会の説得にかかり、当初それに失敗した。ようやく強制移住民法が成立したのは一九四八年である。[36] だが、この期に及んでも、同法の文言はホロコーストのユダヤ人生存者よりバルト難民を優先していた。

〈移住民〉の分類不可能性

一九四五年の秋以降、合衆国軍兵士の〈移住民〉関連任務の質が、はっきりと変化した。第一に、彼らの任務は人道の観点よりも、兵站の観点から捉えられるようになった。国籍ごとに〈移住民〉を集めて分類し、名前を記録し、身分を証明する書類を発行し、そして鉄道車両が手配できしだい大急ぎで彼らの体をそこに詰め込むのだと。この場合、〈移住民〉は戦争が生み出した廃棄物、つまりは中和と除去が必要な有害物質の一つと見なされており、これを片づけることが軍政府の最優先課題とされた。

求められる〔仕事の〕速度と量に対応するため、軍政府は一人ひとりの〈移住民〉の個性を無視した。ハトラーは援助を必要としながらも、「A・ハトラー」のネームプレートがかかった扉をノックすることにはためらいを感じる〈移住民〉がいるに違いないと敏感に察し、「大量の人間を相手にしていると、〔いつの間にか〕個人を忘れがちになることに気づいたよ」とレノアに打ち明けている。

しかし、〔幸いにも〕彼は、その鈍感な麻痺状態を脱することができた。「一人の小さなユダヤ系ポーランド人の少女が助けてくれとせがんで僕を困らせ、ついには僕が、まぁなんというか、耐えきれなくなったとき、彼女は僕が偉くなりすぎて個人の問題を考えられなくなってるんだと言ったのだけど、以来、そのことをずっと考えてる（こういう〔悪〕文を書くから、僕は修辞学でDを取るんだな）。彼女が正しいことは分かっていたんで、僕は自分が嫌なやつみたいに感じたよ」[37]。

しかし、すべての占領要員がハトラーと同じ気づきに至ったわけではない。実際、〈移住民〉「問題」の中身が移動の支援から長期間の収容へと変化した秋以降、彼らに対する〔兵士の〕嫌悪はより明確になっていった。〔このころ〕軍政はドワイト・D・アイゼンハワーが「停滞局面」と呼ぶ段階に入っていた。

もはや、慌ただしい出発のための準備地ではなくなった一時集合センターは、半永久的な〔〈移住民〉の〕収容施設になった。〔こうした措置の前提には〕収容所のおかげで、監督当局はその住人達をより容易に管理できるという理解が、暗黙の裡に存在していた。

ところが、こうした施設の中の無秩序とその手に負えない住人に対して、ときに身震いするほどの嫌悪感を抱いた兵士は、しばしば別の見方をした。軍の目には、〈移住民〉が意図的なサボタージュを行っていると映ったのだ。テンプルトンの表現を借りれば、彼らは「不機嫌で、薄汚く、疑り深く、非協力的」だった。

バルト諸国の出身を自称するウクライナ人やポーランド人のように、強制送還を免れようとして国籍を偽る人々は、収容所の主たる任務の一つである分類の仕事を滞らせた。〈移住民〉収容所の中で話される言語の多さもあって、国籍確認の仕事は一苦労だった。この方面の仕事に従事する軍政官は、部下がポーランド語かロシア語をいくらかでも解してくれたら（そして、できれば話してくれたら）と望まずにはおれなかった。[38]

分類されることへの〈移住民〉の抵抗――それは、軍当局により管理され、規律化されることへの反抗だった――は国籍を隠すこと以外にも及んだ。

収容所内では人間の体とその機能が特に無防備にさらけ出されており、収容者と接する兵士を苛立たせた。バイエルンで師団付き医療備品将校を務め、定期的に収容所を視察していたジョン・ウォルサムは、このような「分類不可能性」を前にたじろいでいた。その後、数十年にもわたって持続した〈移住民〉に対する彼の嫌悪感は、娘たちのために書かれた未刊行の回想録に表れている。

ウォルサムはハンガリー人〈移住民〉について以下のように述べている。「彼らにとって退廃とは単なる言葉ではなく、生活様式だった。ある者はアルコール中毒で、ある者は薬物依存だった。多くは同性愛者で、多くは性的に見境がなかった。一見して一つのカテゴリーに当てはまる者は一人もいなかった。彼らはいくつかの分類項目にまたがっていた。女性はあか抜けていて教育があり、おおむね魅力的だったが、私には恐ろしく思えた」と。

魅力的でありながら、同時に嫌悪感も抱かせる「退化した」ハンガリー人〈移住民〉との格闘は、「世間体《リスペクタビリティ》」に関するウォルサムの考えを明らかに動揺させていた。彼は、自分が純潔を大事にし、また、性病の不安におびえてもいたので、占領軍兵士として、あらゆる性的振る舞いを誓って止めたと、娘たちに語っている。だから、なおのこと、収容所でむき出しにされた〈移住民〉の多様で見境のないセクシュアリティにたじろいだのだ、と。

奔放で「だらしない」〈移住民〉の性行為に対するウォルサムのような反応は、他の軍政官の間にも見られた。彼と同様、〈移住民〉という分類項の曖昧さと、彼らの明け透けな淫らさに不信感を抱いていた軍医たちは、強制的な性器検査によって性病を根絶するか、少なくとも減らそうと作戦を練り、女性の〈移住民〉をその標的にした。そうして、たくさんの救済復興機関医療スタッフが、この仕事に嫌々従事した[39]。

占領軍の反ユダヤ主義

占領されたドイツでも、また合衆国内においても、軍政府によるユダヤ人生存者の取り扱いは、瞬く間に〈移住民〉政策の中でもっとも激しい議論を呼ぶ話題となった。一九四五年八月三一日に、今後、ユダヤ人の〈移住民〉は他の者とは異なる優遇措置を受けるべし、というトルーマンの命令がアイゼンハワーに伝えられた。これにより、議論はさらに激しさを増した。

ユダヤ人〈移住民〉に住宅を提供する際には、収容所ばかりに頼るのでなく、「見苦しくない家屋」をもっと多く接収するようにと、大統領は他の事項と合わせてアイゼンハワーに命じた。「これは、ドイツ国民は『自ら招いた責任を免れることができない』というポツダムの方針を実行に移す一つの方法である」とトルーマンは主張した。彼は、この原則を強調するため、命令のきっかけとなったアール・G・ハリソン（ペンシルベニア大学ロースクールの前学部長）の報告書を引用している。

ハリソンは、ドイツにおけるユダヤ人〈移住民〉の状況を視察する一ヶ月の調査旅行後に、この報告書を作成している。いわく、「現状、我々のユダヤ人に対する扱いは、皆殺しに手を染めないということを除けば、ナチによるそれと変わらないように見える。彼らは、親衛隊員の代わりに我が軍の守衛に見張られながら、強制収容所に集団で住んでいる。これを見たドイツ人が、我が軍も彼らのやり方に倣っている、あるいは少なくとも彼らのやり方を許容していると思うのではないかと懸念せざるを得ない[40]」。

トルーマンの命令と同日、『ニューヨーク・タイムズ』紙が八〇〇〇語に及ぶハリソンの報告書の全文を掲載し、この特別査察官が非難する虐待の全体像を心あるアメリカ人に知らせた。ハリソンはまず、ナチによる迫害の「第一にして最大の」被害者〔ユダヤ人〕が、いまだ純粋に軍事的な意味においてしか「解放」されていないという事実を非難した。依然として非常に多くの生存者が収容所に閉じ込められているだけでなく、一部は愛する人々が集団で殺されるのを目撃した当の場所である、収容所に住んでいた。

そうした収容所の中には「もっとも悪名高いいくつかの強制収容所」も含まれた（ハリソンは、イギリス占領地区のベルゲン・ベルゼンに収容されている一万四千人のユダヤ人〈移住民〉を名指ししている）。多くの収容者は適切な衣服を持たなかった。「親衛隊の制服を着るように強いられる」者もいれば、かつて看守から与えられた服装しか持たない者もいた。こうした服装は「忌まわしい縦縞囚人服効果」を生み出した。なすこともなく衰弱し、せいぜい「黒く湿って、まったく食欲をそそらない」無酵母「パン」をたくさん与えられただけのユダヤ人生存者は、栄養状態と身なりの良いドイツ人が自由に好きなことをしている様子を収容所の中から見ていた。

またユダヤ人たちは、故郷へ向かう数十万の〈移住民〉の熱狂した様子も目にしていた。「帰国不能」のユダヤ人は、そうした活発な動きのテンポと自らが置かれた停滞状況を比較し、パレスチナや合衆国、イギリス、あるいは南米など、彼らが恋い焦がれる目的地にいつになったらたどり着けるのか、あるいはそもそもたどり着くことなどあるのかと考えて、絶望していた。[41]

ハリソンが〔非難の〕的としたのは、特権を与えられた特別な集団としてユダヤ人〈移住民〉を扱うべきではないという、ありがちな発想だった。「特定の人種集団・宗教集団を彼らの同国人から分離するのは、通常であればもちろん望ましいことではないが、虚心坦懐に見れば、特別なニーズを持つ集団が形成されてしまうほど長い間、そうしたことがナチによって行われてきたのである」。ハリソンの報告書はそう言って語気を強めた。「〔国籍を同じくする集団の一員ではなく〕ユダヤ民族としてのユダヤ人は、同じ国籍の非ユダヤ人と比べて、より酷い迫害を受けてきた」とハリソンは言う。

ここでハリソンが論駁しようとしているものは、「ユダヤ人をユダヤ人として」〔特別に〕扱うことが、〔人種や民族のような集団ではなく〕個人としての人間に関心を寄せるアメリカの伝統と矛盾するという、占領軍高官に共通した〔「カラー・ブラインド」な〕考え方である。ユダヤ人〈移住民〉を〔他から〕孤立して住まわせることは、ナチによる差別的な行為を模倣するものだと、高官らは主張した。

しかし、〔人種や宗教による〕分離は必ずや悪しき傷跡を残すという、こうした〔軍高官の〕議論の前提には、おかしなところがあった。〔なぜなら〕とりもなおさずアメリカ軍自身が、人種による隔離は本来的に何ら偏見を助長するものではないという〔「分離すれども平等」の〕原則に基づいて行動し〔人種隔離を制度化してい〕たのだから。

軍政幹部は、何かというとすぐに、ユダヤ人〈移住民〉を特別扱いしたらドイツ人の間の反ユダヤ主義が盛り返すと主張した。初期のニュース映像やドキュメンタリー映画の中で話す合衆国の高官も、ユダヤ人の苦難を「強調しすぎる」ことを同じように恐れており、そのことがナチの収容所やその被害者、及び生存者の描写に強く影響した。

ナチの残虐行為についての記録映画は、工業化された大量殺人の存在に対する疑念の余地が一切残らぬように作られていた。ところが、これらの映画は、欧州ユダヤ人集団の完全な根絶を目指した政策の「第一にして最悪の」被害者がユダヤ人であったというハリソンが指摘した〔当たり前の〕事実に、あえて言及しない。もっとも重要な『死の工場 Die Todesmühlen』という映画は、観客に対して、あなたが見ている死体は様々な国籍と宗教を持つ人々だと語りかけてくる。製作者は反ユダヤ主義を呼び起こすことを回避するという名目で、こうしたはぐらかしを正当化した。

虐殺にまで至るユダヤ人への激しい攻撃について言い逃れできない証拠を突きつけられると、強情なドイツ人の中には、かえって迫害・拷問・大量殺人などについて反省することを拒み、ただナチの仕事の不完全さだけを悔やむ者が出てくるかもしれない。製作者はわざわざそんなことを危惧したのである。

連合国のドキュメンタリー作家らは、収容所の犠牲者をあえて〔ユダヤ人に〕限定しないことで、ドイツ人の観客が彼らの意図したとおりの気づきに至ることを期待していた。その気づきとはすなわち、集団としてのドイツ人が、その意味するところの曖昧な「人道上の罪」に対して道義的な責任を負っているという自覚であった。[42]

ハリソンから辛辣な報告を受けたアイゼンハワーは、自分はすでに〈移住民〉の居住用にドイツ人の家屋を接収することを許可していると言って、これに反論した。また、部下たちは〔〈移住民〉の〕食事の質と種類を改善するため懸命に働いているし、実のところ国籍もしくは宗教集団ごとに分けて〈移住民〉を収容し、その衛生状態を向上させる努力も続けていると言った。

しかし、こうした主張は完全な嘘ではないが、かなりのごまかしを含んでいた。たしかに、アイゼンハワーは八月はじめの時点で、ユダヤ人〈移住民〉収容所の状態の全面的な改善を監督するようジョージ・S・パットン将軍〔バイエルンの軍政府指揮官〕に命じていた。しかしながら、ドイツ人の反ユダヤ主義に対する懸念を、自分自身の偏見〔反ユダヤ主義〕を隠すための薄っぺらな覆いとして使い、命令をボイコットする軍政幹部がいた。アイゼンハワーの右の発言は、そこに言及していないのである。

彼ら〔アイゼンハワーの部下たち〕が本音のところで気にくわなかったのは、ユダヤ人を単に他から区別するということではなく、ユダヤ人に他より多くのカロリーとより良い住環境を与えることだった。嘆かわしいことに、アイゼンハワーから改善事業を命じられた当のパットン将軍が、この点を露骨に明言していた。彼は「ユダヤ人にしてやるなら、どうしてカトリックやモルモン教徒なんかにもしてやらないんだ?」と、一九四五年八月二九日の日記に不機嫌に書いている。[43]

ナチの収容所の状況を目撃していたにもかかわらず、パットンは生存者に対する共感を一切示さなかった。彼は生存者について「まさしくミイラのようで……知性のレベルもおよそそれ位」に見えたと述べている。彼の日記や故国に宛てた手紙は、四月一二日の解放直後に訪れたオーアドルフ収容所よりも、むしろ〈移住民〉収容所に対して強い不快感を表している。

実は、オーアドルフでパットンに同行した者たちによれば、そこで目の当たりにしたものに吐き気を覚えた将軍は、小屋の裏に隠れて嘔吐していた。ところが、自らの体がナチの残虐行為に思わずたじろいだことについて、パットン自身は何も語らない。一方、彼は〈移住民〉収容所の状況がもよおさせた吐き気については嬉々として描写している。

ヨム・キプール〔ユダヤ教の「贖罪の日」〕の祝いに参加すべく、アイゼンハワーとともに、あるバイエルンの収容所を訪れたときのことを長々と回想したパットンは、陰険で辛辣な自らの偏見に溺れた。

> 我々は、今まで会った中でもっともひどい悪臭のする人間集団が詰まったシナゴーグに入った。我々が半分ほど上がったところで、イングランド王ヘンリー八世が身につけたのと同じような毛皮の帽子と大量の刺繍が施されたサープリス〔聖職者の服〕を身につけた首席ラビが下りてきて、将軍〔アイゼンハワー〕に対面した。タルムードと言ったと思うが、紙に書いて棒に巻いたものを一つ、周りにいた医者の一人が運んできた……気絶しそうなほどひどい臭いで、実に三時間たっ

ても思い出してしまい、昼食をダメにしたほどだ。[44]

パットンは、自分の反ユダヤ主義を鋭く研ぐための砥石として日常的に日記を利用していた。この二日前、パットンは「〈移住民〉はかつて人間だったが、今は違う」という考えに不愉快を感じ、これはユダヤ人にこそ当てはまることだ、奴らはいま、獣にも劣ると付け加えた。

こうした毒々しい〔嫌悪の〕表出の直接的な引き金となったものこそ、ユダヤ人〈移住民〉に他と異なるより良い待遇を与えるべしという、〔先述の〕アイゼンハワーの命令だった。パットンはこの命令が「激しいポグロム」を引き起こすだろうと主張している。彼はユダヤ人を「一種の改良版ゲットー」に入れることでアイゼンハワーの命令を実行してやると、嘲るように語った。

実際、パットンはアイゼンハワーの命令の趣旨にも文言にも意図的に背いてみせた。先述の日記の数日後、彼は同僚の将軍の一人に「これらの野獣ども〔ユダヤ人〕」を三二軒の「裕福なドイツ人家族の家」に入れる前に、それらの家屋の写真を撮っておけと伝えた。〈移住民〉が住居を傷つけたり持ち主の財産を持ち出したりした場合に、証拠を記録しておくことが有用だろうと言うのだ。

またパットンは、そうした危険を減らすために、「ドイツ人を移動させる場合には可能な限りの配慮」をし、「しかるべき財産をできるだけ多く持ち出せるように輸送の便宜を図る」よう同僚に指示している。これは、ドイツ人は寝具と少しの衣類しか持ち出してはならないとしたアイゼンハワーの指令に違反している。[45]

一方、予想されたとおり、ドイツ人は立ち退きの見通しと現実を唯々諾々と受け入れたりはしなかった。占領初期に行われた住居からの追い立てに関する兵士の説明を踏まえて判断する限り、自分たちの家屋を勝者の居住用に差し出すことは、敗者にとって悔しいけれども黙認すべき、予想の範囲内の出来事だったようだ。

ところが、第三帝国の被害者〈移住民〉と居場所を交換すべしというアメリカの要求は、より強い不快感を生じさせた。家を追われたドイツ人から見て、こうした〔〈移住民〉との〕立場の逆転は、過去の過ちに対する非難と賠償の要求、そして家族の純潔に対する耐えがたい汚れを意味した。〈移住民〉収容所と隣接したコミュニティの人々は、〔自分たちの〕住居を〔〈移住民〉のために〕流用することがトラブルにつながることを、アメリカの軍政官に思い知らせた。強制立ち退きの噂が周辺の雰囲気を緊迫させたことについて、ランツベルクのアーヴィング・ヘイモント少佐がニューヨークに住む妻ジョーンに書き送っている[46]。

二七歳の将校だったヘイモントは、ミュンヘンに近いバイエルンの小さな町で、救済復興機関とアメリカユダヤ人合同分配委員会〔通称「ジョイント」〕の代表が日常業務を差配する、約六千人のユダヤ人〈移住民〉収容施設を監督していた。ヘイモントは家屋の接収を好んだが、その後に起きた騒乱も直に経験しており、〈移住民〉に対してはそのせっかちな強欲ぶりを、ドイツ人の町民についてはその反抗的な態度をそれぞれ非難した。

一九四五年一〇月四日に彼が初めて指揮した集団立ち退きでは、退去中の地元住民の家の周りに〈移住民〉が集まり、乱闘が発生した。ヘイモントがジョーンに送った長い説明によると、ドイツ人が持ち出そうとする財産の量に対して、自分たちにもっと多くの取り分が必要だと主張する収容所住民が、異を唱え始めたという。

ユダヤ人〈移住民〉収容所の警官が現場に現れ、ドイツ人が自宅から持ち出そうとしているものの検査を始めた。ドイツ人の退出も終わらぬうちから、すぐにユダヤ人が勝手に家の中に入り始めた。……間もなく、彼らは収容所周辺の住宅であらゆるものを略奪・強盗しだした。僕は、何人かの警官が自ら略奪を行っていることに、すぐ気づいた。彼らの名誉のために言っておくと、警官の多くは命令を実行しようとしていたけどね。秩序が失われることを恐れた僕は、能う限りすべての人員とトラックをかき集め、警官も含むすべてのユダヤ人〈移住民〉を町から一掃し、収容所に帰した。

ヘイモントはそれまで、陸軍の兵士ではなく〈移住民〉が収容所を警備することを容認していたが、以後、方針を転換し、ランツベルクに軍の管理を敷いた。収容者を一晩拘束し、翌日には彼らの移動を管理するための通行証システムを導入している。こうした強硬措置にもかかわらず、町は相変わらず「狂気じみた噂」で騒然としていた。

現実味のない予測の中で「もっともよく信じられた」のは、「ランツベルクの町全体がユダヤ人に引き渡され、一一時から一三時の間にすべての〈移住民〉がキャンプから解き放たれて略奪と強盗をほしいままにする」という噂だった。一方、ヘイモント指揮下の部隊長であるレイン大尉――街の人たちに同情的な「激高しやすい馬鹿」――は「血迷ってミュンヘンに電信を送り、僕〔ヘイモント〕がユダヤ人を野放しにして、ドイツ人にけしかけていると主張した」[47]。

この経験に懲りたヘイモントは、以後、立ち退きのやり方を変え、必ず建物が空になるまで、収容所の住人を住宅地から遠ざけるようにした。〈移住民〉と自分の部下による略奪の噂を鎮めるため、ヘイモントは、ドイツ人の家に兵士が立ち入る場合には、住人が事前にすべての宝石、時計、金銭を持ち出すよう指示した。ヘイモントの部下による調査に掛かれば、ドイツ人の資産の違法な持ち出しは一切ないことが示されるはずだった。ところが、こうした措置では、ランツベルクに立ち込める不穏な噂を打ち消すことはできなかった。
一一月七日には、明日、ユダヤ人〈移住民〉の「ドイツ人に対する略奪が自由にされる」との噂が広がり、町は再び騒然とした。それは、七年前の水晶の夜《クリスタルナハト》計画〔一九三八年一一月にドイツ全土のユダヤ人を襲った迫害〕に対する報復を意図しているとされた。救済復興機関が接収された家屋から〈移住民〉の利用に供するためにミシンを運び出すよう命じると、街の人たちはこれを「予想された略奪が始まった」ことの徴と見なした。

ただちに怒れる群衆が集まり、救済復興機関の職員が解散を命じても従わなかった。〔ただ、〕ヘイモントが現場に到着したころには、一五人かそこらのランツベルク住民が残っているだけだった。ヘイモントはただちに彼らを逮捕し、市長に対して、略奪は決して起こらないことと、「もし、このうえ何かトラブルが起こるようなら、村全体が罰せられる」ことを厳しく言い渡した。[48]

自らの管理下にある収容所の住人と上級指揮官に対してヘイモントが示した反応は、ユダヤ人とドイツ人、そして、その相互の関係に対し占領軍将校が感じたストレスについて、とりわけ示唆に富む洞察を与えてくれる。

他の多くの同僚と同じく、ヘイモントはユダヤ人〈移住民〉の人間性を十分に認めることができず苦労していた。一九四五年九月に初めてランツベルクに到着したとき、彼は「筆舌に尽くしがたいほど不潔な」状況に圧倒され、収容所の住人は「精神的、身体的に打ちのめされた……ユダヤ人の中でも最低の連中の集まりだ」と記した。「一番よいユダヤ人のほとんどはナチに殺されてしまったのだ」と、彼は括弧で書き加えている。

後に続く故国への手紙では、しょっちゅう詰まる便所だけでなく、共同寝室の隅、廊下、階段、さらには台所にあるコーシャ〔ユダヤ教の聖典で許可された食品〕の食品庫でさえ排便する〈移住民〉など、収容所の悲惨な衛生状態について詳述している。

排泄行為に力点を置いたこうした記述は、いくつかの合衆国の新聞にも頻繁に登場する。特に記事の書き手が、ハリソン報告は陸軍の過失を大げさに言い立てているとか、あるいは〈移住民〉自身が危険な環境を創り出している面を過小評価しているなどと示唆してアイゼンハワーを免罪しようとするとき、こうした傾向が顕著になった。「収容所の不潔さについては〔占領軍ではなく〕救済復興機関とユダヤ人を非難せよ」とは、『シカゴ・デイリー・トリビューン』紙の告発めいた見出しである。[49]

他の多くの将校と同様にヘイモントも、階級や国籍の良し悪しに基づいて収容所の住人を判断したが、その考え方は合衆国の国別移民割当制度に埋め込まれた、各民族の好ましさに関するヒエラルキーに通じていた。だからヘイモントは、リトアニア人がもっとも教育程度の高い人々であると考えた。また彼は、一九四五年秋にドイツとオーストリアの合衆国管理区域及びベルリンのアメリカ担当地区に大挙到着し始めていた裕福なポーランド人の「流入者」を高く評価した。

〔ただ、〕こうした〔東欧〕ユダヤ人の新規流入は、彼らに入国を許可すべきかどうか、そして戦争中ソヴィエトにいた者に〈移住民〉の身分を認めるべきかどうかについて、大きな議論を巻き起こした。この論争自体は〔流入に対して〕肯定的な答えに落ち着いたものの、パレスチナを目指すこれらの「流入者」は救済に値しない〔不当な〕利得者だと考え、納得のいかない将校の間に少なからぬ不満が残った。これは、ほどなく戦後の国際的な難民政策の枠組みを規定することになる、自発的な移民と政治的な迫害を受けた難民という二分法を先取りしていた。

「ほとんどすべての将校が、これらの人々〔東欧から流入したユダヤ人〕に反対することで、反ユダヤ主義的だと指弾されることを恐れていた」とベルリンにいたフランク・ハウリー将軍が日記にこぼしている。「内々の会話でたくさんの非難が向けられていたのは、実に良く食べ、実に良い身なりをした、ファシズムの犠牲者たる本来の〈移住民〉とはまるで異なる人々に対してだった」とハウリーは書いている[50]。

他の多くの将校と同じく、ヘイモントは〈移住民〉関連の業務に根深い鬱屈を感じていたが、こうした感情は充実した時間を経ることで、徐々に変化していった。ヘイモント少佐が、よそのユダヤ人は皆、清潔さを保って生活しているぞと大声で説諭し、きつい仕事が人間を再生させると語っても、キャンプの収容者はまったく教えられたとおりにしようとはしなかった。とはいえ、力をちらつかせて脅かすというのはヘイモントには不本意だったし、仕事を拒否する〈移住民〉の食事を減らすといった強制力をともなう対応も、ナチのやり口を思い出させるところがあった。

しかし、ヘイモントがもっとも理解に苦しんだのは、人が多すぎて混み合ったランツベルクの収容所から人が少なくて空間に余裕のある近隣の収容所へと移されるのを、住人が頑なに拒否することだった。〔例えば〕フェーレンヴァルト収容所なら、母子が専用の部屋を持つことさえできるかもしれなかった。薄い布をぶら下げて仕切っただけの〔ランツベルクの〕寝室では、尊厳ある生活はまったく不可能だというのに、〈移住民〉がちょっと移動することさえ頑なに拒否するというのは、ヘイモントの見るところ道理に合わなかった。

人間の数がベッドの数より多く、複数の成人男女が同じ部屋で寝起きしなければならないことを気に病んだヘイモントは、トイレの状況と同じく、寝室の割り当てでも常に暗い気持ちになった。「またしても複数の男女が複数のベッドで一緒に寝ているのを発見したが、彼らはむしろそれがうれしいらしい。空いているベッドならたくさんあるのに、特に興味はないらしいのだ」と、ヘイモントは一〇月の終わりに書いている[51]。

しかし、自分の煮えくり返るはらわたを見つめなおしたヘイモントは、当初、怠惰さや清潔への関心のなさ、あるいは強情さの表れに見えたものが、むしろ「精神的・肉体的」な極度の苦しみの結果であると考えることで良く理解できると、おぼろげに気づき始めた。実際、一九八二年に出版されたヘイモントのランツベルク通信は、ホロコーストがユダヤ人〈移住民〉に刷り込んだトラウマに対する著者の無意識的な気づきをよりはっきりした形で示す、「改訂版」になっている。

出版されたヴァージョンの手紙の中でヘイモントは、〈移住民〉が屋外トイレを拒否するのは、ナチの収容所でトイレ区画まで夜間に出歩くことが、死に至る危険だったからだと解釈している。同様に、収容所の住人が人の少ないフェーレンヴァルトへ移ることを拒否するのは、移動させ**られる**こと──それはナチによる移送をフラッシュバックさせる──への抵抗であると同時に、新しい帰属意識が育ち、新しい家族が生まれ、そして新しい可能性が思い描かれたランツベルクというコミュニティへの愛着に起因するものだと解釈している。

またヘイモントは、不適切な形で人目に晒された収容所そのものが、〈移住民〉に本来プライベートな行為を公の場で行わせ、表面上彼らに「羞恥心がない」かのごとく見せているとの理解に至った。将軍やジャーナリスト、政治家、その他の人々による不意の訪問視察に常時さらされたランツベルクの収容所では、しばしば生命を持たない展示物のように扱われる住人に、露ほどの配慮も払われなかった。ハリソンの報告書も、〔結果として〕こうした視察をより頻繁かつ無遠慮なものにする方向で作用したため、かえって〔収容者の〕状況を悪化させていた[52]。

〔のちに改訂して出版された〕ヘイモントの手紙の原本から読み取れるのは、彼が様々な方法で収容所の住人の再生を援助しようと試みていたことであり、学校や大学、新聞を設立することでユダヤ人の文化的な営みと知的な発展を促進しようとする収容所委員会の取り組みを支援していたことである。また、ヘイモントは、収容所内におけるシオニスト〔ユダヤ国家建設を目指す人々〕の活動も好意的に捉え、土地を耕し農業技術を身につけたいと望むキブツ〔農業共同体〕にドイツの土地を割り当てる許可を得るべく、上官と交渉していた。

ヘイモント少佐は様々な方法で収容所住人の利益を擁護し、彼らの敬意と感謝を勝ち取った。一九四五年一二月にヘイモントがランツベルクを去る際、ある救済復興機関職員は彼をまさしく同地におけるジョッポロ少佐だと称賛した。一方、当のヘイモントはと言うと、皆が読んでいるハーシーの小説『アダノの鐘』を自分も読んで、自分と対応する架空の人物がどんな苦難に直面したのか、そしてそれがランツベルクの困難に少しでも似たものなのかどうかを吟味しなければならないと、妻に打ち明けている。

ユダヤ人兵士とユダヤ人〈移住民〉

ヘイモントをジョッポロになぞらえる救済復興機関職員の言葉は、ヘイモント本人が思う以上に適切な喩えだった。小説中のジョッポロの成功は、このイタリア系アメリカ人の少佐がアダノの住民と共有した文化的遺産のおかげであり、この遺産によって彼は住民が何にもまして教会の鐘を切望する理由を理解できたのだった。血統の共有という点で、〔実は〕ヘイモントはジョッポロと同じような人物だった——そのことは秘密にされていたのだ。

ランツベルクでの四ヶ月間、ヘイモントは自分がユダヤ人であることを同僚にも収容所の住人にも隠し通した。戦時中から戦後にいたるまで陸軍の職業軍人として、彼は自分の出自を隠し抜いた。アーヴィング・ヘイモントは故郷に宛てた手紙の中で、もし自分がユダヤ人であると〈移住民〉たちが知れば、彼らはもっと盛んに陳情してくるだろうし、自分にはそれを撥ねつけることが難しいだろうと、苦悩を吐露している。

諸々のプレッシャーと偏見の板挟みになったヘイモントは、隠そうとしても表れてしまう〔と彼が考えた〕自分の特徴によって秘密が嗅ぎつけられたり露見したりすることをひどく恐れた。その特徴とは、「僕のかぎ鼻、脂肪がついて後退した顎、そして突き出たノドぼとけ」であった。シオニスト指導者のダヴィッド・ベングリオン〔のちのイスラエル首相〕がランツベルクを訪問した記念すべき日の写真が配られた際、ヘイモントは「少佐、君は〈移住民〉たちに似てきたね！」という同僚将校の冗談におののいた。

しかし、〔結局〕秘密は露見しなかった。一九五三年に出版されたユダヤ人〈移住民〉とその援助者に関するレオ・シュワルツの先駆的な研究『贖い主たち *The Redeemers*』は、ヘイモントのことを「控えめで、知的で、理想主義的な、ニューヨーク出身のプロテスタント」としている。[53]

ヘイモントが自分の「仮面が剝がれる」のを嫌ったことから間接的にうかがえるものは、上級将校の間での反ユダヤ主義の蔓延と、その毒々しさである。ユダヤ人のための「特別な嘆願」の臭いがすれば、何であれ警戒したヘイモントの上官たちの中には、地元のドイツ人に対して寛大に振る舞う者がいた。こうしたドイツ人の中には、ランツベルクのユダヤ人収容所の外れに収容された元ＳＳの囚人までもが含まれる。ちなみにこの場所では、のちにマウトハウゼン強制収容所での罪に問われた二二人の戦犯が、処刑されることになる。

二つの収容所コミュニティが危険なほど近接していることと、元親衛隊員に対して好意が寄せられていることに、ヘイモントは深く動揺していた。戦後最初の冬が近づいたとき、ヘイモントは、〈移住民〉収容所で使用する木を元親衛隊の囚人たちに切らせようとした。しかし、彼の天敵シドニー・ウッテン将軍は、それは〈移住民〉が自分たちでやるべき仕事だと主張し許可しなかった。これにヘイモントは激怒した。

ある上官の力添えで押し切られたウッテンは、今度は、元親衛隊のグループは「組合が定める時間」より長く働くべきではない、などと主張した。そして、侮辱に侮辱を重ねるかのように、彼は元親衛隊の収容所にはスポーツと余暇の活動を導入しながら——ナチの戦犯たちに野球を教えてヘイモントを怒らせた——ランツベルクの〈移住民〉には娯楽のための映写機を与えることさえ拒否したのだった。[54]

しかし、これら多くの不快な出来事にもかかわらず、ヘイモントは陸軍の正規将校であり続け、その自意識を支える専門家としての職務に誇りを抱いていた。そのため、陸軍による〈移住民〉の取り扱いに対する過剰で的外れな批判と思えるアメリカ国内での報道に対しては、怒りを表明した。

ハリソン報告の直後、ヘイモントは以下のように述べている。「強制収容所から解放されて何年もたつというのに、ユダヤ人が清潔に働き暮らす意欲や意思をまるで見せないからといって、陸軍が非難を受けるいわれはないと思う。ユダヤ人が辛酸をなめた直後、瞬時に彼らを改良しろなどと我々に期待してはいけない」。上官の〈移住民〉に対する思いやりのなさとドイツ人に対するえこひいきのすべてを知ってなお、ヘイモントは、陸軍がそもそも不可能な任務をそれなりにうまくやっていると考えていた。

ハトラーもこうした評価を共有していた。「これらの人々に対しては、どんな援助団体よりも、ユダヤ人の兵士と将校がずっとたくさんのことをしてやっている」。そう友達に伝えてと、ハトラーは妻レノアを励ました。「あの若い兵士たちが、自分なりに黙々とやり遂げた」ほどのことを、救済復興機関も統合参謀本部もできていないのだから、と。

ユダヤ人の福祉を念頭に置いて軍隊に入ったハトラーは、少なくとも軍政府で働く限り、兵士であることと人道主義は両立可能だと信じていた。しかし、ヘイモントの意見は違った。彼は、軍隊は戦後の福祉業務には不向きだし、長期にわたってその業務を担うこともないとの考えを強調している。他の多くの軍人と同様にヘイモントは、〈移住民〉収容所の業務をすべて救済復興機関に移管する日を待ち望んでいた。[55]

アジアにおける人種主義の模倣

打ち負かした敵に対するときのほうが、その犠牲者に対する時よりも同情的になる。ドイツのアメリカ人が見せたのと同じこの傾向は、アジアでも見られた。占領下の日本軍兵士や民間人は愛想よく従順に見えた。このことは、アジアの敵は敗北後も戦闘中と同じくらい凶暴だろうと予想していた合衆国軍兵士を驚かせた。そうして、当初抱いた恐れは急速に消え去っていった。

合衆国海兵隊のフレッド・ビーンズ准将は後に、愛嬌のある率直さで以下のように回想している。「捕虜にするのは骨が折れたから、たくさん撃ったな……。しかし、いったん捕虜にしてしまえば、彼らの振る舞いはしごく良好だったよ」と。

軍の目から見て、日本人はドイツ人と同じ美点をいくつか有していた。すなわち、望ましい資質として〔アメリカ人から〕もっとも高く評価される、清潔さと秩序正しさである。実際、日本の陸軍兵士や水兵はとても協力的だった。それゆえ彼らはアジアの人々を「分離する」壮大な任務において、アメリカの将校たちから監督なしの業務を数多く任された。

朝鮮、台湾、中国、インドシナ、シンガポール、マラヤなど、各地の港から日本人を輸送する際、アメリカ軍将校は、その監督を日本海軍の将校や民間の福祉機関にどんどん任せた。合衆国海軍は、一九四六年三月までに百隻の戦時標準船《リバティ・シップ》と八五隻の戦車揚陸艦、そして、六隻の病院船を譲渡し、様々な民族集団を日本と他地域との間で輸送する作業を捗らせようとした。間もなく、帰国船は日本側のみの管理で運行されるようになる。[56] そのため、アジアにいた合衆国軍兵士のほとんどは、ヨーロッパにおけるほど濃密には〈移住民〉と接触しなかった。

日本最大の港の一つである佐世保では、六五〇人の日本人に加えて、二人の合衆国軍将校と三五人の下士官兵が、送還センターを運営していた。英連邦諸国の占領要員により運営されていた、やはり主要港である仙崎は、日本人を降ろして空になった船に今度は朝鮮人を載せて反対方向に送り出していた。移動中の（あるいは収容所で待機中の）アジア人に出会ったアメリカ人は、しばしば人種化された価値尺度に基づいて彼らを判断しており、その点でヨーロッパ戦域の同僚と変わるところがなかった。[57] こうした差異の分類学は、ほとんど常に、連合国が「解放した」諸国民とりわけ朝鮮人を、戦争に負けた日本人の下に置いた。横須賀で送還センターを運営していた海兵隊のジェームズ・バークレー中将は、一九七三年に実施されたオーラル・ヒストリーの聞き取りで、格付けしたがるこうした心性を無自覚に反復している。

西から日本に送還されてくる人々のために日本軍の兵舎が使われていた。彼らが兵舎に入るときには、塵一つなかった。そこに入れられるとき、彼らは民間人でさえ軍隊風のやり方で、誰かしらが責任者となり、そこで眠り、きちんと整頓していたよ。翌日、処理を受けると彼らは去っていったが、やはり塵一つなかったよ。

反対方向へ向かう中国人も入ってきたが、彼らはまぁまぁきれいだった。中国の兵員輸送列車がこんな風かなと見えたよ。それほど悪くはなかった。しかし、朝鮮人ときたら、悪所に住む豚みたいだったよ。自分の世話の仕方すら知らない者もいるんだ。トイレのことなんか何も知らなかったな。

バークレーは、戦車揚陸艦上の朝鮮人が「水洗トイレが何のためにあるかさえ知らなかったから、甲板で用を足していた」と言い、上の話に尾ひれをつけている。これは、ヨーロッパにいる彼の同僚の多くが、〈移住民〉全体の中でも特にユダヤ人〈移住民〉に対して強く抱いていた軽侮の感情と同じものである。[58]

朝鮮人に対するバークレーの侮蔑的な視線は決して特殊なものではない。連合国軍最高司令官総司令部《GHQ/SCAP》の「降伏後における初期の基本指令」は、占領軍部隊に対して以下のように指示している。すなわち、日本においては「台湾出身の中国人と朝鮮人を、安全の許す限り解放国民として扱う」と。ここでは、好意的な文言以上に、条件を補足している部分〔「安全の許す限り」〕こそが重要だった。宙ぶらりんの領域に置かれた朝鮮人は、占領者の意向により味方にも敵にもされたのである。

〔アメリカによる〕解放のための占領とやらが、すぐに〔朝鮮の〕民族自決を妨げ始め、これに対する民衆の抵抗が強まってくると、朝鮮人は〔アメリカ人が〕助け起こすべき解放国民ではなく、抑え込むべき厄介者と見なされることが増えていった。

日本と朝鮮南部におけるアメリカ人の態度は、朝鮮人は日本人より洗練されておらず、教育程度が低く、強情という偏見に満ちていた。一九四六年一〇月に東京に降り立った陸軍将校オーランド・ウォードは、朝鮮について論じる「ここの将校たちはまるで、アイルランドについて話すイギリス人男性のようだ」と日記に書いている。数日後、朝鮮に着いたウォードは、朝鮮人は「非常に独立心旺盛な人々だ。いわゆる、東洋のアイルランド人である」と付け加えている。[59]

かくのごとく、何でもアイルランドに喩えることは、アイルランド人や彼らの反帝国主義闘争に対する好意を示してはいない。それはむしろ、植民地化された人々への蔑視をほのめかす言い方だった。

のちに、ある占領軍兵士が以下のように書いている。「日本人が朝鮮人に対して持つイメージは、言葉のあらゆる意味で偏見まみれだった。それは、まず発露されておいて、あとから理由をこじつけられる、反射的で不合理な嫌悪だった。朝鮮人は日本人の目に、間抜けや、盗人や、ニンニク食いとして映っていた。彼らは、〔日本人にとって〕これまでも、これからも、一顧だに値しない人々なのだ」と。しかしアメリカ人にしたところで、日本人の言うところを非難しているのか承認しているのか、その線引きさえ消えかけているチャランポランな腹話術を演じているにすぎないことは、ウォードの日記がほのめかす通りだ。[60]

一九四五年六月に出された戦略諜報局《OSS》の報告書「日本の外国人」は、朝鮮人に対する日本人の不満を一とおり書き連ねている。すなわち、彼らは「朝鮮の基準から見ても社会的地位が低く……非常に貧しく、教育程度が低く、技能を持たない」。言語や文化、習慣の面で「日本人とは大きく異なり」、またそうあり続けようと躍起になっており、同化を促す日本人の試みに抵抗していると。

さらに「朝鮮人は動きが緩慢で、怠惰に見える」と報告書は続く。「日本に住んで短いせいで、彼らは無精かつ怠惰である。食や手の込んだ儀式、実用的でない服装、そして、けばけばしい装飾に対する朝鮮人の耽溺は、質素で倹約家の日本人を仰天させている」。さらに、日本人は朝鮮人が自分たちのように「清潔さに頓着せず、なすべきことが何かも知らない」ので「惨めな境遇の下に」暮らしていると考えている、と。

日本人の人種主義が持つ、夜郎自大でご都合主義的な性格を指摘するわけでもなく、ステレオタイプを列挙しただけの戦略諜報局の報告書は、朝鮮に対する日本の植民地支配を正当化した帝国主義者の心性を批判しながら、その実、それを肯定していた。また、人種の差異についての悪意ある観念は、日本国内の朝鮮人——鉱山や建設工事のための安価な労働力として連れてこられ、「怠惰」な役立たずとされた数十万人——の搾取をも当然視させた。

戦略諜報局が、戦後の日本にいる二〇〇万人ものマイノリティを「保護し、隔離すべき」と占領軍に提言したとき、同局は、降伏した邪な日本人が外国人を虐げる可能性と同時に、朝鮮人がかつての抑圧者に対して報復的な暴力をふるう事態も懸念していた。一九四五年六月の時点では、どちらのコミュニティが戦後におけるアメリカの保護をより多く受けられるのか、はっきりしなかったのだ。しかし、アメリカ人がどちらに対してより好意的かは、すぐに明らかになる[61]。

アジアの国々の中にエスニシティに基づく同一性を創り出そうとするアメリカの試みは、無秩序も差別も消し去りはしなかった。それどころか、むしろ排除の衝動を燃え立たせた。

日本にいた多くの朝鮮人は、総司令部の予想を裏切り、そこに留まることを望んだ。在外日本人を移動させる強制的なプログラムとは異なり、朝鮮人の帰国は任意と宣伝されたが、合衆国と日本の当局は日本に留まることを選んだ人々の生活をどんどん締めつけていった。

占領下の日本に住む朝鮮人は日本の「ナショナル」という暫定的な身分を付与された。投票権を否定された彼らは十全な市民《シティズンシップ》としての地位と排除の間で宙づりにされたのである。合衆国市民に対する「グアム国民《ナショナル》」の位置づけと類似の地位だと、総司令部の法務将校ジュールズ・ベッサンが指摘している[62]〔一九五〇年の「グアム基本法」制定までグアム住民には「アメリカ市民権」が認められず、その後も将来における州昇格の見込みが否定されるなど種々の制限が付された〕。

しかし、日本で周縁的な地位に置かれ、いったんは帰国を受け入れた朝鮮人のうち、数千人がすぐに日本へ戻ろうとした。日本海を渡る「密航船」を運行する運び屋の手に、蓄えと自分自身をゆだねる者もいた。数えきれない朝鮮人難民が、この危険な航海の途中、過積載の船から放り出されるか海賊に襲われるかして命を落とした。合衆国のニュースの一面を飾るほど多くの死者を出した一九四五年一二月のある襲撃では、二五〇人のグループのうち、生き残ったのはわずかに女性一人だった。日本に再入国するために数千人が命の危険を冒したということが、占領下の朝鮮の状況の過酷さを示している。アメリカ軍政府による朝鮮人の自治の破棄に対する抗議で〔朝鮮半島〕南部が騒然とする中、合衆国とソヴィエトの占領体制の間で対立が深まり、三八度線をまたぐ移動が凍結された。これは半島の北半分に出自を持つ朝鮮人の帰国者にとって、深刻な障害となった。一九四八年までにソヴィエト占領下の北部にたどり着いた帰還者は、わずか三五一人に過ぎない[63]。

政治的な騒乱を別にすれば、これほど多くの朝鮮人が再度日本に渡航するもっとも差し迫った理由は、単純だった。彼らは所持金をすぐに使い果たしたのだ。占領当局は日本を出る朝鮮人にわずか千円しか持ち出しを許可せず、その他の蓄えと所持品をすべて置いていくように命じた。千円とは煙草二〇箱くらいの価値である。一週間の生活費に足りるかどうかというわずかな所持金では、新しい生活の基盤になり得ないことは明らかだった[64]。

枢軸国民であれ、「解放国民」であれ、送還は資産の差し押さえを意味した。一九四五年の秋に祖国の島々に送られた数百万の日本人は、「各人が持ち運べる」以上の財産を持ち帰ることを禁じられた。朝鮮では帰国する日本人がアメリカ兵から受け取り票を渡され、いつか自分の手に戻るだろうと考えた資産を倉庫に残して去ったが、合衆国占領当局はその所有権を主張した。一九四六年二月の総司令部報告書は「土産物として売るのに適したすべての物品は百円を上限とする値段で軍に売却されたが、その中には着物、帯、漆器、螺鈿の箱、瓶、真珠、その他が含まれていた」と記している。

一方、送還された〔日本〕軍関係者と外交官は、日本の港に到着するなり、財産の没収とは、激しく面子を傷つける衆人環視の出来事だと思い知らされた。占領当局は新たに上陸する日本人の帰国者に対して不躾な身体検査を行ったのだ。

アメリカの高官らは、この見世物をカーニバルのような娯楽として消費した。船に乗った日本人外交官の港への到着予定が決まる前に、アイケルバーガーは、第八軍は「ダイアモンドを呑み込んでいる者がいないかどうか確かめるため、全員をX線検査にかけねばならないだろう」と、うれしそうにミス・エムに伝えている。日本人女性は、バークレー中将が「レディ用の身体検査」と呼んだものを受けさせられたが、それは表向き宝石の密輸に対する予防措置とされていた。「そこには看護婦などがいた」とバークレーが付け加えている。「私は、常軌を逸していると思うが……それが彼らのやり方だった[65]」。

財産を奪われた朝鮮人の苦境に対して、バークレーらはもっと冷淡だった。朝鮮在住の軍政官は日本からの帰還者が千円で「自らの生活を立て直す」ことなど「不可能」だと率直に認めていたが、総司令部は、多くの帰国者が朝鮮に留まろうとしない理由を、まるで考えなかった。代わりに彼らは、朝鮮から日本への再渡航を犯罪化した。

「密航者」と「密輸人」という日本語〔の字面〕は似ている。〔だからというわけではないが〕両者を混同して一人・二人の子どもを逮捕し、「密輸」の罪で強制送還するのは簡単なことだった。不法移民は感染症と伝染性の思想の運び屋という烙印を押され、朝鮮人は共産主義者にして犯罪者――したがって、比喩的にも文字どおりの意味でも日本の政体に対する脅威――と分類されるのが当たり前だった。

生きるために略奪し、物々交換を行ったヨーロッパの〈移住民〉と同じく、朝鮮人も窃盗が銃殺に値する犯罪とされることを知った。戦争が終わっても賃金の支払いを受けられないまま解散させられていた朝鮮人強制労働者の集団に手を焼かされた日本での経験について、ビーンズは二〇年経った後にも嘆いている。洞窟に保管されていた米を盗もうとする朝鮮人の不法行為に対処するため、トラップがしかけられた。「そのあたりの朝鮮人は、一つでも多く袋を盗もうとして命を危険にさらした。あれが一番の厄介ごとだったな」と。インタビュアーが、「日本人から迫害を受けた」多くの朝鮮人にとって、生きることは常にひどく困難だったのだと指摘しても、ビーンズは気のない様子で「ふーん」と言うだけだった。

同様に、朝鮮の合衆国軍占領地域では、日本兵が残して去った家畜を守るため、軍隊が殺傷力を行使していた。当時をよく記憶するアメリカ兵は、「実のところ欲しくもなければ、必要もない物資を警備するために、朝鮮人を撃っていた」と回顧している。[66]

合衆国占領当局は日本とドイツの警察機構を性急に再武装させたが、その目的はかなりの部分、〈移住民〉とマイノリティによる〔あるいはよるとされた〕、略奪や秘密の取引を取り締まることだった。どちらの国でも、アメリカと地元の当局はブラックマーケットの活動に対する関心を強める中で手を結んだ。

違法な経済取引の主たる参加者として指弾されたのはきまって〔マイノリティの〕「よそ者グループ」だったが、〔実際の〕闇取引は、占領する者・される者、そして〈移住民〉のいずれをも含む広範な現象だった。『解放戦争』から一八ヶ月が経ち、朝鮮人は、自分たちが日本における闇取引と犯罪の増加の原因として非難されていること、そして病気を運び、税金を払わず、日本の財政に負担をかける者として責められていることに気づいた」と、一九四七年二月にデヴィッド・カンディが書いている。

ドイツ人は同様の非難を〈移住民〉に対してぶつけ、とりわけユダヤ人〈移住民〉をもっとも激しく攻撃した。ブラックマーケットに対する激しい非難は、古くからある反ユダヤ主義的中傷〔不誠実で強欲な商人〕を戦後に繰り返す際の口実になっていた。ヘイモントが怒りを込めて記しているが、彼の同僚の将校たちは、ユダヤ人〈移住民〉の闇取引への参加を口実にして、収容所に対する武装襲撃を実施し、ときには死者まで出していたのである。[67]

かつての敵〔ドイツ人と日本人〕が、人種化された他者〔ユダヤ人や朝鮮人〕に対して向ける偏見と不正を、あらゆる階級のアメリカ兵がますます露骨に支持するようになっていた。日本では、回想録を準備中のアイケルバーガー将軍が、朝鮮人は「理論上は我々の盟友だが」現実には「多くの地域で警察を脅かす小商人《こあきんど》であり闇商人」だと記している。バークレー中将はもっと忌々しそうに「日本で起きているあらゆる不法行為には、まず朝鮮人が関わっているものと考えてよい」などと書いている。

一方ドイツでは、一九四六年一月のGIに対する陸軍の意識調査によって、反ユダヤ主義の高まりが明らかになった。調査対象となった一七〇〇人の兵士の二二パーセントが、「ヒトラー治下のドイツにおけるユダヤ人迫害には『もっともな理由』があったと信じる」と答えた。別の一〇パーセントは「ドイツ人の反ユダヤ主義という問題に関して判断しかねている」と答えた。

こうした現象に関する報道関係者のコメントによく出てくるのは、ドイツ人のガールフレンドの有害な思想が性的な関係を通してアメリカ兵に感染している、という説だ。しかし、病原菌が〔アメリカ軍の〕内部に潜んでいることも同じくらいあり得た。高級将校の中には、ドイツ人はユダヤ人びいきの犠牲になって、だまし取られ飢えている――パットンの言によれば、それは軍政府の中の「親ユダヤ的な力」のせいだった――と主張し、食い物にされているというドイツ人の方に肩入れする者もいた。当然、これに意を強くして同じようなことを口走る下士官兵も現れた。

ハリソン報告の発表直後、「こちらでの我々のユダヤ人に対する扱いが、ドイツ人のそれよりもひどい」と国内で言われているらしいと聞き、〈移住民〉担当将校だったライルは憤慨している。トルーマンは「ハリソンとかいう名の僚友から、そう知らされたのだ。背景には概してユダヤ人有権者の存在があると思うが、うんざりだ。無論、これらの惨めな人々に降りかかる災難のほとんどは、自業自得なのだ」と。

これより数週前の日記の中で、ライルは、「日々、どんどんどんどん、これらの人々〔ユダヤ人〕がどんなふうにヨーロッパを破壊しようと画策しているかが分かってきた」と書いている。「中でも最悪なことは、ヒトラーが彼らについて言っていたことの大部分が正しいらしいということだ。僕が一緒にいるユダヤ人の下士官兵や将校にも、同じ特徴が当てはまる」と。[68]

一九四五年の夏が終わり秋になる頃、暖房のない収容所の住民にとってではなく、ドイツの民間人にとって寒気が厳しくなることが懸念される中、右のような声はますます高まっていった。例えば、ジャック・ホワイトロー准将がミシガン州の妻に宛てて以下のように書いている。「冬がやってくる。七〇〇〇万の人々〔ドイツ人〕のうち一人として、家を暖めるのに必要な石炭を一ポンドも得られないだろう。私はすでに、タイピストがデスクの上で気絶する姿や、鉄道の荷役労働者の老人が車両の床の小麦粉をこそぎ取って食べる様子を目にしている。こうした状況を改善しようにも、我々は〔ナチスと関係の薄い〕政治的に潔白な人物にしか職務を任せられない。それは原則として、高齢で非効率な人々しか使えないということだ。これこそ我が国の望むところ〔非ナチ化〕なのかもしれないが。祖国の人々が、自分たちがやろうとしていることが何なのかを知るように望むばかりだ」。[69]

しかし、冬が到来するまでには、こうした〔反ユダヤ主義的でドイツ人びいきの〕考えを持つ人々の中でもっとも好戦的な人物の口が封じられた。一九四五年九月、トルーマンがユダヤ人〈移住民〉の状況改善を命じた数日後、アイゼンハワーはパットンを第三軍司令官の職から解任したのだ。

パットンは、一群のアメリカ人特派員に向かって非ナチ化に関するとりわけ刺激的な発言を行っていた。そこで彼は、ナチスと反ファシスト・ドイツ人との間の敵対関係を、アメリカ国内における民主党員と共和党員の論争になぞらえたのである。

（パットンの言うとおり）ナチ党員がごく普通の政治家――その九八パーセントは「単に仕方なくそこに追いやられただけ」の人々――だったのだとすれば、戦後バイエルンの行政に名の知れた国家社会主義者を採用するという彼の行為も、別に問題はないわけだ。すでに〈移住民〉の処遇に関して非難を受けていたアイゼンハワーは、これで完全に切れた。露骨な命令違反ぎりぎりのパットンの率直さは、ついに許容範囲を超えてしまったわけである。

こうして第三軍司令官は、表向き穏便な形で大戦史の作成を統括する役職に移動させられた。しかし、当時の人々は誰でも、この減点人事が降格であると理解していた。屈辱的な仕打ちを誰よりも痛切に受け止めたパットンは、ユダヤ系の新聞業界人が自分の失脚を目的に誹謗中傷を行い、それが出版されてさらに歪められたのだと主張した。[70]

パットンはそうした言い分を、日記や妻や、おべっか使いの腰巾着に向かって、うるさく訴えた。彼に言わせると、自分はユダヤ人の陰謀と、高い地位に対する途方もない野心を抱いて政府の歓心を買うことに必死なアイゼンハワーの犠牲者だった（国もとに宛てた手紙の中でパットンは、「アイクは決して大統領になれない！」などと得意げに書いている）。さらにパットンの解釈では、ドイツ人こそが合衆国による占領政策の真の被害者だった。〈移住民〉がえこひいきされ、軍政府内部の「カーペットバッガー」が私腹を肥やすのを見逃がされる中、〈不当な〉罰を与えられたドイツの民間人たち。彼らを保護したことが、自分の罷免の理由だというのだ。

実際、パットンの受難とドイツ人の犠牲に関して、彼と同じように考える将校もいた。間もなく自動車事故で亡くなるパットン将軍の事実上の更迭は、こうした将校たちの義憤を強めこそすれ、合衆国軍政府内部の不満の鎮静化にはつながらなかった。[71]

一九四五年一一月に、ホワイトローはベルリンから次のように書き送っている。「ベルゼンやブーヘンヴァルトの収容所などは、ドイツ人全体の苦難を思えばたいしたことじゃない。アメリカ人たる者、二五歳の若さで、やせ衰えた老人のようになった〔ドイツ人の〕男女を目にしながら、長く正気を保てるものではない。日々、寒さが厳しくなってきているから、もしかすると長く見続ける必要もないのかもしれないが」と。

しかし、そのわずか三週間後、最終的な帰国を間近に控えたホワイトロー准将は、故郷に宛てた最後の手紙の何通かの中で以下のようなことを淡々と書き記している。「ドイツ人はますます我々のために良く働いてくれている。彼らは手紙を書き、書類をファイルし、トラックを運転し、宿舎を修理し、通信を差配し、食事を用意し、自動車を保守し、基地施設を警備している」。口々に語られる〔ドイツ人の〕つらい境遇と、現実に進む復興との間の矛盾に、ホワイトローが何か感じるところがあったかどうか、この手紙からは判然としない[72]。

一九五〇年にドイツを訪れたハンナ・アレントは、ナチスがヨーロッパ・ユダヤ人に対してしたことを証拠とともに突きつけられたドイツ人が、決まって自分たちの被害をかき口説き、「ドイツ人の苦難と他者の苦難とを並置して、一方が他方を相殺するみたいに仄めかしてくる」ことに慄然としている。こうした根強い否認の感情こそ、まさに、ドイツ人の心理に詳しいアメリカの専門家が戦時中に予見したものだった。しかし、まさか勝者自身〔アメリカ人〕が、かつての敵の被害者意識をいとも簡単に受け入れ、助長するとは、さすがに予想されなかった。

またアメリカ兵が、これほど素早く自分自身を被害者と見なすようになるなどとも予想されなかった。パットンの自己イメージが、意気軒昂な征服の英雄から、「報道機関に巣くう、露骨なユダヤ人の影響力」に打ちのめされる無力な被害者へとすり替わるまで、わずか数週間である。「多くの者を見送るほどに、この戦争で生き延びてしまったことが悔やまれる」と、パットンは日記に書いている。〔パットンによると〕アイゼンハワーも、自分たち二人の両方が「邪悪なPRO〔広報官〕の犠牲者」だと言ったらしい[73]。

しかし、〔パットンのような高級将校に限らず〕あらゆる階級の兵士が、勝者ではなく、むしろ犠牲者のような顔をし、実際にそう振る舞った。なぜなら彼らも、〔〈移住民〉と同じく〕故郷から遠く離れることを強いられていたからだ。多くの〈移住民〉がそうであったように、たいていの占領軍兵士も、苛立ちを強めていた。

一九四五年を過ぎると、帰国を望むアメリカ人の声は頂点に達し、ヨーロッパ、アジア、合衆国の各地で集団的な抗議運動が湧き起こった。そして、「こちら／国内《オーバー・ヒア》」と「あちら／海外《オーバー・ゼア》」が即時動員解除のために手を組んだ。

第6章　低下する士気、動員解除を望む声

しびれを切らす、本国の女と戦地の兵隊

一九四五年一二月、グリディロン・クラブ〔ワシントン報道関係者の団体〕の会員を前にしたハリー・S・トルーマンは、ウィリアム・テカムセ・シャーマン将軍の古い格言〔「戦争は地獄である」〕をもじって、「私が皆さんに申し上げたいのは、平和こそ地獄だということです」とジョークを飛ばした。国内で連続するストライキに、海外で深まる元同盟国との溝、さらに連邦議会内の中傷者にも悩まされていた大統領の嘆きは本音だったろう。

同じ想いを抱いていたのはトルーマンだけではない。海外での占領業務に耐え忍ぶ者を含めた五五〇万のアメリカ兵のうち、きっと多くの者が彼に同意したことだろう——少なくとも平時が地獄だという点については。

一九四六年一月二二日のドワイト・D・アイゼンハワーも、おそらく、トルーマンたちに同意したと思われる。というのもその日、彼は優勢な敵の待ち伏せ攻撃を受け、華麗に脱出することの困難なコーナーに追い詰められていたからだ。報道陣が喜んで伝えたように、「ドイツ国防軍を屈服させた」この「軍事の天才」は、「猛り狂って」手に負えない「兵士の母」の一団から「指図」されたのである。[1]

シアトルやピッツバーグなどの遠方からワシントンDCに集った件の女性たちは、数週の間に勢力を強めた草の根作戦《キャンペーン》の参加者だった。彼女たちの目標は、議会に圧力をかけて、いまだ軍務に就かされている男たち——とりわけ夫と父親——の動員解除を加速させることだった。一九四五年一一月までには、大量投書を呼びかける運動が、確固とした地域ごとの圧力団体に組織されていた。こうした「パパを返して Bring Back Daddy」クラブは、議員に圧力をかけて、陸軍省の動員解除を加速させるべく、国中で様々な戦術を駆使した。

強力な「父なし子」のイメージを利用して相手を意のままに操ろうと画策するこの女性活動家たちは、我が子の写真を上院軍事委員会の議員に送るよう、会員に呼びかけた。六〇〇人の会員を誇るシカゴ支部の「委員長」ハロルド・メイシー夫人は、写真に「『お願い、パパを返してください』とか、それに類する文を書き添える」よう指示した。

哀切なメッセージが添えられた大量のベビーシューズも議員に送りつけられた。ほとんど新品のものから、ひどく擦り切れたものまで取り混ぜて、四〇足を受け取った民主党上院議員エルマー・トーマス（オクラホマ州選出）は、この女性たちは「困窮するヨーロッパ人のために奉仕活動をしている」のだと皮肉り、そのとんだ贈り物をヨーロッパの「荒廃地域」に衣料品を届ける慈善団体へと寄付した。[2]

一九四六年一月に連邦議会議事堂に集まった十人以上の女性は、自分たちの考えを直に伝えようと決心していた。この日、アイゼンハワーは、トルーマンが抱える問題の中でも一番とり扱いが厄介な、動員解除問題について証言するため、下院軍事委員会に現れることになっていた。「パパを返して」運動家は、この機会を逃さなかった。軍事委員会委員長アンドリュー・メイのオフィス前でアイゼンハワーを取り囲み抗議した女性たちは、お話ししたいと思っていましたと述べたうえで、一斉に質問を浴びせかけた。

アイゼンハワーにできることは、請願人はもっと秩序正しく意見を言うようにと求めてから、軍務一般と、とりわけ占領業務が長引くことで女性たちが被っている不幸について一とおりの不満を聞くことくらいだった。

女性たちは、自分の夫を運ぶのに使われるべき輸送船が、ヨーロッパの「戦争花嫁」を合衆国に運ぶ目的で使われることに苛立っていた。五万六千人の戦争花嫁が七月までに合衆国に到着するだろうと『ワシントン・ポスト』紙が報じたのは、同月のことである。これら外国人の花嫁は、どういうわけだか優先搭乗券を持っており、アメリカ人女性の夫を肘で押しのけて進んでいるではないか、と。

ただし、抗議に集まった女性が切り札とした主張は、これとは別のものだった。それは、不在の男は夫及び父親としての務めを可及的速やかに再開し、戦時の義務によって引き裂かれた家族生活を立て直さなければならない、という主張である。「これ以上、お金はいりません。夫を求めます。子どもたちには彼が必要なのです。私たち〔妻〕も彼を必要としています。彼の居場所は家庭です」などと、アイゼンハワーは鋭いクギを刺された[3]。

抗議者の切り札がいたいけな子どもだったとすれば、アイゼンハワーと女性たちの遭遇をより深刻なものにしていたのは、男たちの性的な不義とそれによる結婚の壊れやすさだった。グループの代弁者として前面に立ったドロシー・ガロム夫人は、戦後の離婚率の急増を力説した。いまや結婚三件のうち一件が離婚に至っていると夫人はアイクに伝えた。

『ライフ』誌のページにふんだんに掲載された海外での「親交」に関するあらゆる記事が、〔本国と戦地の間で〕細く伸びきった夫婦の絆と過敏になった神経に障っていた。「母親たちは夫を信頼しているが、海外における兵士の親交写真には警戒の目を向けているとガロム夫人は明言し、『我々母親がどんな風に感じているとお思いですか。結婚はこんな孤独には耐えられません』とアイゼンハワーに問いかけた」。これは『クリスチャン・サイエンス・モニター』紙の描写である。

この針のむしろを抜け出してきた将軍は、「額の汗をぬぐいつつ、この経験に『感情的に動揺させられた』と告白した」。それというのも、ヨーロッパの連合軍を指揮する彼自身、専属運転手ケイ・サマーズビーとの親密な関係を、あらゆる階級の兵士に噂されていたからだ。このストレスに満ちた遭遇のせいで、アイゼンハワーは軍事委員会の公聴会に一〇分遅刻した。

しかし、議事堂の廊下と委員会室でアイゼンハワーは同じ発言を繰り返した。それは、動員解除は海外における戦後のアメリカの目標に差しさわらない範囲の最大速で進んでおり、実際、陸軍省が当初に考えたよりも早く進んでいる、という主旨の発言だった。もしすべての父親を一度に除隊させられるなら、自分の「悩み」は三分の二まで「解消するだろう」と、アイゼンハワーは冗談めかして言った。しかし、彼は、子どものいる七〇万人の兵士を失えば陸軍は成り立たないという持論を頑として譲らなかった。実際、同年の終わりまでに、すでに五百万人の兵士と百万人以上の水兵が除隊していたのだ。[4]

連合国派遣軍最高司令部《SHAEF》の長が「女の一団」に一本取られた顛末（からかい交じりのメイ議員の表現）は、新聞の第一面を獲得した。写真には、アイクに対してわずかの好意も示さない威勢のいい詰問者たちが、彼を取り囲む様子が写っていた。このエピソードは、皮肉るにはもってこいだった——群がる小人族《リリパット》のご婦人に縛られたガリバーだ、などと。

しかし、そうした事態を矮小化しようとする報道にもかかわらず、一九四六年一月までに迅速な動員解除を求める圧力は深刻な問題になっていた。反論の余地のない情緒的な訴えは、大統領だけでなく、占領下の国々で任務に就いている軍司令官をも悩ませていたのである。本国における「パパを返して」運動は、海外における兵士の運動と呼応していた。アイゼンハワーが罠にはまる数日前には、すでに兵士の大群が即時の帰還を求めて声を上げていたのだ。[5]

一九四六年一月にはフランス、ドイツ、フィリピン、グアム、朝鮮、ハワイ、そして日本で、合衆国軍兵士によるデモが連続した。GIの抗議グループはオハイオ州デイトンのライト飛行場にも参集した。直接の引き金となったのは、動員解除のペースを一時的に遅らせるという、陸軍省の発表だった。この決定の理由とは、「国際的な状況」がより不透明になったこと――ソヴィエト連邦との関係悪化を仄めかしている――と、欠員を埋めるために新規に入隊する男性の数が不足したことの二点だった。

これにより、二年以上兵役を務めた兵士はすべて一九四六年三月までに除隊させるという従前の約束が、反故にされかねない事態となった。『タイム』誌が言うように、当初の計画は「まず叶う見込みのない希望になった」のだ。はじめ、「クリスマスまでには故郷に帰る」ことを望みとし、その後、イースターまでにはきっと帰れると信じて自分を慰めていた兵士たちは、占領業務の延長を覚悟しなければならなくなった。

任務がいつ終わるのかも分からないまま、とにかく苦しくても宙ぶらりんの状態に耐えろと言われた兵士たちは、怒りに燃えた。〔慌てた〕陸軍省は、この動員解除の延期により影響を受ける一五五万人が、三ヶ月以内とは言わずとも六ヶ月以内には帰国できると言ったが、この当局の約束を真に受ける下士官兵は少なかった。[6]

ロバート・パターソン陸軍長官が、除隊資格を左右する「点数システム」の仕組みをまるで理解していなかったことが火に油を注いだ。点数は、兵士の服務期間、海外勤務、戦闘勲章、扶養する子どもの数に応じて積算された。理論上は、もっとも得点の高い者が一番早く帰郷できるはずであった。しかし、日本の降伏文書調印日である一九四五年九月二日に〔任務期間の加点をカウントする〕「時計」が止められて以来、占領軍兵士は戦後の海外勤務に伴う加算を受けられなくなり、得点は据え置かれていた。ところが、どうやら陸軍長官は、除隊の優先順位が戦時中の従軍記録と家族の状況のみによって決まるという右の事実を認識していなかったらしい。

パターソンが九月二日の点数凍結決定に関する無知を公の場でさらけ出したことに、民間人も兵士も強い衝撃を受け、その後、不正確な報道が行われたのだとパターソンが主張しても、信じる者はほとんどいなかった。家族持ちの兵士なら誰でも事細かに知っているシステムについて、陸軍長官が詳細を把握していないとは、なんたることだ。広報官として嫌々配置されたフランクフルトでこの「おそろしく馬鹿げた発言」に接したハワード・シルバーは激怒した。

一九四六年一月一二日、シルバーは母親に宛てて以下のように書き送っている。「命という消耗品が安価で、個人の関心を考慮することなく使い捨てられる場合〔戦時中〕のやり方なら、当然、陸軍も承知している」。しかし、「生死の問題」を離れた途端、軍は人材のやりくりについて何の指針も持っていない。「平時における占領軍の仕事に不慣れなのは仕方ないにせよ、計画や声明や執行がお粗末なのは許しがたい」とシルバーは嘆いた。[7]

シルバー言うところの「再配置風邪の猛威」に市民が次々と巻きこまれていく中、兵士と民間人の頭は点数の計算でいっぱいになった。ヨーロッパ戦勝記念日《VーEデイ》の直後、フィラデルフィアのベス・キャッツがドイツにいる兄弟のジャック・ローゼンフェルドに書いたところによると、「目下の話題は新しい『点数システム』」だという。「鉛筆を手にした人々が兵役中の友人や親類が稼いだ点数を計算する姿を仕事の帰りに見るのは……そう珍しい光景」ではなかったとベスが説明している。彼女とオフィスの同僚は、夫のために「点数をかき集める」方法を考えて「大いに盛り上がり」、喉から手が出るほど欲しい加点を得るため、双子を養子にすべきだなどと冗談を言い合っていた。
同じような会話は国中で交わされたが、対日戦勝記念日《V—Jデイ》から日が経つにつれ、その声はより大きく、怒気をはらんだものになっていった。海外では、人気歌謡「束縛しないで Don't Face Me In」（一九三四年）のGI版が流布した。

ああ、僕らに点数を、たくさんの点数をちょうだい、たった八五点くらいでいいんだ
僕らを束縛しないで……
ああ、咲き誇る花のように、僕らの点数を膨らませて
アイゼンハワー将軍に嘆願書を送ってよ
ジェームソン軍曹とジャック・パワー伍長を解放してあげて
僕らを束縛しないで[8]

奪還されたフィリピンの首都マニラを第一の現場とする一九四六年一月の抗議行動の最中、パターソンが怨嗟の的となったのも、けだし当然であろう。波紋を呼んだ陸軍省の発表の二日後、「ひどく興奮した」群衆が連合国軍最高司令官総司令部《GHQ／SCAP》に行進して大衆集会を開き、彼らの不満の原因を余すところなく伝えるプラカードを掲げた。そこには「ヤマシタとパターソン、奴らは分かっちゃいない」という手厳しいスローガンが書かれていた。この文言は、点数の凍結について知らなかったパターソンを、部下がフィリピンで大規模な残虐行為に関与したことなど知らなかったと主張した山下奉之将軍になぞらえている。一ヶ月前に死刑判決で結審した山下の軍事裁判は、無知による免罪を認めなかった。

AP通信の報告によると、マニラでは、約二万に及ぶ「怒れる」群衆が憲兵に追い散らされていた。しかし、血気盛んなデモはほかにも発生し、バタンガスの抗議運動指導者たちは、主要な合衆国の新聞一五紙に全面広告を打つため、三七〇〇ドルを集めていた。これらの広告は端的にパターソンの辞任を要求した。

一方ホノルルでは、一五〇〇人の「兵士が励まし合い、ふざけ合いながら」、「騒々しくも秩序だった抗議行動」（『ニューヨーク・タイムズ』の表現）に参集した。これに対し、ハワイの上級司令官ロバート・C・リチャードソン中将は、「群衆行動」を行なわないよう警告している。[9]

抗議行動が発生したのは陸軍に限らない。グアムでは、三五〇〇人の海軍下士官兵が一夜のハンガー・ストライキを実施し、不満を表明していた。抗議の波は太平洋を越えて渦巻き、ロンドンでは抗議参加者が、たまたまクラリッジス・ホテルに滞在していたエレノア・ローズヴェルトを見つけ出した。謁見を賜ったGIの小グループは、前ファースト・レディから、個人的な影響力を使って早期の動員解除実現を支援する、との約束を引き出した。

海峡を越えたフランスでは、たいまつを持った約五百人の兵士が夜にシャンゼリゼ大通りを行進し、合衆国大使館まで行って「帰国したい」と叫んだ。このほか、一月九日と一〇日には、フランクフルトにあるアメリカ欧州軍司令部《USFET》の外で、さらに大きなデモが行われた。熱狂的な最初の集会は「銃剣を突きつけて中止させられ」た。このときすでに、アイゼンハワーは連邦議会での証言に向かう途上にあり、「アイクを出せ」と叫ぶデモ参加者たちを落胆させた。[10]

司令部から見て、特に状況が緊迫していたのは日本だった。動員解除の延期が発表されたとき、パターソンは世界視察の途上にあり、旅程に従って横浜に着いたのは、ちょうど抗議運動が頂点に達した頃だった。グアムで陸軍長官の人形が焼かれる中、第八軍の将校がもっとも恐れたのは、怒った兵士が自分たちの苦難に個人的な責任を持つと見なした人物〔パターソン〕と対面し、抗議が収拾不能になることだった。横浜の合衆国陸軍管区で憲兵隊長を務めていたチャールズ・マホニー大佐は、パターソンに向かって「帰国したい」と叫んだ第八軍の兵士を叱責し、「諸君らが生まれる前から軍人だった人に向かって侮辱」をぶつけたと非難した。

念のため言っておくが、長幼の序を持ち出して〔兵士を〕子ども扱いするマホニーの言動は、「気の短い連中」にはあまり響かなかった。〔これに飽き足らず〕マホニーは、「諸君は兵士なのか、それともボーイ・スカウトなのか」と尋ね、兵士の男らしさに疑義を呈した。彼は「レースのパンティーがお望みなら、私がくれてやろう」と言って嘲笑った。そんなにも強く家に帰りたがるのは女子――それもフリフリのかよわい類いの――だけだという、マホニーの発言の真意は明らかだった。[11]

横浜から約二七キロ離れた東京では、参謀総長クローヴィス・バイアーズがロバート・アイケルバーガーの留守を預かっていた。他の高官と同様、アイケルバーガー将軍も休暇を延長して二ヶ月間、合衆国に舞い戻っていたのだ。数ヶ月の除隊延期を覚悟しておくように言われ、「クリスマスまでには帰郷を」と願っていた下士官兵にしてみれば、「偉いさんたち」が先に願いを叶えるのを目にするのは、なんとも不愉快だった。家族に宛てた長く感情的な手紙の中で、バイアーズは一月九日という日を以下のように描写している。「明らかに……私がこれまでの人生で経験した中でもっとも深刻な日のうちの一つだ。戦時中でさえ、これほど不安に満ちた一日は記憶にない」と。

東京での大集会が翌日に迫る中、バイアーズは、日本の叛乱者が占領軍兵士の抗議行動に乗じる破滅的なシナリオを思い描き、恐怖した。

この作戦域にはアメリカ人一名につき約四百の日本人がいる。アメリカの兵士は正当な上官

> の命令にしたがおうとせず、任務を遂行しないなどと仮に日本人が考えたら、彼らは我々をこの島から放り出そうと決心するかもしれない。そんなことが日本人に可能だとは思わないけれども、我が軍の部隊がひどい無秩序状態にあり、下級指揮官に経験が足りないことはたしかだ。よって、一部の日本人が我々の仕事を崩壊させようとした場合、この戦域の全員が数週間にわたり不快な思いをするだろう。また、数ヶ月かそこら家に帰るのを待たされることに動揺した兵士の中から、突然、天国の我が家に行かなければと、思い込む者が出てこないとも限らない。

バイアーズが取りつかれたのは、帝国につきものの悪夢である。すなわち、圧倒的な数的優位を自覚した現地住民によって、前哨基地が包囲・制圧されることへの恐れだ。最後の一文は意味が取りにくいが、そうした反乱の果てに生じるかもしれない流血の事態を仄めかしているのだろう。しかし、アメリカ兵を「天国の我が家」に送るのは、反乱を起こした日本人か、それとも反乱鎮圧をねらう第八軍の法務総監か、どちらだろう。バイアーズは、自分がいずれのケースを想定しているとも明言していない[12]。

しかし、バイアーズが恐れた大惨事は未然に防がれた。二日後、彼は、ある勇敢な「ユダヤ人の兵士」がトラックのボンネットに乗り、不満を抱えて抗議に集まった二～三〇〇人の兵士の前で「しごくまっとうなことをいくつか」語った様子を妻に伝えている。

> 彼は以下のように言った。すなわち、今回許可された集会の目的はすでに達せられた。君らがいつまでも集まっていると、無責任な奴らがやって来て、皆をのっぴきならないことに巻き込むかもしれない。再び集会を開くだけの正当な理由があるなら、そのときは、すぐに許可されるだ

ろう。だから、今日のところは解散して、すぐ帰るようにと、彼は皆に呼びかけたのだ。この発言を邪魔する者もいたが、彼が「ちくしょうめ！　俺が命がけでしゃべってんだから、黙って聞けよ！」とぴしゃりと言うと、皆黙った。集会はすぐ解散となり、グループからは声一つ上がらなかった。

バイアーズは件の若者――「我が軍の需品中隊の一つに所属するゴールドマンという名のユダヤ人の少年」――を探し出し、その恐れ知らずの行いを讃えて握手した。危機は回避された。しかし、怒濤のような抗議運動の盛り上がりと、その背景にある感情の明らかな根深さを前にしてあからさまに動揺していたバイアーズは、平時における兵士の任務が戦闘よりもずっと困難だと、妻にこぼしている。「いまやすべてがあまりに大きく変わってしまった。〔自分は〕心配ばかりしていなければならないので、とても現状を受け入れられないのだと思う。戦闘中であれば、覚悟を決めて一心にやり遂げればよかった。そこには成すべき大事がたくさんあったから、それを終えた後で、ちょっと寝る時間でもあれば、心配する暇などなく眠りに落ちたものだ」。

ばたばたとした戦争の展開に比べれば、任務の内容が幅広く、期間も長い占領業務のテンポは緩慢で、その隙間に不安が入り込んだのだ。少なくとも占領地域での憂鬱な時間が延びることに関して、バイアーズは部下の兵士たちと同じようなストレスを感じていたのである[13]。

アイゼンハワーをはじめとする一部の人々は、兵士の軍への反抗心の主たる原因は「ホームシック」だと決めつけていた。しかし、不満を抱えた兵士自身を含め、戦後の風景をもっとしっかり観察していた者たちにしてみれば、反抗的な態度の裏に単なる忍耐力の欠如以上のものがあるのは明らかだった。

一九四六年一月に「反乱一歩手前」の状況〔抗議運動は通常こう呼ばれていた〕が生じた原因を理解するためには、少なくとも一九四五年の半ばまで時間をさかのぼらなくてはならない。戦争終結直後のこの時期に、実質的な動員解除の危機が始まっていたからである。早くも同年八月九日には、「この国の誰もが、〔各自にとって〕かけがえのない兵士を陸軍から取り戻すのを待ちきれない」様子だと、陸軍長官ヘンリー・スティムソンが述べている。

一九四五年後半のヨーロッパと太平洋において、こうした不満の高まりとともに発生したものこそ、突発的で無残な士気の崩壊だった。兵役が長引くことに対する兵士の不満と、彼らの士気低下とは、トルーマンに言わせれば「同じクルミの片割れ同士」——つまり同根の問題だった。実際、帰国を望む兵士の中には素行不良な者がいた。フィリップ・ブロードヘッド大尉の写真に写った自称「帰国目前の兵士たち」のはしゃぎぶりからも、それはうかがえる。[14]

戦後占領の倦怠

一九四五年春にヨーロッパでの戦闘が終結するや否や、アメリカ兵の士気は急落した。きっと故郷ではアメリカの勝利を祝うすべてのパーティーを終わらせるパーティー〔「すべての戦争を終わらせる戦争」という、第一次世界大戦の別名にかけている〕が開かれているのだろう。そんな風に想像した男女の兵士の多くは、勝利に沸き立つでもなく、むしろ希望をなくして、しょげかえっていた。

ある若い将校は、彼自身と数百万の兵士が目下直面している惨めさと所在なさについて、次のように表現した。すなわち、一九四五年五月になってもドイツにいるのは「舞踏会終了後の舞踏場に居残っているようなもの」だと。そこは、身もふたもないほど強い照明に照らし出された安っぽい舞台だった。ナチズムとの戦いは終わったかもしれないが、兵士の任務は終わらない。

人文書院
刊行案内

2025.7

紅緋色

映画が恋したフロイト

岡田温司著

精神分析と映画の屈折した運命

精神分析とほぼ同時に産声をあげた映画は、精神分析の影響を常に受けていた。ドッペルゲンガー、パラノイア、シェルショック……。映画のなかに登場する精神分析的なモチーフやテーマに注目し、それらが分かち合ってきたパラレルな運命に照準をあわせその多彩な局面を考察する。

購入はこちら

四六判上製246頁　定価2860円

ネオリベラル・フェミニズムの誕生

キャサリン・ロッテンバーグ著
河野真太郎訳

女性たちの選択肢と隘路

すべてが女性の肩にのしかかる「自己責任化」を促す、新自由主義的なフェミニズムの出現とは?果たしてそれはフェミニズムと呼べるのか?アメリカ・フェミニズムのいまを映し出す待望の邦訳。

購入はこちら

四六判並製270頁　定価3080円

人文書院ホームページで直接ご注文が可能です。スマートフォンで各QRコードを読み込んでください。注文方法は右記QRコードでご確認ください。**決済可能方法：クレジットカード／PayPay／楽天ペイ／代金引換**

〒612-8447 京都市伏見区竹田西内畑町9　TEL 075-603-1344
http://www.jimbunshoin.co.jp/　【X】@jimbunshoin（価格は10％税込）

新刊

人文学のための計量分析入門
——歴史を数量化する

クレール・ルメルシエ／クレール・ザルク著　長野壮一訳

数量的研究の威力と限界

数量的なアプローチは、テキストの精読に依拠する伝統的な研究方法にいかなる価値を付加することができるのか。歴史的資料を扱う全ての人に向けた恰好の書。

購入はこちら

Now Printing

四六判並製276頁　定価3300円

普通の組織
——ホロコーストの社会学

シュテファン・キュール著　田野大輔訳

「悪の凡庸さ」を超えて

ナチ体制下で普通の人びとがユダヤ人の大量虐殺に進んで参加したのはなぜか。殺戮部隊を駆り立てた様々な要因——イデオロギー、強制力、仲間意識、物欲、残虐性——の働きを組織社会学の視点から解明した、ホロコースト研究の金字塔。

購入はこちら

四六判上製440頁　定価6600円

公共内芸術
——民主主義の基盤としてのアート

ランバート・ザイダーヴァート著　篠木涼訳

国家は芸術になぜお金を出すべきなのか

国家による芸術への助成について理論的な正当化を試みるとともに、芸術が民主主義と市民社会に対して果たす重要な貢献を丹念に論じる。壮大で精密な考察に基づく提起の書。

購入はこちら

四六判並製476頁　定価5940円

「兵士はいつだって『戦争の後には』と言うが、それは『自分が陸軍を出た後には』という意味だ。彼らは戦争が終わっても、『戦争の後には』と言う」と、ジョン・バルトロー・マーティン伍長が『ハーパーズ』誌に宛てて書いている。

民間の言葉なら、勝利と平和は同じ意味だろう。しかし、戦闘の終結によって動員解除されるという期待を即座に打ち砕かれた兵士にとって、二つの言葉の意味は異なっていた。「これは平和なのか、平和じゃないのか？　すぐに家に帰れるのか、帰れないのか？　それが今の問題だ」と歩兵ビル・テイラーは一九四五年八月のドイツから両親に書き送っている。テイラーの願いは一一月になっても叶えられず、憤然とした彼は「こっちでは士気が地に落ちている」と書いた[15]。

なすべき戦いがなくなるや否や「ファイティング・スピリット」が落ち込むというのは、軍の心理学者たちが随分前から予見していた事態だった。それにもかかわらず、地滑り的な士気低下の速度と規模は彼らを驚愕させた。ほとんど一夜にして、男女のアメリカ軍兵士の思考と行動が民間人時代に逆戻りしたかのようだった。

その結果、兵士は年季奉公の証である擦り切れた軍服を、一刻も早く脱ぎさりたいと思い始めた。「だらしない」服装と軍礼の蔓延は士気低下の最初の兆候だった。こうした弛みを引きしめようと「磨き仕事」の重要性を力説する将校は、ひどく馬鹿にされた[16]。

軍靴をピカピカに磨き、軍服にきちんとアイロンをかけて、それでいったい誰に見せびらかすのやらと、下士官兵は呆れていた。一九四五年の中頃、エドワード・ラフリンは自分がベルリンに送られ、「展覧兵」のグループに入れられることを知った。展覧兵とは、「（みすぼらしく、だらしのない戦闘兵連中の服装に比べると）磨き上げられて、より軍人らしく見える」兵士のことだった。それまで密集訓練や辛い身体鍛錬、厳しい検査などに日々を費やしてきたラフリンは、こうした式典用の兵士について、

「古参戦闘兵ならだれでも馬鹿にしそうな、小じゃれた軍装だ」と切り捨てている。

ラフリンは、展覧兵による「ショー」がドイツの民間人に与える〔心理的な〕効果とやらについても疑っていた。落下傘部隊の展覧兵が以前親衛隊《SS》が使っていた兵舎に泊まっていることの滑稽さは、付近に住む民間人にも必ず伝わると思ったのだ。ライフルを持って隊列を組み、兵舎から走って街を横切るアメリカ軍落下傘兵の姿が時折、人目を引いたが、これにもラフリンは冷ややかだった。「ベルリン市民は歩道に立ち止まって、彼らの様子を見つめた。ドイツ人だって、『こんなの、みんな前にも見たよ』と思っているに違いない」と。

だから、同僚の展覧兵が三人死んだときも、ラフリンは平然としていた。その事故は、Dデイ〔ノルマンディー上陸作戦が開始された一九四四年六月六日〕から一周年を記念して、ベルリンのテンペルホーフ空港を訪れたアイゼンハワー将軍を感心させようと、不適切な状況で行われた落下傘降下の途中に起きた。ともあれ、こうした不必要な兵士の死は、「畏怖を与える」ための試みが裏目に出た事例としてラフリンに強い印象を残している。

戦争が終わった後まで兵士が死に続ける理由は他にもあった。アルコール中毒と無謀な運転――両者はしばしば関連していた――は、戦後におけるありふれた死の二大要因だった。[17]

嫌がる自分の身体を軍の盛装と礼法で無理やり抑え込みながら、兵士はしばしば自らの境遇を監獄の苦しみに喩えた。占領の任務ときたら、まるで懲役刑か、それよりひどいものだ、と。普通の囚人なら、まだしも、その刑期の終わりは最初から決まっているだろう。ところが、期間の定めなく拘束されて、ずっと苦しい思いをしている自分たちは、むしろ死刑囚に似ている――人生が終わった状態で収監がいつまでも続くところが両者の共通点だと、占領軍兵士は考えていた。

つまるところ、一部の兵士にとっての軍隊とは、嫌がる囚人が捕らえられ、その一挙手一投足を監視され、矯正よりも虐待を目的として、実に多様な統制の下に置かれる収監施設だった。規則の実施には一貫性がなく、気まぐれに実行されたかと思えば、わけもなく無視された。〔そんな調子だから、〕いかに些細な命令でも、将校には盲目的に服従するという軍の決まりが、〔少なくとも命令を受ける側には〕守る義理などないものに見えた。その結果、戦時中から不満の種だった過剰な規律の強制が、ますます耐えがたく感じられたのである。「ここで中隊地域という壁に囲まれている僕らは、事実上の囚人だ」とマイロ・フレータンは言ったが、同じような不満は多くの兵士の間に広がっていた。[18]

下士官兵と一部の将校が故郷宛ての手紙の中で頻繁に退屈を訴える様子も、囚人に似ていた。時間そのものがあくびをし、油を売っているようだった。何もすることのない時間は、建設的な仕事に満ちた時間よりも長く感じられた。K・S・メイソンはノースカロライナ州の叔母に宛てて、「寝転がってハンバーガーの夢を見る以外」何もすることがないとこぼしている。

若すぎて軍隊以外の仕事の経験はない兵士も、〔子どもの頃に起きた〕大恐慌の記憶は持っていた。彼らは「平時への再転換」が無謀な速さで進んだ結果、慢性的な雇用不足に陥っている故郷の様子を耳にして、不安を覚えた。郷里に帰ったところで、増え続ける失業者の列に加わり、数百万のアメリカ人〈移住民〉の一人になるだけではないのかと。

一九四五年五月、陸軍省は、労務部隊は太平洋での作戦と後続占領業務への再配置を強く求められるとの声明を発した。大半が兵站業務に就く黒人兵士にとって、この声明は帰国の延期につながりかねない深刻な懸念材料だった。

ラングストン・ヒューズが創作し、『シカゴ・ディフェンダー』紙〔著名な黒人新聞〕でおなじみとなったキャラクター「シンプル」は、占領業務を不公平に分配し、白人兵士には油を売ってから帰ることを許しながら黒人兵士にすべての重荷を背負わせていると言って、軍を非難した。「故郷に帰りたがってる白人GIの最後の一人まで国に帰り、合衆国内の求人の最後の一つが取られてしまっても、奴らはまだ黒人の兵隊にグアムかどこかの海外で住民を見張らせ、船の荷下ろしをさせ、飛行場周りのドブさらいをさせるんだろう……。白人の男がやりたがらない、そんな雑用こそ、奴らが黒人によこすものなんだ。白人の男がやりたいのは、戦ったり、銃を撃ったりしてから、家に帰ることだけ。占領のことなんて気にもしない」と。[19]

しかし、〔黒人に限らず〕あらゆるエスニシティの若者が、兵役期間を無為に過ごすせいで〔あるいは不適切な種類の仕事をたくさんやりすぎるせいで〕、自分は創意工夫を必要とするどんな仕事にも向かなくなってしまい、仕事に就けないのではないかと不安を感じていた。

横浜に駐留するティーンの水兵は、ニュージャージー州リンドハーストに住む年取った高校時代の英語教師に宛てて、自分と戦友たちは「食べて、すぐ寝床に戻る」ことしかしていないと伝えている。そのため、船を降りた水兵は「市民生活に戻る頃には、すっかり怠惰になっていて、仕事を得るのに必要な生気を取り戻すのに何年もかかる」だろうと、この兵士は言った。同じくドイツで惨めに立ち往生していたフレータンも、「陸軍てやつは本当に人をでくの坊にする」と書いている。[20]

下士官兵はいつ自分の年季が明けるのか知ろうと躍起になったが、占領がどれくらい続くのか、はっきりしたことは軍の高官にも分からなかった。それというのも、高度な政策決定はワシントンの政府の領分だったからである。一九四五年の末、トルーマンは翌年六月にドイツ占領の任が〔軍から〕国務省に引き継がれると発表していたが〔のちに延期される〕、占領終了の明確な日程は一切示されなかった。なぜなら戦後にアメリカのヘゲモニーを確立するという〔占領に込められた〕暗黙の長期目標が、ある問題のせいで揺らいでいたからである。先に断っておくが、その問題は、敗戦国民であるドイツ人や日本人の態度とは関係がない。彼らは戦後再建に対して、その計画者の予想よりもずっと従順であった。[21]

合衆国の外交政策を主導するエリートの見立てによると、戦後のソ連政府は危険な膨張を計画していた。この問題の権威であるジョージ・ケナンが一九四六年二月にモスクワから送った「長い電報」が、憂慮すべき趨勢を裏づけた。

クレムリンの政治家たちは、東欧と中欧を赤軍が支配している状況に乗じて、ソ連西部と接する諸国を「ソヴィエト化」しつつあるだけではない。彼らは戦時中、日本の占領統治に抵抗し、今はヨーロッパ諸国による再植民地化の試みと戦おうとしているアジアの反帝国主義勢力にまで、その支配を広げようと目論んでいる。さらに中国では、合衆国政府が長年にわたって蔣介石の国民党に援助を行ったにもかかわらず、毛沢東の人民解放軍が優勢になりつつある。この新たな勢力図の発生にともない、自由資本主義の線に沿ってドイツと日本をソヴィエト膨張主義への備えとすることが地政学的に喫緊の課題となっている。以上が国務省とその海外出先機関の判断だった。

「世界共産主義は病んだ細胞組織を選んで栄養を供給する、悪性の寄生虫のようなものだ」とケナンは警告している。アメリカ政府が、共産主義というガン細胞の増殖を抑えるのに必要な建設的指導力を、世界に対して発揮しようとするなら、「自信と規律と士気と共同体意識」を高めることが必要だ。「少なくともヨーロッパに関して言えば、その諸国民の多くは、過去の経験に倦んで委縮しており、抽象的な自由の理念に対する関心は、安全保障に対する関心ほど高くない。彼らは責任よりも指導を欲している。我々はロシア人よりもうまく、これを与えねばならない。我々がやらなければロシア人がやるだろう」とケナンは言った。[22]

間もなくワシントンで支配的になる右のような世界観は、予想される占領の期間を短縮することには全然つながらなかった。一方、占領は権力政治に多大な影響を及ぼし、仲たがいを始めた連合国同士と各国内部における意見の隔たりを大きくした。この隔たりは、かつての敵に対する支配をどうやって実施するのが最善かをめぐり生じた。

乱立する戦後秩序構想が先行きを不透明にする中で、兵士が海外に留まる期間と、その規模についての見通しには大きな幅が生まれた。一九四五年の中頃、バーナード・モントゴメリー元帥が語った見通しは、連合国は六年から一〇年ドイツに留まるだろうというものだった。一方、合衆国の政策立案者と著名な評論家は、占領が数十年あるいは「数世代」にもわたって続くだろうと指摘した。こうした大げさな予測のせいで、短く限定的な占領任務を予想する者は少数派になった。

一九四五年九月、アイケルバーガー将軍が報道陣に対して、日本の占領――少なくとも軍事的な形でのそれ――は「一年未満で終わるだろう」と軽々しく口を滑らせたため、ワシントンの政府が彼を厳しく叱責した。アイケルバーガーは、動員解除を求める抗議運動家を勢いづけるものとして評論家筋に受け止められた右の発言を即座に撤回している。同様にダグラス・マッカーサーも、日本には二〇万人ばかりの占領軍が六ヶ月もいれば足りるだろうなどと言って、国務省から非難された[23]。

一九四六年一月のアイゼンハワーによる議会証言も、さらに事態を混乱させた。平時における大規模な軍隊の必要性を説く中で、アイゼンハワーは消防の比喩を持ち出した。「時々チェッカー〔チェスを使ったゲーム〕をしている」消防士が見つかるからといって、彼らをクビにしたりはしないでしょうと、アイゼンハワーは述べた。なにせ消防士は「数分後に必要になるかもしれないのですから」と。彼に言わせれば、占領軍兵士も同じだった。ただし、このときアイゼンハワーは、ヨーロッパ作戦戦域《ETO》の「すべての宿営地と駐屯地」を調査して、「〔占領に〕不可欠ではない」ので「ただちに」帰国が可能な兵士を見極めることになるだろうとも発言した。

一方、一部の兵士は自身の火消し仕事の中身と目的について疑問を口にし始めていた。また

『ニュー・リパブリック』誌なども、もし戦後の消火作業に全員が必要でないなら、誰が「不可欠で、何のために不可欠なのか」を、アイゼンハワーはどのように判断するのかと問うていた。[24]

不公平な占領任務

士気低下という危機の根底には、時間と苦役の問題が横たわっていた。戦後における任務の期間と目的がどちらも曖昧だったせいで、占領地域に漂う空気は冴えなかった。兵士の心は目先のことでいっぱいだったが、アメリカ軍の駐留が長期化しそうな気配が、あちこちで強まっていた。

占領は、大局的にはかつての敵を政治的・経済的・精神的《スピリチュアリー》（当時は〔精神の解放など〕今よりもっと大げさな意味で使われていた）に再建する前例のない試みとして喧伝された。ドイツはナチ党とその有害なイデオロギーから解放され、日本は縁故主義に基づく特権や天皇崇拝、封建遺制から自由になり、女性が権利を与えられ、小作人は土地所有者になったのだと。しかし、こうした壮大な野心は、具体的な〔占領〕任務の中身を明確にはしてくれなかった。

「占領」という言葉を聞けば、だれしも、そこに明らかな目的があると思うものだ。しかし、戦後に兵役を務めた兵士の実体験に目をやると、何が目的なのかまるで理解していない者も多かった。〔アメリカ軍によって〕空間が占拠されても、〔それだけで兵士の無為な〕時間が埋まるものではなかった。アメリカ兵を数多く駐屯させる目的の一つは、それによって占領される側の人々に気宇壮大なメッセージを送ることだったが、〔占領される人々に〕模範を示すというこの目的に対しては、活躍の場のない下士官兵の大半が不満を抱いていた。「このままではウスノロになってしまう」と、テイラーがこぼしている。[25]

占領の大望と退屈な雰囲気との奇妙な同居をどこよりも強く感じられるのが、一九四五年一一月にナチの戦犯裁判が始まったニュルンベルクという場所だった。ここでもやはり、間延びした時間のとばりが〔出来事の〕成り行きを覆っていた。イギリス人作家のレベッカ・ウェストが『ニューヨーカー』誌に寄せた傍聴記は、占領の世界史的な意義と、その担い手が抱える白けた他人事のような感覚の間に、不思議なズレが存在した様子を描いている。

ニュルンベルクの法廷自体が「退屈の本丸」だったとウェストは言う。〔裁判の〕登場人物は「時間進行の主導権をめぐる争い」に囚われていた。ナチの被告人は、審理をできるだけ引き延ばして、自らの死を先延ばししたいと望んだ。一方、〔被告人以外の〕すべての人々が、ウェスト言うところの「残酷なせっかちさ」を発揮して、ただ「自分の人生に戻る」ことを考えていた。裁判をつかさどる連合国の人々が抱いた、〔ドイツから〕立ち去りたいという願いを、ウェストは、荒々しく「椅子を飛び降り」たいと望みながら「ドリルに耐えている虫歯患者」のそれに喩えている。

この浮き足立った心理を見て取ったヘルマン・ゲーリング――〔第三帝国において〕もっとも地位が高い被告であり、法廷では一番の演技巧者だった――は、自分の敵〔連合国の人々〕があからさまに帰りたがっていることをジョークにし、彼らをからかった。被告たちは侵略戦争を行うべく「陰謀」をめぐらしたとの罪状に対してゲーリングは、ドイツ国防軍最高司令部が意見を求められたことなどない、と反論した。「戦争を防ぐ一つの方法は、戦いたいか、それとも国許に帰りたいかと、将軍らに訊いてみることかもしれない」と、ゲーリングは軽口を叩いた。アメリカ人コラムニストのジャネット・フラナー〔『ニューヨーカー』での筆名はジュネ〕は、「国に帰りたいんだろうというアメリカ人への〔ゲーリングの〕嘲りが引き起こした、忍び笑い」を記録している。[26]

ニュルンベルクをはじめとする各地で、軍政要員は毛穴から倦怠感をにじませつつ、何かしらの仕事をしていた。それとて別に、暇を紛らわすためだけにでっち上げられた見せかけの仕事ではなかった。規範的な国際法への貢献という点から言えば、ニュルンベルク裁判には大きな意味があったし、日々のあまりの退屈さに悪態をつく占領軍兵士も、全体的な状況の中に位置づけてみれば、様々な形で大きな意味のある仕事をしていた。例えばテイラーは、頭を使う機会がないと文句を言いながら、ソヴィエト人〈移住民〉の大量送還事業に献身した。

ということはつまり、退屈さと暇に対する〔兵士の〕異議申し立てというのは、占領軍兵士の実際の活動状況をそのまま表していたわけではなく、心理的な状態を映し出していたと見るべきなのだろう。また、兵士たちが訴えていたのは、〔占領軍が〕とにかく所定の仕事をこなさねばならないというのであれば、代わりの誰かを徴兵して、自分たち〔既存の兵士〕が帰国できるようにしろということだった。要するに、「退屈」とは、軍での年季奉公から解放されたいという、切実な兵士の願望の言い換えだったのだ。

ただ、一九四五年終盤の数ヶ月間について言えば、実際に占領軍兵士の仕事は減っていた。当初、軍政府の分遣隊が担っていた任務は、民間のアメリカ人や現地人にどんどん委託され、大幅に引き継がれた。海外残留を希望する男女の兵士は、特定の専門技能を持つ人々を軍政府に引き戻すために設けられた合衆国での一ヶ月間の休暇の後、軍属になることもできた。また、救済復興機関《UNRRA》のような別組織に移籍する兵士もいたが、そこでの仕事と軍の仕事の違いと言えば、軍服を着るか着ないかだけだった。そこでは、陸軍の「〈移住民〉業務」担当官が行っていたのと基本的には同じ仕事をして、もっと良い給料がもらえた。

「時間が経つにつれ、〔軍で〕やるべきことなどほとんど何もないということが、ますます明らかになってきたよ」と、ハンス・アンダースは一九四五年八月に母親に伝えている。「仕事はますます決まりきったものになって、いまや実際の役割といったら、民間組織がやったことについて報告書を作るだけだ」と。同じような階級と感性を持つ他の多くの兵士と同様に、アンダースも、点数がたまった暁には故郷に帰らず救済復興機関での仕事に就くことを考えたが、やはり、ほとんどの兵士と同じく、すぐにその考えを退けている。[27]

色々な仕事を選べるドイツ語に堪能な兵士の場合、初期段階の軍政にやりがいを感じる者もいた。例えば、シュトラウビングにいたシドニー・アイゼンバーグは、ドイツの非ナチ化に対して個人的な貢献ができることに、大きな満足を感じていた。

組合を組織したがっている〔ドイツの〕四つの専門職団体から初めて就職応募の申込用紙が届いたアイゼンバーグは、一九四五年八月三日、そのことを姉妹と家族に大喜びで書き送っている。「いっとう最初はどれかって？ ウケると思うよ。なんと市警だよ!! 〔そら、みんな、ザワークラウトとシュナップス〔蒸留酒〕付きの舞踏会チケットを買うぞ〕。分かるかな。これがバイエルンで最初の組合になるんだよ。僕は自慢の兄弟かな？」〔ここには、労働組合という進歩的な団体を結成しようとしている最初の組織が警察であることに対する、アイゼンバーグの皮肉が込められている。舞踏会チケット云々は、当時のアメリカの労組によくあるタイプの集金イベントを踏まえた表現〕。

しかし、そんなアイゼンバーグですら、占領は「不快」で「不自然」だと思っていた。そして、〔自分より〕階級の低い兵士がどんな気持ちを抱いているのかについても、アイゼンバーグはよく承知していた。これより数週間前、アイゼンバーグは自分の部隊の下士官兵にカードを配り、軍政府のどの部署で働きたいかを書くように言った。彼が母親に語ったところによると、ほとんどの者は「『国に帰りたい――私は九三点持っています』とか、そういう意味のこと」を書いてきたという。

終戦直後の混乱が収まってしまうと、下士官兵が担う占領の仕事――といっても、たいしたものではなかったが――は、磨き仕事のような卑しい形だけの業務〔GIのスラングでは「鶏の糞《チキン・シット》」〕か、単調でしばしば不快な雑用に成り下がった。[28]

占領軍下士官兵の生活の中で、つまらない歩哨任務の比重が増していた。かつて敵国の領土だった場所には、監視すべき「余剰品」が数多く存在していたからである。戦時捕虜や〈移住民〉の身体、使用済みの備品、そして廃棄のために潰された弾薬などが、それである。警備対象が単なる残飯だった場合など、兵士は歩哨任務にほとほと嫌気がさした。

第五四四工兵隊のエドワード・ソースヴィル兵卒は、和歌山県での自分の任務について、ニューヨーク州北部にあるニューバーグ自由高校の恩師マルギタ・マクドナルド先生に書き送っている。「ここでの歩哨の主な目的は、廃棄されたミルク容器や食事の列からニップどもを遠ざけることです。彼らはゴミを食べるくらい腹を空かせています。騒ぎが大きくなりすぎれば、彼らをぶちのめします。本心では、そんなことしたくはありません――だけど、とどのつまり僕らは〔彼らと〕戦争をしていたわけだし、今の扱いだって彼らには上等すぎるくらいなんです」と。

惨めな〔敗者側の〕戦後について良く知る他の兵士と同じく、ソースヴィルも良心の呵責を抑えるのに苦労していた。この若い兵卒は、現在から過去、それからまた現在へと話の時制をころころ変えて、不器用に時間軸を混乱させつつ、残飯を狙う〔戦後日本の〕人々を〔少なくとも彼の中では〕完全には終わっていない戦争の敵に変えてしまった。

さらに、困窮する日本人を残飯の周りから追い散らす自分の行いが間違いではない――少なくとも、ひどい過ちではない――ということを確信したいがために、ソースヴィルはここで、占領軍兵士によく見られる相対主義を持ち出している。もし「ジャップ」が勝っていたら、奴らは何をしただろうか、と。占領する側として振る舞っていたときの日本の行いに照らして考えれば、合衆国軍は議論の余地なくマシな占領者であり、敗戦国民に対する扱いも「上等すぎる」ほどだと思い込むことができたのである。[29]

敗戦国民にそこまで厳しい監視が必要だとは納得のいかない兵士もいれば、大人しい〔ドイツ・日本の〕国民を取り締まるのに二五〇万ものアメリカ人――一九四六年半ばに陸軍省が示した暫定的な兵力――が必要とは信じられない兵士もいた。

一九四五年八月二八日、ボブ・タイタスは沖縄から父親宛てに手紙を書き、「僕だけでなく、ほとんどの者たちが、ぬかるみの中での無目的な時間の浪費にうんざりしてきている」と知らせた。その頃タイタスの部隊は、病院を建設する仕事に取りかかっていた。しかし、戦争が終わってしまった今、その病床に入るべき負傷者はどこにいるのかと、タイタスは疑問に思っていた。「ジャップどもが降伏した時点で明らかに、僕らがここにいる理由はなくなった」のに、と。

より大きな戦略的見地から言って、合衆国が日本とドイツに置き続けようと計画している大部隊など、勝利を「維持する」だけにしては大げさ過ぎた。少なくともタイタスの怒りに同調する多くの兵士は、そう思っていた。それゆえ彼らは、民間情報教育局の陸軍将校であれ、世論をリードする民間人であれ、占領任務の継続を訴える人々に対しては否定的な態度を取ったのである。[30]

アメリカ人海外特派員の草分け的存在であるアンヌ・オヘア・マコーミックが『ニューヨーク・タイムズ』に宛てた幾多のオプエド・コラム〔新聞社外の人間が寄稿する意見・論説〕の中で試みたことこそ、まさにそれ〔占領継続の訴え〕であった。

このころ、マコーミック言うところの動員解除の「精神病」――同僚のハル・ボイルはアメリカの各軍を悩ます「精神的流行病」と呼んだ――が最高潮に達していた。

一九四五年一一月に、暇な時間に対して不平を述べる占領軍兵士の士気低下を論評したマコーミックは、たしなめるような調子で次のように書いている。「たとえ納得のいかない任務であろうと、哲学と実益に照らして、しばらく我慢する。ここ（フランクフルト）には、そんなこともできないアメリカ兵が多すぎるようだ。彼らは、この任務が、戦時中の兵役と同じくらい英雄的で大事なものだということを理解していない。これはつまり、自分が何のために戦っているのか兵士《ボーイズ》がきちんと理解していなかったということだ。逆に言えば、兵士がライン川の見張りのような仕事の決定的な重要性に疑問を差しはさみようもないほど、課題をクリアにできていなかったということでもある」と。

二ヶ月後、GIの抗議運動が最高潮に達する中、マコーミックから未熟さと献身の不足をそしられた当の「ボーイズ」が、同じ論を繰り返した彼女に噛みつき返す。マコーミックに限らず、抗議運動の参加者を「家に帰りたいとわめいている」――あるいは、より馬鹿にした調子で、「めそめそ泣いている」――などといって批判するものは多かった。しかし、〔兵士にしてみれば〕自分たちの「女々しさ」を当てこするそうした批判は、「レースのパンティー」云々いうマーニーの嘲りと、たいして変わらなかったのだ[31]。

多くの兵士に加えて、彼らの不満を共有する民間人も、マコーミック特派員に抗議した。日本から第三者の手を経てマコーミックに届けられた日付と差出人が不明のある手紙は以下のように述べている。すなわち、「マコーミックさん」は女なので、きっとフランクフルトのお偉方から丁重な扱いを受けたのだろう。結果、オリンポスの神々の威光を受けた彼女は、「大局」をつかみ得る唯一の視座である「てっぺんから」、物事を見下ろしているのだ、と。「しばらく、彼女を兵士たちと生活させてみればいい。そしたら、彼らが惨めな気分でいる理由も分かるだろう」と手紙の主は提案し、占領の冗長さに関する自身の意見を次のように続けた。

ジャップどもに言うことを聞かせる仕事は、ようするに仕事でも何でもないのだ。それはデトロイトやペオリアの良民に言うことを聞かせるよりも簡単だ。アメリカ人に対する暴力事件なんて、まだ一件も聞いたことがない。ヤンキーは、いつでもどこへでも、何の危険もなく立ち入ることができる。そんな類の任務に何か「英雄的」なところがあると言うのなら、マコーミックさんに詳しく教えてもらいたいものだ。ミス・マコーミックはまったく冷静でない――彼女が文句をつけているものこそ、まさにアメリカを偉大にする美徳なのに。その美徳とはすなわち、じっとしていることへの大いなる嫌悪感、あるいは愚鈍で想像力に乏しい職業軍人でも同じくらいうまくやれるような物事への大いなる嫌悪感だ。十字軍遠征が迫っているとマコーミック女史が思うなら、ご本人を遣わして、間抜けや怠け者を軍に雇い入れさせればいい。そうして、こっちの占領業務に張りつけられることで失われるものの大きさを知っている賢い若者たちを、国許に帰せ。

これは、ティーンや二〇歳そこそこの若い兵士に広く共有された不満だった。大学に在籍するとか、そこを修了するとか、パートナーを見つけるとか、パートナーのところに帰るとか、仕事を得るとか、あるいは、しばらく好きなようにするとか、いずれにしろ、彼らの人生や人間関係や野心は、戦時中の兵役のせいで二年、三年、四年と留保されていた。そうした兵士の目から見て軍隊とは、エネルギッシュな若い男をその意に反して愚図にする、「時間泥棒」だった。

マコーミックに手紙を送った右の人物は、『ニューヨーク・タイムズ』紙の女性コラムニストが「あらゆる戦争と占領」の歴史について良く知るべきだと最後に書いている。そうすれば「占領軍の任務それ自体の中に、崩壊の種がまかれていること」に気づくはずだと、と。そのことは、兵士の「女々しい」服装や規律への無関心、あるいは将校・下士官兵のいずれもが「上官の無能と欺瞞に対する大っぴらな不平を口にしている」ことに明らかではないかと。長引く占領のせいで、士気の低下以上に深刻な、戦後改革自体の崩壊という事態が生じている。それが手紙の主の意見だった[32]。

一九四六年一月一九日に出版されたコラムの中でマコーミックは、他のいくつかの手紙とともに、上記の手紙を引用している（私的なやり取りの中でマコーミックは、件の手紙の主から「深い感銘を受けた」と告白している）。その際マコーミックは、「この退屈で華のない仕事の重要性」をGIに印象づけることに失敗した陸軍以外にも、批判の矛先を向けた。こらえ性のない民間のアメリカ人に対しても、動員解除の失敗の責任を問うたのだ。

海外に派遣された思慮の浅い兵士たちは母国での大さわぎをまねているに過ぎないと、マコーミックは主張した。「今が戦争でもっとも厳しくもっとも肝心な段階であるとわきまえて行動している者が、国内にいるだろうか？」と彼女は問うた。しかし、こんな大上段からの問いかけに対しては、四日後の連邦議会議事堂に現れた「パパを返して」クラブが一つの答えを返した。アイゼンハワーを待ち伏せする彼女たちが拒否したものこそ、まさに戦争の続きとしての占領を不可避と見なす、マコーミックのような考え方ではなかったろうか[33]。

早期の動員解除を求める声の背景には、マコーミックの言う無知による無責任などより、深く複雑な背景があった。「点数が高い」兵士を迅速に帰国させるべきと主張する人々は、占領が持つ地政学的な大目標のすべてを否定していたのではない。一部の兵士は、勝利した合衆国の果たすべき義務として「そこに居続ける」ことの重要性を自分だって十分にわきまえていると強く主張した。

「（あなたが言うように）兵士は皆、占領軍の必要性に納得していないだなんて、僕は思わない」と、シルバーは母親の考えを批判した。「ヨーロッパの内側から生じた荒廃を目にした者なら、きっと誰だって、この昔からの不快な問題に対する新しい何らかの処方箋を、もしかしたら見つけられるかもしれないと希望を抱く。そのくらいの分別は持ってるんだよ」と。

抗議運動参加者が言いたかったのは、むしろ新兵――それまで一度も海外勤務の経験がないか、あるいはヨーロッパでわずか数ヶ月を過ごしただけの者――が帰国しているというのに、古参の戦闘兵がさらに重荷を背負わされるべきではない、ということだった。だから、（抗議運動参加者の考えでは）軍上層部は、徴兵機構を解体するのではなく、徴兵委員会（民間人が参加してアメリカ各地の徴兵業務を担当した）に対して新兵を供給し続けるよう要求すべきだと、彼らは考えた。

「もし徴兵をうまく続けられれば、個々の兵士は六ヶ月か八ヶ月の海外勤務を含む、最大一年間の陸軍生活を送ることになるはずだ」とボブ・ラフォレット（進歩党の指導者だった、ウィスコンシン州選出の上院議員ロバート・ラフォレットの一〇代の孫）が、マニラからの書簡で述べている。「それは各自の人生のちょうどいい時期にやって来るわけだから、誰にとっても素晴らしく有り難いものになるだろう」と。彼の見方によれば、占領任務とは高校と大学の間の「ギャップ・イヤー」（入学猶予期間）に最適の埋め草であった[34]。

ただ、抗議の列の中には、枢軸列強を民主化する任務を負った（軍隊という）組織と、長期占領が奉仕しようとする大目標自体に批判的な者もいた。こうした批判者のうちで、もっとも歯に衣着せない者は、合衆国軍をファシストの軍隊と非難した（この傍点強調を付したのは、GIの病気を診断したマコーミックに反論の手紙を書いた、ある語気の荒い帰還兵である）。

四年間の海外勤務を終えたばかりの、この兵士を含む大勢の兵士が、軍隊生活を形作る「カースト制」を攻撃した。早期の動員解除を求める声の後には、決まって権力を濫用する将校階級の不当な役得に対する攻撃が続いたのである。別に、何もわざわざ軍隊を「ファシスト」呼ばわりしなくとも、高級将校が部下を犠牲にして過度に手厚い特権を得ようと企む――あるいは、しばしばそう見える

――組織を非難することは可能だった。

ＧＩによる抗議活動の勢いがもっとも大きかったフィリピンで、デモ隊は、三〇人の召使をはべらせた豪華な一〇室つきの将校住宅をやり玉に挙げた。他の場所では、もっとも基本的な人間の身体機能でさえ、細心の注意をもって身分ごとに差別化されていることが暴露された。「カーストがトイレの問題にまで入り込んでいる」と、北アフリカで『星条旗新聞』の編集をしていたロバート・ネヴィル中佐が述べている。

ネヴィルによると、「それがもっともよく表れたのは、アルジェのメーソン・ブランチ空港だった。ここでは将官用、佐官用、尉官用、看護婦と陸軍女性部隊《WAC》の将校用、さらに女性部隊の下士官兵用と男性下士官兵用のトイレが一つずつ設置され、念入りに分けられていた」[35]。

あまりに露骨な階級特権への憤りが、動員解除を求める運動を様々な形で煽り立てた。多くの下士官兵は、将校が陸軍省の点数システムによってひいきされていると考えた。広くばらまかれた「戦闘参加星章」のほうが、前線で戦う兵士の戦闘勲章よりも高い点数になるという事実が、まったく公正さを欠く話として古参戦闘兵に衝撃を与えた。永年勤続に報いるシステムも、先に軍隊に入り国許のデスクの陰に隠れて戦争に加わらず安穏としてきた「非戦闘勤務」のエリートを不当に優遇する制度と受け止められた。

階級の高さと年齢がある程度は相関すること――必ず相関するとまでは言えなかった――に対応して将校には下士官兵よりも家族持ちが多かった。一八歳以下の子ども一人につき、その父親である兵士には一二点が与えられた。一方、名誉負傷章と青銅星章〔戦闘任務中の功績を讃える〕は、たった五点にしかならなかった。

フィラデルフィアのベス・キャッツが同僚に向かって双子を養子にしようかと冗談を言っていたこ

ろ、軍の兵士は、父親戦線でまったく得点できない――つまり追加の得点が一切期待できない――自分たちの境遇を憐れんでいた（無論、「親交」の結果として生まれた赤ん坊については、陸軍省の点数システムはいっさい関知しなかった）。ジョン・ウィナーのような子どものいない兵士にできたのは、点数が低い自らの境遇を嘆きつつ、こんなことなら救世軍になけなしの点数を寄付してしまおうかなどと、きつい皮肉を飛ばすことくらいだった。

子を持つという切ない夢を実現できる若い兵士は少なかった。GI版「束縛しないで」に含まれる次のコーラスの一節は、よく世相を捉えている。「あぁ、僕らに従軍記念星章をおくれ、本気だよ／新しく赤ん坊が生まれれば、一二点になるんだが[36]」。

このユーモラスな歌詞も仄めかすとおり、高官たちが比較的簡単に勲章を得られることは、彼らの特権の強化につながり、〔下士官兵の〕怒りに火をつけた。お仲間同士、高官グループを形成する年寄りたちは、さして勇敢でもない行為に対して互いに勲章を贈り合っているのだと（それこそ勲章制度の実態だというのが、部下に共通した受け止めだった）。

メダルすなわち点数である以上、将校が「勲章《フルーツ・サラダ》」を胸に付ければ付けるほど、その早期帰国は叶いやすくなった。しかし、そんな破廉恥な上官に対して、下士官兵は別の疑念も抱いていた。階級と給与が思うように上がらない一部の将校は、昇進して高い地位に就き、立派な給料を得たいばかりに、むしろ自身の占領任務を延長させ、部下をその道連れにしているのではないか。そんな疑いが生じていたのである。

沖縄にいたジェームズ・ワトキンスは、部下の水兵から自分たち中級将校が個人的な利益を追い求めていると思われていることを知り、落胆した。彼いわく「若い将校が奥底で抱く感情は、年齢と階級が上の我々に対する憎悪に近づいて」いた。「それは、上官に対する不服従すれすれのところまで来て」いた。「何とか軍政を維持しようとがんばり続けている我々の中の六人かそこらに、もっとも辛辣な批判の矢が向けられている。『中尉たちが少佐になりたがらなければ——そうして、見たこともない額の金を得ることにこだわったりしなければ——軍政は一二月までに崩壊し、今頃、我々の誰も、こんなところに残っていたりはしないのに』と不平は続くのだ」[37]。

ワトキンスは〔占領業務に邁進する〕自分の動機についての部下の解釈に、ひどく腹を立てていた。苦悩に満ちたある日の日記の中で、ワトキンスは自分とそして日本語を話す自分と同じような考えの将校たちが、ひたすら利他的な目的で留まっているのだと主張した。ここで言う利他的な目的とは、陸軍が軍政の責任を負う琉球において島民の利益を守るため、沖縄人の統治評議会を設立することだった。

しかし、権力の濫用に対する生真面目な批判者でもあったワトキンスは、抑圧された下士官兵に同情も示した。なにしろ、下士官兵は「将校からの侮辱」を我慢させられた上、戦争により打ちのめされた国民を援助することの人道的な意義について、何一つ適切な説明を受けていなかったのである。「体を動かし、考えをめぐらし、責任を負うことのできる自尊心を持った知的な個人として扱われれば」もっと多くの下士官兵が自分の運命を受け入れるのではないかと、ワトキンスは考えていた[38]。

一部の将校が、個人的な利益を求めて占領任務の苦痛を不必要に引き延ばしているのではないかと、あらぬ疑いをかけられる中、それとは真逆の振る舞いに出る将校もいた。特にこらえ性のない将校は、明らかに軍隊からたたき出されることを意図して、無許可離隊《AWOL》に及んだ。日本にいたハリー・マクマスターズは、多くの将校仲間がこの愚行に手を染めるのを目にしている。

彼の知り合いの三人は、軽井沢のリゾートホテルで許可なく一週間過ごした。ところが、この不法な休暇のおかげで、彼らはパールハーバーへの片道切符を手に入れたのである。それこそ「まさに彼らの望むところ」だったと、マクマスターズは妻に伝えている。下士官兵が同じことをすれば、マクマスターズの同僚〔将校〕のように〔不名誉除隊ではあれ〕即座の除隊が認められる可能性は低く、むしろ営倉行きになる可能性が高かった[39]。

動員解除過程におけるもっとも醜い不正義は、アフリカ系アメリカ人兵士に対する差別的な取り扱いだった。除隊に十分な点数を持つ黒人兵士の中には、「人種隔離されていない」船に彼らを乗せることを拒否する頑迷な海軍将校のせいで、帰国を邪魔される者もいた。

高級全国紙は、そうした出来事の大部分を無視したが、『シカゴ・ディフェンダー』は一つの事例を一九四五年一二月の一面で取り上げている。ヴェニス・スプラグス特派員は、兵士が乗船の順番を待つ残酷な「人員交換所」があることで名高い、イギリス海峡に面したフランスの港町ル・アーヴルに「戦争にくたびれ果てた一二三人の〔アフリカ系〕ＧＩ」が留め置かれていると伝えた。「陸軍の白人将校との会話の中で、彼らが有色人種の兵士を隔離する施設に慣れている」と知った空母クロアタン号のチャールズ・グリフィン艦長は、「陸軍の兵員をヨーロッパ作戦戦域から移動させる」同艦に、「人種隔離のための設備がない」ことを気にして、件の〔アフリカ系〕兵士らを艦から下ろしたという。人種差別的な将校を優先して、一二三人のアフリカ系アメリカ人が「もっと足の遅い船」であるトーマス・ジョンソン・ヴィクトリー号に移されたのだと、『ディフェンダー』は報じた[40]。

ことあるごとに「人種に関して差別的でない〔海軍の〕やり方」とやらを公言していた海軍長官ジェームズ・フォレスタルは、グリフィンの行為を非難した。だが、〔そもそも〕人種隔離された軍隊において差別は避けがたい日常の一部だった。終戦まで人種統合された部隊は一握りしか存在せず、それも白人将校の指揮下にあった。ボブ・ラフォレットは動員解除の仕組みに対する不満の原因の一端として以下のような「常軌を逸した」話を記録している。フィリピンでは、黒人部隊の指揮という「軍高官から見ればまったく無価値な仕事」をしていた上級将校たちが、そのせいで露骨に昇進を拒否されていた。

一方、ル・アーヴルだけでなく太平洋の各所でも、黒人兵士は、「白人専用」とか「黒人専用」と表記して分けられた帰国船の乗客名簿に抗議していた。沖縄のキャンプでは、除隊に十分なだけの点数を持つアフリカ系アメリカ人兵士が、決して港に来ない船をやりきれない気持ちで待っていた。従軍期間が四年二ヶ月に及んだある兵士は、「沖縄はまるで忘れられた土地のようだ」と、一九四五年一一月にガールフレンドに書き送っている。「たいていの船は、この「岩《沖縄》」を避けて東京かマニラに向かう……。こっちでは、『船《ボート》を出さないなら』、ワシントンのお偉方に『投票《ボート》しないぞ』というのが、兵士の決まり文句になっているよ」と。[41]

軍隊が「ファシスト的」だと言う人々の多くは制度化された人種主義を問題にしていた。しかし、もっともラディカルな批判者にとって、問題は社会階級と肌の色と軍隊内階級による分断が複合した軍のヒエラルキーだけではなかった。

ＧＩの活動家の中でも、デヴィッド・リヴィングストン、ユーアート・ガイニア、ジャック・ホール、ノヴォール・ウェルチらは、共産主義者もしくは社会主義者であり、労働運動の闘士でもあった。彼らは、戦後占領の地政学的な目的とされるものが要するに、きわめて膨張主義的なアメリカ帝国主義の方便だと見て取って、これを非難したのである。

彼らは、兵士を運ぶ船舶輸送の混乱のせいで、動員解除が遅れているという〔政府の〕説明を信じなかった。むしろ、全男子軍事訓練制度を創設する法案を通したいトルーマンが、兵士の帰国を待ちきれない人々の気持ちにつけ込むため、わざと動員解除を遅らせているのだと言って反発した。一八歳になったすべてのアメリカ人男子を一年にわたって軍隊に入れることで、既存の占領軍兵士と入れ替え可能な新兵を安定的に供給する〔そして、既存の兵士を帰国させる〕というのが、件の新制度の趣旨であった（こうした理屈のおかげもあって、同制度は海外に配置されている兵士から一定の支持を得ていた）。

しかし、枢軸列強が消え去った間隙をついて世界中に進出しようとするアメリカ企業の利益を守るのでなければ、他にいったいどんな理由があって、百万人を超す兵力を維持する必要があるのかと、ラディカルな活動家たちは問うた。

『クリーヴランド・コール・アンド・ポスト』紙は、南太平洋に駐留する一人のアフリカ系アメリカ人兵士が、「アメリカ人民」に「愛をこめて」書いた抗議の手紙を掲載している。この兵士の説によると、おそらく「グローバルな権力政治の場で競い合う特定の国々〔ソ連など〕に対し、畏怖を与える展覧軍」になることが、彼らに期待される役割だった。[42]

しかし、よしんば大きな心理的効果を発揮するために、占領軍は「存在するだけ」でいいのだとしても、少なくとも一部の兵士が海外で重荷を背負わされるという事実は動かなかった。そうした過度な負担を負わされる一部の兵士というのは、要するにアフリカ系アメリカ人の労働部隊だった。

支配層の利益に奉仕しないよう兵士を説得したいラディカルな活動家は、軍上層部に対するグローバルな闘争を盛り上げ、煽ろうと躍起になった。彼らはＧＩのデモと本国における全国海員組合のストライキの間で連携を図りながら、アメリカ人の抗議運動をヨーロッパ帝国主義の再来に反対する蜂起に結びつけようとした。

一九四六年一月には、イギリス王立空軍の兵士がインド・エジプト・パレスチナの民族主義運動に連帯を表明し、座り込みストライキを実施していた。翌月には王立インド海軍に徴兵されたインド人が、イギリス人司令官に対して暴動を起こした。南アジア一帯では、インドシナ、マラヤ、インドネシアの反帝国主義勢力――イギリスとアメリカの特殊部隊による支援を受けて、日本の占領統治に対するゲリラ作戦を遂行してきた戦士たちである――が、植民地支配を再び押しつけようとするフランス、イギリス、オランダに、闘いを挑もうとしていた。[43]

アメリカ政府は、こうした民族自決のための闘争を支援せず、むしろ妨害した。彼らはアメリカの軍需物資を〔ヨーロッパ諸国による〕植民地支配の再建のために供与したのだ。トルーマン政権はこうした行いが、できるだけ目立たないように努めた。というのも、前任のローズヴェルト政権は合衆国の正式参戦より前に、連合国の戦争目的として「すべての土地のすべての人々」による自由を支持していたからである。

そこでトルーマン政権は、イギリス、フランス、オランダの陸軍に送る補給物資から「アメリカのラベル」をはがすように求めた。ともあれ、点数の高い兵士を適切な早さで故郷に帰すための海軍の輸送はただでさえ不足していたのに、植民地再併合のためにならば、それが融通されたわけである。GIの活動家たちは、これを見逃さなかった。ラディカル派の見立てによれば、合衆国軍とは、ヨーロッパと北米のビジネス・金融エリートの利益に奉仕して、反帝国主義的な闘争を鎮圧する国際的階級権力の手先であった。

こうしたマルクス主義的解釈が、合衆国の進歩的な報道で主流になることはなかった。しかし、ロイ・オトリーなどは、北アフリカ・ペルシャ湾・中東における飛行場とインフラの建設に黒人兵士を駆り出す〔政府の〕やり口への痛烈な非難を『ピッツバーグ・クーリエ』の紙上で展開し、一九四六年二月に以下のように書いた。すなわち、「〔アメリカ軍が〕陸軍部隊を配して数千にも及ぶ世界中の拠点」を防衛するのは、アジアと北アフリカと南米の諸地域に新たに浸透する「ビッグ・ビジネス」を保護するためである。「だからこそ、合衆国の帝国主義者はGIの抗議運動を警戒するのだ――実はこうした運動こそが新たに獲得された〔アメリカの〕海外資産を危険にさらす」ものなのだからと。[44]

日本降伏の直後に六万人もの海兵隊員を中国に派遣する理由も、世界中に勢力を伸ばそうとするアメリカ政府の野心の表れとして説明された。海兵隊が戦後に実施する作戦の表向きの目的は、日本兵の降伏と動員解除を監視しつつ、アメリカの軍事物資の所在を確認して、それを管理することだった。しかし本当は、物資が人民解放軍の手に落ちることのないように担保することこそ海兵隊の最大の目的だと、反帝国主義者は批判した。要するに海兵隊の作戦は、中国の長い内戦がクライマックスに差しかかる今、蔣介石の国民党を支援するために行われているのだ、と。中にはアメリカ軍はなぜ天津―秦皇島間の鉄道を運行しているのかと疑問を口にする者もいた。

おそらく国務省よりも洞察力に優れた、これらの兵士たちは、中国の〔内戦の〕風向きまで予見していた。一九四六年一月一〇日に行われたハワイのスコフィールド・ボウルにおけるGIの集会に先立ち、四等技官のフレッド・ツェラーは、「いずれにせよ、我々が去れば共産主義者が勝つだろう――だったら、今、勝たせてやればいい」と言い切った。ツェラーは、アメリカの艦船が国民党軍を中国北部に上陸させていることや、オランダ領東インドに物資を運んでいることを批判した。「またツェラーは、アメリカの海兵隊が傀儡軍や〔元〕日本兵と肩を並べて、中国共産党の軍隊と戦っている事実にも言及した」。つまり合衆国は、降伏したすべての日本兵を満州から帰国させるのではなく、彼らが国民党の側に立って中国の内戦に介入することを実質的に許可していたのである。[45]

軍隊内の階級闘争

他方、フィリピンとハワイの軍高官も、動員解除を求める抗議運動指導者の中に戦闘的な労組活動家が混ざっていることに気づいていた。その一部はアメリカ共産党の党員であることを公言していたので、他の者までが「共産主義者」ではないかと疑われた。リチャードソン将軍から集会の監視を命じられた四人の防諜要員が、スコフィールド・ボウルでの集会におけるツェラーの発言を文字起こしし、それを将軍に提出している。デモの二日前、ツェラーの指導によりスコフィールドの兵営内図書室で行われた社会主義に関する公開討論会が、リチャードソンの疑念を生んでいた。

抗議運動の高まりを目の当たりにしたリチャードソン将軍は「当局」への批判を禁止したが、そうした命令が、結果として「ファシストの軍隊」に対する批判に弾薬を補給することになるとは気づかなかった。とりわけ、『星条旗新聞』から「社会の敵《パブリック・エネミー》ナンバー1」と呼ばれたことに怒った彼は、兵士による報道に締めつけを加えるところまで踏み込んでしまった。[46]

自らの敵が誰なのか、また何なのかについてのリチャードソンの解釈——十中八九「共産主義の運動員」たる反抗的な民衆扇動家だ——に共鳴する者は、東京やワシントンにもいた。ソ連人だろうと、日本人だろうと、アメリカ人だろうと、「アカの脅威」に対しては異常なほどの警戒心を示すGHQ／SCAPも、リチャードソンと同様の恐れを抱いていた。

第八軍の報道部門と一緒になって、素直なアメリカの特派員たちに不穏な動向を解説するべく骨を折るマッカーサーの報道室は、GIのデモ参加者自身が共産主義者ではなくとも、その活動はアメリカの敵を助け、力づける活動であることは間違いないと力説した。日本の降伏文書調印から五ヶ月しか経っていないというのに、総司令部言うところの「敵」がソヴィエト連邦やその代理人《エージェント》を指すことは、すでに言わずもがなだった。

保守的なコラムニストも、阿吽の呼吸でこの反共路線を後押しした。特筆すべきは、GIの抗議運動に関する『シカゴ・デイリー・トリビューン』紙の記事に、「首謀者」は「アカ」との見出しがついたことである。勢いを取り戻した下院非米活動委員会〔戦前・戦後の反共「アカ狩り」で中心的な役割を果たした連邦下院の委員会〕は、抗議に参加する兵士と進歩的な帰還兵団体の中にいる共産主義者の破壊工作について調査を開始した[47]。

軍高官は太平洋の各地で、「アカ」以外の内なる敵にも憎悪を向けた。それは、下士官兵の「不平」に格好のはけ口を与える兵士たちの新聞だった。ことによると、これら二つの脅威は本質的に同じものだと考えられた。日本ではアイケルバーガーが、共産主義者と思しき『星条旗新聞』編集者の排除に動いていた。マニラに本拠を置く『デイリー・パシフィシャン』紙も攻撃された。同紙のスタッフはＧＩの集会に近づかないよう命じられた上に、通信社が配信するデモの報告しか掲載を許されなかった。

自分に浴びせられる個人的な毒舌にうんざりしていたハワイ、日本、フィリピンの軍司令官たちは、〔抗議運動の〕戦術とエネルギーが複数地点の間で伝播し合う「模倣犯」効果を恐れ、ＧＩの運動についての報道を可能な限り抑え込もうとしたのである。言うまでもなく、兵士たちは情報の伝達を止めようとする企みに気づき、ますます怒りを燃やした[48]。

ヨーロッパでも、軍高官はうまく言うことをきかせられない下士官兵に苛立ちを募らせていた。欧州戦域の『星条旗新聞』は常に攻撃を受けた。パットンは同紙のことを、自分の失脚に加担した「下品で煽情的な新聞」だと思っていた。ＧＩに意見交換の場を与える「ぶちまけ袋《Bバッグ》」欄の廃止を強硬に求める将校もいた。

彼らは、ある漫画家の不敬な言動を特に強く憎んだ。将校連のでたらめ《ブル・シット》を決して見逃さない二人のＧＩが主人公の漫画「ウィリーとジョー」で、一九四四年にピューリッツァー賞を獲得したビル・モールディンである。彼は下士官兵に愛される一方、軍高官からは完全に軽蔑されていた。だが、それこそ、この二四歳の兵士が望むところだったろう。

早期の動員解除を要求する兵士の軟弱さを揶揄する際に、将校は「泣き虫《モードリン》」という言葉を好んで使っていたが、この言葉とモールディンという名をひっかける、ひどく安直なダジャレが流行った。もちろん、それはモールディンに対する上官の覚えがめでたかったからではない。ベルリンのジャック・ホワイトロー准将はモールディンについて――「彼が漫画に描く汚い身なりのキャラクターともども」――兵士の士気崩壊の原因だと名指ししている。

また、ホワイトローは「ヨーロッパで多くの将校が恐れる」『星条旗新聞』のBバッグ欄も非難していた。なぜ「アイクがこうした兵士たちを取り締まらない」のか、ホワイトローには理解できなかった。妻が彼の意見に異を唱えると、ホワイトローは、モールディンが「現実的な国防方針への脅威」の代表格であることを君はきちんと理解していないと言ってとがめた。件の漫画家が動員解除を求める感情を煽ることで、国もとの連中は「ウィリーとジョーを返せとばかりにキャンキャン吠え」、陸軍は「ホームシックにかかった人々」の度し難い群れと化してしまうのだと。

そんなホワイトローが、自らの置かれた苦境について吠え続けていたのは、たくまざる皮肉である。彼は瓦礫だらけのベルリンで、開けっぴろげな「親交」の横行に悩まされていた。自分は「浜に打ち上げられた鯨の死体の上で踊ること〔敗戦後のドイツで勤務することのたとえ〕が……特にその踊りがジルバである〔黒人兵士とともに働くことを差別的に表現〕ような場合」ひどく嫌なのだと、ホワイトローはしおらしい返事を書いた妻に釘を刺したうえで、「私はドイツも、その占領者であるアメリカ兵も好きではない。だから、そんなものはくたばってしまえと言うんだ。家に帰りたい」と付け加えた。実に〔兵士たちがよく口にする〕お馴染みのフレーズであった。[49]

高級将校たちは、〔軍隊内の〕「カースト制度」に関する〔兵士の〕議論を憤飯ものと見なした、同時に、それをひどく恐れてもいた。特権は、それを持つ者の目からは見えなくなりがちだ。たいていの軍高官は、軍隊内の階級について、単に上から下へと命令が伝達され、下から上へと敬意が返される（あるいは、そうあるべき）ハシゴだと考える傾向にあった。〔軍隊の〕階級は、不公平な権力構造とそれに付随する特権などではなく、指揮命令に必要な機能として当然視されたのである。

だが、将校の過度な役得についてクドクド言う新聞紙面もあるので、自分たちには何の問題もなくとも、よそから見たらもしかすると問題かもしれないと、気を遣う将校もいた。ホワイトローは、ベルリンで自分が住んでいる「一三人の家事労働者」がいる豪邸の写真を妻に送る際、めったな人間には渡さないでほしいと注意している。彼曰く、「我々は征服者らしく生活すべきであるとはいえ」（ここでホワイトローが指しているのが「我々アメリカ人」なのか、単に「我々准将」なのかは判然としない）、「報道の連中」はそうは言わないだろうから、と。常に善人ぶる記者たちだって、「〔軍人と〕同じくらい良い暮らしをしていて、「もっと良い住居や自分用の自動車などなど、きりなく求め続けるのに」と、ホワイトローはぼやいた。[50]

日本にいるアイケルバーガーも、金持ちのメディア王どもが煽り立てる反将校の「醜聞暴露《マックレイキング》」に憤懣やるかたなかった。「我が軍のどこがダメか」と題して〔『星条旗新聞』の〕ネヴィルの言葉を記事にした一九四六年二月の『ライフ』――それは、再入隊を勧めるポスターとモールディンの漫画を並べて掲載していた――にキレたアイケルバーガーは、ミス・エムへの私的な手紙の中で、ヘンリー・ルース〔『ライフ』のほか、『タイム』、『フォーチュン』などの雑誌を創刊したジャーナリスト〕に対する不満をぶちまけている。いわく、「陸軍の身分制など、『ライフ』のそれと比べればたいしたことはない。同誌の幹部連中が住む素晴らしい家々が並んだコネチカットの華麗な住宅街や、ロックフェラー・センターのレインボー・ルームの下の階にある、幹部用の特別なダイニング・ルームのことを思い出せば、彼らが街角の食堂で飲み食いする若者に温かな愛情を示して歓迎したりはしないことに、気づきそうなものだ」と。[51]

こうしたアイケルバーガーの言葉からも分かるように、〔軍隊内〕カーストの存在を否認する軍高官たちは、実のところ、階級の違いに敏感だった。しかし、この貴族然とした人々は、軍隊が身分制そのものであることを認めないばかりか、自分たちが階級の違いにうるさいことすら認めなかった。

しかし、それも考えてみれば当然かもしれない。というのも、軽率な彼らは、階級の異なる者に対する敵意など純然たる平民のルサンチマン（他人から受けた侮蔑への怨念）に煽られた下級兵士の間にしか存在しないと思い込んでいたからだ。ウェストポイント陸軍士官学校出身のエリートは、自分が下層階級の不可触民に対して抱くそうした見下しの感情こそ、庶民の憤懣の原因かもしれないなどとは、思いもよらなかった。

そんな人々にとって、身分の異なる軍人同士の社交的付き合いも許し難いものだった。上級将校の一部は、下士官兵との親交について、GIと「ドイツ娘」の親交以上にあり得ないことと考えた。過去の戦争に際して出された、将校は下士官及び兵卒と大っぴらに酒盛りしてはいけないという規則を、少なくとも一部の将校は、第二次世界大戦と、その後の戦争にまで持ち込んだのである。

こうした一触即発の緊張状態が沸点に達したのが、一九四六年一月のGIによる抗議行動だった。それは、戦争終結以来、着々と強まっていた兵士の怒りの表現だった。他方、彼らが「『国に帰せ』騒動」（アイケルバーガーの表現）をデモの形で通りに持ち出した結果、指揮官たちは下層のクズどもへの侮蔑を募らせた。やつらは臨時招集の「人民軍」に集う有象無象だ、と。[52]

ある殺人

デモが拡散していた一九四六年一月、日本では一つの著名な裁判がクライマックスを迎えようとしていた。以下では、このジョセフ・ヒクスワ事件を検討することにより、階級と人種と正義《ジャスティス》／司法についての観念が、アメリカの民間人と海外にいる軍指揮官の感性に及ぼした影響を、さらに具体的に明らかにしていこう。

ヒクスワ上等兵は占領下の日本に関する近年の研究にこそ顔を出さないが、終戦直後の短い期間には、よく知られた人物だった。当時のルポが記すところによれば、占領に関してアメリカ人が抱く「取りとめのないイメージ」に含まれるものと言えば、せいぜい「ソファーで血を流す東條将軍、ジープ、親交、ヒクスワ兵卒、そしてマッカーサー将軍の帽子についた金モール」だった。なかでも、この悪名高いヒクスワ兵卒は、とりわけ遺憾な理由で合衆国のニュース第一面を飾っている。

一九四五年一一月、アルコールと〔人種的偏見に基づく〕憎悪によって殺意を煽られたヒクスワは、日本の民間人二名を刺殺した。少くとも、軍事法廷はそのように断じた。しかし、ヒクスワの事件について多くのアメリカ人がもっとも遺憾に思ったものは、身の毛もよだつ殺人それ自体ではなかった。むしろ、それに対して加えられた罰が、彼らの目から見てあまりに重すぎることのほうが問題だった。ニュージャージー州ウォリントン出身の二二歳は、「小銃による銃殺」を宣告されたのだ。この時代の反軍感情を匂わせつつ、「まぁ、それが陸軍ってもんだよ」などと、ヒクスワは横浜の営倉から戦友たちに書き送っている[53]。

しかし、彼の支援者は、陸軍の思いどおりにはさせまいと決意していた。ヒクスワの家族と出身高校の教職員や生徒は、アメリカ在郷軍人団とともに支援の輪を広げる活動を行った。地元の政治家やトルーマンに対して大量の嘆願書が送られたほか、ヒクスワの母親は情に訴える手紙をマッカーサーに書き、息子に対する慈悲を乞うた。将軍は、あなたの願いは「私を深く感動させたが……この問題に私が介入するわけにはいかないのです」と返信したが、これは明らかに苛立ちを噛み殺しながら書いている。

一方、ヒクスワの支援者は、彼の恩赦を請う理由について主張を二転三転させていた。はじめのうち家族は、うちの良い子がそんな殺人を犯すはずがないと主張した。次に彼らは、ヒクスワが酒のせいで「おかしくなり」、被害者を襲ったのだと言って、「酒造業界のやつら」こそ本当の犯人だと主張した（『クリスチャン・サイエンス・モニター』紙も同様の立場だった）。さらにその後、おじの一人は、一二年前に頭部に外傷を負ってから癲癇の持病を患っているヒクスワ兵卒は「精神的に不安定」なのだと主張した。支援者たちは最初、ヒクスワの無実を証明しようとしたが、（それが難しいと分かると）犯行に及んだ彼の責任を矮小化しようとしたのである。

彼らはさらに、ヒクスワが陸軍から「ジャップを憎む」ように教え込まれていたという事実を持ち出して、執拗に減刑を求めた。彼らは、ヒクスワが戦後になってから二人を殺したという事実は、陸軍が無垢な若者を殺人者に仕立て上げる手練手管の巧みさを端的に示しているではないかと主張した。[54]

一方、ヒクスワ自身は無実を訴えていた。彼はニュージャージーに住む一八歳の恋人に宛てて手紙を書き、問題の夜「何人かのジャップと喧嘩になったが」、ナイフを持っていなかったのだから殺せたはずがないと漏らした（検察官は、ヒクスワが兵営の小便器に隠しておいた銃剣の刃を使ったと主張した）。他方で、彼が喧嘩の現場を去るときにはまだ相手のジャップどもは「うめいていた」とも語っている。

そして、ヒクスワは自分がスケープゴートにされていると見ていた――「なぜって、誰かが責任を取らなきゃならないからさ」と。ヒクスワはおじに対して、自分の運命と、同時期に日本の戦犯たちに対して下された死刑判決との間には関係があるのだと述べ立てた。「僕に対する判決は、戦犯裁判のいくつかと比べて、ひどく重いと思う」と彼は書いている。「でも、どうしようもないでしょう？お偉方にとっては、僕なんか取るに足らない存在で、彼らの言うことこそが法律なんだから[55]」。

この件に関して追跡報道を行った各社は、ヒクスワ事件と、一九四五年一二月七日に宣告された山下将軍の死刑判決とを結びつける線を追った。ちょうどヒクスワのために行われた議員たちへの根回しがもっとも盛んだった一九四六年二月に、最高裁判所が支持したのが山下の判決だった。

この判決を受けて『ニューヨーク・ヘラルド・トリビューン』紙は、アメリカの兵卒が起こした犯罪に、日本の将軍たちの戦争犯罪とまったく同等の罰が下されることを――世界全体と、とりわけ日本に対して――何としても示したい軍の司法機関が、ヒクスワを犠牲死に供したと主張した。「この国が、自国の市民に対するのと同じくらい敵に対しても公平であることを証明しようとする中で、異例の冷酷さが彼〔ヒクスワ〕に示されたのだとすれば、それは、もちろん悲劇的な誤りであろう」と、『トリビューン』の社説は論じている。[56]

当然ながら、第八軍指導部の意見は正反対だった。ロバート・アイケルバーガーと彼の取り巻きたちの目から見て、ヒクスワは、徴兵制の軍隊が抱えるあらゆる問題を体現した人物だった。すなわち、正当な理由もなく殺人に至るほど大酒をくらった挙句、軍の「思想教育」を非難する、ならず者である。

もう一つ特筆すべき点は、ヒクスワの同僚の多くが除隊を心待ちにしていたのに、ヒクスワは引き続き日本へ派遣されるために再入隊していたことである。殺人に至ったヒクスワの凶行は、彼が短期の休暇のためにニュージャージー州へ向かう予定の前夜に起きている。まさに彼こそが「帰国目前の兵士」だったわけだ。在日本第八軍のクローヴィス・バイアーズ参謀長はオハイオ州コロンバスの友人に、この事件を解説している。

ある晩、彼〔ヒクスワ〕は何人かの友人と外出し、少々酒を呑んだ。あれほどの速さで走ることができなければ、あるいは、あれほど上手にナイフを扱えなければ、問題は起きなかったはずだ。見たところ、彼にはほとんど、あるいはまったく戦闘経験がなく、突然、「ジャップを何人か仕留める」ように啓示を受けたと感じたらしい。一人通りがかったところで、彼は駆け寄り、その不運な男を刺し殺した。数分後、もう一人の日本人を目にしたヒクスワは、再び襲いかかり、その人物を殺した。で、この可愛い坊やは、恐ろしい陸軍に植えつけられた性癖に従っただけだとの抗議の叫びが、本国で湧き起こったわけだ。

バイアーズは手紙の末尾で、この「長話《リサイタル》」を謝罪している。彼は、「人間のクズどもが去った後の日本で、まっとうな人々が気持ちよく暮らせるようにしようとする陸軍の努力が、本国での妙な同情心の高まりのせいで、どれだけ困難になっているか」を示すため、この話をしたのだと弁解した[57]。

とりあえず〔手紙の相手に〕謝罪しておかねばならないとバイアーズが考えざるを得なくなったのは、アイケルバーガーが——自分の関与が明るみに出ない範囲で——流布したがっていた、ヒクスワ事件にまつわる、とある「下品な」事実を右の手紙に書いたからだ。一方、妻への手紙の中では、より率直に、かつ悪びれる風もなく、バイアーズはこの驚くべき顛末を記している。

今朝、ボブ〔アイケルバーガー〕が非常に現実的なアイデアを出してきたんだが、それは、ヒクスワという男に関して本国の人々が抱いている、薄気味悪いお涙頂戴の同情心を打ち消すのに、非常に有効なアイデアだと思う。ヒクスワは、一時、黒人と日系人の囚人と一緒に牢屋を抜け出していたんだ。黒人の方はレイプで終身刑を宣告されたばかりで、日系人の方の罪状は知らない。黒人とヒクスワは脱獄から一時間以内に、監獄のすぐ近くで二人の日本人女性とベッドに入っているところを再逮捕された。我々はこの情報をどうやって発表したものか迷っているが、何とかして公表するだろう。これが君の家族に恐ろしいショックを与えるのは分かっている。だが、アメリカ人は、こんな人物〔ヒクスワ〕に強いて自由を与えることを許されるべきじゃない。

アイケルバーガーも、妻に対して右の事実をすべて伝えた上、次のように皮肉っている。すなわちヒクスワの弁護は、彼が「日本人を憎むように教え込まれた」との主張の上に成り立っているが、「日本人の売春婦とベッドにいる」ところを取り押さえられた点からして、「その嫌悪とやらは、日本人すべてに向けられたものではなかったようだ」と。[58]

アイケルバーガーとバイアーズは、日本人に対するヒクスワの見解のご都合主義に喜んで飛びついたわけである。さらに、この二人はレイプ容疑をかけられた「黒人」というヒクスワの脱獄仲間のアイデンティティーに注意を向けさせ、多くのアメリカ白人が抱く人種についての凝り固まった見方を利用しようと画策した〔黒人とつるむような「はぐれ者」の白人といった印象を広めようとしていたということ〕。〔黒人の〕男の連れと、〔日本人である〕お相手の女。ヒクスワが選んだ相手のうちで、〔人種的により大きな〕問題とされるのがいずれであったにせよ、第八軍の司令官たちは、明らかに様々な種類の人種偏見を利用しようとしていた。

そして、わずかな期間、彼らの広報戦略は成功を収めたように見えた。バイアーズは、ヒクスワに関する暴露が本国の人々からただちに引き出した「強いショックをともなうものの……非常に好ましい」反応について、三月五日の日記に満足げに記している。

しかし、その効果は長続きしなかった。わずか二ヶ月後には、トルーマンがヒクスワのために介入する。大統領は、ヒクスワに対する死刑を三〇年間の重労働つき禁固刑に換えてしまったのだ。

ニュージャージー州選出の上院議員アルバート・ホークスなどは、それでも「厳しすぎる」と抗議した。しかし、日本にいた第八軍の陸将たちは、大統領が感傷的な民間人に対してつまらぬご機嫌取りをしたと言って激怒した。[59]

「もっとも偉大な世代」――その実像と虚像

一九四五年からの数十年間に、「史上最悪の戦争」という卑金属を「史上最高の戦争」という金に変えたのと同じ錬金術が、その戦争を戦ったアメリカ人にもメッキを施した。国家的英雄の殿堂に祭り上げられた、これら男女の兵士は、「もっとも偉大な世代」として繰り返し称賛されている。こうした勇気ある無私の個人は、戦時国家が求めるものなら何でも差し出し、それらを潔く諦めたと、無批判に信じられてきた。後続世代のアメリカ人は、軍人であれ、政府が進める戦争に反対の者であれ、まれに見る勇気を持った先行世代の評判を思い出して、気を引き締めた。そして、しばしば彼ら後続世代は〔もっとも偉大な世代に比べて〕物足りないと言われた。

そんなふうに祭り上げられた第二次世界大戦の帰還兵の中には、〔時間の経過にともなう〕記憶の変化の不思議さに、つくづくと考え込む者もあったに違いない。大戦中、この世代のかなりの部分は、現在でこそ敬われている彼らをしばしば悪しざまに罵る軍隊に対して、はっきり嫌悪感を抱いていた。占領の第一段階が終わるや否や動員解除を求める徴集兵たちの熱狂が起こり、大衆的な反軍主義の根深さと広がりを示した。ところが、この運動は、やがて不純物を燃やし尽くす聖化の炎によって〔アメリカ人の記憶から〕失われていくことになる。

だが、一九四六年一月、チャールズ・ハントが日本から故郷に宛てて、「いまや僕は、陸軍とそれに連なるあらゆるものを僕の身中のすべての嫌悪をかき集めて嫌う」と書くとき、彼の戦友の圧倒的多数も同じ感情を共有していた。ハントとその同世代人を「我慢強い」――もっとも偉大な世代に対する一般的な形容――と評するのは、彼らの闘争心を公正に評価したことにならず、その苦しみを引き起こした様々な不自由や不満も無視してしまっている。アメリカ兵と民間人が、怒りに満ちた言葉と行動によって、兵役期間の延長に抗議していたのを思い出すことが重要なのだ[60]。

複雑で移ろいやすい平凡な人間の感情が、もっとも偉大な世代をも悩ませていたという右の指摘が、冒瀆に近いものと感じられる人にとって、下士官兵とまったく同じ嫌悪感を、将校たちも感じていたと知るのは、やはり衝撃的だろうか。

ここで、ヒクスワ事件の経緯に関するバイアーズの説明を振り返っておきたい。そして、アメリカの兵士と民間人が抱いた「奇妙に転倒した同情心」についての彼の評価と対比してみよう。

バイアーズによれば、兵士の家族はできるだけ早く「兵士を故郷に取り戻す」以外のあらゆる事柄に関心を失い、軍隊を機能させ続けるのに必要な規律への理解と、一切の責任感を放棄した。いまや、愚かな本国の人々は、〔兵士が〕人二人を殺すことまで正当化するに至った。この事態をバイアーズは、「不気味な世論の旋回」と呼んでいる。

しかし他方で、彼個人の考え方も劇的に旋回しつつあった。無責任な大衆のせいで「人間のクズどもが去った後の日本で、まっとうな人々が気持ちよく暮らせるようにしようとする陸軍の努力が、どれだけ困難になっているか」と、バイアーズは不平を漏らす。このとき、彼が「まっとう」と表現しているのは日本人であり、「人間のクズども」と呼んでいるのはアメリカのGIだ。六ヶ月前なら、そんな発言がバイアーズの口から出ることなど、まずあり得なかったろう。

他方、合衆国の評論家たちは、ヒクスワを擁護するにせよ非難するにせよ、彼の凶悪な殺人の犠牲となった日本人に対して、ほとんど関心を示さなかった。それはそれで衝撃的だ。軍法会議は、「人間」ヤスイチ・スギチと、同じく「人間」チョウジ・ニシモトを刺したとして、ヒクスワを起訴した。ここから、〔アメリカの法廷において〕日本人の「人間性」が自明のものではなく、あえて繰り返し書かれる必要がある程度のものだったことが分かる。[61]

ところで、バイアーズが描く愚劣な下士官兵の姿は、陸軍省の主任精神科医ウィリアム・C・メニンガー准将による描写とも一致する。一九四六年一月に太平洋戦域を歴訪したメニンガーは、兵士が動員解除を求める様子にもっとも端的に表れた「士気問題」の根本原因が、「神経精神性の問題」だと診断した。そこで、メニンガーは、「兵士に任務との折り合いをつけさせ、占領任務の必要性を納得させるための適応指導プログラム」をただちに処方した。

他の軍高官も、動員解除を求める運動がそれほどまでに強まるのは、「適応指導」が不足していたからに違いないと考えた。なんといっても、この結論に飛びついた方が、兵士が――個人的・政治的な様々な理由に基づき――占領任務に対する嫌悪感を抱いていると認めるよりも軍上層部の不安は小さくて済んだからだ。[62]

同じ理由で、陸軍省は一九四六年一月の出来事を「反乱」と呼ぶことを嫌った。その言葉を使ってしまうと、現象に政治的な次元が含まれることを認めてしまうからだ。軍高官はことを、過度なホームシックと規律の不十分さ――それは「火器の使い方も教わらないことが、兵士の戦闘への準備を妨げるように、多くの任務に対する兵士の備えをなくさせてしまう」と考えられた――の問題に矮小化しようとした。逆に言えば、だからこそ軍上層部は、海外派遣中の軍人に強い影響力を持つ一部の兵士と民間人に占領の必要性を正しく認識させれば、問題を解決できるなどと〔甘い〕見通しを抱いたのだ。

陸軍省は、海外におけるアメリカ軍政府の課題や達成を宣伝・教育するための巡回展を合衆国の主要都市で開催するべく、数ヶ月にわたる検討を行った。写真パネルや短編映画、GIの談話などを含むこの企画自体は実現しなかったものの、代わりに著名な民間人評論家たちが、戦後のアメリカ人が果たすべき責任について教育する役割を引き受けた。

コラムニストのマコーミックをはじめとするリベラルな国際主義者にとって、長期占領こそがアメリカの新しいグローバルな役割の中心であり、しかるべく支持されねばならないものだった。兵士の占領業務を、「平和を勝ち取る仕事」などと麗々しく呼んだのも彼らである。やはり占領には、カール・フォン・クラウゼヴィッツの格言をもじった定義が当てはまるようだ。それは、政治的な方法による戦争の延長なのである[63]。

ただし、リベラルの目から見てもっとも恐るべき敵は身内にいた。その敵、すなわち「孤立主義」は、一九一九年と同じく一九四六年においても、戦後のアメリカ人が取りつかれやすい近視眼的なモノの見方の代表格だと国際主義者は思っていた。もしアメリカ人が歴史の教訓をくみ取ることに失敗すれば、前の戦争の後と同様、グローバルな指導的地位からアメリカ政府が撤退することで、世界は舵取りを失い、混乱に巻き込まれやすくなるだろう。だから「孤立」は許されないと、国際主義者たちは考えた。

一方、議会でアイゼンハワーを取り囲んだ女たちも、孤立を問題視していた。ただ、妻であり、母親である彼女たちが問題にしたのは、家庭内における別種の孤立だった。家長の帰還を強く求めた「パパを返して」運動家たちは、子どもを危険にさらし、家庭を寒風にさらし、夫の不義の恐れにさいなまれる妻を孤独にさらして結婚と家族生活を危機に陥れる軍隊を批判しようと、「家族の価値」に言及した。

あるニュージャージー州選出の議員などは、自分の主張の正当性をより高めるため、動員解除が加速されなければ、「父なし子の世代」が合衆国を「二等国」に貶める危険があるとまで言った。こうした露骨な保守の反軍主義も、〔GIの抗議運動と同じく〕時とともに忘れ去られた。[64]

ここまでの議論で占領——すなわち物議をかもす頭文字《イニシャル》O——が、互いに覇を競う複数の頭文字Iと結びついていたことが明らかになった。国際主義者(Internationalists)は、孤立主義者(Isolationists)に対して言葉の戦争をしかけ、最悪の場合、次の世界大戦を引き起こしかねない〔孤立主義者の〕無責任さ(Irresponsibility)を非難した。一方、GIの抗議運動家たちの中でももっとも急進的な人々は、占領に反対する議論を正当化するために別の頭文字Iを利用した。長期間の軍事占領は一種の帝国主義(Imperialism)であり、決して平和を保証しないと彼らは主張したのである。長引く占領は抵抗を生み出し、戦後世界における社会的・政治的な正義への人々の情熱を消し去り、必ずや次なる動乱を引き起こすだろうと。

一九四六年の初頭、占領をめぐる戦いは幕を開けたばかりだった。

第7章　「タダ」でほしがる兵士たち

「堕落」する占領

動員解除を求める運動が最高潮にあった一九四六年一月上旬のこと、高名な小説家のジョン・ドス・パソスが、占領下のヨーロッパで三ヶ月過ごす間に「シラフにもどった」経験を『ライフ』に書いている。「ヨーロッパにおける勝利が、アメリカ人の手から転がり落ちつつある」というのが記事の見出しだが、ここにはドス・パソスの厳しい情勢判断が表れている。

ドス・パソスが運命の逆転と呼ぶ事態は、一年前に懸念されていたヴェアヴォルフ部隊の土壇場の抵抗により引き起こされたわけではない。むしろ、アメリカ人自身の自堕落な振る舞いによって勝利が失われつつあった。ある少佐が語るとおり、ドイツでは「肉欲と酒と略奪が兵士に対する報酬」になっていた。

酩酊状態のアメリカ占領軍が見せる退廃ぶりときたら、ドス・パソスの醒めた精神状態とは対照的だった。ドス・パソスは、ドイツ再建のための一貫した政治的青写真が存在しないことにも不満を感じていた。しかし、彼がもっとも痛烈に批判したのは、占領を担う一般兵だった。特に、ドイツ人だけでなく、合衆国軍自身をもターゲットとする〔兵士の〕窃盗の問題を、彼は重く見た。

「ヨーロッパにおいてアメリカの威信がこれほど低下したことは、かつてない」とドス・パソスは嘆く。「人々は、アメリカ兵の無知と乱暴さについて延々と語る。窃盗と陸軍物資の横流しがブラックマーケットの土台になっていると、彼らは言う」。ちょうど、「親交」が友愛とは何の関わりもない言葉になっていたように、〔連合軍による〕「解放」も、ポジティブな言葉から、痛烈な皮肉を含むネガティブな言葉に変化していたのである。

ドス・パソスによると、「ノルマンディー上陸の前、解放とはナチの圧政から自由になることを意味していた。この言葉について、いまや、民間人の頭の中では略奪という一つの意味が際立っている」。結論として、ドス・パソスは以下のように断罪した。「我々はヒトラー主義を追い払った。しかし、非常に多くのヨーロッパ人は、〔ヒトラー主義という〕病気よりも〔占領という〕治療のほうが有害だと感じている」[1]。

ドス・パソス以外の著名な評論家も、勝利は、戦争に勝ったからといって永久に保証されるわけではなく、容易く失われ得るのだと述べていた。「戦利品《スポイルズ》は勝者のもの」という古い格言は、スポイル（spoil）という言葉に含まれる、もう一つの意味を無視している。それは、勝利が勝者自身を甘やかして駄目にするという、動詞としての意味だ。果てしない権利意識によって促される物質〔戦利品〕への耽溺は、勝者の倫理観を崩壊させる効果を持つのだ。

占領は、敗戦国民を改良することよりも、むしろ占領する側を堕落させることのほうに大きな効果を発揮する。〔戦後占領を〕批判する者たちは、大体そんな風に考えていた。海外のアメリカ軍は文字どおり甘やかされて腐ってしまい、地政学的にも大きな悪影響を生んでいた。

ＧＩの性的な乱行を問題視する初期のルポルタージュは、ＧＩを食い物にするドイツ人女性を非難することが多かった。しかし、ドス・パソスをはじめとする人々は、もっと別のものに目を向けた。それは、あらゆる占領地の周りで起こる浪費と、野放しの非合法経済だった。

戦後ドイツについての写真付きルポルタージュに、『親愛なる祖国よ、安らかに眠れ *Dear Fatherland, Rest Quietly*』（一九四六年）などと冷笑的なタイトルをつけたのは写真家のマーガレット・バーク＝ホワイトだが、彼女はその本の中で、「ヨーロッパ全体が一つの巨大なブラックマーケットになっている」と述べた。

エロティックな快楽には、違法な取引がつきものだった。ブラックマーケットにおけるＧＩの購入品第一位は性的サービスだったが、その代金は煙草で支払われた。アメリカ兵は、この依存性の代用通貨を現金代わりとして〔ドイツの市場に〕無制限に供給し、瞬く間に主要な貨幣としてしまった。[2]

一九四六年を通して、ヨーロッパとアジアから届く評論のトーンは確実にネガティブになっていった。それらが主に焦点を当てたのは、占領軍兵士の悪行である。早期の除隊を求めて喚きたてるＧＩたちの士気低下は、どうも集団的な倫理水準の低下につながっていたらしい。〔すでに述べたとおり〕それをもっとも粗暴なやり方で示したのが「帰国目前の兵士たち」だった。リンゼイ・パロットは、日本にいるアメリカ兵について「〔残念ながら〕自らが光り輝く鎧をまとったガラハド〔高潔な円卓の騎士〕であると完璧には示せなかった」と気取った表現で記している。

多くの悲観論者の危惧したとおり、かなりの数のアメリカ兵が、すぐに帰国できないのなら、少なくとも素早く楽に儲けようと考えていた。ドイツにいる不機嫌なＧＩ――抗議のためにデモに繰り出した人々――の最大の不満は、「一カートンの煙草を、一五〇ドルと交換するために」ブラックマーケットの中心まで「米軍売店から数マイル」は歩かなければならないことだと、一九四六年一月に『ニューズウィーク』誌は述べた。翌月には『コーリアーズ』誌が、「ドイツにおける失敗」という直球のタイトルで、著名な軍事専門特派員ドリュー・ミドルトンのエッセイを掲載している。[3]

ただ、具体的な占領地域での失敗の有様や失敗の原因として挙げられるものはバラバラだった。ミドルトンの論考は、合衆国軍政部による非ナチ化方針の一貫性のなさを批判しているが、同時にドイツ人の責任も指摘している。また、〔日本における〕連合国軍最高司令官総司令部《GHQ/SCAP》の最初の六ヶ月間を微細に検討したジャーナリストたちも、日本人を遠慮なく批判した。

一九四六年三月に占領の成功と失敗を列挙する「対照表」を書いたマーク・ゲイン（GHQ/SCAPが危険なほどアカがかっていると見なした特派員）は、公の場から軍国主義を除去することや日本の財閥による経済支配を突き崩すことにアメリカが失敗した原因の一つとして、ずる賢い日本人の妨害工作を挙げた。ゲインは、「外国人による占領と改革の数年間を耐え抜こうと」固く決意した〔日本の〕守旧派は、合衆国軍が撤退した後、巻き返しの機会をじっと待ち構えているのだろうと推測している。

しかし同時にゲインは、小狡い反動派〔日本人〕からの「ワインや女」といったワイロに対する、GIの免疫のなさも問題視している。また彼の見方によると、日本政府の既存の仕組みの相当部分を維持する方向へとアメリカ人を誘導し、日本の長期的な民主化を不安定なものにしたのは、「市民の暴動を恐れる」アメリカ人自身の気質であった。ゲインは「良からぬことの多くがワシントンの政府の責任だ」と、はっきり述べている。[4]

拙速な動員解除がアメリカの占領に及ぼす、政治的・戦略的・倫理的に危険な影響を重く見る者もいた。一九四六年初頭、〔動員解除を求める世論に〕追い詰められたトルーマンが「〔戦時から平時への〕再転換」のテンポを速めた結果、点数の高い兵士に続いて、点数の低い兵士までもが一斉に除隊した。そのため無傷で戦争を生き延びた諸部隊が、ほとんど一夜にして解散した。世論に強い影響を与える評論家たちは、除隊する帰還兵と入れ替わりにヨーロッパとアジアに到着しつつある若い徴集兵への不安を口にしたが、それは、占領軍の指揮官も抱える不安だった（おそらく、そうした懐疑的な見方は、彼ら自身から広まった面もあるだろう）。

「もっとも偉大な世代」などと呼ばれる前の戦後の徴集兵は、烏合の衆と見なされていた。ロバート・アイケルバーガーは、「何の専門技能も持たない若者」だと失望を込めて記している。『ニューヨーク・タイムズ』のサイラス・サルズバーガーは、注目を浴びたドイツからの連続ルポの第一回において、「負けたドイツ陸軍のような小ぎれいな軍隊とは違って、占領軍は惨めで、不幸で、ホームシックにかかった少年の集団のような印象がある」と揶揄している。くわえてこの記事は、占領の失敗を象徴するものとして、ブラックマーケットの蔓延を強調した。

あらゆる点で残念なティーンの兵隊は「ドイツの水道や道路から薄っぺらい感銘を受けて」いると言うサルズバーガーは、以下のように続ける。「そのうえ、〔ドイツ〕到着直後の兵士の多くは、それまでにロマンティックな経験をしたことがない。〔一方、〕退廃的な雰囲気の漂うドイツには物憂げで容姿端麗なドイツ娘が腐るほどいる。さらに悪いことに、八週間の訓練を受けただけの占領軍兵士は育ちが良いうえに単純なので、自分が最初に愛した相手と結婚しなければならないと思い込んでいる」。

ウィリアム・J・レデラーとユージーン・バーディックの小説が、海外における「醜いアメリカ人」のイメージを世に広める一〇年以上も前（つまり戦争終結から一ヶ月後）の時点では、多種多様なルポが、占領のそこかしこに存在する醜悪さを描き出していた。『ピッツバーグ・クーリエ』などのメディアに寄稿していたロイ・オトリーは、以下のような「全体的印象」を記している。すなわち、「アメリカは戦争を経て、もっとも嫌われる国になった」ようだが、「アメリカ人GIのマナーと振る舞いが、その大きな原因だ」と。

オトリーらは、〔兵士の〕がさつな振る舞いと有害な偏見が組み合わさって、醜悪さを生み出していると見ていた。良からぬ兵士の行動を引き起こすのはアルコールだけではない。人種主義《レイシズム》もまた、彼らを邪悪な行いに駆り立てている、と。[6]

ヨーロッパ以外の場所でも、占領軍兵士の人種差別的なヘイトの感情が暴力行為に至った。一九四六年に出版された日本からの詳細な報告は、アジアにおけるアメリカ白人の振る舞いに対して、忌憚のない批判を加えている。

外国の土地に多数のアメリカ人《ヤンキー》がいるのはよろしくない。彼らは自分たちだけで群れて、お互いの偏見を助長しあう……すでに偏見に凝り固まった彼らは、大勢で人前に現れ、常に酒を手にしている。ヤンキーときたら、敵の土地で大っぴらに酔っぱらい、ぶっ倒れるのが楽しいらしい。それから、彼らは百ヤードの範囲にいるすべての女性に近寄っていく……この当て所ない酩酊の雰囲気の中で、ヤンキーは煙草と金をやたらにまき散らし、自分たちのせいで、どれくらい物価が吊り上がっているかなど考えもしない。海外で徒党を組んだヤンキーは、思い上がって傲慢になった飲んだくれの乞食集団だ。彼らは礼儀正しい習慣を踏みにじり、土地の人々の考えなぞ決して理解せず、すべての交際を飲酒と女という最底辺に引きずりおろしてしまう。

ところで、この書き手は、白人GIが旧敵の日本人よりも「自分たちの横で苦しむアメリカ黒人」のほうに強い敵意を示すという、皮肉な現象も指摘している。かと言って彼は、別に日本の占領当局からひどく嫌われた進歩的な左派ジャーナリストなどではない。右の文章を書いたハージス・ウェスターフィールドこそ、合衆国陸軍歩兵第四一師団の公式史の著者であり、南太平洋での任務を終えた後、最後の任地である日本にやって来た人物である。[7]

一九四六年六月、さる王族の宝石の盗難に関するニュースがメディア上を独占し、「肉欲と酒と略奪」に人々の関心を集めた。このニュースは、きわめてメロドラマチックな形で、占領における倫理の問題をクローズアップすることになる。

スキャンダルのきっかけは、ドイツのクロンベルクにあるフリードリヒスホーフ城から持ち出された驚くべき量の宝物が、陸軍の捜査官によりシカゴのイリノイ中央駅にあるコインロッカーから回収されたという、新聞各紙の報道だった。この秘宝の中には、盗み出された数百のパール、サファイア、ダイアモンド、ルビー、そして、エメラルドが含まれていた。ヨーロッパの様々な王族の間でやり取りされた手紙や、ヴィクトリア女王が娘の結婚祝いに贈った署名入りの金綴じ聖書なども、のちに押収される。[8]

シカゴのロッカーで発見される前、ヘッセンの王冠の宝石類（さらに、結局、見つからなかった二五〇万ドルに上ると見られる金銀宝石も持ち出されている）は、八〇室を有するフランクフルト近郊の城の地下室にあるところを発見されていた。ドイツにおける他の主だった不動産と同様、このフリードリヒスホーフ城も、陸軍の将校クラブに使われていた。

ことの始まりは次の通りだった。秘蔵された酒類を求めて貯蔵室を探し回っていたロイ・カールトン伍長が、コンクリートに真新しい部分があることを怪しみ、何か隠されているかもしれないと思って捜索に取りかかったところ、ヴィンテージ・ワインよりもはるかに貴重なものが掘り出された。律儀にもカールトンはこの発見を、クラブを運営する陸軍女性部隊《WAC》の大尉キャスリーン・ナッシュに報告した。

すると、このナッシュが、恋人であるジャック・デュラント陸軍大佐（民間では内務省の法定代理人だった）と謀って、計り知れない価値のある財宝を盗む計画を立てた。強欲が常識と良心の両方をかき消してしまったのだ。「最初は、私たちも提出しようと決めていました。その後、ほんのいくつかもらおうと考え、それから、全部いただいてしまおうと思ったのです」と、ナッシュが証言している。[9]

この窃盗が明るみに出たきっかけは、結婚式用のティアラを探していたヘッセンの王女ソフィアが陸軍将校らに宝石の行方を尋ねたことだった。しかし、王女の問い合わせは遅きに失した。合衆国に帰国して結婚する前のナッシュとデュラントが、すでにフリードリヒスホーフから財宝を無差別に持ち出し、宝石の一部をスイスで売り払い、別の一部はアイルランドに住むデュラントの元恋人に渡し、小包を故郷の兄弟姉妹のもとに送ってしまっていたのだ。しかし、どんちゃん騒ぎで悪名を馳せた盗人二人組は、盗んだ宝石を金に換えられるほど熟練の詐欺師ではなかった。

ペンシルベニア州立大学の元ロマンス諸語教授A・C・ミラー大佐が率いる陸軍の捜査官に取り囲まれたとき、ウィスコンシン州に住むナッシュの姉妹は台所で三六点セットの純金食器を使っていた。デュラントの兄弟はヴァージニア州フォールズチャーチの七号線近くに、自分の分け前を埋めていた。新郎新婦〔ナッシュとデュラント〕自身はシカゴの高級ホテル、ラ・サールで逮捕された。そのわずか数時間後に同ホテルで火災が起き、六一人の命が失われる。この偶然のおかげもあって、不当な役得がどれほど危険なものになり得るかを示すドラマチックな実例が、よりいっそうの注目を集めた。[10]

ナッシュとデュラントが順にドイツへ引き渡され、軍法会議にかけられた際、このスキャンダルの主要登場人物の中に、無傷で済む者は一人もいなかった。アメリカの報道機関による論評は、盗難に遭ったヘッセンの王族に対してさえ、一片の同情も示さなかった。この王族一家が所有する法外な富のせいでほとんどのアメリカ人が彼らに好感を抱けずにいたところにもってきて、一家がナチとのつながりを疑われたとあっては、これはもういかんともしがたい。

もちろん、王族と第三帝国につながりがあったからといって、ナッシュとデュラントの罪が許されたわけではないのだが、結果的に、占領地域全体に存在する、ある厄介な問題が浮き彫りになった。

その問題とはすなわち、権力の座から追われた支配階級の不正な財産を没収する正当な行いと、違法な盗みを分かつ線はどこにあるのかという問いである。

たいていの軍法会議は、直接的な利害関係を有する数人の出席者のみで進められる機械的な業務だった。しかし、〔宝石盗難事件に関する〕一連の審理は珍しく大きな注目を浴びた〔宝石がびっしりついたティアラや、髪飾り、ネックレス、ペンダント、ブレスレット、指輪、銀食器、金などを載せられて軋む一八フィートのテーブルが、証拠物件Aとして提出される軍事法廷など、そもそも前代未聞であった〕。そうした中で一九四六年八月に開廷したナッシュの軍法会議が、ドイツにおける財産《プロパティ》と正しさ《プロプライエティ》をめぐる、多くの複雑な問題を明るみに出した。[11]

記者たちがナッシュを描写する際の言葉には、一様に好意が感じられない。陸軍の捜査官が取り調べのために自分を「精神病院」に閉じ込め、服を脱がせて検査をした――女性の被疑者にとって、とりわけ侮辱的な行いだった――と主張し、同情を引こうとするナッシュの試みは、徒労に終わった。

むしろ、被告自身がジェンダー規範を犯していることの方に、評論家の注目が集まった。この「がっしりした」四三歳の女は、入隊時に三九歳でありながら三〇歳と年齢を偽っていた。女性部隊に入るために二人の子どもを置いてきただけでなく、七歳年下のデュラント大佐と交際した。現行犯逮捕されたにもかかわらず、大人しく起訴を受け入れなかった、と。

一方、弁護側は、ナッシュがドイツの資産を強奪したアメリカ兵の過去の犯罪の責任まで負わされ、スケープゴートにされていると主張した。「他に何千人も同じことをしているのに」と、ナッシュの弁護人ジョン・ドウィネル大佐は主張した。「この女性を指さし、『たくさんの者が手を染めておきながら見逃されていると、全世界が知っている罪について、今、あなたが罰を受けるのだ』と言うのは、公平ではないでしょう」と。

たしかに、数えきれないほどのアメリカ兵が実際に他人の持ち物を略奪していた。とはいえ、三〇〇万ドルもの価値がある王冠の宝石を盗んだ者など〔ナッシュたちの〕他にはいなかったので、この弁護人の理屈も説得力を欠いた。ナッシュ大尉は、五年間の重労働つき禁固刑と不名誉除隊を言い渡され、首謀者と目されたデュラント大佐はより厳しい一五年の刑期を下された。[12]

数千の過ちが見逃されているからといって、一つの行いが正しくなるわけではないと検察官は主張した。しかし、こうした過ちが、ここまであからさまに暴露されること自体、前例のないことだった。おそらく陸軍にとってもっとも不都合だったのは、事件の共犯を疑われたデヴィッド・ワトソン少佐の軍法会議中に以下の新事実が発覚したことだろう。

ワトソンは、自分がヘッセンの宝を少しばかりポケットに入れたことについて、何らやましいところはないと主張した。なぜかと言えば、デュラントの上司であるジェームズ・ベヴァンズ少将も、秘宝の中から銀の水差しを一つ「受け取った」のだから、と。

将軍の一人が買収されたというこの話のせいで、最上位の高官だろうと誰だろうと、軍政要員は皆、戦後の不正に目をつぶり、自分自身も分け前を受け取っているのではないかとの疑念が広がった。のちにベヴァンズは軍政長官ルシアス・D・クレイ将軍から「きわめて卑しい判断」をしたとして叱責を受けたが、陸軍の評判をさらに傷つける恐れがあるため、裁判は免除された。

それにしても、ヘッセンの王冠宝石事件に関して相次いだ三つ〔ナッシュ・デュラント・ワトソン〕の軍法会議は、ちゃちなコソ泥から巨大な規模の窃盗まで、腐敗が蔓延しているとの印象を広めるのに十分なものだった。報道は呆れるほどの強欲話に紙面を割き、芸術品を盗んだり、大型貨物機いっぱいの陸軍物資をブラックマーケットに横流ししたりする将校のネタを伝えた。検事たちは数百万の兵士は「他人の物を盗む」誘惑に抗っていると抗弁したが、そうした主張は、占領下のドイツに「異常な事態」が蔓延していることを示す当事者の告白ほど人々の心には響かなかった。[13]

大衆文化の中の占領と言えば、後ろ暗い取引が、それにふさわしい暗闇の中で行われるトワイライト・ゾーンというのが定番だった。それは、〔占領にまとわりつく〕下卑た印象を強めた。占領下のブラックマーケットは、善悪の境界を際限なく曖昧にすることで成り立っていた。だからこそ、不正な商売は占領されたヨーロッパの暗さを表現するお決まりの小道具になったのである。

この点をもっともよく示すものこそ、ビリー・ワイルダー監督の『異国の出来事』（一九四八年）で、マレーネ・ディートリヒが演じる女性歌手である。ベルリンのフェミナというナイトクラブで、ディートリヒは観客の兵士に向かい、ささやく。「こちらの品はいかが。兵士《ボーイズ》のためのホットな商品よ」と。無論、その品とは、マイセンの陶器人形ではない。ディートリヒが代表曲「ブラックマーケット」を歌うかすれ声も、はっきりそう告げている。

グレアム・グリーンが本来もっと長かった中編小説を縮めて映画脚本にした『第三の男 *The Third Man*』（一九四九年）は、占領の地下に広がる暗闇をそれこそそのまま描き出している。ベルリンと同様、四つに分割された占領下のウィーンを舞台とするこの映画のクライマックス・シーンは、地下を走る下水管網の中で展開する。そこではアンチヒーローのハリー・ライム（オーソン・ウェルズが演じた）が、ペニシリンの違法な持ち出しを発見され、逃走する。「ウィーンでは誰もが何かしらの密売に関与してる」などと、登場人物の一人が弁解めいた主張をするのだが、このセリフは、グリーンがナッシュ大尉の発言から盗んだものかもしれない。[14]

士気を維持するための娯楽

征服は征服者を必ず堕落させるのか、それとも、堕落した個人のせいで、占領に含まれる民主化の情熱が萎えるのか。問題の原因をめぐって、アメリカのアナリストたちのあいだには、いかなるコンセンサスも存在しなかった。占領する者、される者、そして占領それ自体に含まれる有害な「異常性」のうち、いずれを重く見るのかは、書き手しだいだった。

ケイ・ボイルが占領下のドイツに取材して書いた『ニューヨーカー』の記事に出てくる人物の一人は、ドイツのことを、「自由な男たちが征服してみたところ病気を患って堕落してしまい、もはや自由ではなくなってしまった感染症の島、つまりハンセン病患者のコロニー」などと呼んだ。しかし、慢性症状をなんと診断しようが、占領軍の一員となることが道徳的に有害な業務だと考えるコラムニストや小説家の数は、ますます増えていた。実際、戦争に勝っても平和を得られないことがあるように、せっかく戦闘を生き延びた兵士が、戦後の罠にかかって命を落とすこともあった。

一九四六年五月の『ニュー・リパブリック』誌に文章を寄せたウォルター・J・スラトフというある帰還兵は、戦闘では「傷一つ負わなかった」戦友が、「戦争終結からほぼ一年後にベルリンで負傷兵に――つまりは、筆舌に尽くしがたいほどの悪徳と堕落に満ちた、無情な都市の犠牲者」になる事情を、次のように説明している。「ほとんど無尽蔵の金と、ヴァン・ジョンソンかクラーク・ゲーブル〔いずれも俳優〕並みに女性を魅了する力を与えられ、猜疑心と憎悪と冷笑的な態度を助長するように計算された嘘やデマを休みなく聞かされた、一八か一九の少年たち。彼らが、あらゆる公徳心を失った人々の中に置かれて、あなた方の一切の監督を離れている様子を想像してみてほしい」と。

荒廃したドイツの首都ベルリンは、そこに住む人々の精神も荒れさせた。当然そこでは、たくさんのGIも心に傷を負った[15]。

若い新兵や、その上官たちは容易く罠にかかりかねない。しかもそれは単に、市全域にブラックマーケットが広がるベルリンだけの問題ではない。そんなことは軍の指揮官たちももちろん承知していた。だからこそ彼らは占領の長期化を受けて、兵士の士気を回復させる業務に多くの時間を割くことにしたのだ。

しかし、士気と道徳の関係は二つの語のつづりの近さ〔moraleとmoral〕が示すほどに単純なものではなかった。たしかに、士気の下がった兵士ほど不道徳な傾向を示した。だからと言って、士気を向上させる取り組みが、兵士の道徳心も向上させるかというと、そうとばかりは言えなかった。実際、占領業務にご褒美をつけて兵士の士気を上げようとすると、その直接的・間接的な悪影響で別の問題が生じた。その問題とは窃盗、違法取引、そして不当な利益を「守る」ために頻繁に用いられる暴力である。

GIの士気が目もくらむほどのスピードで急降下していた一九四五年夏のことである。欠勤率の急上昇やアルコール中毒、車両事故、そして、旺盛な親交の結果としての性感染症といった問題を引き起こす兵士の動揺を食い止めようと、軍の指導層は躍起になっていた。

対策の中心は消費とレクリエーションと旅行、期待される効果は士気の底上げと再入隊率の上昇だった。同様の戦略がのちのヴェトナムでも採用されたことを歴史家メレディス・レアが指摘しているが、そもそもは大戦後の占領地域が起源だったのだ。「我が政府は我が陸軍に、世界史上、もっとも良い食糧の供給と、もっとも良い服と、もっとも良い娯楽を提供しています」。これは、一九四六年二月にアイケルバーガー将軍が叔父に向かって語った自慢である。

この自負にはたしかに根拠があった。戦争終結から間もなくして軍高官は、占領任務を嫌々こなす多くの元戦闘兵に気晴らしや報酬を与え、彼らをおだてることに、気をつかうようになった。占領軍の兵士は、再三再四、「こんな良いことないぞ」と〔上官から〕言われたが、おそらく、そのとおりだったのだ。

東京にいたある女性部隊の大尉は「我々は何でもタダで乗れたし、食糧もタダでもらえたし、金がかかると言ったらお土産くらい」だとうそぶいた。「私は何かを買うために金を払うのが嫌になってきている――映画とか交通機関とか、食べ物とか、そんなものに。ここでは煙草だって支給される。ちょうど今、私は五カートンの煙草と四本の葉巻を持っている！　こんなに愉快なことはない」と。[16]

不平不満につながりかねない〔兵士の〕退屈を食い止めようと、軍の指導層は、ある陸軍の報告書が「健全なレクリエーションと娯楽」と呼ぶものに力を入れた。例えば、彼らは水泳プールや運動場、運動用トラック、そしてゴルフ・コースの建設と整備を迅速に行うよう命じた。

GIのスポーツ・チーム同士がトーナメントで競い合ったほか、〔外国軍と〕共同で占領業務を遂行することが認められていた場所では、アメリカのアスリートが他国の占領軍兵士を相手に腕試しした（一九四五年九月の大運動会の直前に、ソヴィエトは、「スポーツマンらしくない」やり方で、何の説明もなく不参加を表明し、ベルリンに駐留していた他の三列強から顰蹙《ひんしゅく》を買った――これについてジョン・マギニスは、「勝てないかもしれないという以外に、まともな理由は考えられない」と書いている）。

占領軍での任務がフルタイムのアスリートになるという奇妙な運命の成り行きに、古参戦闘兵の一部は仰天した。日本での最初の一ヶ月を「ブリッジの熱戦とソフトボール」に費やしたチャールズ・ハントは、二ヶ月後の一九四五年一二月、師団における自分の仕事がバスケットボールになったと知らされた。「チームは、皇居を見下ろす、とあるオフィス・ビルの四階の角部屋を使っている。食べ物は……すごく良いし、バスケットボール以外、何もしなくていいんだ」とハントは家族に伝えている。[17]

水泳、野球、テニス、バレーボールなど、下士官兵に肉体的な疲労を強いるプログラムは、昼間、彼らの暇な時間を潰すだけでなく、夜間、あまり健全でないところに向かいがちなエネルギーを吐き出させてくれるのではないかと指揮官たちは期待していた。「アスレチック、娯楽、レクリエーション」は明らかに、目前の性感染症の広がりに対処する仕組みと位置づけられていた。「〔戦争の〕勝利の後のリラックスは、決して性感染症との戦いにおける緩みにつながってはならない」と、合衆国陸軍第一五軍の軍医局は主張した。感染症の撲滅を目指す軍の指揮官は、ホテルや城、カントリー・クラブなど選りすぐりの建物を使い、将校と下士官兵それぞれのために娯楽施設を建設した。ナッシュ大尉が運営を担当していたフリードリヒスホーフの豪華な城は、占領下のヨーロッパ中にある数百の施設のうちの一つだったのだ。日本でも、アイケルバーガーが第八軍のために同様の建設計画を命じ、一二ヶ所の娯楽施設が開設された。

これらのクラブについて、アイケルバーガーが、「多くのアメリカの田舎町では望むべくもないほど良いもの」だと言ったのも道理である。こうした施設は、兵士が本を読み、静謐な環境で故郷に手紙を書くことのできる図書室から、「上品な」デート相手と介添人付きで逢うことのできるバーやダンスホールにいたるまで、様々な娯楽を提供した。

大阪の下士官兵用クラブの自慢は「兵士が日本人の女の子と踊れる美しいダンスフロア」だと、アイケルバーガーが妻に伝えている。妻の非難を恐れたからだろうが、彼は慌てて以下のように付け加えている。「兵士が女の子を映画やダンスなんかに連れ出すのに眉をひそめる者もいようが、別の問題が起きるよりは、ずっとましなのだよ。彼らのレクリエーションはしっかり管理されていて、フランスから漏れ聞こえてくるような猥雑さとは無縁なのだから」[18]。

こうした場所での親交を監視するために配置された女性部隊と赤十字の人員に対し、高官たちは全幅の信頼を寄せていた。陽気で気が利く魅力的な（しかし、できれば性的には魅力的過ぎない）女性との社交上の付き合いは、帰りを待つ健全な恋人や品の良い妻のことを兵士に思い出させ、急落する彼らの士気を維持してくれるのではないか。そんな儚い望みを抱いていたからこそ高官たちは、女性を使って、「孤独」というGIの目下の悩みに対処しようとしたのである。「赤十字の女の子は、品の好い娯楽〔の提供〕という課題に誠心誠意のぞんでいる」と、アイケルバーガーはまるで叔父のように自慢気に記している。[19]

あらゆる占領地で主要産業となったレジャーに関連して、特定の技術や才能を持つ兵士が、様々な種類のフルタイム業務についた。ビリヤード台の修理業務を専門に日本国内を旅しては、「破れや、葉巻・煙草の焦げ、それに酒の染みがついた、台の各所の緑色のフェルト・カバー」を取り換える部隊が、第八軍の自慢だった。そこには、娯楽産業の規模の大きさがよく表れている。

創作と音楽と演劇に関心のあるジャック・ローゼンフェルドのようなGIは、もっぱら、ショーやミュージカル・レビュー、タレント・コンテストなどの脚本を書いて上演する任務についた。ほんの数日でもアメリカ軍が駐留した場所には、瞬く間に映画館が出現した。日本に駐留する第八軍は、一九四七年九月までに二六一ヶ所以上の映画館を運営していた。いくつかの都市では既存の映画館が接収され、軍の所有になった。

ヴュルツブルクやシュツットガルトに作られた六〇〇席の施設のように大きな講堂が、あちこちで新しく建設された。東京にあった名高い六階建てのアーニー・パイル劇場のような凝ったものから、もっと基本的なものまで、映写設備は色々だった。軍の補給線の末端に位置する僻地では、映写機は野外に組み立てられた。騒がしいGIたちが、空の星と物見高い地元の見物人に見つめられながら、少し時代遅れのハリウッド映画を鑑賞した——この光景が最初に見られたのは、一九四三年の北アフリカだった。[20]

スポーツやクラブ、ダンス、映画のほかにも、占領軍兵士を楽しませ、気分転換させる娯楽があった。費用補助つきの旅行こそ、戦後のレクリエーション・プログラムの花形であった。軍お墨つきの旅行のための外出許可が頻繁に出された結果、占領地域では兵士を常に即応状態に置くという方針が〔なし崩し的に〕緩和された。また、こうした旅行は、仕事と気晴らしの境界をますます曖昧にした。

見知らぬ土地を見聞する機会を得たことで、兵士はカメラや撮影用フィルムを追い求めるようになり、とりわけ熱心なアマチュアであれば、現像用の薬剤すら欲しがった。ランドルフ・セリグマン大尉は、映画撮影機用のカラーフィルムをすぐに送ってくれるよう北海道から故郷に頼み込んでいる。「貴重な風景が、撮ってもらいたがっているんだよ」と。同様に、ボブ・ラフォレットも「安いボックス・カメラ」を送ってもらえさえすれば、日本の子どもの写真で家族を喜ばせられるだろうと確信していた――「おかっぱ頭で、ものすごくぷっくりした小さなほっぺをしていて、小さな服や着物を着ていて、あなた方が今までに見た何よりも可愛いよ」と。

一九四五年秋に東京に着いた海軍の無電技師アラン・スターリングの場合、別の理由から写真を珍重していた。スケネクタディに住む姉妹宛ての手紙の中でスターリングは、占領業務で経験せざるを得ない、ある種の臭いを伝えないことこそ、カメラという道具の長所だと述べている。「もう戦争も終わったし、こっちで映画撮影機を手に入れるために何でもしようと思うんだ。この列島〔日本〕は〔南太平洋の島々と〕ほとんど一緒だけど、風景だけは良い映画の素材になると思う。〔視覚以外の〕ほかの感覚まで働かせてしまうと、この島がひどく汚らわしいものに感じられてしまうと思うんだ。君がこっちの良い部分〔風景〕だけを受け取り、実際にこちらにいると付いて回る〔臭いなど〕他のものは何一つ受け取らないようにしてもらいたいから、映像だけのほうがいいんだ」と。[21]

撮影機材の補充が、ここまで強く求められたことからも分かるとおり、多くの兵士はほとんど写真マニアと化していた。占領下の朝鮮における一年を記録したジョージ・クローニンの日記には、朝鮮の女の子と同衾するべきか、また、いつするべきかについての思案とだいたい同じくらい、写真機が故郷から送られてくるかどうか、送られてくるとすれば、それがいつになるのかに関する思案が書き込まれている。

クローニン以外の兵士にとっても、目新しい風景を記録する機能と、自分たちと地元民の関係を取り持つ機能が、カメラの魅力になっていた。繁華街での午後の散歩にしろ、もっと遠くまで行く休暇にしろ、GIが旅行を写真撮影の機会と捉えていたのは間違いない。しかし、それ以上に素晴らしいカメラの長所は、社交のきっかけに使えることだった。写真を撮ってほしいかいと若い女性に尋ねるのは、よくある会話の糸口だった。

現在、合衆国の文書館には、イタリア、ドイツ、日本、朝鮮の女性が一人で、もしくはほかの女性たちと集団で、あるいはアメリカ兵の隣で、恥ずかしそうに、あるいは誘惑的にポーズをとるスナップ写真が数多く所蔵されており、〔カメラを使った〕右のような手口が少なくとも時々は成功していたことが分かる。

カメラ本体だけでなく、それで撮った写真も宝物になった。それらは図解目的で故郷に送られたり、様々な国を征服したことの不朽の証としてバインダーに挟んで保存されたりした。[22]

日本の鉄道網で地元民が暖房なしの客車にひしめいたり、過積載の列車の側面や屋上にしがみついたりしているとき、アメリカ兵は「ファースト・クラス」の無料輸送を謳歌していた。アイケルバーガーの日記を読むと分かるが、日本各所の景勝地に入念に整備された第八軍の保養所とホテルのネットワークは、彼自身の多大な労力によって維持・管理されていた。

多くの占領軍兵士が家への手紙で説明したのは、旅で出会った宿の亭主や料理人のもてなしのことだった。彼らは、客の兵隊が旅先まで身に付けてきた乾燥した配給食料を差し出すと、さっとおいしそうな料理に調理してくれた。ちなみに劣悪な食糧事情に配慮して、終戦直後の日本の食堂は占領軍「立入禁止」となっていた。とはいえ、多くのアメリカ兵は、〔人糞を使った〕現地の肥料の習慣に対する嫌悪感を無理やり抑えて口に入れてみたところで、何が旨いのかよく分からない不慣れな食物を試すことに、さほど関心を示さなかったが。

兵士にとって料理よりも大きな魅力を持つ現地の習慣は、男女が足しげく通う屋内浴場や露天風呂だった。そこでは女性従業員が占領軍兵士の背中を流してくれることなどもよくあった。これには多くの兵士が賛辞を贈っている。札幌へ遊びに行ったチャック・ウィルヘルムなどは、脱衣場が男女別なのに浴槽は一つしかない風呂に驚いている。しかし、〔彼と同じ風呂に入った〕日本人三人が「きれいな女性」だったので、混浴にも不満はなかったようだ。[23]

ヨーロッパの占領軍兵士には、鉄道や飛行機、ジープなどで大陸を散策するための無料搭乗券が頻繁に配られた。目的地には、文化や宗教の面で名高いローマやザルツブルク、オーバーアンマーガウといった場所が含まれた。一方、歴史的・建築的な見どころよりもエロティックな面で人気の諸都市、とりわけパリなども旅程に組み込まれた。兵士の旅は、純粋な息抜きから研修旅行と称されるものまで様々な目的に沿って計画されたのだ。

兵士は、ナチの残虐行為とのつながりが明白な場所に案内された。例えば多くの兵士が、公式日程としてヒトラーの山上の隠れ家であるベルヒテスガーデンを訪れている。強制収容所だったところを見学する者もいた。一九四五年六月にブーヘンヴァルトを訪れたモーリス・カーツは、次のように書いている。「ここは、まさにGIの観光地だ。火葬場（死体仮置き台なども全部！）を含め、建物はすべて無傷で残っている。しかし、ここも今では消毒され、塗装しなおされ、ベッドが（それにシーツも！）新調されて、〈移住民〉センターになり、ラジオや音楽がいたるところで鳴っている。元囚人が各グループのガイドを務めている。彼らは今では合衆国の煙草を吸って……笑っているが……ことあるごとにビクつく」と。こうした旅行を通じて、新兵がドイツ占領という長期事業の必要性をより良く理解することが、指揮官たちの狙いだったことは間違いない。

同じく、かつて国家社会主義揺籃の地となり、いまやもっとも完全に破壊しつくされた街の一つであるニュルンベルクも、一九四五年一一月に戦犯裁判が開廷した後、GIの訪問が推奨される場所の一つになった。そこでは裁判自体がチケット制のイベントだった。[24]

しかし、兵士の旅は常に狙いどおりのメッセージを伝えるとは限らず、むしろ、その意味が変質してしまうことも多かった。道徳的な意識の向上を目的として旅程に組み込まれた見学場所に来ても、GIがそこに自分たち特有の不敬な意味を付け加えてしまうと、きちんとした教訓は伝わらなかった。ベルヒテスガーデンやベルリンの総統官邸まで来て、持ち帰るのにちょうどいい第三帝国の遺物を探したり、あるいは木材や石材の表面にイニシャルや有名なキルロイのフレーズ（「キルロイ参上」）を彫りつけ記念にしたりすることで頭がいっぱい。そんな兵士も多かった（のちにソヴィエトは、兵士がこうした場所に入ることを禁止している）。ヒトラーが会議を開いていた「鷲の巣」の大きな八角形の部屋について妻に書き送ったヘンリー・バウストが、一番熱心に描写したのは「戦友たちが名前を書いた」部屋の中央の大きな丸テーブルだった。[25]

新聞の報道によって、占領軍に親類のいないアメリカ人にもこうした情報が伝わった。「ジープ一台につき三人か四人、六輪駆動トラックなら一台につき一二人、アメリカ兵がオーストリアやドイツ南部全土からひっきりなしに到着し、観光地を見物し、ケールシュタインの頂上で互いに写真を撮り合い、ヒトラーが住んだ家の巨大な窓ガラスを背景にして写真に写っている」と、『ボルティモア・サン』紙のプライス・デイは報じた。

爆撃で焼けたベルヒテスガーデンが「GIの観光地」の一つに変わっていく様子を描写しながら、デイは、果たしてヒトラーはどう思うかと考えた。「彼はアメリカに来たことが一度もないから、アメリカの国立公園がどんなものか知る由もないだろうが、彼がこよなく愛した場所は、〔アメリカ人が集まる浮かれた観光地という意味で〕そうした国立公園と本質的に同じものになってしまっている」。包み込むような倦怠感に襲われたデイは、以下のように結んでいる。「その場所には全然興味がわかない。そこはもう邪悪でさえなく、何か〔くみ取れる〕教訓があるとしたら、空虚さに関する黴臭い教訓くらいだろう。ここは、もう、ほとんど耐え難いくらいに冴えない場所になったのだ[26]」。

レベッカ・ウェストが「退屈の牙城」と評したニュルンベルクの訪問も、やはり必ずしも意図したとおりの教育効果を発揮しなかった。見物人が柵越しに動物を透かし見るサーカスのようなものとして、法廷を捉える兵士もいた。その場合の法廷とは、無表情な〔被告の〕外見と、その〔心の〕内に秘められた悪意との間のギャップについて熟考する機会だった。

しかし、ニュルンベルクに駐屯するGIでさえ、皆が皆、裁判の進行に興味を抱いていたわけではない。「ハニー、ここに捕まっているナチどもについてはたいして話を聞かないし、なんにせよ、裁判を見に行く機会はなさそうだよ」と、クラレンス・デーヴィスはつまらなさそうに妻に知らせた。「見に行っても、たぶん裁判はドイツ語で行われるから、どうせたいして理解できないし」と。

実は当局も発表していたとおり、裁判はその場にいる全員が理解できるように、多様な参加者と傍聴者が用いる複数言語へと同時通訳されていた。しかし、デーヴィスがそれに気づくことはなかった。〔結果、裁判を見に行くこともなかったおかげで〕デーヴィスはアメリカ人と「ほとんど変わらないくらい上手に」英語を話し、「我が軍の航空隊に入りたい」というドイツ人の少年と友達になって、市内の写真撮影ツアーに出かける時間を持つことができた[27]。

旅行の真面目な目的が不真面目な目的とすり替わってしまったことについて、GIだけを非難するわけにはいかないだろう。彼らをナチ関連の場所に連れ出した将校自身、こうした旅行を「土産物漁り」の機会と見なすように、部下を焚きつけていたのだから。こうして旅行は、敵のイデオロギーの破たんについて熟考する機会ではなく、戦争の勝利に浮かれ騒ぐ行事になった。

他方、上官が「ニュルンベルクで仕事をさぼっている」と言って一人の下級士官が軽侮の念をあらわにしていた。彼ハワード・シルバーは、姉妹に宛てた手紙の中で、「あそこでの未決裁判のためにあれこれ『準備する』などという〔上官たちの怠業の〕口実」に腹を立てている。シルバーは〔将校たちが〕こんな風になめ腐った態度で仕事をさぼるのは、彼らから共同責任の感覚が消え去ったからだと考えていた。「〔占領のことなんて〕誰も構っちゃいない」とシルバーは嘆いた。「陸軍は、自分自身のことで手が一杯だから、ドイツの将来に関わる問題の解決に向けて〔果たして解決なんてものが、あればだけど〕何もしようとはしないんだ」とシルバーは言った。[28]

仕事と余暇のけじめがつかないばかりか、占領任務の中身さえよく分からなくなっていた。「戦後軍」のアメリカ兵は、守衛、警官、裁判官、教師、人道援助ワーカー、アスリート、俳優、旅行者、学生など、色々な役柄を時に同時にこなさねばならなかった。

占領開始から時が経ち、はじめは明確に懲罰的な意図で行われていた厳しい政策が緩和される中、〔アメリカの〕軍事官僚機構は、自軍の兵士に〔ドイツと日本に対する〕親善大使としての役割を期待し始めた。大げさに言えば、占領軍兵士はアメリカからの善意の使者、すなわち占領される人々の模範となって彼らを改良するリベラルな民主主義者の代表になることを求められたのだ。

このような職責を果たすにあたってGIは、アメリカニズムや自由主義《リベラリズム》、資本主義《キャピタリズム》、その他のいかなる主義《イズム》も宣伝する必要はなかった。そもそも平均的なアメリカ兵は、自覚も言語化もしないままナショナルなイデオロギーにどっぷり浸かっているというのが、軍の心理学者の共通意見だった。占領軍兵士は、ありのままの自分として、そこにいるだけで、宣教師の役目を果たすことができる。気の置けない彼らの態度やフェアプレイの精神、それに、寛大さといったものが、かつての敵に魔法をかけるだろう――少なくとも往時には、そういう期待も存在したのである。[29]

しかし、非常に雑多な役割を求められた結果、占領軍兵士のアイデンティティーはひどく矛盾したものになった。〔例えば〕陸軍は、ハイデルベルクやボローニャ、トゥールーズ、ビアリッツなどといった古来の学び舎ではなく、ビスケー湾のような軍専用リゾートに、四千人の現役兵士が単位を取得できる大学を設置した。しかし、果たして兵士はそこで、いったい何を学んでいたのだろうか。およそ大学らしからぬ、くつろいだマナーと服装で演技論を語るマレーネ・ディートリヒ。そんな目を疑うような光景が、一九四五年の軍人大学生たちの前に現れた。〔兵士に対する〕教育よりも多額の予算が、臆面もなく彼らの娯楽に投じられていたのだ。[30]

PX――米軍売店

アナリストが長期占領の落とし穴として挙げた兵営生活の退屈と孤独を和らげるため、バラエティーに富んだ米軍売店《PX》が、日常的に豊富な物資を提供した。それらは一定の規模の合衆国軍が駐留している場所なら、大体どこでも建設され、最大規模のものは品ぞろえの良い本国の百貨店にそっくりだった。なかには、一般的なアメリカの商業施設をはるかに凌駕するものさえあった。軍の要員であれば、食糧、煙草、酒、服、故郷に送る贈り物、あるいは、兵舎や宿舎の生活を快適にする器具などが買えた。

女性部隊の隊員や赤十字の人員、軍属らの数が増えると、女性顧客用の商品も置かれるようになった。一九四六年三月には、アイケルバーガー将軍が、間もなくアメリカからやって来る妻に対して、東京にある巨大な複数階建ての米軍売店が、最近、「マム〔体臭・発汗抑制クリームの商標〕からヘアピン、パフ、若い女の子が爪に使うものまで、カウンターいっぱいのレディース商品」を陳列し始めたと伝えた。そして、もうすぐ「GIが、それを日本の若い子のために買うようになる」のだろうとと忌々しげに付け加えている[31]。

理論上、米軍売店はGIの物質的欲望を満足させると同時に、〔その悪影響が軍の外に及ぶのを〕封じ込めるはずだった。「会員制店舗《クローズド・ショップ》」の仕組みは、〔米軍売店が〕地元経済に与える害を軽減し、兵士の給与の一部を軍の金庫に還流させるはずだった。割安な商品が簡単に手に入るおかげで、占領の効率と倫理の両方に問題が生じた。しかし、現実には貪欲な消費によって、占領する者の強欲と占領される者の妬みが掻き立てられただけではない。前者が米軍売店を通して安価で購入した商品を後者に売ることで、ブラックマーケットの活動が活性化したのである。

人目につく場所に置かれることの多い軍の売店は、地元民の注意を引いた。最初に日本に到着した七人の女性部隊将校の一人、マーサ・ウェイマン大尉は、銀座にある「将校専用」の店が常に「我々の服や下着など、あらゆるものを眺める大きな人だかりを窓の周りに」集めていたと記している。「現地住民」を無遠慮に眺めて、自分たちとの違いを細かく分析することが、おのれの特権だと思い込んでいた兵士は、こうした日本人の好奇心のおかげで逆に見つめ返されるという経験をした。東京の店舗を含む一部の売店施設が地元の女性を「店員」として雇ったことにより、〔アメリカ兵が日本人の顧客になるという〕さらなる役割の逆転が生じた。

貧しさが広がる戦後の景色の中で、豊かさの象徴たる米軍売店がオアシスのように輝くとき、消費のきらびやかな光は羨望の的になった。アメリカの富と現地の貧困のギャップに衝撃を受けた軍政要員の中には、それをポジティブなものとして理解しようとするあまり、嫉妬が再建の仕事を捗らせるだろうなどと、倒錯したことを言い出す者も出てきた。典型的なアメリカの消費がどんなものかを目にした敗戦国民は、きっと〔自他の〕ギャップを埋めようと躍起になるはずだと。

しかし、不平等が〔敗戦国民の〕生産性を上げるなどと考えるほど皆が皆、お目出たくはなかった。軍の広報官の一部は、消費資本主義の果実を見せびらかすことが、〔敗戦国民の〕疑念を掻き立てるのではないかと不安を覚えた。経済的な正義の土台を欠いた状態で、「民主主義」にどんな意味があるのか、と。[32]

アメリカの富に対して、疑念や嫉妬のまなざしを向けたのは、実は占領される側の人々だけではなかった。特に沖縄や朝鮮など、補給網が細く伸びきった太平洋の周縁部における戦後の報酬の分配は、占領者自身の間ですら明らかに不平等だったのだ。

ある基地から別の基地へ――また、任地から余暇の地へ――占領要員を入れ替え続ける流動的な配置転換が行われたため、自分の境遇が他人のそれと比べてどの程度のものなのか、多くのGIはよく承知していた。誰が、何を、どこでより多く獲得しているのか、兵士はすぐに把握し、その問題に関心のある本国の人々に、率直な言葉で不平等を知らせた。その結果、一九四六年には朝鮮の〔米軍売店の〕粗末な陳列棚が、議会の軍事委員会の関心を引くことになった。

朝鮮半島を訪れ、GIの不満を聴き、実地に状況を調査したジョン・シェリダン下院議員は、アイケルバーガーに辛辣な批判をぶつけた。下院議員は、アイケルバーガーと報道機関に同時に送付された非難の手紙の中で、以下のように書いている。「我々が軍の施設を調査した、世界中のいかなる場所においても、これほど多くの不満を聞くことはありませんでした。それら〔の不満〕が事実であることは調査により裏づけられました。ここの士気は最低レベルですよ、将軍」と。

シェリダンはますます熱のこもった調子で、朝鮮における米軍売店の危険な状況に注意を促した。

一例を挙げれば、航空隊のポスト・エクスチェンジ[P X]（米軍売店）は、名が体を表していません――そこには、交換《エクスチェンジ》するものなんかないのですから。人気銘柄の煙草は一つも手に入りませんし、実際、何もないのです。司令官用の靴ひもさえありません。別の例を挙げますとね、将軍、我々は視察のために軽食堂を利用することはできましたが、そこの塗装はまだ乾いてなかったので、触ることもできませんでしたよ。我々の到着前、兵士たちは食堂を完成させようと昼夜問わず働いていました。話は逸れますが、その食堂というのは潜り酒場なんかがある本国のいかがわしい場所によくある感じのものでした。こうした施設を、東京や横浜にある米軍売店や娯楽施設と比べたら、その完全な欠陥が際立ってしまいますね。[33]

アイケルバーガーは兵士を放置しているといって非難を受けた。これに対し彼は、朝鮮の合衆国軍政官ジョン・ホッジは第八軍の指揮下にはなく、マッカーサーの直属なのだから、こうした批判はお門違いだと主張した。朝鮮の米軍売店は自分の管轄外というわけである。「正直なところ、ティンブクトゥの状況について公式に非難されても、これほど驚きはしません」と、アイケルバーガーはシェリダン委員会のメンバーに宛てた弁明の手紙に書いている。[34]

ブラックマーケットの隆盛

実のところセックスではなく、ショッピングこそが占領軍兵士に典型的な余暇の娯楽だった。皆が買い物をしていた。身の回り品や食料品を買うこと、あるいは酒を呑むことは、金と時間を同時に使う手軽な方法だった。米軍売店で手に入る、ささやかな手回り品だけを買う者もいれば、「代表的な」地元の産品を土産として買う者もいた。ドイツなら、レーダーホーゼンや木工品、ビールジョッキ、日本であれば、着物や人形、陶器といったものだ。

ＧＩが地元の民間人と定期的に接触する場合、それは買うにしろ、売るにしろ、あるいは物々交換するにしろ、商取引のためであった。地元民間人の中には、単に生活のために商売する者もいたが、占領軍兵士が駐留任務によって得る高給から、手軽に利益を吸い上げようとする者もいた。

ハントは、日本では子どもさえ――あるいは子どもこそが――貪欲な起業家であると気づいた。占領の二ヶ月目に実家に手紙を書いたハントは、そんな出会いの一つについて書いている。

彼らはいつも僕のチューインガムと何かを取引しようとするんだけど、一人、特に僕を困らせる子がいる。彼はほかの子より少し年上で、少し英語が話せる――とにかく、彼は僕のところに来て、「親切なアメリカの兵隊さん」と言い、僕に取り引きさせようと急かすんだ。これが毎日、何時間も続くんだけど、僕が彼らを追い払いたければ、ライフルの遊底を引いて、ひと声、叫ぶだけでいい。すると彼らは四方八方に散っていき、二秒後には視界から子どもがいなくなっているのさ。

ここでハントは、占領する者と占領される者の交流に含まれる力の不均衡を、それと自覚しないまま描写している。このアメリカ人ＧＩは、単に大人であるというだけでなく、武器を持っているという事実によって優位性を得た。ふざけ合うような押し問答に飽きれば、ハントは突然、撃つぞと脅し、それを切り上げることもできた。幼い観客がこの「ゲーム」にスリルを感じていたのか、恐怖を感じていたのか、それは分からない[35]。

兵士の貪欲さには〔こうした権力勾配の〕ほかにも背景があった。収入のほとんどを故郷に送金せず、手元に置くことができる兵士は私物を増やすことで、統制や規律、プライバシーの欠如、そして、「自由時間」の剝奪といった、軍隊生活の息苦しさを和らげていたのである。

FBIの調査が必要なほどブラックマーケットが肥大化したイタリアで、抑えのきかないインフレをGIが助長してしまう理由についてある陸軍の帰還兵が語った。彼は、兵士の貪欲さは自己表現に対する当たり前の欲求の表れだと述べている。「補給は限定的だったが、それでも何か買えば一定の選択の自由を行使できるという単純な事実のおかげで、基地生活の窮屈さから抜け出しやすくなっていた」と彼T・E・ビーティは言う。

なるほどたしかに、物を買うことは個性を主張する方法でもあった。しかしショッピングは常に孤独な楽しみとは限らず、社交的な娯楽でもあった。兵士は日頃から米軍売店――あるいは、地元の商店や市場――に相棒《バディ》らと通うだけでなく、買ったものを頻繁にシェアした。

一方、他の兵士を出し抜こうと努力する者にとって、より多くの、そしてより素晴らしい買い物をすることが〔自らの〕優位性の根拠になると、ビーティは考えていた。「兵士たちの間には、基地での生活をできるだけ快適かつ住みよいものにしようとする強い欲求がある。これはしばしば、見せびらかし消費と呼ばれるような購買動機に近いものだ。ある兵舎でラジオを買うとする。すると隣の兵舎がそのラジオを見て、もうちょっとだけ良いものを欲しがるのだ」と、彼は説明している。

隣人よりいいものが欲しいという欲求は、普通、家庭的《ドメスティック》な領域における女性の虚栄心と結びつけて語られることが多いが、軍隊生活ではジェンダー中立的、もしくは男性的な現象だった[36]。

無知な兵士は、男女の別なく、お値打ち品を手に入れることに喜びと誇りを見出した。一九四六年一〇月に日本に到着したフィラデルフィア出身のユダヤ人伍長、ヘルマン・ベルガー一九歳は、手紙のかなりの部分を、東京の豪華な米軍売店やその他の場所で見つけた商品の描写に費やしている。ベルガーは、親類の女性たちが喜ぶかもしれない絹や陶器や宝石の出物はないかと常に探していた。彼は七宝の花瓶や養殖真珠といった手ごろな商品が本国ではいくらになるのか、収集家に訊いてくれるよう母親に頼んでいる。

一九四七年一月に、陸軍がブラックマーケットの縮小を狙って、すべての円紙幣を回収しようとしていると噂に聞いたベルガーは、余剰の現金を郵送可能な商品に替えて使い切る作業に取りかかった。「皆がいわゆる『戦利品』を故郷に送っていた」と、ベルガーは小包が満載の郵便局に出かけた後に記し、その後、自分の値段交渉の技術を上機嫌で語っている。ベルガーは、〔本来は自らにとって〕侮蔑的なフレーズを使いつつプライドを誇示した。「やつらを『欺いて《ジューイング》』〔ユダヤ人を侮辱する表現〕、六四〇円は節約してやったに違いない。僕は、これは遺伝的な特質だと思うし、我ながら、ものすごくうまくやっているよ」と。

女性将校ウェイマンの場合、自分の鑑定眼や交渉技術にあまり自信がなかったので、東京の米軍売店向けに真珠を選ぶ宝石商の将校の言葉――これは「とても良い」もので、合衆国で買うと二五パーセントは高くなる――を信じた。[37]

しかし、本気の商売人にとって商品を得ることは目的ではなく、あくまでそれをブラックマーケットで転売したり、物々交換したりすることが重要だった。商才のある兵士は、給料を無駄遣いしたり贈り物を探したりすることには興味を示さず、現地の状況と自身の才覚のすべてを利用して軍から受け取る報酬を数倍に増やそうと画策していた。

軍隊が兵士の消費に手を貸した結果、利益を最大化したいという兵士の意欲もさまざまな手立てで煽られるようになった。米軍売店のおかげで値引き商品が手に入った。また、費用補助付きの旅行では、初めて訪れる土地を探索し、余暇を楽しむ以外のことも可能だった。つまり、兵士は旅先で、帰隊後に転売したり、取引したりするための商品を手に入れたのである。陸軍がスイスへの個人旅行で購入できる時計の数を一人一つに制限した背景には、そうした事情があった――それは、しょせん実行不可能なルールだったけれども。

反対に旅行中には、〔軍から〕支給された品々を手放して利益を上げる機会も多くあった。あか抜けた戦前仕立ての服が手に入らなくなり、アメリカ軍の支給服を直したものばかりが流通していたパリに休暇で出かけた、ある利口な兵士などは、そこで自分の汚れた服を売り払い、洗濯の手間を省いた。[38]

略奪品の処分も、兵士がブラックマーケットでの商売に手を出す理由になっていた。敵兵から奪った時計やカメラやピストルや双眼鏡は記念品になったが、一人の兵士がそうたくさん必要なものではなかった。記念品《キープセーク》とは文字どおりとって《キープして》おくものだが、手元に置いておけない分はどうする。

略奪品を合衆国に送ってはいけないと軍からは命令されていたが、そんな命令、明らかに兵士は真に受けなかった。だいたい、この命令が厳しく実行されていれば、ナッシュ大尉の姉妹が三六点の純金食器セットを受け取ることなどなかっただろう。

しかし、不適切な方法で入手した荷物の故国への発送を禁ずるこうした命令は、コソ泥行為の防止策としていかにも頼りなく、またその実施もいい加減だった。むしろ、そんな命令があるせいで、かき集めたお宝を売ったり、交換したりするように急かされる兵士が出る始末だった。動員解除の日が近づいている者などは特に焦っていた。

時計のような商品を売ろうとする場合、アメリカ兵と赤軍兵士が肩を寄せ合っている占領初期段階のベルリンは、とりわけ買い手の多い場所だった。ソヴィエトの占領軍兵士は、ちょうど戦時の兵役にまでさかのぼる給料を一括で支払われたばかりだった。それは結構な金額で、三年から四年分になることもあった。フランク・ハウリー将軍は、赤軍の中尉がひと月に一四〇ドル受け取ると書いている。

この予期せぬ報酬の支払いに使われたのは、合衆国財務省がソ連に供与したステロ版で印刷される占領マルクだったが、それは赤軍の厳しい規則で、ソ連には持ち帰れないことになっていた。そのため、〔ソ連兵はこの金を〕速やかに使ってしまわねばならなかった。ごく限られた消費財を求めて非常に多くの紙幣が使われたことから不可避的にインフレが昂進し、占領マルクはほとんど市場価値を失った。

ところが、合衆国軍兵士の場合は事情が異なった。少なくとも数ヶ月の間、アメリカ兵はこの占領マルクを本物のマルクと交換することができたし、それを故国に送金可能なドルに換えることもできたのだ。[39]

赤軍による狂ったような散財の結果、主に利益を得たのはアメリカ兵だった。空襲ですべてを失ったベルリン市民と違い、アメリカ兵は、たとえ煙草一パックであろうと常に何かしら売るものを持っていたからだ。占領下のベルリンでは、煙草こそ通貨だというのが常識で、米軍売店の格安値段で手に入る煙草の小包やカートンを売れば、かなりの利益を上げられた。ヨーロッパ戦勝記念日《VーEデイ》から六ヶ月ほど経った頃、マギニス少佐は、どこでも手に入るだけに不安定でもある、この通貨の賞味期限がどれくらいか、悩んでいた。

ベルリンでは煙草がお金なので、我々は煙草経済の中に生きていると言える。ブラックマーケットの商人は、煙草を一カートンにつき一五〇〇マルクで売るらしい。合衆国軍兵士がブラックマーケットの商人に煙草を売る。皆（合衆国軍兵士、民間人、その他）が、これを取引に使う。マルクは約一〇セントの価値があることになっているが、実際のところ、ドイツの粗末な食事や、もっと粗末な服、家賃の支払い、そして、それと同じような必需品を買う場合を除けば、マルクにそんな購買力はない……チップの支払いは、ほとんどすべて煙草を使い行われる。ベルリンでもっともいい仕事は、アメリカ陸軍の建物の一つで管理人をすることだ。そこでは毎晩、吸い差しを残らず集めて、その中に残った葉で「新しい」煙草を作り出すことができるからだ。[40]

マギニスの場合、秘密の取引に関するこうした考え事を日記の中だけにとどめているが、兵士の中には、故郷への手紙でブラックマーケットの活動について開けっぴろげに書き、法外な煙草の値段を伝え、ときには追加で何カートンか送ってくれるよう家族に頼む者もいた――たいていの場合、その目的を明記する必要はなかった。

男女の兵士の中には国許のパートナーや兄弟姉妹あるいは両親に宛てて一個か数個の時計を送る者もいた。赤軍兵士がもっとも欲しがる贅沢品として時計には素晴らしい値がついたが、それはソ連における時計の希少性だけでなく、持ち運びやすさのせいでもあった。

「ほとんどのロシア人はそれまで一度も腕時計を見たことがなく、一つ手に入れるためなら何でも差し出すだろう」と、ジョン・ウィナーが故郷の母親と姉妹に伝えている。聞くところによると、時計はどこでも一〇〇ドルから五〇〇ドルの間で売れるらしく、三万ドルなどという、本国に送れないほどの金額をベルリンで稼いだGIも知っているとウィナーは書いた。手首から肘まで腕時計を並べて歩き回るロシア人の話が、瞬く間に広まった。どこでも、ミッキー・マウスの時計が特に人気だった――そんな商品を買うための紙幣も、ちょうど、おもちゃのお金にそっくりだった。[41]

四大国による占領の最初の数ヶ月間に、ベルリンはほとんどブラックマーケットの同義語になった。違法なのに白昼堂々行われる取引の場として名高いティーアガルテン（木々の大半が失われた、ブランデンブルク門近くの大きな公園）やアレクサンダー広場（後年、ベルリンの壁の裏側に隠れてしまう）は、その評判のせいで占領軍兵士の観光スポットになった。相場師になるつもりのない者も、取引の様子を見てみたいと思うことはあり、ことによっては好奇心から取引に手を出すこともあった。掘り出し物を見つけることの魅力はさておき、ブラックマーケットにちょっと手を出すことは、土産話の種として禁断の体験のスリルをたっぷりと与えてくれたのだ。

占領軍兵士としてベルリンで過ごしながら、ブラックマーケットを一度も経験しないなどということはあり得なかった。それはちょうど、パリに行ってエッフェル塔を見ないようなものだ。だから、ベルリンにいた女性部隊のジェーン・デピュー軍曹は、デートの一環としてブラックマーケットに入り込んだことをあっけらかんとして故郷に書き送っている。

デピューはボーイフレンドのバドと、携帯用タイプライターを探しに出かけていた。地元の人々なら誰でも願いをきいてくれそうな様子だった。間もなくこのアメリカ人のカップルは商談をまとめるため、あるドイツ人の家に取って返す。

彼にはとても明るい奥さんと、トミーという名の小さなフォックステリア（硬毛）の子犬がいた。私はその携帯用タイプライターを気に入ったが、彼らは食べ物を欲しがり、もちろん私はそんなものは一切持っていなかった。キャンディなら持っていたが、それは必要な気がして、売りたくなかった。バドは腕時計を着けていて、ミュラー夫人がそれを欲しがった。そこで最終的にミュラー博士は、その時計と煙草四箱で［タイプライターを］譲ると言った。バドの時計は、ドイツのどこかで、いくつかの煙草とチョコレートと引き換えに手に入れたもので、もし私が煙草を一五箱よこすなら自分は喜んで時計をあげると言い、私は当然それに同意した。もちろん、バドも私もその煙草で一五〇〇マルクを手に入れられるし、私の実費はたったの七五セント。いい商売だったのかなあ——ちょっと考えて。でもとにかく、私はタイプライターは手に入れたわ。

デピューの場合、自分がドイツ人夫妻に公正な価格を提示したかどうかより、デート相手のバドが自分をだましていないかどうかの方が気がかりだったようだが、ともあれドイツ人夫妻と互いに気前よく振る舞い合うことが取引を円滑化したのはたしかなようだ。

代用コーヒー（デピューいわく「食料を手に入れるのは大変だから、彼らにとっては非常に良いもの」だった）を飲みながら、デピューとバドは、ミュラーの父親が「ナチに殺された」大学教授であったこと、そしてミュラー自身も、軍政府の許可を得て発行される新聞の編集者になりたいと思っていることを知った。文化的で上品なこの夫婦に感銘を受けたデピューは、〔もてなしへの返礼として〕ミュラー夫人のために米軍売店のリップスティックをおまけにつけた。この最初の取引の結果、デピューたちはまた来るように言われた。[42]

企業家精神に富んだ一部の兵士は日本でも、物欲が経済的な利益以上のものをもたらすことに気づいていた。強い好奇心を持つ者は、商品を買ったり取引したりすることを通して、通常アメリカ人には立ち入ることが難しい中・上流階級の日本人家庭に入り込んだ。

ただし、文化の垣根をまたごうとする好奇心だけで見知らぬ日本人と会話を始めるには、とりわけ冒険好きでなければならなかった。ラフォレットもそうした好奇心旺盛な旅行者の一人である。彼は同僚のＧＩの好奇心の欠如にしばしば絶望を感じつつ、どこへ行っても若い日本人と友人になろうとした。
しかし、〔日本では〕占領する側と占領される側の共有する空間が〔ドイツなどより〕少なかったため、社交的なアメリカ人であっても、偶然の出会いの機会は限られた。列車の車両や食堂への占領軍兵士の立ち入りは禁止されていたし、徴発されたホテルや休憩所のサービスは軍の関係者だけに提供されていた。ただ、アメリカ人が贅沢品を買い求めようとした結果、デピューの場合のような思いがけない出会いが生まれ、それが友情に発展したり商売上の秘密の協力関係に発展したりする例もなくはなかった。

一方、日本の民間人のほうから接触を求める場合、招待客の中には〔占領軍の〕将校が含まれていた。日本人は、アメリカ人将校に宝石や絹、陶器などを売って、乏しい収入を補えるのではないかと期待したのだ。ウェイマンは、娘が日本人家庭を訪問すると聞いて露骨に嫌そうにした母親に、そうした晩餐の様子を書き送っている。

ウェイマンにとってはあまり食欲をそそらない食事――「サツマイモ、レンコンのピクルス、ロブスター、海藻入りのご飯、それに日本酒。ふんっ！」――の後、もてなす側は本題に入った。「私たちが何か欲しがった場合に商品を見せるのが〔彼らの〕本当の目的だった」。どうも、「何着かの非常に素晴らしい着物や刺繍の入った絹地」、それに漆器などのほうが〔食事よりも〕はっきりとウェイマンの好みに合ったようだ。[43]

デピューやウェイマンのように、占領した国の住人と取引をした兵士のほとんどは、自分が間違ったことをしているとは考えなかった。非公式の親交と非公式の商売の区別がつかないことが、こうした傾向に拍車をかけた。より正確に言うなら占領地では、どの取引が闇取引に当たるのかの判断が恣意的になされていたのだ。ベルリンのハウリー将軍は「ロシア人は固定価格よりも、自由な取引のほうを信用している」ので、単に野放しの自由放任という意味でのブラックマーケットは存在しなかったなどという、よく分からない主張をしている。

何にせよ、表向き秘密のはずの商売が実際には人目に付く場所で堂々と行われているというのに、どれがそれだか分からないような状況だった。そんな中で、公式の経済と地下経済を区別することなど、およそ無理な相談だろう。「ベルリンのブラックマーケットはそこら中どこにでも存在した――街角、公園、廃墟の中、家の中、あるいは単に路上で出会う二人の人物の間に」とマギニスが記している。

そもそも、ベルリンやナポリ、東京、広島、その他、多くの荒廃した都市のように、物々交換が日々の生存にとって不可欠となっている場所では、アメリカ兵が違法な取引に参加することも、単に避けがたいこととして容易く正当化された。それというのも、人々は、何とかして苦境を切り抜けるために物々交換していたからである。占領軍が地域経済に新鮮な活力と通貨と商品を流入させ、需要と供給を増大させていたことは間違いない。だが、ヨーロッパとアジアのブラックマーケットを始めたのは彼ら自身ではなかったのだ。

敗戦間際の枢軸諸国は厳格な配給の実施を通して、「軍資金」をその限界まで〔あるいは、それ以上に〕押し広げようとした。その中で、市民は重い負担を背負わされ、栄養不足になっていた。だから、彼らが価格と分配に対する国家の統制を免れる抜け道〔ブラック・マーケット〕を見つけ出そうとするのは当然のことだった。たくさんの人々が最低生活水準かそれ以下で生きることを余儀なくされていたので、破廉恥な納品業者〔アメリカ兵〕がそうした人々を食い物にする格好の条件が生まれていたのである。[44]

荒廃した都市では、多数の住人の窮乏化が実に多様な形を取って表れた。そこに暮らす兵士がそれに気づかないなど、普通に考えてあり得ない。兵士が落とす煙草の吸いさしを待ってうろつく子どもや老人。あるいは、ごみを漁る人々がＧＩのバケツの中身を慎重に選り分けたり、その場で残飯を口に運んだりする不快な場面。そういったものを、アメリカ軍の兵士たちが手紙や日記に頻繁に記している。

ベルリンの兵士は、「何かと何かを交換したい（サイズ四三の男物の靴を、使用可能な自転車のタイヤ二本に）とか、何かを売ります（状態の良いヴァイオリン、三五〇マルク）とかいったことを伝える」メモが、「壁や街路樹、塀とか」に張りつけられているのを目にした。東京にいた女性部隊の将校ジーン・スミスは、貴重な家宝から、せいぜいジャンク品としてしか通用しそうにないほど粗末な日用品まで、何でも道路脇で売る日本人の苦境を「悲惨」だと思っていた。

どこであれ人々が死に物狂いなのは明らかだったから、煙草を「チップ」として渡すことが、ウェイターや使用人、あるいは修理人の働きに報いる親切な行為だと考えるアメリカ人がいても不思議はなかった。こうした形の支払いは規制外の取引を助長し、煙草を手に入れる術を持たない人々を苦境に追い込むインフレを助長していたのだが、大半の兵士は、そんなことには気づかなかった。（ちなみに、マギニス少佐がベルリンでの日記に記したように、ドイツ人の中には、支払いと称して物品を受け取ることを一切拒否する者もいた。そういう場合、占領軍兵士はどうしていたのだろう。）[45]

アメリカ兵にしか得がないことを、まるで隠そうともしない取引さえ存在した。郵便検閲が廃止されたとはいえ、手紙の内容に対する抜き打ち検査の恐れが残っていたため、兵士は自分が関与したり、伝え聞いたりした大きな詐欺行為については故郷に知らせないことが多かった。しかし、なかには、自分や自分以外の誰かが必要とあらば体格の優位や占領軍が独占する武器まで使って地元の商人を脅し、利益を得たと語る者もいた。彼らは時折、少しも悪びれず、また事情を詳しく書くことで遠回しに親からの許しを請う様子なども一切なく、こうした出来事について記している。

一九四六年一〇月、横浜の海軍にいたスターリングも、そんな調子で煙草の小商いの様子と、手頃な値段の着物を探した件とを母親に書き送っている。スターリングは、金のあり余った愚鈍な外国人はどんな金額でも払うだろうと高をくくる「ジャップ」の商人が、土産物に対する飽くなきアメリカ人の欲望につけ込むやり方に腹を立て、嘆いている。

しかし、スターリング自身は愚鈍な外国人ではなかった。カモにされまいとして彼が選んだ戦略は、形ばかりの円を売り手に渡しておいて、勝手に欲しい着物を取り、歩き去ることだった。「喧嘩になったら、憲兵《MP》の近くに行くのが一番だ」とスターリングは言う。「品物を持って立ち去るとき、アメリカ人がいくらか金を払っておけば窃盗とは言われないから、連中〔日本人〕は何もできやしない」と、彼は悪びれもせず書いた。脅迫行為――ほかでもない母親の着物のために行われた――について書くスターリングの気軽さを考えると、彼や他の兵士たちが同様の行為を頻繁に行っていたと考えざるを得ない。

くわえて、この手紙には祖国の人々も正しさに関する自分の感覚を共有するだろうという、スターリングの期待が表れている。彼に言わせれば占領軍にたかろうとする「ジャップ」こそ、問題の元凶だった。ペテン師の日本人を相手に「自分の正当性を主張する」アメリカ人に加勢する憲兵が、日本人こそ間違っているというスターリングの考えに、お墨つきを与えた[46]。

スターリングが書いた文章からは、憲兵自身がブラックマーケットの取引に参加していたことも見て取れる――右に挙げた箇所での憲兵の役割は、アメリカ兵の脅迫的なやり口のほう助だが、別のケースでは自らも違法な利得行為に参加していた。

一九四六年と一九四七年に占領当局がブラックマーケット撲滅の取り組みを強化した際、憲兵は名の知れた取引場所に対する手入れに繰り返し召集され、「禁制」の商品を没収し、違法商人を拘束した――相手が同僚の兵士であるか、地元民であるかは問われなかった。こうしたことは時々行われていたが、取引行為を間近で見る憲兵は押収した品物を転売したり、分け前を要求したりする機会に与ることもできた。

盗まれた合衆国政府の財産を取り戻すという表向きの理由を掲げて、家々を一軒ずつ回って歩く捜索活動は、しばしば「土産物狩り」に他ならなかったと、一九四七年の沖縄でポール・スクーズ〔アメリカの憲兵を統括する将校だった〕が書いている。つまり、彼らは地元の家庭で見つけた金や貴重品を残らず着服するために組織された略奪団だったわけだ。

スクーズがこうした状況を言語道断と見なしたのは、行為を正当化するその表向きの理由に、とんでもない瑕疵があったからである。ほとんどすべての〔沖縄の〕世帯には、何かしら合衆国軍の資産が存在し〔没収の対象とされ〕た。しかし、それらは地元民が〔アメリカ軍から〕盗んだものではなかった。それは破壊的な沖縄戦の最中と事後に、集団で家を失って困窮する人々に対し、〔アメリカ軍が援助物資として〕与えたものだったのだ。[47]

手癖の悪い兵士の振る舞いの不道徳性と非生産性を嘆く、スクーズのような兵士たちの良心の呵責をしり目に、ブラックマーケットの活動に参加する者は、それを正当化する理屈を数多く見つけ出した。母親ならきっと許してくれるというスターリングの自信は、大かた、ある一つの確信に基づいていた。それは、日本の降伏からたった二ヶ月で、日本人が合衆国に集団で与えた被害を十分に償うことなどできはしないと言えば、母親も納得するだろうという確信である。

パールハーバーに比べれば、着物を脅し取るくらいなんてことはない。上層部は敗戦国民の集団的罪という観念を広めた。これが、ミクロなレベルでは、ブラックマーケット活動の正当化に使われていたのである。〔日本による〕賠償を〔兵士が〕「下から」搾り取るのだと。

しかし、こうした破廉恥な企業家精神が〔兵士の間に〕生じた原因について、一部の者が敗戦国民に抱いた反感によるせいだと決めつけるのは、安易なことだ。たしかに、ドイツ人と日本人がアメリカの旧敵だという事実によって、兵士が不公平な物々交換を正当化したりとか、あるいは明白な盗みで手に入れた品物の精神的な価値を〔物質的な価値は無理でも〕値切れたりとかいったことは、あったかもしれない。だが通常、合衆国の兵士が戦争の結果としての不当利得行為を正当化する際の根拠に持ち出したのは、別の理屈だった。つまり他の兵士だってやっているとか、軍高官や民間人のほうこそ自分たち兵士に対して借りがあるとか、そういう屁理屈である。

窃盗行為には、敵への憎しみがともなう場合もあったが、同時に、さほどの考えもなしに行われるケースも確実に存在した。戦時中に一般兵たちが手を染めた窃盗行為は、司令官の悩みの種となり、戦友に持ち物をくすねられる同僚にとっては慢性的なイライラの原因になっていた。手癖の悪い兵士にすれば、誰の持ち物だろうと格好の標的だった。また戦闘終結からほどなくして、抜け目ない詐欺師たちは土産を求める戦友の物欲を利用し、稼ぐようになった。沖縄では悪知恵の働くGIが、騙されやすい同僚に売りつけるため、パラシュート用の化繊から日本の国旗を偽造し始めた。その素早さにはスクーズも仰天している。[48]

ケチな金儲けの計画を正当化するために、より大がかりな将校階級の詐欺行為が引き合いに出された。下士官兵の側からすれば、豪壮な住居や高級リムジンを丸ごと手に入れるお偉方の行為こそ、名前を変えた盗みに他ならなかった。表向き住宅の接収は時限つきだった。つまり厳密にいえば、アメリカ占領軍には住宅所有者の資産を取得する権利が認められていなかったのである。しかし、この規則はあまりにも日常的に無視されていたため、接収された裕福なドイツ人の家から東洋風の絨毯その他の魅力的な家具を持ち出そうとしない真面目な将校が、むしろ周囲の驚きと疑いを招いた。

我が「『征服軍』が帰国した暁に、人々が彼らをどう扱うべきやら私には分からない」と、女性部隊の将校ベティ・オルソンはフランクフルトで皮肉を言った。「ちょっと隣家に歩み入り、真新しい安楽椅子を見つけ、『それが欲しい』と言って出ていく。大体、そんなやり口だ。もちろん、こっちではそれが合法であるだけなのだが」と、オルソンは書いている。

度を越しさえしなければ——あるいはかなり大胆なものであっても——「土産物漁り」は大変結構なことであると、軍上層部もほのめかしていた。他でもない、第三軍の司令官その人が、彼らしい派手さで個人的な戦利品の見せびらかしをやっていたのである。

「ヨットや雄の馬、それに、ピカピカのリムジンなどといった彼のコレクションを畏敬の念とともに見つめるミュンヘンあたりの人々は、パットンのことを、リヒャルト・ヴァーグナーの支援者で、精神に異常をきたした君主ルートヴィヒ二世になぞらえ、『バイエルンの狂王』と呼ぶ」と、一九四五年一〇月に『ニューズウィーク』誌が報じた。「〔記者は〕第三軍の厳格な規律に服するアメリカ兵たちから、他にもいくつかのフレーズを教わった」とも書かれている。[49]

下士官兵より将校の方が、懐に入れたり、売り払ったりするための「土産物」を集めるのに有利な立場にいたが、その理由の一つは彼らに与えられた最高クラスの住居だった。また、需品部隊を別にすれば、将校は支給品にアクセスする特権を有しており、その中には定期的なスピリッツの供給も含まれていた——軍隊生活で堕落しがちな人々として、道徳改良運動家から長らく問題視されてきた下士官兵は、(少なくとも規則集によれば) アルコール度数の低いビールで我慢しなければならなかったというのに。ブラックマーケットで取引を試みる将校は、その点でも有利な立場にいたのだ。

一九四五年一二月、ベルリンにおける発電インフラの修復を支援するべく大佐待遇で雇用されて新たに着任したコーネリアス・デフォレストは、闇取引は「かなり大規模に行われ、アメリカ人将校も参加している」と妻に伝えた。「こっちでは、その気になればブラックマーケットに出入りして、アメリカの金を一切消費せずに、非常に良い暮らしができる。多くの者が、単に安楽に生きるために時間とエネルギーを割き、こちらの悲惨な状況を利用して金を稼いでいる」と。こうした彼の第一印象は、のちの手紙で裏づけられていく（こうした素晴らしい生活の陰で、時おりブラックマーケットのドイツ人ギャングが将校たちの接収家屋に盗みに押し入る事件があった。デフォレスト自身も、それを経験している）[50]。

将校による派手な盗み――ナッシュ大尉とデュラント大佐ほど常軌を逸したものはなかったが――に比べれば、同じように占領による蓄財のチャンスを利用して、ささやかな利益を得る自分たちの行いのどこが悪いのかと、兵士は考えたはずだ。軍法会議に出廷してヘッセンの略奪における自分の取り分を正当化したワトソン少佐が、ヴェバンズ准将が銀の水差しを受け取ったことを引き合いに出したことからも、それは明らかだろう。上級将校の不当な特権に対する怒りによって、兵士は自分の個人的な努力から得られるささやかな見返りはすべて自分のものだと考える傾向を強めていた。

占領地域は不正だらけだった。ベルリンでソ連は目につく物をすべて持ち去り、地元の商人は価格を吊り上げ、GIは同僚の兵士をだましていた。それゆえ、ある程度の意志の強さがなければ、〔兵士は〕金儲けの計画に参加するほかなくなった。信頼度の高い情報筋によれば、ヨーロッパのアメリカ軍兵士は、よく次のようなことを言っていた。すなわち、「ル・アーヴルの港から少なくとも千ドルはポケットに入れないで出ていくやつがいたら、そいつは馬鹿だ」と。自意識と戦友の目がある中で、進んで馬鹿になりたい者などいまい[51]。

軍のお偉方に対する憤りの他、アメリカ本国の民間人に対する疎外感と怒りも、多くの兵士の間で共有されていた。兵士は、民間人が戦争の危険や負担と戦後の任務をすべて他人に背負わせて、自分は国内で安穏としていると思っていた。「個々の兵士と占領」に関する、ある軍事社会学者の研究〔一九五〇年出版〕によれば、通常、GIは兵士を犠牲にして得られた「『本国の人々』の戦時利得」と関連づけて、自分たちの闇取引を正当化したという。

実際〔そうやって正当化された〕兵士の金儲けの代償を一番多く払わされたのは、占領地域の人々ではなく、合衆国の市民だった。少なくとも一九四七年まで、ヨーロッパとアジアの占領軍が故郷に送金した額は彼らの月給の総計をはるかに超えていたが、そこには兵士が闇取引で得た利益を軍発行のドル紙幣に換えたものが含まれていた。一九四六年二月、ヨーロッパ戦域の占領軍兵士たちが送金した額は、彼らの給与総額より一千万ドルも多かった。そうした超過分は、三月に一四〇〇万ドル、四月に一七〇〇万ドル、そして五月には一八〇〇万ドルに達した。

「陸軍が、給与と手当よりも多くの金額を外国通貨との交換という形で支払うと、その分が政府の損失になる」と、ブラックマーケットで動く金について詳細な研究を著したウォルター・ランデルが指摘する。「こうした損失をカモフラージュし、小さく見せる方法は色々あった。しかし、そうした損失が、最終的かつ究極的にはアメリカの納税者に転嫁されるという事実に変わりはない[52]」。

ブラックマーケットに対する非難

闇取引を利用して利益を上げる軍人が様々な理屈で自分の行為を正当化する一方、そうした行いを不道徳なものとして慎んでいた兵士も彼らなりに、ブラックマーケットには興味を引かれていた。〔金もうけの手段としてではなく〕旅行者らしい振る舞いの一つとして、ベルリンのブラックマーケットに飛びこんだ占領軍兵士の中には、不快な目に遭った者もいる。

一九四五年の秋にフランクフルトに駐屯していた女性部隊の将校アンヌ・アリンダーは、スリルに胸を高鳴らせつつ、ベルリンを訪れた。「旅立つ前に、マーケットで――たった一度だけ――ちょっとした経験がしたかったから、私は合衆国産の青いラベルの煙草と、やはり合衆国産のキャンディ・バーをいくつか持って、数人の友達とともに、そこへ向かった」と、アリンダーは友人に宛てた長い身辺雑記の中に書いている。

この小旅行をそそのかしたのは、アリンダーと仲間たちをソ連占領区域にある総統官邸に連れて行ってくれたジープの運転手（元ドイツ空軍のパイロット）だった。「数分のうちに我々は、煙草とキャンディを狙うドイツ人の波に埋もれてしまった……。友達のジャックは、抜け目なく儲けることなど、すっかりどうでもよくなっていた。そのとき、彼も私と同じことを感じていたのだ。ここから、ずっと遠くに離れられたらと」。

銃を揺らしてやって来た赤軍の兵士が警報を鳴らし、手入れが始まることを知らせたので、この人だかりはあっという間に消えてしまった。ソヴィエトの憲兵は一人もやって来なかった。しかし、それでも「はじめに感じていたような楽しい気分は決して戻ってこなかった」と、アリンダーは書いている[53]。

このとき、アリンダーが強い不安を感じた理由については推測するほかないのだが、おそらく、閉所恐怖症、パニック、倫理的なやましさなどが混ざり合っていたのだろう。それというのも、この中断されたブラックマーケット訪問の報告に続けてアリンダーは、ベルリン市民が――「身なりの良い男女」ですら――驚くほど長い間、征服者の煙草の吸殻をポケットに入れようと前かがみになっていた様子について、さらに延々と描写しているからだ。ここから窺えるのは、自国産の煙草やキャンディを素敵な土産と交換しようとするアリンダーの興奮が、罪悪感によって消え去ったということである。

日本にも、他人の宝物を二束三文でかき集めるアメリカ人の姿に良心を痛める占領軍兵士がいた。ハリー・マクマスターズは、古来の儀式刀にたった一五〇円しか払わない同僚将校の振る舞いが、「実質的には」日本人から「盗む行為だ」と妻に漏らしている。征服者といえども、白昼の盗みにお墨つきを得られるわけはないと、彼は書いた。[54]

しかし、闇取引を強く非難するアメリカ兵の中には、それに関与している、あるいは第一義的な責任を持つのは、特定の出自の人々に違いないと決めつける者がいた。日本では日頃、朝鮮人が最悪の犯罪者と見なされていた。闇取引により訴追された朝鮮人に対し、軍事裁判所〔軍法会議とは別の簡易な裁判所〕は強制送還で対応した。アメリカ自由人権協会《ACLU》の一九四七年の報告書によれば、これは「日本人の妻と家族がいる多くの人々〔朝鮮人〕に降りかかる災厄」だった。日系アメリカ人兵士も闇取引の仲介を疑われたが、それは二言語を操る彼らの能力のせいだった。

こうしたエスニックな属性に対する猜疑心は、ドイツにおけるブラックマーケットの理解にも影響を与えていた。違法な取引を奇怪な屁理屈で正当化したドイツの民間人やアメリカ兵は、同じ無責任な論理を自分たち以外の他者にも適用して、彼らの取引を見逃すような公平さは持ちあわせていなかった。むしろ多くのドイツ人は、物資の退蔵や価格の吊り上げを、第三帝国から最悪のレッテルを張られた「よそ者」のせいにした。「よそ者」とはすなわち、スラヴ人やポーランド人、そしてとりわけユダヤ人である。ドイツ人は、彼ら〈移住民〉こそが闇取引の主犯だと言って、繰り返し非難したのである。[55]

ジャック・ホワイトロー准将も、こうした考えを抱くアメリカ人の一人だった。現地民と親交を結ぶ者への彼の怒りは、「カーペットバッガー」に対する度を越した嫌悪感とセットになっていた。「カーペットバッガーはアメリカ人のあり方として最低だと、私は常に言ってきたし、いまでもそう思っている」と、ホワイトローは妻に向かって腹立ちをあらわにした。ここで彼は、北部人《ヤンキー》の銃剣を笠に着て、プランター階級を追い立てた者を指す侮蔑語を使っているわけだが、それは南部の語彙の中では、南北戦争後の再建がもたらした、ありとあらゆる害悪を想起させる言葉だった。

だが、戦後のベルリンでホワイトローが怒りをぶつけた「カーペットバッガー」と言えば、〔北部のアメリカ人ではなく〕決まってユダヤ人だった。さもなければ、ユダヤ人の外見や振る舞いについてホワイトローが抱く偏見まみれの予断に当てはまったために、彼からユダヤ人と見なされた人々だった。一九四五年一一月の日曜の晩、ソヴィエトによる戦争記念碑の除幕式に向かう道すがら、ホワイトローはベルリン中心部の「ミッテ地区で、商いする二人の将校を捕まえた」。「やつらは下衆な見た目のユダヤ人のクソ野郎で、煙草その他の米軍売店《PX》の商品がつまったナップザックをもっていた」とホワイトローは妻に伝えている。

ユダヤ人軍政官の完全な支配下にある（とホワイトローが信じていた）軍事司法の裁きが彼らに下される見込みは一切なかったが、「私は連中に罰を食らわせたかった」と彼は書いている。「奴らは馬用の鞭で打たれて、両親指を縛られるべきなのだ」とホワイトローは主張した。[56]

人間の道徳的感性と自然美への感受性を失わせるものとして物質主義を非難した、「浮世の些事があまりに多い The World Is Too Much」という詩の中で、ウィリアム・ワーズワースは、「稼いで、払って、我らは力を失っていく」と嘆いた。兵士の「稼ぎと払い」が、合衆国政府から金品を受け取る者の一部に抗いがたい搾取の機会を提供し、占領下の国々の経済不安に大いに貢献していることに軍の指揮官たちも気づいていた。それどころか、アメリカ軍政府の統治下にあるすべての国で払わずに稼ぐことが、ますます常態化していたのだ。

軍の高官は、私的な手紙の中で厚顔無恥な盗みに言及し、文章のスパイスとした。すなわち、盗んだジープを一万ドルで売ったとベルリンの酔っ払ったGIが与太を飛ばしたとか、日本では若い兵卒がくすんだオリーブ色の野戦服を二千五〇〇組も売って四万五千ドル稼いだとか、東京では盗んだ中尉の軍服を着て査察官のふりをした一九歳の海兵隊員が銀行強盗を働いた後、「宝石と絹と日本円を身につけた……『オレンジの花』のような恋人」と一緒に逮捕されたといった話である。この未然に防がれた逃亡劇について妻に伝えたベントン・デッカーは、「賢い若者のようだが、それを持ち逃げできるほど賢くはなかったらしい」と書いている。[57]

欲張りという言葉が生易しく感じられる、この手のエピソードを脚色すれば、ブラック・コメディにもなるだろう。しかし、退屈と強欲にまみれた占領軍兵士の縄張りで生きる日本の住民にとって、彼ら軍人の窃盗が持つ意味を率直に語ろうとするなら、飾り気のない官僚的な文体のほうがふさわしい。民間諜報局《CIS》が一九四六年四月一七日付で出した以下の報告書の抜粋は、この年の前半に書かれた「占領の趨勢」に関する記述としては典型的なものである。

すなわち、「〔香川という僻地の県の中の〕一地域では、三月一〇日以前に兵士と民間人の揉め事はなかったが、今月に入ってからの過去三週間に、二四件の暴力事件が発生している。香川県の占領部隊に所属する将校・下士官兵の両方が、暴力をふるっている。事件の中身としては、民間人を殴る、無理やり家に侵入する、ウィスキーと日本酒を盗む、家屋と食堂を壊す、警察署から売春婦を解放しようと試みる、民間人に対して強盗を働く、個人的な土産のために重要な備品を盗む、警察官を攻撃するといったことがあった」[58]。

他県でも日本の民間人に対する武装した占領軍兵士のレイプ、強盗、不法侵入が急増していた。多くの占領軍兵士の上陸地点となり、かなりの数の兵士が駐屯地していた横浜では、住民が「日没後の外出を恐れるようになり、日中ですら一人で市中を移動することを恐れている」と民間諜報局が記している。

恥知らずな占領軍兵士こそ、鶏肉から大量の日本円まで、あらゆるものを地元民から奪う盗人だった。それなのに一部の将校は、意を決して合衆国軍の資産を盗んだ地元民を、情け容赦なく罰した。一九四六年六月の民間諜報局の報告書は、あるアメリカ軍将校が「陸軍の食糧を盗んだ咎で日本の民間人を打擲するよう、〔地元の〕警官に命じた」と記している[59]。

こうした状況下で、それまでほとんど見られなかった、日本人による表立った抵抗が顕在化し始めた。海外勤務の終わりも近づいた一九四八年に、回想録の草稿を口述していたアイケルバーガーは、占領軍兵士に向けられた重大な組織的暴力の事例を一件だけ挙げている。「この件では、兵舎に戻る途中の二人のアメリカ兵の周りに、近隣から群衆が集まり、非常な長時間にわたって暴行を加えた」。アイケルバーガーは、これに妥協なき力の誇示で対応した。「まず、私はその地区に戦車を走らせ、そこの住民を徹底して威圧した。約一〇人が裁判にかけられ、首謀者は終身刑を下された。他の暴徒には懲役二〇年が下された」と、彼は述べている。

このエピソードについて、アイケルバーガーの著書『東京にいたる密林の道』はあいまいにしか語らず、日本人が暴徒化した理由について何も述べていない。地元民は、単に「連合国軍兵士の来訪に苛立っていた」とされている。しかし、口述筆記の段階では襲撃の現場が「無法者の巣くうブラックマーケット地区」として描写されていた。ここにこそ、日本の民間人と占領軍兵士が殴り合いを始めた理由を推測するヒントが隠されているに違いない[60]〔闇取引をめぐってトラブルがあっただろうということ〕。

一方、黒人兵と白人兵の間の暴力的な衝突が頻繁になり、時には死者を出すほどの事態になりつつあったため、一九四六年四月、アイケルバーガーは、東京と横浜に駐屯するすべてのアフリカ系アメリカ人兵站部隊に対して歩哨任務時以外は武装を解除するよう命じ、憲兵には機関銃と催涙ガスを支給した。これらの方針が示すとおり、第八軍の指揮官は、「人種暴動」の唯一とは言わずとも主たる責任は黒人兵にあると考えていた。

さらに言えば、アイケルバーガー将軍と彼の補佐官たちは、女性をめぐる揉め事がトラブルの主因だと考えていた。しかし、性的な縄張り争いから対立が生じていたことはたしかだとしても、そうした一面的な見方は、隔離された粗末な住居や社交施設を割り当てられることに対して黒人兵士が感じた怒りを軽視している。この問題については、一九四六年八月、トルーマンの特使であるモーリス・レイが調査を行った。「ガールフレンド」（第八軍の指揮官らは売春婦だと思っていた）をめぐる喧嘩が緊張の原因とされたことで、黒人下士官兵を取り締まる際に、白人憲兵が振るう露骨な暴力が矮小化された。

一九四六年はじめの数ヶ月間、アイケルバーガーは、無秩序や高い性病感染率、その他の規律違反の兆候を理由として黒人兵を頻繁に集め、叱りつけた。その際、彼は以下のように前置きしている。すなわち、私は「有色人種に対する偏見など断じて持たない。私は故郷で黒人と一緒に育ったし、彼らに対して親愛の情を抱いている」。しかし、いまや私は「彼らをひいきして、他の人々を差別することに疲れつつある」と。

アイケルバーガーは、卑しい身のほどをわきまえ、それを受け入れる行儀のよい召使〔の非白人〕が好きなのだろう。彼の言葉を聞いた黒人兵たちは、そんなふうに思っていたのではないだろうか。[61]

日本の民間人と合衆国軍兵士の間で、また、異なる人種のアメリカ兵同士の間で、緊張がエスカレートしていた。そんな一九四六年六月のこと、アイケルバーガー将軍は第八軍の全員に向けて騒擾取締令を発した。

指揮官たちの口を通して兵士に伝えられた厳めしいメッセージの中で、アイケルバーガー将軍は兵士による数々の犯罪を数え上げている。「日本人を個人や集団で殴打する、困窮した現地民の家に押し入り、なけなしの金銭を奪う、各地区で家具や窓を破壊する、往来や住居の中で女性を襲うといった事件があり、加えて、我が軍の兵士の側に、意図的で傲慢な弱い者いじめの兆候が数多く示されている」と。

アイケルバーガーが撲滅しようとしていたのは、まさにこの尊大な態度だった。彼は、「占領を『厳しくする』ことを自分たちの仕事だと思い込む兵士がいるようだが」と前置きしたうえで、占領の全体的な性格を決定するのはマッカーサーの仕事であり、諸君らの仕事ではないとクギを刺した。力を持つことと正しくあることは別であるというお決まりの説教に加え、アイケルバーガーは、「小柄で栄養不足の日本人」を脅すために体格の優位を利用してはならないと、アメリカ兵を戒めた。ミズーリ号での降伏文書調印式を考えると、これは、まさに一八〇度の方針転換である。件の式典では、アメリカ人の体格的優位が意図的に強調されたのだから。

一年も経たないうちに、流れは明らかに変わった。もはや日本の軍国主義者たちに、従属的な地位を思い知らせる必要はない。弱々しく困窮した彼らは、今、アメリカの庇護をこそ必要としているのだ。尊大な振る舞いは報復を呼び、アメリカの目的に逆効果となるだろうと、アイケルバーガーは警告した。「日本の人々と喧嘩をし、暴言を吐いて罵倒する、軍服を着た酔っぱらいども。彼らは、占領を成功させようとする善良で、秩序正しく、礼儀正しく、高潔な多数の兵士の努力を台無しにするのだ」と。[62]

アイケルバーガーの訓示によってアメリカの報道機関は、占領下の日本に争いがあることを認識した。それでも、アイケルバーガーが遺憾の意を示した右のような行為が止むことはなかった。

親交と闇取引によって占領軍兵士の素行不良と地元民の反発が生じる中、合衆国ではドイツと日本の占領計画を失敗と見なす見方が広まっていた。左翼の批評家は、非ナチ化が遅々として進まないことや、それどころか著名なナチ党員が復権していることに臍をかんだ。また彼ら左翼は、マッカーサーのGHQ／SCAPと日本の守旧派が、猛烈な反共主義によって手を結ぶことを警戒した。一方、「未熟な」アメリカ軍兵士の不品行を問題視する者もいた。一九四六年の末までに古参戦闘兵の大多数は帰国し、新世代の徴集兵がその穴を埋めたが、後者はわずか八週間か、場合によっては四週間の基礎訓練を受けただけで海外に派遣されていた。

　こんな状態で占領軍兵士の士気を上げ、占領を成功させるなど、いったい、どうすれば可能なのか。兵士を消費者や旅行者にして軍隊生活に対する不満を多少なりとも和らげるというのは、一つのやり方だったが、その代償は大きい。物質的な報酬は道徳的には有害だからだ。これを痛感した軍の指揮官らは別の解決策を模索する。占領軍兵士が敬意を払われ、また自らも敬意を持った振る舞いができるアメリカニズムの見本となるには、物質的な豊かさに身を固めるだけでは足りないとばかりに。

　かくして、兵士は妻子と合流することになった。扶養家族が、家財やペット、自家用車とともに大西洋と太平洋を越えて、占領地域に輸送された。アメリカ軍人家族のコミュニティをドイツ、日本、朝鮮に移植し、現地で再現しよう。そうすれば、きっと占領は家庭的な雰囲気をまとうことになる。上官は兵士の狼藉をコントロールできなかったが、妻と子どもになら、できるかもしれない。そんな期待に基づいて、すでに多種多様な役割を求められていた占領軍兵士は、さらに追加の仕事を与えられた。家族思いの男《ファミリー・マン》になるという仕事を。

第8章　家庭的な占領

軍人家族の呼び寄せ

一九四六年六月二四日は、ロバート・アイケルバーガー将軍にとって記念すべき重要な日だったが、幸先悪く始まった。起床時、室温はすでに二七℃になっていたと、アイケルバーガーは不機嫌そうに日記に書いている。一〇ヶ月前の日本到着以来、この第八軍司令官は、エアコンに、あるいはエアコンがないことに苛立っていた。

しかし、この日はいつにも増して家の中を快適にすることが重要だった。というのも、待ち焦がれた妻が到着するとの知らせがあったからだ。七時半までにアイケルバーガーは、将軍や大佐、少佐、大尉、中尉、それに六人の下士官兵と一緒に港に出た。シアトルから太平洋を渡ってミス・エム――そして一七五人の兵士の妻――を運んでくる、軍事輸送船フレッド・C・エインズワース号を最初に見つけようと、全員が水平線に目を凝らしていた。

ドック内でも、それから赤十字の職員（「きっと内装職人に違いない」と、アイケルバーガーは将軍に相応しい軽口で褒めている）がアメリカ風に改装した住居に戻った後でも、「そこら中、大変な熱気だった」と彼は記している。目につく場所はピカピカに磨かれ、シャンパンは氷で冷やされ、アイケルバーガーの邸宅スタッフも含むすべてが準備万端だった。「下働きの男たちがきれいなコートを着て並び……

我が家は上首尾だった」。このときばかりは天候も味方する。「そよ風が入って来て、もう、そんなに暑くはなかった」と、この日の日記は満足げに閉じられている。[1]

右の出来事は、単にロバート・アイケルバーガーとエマリーナ・アイケルバーガー〔ミス・エム〕の悦ばしい再会であるのみならず、戦後占領における新局面の到来を告げていた。妻子の存在は、意図的にも、また予期しない形でも、海外における合衆国軍のプレゼンスの在り方を不可避的に変えたのだ。

エインズワース号は、一九四六年に兵士の家族を海外へと運んだたくさんの船の中の一隻に過ぎない。この三日前には、二二人の海軍夫人と二人の子どもを乗せたチャールズ・キャロル号が、横須賀に到着している。夫だけでなく、横須賀婦人会の会員が彼女らを出迎えた。婦人会の面々は、アメリカのストッキングをうらやましそうに盗み見しつつ〔目ざといリンゼイ・パロット特派員はそれを見たと言う〕、日本人女性は軍人家族の到着を「心待ちにしている」と伝えた。

二ヶ月前のドイツでは、また少し違う形に屈折した歓迎セレモニーが行われた。四月末に第三一一歩兵連隊の軍楽隊が、なんと「センチメンタル・ジャーニー」の旋律を奏でる中、二二四人の妻と一三〇人の子どもがブレーマーハーフェンに入港し、〔家族の〕到着が始まったのである[2]〔同曲は失意のうちに帰郷する者の心情を歌った一九四四年のヒット曲〕。

大洋を渡るこうした船旅——そして、後続の船旅——は、占領軍が〔軍人家族の〕移住を計画していることをはっきりと告げていた。数ヶ月にわたる動員解除の後、〔人の〕流れが逆転したのである。補充兵は妻子を前面に押し立てて、ヨーロッパとアジアに流入した。チャールズ・キャロル号の日本到着に伴い、現地では二歳の女児が「アメリカ占領軍の最年少メンバー」になったと、パロットが『ニューヨーク・タイムズ』の読者に伝えている——この幼な子の栄誉はすぐに、太平洋上で生まれた赤ん坊たちに奪われてしまうのだが。

他方、かつてないほどに占領者の若返りが進む中、家族が海外の兵士と合流することを許可する陸軍省の方針は、占領者と被占領者の双方に対する以下のような意味のメッセージとなり、占領事業の長期化を予告した。そのメッセージとはすなわち、合衆国当局は拙速な、それどころか一切の撤退を予定していない、というものである。

軍隊の慣習で「扶養家族」と呼ばれる兵士の妻子を迎えるため、まったく新しいインフラが必要とされた。家族の生活には独身男性向けに作られた兵舎よりも上等な住居が要るほか、あらゆる年齢のアメリカ人男女を、揺りかごから転勤、最後は除隊までケアする、診療所、学校、娯楽、その他の施設が必要だった。[3]

軍人家族の呼び寄せが明らかにしたのは、海外における大規模な合衆国軍のプレゼンスが、もはや戦後の地政学的環境に対応した風景の一部であり、長期間、そこに存在し続けるだろうということだった。最初の軍人コミュニティの落成が戦争を象徴的に終わらせたと、陸軍史家アール・ジームキーが記している。そこでの暮らしは、「一九三七年の合衆国内の基地に匹敵するほど快適」なものになるように設計されていた。このとき、初めて本格的な「占領状態」が始まったのだが、それは、軍事化されている点に目をつぶれば、〔意外にも〕平時と変わらない部分が多かったのである。

戦前のアメリカ軍基地に近い生活を再現しようとする、この改修作業がドイツで始まるのは、ヨーロッパ戦勝記念日《V-Eデイ》のちょうど一〇ヶ月後である。アジアでも、急場しのぎの施設が、より恒久的なアメリカ郊外風のコミュニティに建て替えられていった。長年の使用に耐えるように新しく作られた建物の中にはその後、数十年にわたって使用されたものもある。

しかし、こうした事実だけをもって、陸軍省が当初から軍人コミュニティを旧敵国の領土に移殖し、アメリカの力を文字どおり実体的《コンクリート》なものにする企図を有していたと考えてはいけない。実際、〔占領軍の〕家庭化を推進する決定は場当たり的なものだった。当初の計画では占領は、どれほど長引いても、独身男性の軍隊によって維持されることが前提だった。

一九四五年七月、ハリー・S・トルーマンは『星条旗新聞』に対して、妻や家族が「ヨーロッパに移住する」ことはないだろうとはっきり語っている。そのかわり、「兵士と離れ離れになった家族の問題」は「兵士を国に帰すこと」で解決されるだろうと、彼は言っていたのだ。[4]

安全と兵站に関する数多くの不安が、海外への家族の派遣をためらわせていた。破壊し尽くされたヨーロッパとアジアの諸都市では、故郷を追われ、焼け出された数百万の人々を収容するのに手一杯で、余分な住宅はほとんどなかった。他方、軍の宿舎をゼロから建設することにでもなれば、慢性的な国内の住宅不足に非難が集まる中、トルーマン政権はさらに膨大な予算を〔軍関連の建設に〕支出するはめになる。

海外で住宅を探したり、建てたりすることが何とか認められたとして、出費は他にも予想された。大西洋・太平洋を越えて軍人家族を海外に運び、そこで基本的な必需品が甚だしく不足する状況のもと、最低限の快適さと食事、暖房、保健、安全を維持しなければならないのだから。敗戦国民は大人しいものだったが、一九四五年の敵国領土は「家族向き」とはとても言えない環境だった。

今回ばかりは報道機関と大統領の意見も一致した。『ワシントン・ポスト』紙の社説は、「ただでさえ不足しがちな資源に負荷をかけながら、さらにアメリカ人家族まで〔占領に〕加えるなど、正気の沙汰ではない」と警告し、実際、「妻や子どもをこちら〔占領地域〕の一般的な生活環境にさらそうとする」兵士などほとんどいないだろうと予言した。[5]

こうした欠乏の問題と並んで〔軍に〕妻子を輸送することをためらわせた、もう一つの大きな要因がある。それは安全面の懸念だった。陸軍省の目から見て、安全を脅かすリスクは二つあった。まず、〔占領軍による〕徴発の連続に憤慨していた〔敗戦国内の〕不満分子が、舌なめずりするほど楽な獲物として、アメリカ人の扶養家族を狙っていた。

ただ軍の計画立案者は、敗戦国の国民がアメリカの民間人に危害を与えることを恐れると同時に、家族が占領軍兵士の安全を脅かすことも懸念していた。彼らは結婚の〔marital〕喜びが、軍事的な〔martial〕効率を失わせるのではないかと恐れたのだ。アイケルバーガーは、家族のせいで占領軍兵士の集中力が下がることを懸念し、次のように主張した。すなわち、合衆国軍は「明確に規定された特定の任務」を完遂するためにいるのであり、「もし何かトラブルの原因になるなら、我が軍は、どの兵士の妻や恋人も市内や兵営内に住んでほしくない」と。

家庭の快適さのせいで軟弱になり、集中力を欠いた兵士は戦闘への備えを失うだろう。そんな悲観的な予測に囚われた陸軍省の面々は、アメリカの警戒の緩みに乗じるソヴィエト軍や、占領地域におけるクレムリンの協力者からの攻撃の脅威にますます過敏になっていた。[6]

しかし、家族の合流に反対する声の大きさよりも、軍高官が〔家族呼び寄せを制限する規則の〕緩和を求める声のほうがさらに強く、大統領と国防省に対する圧力となっていた。他方で、『ワシントン・ポスト』紙が正しく指摘したように、不満をためた圧倒的多数の下士官兵は、海外に扶養家族と長居して占領任務を長引かせる気など毛頭なかった。そもそも彼らのほとんどは、呼び寄せるべき家族を持たなかったのだから。一九四六年七月の時点で、日本に駐留する徴集兵の平均年齢はわずか二〇歳三ヶ月であった。

しかし、占領業務に就く著名な将軍たち——必然的にそこに居続けねばならない人々——の何人かは、単身赴任が嫌で嫌でしょうがなかった。ヨーロッパ戦勝記念日からわずか一ヶ月後、アイゼンハワーはジョージ・マーシャルに手紙を書き、兵役期間が三年を超えた将校や下士官兵が希望する場合、「良好な住宅が提供可能であることを条件に、ヨーロッパ戦域への妻の帯同」を許可するべきだと進言した。アイゼンハワーは、長期にわたる家族との分離によって強いられる個人的な苦しみを強調している。「今回の戦争で、最近六週間が一番つらいことを白状します……。率直に申し上げて、家族が恋しいのです」と。

この心からの願いにもかかわらずマーシャルは、〔アイゼンハワーの〕個人的な頼みも、より大きな占領方針に関する提言も撥ねつけた。マーシャルは「そうした手続きを進めるべき時期ではない」と述べた上で、さらに一部の集団に限って、この役得を与えることは悪手ではないかと疑問を呈した。軍の「カースト制度」への批判が強まる中、下士官兵には与えられない特権をトップの高官が得ることを認め、〔一般兵の〕不満を煽るなど、マーシャルにはあり得ないことだった――その点についてはアイゼンハワーも同意している。[7]

日本降伏後の数週間に高まった憐れな夫たちの合唱には、多くの軍高官も加わっていた。一九四五年一〇月、ヨーロッパ地上軍の司令官ジェイコブ・デヴァース将軍は、ボストンでの講演の機会をつかまえて、「住宅が手に入りしだい」、ドイツにいる兵士に妻が合流する許可を求めた。その際デヴァースは、合衆国軍は「数世代にわたり」そこに駐留するだろうと力説して、自分の願いを正当化した。

一方、〔デヴァースのように〕上司の許可を待つ習慣のなかったダグラス・マッカーサーは、とっくにフィリピンから東京へ妻を運ばせていた。一九四五年八月、妻ジーンは先兵とともに厚木飛行場へと到着し、マッカーサーの部下数人をうろたえさせた。そのすぐ後、最高司令官は、すべてのＧＩが扶養家族を日本に連れて来られるよう、上院に予算措置を求めた。

この動きに対してアイケルバーガーは疑問を呈している。「かつて我々が、多数の〔第一次世界大戦〕戦没兵士の母親とともにヨーロッパに行ったとき、あの女たちが墓地ではなく、パリに行きたがったことを思い出すべきです」と、アイケルバーガーはいきり立った。さらに彼は、「たしかに我がGIの大半は未婚ですが、そのほとんどは、扶養家族として母親を連れてくることができるのですよ」と付け加えた――占領地域に母親たちを攻め込ませる話など誰もしていなかったのだが。

日本で配偶者と再会したがっているのも、その資格を持つのも、おおむね高級将校だけというのが、アイケルバーガーの考えだった。妻が多くなりすぎて兵士が軟弱になることを、彼は恐れていた。また、アイケルバーガーは「どの妻も、自分より多くを得てはいないかと、他の将校や下士官兵の妻を見張るものです。すべての兵士の妻がこちらに来ることを許せば、陸軍省は大きな弱点を抱えることになるでしょう」と述べている。[8]

しかし、一九四六年初頭までに、陸軍省はまさにそれを実行に移し、アイケルバーガーが高官のみに限定したがっていた特権をありとあらゆる兵士に拡大した。占領を家庭化するという強力な免罪符が得られたことで、海外駐留兵士と妻子の合流許可に対する大方の異論が、ついに打ち消されつつあった。

日独の降伏から数週の間に「戦後軍」を飲み込んだ規律と士気の急落は、トルーマンが家族呼び寄せを禁じた時点では予想だにされない事態だった。〔その後に起きた〕問題は単純で、数百万の「不機嫌な」兵士を満足させるほど速く、帰国を進めることができなかったのだ。それなのに、一九四五年の暮れには大慌てで進む動員解除のせいで、効率的な作戦の遂行が大いに妨げられていた。このことは、占領地域から故郷に手紙を送ったほぼすべての兵士が書いている。

報道が占領の猥雑な側面――「親交《フラッティング》」、性病、ブラックマーケット――を明るみに出す中、道徳《モラル》と士気《モラール》の向上が、かつてないほど切迫した課題になっていた。そこで妻子を占領に混ぜ込めば、兵士の気迫と規範意識が同時に上昇するだろうと見込まれたのである。[9]

軍の計画立案者たちは、〔兵士の〕精神面を強化することに加え、将校階級の資質を向上させる方法も探していた。率直に言えば、高官たちは数多くの下級兵士と現状認識を共有していた。すなわち、根っから任務に不向きな軍政官が多すぎるとの認識である。それどころか、もっとも適性がない者に限って占領任務が長びくことを好んだ。

そういう連中は強欲だったり、好色だったりした。一九四六年の陸軍の調査では、既婚兵士の八人に一人がドイツ人女性と恋愛関係にあるとされた。海外にいれば妻はやって来ないという事実が、将校がそこに留まり続ける不純な動機になっていたのかもしれない。逆に、合衆国に家族がいないので海外に留まりたいという者もいた。ある軍政官は、『ニューヨーク・タイムズ』紙のサイラス・サルズバーガーに対し、以下のように語っている。居残っている彼の同僚は「故郷に帰る理由が何もない」兵士である。「彼らは民間の生活では落伍者であって、こちらにいたほうが多く稼げるのだ」と。[10]

一九四五年一二月、ウィスコンシン州マディソンに住む家族に手紙を送ったジョン・ウィナーは、戦後のドイツにおける経験に基づき、右のような人々をこき下ろした。

軍政府は、アメリカ陸軍の無能者を一堂に集めた最大のコレクションを抱えている。最初の軍政府が設置されたとき、そこに出向させる人数を割り当てられた各部署は、これ幸いと使えない兵士や能力の低い人物の厄介払いを試みた。結果、正規軍の仕事をやり遂げられないがために、放り出された者が軍政府《MG》の多数派を占めたのだ。中には例外もいるが、非常に少ない。軍政府にいる者のほとんどは、生きるために働くということに関心がなく、大きな家やたくさんの酒、それに大きな権威にばかり、ご執心だ。自分の本当の任務や、仕事の重要性を理解している者など、ほとんどいない。征服した国を統治する仕事のために事前に国内で訓練を受けた者といえば、合衆国ではうまくいかなかった三流の政治家たちだ。国際政治について何か知っている者など、ろくにいない。

軍政府の要人には、内政・外政で頭角を現した人物や、あるいは、間もなく現すことになる人物が含まれていた（サウスカロライナ州の人種隔離主義者ストロム・サーモンドや、バイエルン生まれのハインツ・アルフレッド・キッシンジャー当時二二歳など、その背景は様々だった）。ただ、〔軍政府に〕非効率と腐敗が蔓延していたことを思えば、ウィナーがそれを知らなかったとしても責められまい[11]。

家族の再会と気前の好い雇用条件を餌にすれば、訓練済み兵士の大量離脱という体裁の悪い事態を食い止められるのではないか。また、駐留を続ける兵士や、新たに占領任務に加わる兵士の質を向上させられるのではないか。陸軍省はそんな期待を抱いていた。兵士は、最低一年余計に働くことに同意すれば、そうした恩恵にあずかることができた。一九四五年の末までには、ヨーロッパに家族を送り込む計画が始動していた。

この動きに続き、一九四六年二月には、兵役期間三年超の将校と下士官兵は、陸軍の正規兵でも、戦時の徴集兵でも、戦後の入隊者でも、誰であれ家族を日本に呼び寄せる機会が得られると通達がなされた。二年の兵役に同意した者は、不足する住宅の優先割り当てを受けられることになり、あとは最後までやり抜く兵士の意思しだいということになった[12]。

軍隊の家庭化は、規律を守る勤勉な労働者――ジョン・ハーシーが書いたヴィクター・ジョッポロのような利他的で禁欲的な兵士――に仕事を続けるよう促す一つの方法だった。軍の高官も、扶養家族が近くにいることで夫本人だけでなく、あらゆる兵士の挙動や振る舞いが改善するものと期待した。「占領地域の住民と兵士の間の広範な親交によって生まれる諸問題は、正常な家族生活の回復によって目覚ましく改善できる」と、一九四七年の陸軍報告書が楽観論を述べている。

家族はそこにいるだけでも規律を向上させると考えられたが、陸軍省は兵士の妻子に対して、占領の一環としての〔敗戦国民の〕再教育に、よりいっそう積極的に関わることを求めた[13]。

少なくとも軍が思い描く理想の中では、軍人家族はアメリカ人に固有の美徳を体現することになっており、彼らのマナーと明るさが民主主義の教えを生き生きとしたものにすることになっていた。軍に取材するあるジャーナリストが述べたように、扶養家族は、地元の人々の中に「援助に値する集団」を作り出し、占領の厳めしさを和らげるはずだった。

こうした親善大使としての役割をはっきり念頭に置いた上で、〔占領地に向かう〕長期航海中、妻と一四歳以上の子どもには数時間の教育が施された。そこでは、「占領の必要性」と目的、「扶養家族の責任」、「ブラックマーケットの害と食糧保存の重要性」といったトピックが語られた。

ドイツに向かう家族のために作られた教材の一九四七年の改訂版からは、元の版で力説されていた「集団的な罪」への言及が完全に姿を消し、新たに強調されつつあった和解の重要性が盛り込まれた。〔この教材によると〕兵士の扶養家族は「占領を批判的に見るドイツ人に対して、アメリカ的生活様式を代弁する者」であった。それゆえ、〔妻子は〕「彼らに好ましい印象を与えることと、自らの振る舞いを通して民主主義が現に機能している姿を見せることに最大限、努力するよう求められ」たのである[14]。

しかし、最良の兵士と、その最良の妻を海外に引き留め、占領をマシなものにしようとするとき、軍が最初に取り組まなければならないのは、占領の見た目をよくすることだった。このイメージチェンジは、しかし簡単にはいかなかった。

物理的な占領の景色を変えるという、美的な改良処置は難航した。占領地域において何と出会うにせよ、妻子は、数年に及ぶ戦争と数ヶ月にわたる空襲によって引き起こされた、大規模な人と物の破壊に直面せざるを得ない。

二度のグローバルな大災厄と、様々な「小規模紛争」を経験した陸軍の職業軍人である上級将校たちは、いたるところに大穴の開いたベルリンと東京が、そしてそこに住む困窮した住民が、自分の愛する家族をどんな気持ちにさせるだろうかと自問した。そこでふと、自分が、それまでとは違う角度から廃墟を見つめていることに気づいたのである。

新しくやって来る民間人は、敵の無条件降伏までに生み出された被害を直視したがらなかった。そのため、新たに日本を訪れる際の上陸地だった横浜では、家族の到着が迫る中、瓦礫の撤去計画が一気に進められた。

アイケルバーガーは、戦前の横浜の姿を知る恐れ知らずのミス・エムに手紙を送り、かつて「数マイルにわたって家屋が」並んでいた場所には、「いまや倉庫と、我が軍の兵士のための仮小屋兵舎が数列、並んでいるだけだ」と伝えた。このような軍事化された景色を君は見慣れないだろうが、「それでも、廃墟しかない状態に比べれば随分マシになったと思う」とアイケルバーガーは述べている。[15]

さらに大きな問題は、子どもが巨大な荒廃と深刻な欠乏の光景を目の当たりにすることだった。それまで破壊しつくされた日本の都市風景――超空の要塞B29による優れた仕事の証――を醜悪な満足感に浸って眺めてきた将校は、そうした破壊の痕跡が子どもにどんな影響を与えるのか考え始めた。子どもらを動揺させかねない敗戦の光景を見せるべきか否か、と。

横浜の状況を目にする息子クレイの反応を案じた第八軍参謀長クローヴィス・バイアーズは、一九四五年一〇月、国もとの妻マリーに宛てた手紙の中で危惧を語っている。「ねじ曲がった鉄板や、煉瓦、それに、あらゆる種類のグロテスクな形になって空を指す壊れた鉄筋コンクリートの中を何エーカーも歩くと、ひどく重苦しい気分になるんだ」と。それは、陸軍省が日本への家族の転住を認める随分前のことだった。〔戦争を通して〕無傷のアメリカ本土には、上記のような光景に対する心の準備をクレイにさせられるものが、どこにもなかったろう。「国もとで一番近いものといったら、都市のゴミ捨て場の周りに小屋が立ち並んでいる光景だろうか」とバイアーズは書いている。

しかし、そんな悩みを抱きつつも、彼は、日本にだって素晴らしいもの——自分たちの家族生活は言うに及ばず——が残っている。そして、それはアメリカの焼夷弾がしでかしたことを思い出させる憂鬱な景色を相殺するのに十分なほどだと語り、自分自身と妻を慰めた。

「一人で考えていると、これしきのことが大ごとに思えてくるんだ」とバイアーズは打ち明けた。しかし、「君の明るい見通しのおかげで、もとどおり三人一緒になれば、何の不満もなくなるのだと思えて、気分が持ち直したよ！」[16]とも付け加えている。

実際、戦後の日本には、もっとずっと気の滅入る光景が存在した。そうした光景から妻と息子を遠ざけるにあたり、第八軍の住宅供給に責任を負うバイアーズの立場は、人もうらやむほど恵まれたものだった。言うまでもないことだがバイアーズは、特に良い住居を自分と上司のために手配した。隣同士のバイアーズ家とアイケルバーガー家は、それぞれスタンダード・オイルの副支店長とイギリスのジン会社の大物が所有していた家を占有した。

東京湾を見下ろす崖の上に立つ「きれいな土と草と低木と木々」に囲まれた広大な屋敷には、よちよち歩きのクレイが崖の方へ行ってしまわぬように作られた高い塀があり、眼下のスラム街から日本人の泥棒を忍び込ませないための守衛もいた。この場所に着くまでには、「何エーカーもの廃墟」を通らねばならなかったが、牧歌的な家の雰囲気のおかげでそんな苦労も吹き飛んだ。

バイアーズは「無傷で残った湾の眺め」を賛美し、「主寝室のベランダには感激すると思うよ」と〔妻に言って〕興奮した。広々としたこの家で、妻マリーは「寝室と居間の兼用部屋」で「プライベートな安らぎ」を得ることもできた。[17]

西洋風の住宅が珍しく、建材として紙と木を用いるのが一般的だった日本では、まともなレンガとセメントの家のほとんどは、第八軍の家族と増え続ける連合国軍最高司令官総司令部《GHQ/SCAP》文民アドバイザーのために徴発された。たいてい有力な産業資本家と外国人ビジネスマンのものだった豪華な邸宅は、アメリカ人が望む便利さと快適さのために全面改装された。畳、障子、炭火を燃やす火鉢、銅製の流し台などが運び出され、陶製の洗面台、電気ストーブ、そして何より重要な水洗トイレが運び込まれた。

他方、ドイツの家屋の場合、たった二時間の猶予しか与えずに前の住人を追い出した後で、そこまで全面的な改装が必要になることは少なかった。現地で十分な数の家具や家財を見つけるのは困難だったから、アメリカ人の扶養家族は、自動車からペットにいたるまで、たくさんの荷物を持ち込んだ。だから、一九四六年三月の『ワシントン・ポスト』紙が打った「家族はパパがやっつけた国で楽しいひと時さえ過ごすかも」などという見出しも、それほどおかしくはなかったのだ——たとえ、そこが「フロイラインとザワークラウトと〈移住民〉と強制収容所」の国だったとしても、である。[18]

慌ただしい準備の過程では、多大な予算の支出と膨大な量の労働が必要とされた。一九四六年から一九四八年にかけ、ドイツでは陸軍が「恒久」タイプの施設と呼ぶものの建設に、推計「一億人時」〔一億人が一時間ずつ働いた工数〕が投じられた。こうした施設は、「長期にわたると予想される占領に、必然的に伴う高い質」を有した。また、徴発されたドイツの建物が、物資配給所や米軍売店、礼拝堂、行政用の庁舎などに利用された。

一方、日本では、第八軍の工兵部隊が多数の地元労働者を使い、一九四七年九月までに、全兵士と九、六二三人の家族のための家屋を建設したり、補修したりした。加えて、彼らは一七の病院を建設したほか、八〇エーカーの水耕栽培農園を作って、日本の「肥料用人糞」の世話にならずに育てた野菜と果物をアメリカ人に供給した。

勘定は誰が持つのかという難題もあったが、これは日本政府が支払うことで決着した。徴発された家屋の改装や、兵士と扶養家族のための新しい施設の建設など、合衆国による占領を「家庭化する」費用は、占領される側の負担になったのである。こうした費用は一九四六年の日本の国家財政の三割に上ったと推計される。同様にドイツでも、膨張する占領費用はドイツからの賠償金で賄われ、民間のドイツ人や戦時捕虜、〈移住民〉などが、新しい軍事施設の建設に必要な労働の相当部分を担った。[19]

かくして占領当局は、かなりの環境改善に成功した。家族の到着を待ち構える将校が住まいの美化に熱中する一方、底辺の下士官兵向け住居——ある占領軍GIが、「樽を縦半分に切ったようだ」と感心しない様子で言った、トタン波板のカマボコ兵舎——でさえ、少量ながら新品のペンキとカーテンを支給され、新しい住人となる女性を準備万端、待ち構えていた。

兵士をめかしこませて外向けの印象をよくする、いわゆる磨き仕事の日課も、その重要性が改めて強調された。これを新しくやって来る妻たちのせいだと思う下士官兵もいた——女たちのたっての頼みだから、やるんだろうと（不平屋の兵士によくある考え方だった）。「夫が敬礼を受けるのを妻が見たがるといえば、大きな軍礼励行キャンペーンがあり、兵士がきちんと正装しているのを妻が見たがるといえば、大きな制服着用キャンペーンがありといった具合で、ほとんど四六時中、軍服の上着を着ていなきゃならなくなった」と、一九四六年五月にドイツから国もとへ手紙を書いたウィナーが愚痴をこぼしている。「女房たちが大きな軍事パレードを見たいというから、パレードやら何やらの練習をし、おかげでほとんど常にパレードしている」[20]と、彼は言った。

しかし、占領の道徳的な状態を改善するというのは、瓦礫を片づけ、靴を磨き上げるだけでは済まない問題だった。非番時の〔兵士の〕バカ騒ぎは、不快な環境やだらしない服装よりも、改良が困難だった。問題の解決策がかえって問題を生み出すというアイロニーも生じた。つまり、妻たちを呼び寄せることで、〔兵士の〕倦怠感を完全に撲滅はできなくとも軽減しようとした場合、必然的に当の倦怠ぶりを妻たちが目の当たりにしてしまう。そもそも、男性兵士による自堕落な振る舞いがあまりに頻繁かつ露骨なので、妻たちは占領軍に合流する気をなくしていた。まさに、八方ふさがりである。

海外での合流を妻に勧めることを、多くの将校や下士官兵に躊躇させた要因として大きかったのは、気の滅入るような敗戦国の状況よりも、むしろ勝利が征服者に生じさせた変化の方だった。扶養家族のための旅費や住居を申請しない下士官兵がなぜ多いのかについて、とある軍曹の考えを紹介した『星条旗新聞』は、もし軍のお偉方がその理由を知りたければ、「飲み過ぎで酔っぱらった狼よろしく」歩道でバカ騒ぎするGIを見てみればいい、と書いた。

ベルリンのコーネリアス・デフォレストは、利用可能な住居は「『戦争花嫁』用なら上等かもしれない」が、ミドルクラスの婦人がたが使うには、あまりに粗末ではないかと心配していた。しかし、彼がもっと深刻に懸念したのは、アメリカ人のモラルが緩みきっていることだった。「陸軍の将校にしろ、陸軍女性部隊《WAC》の隊員にしろ、あるいは『その他』の者であれ、こちらの生活はめまぐるしいから、そういう連中に巻き込まれて不快な思いをしないように、君はきっと、そこから距離を取っておかなくてはいけないよ」と、デフォレストは妻に警告している。しかし、日常的な民間人の旅行は、まだ許されていなかったので、妻たちが占領から完全に離れた暮らしをできる見込みはなかった。

ついでに言えば、玄人はだしのアマチュア画家デフォレスト夫人が思い描いた、きらめくバイエルン・アルプスで酒を飲むという夢の方も実現しそうになかった。ドイツの合衆国占領地区にいたすべてのアメリカ人は食糧、燃料、輸送、そして身の安全など、何らかの形で軍に頼らざるを得なかったからである。[21]

妻が、ベルリンで横行する多様な形態の親交を目にすることに対し、デフォレストが感じた不安は、占領地域での夫婦生活を検討するアメリカ人に共通のものだったが、本国からの船旅の厳しさに対する懸念も広く共有されていた。

友人や家族が海外にいる者の多くは、輸送船での旅が人間に極度の忍耐を強いることを知っていた。窮屈な居住区、地獄のような暑さと騒音、不十分な風呂とトイレの設備といった船内環境に愛する者を置くことは、一部の軍高官には耐えがたかった。だから、マッカーサーとアイケルバーガーは、上級将校の妻を合衆国から運ぶために航空輸送を行うよう繰り返し求めたのである。

しかし、えこひいきとの批判を恐れる陸軍省は、これらの嘆願を拒否した。仕方なくアイケルバーガーはミス・エムに対し、船の上で起こり得る事柄について注意を与えた。これらの注意事項の中には、クルーや他の乗客が高い確率で盗難事件を起こすことも含まれていた。アイケルバーガーは、念のため持参するトランクに鉄製のバンドを着けるようミス・エムに勧めている。[22]

ことほどさように妻や家族の到着が迫ると、話は、瓦礫の撤去だけではすまなくなった。あらためて兵士に礼儀正しく振る舞わせ、〔軍の〕体面を保つ政策が求められたのである。特に、ドイツと日本の路上や公園で大っぴらに行われる「親交《フラッティング》」の横行を、何とかしなければならなかった。「狼のような」GIが地元の女性と関係を持つ光景ほど、妻たちの反感を買うものはなかったからである。

軍の高官が、この点を明確に意識するより早く、一九四六年三月のフランクフルトで起きたスキャンダルが本国に伝わってしまった。アメリカ欧州軍《USFET》の兵舎に「一夜かぎりの妻」がたむろしているという一人のイギリス人女性の非難が引き金となり、抗議の声が高まったのである。さらに、ミラー・G・ホワイト少将が、たしかに女性の訪問は許可されていると認めたため、抗議の声はますます強まった。

女性は〔兵舎の〕入り口で署名を求められ、午後一〇時半以降の訪問は禁じられることになっていたが、それより早い時間に来ておけば、〔兵舎で〕一晩過ごすことが可能だった。そうやって正式に登録した女性の中に、わずか一四歳の少女がいたらしいという話も、陸軍の評判を傷つけた。また、食事と住居を与える者さえいれば、基地内で働くドイツ人の家政婦や女給は、理論上、「永遠に」滞在できるという別の筋からの情報も、当然だが民間人の不安をあおり立てた。

ただちに本国のマスコミから怒気を含んだ大きな反応が返ってきた。海外で勤務する若い兵士の親たちは、「息子が撃たれたり、地雷で吹き飛ばされたりする想像」とまったく同じくらい不吉な将来の見通しに不安を感じていると、『デイリー・ボストン・グローブ』紙のアイリス・カーペンターが報じている。一方、〔兵士に宗教的・道徳的な助言を行う〕従軍司祭たちは、「その多くが、匙を投げたくなるほど絶望的な状況」に追い込まれていた。

こうして、燃え上がる本国の怒りを鎮火するのに失敗したホワイト少将は、女性の訪問客について、基本的には不審な点はないとしつつも、「そうした類の親交を防止しようとすれば、月にでも行くよりほかは」ないとこぼした。それに比べれば、大西洋を越えて妻子を運ぶ苦労など、ものの数にも入らないように思われた。だからカーペンターは、妻子の呼び寄せこそ、「海外における我が軍の道徳水準を上げる」唯一たしかな方法だと主張した。「兵士の身内の女たちをすぐに送れ！」と、女性ジャーナリストは言った。[23]

数ヶ月後、GHQ／SCAPも同様のスキャンダルに見舞われる。「日本の女の子と踊ったり、風呂に入ったりするGI」の写真が本国で出回り、騒動になったのだ。『シカゴ・デイリー・トリビューン』紙のウォルター・シモンズは、東京から以下のように報じている。すなわち、海外での〔兵士への〕郵便配達が六週にわたり中断した後、「ほとんどすべての兵士が、〔本国で〕流布した写真のような振る舞いについて問い詰める、〔妻や恋人からの〕不機嫌な手紙を受け取った。それに続いて、数多くの離婚と婚約破棄が起こった」と。

一九四六年三月、妻の到着で頭がいっぱいのバイアーズは、女性に向かって口笛を吹いたり、声をかけたりすることを禁じる公式命令を第八軍に対して発した。そうした行為は、どこであれ「好ましくないが」、とりわけ敗戦国にいる軍人にはふさわしくないとバイアーズは言った（しかし、この通達は、日本人自身にキスや公衆の面前での愛情表現を奨励した当時の総司令部の政策と幾分食い違っていた。『デモイン・レジスター』紙は、「千年後の歴史家は、おそらくマッカーサーによる日本占領の最大の成果はキスの普及だと言うだろう」と書いている[24]）。

女性に対するヤジや口笛をやめさせるべく、アイケルバーガーは、「公衆の面前での愛情表現」（「腕を組んで歩くことや、それに類すること」と、その定義は曖昧だった）を禁じる命令をさらに徹底させた。公衆の面前での愛情表現《PDA》の禁止により、数週間のうちに「大量の軍法会議」が招集されたと、アイケルバーガーが妻に伝えている。

新しい規則に違反したすべての兵士は、指揮官が身柄を引き受けに来るまで、憲兵詰所に拘留されることになっていた。「当然だが、この規則によって、部隊指揮官は兵隊のために夜中に飛び起きねばならなくなり、結果、当該の兵士は上官からの評価を大いに下げることになるから、効果は大だった」と、アイケルバーガーは上機嫌で説明している。おそらく彼は、この命令が夜の密会に向かう指揮官を減らす効果も持つと期待していたのだろう。

アイケルバーガーは、この命令を自ら実行に移した。彼は〔命令通達のわずか三日後に起きた〕ある出来事を、とてもうれしそうに記録している。アイケルバーガーは、「イギリスの上等兵曹らしき人物が日本人の女の子に腕を回しているのを見た。少女は色鮮やかな着物を着ていた。私は新車のシボレーに乗って彼らに近づき、『貴様がどの軍に属しているかは知らんし、英語を話すかどうかも知らんが、その日本人の女の子から離れんと、牢屋にぶち込むぞ』と言ってやった。奴は五ヤードも飛び上がったよ」と。

アイケルバーガーは、物分かりの悪い下士官兵は〔公衆の面前での愛情表現の禁止に〕反発するだろうと予想したが、本国では大方の支持を得られるとも踏んでいた。「いわゆるお偉方ということで、私に対し浴びせられる報道機関からの攻撃は気にしなくてよろしい」と、アイケルバーガーはミス・エムに語っている。「もし何か批判が起きても、アメリカにいる牧師と女は私を支持してくれるだろうし、国民の大部分だってそうだろう」と。[25]

到着した妻が公衆の面前での親交を嫌悪するだろうという、アイケルバーガーの予想は的中した。兵士の妻の第一陣がドイツに着いて一ヶ月弱たった頃、ある匿名の「アメリカ人の妻」がニュースの見出しを飾った。『星条旗新聞』の「Bバッグ」欄に寄せられた彼女の怒りの手紙は、本国の新聞各紙に掲載された。「地元のナイトクラブで、将校の『同棲相手《シャック・ジョブ》』と『付き合う』ことを、私たちがどれほど忌み嫌っているか理解している将校が少しでもいたら、彼らだって同棲相手を〔自分の〕部屋《シャック》に閉じ込めておくだろうに」と、匿名の著者は明らかに激怒しつつ書いている。

おそらくこうしたネガティブな声の影響もあって、第三軍は「公衆の面前でのいちゃつき」を禁じる命令を発したのだろう。それは、アメリカ兵が「自分の妻とでも」腕を組んで歩くことを禁じるほど、厳しい命令だった。[26]

GIが地元の女性に対して公然と色目を使ったり、撫でまわしたり、いちゃついたりする不快な光景を到着したばかりの妻たちに見られるのは、もちろん問題ではあった。しかし、執拗にセックスを求める兵士の弊害は、それにとどまらなかった。軍関係者や報道関係者がとりわけ問題視したのは、妻たちに対する兵士のちょっかいだった。

ここで、地元の女性に対する兵士のハラスメントのひどさを指摘しておかねばならない。親交禁止が厳命されていたころ、「接触禁止《オフ・リミット》」の対象だったドイツ人女性も、いまではアメリカ兵の「格好の獲物」となり、ところかまわず性的な視線を向けられていた。こうした状況があったからこそ、アメリカ人の妻も、GIから口笛を吹かれたり、ジロジロ見られたり、あるいはもっとひどい目に遭わされるのではないかと懸念されたのである。それはつまり、煽情的な「ドイツ娘《ファーライン》」がドイツの公共空間を下品で性的な場所にしたなどという、かつての決めつけは言いがかりに過ぎなかったということでもある。問題の原因は獰猛な占領軍兵士だった。

さらに、この件と関わってもう一つ指摘しておくと、兵士の攻撃により脅かされる一個人としてのアメリカ人女性の安全は、既婚兵士の持ち物〔妻〕への攻撃に比べれば、取るに足らない問題とされていた。兵士の妻への被害を心配する評論家たちは、一方で、すでにドイツで働いているアメリカ人女性（女性部隊《WAC》の隊員や赤十字、あるいは、軍に雇用された民間人女性など）の存在を無視していた。女性部隊の隊員と看護師は、長らく同僚男性から性的な被害を受けていたというのに、そうした〔兵士の〕狼藉は〔妻たちへの攻撃と違って〕一度も公の問題にならなかったのだ。[27]

他に懸念されていたことと言えば、兵士の妻がドイツ人女性と間違われることだったが、この心配も的中した。扶養家族のドイツ到着に関して、『ニューヨーク・タイムズ』が掲載した最初の記事は、

「陸軍の映画館にある、ドイツ娘の監視所で」、〔兵士の妻と〕守衛との「モメごと」が起きたことを伝えている。ドイツの民間人は、〔将校の寝室を除き〕合衆国軍の娯楽施設への立ち入りを禁止されていた。おそらく、この守衛所というのも、ドイツ娘を追い払うためのものだったのだろう〔それでも、アメリカ人女性がドイツ人女性と間違われ、トラブルになった〕。

ダナ・アダム・シュミットが報じるところによれば、こうした体裁の悪い事態の発生を避けるため、陸軍は、「私服を着たアメリカ人女性の適切な身分証明は、パスポートの確認によりなされる」との通達を出した。しかし、憲兵が巡回する映画館の外では、まったく逆の事態が生じていた。〔軍の監視がない〕民間の領域で、アメリカ兵はドイツ人女性を追い出すよりも、むしろ誘い込もうとしたのである。「いわずもがな、たくさんのアメリカ人女性がドイツ娘と間違えられて、煙草とチョコレートを思わせぶりに提示され、祖国と外国におけるアメリカ人〔男性〕のマナーの違いを思い知った」[28]。

次に何が起きたかと言うと、陸軍は妻たちにアメリカ国旗をあしらった腕章を発行し、身元の混同を避けようとした。かつて袖に国籍を表示させることで、〈移住民〉をドイツ人から区別しようとした試みと似たやり方である。このような方法が採られた裏には、自分が粉をかけている女性がアメリカ人だと分かれば、さしものGIも彼女たちに手を触れてはいけないと思い、放っておくだろうという、甘い想定が存在した。

その甘さが露呈した場所は、むしろ人種的な見た目によって占領する者とされる者の区別がつきやすい日本だった。二世兵士の妻である日系アメリカ人女性を除けば、合衆国軍兵士の妻が「日本人に間違えられる」ことなど、およそ考えにくかった。しかし、地元の女性から明らかに区別されても、陸軍兵士の妻は結局ハラスメントの被害を受けたのである。

一九四六年七月の『シカゴ・デイリー・トリビューン』の記事は、最近、到着した妻たちが、「アメリカ兵が日本人女性と一緒にいる光景」を「非難する」のと同じくらい強い調子で、「通りで自分に向かい口笛を吹いたり、わめいたりする兵士に怒っている」と伝えた。アメリカ人女性が、不愉快な光景や公衆の面前での侮辱によって動揺させられることがないよう、アイケルバーガーが発したPDAの禁止令は、全くの期待外れに終わった。[29]

GIとアメリカ人女性の恋愛

ドイツの軍政長官ルシアス・クレイは、〔占領軍の〕家庭化はうまくいっていると断言した。兵士の家族は「別の方法では得られ」ないような「安定を、我々の占領にもたらしている。家庭化が、非常に高い道徳の水準を回復させたのだ」と。しかし、占領地域にはびこっていた「倫理的マラリア」（ビリー・ワイルダー『異国の出来事』の言葉）が、軍人家族コミュニティのおかげで一夜にして消え去ったなどという主張にまともな裏づけはない。例えば、家族の存在は性感染症の罹患率を下げ損なっている。それどころか一九四〇年代末の日本では、罹患数が年々、急激に増加していた。

一九四八年に合衆国で公開されたワイルダーのブラック・コメディも、ベルリンでの不倫三角関係を描き、占領と親交がどれほど分かち難いものかを示した。件の映画における情事は多面的で複雑だった。GIによる違法取引を調査するべく派遣された、アイオワ州選出の連邦議員（ジーン・アーサー）は、ドイツの非ナチ化を任務としながら、ナチの大立者の元愛人（マリーネ・ディートリヒ）と関係を持つ将校（ジョン・ランド）に心奪われる。アーサー演じるフィービ・フロスト議員が、性嫌悪的なお堅い女から、より魅惑的でおおらかな快楽主義者に生まれ変わることを言祝ぐ『異国の出来事』は、アメリカ人女性に対して占領のエロティックな可能性の芽を摘むよりは、むしろそれを抱きしめなさいと勧めている。

情の深さを肯定的に描くワイルダーに対して、同時代の他の文化人は、戦後のイタリア・ドイツ・日本を、退廃と崩壊の発生源として、もっと陰鬱に描いた。そこで描かれるアメリカ人は、過度に飲酒し、度を超した大声でしゃべり、ひどく強欲に消費し、非常に多くのパートナーと同衾していた――地元の女性や、アメリカ人や、あるいはその両方と。ケイ・ボイルやゼルダ・ポプキン、アルフレッド・ヘイズ、ライオネル・シャピロといった作家がフィクションの中で描く占領地は、「入り組んだ勝利の迷路で右往左往する征服者の混乱」を観察するための舞台装置だと、同時代の批評家は言った。[30]

海外に住むアメリカ人女性の数が増えることは、占領地域における真面目な一夫一婦制の回復にはつながらず、むしろ単に兵士の性的な選択肢を広げただけではないかと報じられた。占領行政のスタッフとして、あるいは連合国救済復興機関《UNRRA》や赤十字、その他の救援組織の職員として働く女性（多くの場合、独身であることを求められた）が増えると、アメリカ兵とアメリカ人女性の恋愛関係も増加した。

陸軍兵士の妻が初めてヨーロッパに到着した一八ヶ月後、新聞各紙は、離婚件数が急増して、妻たちの一部が来た道を反対に引き返していると報じた。一九四七年一二月の『ワシントン・ポスト』紙の巻頭記事は、「占領地域の愛人」のせいで「陸軍兵士の妻が、破廉恥な程あっさりと三行半を突きつけられている」という従軍司祭の言葉を引用した。ある匿名の陸軍報道官によれば、過去三ヶ月間に本国への輸送申請が一五七件出されたが、それらは「結婚の解消が目的であることを明記していた」という。夫と仲たがいをした後、誰にも告げず、「ただ、静かに本国に帰っていった」妻は数知れない。

「愛人のうちドイツ娘は半分に過ぎず」、残りは「キャンプ・フォロワーになった連合国の軍属だ」と指摘する『ポスト』紙の記事は、その文末を下世話なエピソードで締めくくっている。すなわち、アメリカからやって来た妻の一人は、「フランクフルトの郊外で、夫が二人の愛人と暮らしていることを知った」。不快な驚きに見舞われた彼女は「大急ぎで合衆国に引き返した」と。

だが、民間人女性と兵士の恋愛関係など、別に珍しくもなかった。ミス・エムに宛てた一九四六年三月の手紙の中で、アイケルバーガーは、第八軍のある将校が「いい娘と評判の」自分の秘書と結婚するために、妻と離婚しようとしているのを馬鹿にした。「クローヴィスの話だと、彼女〔秘書〕はよく言いつけを聞くらしいよ」と、アイケルバーガーは当てこするように付け加えている。妻たちがやって来れば、そうした戯れの恋も終わるだろうとアイケルバーガーは考えたが、それは甘かった。[31]

占領と植民地主義の類似点

不倫とアルコールに焦点を当てた、大衆メディアによるルポの中の占領は、「植民地」と同じような雰囲気を漂わせていた。W・サマセット・モームの描く、スティンガー〔ウィスキー・ソーダ〕の都シンガポール。あるいはご機嫌なピンク・ジンに、大型獣のハンティング、そのうえ駐在員の恋人まで揃った悪名高いケニアはハッピー・ヴァレーの乱痴気。そこまでの異国情緒は、さすがに戦後のドイツにはなかったにしろ、占領のバカ騒ぎの描写は、帝国の腐敗の表象と似たところがあった――後者のイメージは、両大戦間期の小説や映画を通して、すでに一般化していた。

人種の境界と世間体を無視する、性的火遊びや禁じられた関係は、「本国では」まず許されない。しかし、植民地エリートの生活の中でなら可能になる――そんな社会的通念が長らく存在していた。占領軍兵士の「植民地主義的な態度」を攻撃する『シカゴ・トリビューン』の記事の中でも、そうした〔植民地と類似の〕性的なおおらかさが匂わされている。そうした点も含みつつ、もっと幅広い意味で『トリビューン』紙が非難していたのは、「どこのアメリカ人コミュニティにも漂う、軽薄なカントリー・クラブの雰囲気」だった。[32]

戦後占領が植民地主義にたとえられる点は他にもあった。家族こそはアメリカニズムの化身――すなわち民主主義の模範的な実践例――だと力説されるそばから、「〔軍人家族の〕定住」が、占領の空間編成と社会組織の中に、確固とした身分差を作り出していた。〔当初用いられていた〕懲罰的な征服の言葉が鳴りを潜め、友好的な言葉が使われ出した、ちょうどその頃に、占領する者と占領される者との間の物理的な隔たりが〔かえって〕広がったのである。

「勝者と敗者の関係のほとんどに、白人優越主義が入り込んだ」と、ジョン・ダワーが日本占領についての歴史書の中で述べている。占有・隔離・分割といった明らかに植民地主義的な行為がまかり通る中で、〔占領者と被占領者の〕分離が占領の空間配置における特徴となった。[33]「植民地主義的な世界とは、複数の区画に分割された世界である」――そこでは主人の居住区は風通しが良く広々としていて、先住民地区は窮屈でむさくるしい。このフランツ・ファノンによる見取り図は、ある程度、占領の空間配置にも当てはまる。ドイツにおける合衆国軍政の行政拠点として、最大の規模を誇ったフランクフルトとミュンヘンでは、アメリカ軍が占領用に街全体をフェンスで囲った――六〇年後のバグダッドに設けられた「緑地帯」の先例である。

都市部のかなりの範囲を、軍隊がカミソリ鉄条網で区切り接収している様を見て、新たに到着した者は、しばしば呆気にとられた。旧I・G・ファルベン・ビル（アメリカ欧州軍《USFET》の司令部が入っていた）を含む、フランクフルトの住宅地区の周りに張られた防疫線は、「民間人を締め出す」ためのものであり、「必ずしも陸軍の兵士を中に閉じ込めておく」ためのものではないと、ベティ・オルソンが呆れながら故郷に書き送っている。「ズボンの裾をブーツに押し込み、雪のように白い手袋をつけた」落下傘兵の守衛は、なるほど立派ななりをしていた。しかし、宿泊客の狂乱ぶりから察するに、彼ら守衛が、オルソンが思い描いたほど完璧に、「民間人の立ち入り」を防いでいたわけではなさそうである。[34]

当初、軍用に建物を接収できる場合、アメリカ人家族は地元ドイツのコミュニティに分散して住むことになっていた。下士官兵は、引き続きドイツ国防軍の兵舎を転用したり、その他の建物を改修したりした所に住んだ。食事の時間になると彼らは、元はホテルだった食堂や、かつてドイツのデパートだった場所に入っている米軍売店に向かった。

しかし、一九四〇年代も終わりに近づくと合衆国軍はドイツにおける恒常的な――つまりは軍事占領のあとも続く――プレゼンスという、次の段階に向けて備えを進めていく。アメリカ兵とその扶養家族は専用の基地に移り、そこで「集住」させられたのである。

〔こうしたタイプの〕自己完結的な軍人コミュニティの建設は、日本では、もう少し前から始まっていた。〔日本では〕陸軍が使えるような建物が無傷で残っていることは少なかったので、はじめから住宅の新築が必要とされたのである。第八軍は、しばしば過密な都心部よりも、広大な施設を建設できる都市の外延部に基地を置いた。利用可能な空間は驚くほど大きかった。もともと日本は人口密度が高いうえに、戦前の住宅ストックも〔空襲で〕大量に失われていたというのに、手前勝手な占領軍は、予備計画の段階で、約八四平米から一四〇平米もの広さを軍人家族一世帯の生活空間に割り当てた。アメリカ人は、寝室が二つもしくは三つある「コテージ」か、立地の良いメゾネット住宅に住んだが、それらは「『労働者住宅』に見えない」よう「多様な外観」をしていた。戦後のアメリカの郊外でプレハブ建ての住宅が急増していた頃、その軍隊版とも言うべきものが、占領下の日本に再現されていたのである。[35]

こうした場違いな景色の出現を目の当たりにしたジョージ・ケナンは、次のような言葉を残している。曰く、私も、「ジャップには、郊外に住むアメリカ人の趣味や習慣を押しつけられる以上の悪しき定めが与えられて当然だ」と思う、と。これは、仏教徒の国である日本にとって、アメリカの俗物根性の侵略を受ける以上にひどい罰など私にはまず思いつけないという、遠回しな嫌味である。

とはいえ、街の外延部を開発することは、防御の面では役に立った。何のための防御かと言えば、アメリカ軍兵士と家族の身の安全を日本人から守るためではなく——なにせ日本人が占領者を物理的に脅かすことなどできはしないのだから——むしろ、日本の都市住民を合衆国軍兵士の略奪行為から守るためだった。次に見るアイケルバーガーの日記が、この点を仄めかしている。

一九四六年一〇月に行われた北海道への視察旅行中、アイケルバーガーは、札幌の市街地から約一三キロの地点に、兵士と家族のための新しい住宅があることは「大いに結構だろう」と述べている。この住宅が誰にとって、どんな風に役立つのか、将軍ははっきりと語らないのだが、彼がGIによる「弱い者いじめ」の問題に頭を痛めていたことを考えれば、日本の諸都市で占領する者と占領される者の間の物理的な分離を進め、両者の対立を緩和するというのが、その意図だったのだろう。

札幌郊外のゴルフ・コースなど、自由に使える充実した基地内設備のおかげで、娯楽を求める兵士が外出する必要は減った。結果、兵士が基地の外で過ごす時間が少なくなると、彼らが地元の住民と接触し、その神経を逆なでする機会も減ったのである。[36]

アメリカ人コミュニティを日本人から遠ざけることで、「不幸な出来事」が起きる可能性を減らせたはいいが、さりとて両者の分離が進むと、兵士による〔日本人の〕再教育という大々的に喧伝された目標が、果たされない公算は高まった。また、第八軍が高い優先順位を置くと公言していた、いわゆる前向きな〔日本の〕復興という目標も達成が怪しくなった。なんと占領軍は収用した〔日本の〕土地に、アメリカのフィリピン奪還を顕彰するような名前をつけたのだ。

あるアメリカ人妻は、以下のように記している。「家や住居が並ぶ地域の多くに、フィリピンの名前がついている――それは、日本人に思い知らせるためなのだと思う。セブにレイテ、ミンドロ、ダバオ・コーツ、ルソン・アパートメント、それにナスブ・ビーチ地区やタガイタイ・リッジ地区などがある」と。同じく、極東軍事裁判の会場となった東京の旧陸軍省は、パーシング・ハイツと名を改められた。

こうして占領者は自らの特権を際限なく行使し、物理的な空間の形だけでなく、その名前まで変えて、そこが新しい「アメリカの」土地であると宣言した。こうした治外法権の場では、現地の言葉も、現地の権力も、一切通用しなかった[37]。

日本人の気持ちを害するという強い意志をもって実施された挑発的な空間デザインの変更は、法外な広さを要求するアメリカ人の厚顔無恥を際立たせた。しかし、仮に占領する側が我が物顔の振る舞いを控えていたとしても、権力を持つ者と従属的な社会集団との間の著しく不平等な関係が、占領という状態からぬぐい去られることはなかっただろう。

かつての〔植民地帝国が謳った〕文明化の使命の現代版とも言うべき占領に立ち合った、あるいは担ったりしたこの時代のアメリカ人の中には、右で述べた帝国主義に順応した者もいる。オーランド・ウォードという将校も指摘するように、占領する者の傲慢さがもっとも明白になった場所は、おそらく合衆国の兵士が日本の占領エリートの住居と財産すべてを横領した朝鮮であった。

ソウルでは、陸軍の工兵が神聖な王宮内に新たな住宅を建てることまでした。あるアメリカの占領軍高官は、「日本人には王宮内に〔住宅を〕建てるだけの度胸はなかったが、我々にはその度胸があり、やってのけたのだ」と記している。「こうして我々は、まるで古い歴史的建造物のほぼ真ん中に、市営住宅があるような景色を見ることになったわけだ」と。

日本でも、恥知らずな総司令部の帝国主義的な振る舞いが、ほとんど野放しだった。内省というものを知らない合衆国の物質主義を嘆くケナンは、マッカーサーの統治をロシア皇帝エカテリーナ二世の現代版と喩えた。アメリカ人は「快適さや優雅さや贅沢の匂いのするものすべてを……独占していた」とケナンは嘆き、以下のように述べる。すなわち、マッカーサーの手下どもと、その「キーキーうるさい」妻たちは、まるで自分らが「師団肩章付きジャケットを着た六人の日本人執事」を手に入れることこそ、ただ一つの戦争目的だったかのような顔でいると。[38]

実際、トップの高官の暮らしはケタ外れに恵まれたものだった。横浜の豪邸に「とても上等なドイツ製のグランドピアノ」を他の接収物と一緒に運びこんだバイアーズは、大規模な破壊を受けた都市で子どもを育てる不安など、すぐに忘れてしまった。第八軍の生活は「想像以上の快適さ」だとバイアーズはアルバート・ウェデマイヤー中将に伝えている。「個人的な感想だが、我々の暮らしは能う限り完璧に近い」とバイアーズは一九四七年五月に手放しの語りようだ。

アメリカ人の贅沢と日本人の欠乏の間のギャップを見て、占領者がうろたえ出す恐れはあったものの、奪われる者には奪われるだけの理由があるのだと考えれば、はじめに感じた気まずさも和らげられた。日本の国会法の改定を監督するため、一九四六年一〇月に東京に到着した、法律家のジャスティン・ウィリアムスは、「アメリカ人の家族が東京の快適な住居をすべて手に入れたが、そこを追い出されたジャップの家族の身に起きたことを知っていたり、気にしたりする者は誰もいない〔奴らは財閥の連中だから、なんてことないんだろうね〕」と、本国の友人に宛てて書いている。

ここでウィリアムスは、海外のアメリカ人家族の悪びれない様子を肯定しているのではなく、風刺しているのだろう。だが、彼の言葉が皮肉を意図したものであろうが、なかろうが、〔アメリカ人の〕特権意識は〔ウィリアムス自身を含め〕いたるところに入り込んでいた。[39]

占領された日本での生活は、実のところ、皆が信じているようなものでは全然ないと、ウィリアムスはすぐさま付け加えた。「原始的な」場所を旅行した数えきれないほどの西洋人と同じく、ウィリアムスも、海外における自分たち家族の生活を、欠乏や無能、後進性に取り囲まれたものとして語っている。日本での生活は遠目から豪華に見えるだけだ。例によって、東洋の詐術による文明の上っ面が野卑な現実を覆い隠しているのだ、と。

日本滞在が九ヶ月に及んだ頃、ウィリアムスはあわれな占領者の行く末を嘆いている。「トイレは流れない、ほとんど常にポンプの調子が悪い、電熱線調理器は壊れる、イタリア風の池の中で金魚が死んでいる、労働者は互いの仕事の分担や、いつ仕事をするのかをめぐって延々と言い争う」。挙句の果てには、二万のアメリカ人が使う食料品店で、「いくつかの基本的な食べ物が常に不足している」と。[40]

もちろん、海外生活の不快さを説いたのはウィリアムスだけではない。

占領下のヨーロッパとアジアにおける家族の再会について軍が最初に出した布告では、扶養家族が「『アメリカ的生活様式を普及させる』役割を担う『社会的パイオニア』」と位置づけられた。マッカーサーは、彼ら勇気あるアメリカ人が「一九世紀の西部開拓時代におけるパイオニアの末裔のようなタイプ」を代表しているなどと、おだてた。西部に向かって歩き、文明のフロンティアを果敢に拡大した入植者のドラマを、陸軍の妻が東洋で再現するのだ、と。

「ちょうど、あの頃のように、最良の女性性が花開き、我が将兵の妻が夫と苦難を分かち合う機会を歓ぶものと信じている」と最高司令官マッカーサーは言った。それは、豪華な旧大使館の本拠にいる彼の口から出た、太平楽な言葉である（「半分はムーア様式、半分は擬コロニアル様式で作られた巨大な白亜の耐震建築」のほか、中庭、リフレクティング・プール、水泳用プール、スタッフの住居二軒がついた彼の居宅は、

〔ハーバート・フーヴァー政権の下で建設されたため〕「フーヴァーの愚行」というあだ名で呼ばれていた〕。しかし、アメリカ人の自己イメージ――創造性に溢れ、困難や危険にも挫けない――にどれほどおもねってみても、そんな美辞麗句で気乗りしない妻を説得できないのは明らかだった。

結局、一九四六年にドイツと日本に向かった妻と家族の数は、陸軍の予想をはるかに下回った。数ヶ月にわたる慌ただしい準備の後、一九四六年一〇月までにドイツに居を移したアメリカ人扶養家族の数は、わずか三七八〇人である。[41]

〔あなた方が〕実際に住む場所は、トマホークを振り回す野蛮人に囲まれた〔西部開拓地の〕幌馬車とは違う。今度は、そう言って妻を安心させるのが、軍広報の仕事になった。

実際、「こんなにうまい話はめったにないぞ」という占領の決まり文句と、現に与えられる物質的な豊かさは、明白なる運命《マニフェスト・デスティニー》〔アメリカによる西部開拓を、神に与えられた運命として正当化する言説〕などより、抗いがたい魅力を持っていた。

すぐさま、祖国を遠く離れた生活の快適さを激賞する記事が、軍隊の雑誌や定期刊行物を飾るようになった。陸軍大尉の妻バーナディーン・V・リーは一九四六年一二月、『陸軍情報要覧』に長い記事を寄稿し、「日本での生活に必要なものがそろった家」を見つけて、疑いが歓びに変わるまでの経緯を詳しく述べた。「キッチンには、電気調理器と電気冷蔵庫、トースター、ワッフル焼き機、コーヒー・パーコレーター、皿、銀食器、テーブルクロス、それに、窓にはカーテンが完備されている。二つのバスルームのうち一つのバスタブはタイル張りで、寝室は四つある……」。

さらに驚くべきは、あらゆる日本人の「礼儀正しさと、愛想のよさ」である。「熱心で優秀な英語学習者」たる日本人女性は、「子どもにとっても素晴らしい〔存在だ〕」。家事と育児のうんざりするような重荷から解放される「今の状況は、つまり休暇なのだ」とリーは結論づけた、「さぁ、もうためらわないで」と、彼女は他の妻たちに呼びかけている。[42]

こうした前向きなアピールは、海外行きを促すプロパガンダとしては賢いやり方だった。しかし、満ち足りた占領の安楽さをもてはやすことには相応のリスクも伴った。日本人とドイツ人を甘やかしすぎることは合衆国の方針に反したが、占領がアメリカ人自身に対してソフトすぎると受け取られるのもまずかったのだ――軍が不当利得や「カーペットバッガー」についての非難を甘受できるなら、話は別だったが。だからクレイ将軍は、『サタデー・イブニング・ポスト』紙に載った「とてもソフトな陸軍妻の生活――ドイツにて」という、露骨な、そのものずばりの見出しと記事に怒ったのである。

クレイは、びっしり三頁半にわたる記事への反論をロバート・パターソン陸軍長官に送り、「不思議の国のマリス（悪意）」という、輪をかけて腹立たしいタイトルで新たな暴露記事が掲載されるのを阻止すべく共同で対処した。その屈辱的な記事は『サタデー・イブニング・ポスト』誌の図解特集で、リーによる東京への旅と同じような話を再び取り上げるものだった。そこでは、とある大尉の二〇代の妻リラ・ベリーが、ドイツで何ポンドも太った経緯（すべて、占領軍の消費用に輸送された乳製品と肉のせいだった）だけでなく、毎月三〇〇ドルを貯金した方法（夫の給料の半分以上に当たる）も詳述している。

しかし、この記事と先に述べたリーの記事には異なる点もある。ベリーの記事は、九室ある住宅での自分の家族の「バツが悪いほど贅沢な」生活と「周囲のドイツ人の生活」の間の隔たりに、気まずさを感じていた。（それというのも）完全に異質な消費水準は、単に互いの「圧倒的なコントラスト」を示すだけではすまなかったからである。両者の間には因果関係があったのだ。アメリカ人の贅沢は、ドイツ人の犠牲の上に成り立っていた。おそらく、もっとも衝撃的だったのは、ベリー一家が住む家の所有者だった年配の夫婦が、引き続き彼らと隣り合って住んでいたことだろう――コンクリート床のガレージに。

ベリー夫人は「さすがにこれでは、自分が豚みたいに強欲だと思わずにおれない」と吐露している。「私はドイツ人のことを甘やかしたり、美化したりはしたくないし、『なんといっても、〔戦争と、その結果としての占領は〕彼らが始めて、彼らが望んだことなのだ』と、何度も何度も自分に言い聞かせている。でも、こんな風な占領で我々自慢の民主主義を教えられるものだろうかと思うと、悩ましい」[43]と。

占領する者と占領される者の分離

実際、どんな風にして〔民主主義を〕教えよう？　軍が地元のコミュニティから意図的に切り離して建設した「リトル・アメリカ」は、占領する者と占領される者との間の社会経済的な隔たりを埋めるよりは、広げるように作用した。

陸軍作戦研究課のために作成された一九五一年の報告書は、まさに、この点を批判している。著者らは「住宅、輸送、食糧、映画、ポップコーン、コカ・コーラ、風船ガムなどを完備する、孤立したコミュニティの形成」に言及し、こうした「種類のコミュニティ編成のやり方と貧弱な占領要員の語学力が相まって、占領の最終目標の達成に独特かつ顕著な影響を及ぼした」と結論づけている。

同報告書は、占領の過去・現在・未来に対して預言的な調子の全面批判を行っている。すなわち、「今後、アメリカ人が再び大勢で海外に行く場合にも、同じように分離されたコミュニティを形成しようとするかもしれない。これは、海外における我々自身の活動の特徴であるのみならず、旧世界の帝国による長期的な植民地事業の特徴でもある。大規模な戦時中の破壊により、現地の住宅にそれほど頼ることができず、結果として〔インフラ〕建設が不可欠な事態に陥った場合、この問題は、さらに悪化するだろう」と。[44]

占領と「旧世界の諸帝国」との間に、地元民との社会的接触を最小限にとどめようとする共通の傾向があることとは、当時から普通に指摘されていた。ドイツ占領に関する陸軍の公式史〔一九五三年発行〕は、ドイツ人と合衆国の兵士の接触が、「〔占領に〕関与した人数の膨大さの割に驚くほど少なかった」と記している。著者オリヴァー・フレデリクセンは、この現象の原因を、アメリカ軍コミュニティが持つ、「遊牧民《ノマド》的な」自己充足性と内向性に求めている。占領する者と占領される者の間の友好的な接触に大きな壁を作り出す当局の方針が、この傾向を助長していた。[45]

性病との「戦いを遂行」していたにもかかわらず、占領当局は、現実には性的な付き合いよりも、社交的な付き合いの方に神経をとがらせていた。アメリカ人家族が自宅での食事にドイツ人の客を招くことを許可されるまで、占領開始から実に二年以上の月日が流れた。「地元の」訪問客を陸軍の食堂で歓待することが兵士に許可されるには、さらに一年の時間が必要だった。その後も、〔食事への招待は〕週三回以上は認められなかった。

一九四八年にドイツをまわったアメリカ自由人権協会《ACLU》のロジャー・ナッシュ・ボールドウィンは、「ハンス・クロウ主義」〔奴隷解放後のアメリカ南部における人種差別的な「ジム・クロウ」制度をもじった造語で、「ハンス」はドイツ人を意味する〕の印がいたるところに見られると非難している。アメリカ南部を思い起こさせる施設隔離の形態は様々だった。すなわち、「ドイツ娘への社交許可証、公共の建物におけるドイツ人用の出入口、分離されたトイレなどの設備、アメリカ人がドイツ人から分かれて暮らす有刺鉄線フェンス内の敷地、そうしたもののすべてが、この〔隔離〕方針を明示している」と。

こうした屈辱的な排除の手法は、〔アメリカによる〕民主主義の宣伝を台無しにするものだと、ボールドウィンは主張した。彼は、ミュンヘンでアメリカ人専用のトイレに気を悪くしたドイツ人が、そこに「支配人種専用《ヘレンフォルク》」と落書きしたことに触れている。ただ、仮に合衆国当局が友好気分を盛り上げようとしたところで、互いの生活水準の格差が対等な関係を邪魔しただろうが。

「人が多すぎるのと相対的に貧しいのと」で、ドイツ人がアメリカ人の客を「対等な立場」で楽しませるのは難しいのだと、フレデリクセンは指摘している。そして、対等でない交流は、占領する者と占領される者との間の経済的不平等を際立たせる結果になりがちだった――それは、双方にとってとは言わずとも、少なくとも一方の側〔ドイツ人〕にとって不愉快なものだった。[46]

ドイツにおける社会関係を特徴づけた立場の非対称性は、日本において、よりいっそう顕著に表れた。一九四七年に作成された、『日本における市民的自由』と題する自由人権協会の報告書は、次のような事実を指摘している。すなわち、「アメリカ人は、何一つとして日本人に与えてはならない。何びとも午後一一時を過ぎて日本人宅にいてはならない」と。これは「日本人の親類がいる二世にとって」、とりわけ大きな苦痛となった。念の入ったことに、アメリカ人は「日本の映画館や食堂、娯楽施設、公共のビーチ、ダンスホール、ホテルなどの利用を禁じられていた」。

ブラックマーケットの活動を撲滅するという名目で、これらの禁止令が出されたあと、「命令に違反するアメリカ人を探し出す目的で、日本人の住居や公共の場に立ち入る」権限が憲兵に与えられた。彼らは日本の警官を引き連れていることが多かったので、結果的に日本人が「主導的な役割」を果たす「対アメリカ人防諜システム」が築かれた。ボールドウィンはこうした政策について、「それが撲滅しようとする行為より、はるかに有害」だと言い切っている。[47]

総司令部の文民職員が日本人の同僚と柔軟に付き合おうとした場合、ハードルとなるのは右のような公式の規制だけでなく、それを〔私的に〕支える仲間のアメリカ人からの監視だった。内務省のアメリカ先住民教育専門家として働き、総司令部では民間情報教育局に務めたハーバート・アームストロングは、日本人カップルの訪問を受けた際、二人を自室ではなく宿舎のラウンジまでしか入れられなかったことについて書いている。〔しかも〕彼ら三人の会話はわずか数分で終わったというのに、同僚の軍人たちは気色ばんだという。

「ここの軍人の一人は、あとで、日本人が宿舎に入ってきたと苦情を言った」と、アームストロングが本国の家族に伝えている。「不必要な規則が多すぎるとか、〔占領の〕方針がどれだけ自由主義的でも、軍による独裁の下では民主主義を教えられないというのが、こちらでは普通の感覚だ」ともアームストロングは書いている。匿名の将校から敵意を向けられたアームストロングは、たぶん専門知識を持つ日本人や、彼らに仲間意識を持つ自分のような進歩的なアメリカ人にとって、〔軍の〕けちくさい規則が「普通に」くだらなく感じられると、言いたかったのだろう。[48]

一方、部下に適用されるような規則に縛られない第八軍の上級将校は、日本のエリートと日常的に交わっていた（マッカーサー自身は一九五二年に日本を去るまで、たった一六人の日本人としか二度以上、言葉を交わさなかったが）。そうした中、日本人の家を訪れたアメリカ人将校は現地社会でもっとも裕福な人々や、戦前に日本の支配層を形成していた人々の生活でさえ、ひどい困窮状態にあることを思い知った。

アイケルバーガーとバイアーズは、彼らを招いた日本人がアメリカ人を歓待するのに、何をどう工面してステーキのような法外な高級品を入手したのかと、たびたび不思議に感じた。また二人とも暖房が行き届いた自分たちのオフィスや宿舎と、日本人家庭の極寒状況との間にある大きな温度差にも気づいていた。希少な石炭の供給を独占したうえ、衣服が食料や燃料とほぼ同じくらい手に入りにくい日本で温かい服を着られる立場にふんぞり返った〔ゲストの〕占領者たちを、〔寒さで〕斑色になったホストの日本人の肌が、無言で非難していた。

しかし、アイケルバーガー将軍とその参謀長バイアーズは、そんな冷ややかな空気が身に染みていながら、それでもなお罪悪感を抱くことは断固拒否した。ある極寒の夕食会の直後、アイケルバーガーは次のように書いている。すなわち、「彼ら〔日本人〕が苦しむのは戦争に負けたからだ。もし我々が戦争に負けて、日本人がワシントンに来ていたら、そこで我が国民が塗炭の苦しみを味わったであろうことも明らかだ」と。

一方のバイアーズは、温度計が摂氏六度を指し、「人形のような六歳の女の子の足が寒さで紫色になっている」ことに気づいておきながら、妻には「彼らは別になんてことなさそうだったよ」などと、気休めを言っている。ちなみにアイケルバーガーはこの夕食会に備え、抜け目なく保温下着を身に着けていた。「ボブ〔アイケルバーガー〕は長ズロースを履き、私は履かなかったのだが、そこは失敗した」とは、バイアーズの弁である。[49]

使用人との関係

しかし、占領下に構築された社会的な隔離は完全ではなかった。戦後のヨーロッパ及びアジアにおけるアメリカ人の振る舞いと、旧世界の帝国主義や新世界のジム・クロウ法〔アメリカ南部における人種隔離を指す語。一八九六年の連邦最高裁判所判決は「分離すれども平等」との言葉でこの差別を容認した〕の間には、もう一つ共通点があった。それは、公式の命令によって地元との接触が禁じられつつも、実際には密な交流が存在したということである。

現地住民から隔絶した〔アメリカ人の〕生活は、彼らとの接触があって初めて成り立つ部分があったが、同時に、そのことによって不安定になる面もあった。アメリカ人の家族が対等な立場で現地の客をもてなすことはなかったかもしれないが、それでも両者は、あからさまに不平等な条件の下で隣り合って暮らしていた——あくまで主人と使用人としてだが。

アパルトヘイト時代の南アフリカやアメリカ南部における表向き「白人専用」の空間がそうであるように、人種的特権に守られた飛地というものは、言葉の上で分離が制度化されていても、決して厳密に閉鎖された空間ではなかった。派手な娯楽と消費のライフスタイルは、とりもなおさず多くの労働がなければ維持できない。ということは誰かが、できれば最小のコストで労務を提供する必要があったということだ。

　戦後のドイツ、日本、朝鮮には数多くの使用人がいた。アメリカ人の食堂や住居、クラブ、個人宅などでせわしなく働く数多くのハウスボーイ、ベルボーイ、ウェイトレス、メイド、ベビーシッター、洗濯婦、そして、コックたち。彼らを集め、その賃金を払うのは、占領されている側だった。新たに到着した占領者のほうは、まずはじめに、こうした人々の存在と、道路わきに高く積み上げられた瓦礫に目を丸くした。

　一九四六年に日本にやって来たGHQ／SCAPの文民職員ジェイコブ・ヴァン・スターヴレンは、占領者が住むいくつかの土地建物における住人と労働者の比率を計算している。軍民双方を含む総司令部トップのうち六〇人が住む帝国ホテルでは、四三二人のスタッフがサービスを提供し、その質は「賓客一人に、二人の従業員がつくことが自慢の」パリのリッツを凌いでいた。のちの計算によると、占領軍の家族は二万五千を超える労働者を雇用していたという。「将軍一人に五人、大佐一人に三人、他の人々には一人か二人」といった具合に。[50]

　占領は帝国主義的な他の事業と同じく、手軽な立身出世の手段としてアメリカ人を惹きつけた。それは本国にいるよりも多く稼ぎ、より良い暮らしをするチャンスだったのだ。さらに、そうして得られた高給には税金がかからないという利点もあった。三〇歳の女性部隊大尉マーサ・ウェイマンは姉妹から、なぜ東京に居続けたいのかと問われ、月給二〇〇ドルの上に九〇ドルの住居手当と二一ドルの食糧手当がつくからだと、答えている。「悪くないでしょ?」と。前職の学校教師に戻りたいとはまったく思えなかった。「そっちに帰るのは、ひどく冴えない感じがするけど――どうかな?」と、ウェイマンは書いている。

高い報酬と税の優遇措置に加えて、使用人の存在が仕事のうまみを増していた。上級将校の場合、生活の中に使用人がいることなど、そもそも当たり前だった。しかし、ほとんどの占領要員、特にアフリカ系アメリカ人の兵士と妻にとっては、家庭内で下働きする者と暮らして彼らを監督するなど、未知の体験だった。「黒人兵士の扶養家族が……日本に着いてみたら」、そこは「楽園」だったと、『シカゴ・ディフェンダー』紙の中でチャーリー・チェロキーが熱弁している。「皿洗いや手洗い、こすり洗いといった彼ら〔黒人兵士〕の仕事は、しばらくお休みだ」と。

労働者が自分たちと異なる言語を話し、アメリカの家事の仕方や食事の準備の仕方、子育てのやり方などを知らないことは、双方にとって不慣れな状況をより面倒なものにした。特に陸軍の妻たちは、使用人の教育と監督に多くの時間を費やした。その結果、良いも悪いもひっくるめて使用人に関するたくさんのエピソードが、「征服者の生活」について故郷の人々に語る際のネタになった。そんなとき、占領者は様々なレベルの自意識や戸惑い、あるいは満足感を感じていた。[51]

貴族さながらの自分の立場に支配者としての喜びを感じ、守衛に守られた家の中で自ら選んだ労働者が身の回りの世話をしてくれる状況に我が世の春を味わう。そんなアメリカ人もいた。ワイリー・オモアンドロは数十年もたってから日本での経験を回顧し、自分が家庭内で持った圧倒的な権力と、それに伴う自尊心の高まりを思い出して悦に入った。

歩兵部隊の将校だったオモアンドロは、道徳心とは性的な禁欲のことだと思っていた。そのため彼は日本人の家事労働者を選ぶ際、事前に「女子」の性病検査を行うよう医師に依頼している。〔依頼を受けた〕医師はオモアンドロを安心させるどころか、いらぬことまで言った。いわく、「〔女性たちは〕性病には罹っていないし、全員、処女だよ」と。オモアンドロは、ただちにその中から「若くて、可愛くて、我々を喜ばせたいと熱望している」三人を選んだ。

労働者に対して、それほど徹底した信用証明を求めた雇い主は、〔オモアンドロ以外に〕まずいない――ただそれも、単に雇い主たちが自分の行った〔日本人女性に対する〕人権侵害的な身上調査を、後世に伝えなかっただけのことかもしれない。

一方、実務面での能力のほかに、「華やぎを加える」所有物としての価値に重きを置いて、日本の女性を選んだ者はオモアンドロ以外にもいる――「見た目が良すぎて」妻を傷つける可能性のある労働者は選ばないようにと、軍の手引きも警告していたのに。そういう意味では、オモアンドロが自分に喜びを与えようとするメイドの熱意を重視したというのも、あながち珍しい話ではなかった。[52]

何世代にもわたる西洋の旅行作家がそうしてきたように、アジアに滞在したアメリカ人も、家族を和ませるべく滑稽な異文化間ギャップのエピソードを手紙にしたためている。東京からソウルに異動となったアームストロングは、自分と息子のために働く三人の朝鮮人が、あっぱれな働き者だが慌て者でもあると書いた。

チーズとコンビーフとピーナッツバター・サンドを用意するよう頼まれたメイド〔元教師でロシア占領地区からの難民だった〕は、それら三つの材料を別々にではなく、ひとまとめにして出してきた。「大学生」だというのに、石鹸をたくさん使ったことのないハウスボーイには、それを使って洗い物をする、うまいやり方を教えねばならなかった。朝鮮の英語教育はものの役にも立たないと、アームストロングは故郷に書き送っている。あの連中は、シェークスピア、ベーコン、エマーソンで英語を習いはじめるので、使いこなせないようなことばかりを山ほど知っているかもしれないが、「『パンはもう少し薄く切ったら?』なんて口語フレーズが、まるで理解できないんだから」と。[53]

同じく、オラフ・オズニーズ〔総司令部に勤める別の民間人専門家〕とその妻も、彼らが雇った二人のメイドの話を手紙に書いている。一方が、どんな風にして下駄ばきのままバスタブに股がり、洗濯ものをたたきつけて洗ったかとか、もう一方が、どんな風にして手からニンジンをすべり落とし、それが排水口に入りこんでしまってパイプを詰まらせたか、などという話である。

しかし、オズニーズ夫妻が〔手紙を通して〕主に伝えようとした点は、たとえ対等でなくとも、家庭内における〔アメリカ人と日本人の〕関係は進歩を生み出すということだった。主人と使用人は、お互いをよく知ることで自分たちの態度を嘘のように変化させ、染みついた疑念を拭い去って相互に認め合ったのだ、と。

今日、多くの家政婦やウェイトレス〔そして、ハウスボーイ〕は、自分たちが〔日本の〕指導者によって誤った方向に導かれ、騙されたこと、そしてアメリカ人についての考えを全面的に改めねばならないことに、もう気づいている。我が家のメイドたちの忠誠心は絶対的で、我々の友人も皆、自分のメイドについて同じことを言う。我々が物質的な豊かさを享受する一方、彼女たちは少しの粗末な服しか持たない。しかし、我々が彼女たちの目から物を隠したり、台所や他の場所にある備品を検査したりする必要はほとんどない。彼女らは決して盗もうとはしないのだ。実際、その忠実さと正直さが我々を驚かせ続けている。

続けてオズニーズは、前年に家族で一週間の休暇をとった際に起きたことを、詳しく記している。使用人のために「豊富な物資」を置いて家を出た夫妻は、帰宅時に、彼らが「毎回の食事で食べたものをすべてリスト化していた」と知り、驚愕した。「様々な缶や瓶やパッケージから品名を写し取っていたのだ」[54]と。

女性を私的領域では従属的な地位に置き、公的領域では無視する日本の「封建的」なジェンダー規範の近代化に自分がどれだけ貢献したか。オズニーズはこの点をとりわけ熱心に強調した。家事奉公のおかげで、若い日本人女性が戦後の極貧状態を抜け出せただけでなく、労力を省いてくれる各種の道具や「働き者」の夫といった、魅力的なアメリカのライフスタイルに触れることができた。「かつて彼女らは、私がキッチンに現れて、オンナノシゴトをするのに驚いたものだが、今では、そんなこともなくなったよ」と、オズニーズは手紙の中でおどけてみせている。

「かつて〔日本では〕、一家の君主が台所なんてものの存在に気づくこと自体、あり得なかったのだ。自国の敗戦により到来した新しい生活への彼女たちの適応の仕方には、しばしば驚かされる」と、オズニーズは続けた。「過去五年間に彼女たちと仲間は、精神的な面で、何らかの革命を経験したに違いない」。メイドの適応性に対するこうした賛辞の裏には自画自賛が隠れている。[55]

だが、監督者としての自分の仕事をどれほど高く評価したところで、あくまで陽気なオズニーズ夫妻の書簡には、不安がにじんでいる。彼らの隠れた不安とは、メイドの忠誠心が本物かどうかではなく、占領する自分たちのほうこそ、それに見合うだけの価値があるのかという点だった。だから、夫妻の家のたくさんの花瓶や杯、壺などについて日本人女性——労賃としてアメリカの最下級兵卒の給与の半分に当たる月四〇ドルを受け取っていた——が抱くかもしれない複雑な感情を想像し、オズニーズ夫人は次のような迷いを吐露したのである。

それらの品々は、「訪問者〔アメリカ人〕が隈なく探すことを許された、山のような廃品の中」から掘り出されたもので、どんな宝物だろうと数円以下の値段で購入されていた。占領者がほとんどあるいはまったく代価を払わずに貴重品を集める「略奪による蓄財」がどれほどの規模になるかを、日本やドイツの使用人はたいていの人々よりよく知っていた。

　とにかく明るく振る舞おうと決意したオズニーズ夫人の表情を、しかし、不安が曇らせていた。「アメリカ人の持ち物となった記念品や宝物を洗ったり、磨いたりする仕事に取りかかるとき、日本人のメイドがどう感じているのか分からない」と、オズニーズ夫人は、本国の友人たちに送った文章の中で書いている。そして、戦中の金属供出キャンペーンに「出すような、価値あるものなど一つも」持たなかった「おそらくもっと貧しい階層の日本人」は、こうした資産が〔アメリカ人に〕譲り渡されたことを知りはしないだろうと言って、自分を慰めた。[56]

　オズニーズ夫人が描写した〔日本の〕廃品置き場に相当するものとして、ドイツには、「物々交換市《バーターマー》場《ト》」があった。この市場を開設したのは、闇取引をもっと体裁の好いものに置き換えて抑え込もうとする、合衆国軍政府だった。この冴えたやり方について、ある若い陸軍兵士の妻がニュージャージー州に住む高校時代の恩師に熱弁している。

　フランクフルトでは、陸軍が「バーター・マーケット」を設置しました！すべてのＧＩと扶養家族が青ラベルの〔本国製〕煙草や食糧、衣服、石鹸など〔すべて本国製〕を出し、換わりに、物々交換証書を受け取ります！　ドイツ人も同じようにしているから、〔アメリカ人は〕この証書を使って、美しいクリスタルや磁器、銀製品、カメラなどを手に入れられますし、ドイツ人は煙草や食糧を買うことができます！　こういう素晴らしいものを持ち込むと、ドイツ人は非常に多くの物々交換ポイントを与えられます。こうしたことは、一カートン八ドルという、アメリカ産煙草の平時の値段に準拠して行われます。でも、それだって儲けの大きい取引です。まさに、合法的なブラックマーケットです！[57]

より思慮深い女性部隊の将校ルイーズ・ファレルは、『サタデー・イブニング・ポスト』が「同意に基づく略奪」と呼んだ一方的なやり方について熟考している。バーターマートは、表向き互いの利益のために運営されているが、「断然、我々のほうがはるかに大きな旨味を取引から得ている」とファレルは姉妹のケイトに語り、ある将軍の妻が六百点にも及ぶ美術館級の磁器人形を集めたという噂を伝えた。「ブラックマーケットとバーターマートを通して、我々がドイツから持ち出したものときたら、想像を超えている」と、一九四七年二月にファレルは呆れた様子で記している。[58]

占領者の豊かさと現地人労働者の貧しさとの間にあるギャップのせいで、緊張や、ときには盗難が発生することも避けられなかった。ジョージ・ピアソン（日本にいた陸軍将校）は、自宅に泥棒が入った際、盗まれたのが、妻が本国から持ってきた白シャツ数点だけだったことを不思議に思った。そこでよく調べてみると、ピアソン宅のハウスボーイが姉妹のためにそれらを盗んだのだと分かった。慢性的な糸の不足に悩むお針子だった彼女たちは、綿布を縫うためにシャツをほどいたのだ。

その事情がいかに胸を打つものであろうと、使用人の牢屋行きは避けられなかった。ピアソンが盗みを働いた男を釈放してくれるよう将官に掛け合うと、彼は監獄から出てきたが、「制服は原形をとどめておらず、汚れていた。これが民主主義ですかと、彼は言った。これがあなたの言う、民主主義ですか」と。占領者の一部に軍事占領の非民主的特色が残っていたなら、それは必ず被占領者に向けて発揮されたに違いない。

占領する側が自分たちと使用人との関係を民主的なものと宣伝するなど、ちょっと他に考えつかないくらいに明らかなアイロニーだった。なぜかと言えば、良い使用人とは、とりもなおさず従順に命令を実行する者のことだからだ。連合国は、ポツダムにおいて指導者に追従したドイツ及び日本の民間人から、そうした〔召使のような〕従順さを取り除かねばならないと合意していた。ところがどうだろう。いまやアメリカの評論家たちは、「奉公が身についている」日本人は「その道のエキスパートであるばかりか、そうした役割に満足している」と賛美する発言を、しょっちゅうまるで無意識に繰り返していたのだ。[59]

現地住民の排除によって占領軍の生活を「正常化」しようとする試みにもかかわらず、家事労働によって占領する者と占領される者の間の距離は縮まってしまった。その一方、家事労働以外の形の密接な接触――婉曲に「親交」と呼ばれた諸々――も相変わらず続いていた。

たった数ヶ月の間に、軍は〔兵士による〕非公認の逢瀬を根絶することはできないと観念して、その方針を転換した。〔兵士の〕見境のない性行動を、安定したロマンティックな関係に置き換える。場合によっては、GIとドイツ人の結婚も認める。このような新しい戦略を後押ししたのは、〔兵士の〕家族の〔ドイツ〕到着と同時に生じた、体裁《リスペクタビリティ》に対する政治的な配慮だった。

ジョセフ・マクナーニー将軍によれば、〔兵士による〕性的な関係の中でも、より長続きするものを〔占領軍が〕公認することは、単に「兵士の真心を大目に見る」以上の意味を持っていた。そうすることにより、「親交」の横行と、その結果として必然的に生まれることのある非嫡出子たち――軍政府にとってますます厄介な問題になっていた――に憤慨する地元民との関係を、改善できるというのである。

占領の終結までにドイツで生まれたアメリカ兵の子どもの数は、三万から九万四千に上ると推計されている。兵士による子どもの認知を許可しないという当初の軍の方針は、一九五二年よりかなり前の段階で、ごまかしきれない矛盾であることが露呈していた。日頃から父権的温情主義《パターナリズム》に満ちた言葉で語る占領軍は、父親としての責任を果たすよう求められたのである。[60]

GIと地元女性との間の婚姻契約を邪魔しようとする試みが失敗に終わったことを、ドイツの合衆国当局もすぐに認めた。軍の命令に違反してでも結婚しようとする兵士は、セレモニーを執り行う司祭を簡単に見つけた。こうして結婚した兵士たちは、以降、軍務に就くことはできなくなったが、それでも彼らは婚姻関係を維持した。ドイツ人女性とアメリカ人男性の間の非公認結婚の噂が、ヨーロッパ戦勝記念日《VーEデイ》のたった数週間後に広まり始めていた。

問題視された司祭の行いに、実際には違法な点がないことを認めたアメリカ軍の指揮官たちは、彼らを訴追する試みをすぐに諦めた。軍の禁止命令には法的効力がなかったのだ。そのうえ、〔ドイツ人〕妻たちは合法な配偶者だったので、兵士である夫の給与の分け前を要求する完全な権利を持っていた。しかも彼女たちは、一九四五年の戦争花嫁法のおかげで通常の移民割り当ての枠外で合衆国に入国することができ、その運賃は合衆国政府により支払われた。[61]

こうした抜け道の存在に窮した軍政当局は、結局、アメリカ人とドイツ人との結婚を違法化することを諦めた。そして、兵士は海外勤務最後の数ヶ月間であれば——将校の許可によって——結婚することができるという新しい規則を、一九四六年一二月に導入した。ただし、それは当該の関係が三ヶ月の待機期間を経ても、なお維持される場合に限られていたが。

結婚の許可までに待機期間を設けるこの仕組みの意図は、「男をたらし込んで金を搾り取ること」を目論む〔ドイツ人の〕婚約者や、移り気な〔ドイツ人〕婚約者を見抜くこと、もしくは陸軍が言うように、「合衆国軍兵士と結婚することによりドイツで手に入るかもしれない、食べ物や衣服や住居などのために、ドイツ人女性がたくさんの兵士と結婚し、彼らの未熟さにつけ込んで利益をむさぼるのを諦めさせる」ことだった。この条項はすぐに廃止されたが、ドイツ人女性と結婚したアメリカ兵は、引き続き九〇日以内に軍籍を離脱しなければならない点は変わらなかった。しかし、そんな兵士も、軍属としてなら働き続けることができた。[62]

一九四八年六月までに、推計三五〇〇件の婚姻契約がアメリカ人男性とドイツ人女性の間に結ばれた。他方、ドイツ人男性と結婚するアメリカ人女性に対して公に言及する者はまれだった。しかし、一九四七年に『征服者の平和』と題する「アメリカ人株主のための報告書」を作成したバド・ハットンとアンディ・ルーニーは例外である。二人は以下のように記している。すなわち、「議会の法律と陸軍の指令の両方が、〔ドイツ人〕女性の婚約者だけでなく〔ドイツ人〕男性の婚約者にも言及しており、少なくとも可能性の上では何人かの女性部隊員、陸軍看護婦、その他のＧＩジェーンが今年、結婚指輪を着けて、ハンス氏とともに埠頭のタラップに立つかもしれないのだ。そんなことが起きた日には——なぁ、ブラザー！」と。

こうした「占領花婿」についての統計は、戦中と戦後の花嫁に関する統計に比べて、ずっと乏しい。しかし、後者〔の戦争花嫁〕に関する限り、ドイツ人女性が全体のうちの大きな割合を占めていたことはたしかだ。歴史家スーザン・ザイガーが指摘するように、一九四〇年代の終わりに、ドイツは「戦争花嫁法により〔アメリカへの〕入国を認められた兵士の妻の出身地として、イギリスに次ぐ第二位を」占めていた。相当な数のドイツ人女性が合衆国で新生活を始めるために大西洋へと船出し、一九五〇年までに、およそ三万人のアメリカ軍人の妻と子どもがドイツへ旅した。この間、大西洋上の船便は、女性を両岸へ運ぶのに大忙しだった。[63]

これと対照的に日本では、アメリカ人占領要員と日本人女性との結婚に反対することが、一貫した総司令部の方針になっていた。「人種混交」に対する差別的な反感を背景とした結婚禁止令は、日本人花嫁は〔移民規制により〕合衆国への入国を許可されていないという事実によって、正当化された。

一九四五年の戦争花嫁法による女性の受け入れは、「入国資格のないすべての人々」をはっきり除外している――それは一九二四年以来、アジアからアメリカへの移民を排除し続けた、東洋人《オリエンタル》排斥法を想起させる文言であった。

　しかし、ドイツ同様、兵士が神道式や仏式で結婚するのを邪魔することまでは、総司令部の権限でもできなかった。また、将校の妻〔アメリカ人〕の中には、日本人花嫁に西洋式の食器を使った食事の仕方〔「ボウルをあごの下まで持ち上げ」ないこと〕や、洗濯機やミックスマスター〔料理用ミキサーの商標〕の使い方をレクチャーする者もいた。最初は数十人、そのうちに数百人と、アメリカ兵たちが密かに〔日本人女性と〕結婚する中、悲運なカップルは死に至る方法で禁じられた愛のジレンマを解消した。占領下の日本における悲劇的な心中の誓いの物語が、時おりメディア上で報じられている。[64]

　一九四七年に日本における市民的自由の状態を報告するべく当地を訪れたボールドウィンは、結婚を禁止する公式命令に、とりわけ大きな疑問を感じていた。〔結婚を禁止された〕アメリカ人が、合衆国に帰るよりはむしろ日本に留まろうとしたり、「家族づれで行ける」別の国に移住したりするかもしれないなどと合衆国当局は考えないのか？　また、仮にこの陰湿な禁止令が、国籍が異なる者同士の結婚ではなく、人種が異なる者同士の結婚を問題視しているというのならば、なぜ占領軍の日系アメリカ人は、同じ人種のパートナーと結婚するのを禁じられているのか？　ボールドウィンは、現状の〔占領軍の〕方針――それは個々人の事情を真摯に検討することを断固、拒否していた――がますます占領の評判を傷つけると思い、困惑の度を深めた。

　特に大きな問題は、総司令部が頑として結婚に反対したために、アメリカ人の父親が生ませた数百人の子どもの不安定な状態が放置されていることだった。ドイツの場合と同じく、合衆国当局は父親〔である兵士〕に非嫡出子の認知を禁じていたため、自分の子どもを嫡出子として認める気のある兵士も、その機会を逃した。結果、子どもたちはどっちつかずの不安定な立場に置かれ、総司令部が口にする恵み深い父権的温情主義は、虚ろな口先だけのものになった。[65]

ボールドウィンが日本における市民的自由の抑圧を非難する報告を行ったその五年後、マッカラン・ウォルター法〔一九五二年移民国籍法改正〕の議会通過により、ついに合衆国でのアジア人移民排斥は廃止された。短期間だけ移民規制を停止する二度の緩和措置を経て、日本人の戦争花嫁は、通常の規則内で移民することを認められたのである――ただし、その数は右の法律がアジアからの移民に課した厳格な割当枠により、依然として限られたものだったが。占領が正式に終わりを告げようとするまさにそのとき、合衆国軍兵士と日本人女性の結婚が「正常化」された。何とも皮肉な話である。[66]

しかし、我々も知るように、海外におけるアメリカ軍の存在は、一九四八年における新生韓国の誕生や一九四九年におけるドイツ連邦共和国の発足、あるいは一九五二年における日本の主権回復〔沖縄〔及び奄美諸島・大東諸島・小笠原群島・硫黄列島など〕を除く〕によって消え去ることはなかった。当初、五年間存続する予定だった建物は、数十年後もそこにあり続け、一九四〇年代末に形を成した海外のアメリカ軍コミュニティは、いまなお存在している。

男女の兵士が残らず本国に帰還するといったことは起きず、代わりに海外の占領に関するアメリカ人の考え方のほうが変化した。初期の大衆文化や集団的な記憶の中で強調された、失敗、強欲、貪欲〔といったネガティブな占領イメージ〕は、短期間でバラ色に染め変えられた。

結論　良い占領？

ミズーリ号上で日本代表団が降伏文書に調印してからほぼ一〇年後、アメリカ国民演劇及びアカデミー《ANTA》の脚本審議会メンバーが、その日の仕事に取りかかろうとしていた。同会は国務省の文化上演プログラムを運営していたが、一九五五年九月一四日の議題のトップは、ピューリッツァー賞を獲得したジョン・パトリックの戯曲『八月十五夜の茶屋 *Teahouse of the August Moon*』が「東洋《オリエント》」を周るツアーを後援するか否かだった。提案された上演日程には、東方の地名が数々含まれていた。劇はまずユーゴスラビアで始まり、その後「トルコ、イスラエル、エジプト、イラク、イラン、インドなどなど」へ旅をする。国務省は「きわめて強い関心」を抱いていたという。

しかし、いくつか問題も指摘された。こうした国々には、適当な数の観客が集まるほど英語話者がいるのか？　この点はたぶん、最近パリで採用されて大きな効果を上げたＩＢＭ製の翻訳機を使えばクリアできるだろうと、ある委員が言った。「人々がそれを土産として家に持ち帰ってしまうことだけが懸念点だ」との発言が、議事録に残されている。これに対し、さらに楽観的な他の委員から、「少額の保証金」を預かれば、その可能性も回避できるだろうとの応答があった。

会議の雰囲気はおおむね明るかった。「審議会は、この芝居はすでに観た外国人観光客からすばらしい評判をとっていると感じていた。我々〔アメリカ人〕が我々自身を笑いものにしている劇だから、我々を宣伝する素晴らしいプロパガンダになるのだ」と。[1]

元軍政官ヴァーン・スナイダーのベストセラー小説を基にした『八月十五夜の茶屋』は、終戦直後の沖縄を舞台とした奇抜なコメディ演劇である。この劇の笑い所は、憐れなアメリカ人占領者と彼ら征服者を軽々とやり込める、ずる賢い「東洋人《オリエンタルズ》」との間の文化衝突だった。

地元の天才通訳サキニの仲介で勝者と敗者が対面するなり、勝者のアメリカ人は、地元民の望みや好みなど歯牙にもかけず、あらかじめ定められた「プランB」に基づいて、五角形《ペンタゴン》校舎を建設しようとする。しかし、沖縄人も黙ってはいない。村人は、だまされやすい大学の教養課程教授フィズビー大尉をうまく操り、イモ焼酎の蒸留器を設置させたうえ、芸者ロータス・ブロッサム《ハスの花》のための茶屋に資金援助させる――彼女は地元民からフィズビーへの贈り物だ。

ドタバタ芝居が続いた後、とうとうフィズビーは「おおらかに受け入れる賢明さ」を身につける。村人は「不思議な美的感性を持つ、素晴らしい人々だ。また、目的さえはっきりしていれば、彼らは良く働くのだ」と、フィズビーは気づく。彼らに不向きで不慣れなやり方を無理強いはできないのだから、当人たちの希望に従うようにし、自分の力の限界については謙虚に認めることこそもっとも賢いやり方なのだ、と。柔軟に適応する「プランC〔See／見守ること〕」は、しかつめらしく押しつける「プランB」に勝る。東洋と西洋の円満な和解が可能であることが分かり、双方が納得する。

最後にフィズビーは自分が意図せず成し遂げたことに満足しつつ、同時に故郷に帰れることも喜びながら、「私は世界のリーダーになどなりたくない」と思う。「私の野心と限界の狭間で、私は私自身と折り合いをつけつつあるのだ」と彼は言う。[2]

日本とのサンフランシスコ講和条約から二年、朝鮮戦争の休戦から三ヶ月が経った一九五三年一〇月、ブロードウェイで『八月十五夜の茶屋』が開演したとき、合衆国の新聞・雑誌には熱狂的な劇評が掲載された。批評家らは第三幕で天井から魔法のように降りてくる茶屋にうっとりし、舞台上を歩き回るヤギの意外な演技の才を褒め称えた。「抗いがたい魅力を持つファンタジー」だと、『ニューヨーク・ポスト』紙のリチャード・ワッツが熱弁をふるっている。

この劇の内容は「主に東洋の側に」栄誉を授けるものだ。しかし、「極東の島の気立ての良い田舎者が我々に教えずにはおかないものを、楽しげなこの舞台が進んで受容し賛美しようとする点において、勝利は我々〔アメリカ人〕のものでも」あると、ワッツは論じた。「ラドヤード・キプリングの有名な格言〔「東は東、西は西、両者は決して出会わない」〕が、こうも効果的に論駁されることは、めったにない」と彼は称賛している。『ニューヨーク・ジャーナル・アメリカン』紙のジョン・マクレインも同じくらい大げさで、『茶屋』が「『南太平洋』〔一九四九年初演のブロードウェイ・ミュージカル〕以来、こちらで封切られた作品の中で、もっとも魅力的で面白いものの一つだ」と書いている。

このときマクレインは、太平洋戦争を「楽しげなものに変える」より大きな文化的磁場の中に、パトリックの戯曲を位置づけていた。その磁場は、研究者のクリスティーナ・クラインが「冷戦オリエンタリズム」と呼ぶ信条とも合致するもので、〔アメリカ人による〕上品な自虐が一、「慇懃な」人種差別が二の割合で配合されていた。原住民とその多様な習慣をエキゾチックに描く『茶屋』は、「差異の論理と協力の論理の両方を用いて」、貴重な同盟者たる「良い」東洋人と「悪い」東洋人を区別したのである[3]〔アメリカ文化における「良いインディアン」と「悪いインディアン」のステレオタイプを踏まえた表現〕。

一九五〇年代半ばのアメリカの観客は、間違いなく、この劇を好ましい自他関係のモデルとして捉えていた。一九五六年にMGMが、沖縄の代わりに京都を使ってシネマスコープ版『八月十五夜の茶屋』の撮影を始めた頃、舞台版はブロードウェイで千回目の上演を迎え、『ロサンゼルス・タイムズ』

の劇評家から「戦後アメリカの劇場に現れた、もっとも申し分ないドラマ」との賛辞を得ていた。

この劇の舞台上に集約されたアメリカ人の善良さと沖縄人の魅力は、ちょうど勃興しつつあった、肌の色の下は皆同じという戦後のコスモポリタンな感性に訴えかけた。「あの頃、彼らはどんな人間の間にも断じて違いはないんだと教えていた」。GIビル〔一九四四年に制定された復員兵援護法の通称〕を使って受けたシカゴ大学での人類学教育について、カート・ヴォネガットが、そう述べている。

同様に『茶屋』は、沖縄では「誰が征服する側で、誰が征服される側なのか」もはや見分けがつかない〔フィズビーの台詞〕と、演劇愛好家たちに伝えていた。ブロードウェイの上演では、沖縄人の通訳サキニをイエローフェイスで演じるデヴィッド・ウェインが、この台詞を体現してみせた。さらにMGMは、何ポンドもダイエットした上にメイクに多大な時間をかけたマーロン・ブランドを主役に配して、同じことを行った。MGMスタジオによる公開前宣伝は、ロケ中、地元民すらも、ブランドが沖縄人を完璧に演じるのを見て本物の沖縄人が演じていると騙されたと吹聴した。

もっともアメリカの批評家たちでもそうは騙されないのに、日本人のエキストラのほうがすっかり信じこんでしまったなどありえないだろうに、とちょっとした騒ぎが起きた。「まるでフー・マンチュー博士〔シャーウッド・ローマーの連作小説の主人公〕の親類のようなメイクをされ、やたらと東洋なまりの英語をさえずる［ブランドは］、自分が本当のところ完全なアメリカ男児であるのをまるで隠せていない」。これは『ニューヨーカー』誌に載ったジョン・マッカートゥンの手厳しい評である。[4]

ともあれ『八月十五夜の茶屋』が脚本審議会の委員に茶目っ気たっぷりに示したのは、以下のようなことだった。劇中パーディ大佐を通して風刺されるアメリカ人の国民的欠点、すなわち誰にとっても最良の方法を知っていると善意から断言してしまうような思い上がりの描写に対して、アメリカ人は自戒の念をこめてくすっと笑うことはできるということだ。

雑誌『アドベンチャー』〔冒険物語の専門誌〕が喚起する「絶頂感」の虜となった、粗野な高級将校パーディは、何かにつけ苛立つと、「いったい占領はどうなっとるんだ！」と叫ぶ。「この現地人共に民主主義の意味」を教えてやると決意したパーディは、「私が全員を銃殺しなきゃならんとなれば、連中も民主主義を学ぶだろう」と言い放った。明らかに、受け狙いの台詞である[5]。

もちろん、東洋のずる賢さと西洋の他愛なさというファンタジーに魅了されたのは、件のコメディを真に受けた者だけである。すなわち、生々しいトラウマにいろどられた沖縄の過去とともに、『茶屋』がごまかした権力関係を忘れがちなアメリカ人だけが、この演劇に夢中になれたのである。実際の沖縄では、征服する者と征服される者の境目が曖昧になることなどあり得なかったし、戦争による徹底的な殺戮を経験した人々の大量死を思い起こさせる軽口が、冗談になどなるはずもなかった。合衆国が半永久的に「租借」する沖縄は、知事を任命し、議会の立法を拒否し、命令を発して支配する絶対的な権限を持ったアメリカ人将官が統治していた。

一九五〇年代になると、島の農地の相当部分を占拠した空軍二万人、扶養家族四〇〇〇人、海兵隊員一万人と一体化したアメリカの軍事絶対主義に対して、人々の抵抗がいよいよ強まった。占領下の生活におけるあからさまな不平等の数々の中でも、沖縄の人々が間違いなく注視していたのは、合衆国軍が自分たちの重労働に対して時給たった一〇セントしか払わないことだった。一方、同じ仕事をするアメリカ人には、その二〇倍以上の額が支払われていた。

社会的な隔離が徹底していたため、合衆国の兵士と沖縄の人々は相互にほとんど接触せず、まして平等な条件の下での接触などあり得なかった。上の三フロアをアメリカ人、下の二フロアを沖縄人が使っていた合衆国軍政府の建物では夜間、地元民が「入り込んでくる」のを防ぐため、南京錠付きの鉄格子が下ろされた。

こうした事実が示すものが、「おおらかな受容」であるはずもない。占領者に〔沖縄からの〕退去を求めるデモが増えていた。そうこうするうちに消え去ったのは、スナイダーが一九四五年に出会ったという、「ごまかしや偽りのまったくない、純真で子どもっぽい感謝に満ちた」島民たちだった。一九五六年、沖縄の人々は、冷戦期における究極の市民的不服従を実行に移す。共産主義者の市長を選出したのだ[6]〔瀬永亀次郎の那覇市長当選を指す〕。

右の話は、『八月十五夜の茶屋』という演劇が東洋ツアーにふさわしいかどうか話し合うために脚本審議会が最初の会合を持った時点より、後の出来事である〔だから、審議会員には知る由もないことである〕。だが、前年〔一九五四年〕の一〇月に『ニューヨーカー』誌に掲載された長い記事をよく心に留めておくことなら、審議会のメンバーにもできたのではないか。東京にあるダグラス・マッカーサーのGHQ／SCAPで働いた日本演劇の専門家フォービアン・バワーズは「沖縄からの手紙」を寄稿し、陸軍娯楽部隊が那覇で『茶屋』を上演した際の陰鬱な失敗について〔他のことと合わせて〕辛辣に記していたのだから。

文字どおりの意味でも、また比喩としても、『茶屋』のユーモアは翻訳不能だった。まず、「月見をする料亭」という意味でつけられた日本語タイトルが通じなかった。さらに悪いことに、沖縄の大学教授が地元紙で、この劇は「同胞を、嘘つき、詐欺師、愚か者として描いている」と抗議したのである[7]。

この反応から明らかなように、〔劇が描く〕無力さのファンタジーに魅了されたのは権力を持つ者〔すなわち、アメリカ人〕だけだった。また、支配関係〔の現実〕を支配される側のしたたかさの称賛にすり替え得る立場の者〔アメリカ人〕だけが、「原住民」も自分と同じように魅了されるだろうなどと思えたのである。件の沖縄の教授と同じく、他のアジア人も、『茶屋』を不愉快な仮装パーティーと思うかもしれないということが、徐々にではあるが脚本審議会の面々にも分かってきた。

複数の合衆国領事館からの報告によると、予告された演目に対する、日本、パキスタン、インド、ビルマの反応が芳しくないことが世論調査に示されており、上演予定地の一部では、ツアーが歓迎されないだろうとのことだった。いくらアメリカ人が、自分たちこそこの作品の「上品で気さくな」からかいの標的だと思ったところで、外国の観客もそう考えるとは限らないと、外交官は警告した。

一九五六年一月に脚本審議会は「東洋人は笑われることを好まない」との意見を聴取している。ところが、その時すでに国務省は、劇のスペイン語版を南米各地に送り込んでしまっていた。モンテヴィデオ、ブエノスアイレス、サンチアゴの反応は「煮え切らない」と、『ニューヨーク・タイムズ』が微妙な言い回しで記している。上演一座のメンバーは、この期待外れな反応について、劇自体のせいではなく「非協力的な現地の裏方が生じさせた」技術的失敗のせいだと述べた。[8]

よりにもよって沖縄の軍政に関するユーモア小説や演劇、そして映画が、アメリカ人を大いに楽しませたという事実は、一九五〇年代に強まった占領における合衆国の厚顔無恥に関し多くのことを物語っている。しかし、東洋の人々に感銘を与えて〔アメリカのために〕友人を獲得してくれる、陽気な親善大使としての『茶屋』の効用を国務省職員が信じたという事実は、いっそう教訓的だ。

彼らは苦い経験を経るまで、この劇の魅力が普遍的なものではないという現実に気づかなかったのだ。「学ぶのは容易ではない。ときに苦しいことだ」と、劇冒頭の独白でサキニも戒めている。[9]

『茶屋』が連続上演された時点で、沖縄、あるいは〔アメリカ人の〕イメージの中の沖縄は、同作の舞台となった当時〔終戦直後〕の沖縄からは隔たっていた。だからこそ、このドタバタ風俗喜劇も〔アメリカ人には〕安易に受容されたのである。ただ、『茶屋』より前にも、すでに占領を題材とした喜劇は演じられていた――舞台は、アメリカ人の占領者が敬愛を集めながらも、〔現地人女性との〕戯れの恋が成就するまでには至らない、そんなお茶目な原住民の住む島〔シチリア〕だった。『アダノの鐘』は、のちに『茶屋』が後追いすることになる小説、舞台、映画という一連の流れを一九四四年に先取りし、ひどく敏感な合衆国民の琴線に触れていた。

しかし、銃後のアメリカで熱狂的に受け入れられた『アダノの鐘』も〔『茶屋』同様〕海外での評価は怪しかった。二〇世紀フォックスの台本を仔細に検討した戦時情報局の職員は、アメリカ人の登場人物たちが地元のワインを「ダゴレッド」〔イタリア産安物赤ワインを意味する侮蔑語〕、シチリア人を「スパゲッティ売り」とか「イタ公」などと呼んでいることに警戒感を示し、この映画が「『外国人』は滑稽で風変わりだと考えるアメリカ人の偏見を露呈させかねない」といって苛立ちを示した。[10]

占領者は地元の人々の希望に配慮せよという、スナイダーのメッセージが、〔アメリカ人にとって〕耳慣れたものだったとすると、それも偶然ではなかった。スナイダー自身、自分の哲学が『アダノの鐘』からの影響をかなり強く受けていると認めていた。軍政官だったころを回顧して、スナイダーは以下のように述べている。「その頃、一九一七《ママ》年のラインラント占領に関する事実をまとめたものが、手引書とされていた……。ところが、侵攻部隊とともに沖縄に入った一九四五年八月、我々のほとんどは、この手引書ではなく、一編のフィクションのほうが村で民衆に囲まれた自分たちには役立つだろうと考えていた――それこそ、ジョン・ハーシーが書いた『アダノの鐘』である」。

スナイダーは、自分の小説が文化の違いに配慮した臨機応変な対処の見本となり、未来の占領官を教え導いてほしいと思っていた。「自分の管理下にある人々の欠乏を目にして、それを埋めようと試みるとき、有刺鉄線も、ライフルで武装した護衛もほとんど必要ないのだと、この小説〔『茶屋』〕が教えてくれるだろう」と作者は考えた――結局、戯曲版も、映画版も、〔『茶屋』における〕沖縄の描写から、有刺鉄線やライフルの存在を匂わすものを完全に消し去ってしまったのだが。「また、おそらく、この小説は、アイオワ州ポタワタミーでうまくいくことが、沖縄のトビキ村ではうまくいかないことがよくあることも、教えてくれるだろう……。占領された国の文化や生活様式は、しばしば非常に古く、奇妙ではあるが、理想的なほどその国に合ったものだということも」。

　しかし、ハーシーと同じくスナイダーも、予想以上に厳しい反応を受けることになる。現地の文化に対する理解が足りないとして、経験豊富な軍政官たちから批判されたのだ。沖縄初の地元評議会を組織した政治学教授ジム・ワトキンスは、「〔『茶屋』の〕第一章以降で、沖縄の軍政に通じるところがあるとすれば、それらはすべて純然たる偶然の産物だ」と記している。「スナイダーは〔一九四五年〕八月までキャンプ・トバルにいた陸軍将校で、その後そこを離れて、部隊とともに朝鮮に送られた。彼は沖縄の習慣について何も知らないし、地元らしさといったら、日本の観光局が発行する茶会とか、芸者とか、そんなものについての小冊子を読んで学んだらしい。この本をもとに作られた劇のほうも、大変可笑しい。しかし、そちらにも、同じ批判が当てはまるだろう」[11]とワトキンスは書いた。

　結局、風雪に耐えて残ったのは、スナイダーではなく、ハーシーの小説だった。「温かく、無欲なジョッポロ少佐ほどたくさん稼ぎ有名になった者は、合衆国の戦争の英雄の中にも、ほとんどいない」と『タイム』誌が一九四六年三月に述べている。ハーシーが創り出し、愛された小説は、数十年にわたって戦争のたびごとに異なった意匠をまとい、幾度となく再利用されていくことになる。

　一九五六年には、太平洋戦争の描写が陽気なものへと全面改変されていく中で、『アダノ』もCBSテレビ視聴者のためのミュージカルに衣替えして、もう一段ご機嫌なものになった。このドラマの中で、細腰のボインちゃんたるアダノのブロンド美女《ベル》は、民主主義のすべてを教えてほしいとジョッポロ少佐に愛くるしく懇願する。

　一方、自分たちは「胃袋《ベリー》のことより、鐘《ベル》のことを考えている」と主張するシチリア人たちは、「アダノの鐘は、天使が奏でる歌のように響く」と合唱する。ジョッポロ自身は歌わない。「アングロ・サクソンのキャラクター〔ジョッポロ〕には太刀打ちできそうもないイタリア人の精神と心理において、音楽は不可欠な一部なのだと感じる」。そんなことを『ニューヨーク・タイムズ』に書いたオスカー・ゴドブーは、ジョッポロの出自〔本当はイタリア系アメリカ人〕について、すっかり忘れてしまっていたようだ。

一一年後、ヴェトナム戦争の真っ只中、NBCの『ホール・オブ・フェイム』が、完璧な「反乱鎮圧作戦」の模範として、再び『アダノ』にスポットを当てた。「すべての戦争のすべての帰還兵」に捧げられた本作においてジョッポロは、「人間の心と精神をつかむための世界中の戦い」について語るようになった——原作者ハーシーは一度も使ったことのない言葉である〔むしろ、冷戦期の対外宣伝や宣撫政策、特にヴェトナム戦争の中で頻繁に使用された表現〕。

反乱鎮圧に従事するジョッポロのイメージは、二〇〇三年のイラク侵攻直後に、またしても復活する。著名なエッセイストのロバート・カプランが、「隠密に優位」を得られるよう合衆国を導く十戒を公表した際、その第一条は、「もっとジョッポロを生み出せ」だった。果たして合衆国海兵隊は、より多くのジョッポロを生み出そうとし、専門読書プログラムのリストに『アダノ』を付け加えたの[12]である。

近年、再びジョッポロに脚光が当たったことで、彼が架空の人物であるという事実が忘れられがちになっている。しかし、一九四六年には、ほぼジョッポロのモデルといってよい人物〔トスカーニ〕が、『アダノ』の中で不倫を匂わされたと憤慨し、ハーシーを名誉棄損で告訴していた——対するハーシーは、〔この告訴について〕アメリカでもっとも有名な帰還兵〔ジョッポロ〕の収入の分け前を狙った行為だと解釈している。

それから二〇年後、陸軍が民生賞を創設した際、ハーシーは、フランク・トスカーニ大佐にこれを授与する役目を断り、強欲な名誉棄損訴訟によって「もっともジョッポロらしからぬ騒動」を引き起こした大佐は、「この賞の創設が讃えようとしている理想にふさわしくない」と抗議した。生みの親〔ハーシー〕に言わせると、ジョッポロは超人的な模範であり、人間の俗悪さからはかけ離れた存在だった。さて、ということはつまり、アメリカ軍の兵士は明らかに理想化された架空の人物に自らを近づけるよう求められていたということではないか。

この事実は、「良い占領」が想像の産物であったことを傍証している。つまり「良い占領」とは、まるで自明の事実のように語られるが、その実、一つの解釈に過ぎないものだったのだ。略奪やブラックマーケットでの取引、そして親交など、様々な形で繰り返し襲ってくる占領の危険を想定して海兵隊訓練生に備えをさせるのであれば、占領軍兵士が書いた数多くの公刊記録や回想録、日記――あるいはジョン・ホーン・バーンズのような帰還兵自身が書いた暗い小説――などのほうが〔『アダノの鐘』より〕役に立っただろう。なのに、なぜ『アダノ』を再び繙かねばならないのか。[13]

海兵隊によるウェブ上の書評は、『アダノ』が「一つの戦闘コンセプト」を例示したものだと解釈している。「とりわけ、作戦領域は一体不可分のものとして――つまり後方と断絶せず、緊密に連携した、奥行きのある複数の作戦の束として――捉えられねばならないという事実」を示しているのだと、この書評は言う。そして、アダノにおいてジョッポロがラバの通行を許可したことを、ことさら強く称賛し、「荷車がなければアダノは自立した存在になれず、遠征軍から資源をむしり取り続けるのだ」と語っている。

注目すべきは、右の書評が、鐘を追い求めたジョッポロの行為に一切触れていない点である。このジョッポロの行動が、狭義の軍事的事柄に注がれるべき彼のエネルギーを奪ったことはたしかである。

しかし、占領する者が占領される者から愛される方法を伝えようとするハーシーにとって、それは欠かすことのできないエピソードだったはずだ。しかし、この部分は度し難い大将どもの命令に背いて〔行動して〕ほしいと兵士に訴えているので、アフガニスタンやアダミヤ〔バグダッド市内の一地区〕に向かう兵士に薦めるには明らかに問題ありと、海兵隊は思ったのかもしれない。

そう考えてみると、海兵隊員にハーシーを勧める〔無自覚でも〕強い動機というのは、実践的なものというより、感情的なものだったことに思い至る。言い換えるなら、ハーシーの小説は、〔具体的な〕アドバイスではなく、気休めとして機能するのだ。『アダノ』は占領について、悪者が台無しにしてしまうことはあっても、〔基本的には〕「良いもの」だと考えるように読者を励ます。かくして、『アダノ』の魔法をかけられた頭文字《イニシャル》O〔「占領」〕は、特有の危険な香りを失い、軽挙と自己満足を生み出す言葉に早変わりする。[14]

占領当時のシチリアの軍政官は、ハーシーが右のようなトリックを弄する際に、たくさんの事柄を省略したことを指摘している。彼が描く愛に満ちた〔ジョッポロの〕肖像画からすっぽり抜け落ちているのは、不潔な薄汚なさだった。ジョッポロは、「利他的に振る舞う」感傷的なアメリカ人の自己像におもねって作られたキャラクターだった——ちなみに、「利他的に振る舞う」とは、第一次世界大戦後のイタリアを舞台とする『武器よ、さらば』でアーネスト・ヘミングウェイが示した愛の定義でもある。

結局、『茶屋』と『アダノ』はどちらも、占領する側の目的——なぜ、誰の為に「戦後軍」は留まり続けるのか——とともに、占領される側が受けた仕打ちまで曖昧にした。舞台演劇としての『茶屋』も、その映画版も、アメリカ兵が沖縄に留まり続ける理由について、五角形校舎の建設に向けられる見当違いの情熱以上のものは、何一つ示さない。それどころか、占領者がこのまま居座り続けることも明言しないのだ。

そんな『茶屋』の物語は、世界を変える野心を捨てたフィズビーが島を出ていく直前で幕を閉じる。しかし、こんな風に〔物語の〕時間をカットすることで、一九五〇年代の沖縄の人々をだませたとは思えない。台風にも耐えられる恒久的軍事施設の建設は、どう見ても長期間続く占領体制の準備だった。近い将来、誰かが大挙して去っていきそうに見えたとすれば、それは占領者ではなく、島民のほうだった。一九五〇年代半ば、アメリカの役人は基地建設用の土地をさらに多く空けさせるため、沖縄の人々をボリビアに強制移住させる可能性を検討していた。現に、彼らは政治的に反抗的と見られる住民数百人を追放した。[15]

一九四〇年代に、たくさんのアメリカ軍人と民間人が恐れていた占領の道徳的有害さは、時とともに人々の視界から消え、『アダノの鐘』や『八月十五夜の茶屋』といった陽気なフィクションがうわべをとりつくろった。戦後初期の新聞各紙が平和が失われつつあると繰り返し警告を発し、「ヒーローに紛れこんだ卑劣漢《ヒール》」を非難していたことなど、長い時間が経った今では、意外とすら感じられるかもしれない。『日本における失敗』や『裏切り――我らのドイツ占領』、『グースステップ再び――失われた勝利の果実』など、アメリカ人の叡智や寛容に対する称賛とは程遠い一連の書名は、占領地域から送られた最初のルポルタージュによくあるものだった。

元軍政官が書いた複数の博士論文を含む初期の研究が〔占領に対して〕下した評価も、輪をかけて手厳しいとまでは言わないが、ほぼ同程度に辛辣なものは多かった。著者らは、ドイツにおける無計画な非ナチ化の遂行を批判し露骨な反ユダヤ主義復活の兆しを指摘している。

彼らは、旺盛な闇取引や、急激なインフレの前に無力さを露呈した稚拙な経済政策と誤った通貨管理を批判した。こうした書き手は、ほとんど常に、占領のための計画と訓練に瑕疵があると考えた——〔悲しいかな〕近年、このときの〔拙い〕準備すら、バース党後のイラクに対処したアメリカ政府の不十分な備えに比べれば、はるかにましなものと見なされるようになったが。

ドイツと日本における保守的な政治勢力や経済勢力の巻き返しを強く非難する進歩的な批判者の多くは、合衆国が外国領土を占領する理由を明確に語った。〔彼らによると〕占領の主たる目的とは、経済と軍事で世界を主導する大国として合衆国の覇権を維持することだった。そのようなポールポジションこそ、ワシントンのアメリカ政府が第二次世界大戦を通して積極的に追い求めたものであり、その後も決して手放そうとしなかったものだ。合衆国が海外に多大な資源を投じるとき、その出費には高い見返りが期待されていたのである。[16]

一方、こうした即物的な利害を取り払われた、大衆的な記憶の中の「良い占領」は、戦後〔アメリカ〕の利他主義という都合のいい幻想を見せてくれる。こうしたバラ色のプリズムを通すことで、軍政は、〔アメリカが〕渋々ながらも善意をもって果たした、世界のリーダーの責務らしく見えてくる。無論、アメリカ人は、はじめからそう思っていたわけではないし、誰もそう思えとは言わなかった。

そもそもはじめのうち、ドイツと日本における占領業務は、敵を解体し無力化することに重きを置く、非建設的な言葉で語られていた。ワシントンの政策立案者は、枢軸列強を戦後のパートナーとして復興させることなど想定していなかった。もしも彼らが二〇〇三年に使われたような言葉——「憲法及び議会」と合わせた呼び水的な経済援助——でもって占領任務を規定したら、多くのアメリカ人は、合衆国がどう見ても助けるに値しない者を助けていると言って抗議しただろうし、実際、一九四三年の連合国救済復興機関《UNRRA》設立に対しては、そうした非難が向けられた。

同じように兵士も、民生と軍事の境界が不確かになり、任務の内容が曖昧化するときには、決まって不満を述べた。例えば北アフリカやイタリアでそうした不満が噴出した。軍事とも民生ともつかない領域での援助として行われる合衆国製品の地元民への分配には、GIが与えられて当然と思う対価がともなわなかった。〔アメリカ兵の〕寛大さは当然、感謝を期待して発揮されたものだというのに——たとえ、そうした感謝に、まるで実体がなかったとしても。

GIの不満が示すものは、算盤づくの政策を、あたかも私利私欲によるものではないかのように取り繕う国家が、繰り返し直面することになる難問だ。美辞麗句は国民の虚栄心をくすぐるだろう。しかし、だからと言って贈与の分配業務を〔現場で〕担う人々が、それに納得するとは限らない。とりわけ、その分配者が自らの仕事にしかるべき対価が支払われていないと感じれば、彼らは決して承知しない。[17]

戦後初期において、占領の「成功」——近年、とみに実現が難しくなった目標——は、後知恵とは違う尺度で測られていた。一九四〇年代末のアメリカ人は、占領の実施者である自分たちの実績を讃えるのに絶対評価ではなく相対評価を用いた。ゆえに評論家たちは、〔欧州戦域における〕ジョセフ・マクナーニー将軍の労よりも、日本におけるマッカーサーのそれの方が勝っていると評価するのが常だったし、ドイツでは、占領境界線の東側〔ソ連占領地区〕に目をやることで慰めを得たのである。ドイツ及びベルリンのソヴィエト占領地区では、略奪行為が〔アメリカ占領地区より〕ずっと大きな猛威をふるっていたからだ。

また、一九三〇・四〇年代にドイツ人・日本人が占領したどこと比較しても、あらゆるアメリカの占領のほうがまだしもうまくいっているとは、疲弊して荒みきった兵士でさえ認めていた。そして、枢軸列強が戦争に勝利した際に行ったであろう占領に比べれば、たとえどれほどうまくいっていなくとも、アメリカの仕事のほうが、はるかにましなはずだった。ドイツ・日本による架空の占領は、男女のアメリカ軍兵士が自分たちの最低の行為でさえ、そこまでひどいものではないと思い込もうとするときに持ち出す、架空のディストピアだった。しかし、間もなく〔ドイツ・日本と比較するのとは〕別の評価方法が用いられるようになる。

急激に悪化するワシントンとモスクワの間の緊張——それは分割されたドイツ、オーストリア、朝鮮における占領軍同士の軋轢によって高まった——のせいで、三度目の世界大戦が迫っているのではないかとの懸念が増した。さらにそれを煽ったのが、アメリカの反共産主義を焚きつける、占領された敗戦国民の中の保守勢力だった。一九四〇年代末の空気が緊迫の度を増す中、合衆国の方針は、一部の占領軍将校がほぼはじめから感じていたドイツ人に対する親近感を大っぴらに許容するようになった。

一九四八年のベルリン封鎖が、この変化を加速させる。アメリカの報道は、東西ドイツの経済的な結びつきを弱める合衆国主導の通貨改革によって引き起こされた危機を、ただちにソヴィエト側の侵略のせいにした。ベルリン市全体を〔そして、おそらくはドイツ全体を〕スターリンの衛星国家にしようとするモスクワの意図の不穏な兆しこそ、ベルリン封鎖だとされた。

続いて、ソヴィエトが西側地区に向かう鉄道と道路を封鎖したために孤立させられた西ベルリン市民に対し、食糧を供給するべくアメリカの空輸作戦が行われた。これにより、「アカの侵略」にさらされる犠牲者という西ドイツの新たなイメージがアメリカ国内に定着した。

非武装の民主主義者と武装した独裁者の対立における勇敢な犠牲者としてのベルリン市民は、アメリカ人の共感と支援に十分値するように思えた。ベルリン市民は、合衆国の父権的温情主義を投影されることで女性化・子ども化されたと、歴史家ペトラ・ゲドが指摘している。防御的な事業として位置づけなおされた占領からは、〔ドイツに対する〕懲罰の要素が消え去った。[18]

さらに朝鮮戦争の勃発によって、ドイツと日本がアメリカの敵国から事実上の同盟国になり、さらに条約による公式パートナーになる流れが強まった。朝鮮におけるワシントンとモスクワの代理戦争——そして、合衆国率いる国連軍と中国人民志願軍との間に続けて起きた戦争——が、戦後の地政学的大転換を確固たるものにしたのだ。

朝鮮戦争開始時点で、ちょうど発足から一周年を迎えたばかりのドイツ連邦共和国は、ただちに〔アメリカにとって〕単なる将来的な同盟国以上の存在となった。ワシントンの国家安全保障エリートは西ドイツの再軍備を強く主張し、一九五五年の同国による北大西洋条約機構加盟に道を開いた。

結果、一九五〇年代初頭には、公式の占領が段階的に縮小していたにもかかわらず、アメリカ軍は新生西ドイツに深く根を張り、冷戦のヨーロッパ戦線における合衆国の地歩を固めて、西ドイツの軍事機構を再構築していった。一九四五年時点では、この展開を想像することさえできなかっただろう。ドイツを完全に——そして永久に——非軍事化することは、ソヴィエトとアメリカが疑問の余地なく共有する、合意事項の一つだったのだから。[19]

一方、日本は、アジアにおけるアメリカの戦争遂行にとって不可欠な後方輸送地域として機能した。第二四歩兵師団など、朝鮮半島に派遣された最初のアメリカ軍部隊の多くが、日本から緊急招集されていた。いくつかの記述によると、この師団の兵士はだらけた占領生活のため、過酷な戦闘への備えができていなかったという。しかし、そうした軟弱な日本の設備——第八軍の占領要員のためにロバート・アイケルバーガーが建設したホテルや娯楽施設——は、すぐに朝鮮で戦う兵士のための慰労及び休養所《R&R》へと転換された。[20]

ソヴィエトと中国の狙いは、大きな現実的脅威に見えた。おかげで、大多数のアメリカ人は戦時中あからさまに見せていた日独への敵意を和らげた。そして、戦後も依然として大規模な軍備を保って、このまま外国の占領を続けなければならないという見通しを持つようになった。こうして反共思想に背中を押されたアメリカは、戦前の孤立主義から、冷たい戦争の只中に突き進んで、冷戦国際主義の立場を取ったのである。

かつてアメリカの「大管区指導者《ガウライター》」を批判した人々は、国内外における「アカの脅威」を金切り声で訴え始めた。また、東西の競争が激しくなると、かつての孤立主義者も、大規模な軍を維持したり、占領を恒久化したりすることが国家の価値観に反するとは言わなくなった。実際、『シカゴ・トリビューン』やその同類の目から見て、こうした国家安全保障上の軍事的要請に反対することこそ、非アメリカ的――戦後の流行語――になったのだ。

戦後に動員解除を求めた熱狂的な声は長続きしなかった。軍事支出の面だけから言うと、第二次世界大戦後の合衆国は一度たりとも動員解除していない。一九四五・四六年に帰還したアメリカ兵に代わり、すぐに何十万人もの男女が配備された。彼らは世界中で拡大する合衆国軍基地の人員となった。戦後が恒常的な動員状態に横滑りしたのである。[21]

合衆国によるドイツ及び日本の占領が、「成功」したと一般に言われたとき、その意味は、つい今しがた終わったばかりの戦争の被害を回復できたということではなかった。それは、将来の世界大戦を見据えた目標が達成できたという意味だった。自身も軍政官だった歴史家エドワード・ピーターソンは、こうした評価基準の修正をドイツにおける「勝利のための退却」と呼んでいる。ここで彼が言わんとしているのは、ドイツを非工業化・非ナチ化して変革するというラディカルな目標を諦めたアメリカ人が、西ドイツの政体と経済を再建する大幅な自由をドイツ人に認めたとき、初めて大きな成果が得られたということである。

こうして「最小限の統治しか行わない政府こそ最良の統治者であるという、ジェファソン的な原則が裏づけられた」と、ピーターソンは主張している。それこそ、シャーロッツヴィルの軍政訓練生に叩き込まれた、格言そのものであった。

しかし、この格言は軍政官の多くから役立たずと見なされたのではなかったか。少なくとも占領初期の現場において、軍政官たちは完全な崩壊状況に直面し、「最大限の統治」を行わざるを得なかったのだから。つまり、「成功」の基準は常に変化するということである。成功を、「誰のために？」とか「何のために？」といった問いから切り離して考えても意味がない。[22]

冷戦下の同盟関係が固まり、数多くの海外基地が戦後建築の一部として恒久化した一九五〇年代に、アメリカ人は、かつて戦後占領が深刻な懸念を呼んでいたという事実をあまり思い出さなくなっていた。それまでの数十年間、合衆国の膨張主義に反対する左右の批判者は、自らの政治的立場を反帝国主義と規定した。しかし、一九五〇年代以降、それは左派の専売特許になった。

もう一つ、古くからの国民的伝統であった反軍主義も、冷戦の圧力で「非アメリカ的」という真逆のレッテルを張られ、やはり左派の売り物となった。かくして、進路を変えつつある世界の中で、生々しい占領の経験が驚異的なイメージチェンジを果たす機も熟していた。

かつての〔占領の〕悲惨な描写はユーモアに道を譲った。憎しみは、ロマンスと笑いにかき消された。一九六〇年に『GIブルース』を出したエルヴィス・プレスリーが、「あいつらを芝生に入れないで Keepen Sie Off Die Grass」とご機嫌な調子で歌うとき、GIがお安い「ドイツ娘」と「親交」していたあの戦後ドイツは、もっとも無垢なるティーンにとってさえ、安全な場所になっていた。合衆国一有名な占領軍兵士プレスリー二等兵が未来の花嫁と出会ったのは、ドイツでの任務中だった。彼女プリシラ・ボーリューはそのときわずか一四歳だったが、「良い占領」のほうは、明らかに成熟していた。[23]

ロマンティックな和解の幻想は、たいていの場合、嫌々はたらく占領軍歩兵の日常を満たした退屈と困惑と野卑を覆い隠してしまう。〔アメリカによる〕征服は、必ずしも思いやりを育まなかった。むしろ、その特権に太鼓判を押された兵士が安易に実践する支配は、強欲と腐敗を育てる結果になりがちだった。

してみれば、人類にとってもっとも破滅的な戦争〔第二次世界大戦〕の勝者が、陸軍の『野戦マニュアル27－5』に収録されたフランシス・リーバーの戒めを守れなかったことにも不思議はなかろう。彼らが忘れていたのは、南北戦争についてリーバーが残した以下のような言葉である。「軍政が力により実施されるとき、それをつかさどる者は、正義と名誉と人間性の原則に厳格に従わねばならぬ。これらが、他でもなく兵士にとっての美徳であるのは、彼らがまさに武器を持たぬ者に向ける武力を有しているからだ」。

戦後のヨーロッパとアジアにおける悲惨な運命の前で立ちすくみ、苛立ちを募らせた占領軍兵士は、武力によって担保される自らの優位を利用する誘惑に繰り返し駆られた。占領が構造的に生み出す〔権力の〕非対称性は、美徳よりも悪徳に対して強い動機づけを与えた。また、欲求の充足が簡単に叶う状況の下では、〔兵士の〕良心の痛みも自然と弱まった。[24]

こうした不都合な真実を、戦後のアメリカ人が知らなかったわけではない。兵士の手紙を通して祖国に伝えられた占領任務の闇は、一九四〇年代末の報道や一般向けのルポ、フィクションにとって、当たり前の題材だった。我々の世代とは異なり、戦後のアメリカ人は、占領が「菓子と花」に尽きるものではなく、甘くも芳しくもない何かだと、誰に言われなくとも承知していた。生々しい経験が刻みこまれた断面をならして化粧張りの国家的神話に仕上げるには、歳月と労力が必要だった。戦後世界における他の多くのものと同じく、占領のイメージそれ自体も根本的な再構築を必要としていたのである。

訳者解説

小滝　陽

本書は、第二次世界大戦中から戦後にかけて行われたアメリカによる占領を兵士の視点で描いたSusan L. Carruthers, *Good Occupation: American Soldiers and the Hazards of Peace*（Harvard University Press, 2016）の全訳である。原書は二〇一七年度ヘッセル・ティルトマン賞の候補作に選ばれた。

著者は現在、イングランドのウォーリック大学歴史学部で教鞭をとる現代史の専門家で、これまで本書を含む四冊の単著を世に送り出してきた。第一作に当たる*Winning Hearts and Minds: British Governments, the Media and Colonial Counter-Insurgency 1944-60*（Leicester University Press, 1995）は、第二次世界大戦後のイギリス政府および植民地当局が独立運動を抑え込む「対反乱作戦」のなかで実施した、プロパガンダとメディア政策を分析している。二作目の*The Media at War*（Palgrave/Macmillan, 2000）では、様々な地域と時代におけるメディアの戦争宣伝が主題に据えられ、二〇一一年に刊行された第二版ではアフガニスタン・イラク戦争とメディアの関係も論じられている。三作目の*Cold War Captives: Imprisonment, Escape, and Brainwashing*（University of California Press, 2009）は、冷戦初期のアメリカを覆った「捕囚」と洗脳に対する恐怖を、機密解除文書、映画、ルポルタージュなど、幅広い史料を用いて考察している。

四冊目の単著となる原書のタイトルを逐語的に訳せば、『良い占領――アメリカ軍兵士と平時の危機』となるだろう。アメリカの公的記憶における第二次世界大戦が、（とりわけヴェトナム戦争などとの対比において）「良い戦争」と認識されていることは従来から指摘されてきた。これを踏まえた本書はその冒頭で、第二次世界大戦の戦闘の後に続いたアメリカの軍政も「良い占領」として記憶され、後続の占領の正当化に利用されていると指摘する。近年では、イラク占領を計画するジョージ・W・ブッシュ政権の高官たちが、日本とドイツの軍事占領を引き合いに出し、その成功体験の再現を目論んでいた。これを批判する本書は、こうした「良い占領」という物語によって戦後占領が美化されるまでの間に、兵士が経験した「良い」とは言えない実態を掘り起こしていく。

今あえて「実態」という言葉を使ったが、それは単に占領について語られてこなかった諸々の事実だけを指すのではない。もちろん、本書は多くの先行研究も参照してアメリカの軍政に関する知見を盛り込み、占領という事態の多面性に光を当てている。しかし、著者が最も重視するのは戦後占領に従事した兵士の感情や行動、そして、占領に対する彼らの解釈である。本書では、軍の高官から将校、下士官、兵卒にいたるまで、あらゆる階級の兵士が書き残した（あるいは口述した）史料を用いて、アメリカ兵の複雑な自意識が描かれる。戦争の勝者であるアメリカ兵は敗者に対して優越感や特権意識を抱いた。その一方、現地住民への猜疑心や差別感情、占領任務への嫌悪、上官や部下への不満といったものにとらわれて被害者意識を増幅させた兵士も多い。彼らの感情は、占領政策への評価や国際情勢に対する認識とも絡み合いながら表出された。こうした声を拾い、占領の歴史と主体の関係を問うことこそ本書最大の目的である。

兵士の語りに依拠して、その感情や思考、自意識、さらには情勢認識のありようなども浮き彫りにする本書の試みは、近年活性化している「エゴ・ドキュメント」を用いた歴史研究の流れに位置づけられる。「エゴ・ドキュメント」とは、一言で言えば「私」のような「一人称」で書かれた資料を指す（英語圏では「パーソナル・ナラティブ」と呼ばれることも多い）。それは過去を実証的に明らかにする史料として用いられることもあるが、その自己言及的な性質から、人々の主観や自己構築のありようを探る手掛かりとしても用いられている（こうした研究動向について、歴史学研究会編『第４次現代歴史学の成果と課題３　歴史実践の現在』（績文堂出版、二〇一七年）におさめられた長谷川貴彦の論考を参照）。ちなみに近年の日本でも、エゴ・ドキュメントを用いて兵士の経験や認識を問う研究が、今居宏昌、小野寺拓也、山田朗、吉田裕らにより積み重ねられている。

むろん兵士の感情や認識の形成プロセスに焦点を当てれば、見えなくなるものもある。とりわけ軍政の対象となった現地住民や強制移住民（後述）の占領経験について、彼ら自身の口から語られることはあまりない。この点を意識してか著者は、ところどころでアメリカ兵がやり取りする文通の相手（多くは女性）が何を感じていただろうかと想像して見せる。これはおそらく、兵士の視座からでは「語り得ないもの」に対する注意喚起であろう。この点では本書を、占領軍の相手をした日本の女性に焦点を当て、「成功した占領」をジェンダーの視点から批判的に問い直した平井和子『日本占領とジェンダー――米軍・売買春と日本女性たち』（有志舎、二〇一四年）などと対比することが有益である。

さて、エゴ・ドキュメント研究以外に本書が属するもう一つの領域が、共同的な記憶の形成プロセスに関する歴史研究である。特に本書の第１章と終章では、「良い占領」というアメリカの記憶形成において、軍政のような国家プロジェクトと、小説、演劇、映画といった文化の果たす役割が相互に連関したものとして分析される。

こうした「良い占領」に関する記憶形成と、先述したエゴ・ドキュメントによるアメリカ兵の心理や感情とは、本書の考察における車の両輪である。第二次世界大戦末期のアメリカには占領という

「帝国主義的」な事業への懐疑や忌避感が存在し、軍政を支持する政府や軍の高官は反論に追われていた。本書の一方の主人公が長引く任務に不満を抱く兵士やその家族だとすれば、彼らに戦後占領の道義性と必要性を熱心に説き、『アダノの鐘』というフィクションを通して「良い占領」のイメージ形成に貢献した民間人ジョン・ハーシー（ルポ『ヒロシマ』の作者でもある）らは、もう一方の主人公と言えよう。

ハーシーをはじめとする占領の支持者たちは戦時中から活動を始め、現在進行形の国家事業である軍政を成功させるために、兵士と民間人の意識を変えようと努めた。それは建国間もないころからアメリカに存在した反軍主義や反帝国主義だけでなく、早期の帰国を望む兵士と家族の願いをも向こうに回す戦いだった。だが、冷戦が激しさを増すまで、この戦いの行方は極めて不透明だった。一九四〇年代の末から、平時におけるアメリカ軍のグローバルな展開が既成事実となって、ようやく「良い占領」の記憶が定着していく。

ただ、こうした「良い占領」のイメージと兵士の認識を単純に対立するものとして捉えることもできない。本書で触れられるように、程度の差こそあれ戦後占領に歴史的意義や道義性を見出す兵士がいたからである。多様な個人の経験と、政府の声明や著名人の論説、フィクションなどを通して流布される公的な記憶は、マス・メディアなどに媒介されて衝突・提携を繰り返しながら、互いのありようを変化させていく。本書の叙述は、そういう複雑で相互的なプロセスの存在を示しているように思われる。アメリカによる日本占領を考える際に、こうした複眼的な視点を持つ重要性については後述する。

ここで、各章の内容を概観しておきたい。

第1章は、ヴァージニア大学シャーロッツヴィル校のキャンパス内に軍政学校が開設されるところから始まる。ここでは同校の教育内容と学生生活の情景が兵士の視点から描かれる。同時に、軍政学校に向けられた批判とそれに対する応答が分析され、第二次世界大戦以前のアメリカで「占領」という言葉が持った否定的な響きの歴史的背景が論じられる。章の後半では戦時中に始まった北アフリカとシチリア島の占領経験が語られ、ハーシーらが描く楽観的な見通しと、軍政が掲げる政治的な不介入の原則が、どちらも戦後の現実に直面して「崩れ去る」様子が描かれる。

第2章では、ドイツに侵攻するアメリカ兵が直面した諸々の出来事がエゴ・ドキュメントを用いて語られる。戦場となった街や「解放」後の収容所の光景と臭いから、一様に強い印象を受けたことを記す兵士の言葉の中に、占領に対する彼らの態度を形作った初期の経験が読み取れる。また、略奪や「親交」（後述）など、戦後の日独で大きな問題となる占領軍の行動が戦時中から存在したことも示される。

第3章が取り上げるのは、沖縄占領から日本本土占領の初期段階における兵士の経験である。特に沖縄における苛烈な戦闘と、それに並行して進められた基地整備計画の中で、アメリカ兵が目撃・関与した、暴力、略奪、破壊、虐待の描写が強い印象を残す。

第4章では、兵士と敵国民との間の交流を意味する「親交 fraternization」、とりわけ兵士と女性の間の関係（およびレイプ）が議論の中心となる。兵士に対する性病感染や思想面での悪影響、本国での評判などを懸念して、アメリカ軍は兵士と日独の女性の接触を禁止もしくは制限する命令を出したが、結局、「親交」を抑えることはできなかった。こうした事態に関する兵士の手記は、勝者としての特権意識や、女性をモノ扱いする態度、あるいはアジアの女性に対して向けられるジェンダー化された人種偏見を浮き彫りにする。

第5章の主題は、アメリカ兵と強制移住民（「DP」と略称され、本書では〈移住民〉と表記）との関係である。大戦後の〈移住民〉とは、連合国による保護と援助の対象となった人々を指す特殊なカテゴリーで、連合国民や、敵国による迫害を受けた者などが含まれる。本書は、占領行政の一環として〈移住民〉を「本来の居場所」に移動させる際に、兵士が抱いた感情や自意識のありようが詳述される。

様々な〈移住民〉の中でも、解放後のユダヤ人に対するアメリカ兵の態度は複雑であった。彼らに同情的な兵士も存在したが、将官を含む多くのアメリカ兵が反ユダヤ主義にとらわれて迫害の被害者を非難した。また、こうした偏見は、直前まで「敵」だったはずのドイツ人に対して、アメリカ兵の共感や同情が寄せられる原因ともなった。

アジアでは、戦時中日本の支配下に置かれていた〈移住民〉に対してアメリカ人が抱く、人種的な偏見と優越感が露になった。日本の人種主義からも影響を受けたアメリカ兵は、朝鮮半島にルーツを持つ人々に対して特に侮蔑的な視線を向けた。

第6章では、戦後軍政のために兵役が長期化することで兵士の士気が下がり、とりわけ下士官兵の不満が強まって、早期除隊を求める運動に発展する様子が語られる。アメリカ軍が内包する露骨な階級間格差（「カースト制」）と人種差別への怒り、あるいは、戦後占領に対する左派からの批判は、軍内部に対立と緊張を生み出した。

第7章では、兵士の士気低下を憂慮した軍の対応が結果として兵士の道徳や規範意識を低下させ、占領の正統性をますます掘り崩すという皮肉な展開が論じられる。戦後の任務に対する兵士の嫌悪感と倦怠感を和らげるために軍当局が採用した方法は、豊富な消費物資の供給と旅行をはじめとする余暇の提供だった。ところが、軍公認の娯楽は闇取引で儲けようとする兵士の欲望を煽り、ブラック・

マーケットの隆盛と占領経済の混乱をもたらした。さらに、消費と蓄財に駆り立てられた占領軍兵士が、地元の民間人を搾取する構造も生み出した。

第8章は、前章で描かれた規律の低下に対処するため、軍が兵士による家族の呼び寄せを許可するところから始まる。妻子の存在は兵士の不道徳な行いを抑制するだけでなく、彼らの士気を向上させると見られていた。また、軍人家族は、敗戦国の人々に向かってアメリカの民主主義的な生活様式の範を示す存在として位置づけられた。しかし、アメリカ人家族と現地の人々の間には明らかな生活水準の格差が存在したうえ、上下関係も歴然としており、アメリカの唱える民主主義の教えは白々しく響いた。さらに現地住民から隔離して形成された軍人家族の居住区は、戦後世界におけるアメリカの軍事展開を支えるインフラとなり、長期にわたる占領の継続を予感させた。

終章では、改めて「良い占領」のイメージ形成に検討が加えられるが、ここではハーシー原作の『アダノの鐘』とともに、沖縄占領を題材としたヴァーン・スナイダー原作のコメディ『八月十五夜の茶屋』が取り上げられる。同作は、冷戦初期のアメリカ人による自他関係の表象として、分析の俎上に載せられている。

なお、各章内に付された小見出しは原書にないものだが、訳者がセクションの切れ目ごとに内容を検討して付け加えたことをお断りしておく。

さて、近年の日本では、アメリカによる占領の記憶が強い政治性を帯びた形で呼び起こされている。読者は「ウォー・ギルト・インフォメーション・プログラム」、あるいは、その略語である「WGIP」という言葉を目にしたことがあるかもしれない。評論家の江藤淳が初めて史料に基づきその存在を指摘したとされる「WGIP」（歴史学者は「戦争有罪キャンペーン」や「ウォー・ギルト・プログラム」などと呼ぶ）は、現在、アジア・太平洋戦争における日本の侵略行為やその加害性を否定しようとする人々により、盛んに言及されている。それはＧＨＱ／ＳＣＡＰの民間情報教育局および民間検閲支隊が実施した検閲とプロパガンダによる「洗脳」であり、アジア・太平洋戦争への「罪悪感」を日本人に植え付けたものだとされる。

日本人が「洗脳」されたと主張する上記の議論が、現実の戦争観の展開をおよそ無視したものであることは、哲学研究者の能川元一らが指摘するとおりだろう（塚田穂高編『徹底検証　日本の右傾化』（筑摩書房、二〇一七年）に収められた能川論文を参照）。あえて屋上屋を架し、「ＷＧＩＰ」論の問題を一つ指摘するとすれば、政策を受容する主体について極度に無関心な点が挙げられる。すなわち「ＷＧＩＰ」論では、戦後日本における戦争観や平和意識を形成した民衆の主体性が消し去られているのである。そして、同様の批判は「良い占領」の言説にも当てはまる部分がある。ブッシュ大統領らが描く戦後占領のイメージは、アメリカの卓越性を強調せんがため、そこに関与した兵士の複雑な感情と経験を捨象し、過去を単純化しているのだ。

実際、本書で描かれる個々のアメリカ兵の姿は、直線的で平板な戦後占領のイメージを動揺させる。「上から」降ってくる命令に従って任務に励むはずの兵士は、実際には倦怠感や熱意の不足、あるいは略奪、レイプ、親交といった行為によってアメリカ政府の期待を裏切り、上官を慌てさせる存在であった。アメリカ政府と軍の高官は、自国の兵士の思考や行動すら思い通りには操れず、結果、占領下の人々から反感を買った。多くのアメリカ人も、これを苦々しく見ていた。もちろん兵士は占領の実行者であって、その受容者たる敗戦国の人々とは立場が異なる。しかし少なくとも、アメリカによる統治を「良い占領」とまとめる言説が同時代の実感に沿うものでなかったことは確かだろう。

歴史家ジョン・ダワーは、著書『敗北を抱きしめて』（上・下巻、岩波書店、二〇〇一年）の中で、多様な民衆の思考と行動の集積が戦後改革の方向性に影響を与える、複雑で矛盾に満ちた過程を描いた。本書で描かれるアメリカ軍兵士の感情や認知のありようも、やはり占領に関わった人々の反応のもうひとつの側面である。たとえそれが、敗者にない力を持つ勝者の反応であったとしても。

最後に本書の刊行に関わってお世話になった方々にお礼を申し上げたい。拙い訳文に目を通し、様々なコメントをくださった小代有希子、伊佐由貴、佐藤雅哉、上倉庸敬の四氏に深い感謝の意を表する。とりわけ原稿とゲラの二度にわたってお読みいただいた小代先生からは、数々の重要なご指摘をいただいた。もちろん、本書の翻訳におけるすべての責任が訳者にあることは言うまでもない。著者カラザース氏には、訳者からの質問に快くお答えいただいたことを感謝したい。そして、訳者にとって初めての経験となる書籍の翻訳と出版という一連の過程を辛抱づよく導いてくださった人文書院の赤瀬智彦さん、本当にありがとうございました。

Bobbs, Merrill, 1949). ドイツと日本の占領に関する短くて有用な先行研究のサーベイとして、以下を参照。Edward N. Peterson, "The Occupation as Perceived by the Public, Scholars, and Policy Makers," in *Americans as Proconsuls: United States Military Government in Germany and Japan, 1944–1952*, ed. Robert Wolfe (Carbondale: Southern Illinois University Press, 1984), 416–434; Carol Gluck, "Entangling Illusions: Japanese and American Views of the Occupation," in *New Frontiers in American-East Asian Relations*, ed. Warren Cohen (New York: Columbia University Press, 1983), 169–236.

17. John Morton Blum, *V Was for Victory: Politics and American Culture during World War II* (San Diego: Harcourt Brace, 1976), 305–307. アメリカ人が苛烈な占領を支持した証拠として以下を参照。Jay B. Krane, "Polls, Press and Occupation Policy," *Columbia Journal of International Affairs* 2 (1948): 71–75; H. Schuyler Foster, *Activism Replaces Isolationism: U.S. Public Attitudes, 1940–1975* (Washington, DC: Foxhall, 1983), 53–56, 96–99. 戦利品が平等に分配されれば、占領は「もっとましなものになった」はずだとの意見は、より最近になって再びくり返された。例として、イラク従軍のニューハンプシャー州兵に関するデボラ・スクラントンの以下のドキュメンタリーを参照。Deborah Scranton,' *The War Tapes* (2006).
18. Petra Goedde, *GIs and Germans: Culture, Gender, and Foreign Relations, 1945–1949* (New Haven, CT: Yale University Press, 2003), 167.
19. C. G. D. Onslow, "West German Rearmament," *World Politics* 3 (1951): 450–485.
20. William T. Bowers, William M. Hammond, and George L. MacGarrigle, *Black Soldier/White Army: The 24th Infantry Regiment in Korea* (Washington, DC: Center of Military History, United States Army, 1996).
21. Michael Sherry, *In the Shadow of War: The United States since the 1930s* (New Haven, CT: Yale University Press, 1995); Benjamin Sparrow, *Warfare State: World War II Americans and the Age of Big Government* (New York: Oxford University Press, 2011); Mary Dudziak, *War-Time: An Idea, Its History, Its Consequences* (New York: Oxford University Press, 2012).
22. Edward N. Peterson, *The American Occupation of Germany—Retreat to Victory* (Detroit: Wayne State University Press, 1977), 11.
23. *GI Blues*, directed by Norman Taurog (Los Angeles: Paramount Pictures, 1960).
24. War Department, *Basic Field Manual, FM 27-5, Military Government* (Washington, DC: Government Printing Office, 1940), 4. 一九四三年に再版されたFM二七 - 五からは、このリーバーの願いが削除されている。

を参照。William Neufeld, "Foreign Service—II," handwritten notes of a SCAP officer, February 27, 1976, William Neufeld Papers, HIA. "500 Americans in Jap Weddings," *WP*, February 13, 1946, M3; "GI-Japanese Marriages Pass the 1,000 Mark," *Cleveland Call and Post*, August 18, 1951, 3A. 心中について以下を参照。"GI, Jap Girl Die in Suicide Pact," *Afro-American*, March 15, 1947, 5.

65. ACLU report, *Civil Liberties in Japan*, 5; Malvina Lindsay, "Marriage Melting Pot," *WP*, August 14, 1948, 4.
66. Zeiger, *Entangling Alliances*, 167; Philip E. Wolgin and Irene Bloemraad, "'Our Gratitude to Our Soldiers': Military Spouses, Family Re-unification, and Postwar Immigration Reform," *Journal of Interdisciplinary History* 41 (2010): 27–60.

結論　良い占領?

1. Drama Advisory Panel, International Exchange Program, September 14, 1955, Bureau of Educational and Cultural Affairs Historical Collection, Series 5, MS 468, University of Arkansas Library, Special Collections, Fayetteville.
2. John Patrick, *The Teahouse of the August Moon* (New York: Dramatists Play Service, 1957), 74, 50; Vern Sneider, *The Teahouse of the August Moon* (New York: G. P. Putnam's Sons, 1951).『八月十五夜の茶屋』の書籍、演劇、映画に関する最近の分析として以下を参照。Danielle Glassmeyer, "'The Wisdom of Gracious Acceptance': Okinawa, Mass Suicide, and the Cultural Work of Teahouse of the August Moon," *Soundings: An Interdisciplinary Journal* 96 (2013): 398–430; Nicholas Evans Sarantakes, "The Teahouse Tempest: The U.S. Occupation of Okinawa and *The Teahouse of the August Moon*," *Journal of American-East Asian Relations* 21 (2014): 1–28.
3. Richard Watts, "A Thoroughly Delightful Comedy," New York Post, October 16, 1953; John McClain, "Comedy a Colossal Hit," *New York Journal American*, October 16, 1953.「高級」紙の劇評も同様に大げさだった。Brooks Atkinson, "The Teahouse of the August Moon," *NYT*, October 16, 1953, 32; Brooks Atkinson, "Enchanted Teahouse," *NYT*, October 25, 1953, X1.「慇懃な」レイシズムへの転換について以下を参照。Takashi Fujitani, *Race for Empire: Koreans as Japanese and Japanese as Americans during World War II* (Berkeley: University of California Press, 2011), 7. Christina Klein, *Cold War Orientalism: Asia in the Middlebrow Imagination* (Berkeley: University of California Press, 2003), 16.
4. Cecil Smith, "Author at Loss over Success of 'Teahouse,'" *LAT*, November 27, 1955, E4; Kurt Vonnegut, Slaughterhouse-Five (New York: Delacorte, 1969), 8; Patrick, *Teahouse,* 74; Ray Falk, "Bivouac at an Okinawan 'Teahouse' in Japan," *NYT*, June 10, 1956, 125; John McCarten, "The Current Cinema: No Time for Subtlety," *New Yorker*, December 8, 1956, 144–145.
5. Patrick, *Teahouse,* 13.
6. 報道こそ少なかったが、こうした不平等の一部は、合衆国国内の新聞・雑誌読者にもはっきり知られていた。Robert Trumbull, "Okinawa: 'Sometimes Painful' Lessons for U.S.," *NYT*, April 7, 1957, 225; Faubion Bowers, "Letter from Okinawa," *New Yorker*, October 23, 1954, 139–148; William L. Worden, "Rugged Bachelors of Okinawa," *Saturday Evening Post*, March 30, 1957, 84–88; Vern Sneider, "Below 'The Teahouse,'" *NYT*, October 11, 1953, X1.
7. Bowers, "Letter from Okinawa," 146.
8. Drama Advisory Panel, committee minutes, January 18, 1956, Bureau of Educational and Cultural Affairs Historical Collection; "'Teahouse' Limps into Montevideo," *NYT*, May 13, 1956, 85.
9. 興味深いことに、この演劇や、それを原案とする作品が西ドイツでは大ヒットしたという。『小さな茶屋 *Das Kleine Teehaus*』は「フィズビー大尉の芸者」というラジオ・ドラマを生み出したほか二ヶ月間で千回の上演を達成した。"Fete Lauds 'Teahouse,'" *NYT*, March 22, 1955, 35.
10. Office of War Information, Motion Picture Division, Feature Script Review, January 21, 1944, RG 208, entry 567, box 3512, NARA; Office of War Information, Motion Picture Review, Olga Weinert, September 18, 1945, RG 208, entry 567, box 3512, NARA.
11. Sneider, "Below 'The Teahouse,'" X3; James Watkins to Maynard Thoreson, March 8, 1955, folder "Correspondence with Enlisted Men," box 10, James Thomas Watkins Papers, HIA.
12. "New York: Too Big," *Time,* March 25, 1946; Oscar Godbout, "'A Bell for Adano' on TV," *NYT*, May 27, 1956, 105; Hal Humphrey, "'Adano' Rings 23 Years Too Late," *LAT*, November 8, 1967, E22. (Viewing copies of both productions consulted at the Paley Center for Media, New York.) Robert D. Kaplan, "Supremacy by Stealth," *Atlantic Monthly*, July– August 2003, 65. カプランは、以下の著書のエピグラフでも、『アダノ』に付されたハーシーの序言をかなり長く引用している。Robert D. Kaplan, Imperial Grunts (New York: Vintage, 2006), vii. その間、ハーバート・ミットギャングも、ボスニアにおける合衆国平和維持部隊のモデルとしてジョッポロを引っ張り出している。Herbert Mitgang, "Chocolate Grenades," *Newsweek*, February 26, 1996, 15. S. D. Griffin, "*A Bell for Adano* Discussion Guide," USMC Professional Reading Program, Lejeune Leadership Institute, n.d. 同小説は空軍の軍人にも推奨された。Andrew Kovich, "Compassion and the American Soldier," *Air Force Print News*, December 30, 2008, http://www.warren.af.mil/news/story.asp?id=123128532. 陸軍による推奨について以下を参照。Patrick J. Donahoe, "Preparing Leaders for Nationbuilding," *Military Review* 84 (2004): 24–26.
13. "'Adano' Suit Upheld," *NYT*, June 28, 1946, 19; John Hersey to Major General T. R. Yancey, April 16, 1966, box 19, John Hersey Papers, BRB.
14. Griffin, "*A Bell for Adano* Discussion Guide," 1, 3.
15. Kozy K. Amemiya, "The Bolivian Connection: U.S. Bases and Okinawan Emigration," Japan Policy Research Institute, Working Paper No. 25, October 1996, http://www.jpri.org/publications/workingpapers/*wp*25.html.
16. Robert B. Textor, *Failure in Japan: With Keystones for a Positive Policy* (New York: John Day, 1951); Arthur D. Kahn, *Betrayal: Our Occupation of Germany* (New York: Beacon Service, 1950); Delbert Clark, *Again the Goose Step: The Lost Fruits of Victory* (Indianapolis:

37. Edna W. Osnes, "Osnes Odyssey," typescript memoir, n.d., p. 7, box 1, Olaf Osnes Papers, USAMHI; Jacob Van Staaveren, *An American in Japan, 1945–1948* (Seattle: University of Washington Press, 1994), 21.
38. Orlando Ward Diary, October 28, 1946, box 10, Orlando W. Ward Papers, USAMHI; Hubert Armstrong to unspecified recipient(s), March 14, 1948, folder 3, box 5, Hubert Coslet Armstrong Papers, HIA; Kennan quoted by Schaller, *American Occupation,* 125.
39. Clovis to Marie Byers, March 13, 1946, box 10, Clovis E. Byers Papers; Byers toLt. Gen. Albert C. Wedemeyer, July 29, 1946, box 5, Clovis E. Byers Papers; Byers to Aunt Mai, July 25, 1947, box 7, Clovis E. Byers Papers; Justin Williams to Walker Wyman, October 9, 1946, box 4, Walker Demarquis Wyman Papers, UWRF.
40. Justin Williams to Walker Wyman, July 18, 1947, box 4, Walker Demarquis Wyman Papers.
41. Margaret Parton, "First Families of Army Men Land in Tokyo," *New York Herald Tribune*, June 25, 1946, 8; MacArthur quoted by Green, *Black Yanks*, 46. 大使館の間取りについて以下を参照。Manchester, *American Caesar*, 513. ドイツ到着に関する統計について以下を参照。Willoughby, *Remaking the Conquering Heroes*, 120.
42. Gravois, "Military Families," 62–63; Alvah, *Unofficial Ambassadors*, 61–70; Bernadine V. Lee, "Army Wife in Tokyo," *Army Information Digest*, December 1946, 15–22.
43. Mrs. Lelah Berry, as told to Ann Stringer, "An Army Wife Lives Very Soft—in Germany," *Saturday Evening Post*, February 15, 1947, 25; Clay to Patterson, March 5, 1947, box 21, RG 260, Records of the United States Occupation Headquarters, OMGUS, Records Maintained for Military Governor Lt. Gen. Lucius D. Clay, 1945–49, NARA. クレイはベリー夫人を、熟練のスキャンダル記者に操られた無邪気な少女と見なしている。ジョーン・S・クレーンの「不思議の国のマリス（悪意）」も上記コレクションの同じボックスに収められている。
44. "Research in Occupation Administration," prepared by Governmental Affairs Institute, DC, for Operations Research Office, August 1951, p. 28, folder "Military Govt. Reports, misc.," box 53, Robert L. Eichelberger Papers.
45. Frederiksen, *American Military Occupation of Germany*, 137.
46. 〔アメリカ兵の〕より大きな社会的孤立につながった日本での合衆国軍基地の建設について、例えば、以下を参照。Walt Sheldon, *The Honorable Conquerors: The Occupation of Japan, 1945–1952* (New York: Macmillan, 1965), 150–151. ドイツにおける同様の現象について以下を参照。Davis, Come as a Conqueror, 193. Historical Division, European Command, *Relations of Occupation Forces Personnel*, 19–20; "Roger Baldwin Assails U.S. Zone 'Hans Crowism,'" *New York Herald Tribune*, October 5, 1948, 19. トイレに掲げられた件のサインについて以下を参照。"Notes on Germany," n.d., folder 8, box 17, Roger Nash Baldwin Papers, SGMML. Frederiksen, *American Military Occupation of Germany*, 137, 138.
47. ACLU report, *Civil Liberties in Japan*, June 1947, p. 4, folder 7, box 18, Roger Nash Baldwin Papers.
48. Hubert Armstrong, undated letter [ca. mid-1947], folder 3, box 5, Hubert Coslet Armstrong Papers.
49. マッカーサーと日本人との最小限の接触について以下を参照。Dower, *Embracing Defeat*, 204. Eichelberger to Miss Em, March 2, 1946, folder 3, box 11, Robert L. Eichelberger Papers; Clovis to Marie Byers, March 17, 1946, and March 1, 1946, box 10, Clovis E. Byers Papers.
50. Van Staaveren, *American in Japan*, 15–16. きわめて多数の使用人について以下も参照。Dower, *Embracing Defeat*, 207. Sheldon, *Honorable Conquerors*, 115.
51. Martha Wayman to Ruth, January 2, 1946, box 2, Martha A. Wayman Papers, USAMHI; Noel F. Busch, *Fallen Sun: A Report on Japan* (New York: D. Appleton-Century, 1948), 25. 黒人兵士と使用人について以下を参照。Green, *Black Yanks*, 51; Charley Cherokee, "Well Shut My Mouth," *Chicago Defender,* March 1, 1947, 13. 使用人は報道やニュース雑誌の論評に不可欠な素材だった。Alvah, *Unofficial Ambassadors*, 107–110.
52. Wiley H. O'Mohundro, *From Mules to Missiles, Part II*, typescript memoir, n.d., p. 70, Wiley H. O'Mohundro Papers, USAMHI; Willoughby, *Remaking the Conquering Heroes*, 127.
53. Armstrong, undated letter from Seoul [ca. 1948], folder 3, box 5, Hubert Coslet Armstrong Papers.
54. Olaf Osnes to Sigval and Phoebe Osnes, November 22, 1947, box 1, Olaf Osnes Papers.
55. Ibid. アメリカ人が抑圧された日本人女性を「引き上げる」という、こうした語りの流布について以下を参照。Naoko Shibusawa, *America's Geisha Ally: Reimagining the Japanese Enemy* (Cambridge, MA: Harvard University Press, 2006), 44–47.
56. Edna W. Osnes, "Osnes Odyssey," pp. 39, 40, box 1, Olaf Osnes Papers.
57. Mary to Miss Marion Tait, January 14, 1947, Marion Tait Papers, NJHS.
58. Martin Sommers, "Looting with Consent," *Saturday Evening Post,* March 13, 1948, 12; Louise to Kate Farrell, February 4, 1947, Farrell Family Papers, USAMHI.
59. George O. Pearson, oral history interview with Col. Robert G. Sharp, n.d., George O. Pearson Papers, USAMHI; Busch, Fallen Sun, 25.
60. McNarney quoted by Bud Hutton and Andy Rooney, *Conquerors' Peace: A Report to the American Stockholders* (Garden City, NY: Doubleday, 1947), 49. ヘーンは、すべて合わせて9万人の新生児だったという。"'You Can't Pin Sergeant's Stripes on an Archangel,'" 124.「茶色の赤ちゃん」をめぐる紛争の個別事例について以下を参照。Heide Fehrenbach, *Race after Hitler: Black Occupation Children in Postwar Germany and America* (Princeton, NJ: Princeton University Press, 2005).
61. Frederiksen, *American Military Occupation of Germany*, 136.
62. Ibid.; Historical Division, European Command, *Relations of Occupation Forces Personnel*, 20.
63. 結婚統計について以下を参照。Frederiksen, *American Military Occupation of Germany*, 136–137. Hutton and Rooney, *Conquerors' Peace*, 55; Susan Zeiger, *Entangling Alliances: Foreign War Brides and American Soldiers in the Twentieth Century* (New York: New York University Press, 2010), 151; Willoughby, *Remaking the Conquering Heroes*, 120.
64. アジア人排斥について以下を参照。Zeiger, *Entangling Alliances*, 181. 日本人花嫁を訓練するアメリカ人妻の記録について、以下

Enjoy the Land Daddy Licked," *WP*, March 24, 1946, B3.

19. ドイツにおける人時、労働、コストについて以下を参照。Frederiksen, *American Military Occupation of Germany*, 122–123. 第八軍による建設の成果について以下を参照。Memo, "Operation of the Eighth United States Army," September 21, 1947, folder, "Japan: Occupation, Misc., 1945–49," box 64, Robert L. Eichelberger Papers. 占領のコストについて以下を参照。Eiji Takemae, *Inside GHQ: The Allied Occupation of Japan and Its Legacy* (New York: Continuum, 2002), 126.
20. カマボコ兵舎について以下を参照。Ernest Kovats, *All My Love, Son: Letters from Korea* (self-published, 2005), 59. 二人以上の扶養家族がいる場合は、一世帯で一つの兵舎を利用できたが、それ以外は「兵舎の半分ずつ」を共有することとされ、プライバシーはほとんどなかった。"U.S. Families in Japan to Use Quonset Huts," *NYT*, April 24, 1946, 16. Winner to Mother, Betty Jeanne and Mema, May 13, 1946, box 2, John D. Winner Papers.
21. *Stars and Stripes*, April 3, 1946, quoted by Gravois, "Military Families," 61; Cornelius to Julie DeForest, January 21, 1946, and February 9, 1946, box 1, Cornelius W. DeForest Papers, USAMHI.
22. Clovis to Marie Byers, February 7, 1946, box 10, Clovis E. Byers Papers; Eichelberger to Miss Em, June 1, 1946, folder 6, box 11, Robert L. Eichelberger Papers.
23. "No Army Law against Girls in Brass' Rooms," *Atlanta Constitution*, March 5, 1946, 1; Iris Carpenter, "Overseas Soldiers' Wives Should Go Abroad Quickly," *Daily Boston Globe*, March 10, 1946, D1.
24. Walter Simmons, "Teen-Age GI's Prefer Movie to Jap Girls," *CDT*, June 5, 1946, 19.「まずいこと」についてのバイアーズの発言は、以下に記されている。Robert Eichelberger, "Our Soldiers in the Occupation," dictation, February 21, 1948, folder "Japan: Occupation, Misc., 1945–49," box 64, Robert L. Eichelberger Papers. 日本映画にキスシーンを挿入するなど、「民主的」な求愛行為の一部としてキスを奨励したことについて、以下を参照。Mark McLelland, "'Kissing Is a Symbol of Democracy!' Dating, Democracy, and Romance in Occupied Japan, 1945–1952," *Journal of the History of Sexuality* 19 (2010): 508–535. "Teaching the Kiss," *Des Moines Register*, reprinted in "Opinions of Other Newspapers," *LAT*, March 20, 1949, A4.
25. "GI's in Japan Warned against Public Necking," *LAT*, March 23, 1946, 5. AP通信は、その月の終わりまでに四〇件の逮捕があったと記している。"Jap Courting Ban Pays Off; GI Ardor Nets $10 Fines," *LAT*, March 29, 1946, 5. Eichelberger to Miss Em, March 28, 1946, March 31, 1946, and April 3, 1946, folder 3 (March) and folder 4 (April), box 11, Robert L. Eichelberger Papers.
26. "Army Wife in Germany Hits at Fraternizing," *Hartford Courant*, June 3, 1946, 16; "GI's in Munich Can't Even Hold Arms of Wives," *CDT*, July 7, 1946, 10.
27. WAC隊員が経験したセクシャルハラスメントとレイプについて以下を参照。Leisa D. Meyer, *Creating GI Jane: Sexuality and Power in the Women's Army Corps during World War II* (New York: Columbia University Press, 1996), ch. 6.
28. Dana Adams Schmidt, "Soldier Wives and Children Begin New Life in Germany," *NYT*, May 5, 1946, E4.
29. 腕章について以下を参照。Gravois, "Military Families," 59. "Reveal Drunken Yanks Beat and Bully the Japs," *CDT*, July 14, 1946, 12.
30. Clay quoted by Willoughby, *Remaking the Conquering Heroes*, 128. 性病感染率の上昇について以下を参照。Public Health Section reports, box 63, Robert L. Eichelberger Papers. *A Foreign Affair*, directed by Billy Wilder (Los Angeles: Paramount Pictures, 1948).' 最初、『ニューヨーカー』などの媒体に掲載された、ドイツを舞台とするケイ・ボイルの短編小説は、以下に収録されている。Kay Boyle, Fifty Stories (New York: Penguin, 1981). 以下も参照。Alfred Hayes, *All Thy Conquests* (New York: Howell Soskin, 1946), and *The Girl on the Via Flaminia* (New York: Harper, 1949); Zelda Popkin, *Small Victory* (Philadelphia: J. B. Lippincott, 1947); Wesley Towner, *The Liberators* (New York: A. A. Wyn, 1946); Donald Richie, *This Scorching Earth* (Rutland, VT: Charles E. Tuttle, 1956). Isabelle Mallet, "Perils of Occupation," review of *The Sealed Verdict*, by Lionel Shapiro (New York: Doubleday, 1947), *NYT*, October 19, 1947, 16.
31. "2,011 American Women Work for War Department in Tokyo," *New York Herald Tribune*, July 13, 1947, A5. 同じ記事の中には、横浜の領事館からの情報として、一九四六年六月から現在までに五〇〇人の「アメリカ人少女」が結婚したとの記述がある。"Illicit Affairs Increase Zonal Army Divorces," *WP*, December 22, 1947, 1; Eichelberger to Miss Em, March 24, 1946, folder 3, box 11, Robert L. Eichelberger Papers.
32. C. J. C. Duder, "Love and the Lions: The Image of White Settlement in Kenya in Popular Fiction, 1919–1939," *African Affairs* 90 (1991): 427–438; Ronald Hyam, *Empire and Sexuality: The British Experience* (Manchester: Manchester University Press, 1990); John Thompson, "Occupied Germany! Story of Scandal: Lush Living, Immorality Blot Americans' Record," *CDT*, November 30, 1946, 1. 日本の「植民地的雰囲気」に関する同様の告発について、以下を参照。Margery Finn Brown, *Over a Bamboo Fence: An American Looks at Japan* (New York: William Morrow, 1951), 54.
33. John W. Dower, *Embracing Defeat: Japan in the Wake of World War II* (New York: W. W. Norton, 1999), 211. ダワーは、占領を「新植民地主義的革命」(同書第六章のタイトル)と規定している。
34. Frantz Fanon, *The Wretched of the Earth*, trans. Constance Farrington (New York: Grove, 1963), 36; Rajiv Chandrasekaran, *Imperial Life in the Emerald City: Inside Iraq's Green Zone* (New York: Alfred A. Knopf, 2006); Betty Olson to family, August 19, 1945, box 1, Betty M. Olson Papers, USAMHI.
35. ドイツでの「集住」について以下を参照。Frederiksen, *American Military Occupation of Germany*, 123–124. 合衆国軍による持続的かつ傲慢な空間の利用について、以下を参照。Mark L. Gillem, *America Town: Building the Outposts of Empire* (Minneapolis: University of Minnesota Press, 2007). "Japanese Must Build Homes to House Families of Allies," *Christian Science Monitor*, March 8, 1946, 7; Michael Cullen Green, *Black Yanks in the Pacific: Race in the Making of American Military Empire after World War II* (Ithaca, NY: Cornell University Press, 2010), 47.
36. Kennan, writing in March 1948, quoted by Michael Schaller, *The American Occupation of Japan: The Origins of the Cold War in Asia* (New York: Oxford University Press, 1985), 125; Eichelberger Diary, October 8, 1946, box 1, Robert L. Eichelberger Papers.

いて以下を参照。Benton to Edwina Decker, April 11, 1946, box 5, Benton W. Decker Papers, HIA.

58. Civil Intelligence Section, SCAP Occupational Trends, April 17, 1946, p. 9, box 49, Robert L. Eichelberger Papers.
59. Civil Intelligence Section, SCAP Occupational Trends, June 5, 1946, p. 9, box 49, Robert L. Eichelberger Papers.
60. Robert Eichelberger, "Memoranda on War Crimes," dictation, March 1, 1948, box 64, Robert L. Eichelberger Papers; Robert L. Eichelberger, *Our Jungle Road to Tokyo* (New York: Viking, 1950), 273–274.
61. Clovis Byers to Col. John Elmore, War Dept. General Staff, August 31, 1946, box 6, Clovis E. Byers Papers, HIA. キャンプ・リナルドの将校たちがバイアーズに宛てた手紙から、アフリカ系アメリカ人兵士の不満の概要が読み取れる。February 24, 1947, box 7, Clovis E. Byers Papers. Eichelberger to Miss Em, April 30, 1946, folder 4, box 11, Robert L. Eichelberger Papers.
62. Headquarters Eighth Army, Eichelberger to All Unit Commanders, "Incidents Involving United States Troops," June 26, 1946, box 16, Robert L. Eichelberger Papers; Lindesay Parrott, "Curbs on GI Crimes Ordered in Japan," *NYT*, July 14, 1946, 1; "Revealed Drunken Yanks Beat and Bully the Japs," *CDT*, July 19, 1946, 12.

第8章　家庭的な占領

1. Eichelberger Diary, June 24, 1946, May 2, 1946, and April 11, 1946, box 1, Robert L. Eichelberger Papers, DMR.
2. Lindesay Parrott, "Navy Wives First to Land in Japan," *NYT*, June 22, 1946, 3; Grace Robinson, "224 Wives of U.S. Soldiers Reach Bremen," *CDT*, April 29, 1946, 1.
3. Parrott, "Navy Wives First to Land," 3.
4. Lucius Clay, *Decision in Germany* (New York: Doubleday, 1950), 70; Earl F. Ziemke, *The U.S. Army in the Occupation of Germany, 1944–1946* (Washington, DC: Center of Military History, U.S. Army, 1975), 442; Truman interview with *Stars and Stripes* quoted in "GI's Wives to Stay in Europe," *NYT*, July 30, 1945, 5.
5. Oliver J. Frederiksen, *The American Military Occupation of Germany, 1945–1953* (Darmstadt, Germany: Historical Division, Headquarters, United States Army, Europe, 1953); John Willoughby, *Remaking the Conquering Heroes: The Postwar American Occupation of Germany* (New York: Palgrave Macmillan, 2009), 117–125; Donna Alvah, *Unofficial Ambassadors: American Military Families Overseas and the Cold War, 1946–65* (New York: New York University Press, 2007); "G.I. Wives," *WP*, August 5, 1945, B4.
6. Willoughby, *Remaking the Conquering Heroes*, 120–122; Eichelberger to Miss Em, February 10, 1946, folder 2, box 11, Robert L. Eichelberger Papers.
7. 自分が話した下士官兵は、「実際のところ誰一人として」妻に合流してほしいとは思っていないと、アイケルバーガーはミス・エムに伝えている。Eichelberger to Miss Em, February 18, 1946, folder 2, box 11, Robert L. Eichelberger Papers. Lindesay Parrott, "Men in Japan Balk at Inviting Wives," *NYT*, February 24, 1946, 36. GIの幼さについて以下を参照。Lindesay Parrott, "Curb on GI Crimes Ordered in Japan," *NYT*, July 14, 1946, 1. Eisenhower to Marshall, June 4, 1945, and Marshall to Eisenhower, June 8, 1945, in *The Papers of Dwight David Eisenhower*, vol. 6, Occupation, 1945, ed. Alfred D. Chandler and Louis Galambos (Baltimore: Johns Hopkins University Press, 1978), 134–135.
8. Devers quoted in "GI Wives for Occupation," *NYT*, October 4, 1945, 6. ジーン・マッカーサーの到着について以下を参照。William Manchester, *American Caesar: Douglas MacArthur, 1880–1964* (New York: Back Bay Books, 2008), 513. Eichelberger to Miss Em, February 10, 1946, folder 2, box 11, Robert L. Eichelberger Papers.
9. Martha Gravois, "Military Families in Germany, 1946–1986: Why They Came and Why They Stay," *Parameters* 16 (1986): 57–67; Frederiksen, *American Military Occupation of Germany*, 121.
10. 統計について以下を参照。Maria Höhn, "'You Can't Pin Sergeant's Stripes on an Archangel': Soldiering, Sexuality, and U.S. Army Policies in Germany," in *Over There: Living with the U.S. Military Empire from World War Two to the Present*, ed. Maria Höhn and Seungsook Moon (Durham, NC: Duke University Press, 2010), 113. C. L. Sulzberger, "U.S. Psychology Fails in Germany," *NYT*, March 26, 1946, 16.
11. John Winner to Mother, Betty Jeanne and Mema, December 4, 1945, folder 28, box 1, John D. Winner Papers, WVM. 一九四四年から四五年にフランスで民生担当将校として働いたサーモンドは、一九八〇年代には、窮地に立たされていた陸軍の民生プログラムのため、活発に働いた。Susan Lynn Marquis, *Unconventional Warfare: Rebuilding U.S. Special Operations Forces* (Washington, DC: Brookings Institution Press, 1997). 戦後ドイツにおける対敵諜報活動でのキッシンジャーのキャリアは、以下に記録されている。Jeremi Suri, Henry Kissinger and the American Century (Cambridge, MA: Belknap Press of Harvard University Press, 2009).
12. ヨーロッパについて以下を参照。*American Military Occupation of Germany*, 120–121. Eichelberger Diary, February 26, 1946, box 1, Robert L. Eichelberger Papers.
13. U.S. European Command, Office of the Chief Historian, *Domestic Economy: Shipment of Dependents to the European Theater and Establishment of Military Communities: Occupation Forces in Europe Series, 1945–46* (Frankfurt-am-Main, Germany: Office of the Chief Historian, 1947), 2.
14. 扶養家族向けに何度も繰り返された情報プログラムについて、以下を参照。Historical Division, European Command, *The Relations of Occupation Personnel with the Civil Population, 1946–1948* (Karlsruhe, Germany: Historical Division, European Command, 1951), 4, 7.
15. Eichelberger to Miss Em, March 28, 1946, folder 3, box 11, Robert L. Eichelberger Papers.
16. Clovis to Marie Byers, October 15, 1945, box 30, Clovis E. Byers Papers, HIA.
17. Clovis to Marie Byers, October 15, 1945, and March 14, 1946, box 10, Clovis E. Byers Papers.
18. 追い立てについて以下を参照。Willoughby, *Remaking the Conquering Heroes*, 122–124. C. P. Harness, "The Family Might Even

12102794, typescript memoir, n.d., folder 38, box 9, WWII Collection, MS.2012, UTK. 一九四六年のヨーロッパで赤十字の広報官として働いたドロシー・ヴィッカリーも、やはり、パリのGIが服やレーションを売って週に四〇から五〇ドルを稼いでいたと書いている。Dorothy S. Vickery, *Memoirs of Europe after World War II, 1945–47*, typescript memoir, n.d., folder 34, box 14, WWII Collection, MS.2012, UTK.

39. Frank Howley, Personal Diary, vol. 2, "The Inter-Allied Occupation of Berlin, Germany," July 1, 1945–July 1, 1946, p. 39, box 2, Frank L. Howley Papers, USAMHI; John Maginnis Diary, August 24, 1945, box 2, John J. Maginnis Papers. 財務省がソ連にステロ版を供与したことは、冷戦期にスキャンダルになった。Walter Rundell Jr., *Black Market Money: The Collapse of U.S. Military Currency Control in World War II* (Baton Rouge: Louisiana State University Press, 1964); Vladimir Petrov, *Money and Conquest: Allied Occupation Currencies in World War II* (Baltimore: Johns Hopkins University Press, 1967); Richard L. Stokes, "The Astounding Soviet Swindle of American Taxpayers," *Reader's Digest*, February 1953, 93–96.
40. John Maginnis Diary, November 5, 1945, box 2, John J. Maginnis Papers.
41. John Winner to Mother, Betty Jeanne and Mema, October 9, 1945, folder 26, box 1, John D. Winner Papers, WVM. 一九四五年一一月二日付でフランクフルトから出された連名の上申書の中で、アンヌ・アリンダーは、ロシア人が今「宝石のはまった黒い文字盤」を好んでおり、赤軍の趣味が洗練されてきていると記した。Folder 1, box 1, Anne Alinder Korbel Papers, WVM.
42. Jane DePuy to folks, August 21, 1946, box 1, Jane E. DePuy Papers, DMR.
43. 以下を参照。Bob LaFollette's letters from Japan, box 168, Philip Fox LaFollette Family Papers. Martha Wayman to mother, December 3, 1945, box 2, Martha A. Wayman Papers. ブラックマーケットのビジネスにおける提携関係に関する語りについては、以下を参照。Paul D. *Veatch, Jungle, Sea and Occupation: A World War II Soldier's Memoir of the Pacific Theater* (Jefferson, NC: McFarland, 2000), 135–151.
44. Frank Howley, Personal Diary, vol. 2, p. 39, box 2, Frank L. Howley Papers; John Maginnis Diary, August 24, 1945, box 2, John J. Maginnis Papers; Laura J. Hilton, "The Black Market in History and Memory: German Perceptions of Victimhood from 1945 to 1948," German History 28 (2010): 479–497; Paul Steege, *Black Market, Cold War: Everyday Life in Berlin, 1946–1949* (New York: Cambridge University Press, 2007); Kevin Conley Ruffner, "The Black Market in Postwar Berlin: Colonel Miller and an Army Scandal," Prologue 34 (Fall 2002): 170–183. 日本について以下を参照。John W. Dower, *Embracing Defeat: Japan in the Wake of World War II* (New York: W. W. Norton, 1999), 139–148; Owen Griffith, "Need, Greed, and Protest in Japan's Black Market, 1938–1949," *Journal of Social History* 35 (2002): 825–858.
45. John Maginnis Diary, August 24, 1945, box 2, John J. Maginnis Papers; Jean Smith, General Mac's WACs, Part III, Japan, 1946–49: Tokyo, from Fear to Friendship, typescript memoir, n.d., box 1, Jean Smith Papers, USAMHI; John Maginnis Diary, November 5, 1945, box 2, John J. Maginnis Papers.
46. Alan Sterling to mother, October 26, 1945, folder 2, box 1, Alan T. Sterling Papers.
47. Address by Paul Skuse at Air and Ground Forces Intelligence Officers' Conference, January 15, 1947, box 23, James Thomas Watkins Papers, HIA.
48. Paul to Margaret Skuse, August 22, 1945, box 23, James Thomas Watkins Papers.
49. Jack to Mary Whitelaw, October 16, 1945, box 1, John L. Whitelaw Papers, US-AMHI; Betty Olson to family, August 19, 1945, box 1, Betty M. Olson Papers, USAMHI; "Making George Do It," *Newsweek*, October 8, 1945, 50.
50. アフリカ系アメリカ人兵士の大部分は兵站業務に配置されたため、需品部隊の軍装をしていることが白人兵士よりも多く、そのため、補給物資に容易にアクセスできる特権的なブラックマーケットの参加者だと広く見なされていた。ローレンス・レディックによるオーラル・ヒストリーの回答者の何人かは、自分や他人のブラックマーケット活動について論じている。例として以下を参照。Interview with Cruz and Robinson, January 12, 1946, folder 8, Lawrence D. Reddick WWII Project, SCRBC; interview with Cpl. Horace Evans of Detroit, 1946, folder 8, Lawrence D. Reddick WWII Project, SCRBC. Cornelius DeForest to wife, December 24, 1945, and April 10, 1946, box 1, Cornelius W. DeForest Papers, USAMHI.
51. Malcolm R. McCallum, "The Study of the Delinquent in the Army," *American Journal of Sociology* 51 (1946): 482.
52. Robert Engler, "The Individual Soldier and the Occupation," *Annals of the American Academy of Political and Social Science* 267 (1950): 82. 民間人や後方部隊が蓄財を行っていると信じて憤慨していたのは、合衆国軍兵士だけではない。赤軍兵士が抱いていた同様の感情について以下を参照。Robert Dale, "Rats and Resentment: The Demobilization of the Red Army in Postwar Leningrad, 1945– 50," *Journal of Contemporary History* 45 (2010): 113–133. Earl F. Ziemke, *The U.S. Army in the Occupation of Germany, 1944–1946* (Washington, DC: Center of Military History, U.S. Army, 1975), 442; Rundell, Black Market Money, ix–x.
53. Anne Alinder, circular letter, November 2, 1945, folder 1, box 1, Anne Alinder Korbel Papers.
54. Ibid.; Harry to Jinny McMasters, September 16, 1945, Harry L. McMasters Letters to His Wife, HIA.
55. ACLU report, *Civil Liberties in Japan*, June 1947, folder "Japan: Occupation, Misc., 1945–49," box 64, Robert L. Eichelberger Papers. 日本のブラックマーケットへの日系アメリカ人の関与と、両者の間にあると考えられた深い関わりについて、以下を参照。Tamotsu Shibutani, *The Derelicts of Company K: A Sociological Study of Demoralization* (Berkeley: University of California Press, 1978), 366–368. ドイツについて以下を参照。Steege, *Black Market, Cold War*, 49; Hilton, "Black Market in History and Memory"; Michael Berkowitz and Suzanne Brown-Fleming, "Perceptions of Jewish Displaced Persons as Criminals in Early Postwar Germany," in "*We Are Here*," ed. A. Patt and M. Berkowitz (Detroit: Wayne State University Press, 2010), 167–193; Kierra Crago-Schneider, "Antisemitism or Competing Interests? An Examination of German and American Perceptions of Jewish Displaced Persons Active on the Black Market in Munich's Möhlstrasse," *Yad Vashem Studies* 38 (2010): 167–194.
56. Jack to Mary Whitelaw, November 13, 1945, box 1, John L. Whitelaw Papers.
57. ジープについて以下を参照。Frank Howley, Personal Diary, vol. 2, p. 41, box 2, Frank L. Howley Papers. くすんだオリーブ色のズボンについて以下を参照。Olaf Osnes to General Publicus, May 8, 1948, box 1, Olaf Osnes Papers, USAMHI. 失敗した盗みにつ

14. *A Foreign Affair*, directed by Billy Wilder (Los Angeles: Paramount Pictures, 1948); *The Third Man*, directed by Carol Reed (London: London Film Productions, 1949); Graham Greene, *The Third Man*, in Philip Stafford, ed., *The Portable Graham Greene* (New York: Penguin, 2005), 324.
15. Kay Boyle, "Frankfurt in Our Blood," in *The Smoking Mountain: Stories of Postwar Germany* (New York: McGraw-Hill, 1951), 123; Walter J. Slatoff, "GI Morals in Germany," *New Republic*, May 13, 1946, 686–687. スラトフはのちに、コーネル大学英語学部の学科長になっている。
16. Meredith H. Lair, *Armed with Abundance: Consumerism and Soldiering in the Vietnam War* (Chapel Hill: University of North Carolina Press, 2011); Eichelberger to Herman Gudger, February 26, 1946, folder 2, box 11, Robert L. Eichelberger Papers. この経緯を説明したものとして以下も参照。John Willoughby, *Remaking the Conquering Heroes: The Postwar American Occupation of Germany* (New York: Palgrave Macmillan, 2009); Oliver J. Frederiksen, *The American Military Occupation of Germany, 1945–1953* (Darmstadt, Germany: Historical Division, Headquarters, United States Army, Europe, 1953), 99–110; Michael Cullen Green, *Black Yanks in the Pacific: Race in the Making of American Military Empire after World War II* (Ithaca, NY: Cornell University Press, 2010). Martha Wayman to Ruth, December 10, 1945, box 2, Martha A. Wayman Papers, USAMHI.
17. Frederiksen, *American Military Occupation*, 101; John Maginnis Diary, September 23, 1945, box 2, John J. Maginnis Papers, USAMHI; Charles Hunt to family, October 1, 1945, and December 19, 1945, folder 18, box 1, Charles D. Hunt Papers, IHS.
18. HQ Fifteenth U.S. Army, "Control of Venereal Disease," June 27, 1945, folder "15th Army Medical History," box 2, Harold Richard Hennessy Papers, USAMHI; Eichelberger to Herman Gudger, February 26, 1946, folder 2, box 11, Robert L. Eichelberger Papers; Eichelberger to Miss Em, February 18, 1946, folder 2, box 11, Robert L. Eichelberger Papers.
19. Robert Eichelberger, "Our Soldiers in the Occupation," dictation, February 21, 1948, folder "Japan: Occupation, Misc., 1945–49," box 64, Robert L. Eichelberger Papers.
20. Eugene Mercier to Roger S. Durham, September 4, 2006, Eugene Mercier Papers, USAMHI; Jack Rosenfeld to Sylvia Solov, July 19, 1945, folder 329, box 12, Jack Rosenfeld Papers, KCSC; memo, "Operation of the Eighth United States Army," September 21, 1947, folder "Japan: Occupation, Misc., 1945–49," box 64, Robert L. Eichelberger Papers; Willoughby, *Remaking the Conquering Heroes*, 111; George McCaffrey Diary, May 24, 1943, box 1, George Herbert McCaffrey Papers, SUL.
21. 近年、いくつかの研究が軍人のツーリズムという現象について議論しているが、ヴェトナム戦争以前の事例は、ほとんど注目されていない。例として以下を参照。Scott Laderman, *Tours of Vietnam: War, Travel Guides, and Memory* (Durham, NC: Duke University Press, 2009); Vernadette Vicuña Gonzalez, *Securing Paradise: Tourism and Militarism in Hawai' i and the Philippines* (Durham, NC: Duke University Press, 2013). 別の文脈からの研究として以下も参照。Rebecca L. Stein, *Itineraries in Conflict: Israelis, Palestinians, and the Political Lives of Tourism* (Durham, NC: Duke University Press, 2008). Capt. Randolph Seligman to all, October 10, 1945, Mary Jane Anderson Papers, USAMHI; Bob LaFollette to family, February 23, 1946, folder 2, box 168, Philip Fox LaFollette Papers, WHS; Alan Sterling to Ruth, September 15, 1945, folder 2, box 1, Alan T. Sterling Papers, DMR.
22. 例えば、第二四歩兵師団の兵士が残した写真アルバムコレクションを参照。The U.S. Army, 24th Infantry Division, DMR.
23. Eichelberger Diary, 1945, 1946, and 1947, box 1, Robert L. Eichelberger Papers; Chuck to family, November 18, 1945, Wilhelm Family Letters, WHS.
24. Maurice to Laya Kurtz, June 25, 1945, folder 4, box 1, Maurice Kurtz Papers, SHC.「ツーリスト・ホラー・スポット」としてのダッハウについて以下を参照。Bud Hutton and Andy Rooney, *Conquerors' Peace: A Report to the American Stockholders* (Garden City, NY: Doubleday, 1947), 28.
25. Henry to Louisa Baust, July 1, 1945, box 3, Henry Baust Jr. Papers, USAMHI. 以下の文献の中で、レベッカ・ウェストも、「もうないの?」と言うチャド氏の落書き〔大戦中に流行した物資不足などに抗議する図案〕を描写している。Rebecca West, *A Train of Powder: Six Reports on the Problem of Guilt and Punishment in Our Time* (New York: Viking, 1955), 39.
26. Price Day, "Berchtesgaden Chalet Is Center for GI Tourists," *Baltimore Sun*, June 7, 1945, 1.
27. West, Train of Powder, 3; Clarence to Eve Davis, August 17, 1945, and August 7, 1945, box 1, Clarence W. Davis Letters, DMR.
28. Silbar to Ruth, October 20, 1945, box 2, Howard J. Silbar Papers, USAMHI; Silbar to mom, December 11, 1945, box 2, Howard J. Silbar Papers.
29. Samuel A. Stouffer et al., *The American Soldier: Combat and Its Aftermath* (Princeton, NJ: Princeton University Press, 1949).
30. 個人の回想として以下を参照。"The Biarritz American University," BBC, January 17, 2006, http://www.bbc.co.uk/history/ww2peopleswar/stories/09/a8610509.shtml; Hervie Haufler, "The Most Contented GIs in History," History.net, August 19, 1999, http://www.historynet.com/the-most-contented-gis-in-europe-october-99-american-history-feature.htm.
31. Eichelberger to Miss Em, March 9, 1946, folder 3, box 11, Robert L. Eichelberger Papers.
32. Martha Wayman to Ruth, November 25, 1945, box 2, Martha A. Wayman Papers.
33. Rep. John Sheridan to Eichelberger, September 1, 1946, box 16, Robert L. Eichelberger Papers.
34. Eichelberger to Hon. Dewey Short, Representatives Short, Johnson, Feighan, Sikes and Martin, September 9, 1946, box 16, Robert L. Eichelberger Papers. この手紙の一部は合衆国の新聞に掲載された。"Post-Exchange Facilities in Korea Condemned," *NYT*, September 3, 1946, 8.
35. Hunt to family, October 25, 1945, folder 17, box 1, Charles D. Hunt Papers.
36. T. E. Beattie, "The American Soldier as a Purchaser in Southern Italy," *Journal of Marketing* 9 (April 1945): 385.
37. Herman Berger to mother and sister, December 26, 1946, January 1, 1947, folder 4, box 1, Herman Berger Papers, HSP; Wayman to mother, December 13, 1945, box 2, Martha A. Wayman Papers; Wayman to Ruth, December 20, 1945, box 2, Martha A. Wayman Papers.
38. Robert Lowenstein, oral history interview, June 3, 1999, by Lynn Marley and Shaun Illingworth, ROHA; H. A. Miller, *Vignettes of*

53. Noel F. Busch, *Fallen Sun: A Report on Japan* (New York: D. Appleton-Century, 1948), 12–13; "Mates of Yank Doomed to Die Speak for Him," *CDT*, January 21, 1946, 15. テレーザ・スヴォボダが、占領下の日本でおじが経験した兵役時の苦労話を語る際にも、ヒクスワの名が登場する。Terese Svoboda's, *Black Glasses like Clark Kent: A GI's Secret from Postwar Japan* (Saint Paul, MN: Graywolf Press, 2008).
54. "Home Town Tries to Save Soldier Condemned for Killing Japanese," *NYT*, January 15, 1946, 15; "Move for Hicswa Grows," *NYT*, January 18, 1946, 5; "M'acArthur to Review GI's Death Sentence," *NYT*, January 19, 1946, 6; "M'acArthur Writes to Hicswa's Mother," *NYT*, January 30, 1946, 4; "Hicswas Plead for Son's *Life*, Citing Head Injury as Boy," *WP*, March 6, 1946, 14; "Murder by Liquor, Inc.," *Christian Science Monitor*, January 17, 1946, 20.
55. Hicswa letter to Sonia Andryk quoted in "Murder of Two Japs Is Denied by Doomed Yank," *CDT*, January 17, 1946, 3; Hicswa letter to uncle quoted in "Doomed GI Pleads for Civil Trial," *WP*, February 5, 1946, 1.
56. "Yamashita and Hicswa," *New York Herald Tribune*, February 6, 1946, 22.
57. Byers to Esther and Haydn Evan, March 5, 1946, box 5, Clovis E. Byers Papers.
58. Clovis to Marie Byers, March 3, 1946, box 10, Clovis E. Byers Papers; Eichelberger to Miss Em, March 5, 1946, box 11, Robert L. Eichelberger Papers.
59. Clovis to Marie Byers, March 5, 1946, box 10, Clovis E. Byers Papers. バイアーズの情報提供者は誇張していたのかもしれない。というのも、主要ないくつかの新聞に載ったこの話は、大きな注目を集めなかったからだ。『ワシントン・ポスト』は、これを完全に無視している。また、同じAP電に基づいて書かれた、ヒクスワの再逮捕に関する『ニューヨーク・タイムズ』と『シカゴ・デイリー・トリビューン』の記事は、ヒクスワとともに脱獄した囚人の名前にだけ言及し、エスニックなアイデンティティーには触れていない。"Hicswa Escapes, Caught," *NYT*, March 4, 1946, 10; "Hicswa Escapes Prison in Japan but Is Captured," *CDT*, March 4, 1946, 1. ヒクスワが再逮捕された現場にも、ほとんど関心は払われず、『ロサンゼルス・タイムズ』は、何かのついでのように、彼が「ゲイシャ・ハウス」で見つかったと書いている。"Doomed G.I. Breaks Jail in Japan, but Not for Long," *LAT*, March 4, 1946, 5. "Hicswa Sentence Is Cut to 30 Years," *NYT*, May 8, 1946, 10. 一九五二年には、ヒクスワの刑期がさらに短縮されて二一年となり、一九六〇年三月に出所するとの発表がなされた。"GI's Sentence Cut to 21 Years," *NYT*, March 18, 1952, 9.
60. Charles Hunt to family, January 6, 1946, folder 18, box 1, Charles D. Hunt Papers, IHS.
61. War Department, Army Service Forces in the Office of the Judge Advocate General, Washington, DC, United States v. Private First Class Joseph E. Hicswa, Opinion of the Board of Review, Moyse, Kuder and Wingo, Judge Advocates, April 9, 1946, in Army Board of Review, *Holdings, Opinions and Reviews*, vol. 59 (Washington, DC: Office of the Judge Advocate General).
62. "Psychiatry Urged on Troops Abroad," *NYT*, January 13, 1946, 16. リーも、不十分な教化に関する、この結論を支持していた。Lee, "Army 'Mutiny,'" 565.
63. Engler, "Individual Soldier," 84. 巡回展の計画について以下を参照。"Outline of Proposed Content of Joint State-War Exhibit of U.S. Occupation of Germany," November 1946, box 5, Roswell P. Rosengren Papers, WHS.
64. Quoted by Sherry, *Preparing for the Next War*, 192.

第7章　「タダ」でほしがる兵士たち

1. John Dos Passos, "Americans Are Losing the Victory in Europe," *Life*, January 7, 1946, 22–25. 以下も参照。Dos Passos's longer account in *Tour of Duty* (Boston: Houghton Mifflin, 1946). Edward P. Morgan, "Heels among the Heroes," Collier's, October 19, 1946, 16–17.
2. Margaret Bourke-White, "*Dear Fatherland Rest Quietly*": *A Report on the Collapse of Hitler's "Thousand Years"* (New York: Simon and Schuster, 1946), 158.
3. Lindesay Parrott, "GI Behavior in Japan Questioned," *NYT*, January 28, 1946, 5; *Newsweek*, January 28, 1946, 44.
4. Drew Middleton, "Failure in Germany," Collier's, February 9, 1946, 12, 13, 62, 65; Mark Gayn, "Our Balance Sheet in Asia," Collier's, March 23, 1946, 12, 13, 81, 83. ゲインによる、より広範な分析として以下を参照。Mark Gayn, *Japan Diary* (New York: William Sloane, 1948).
5. Eichelberger Diary, February 17, 1946, box 1, Robert L. Eichelberger Papers, DMR; C. L. Sulzberger, "Educators Stress Needs in Germany," *NYT*, April 1, 1946, 5.
6. William J. Lederer and Eugene Burdick, *The Ugly American* (New York: W. W. Norton, 1958); Reddick interview with Roi Ottley, 1946, folder 11, box 1, Lawrence D. Reddick WWII Project, SCRBC.
7. Hargis Westerfield, "Failures in G.I. Orientation: The Japanese Story," Free World, April 1946, 62–63.
8. "Something Borrowed . . . ," *Time*, June 17, 1946, 25.
9. カールトン伍長は無罪になった。Ex-soldier Cleared in Hesse Gem Theft," *NYT*, June 14, 1946, 5. "WAC Loses Fight on Gem Confession," *NYT*, August 28, 1946, 13.
10. Sidney Shalett, "Colonel, Wac Captain Held in German Royal Gem Theft," *NYT*, June 8, 1946, 1; "Something Borrowed," 25; Stephen Harding, "Soldiers of Fortune," *World War II* 24 (May 2009): 62; Geoffrey E. Duin, "Intrigue: A Tale of Purloined Jewels, Moles and Royal Mischief Emerged after World War II," *Military History* 23 (January/February 2007): 15–17.
11. "Wac Contests Hesse Jewel Trial on Basis Army Lacks Jurisdiction," *NYT*, August 23, 1946, 8.
12. "Capt. Durant Gets 5 Years for Theft," *NYT*, October 1, 1946, 9; Harding, "Soldiers of Fortune," 63.
13. "Army Linked to Art Loot," *NYT*, July 21, 1946, 24; "Accomplice in Hesse Jewel Theft Gets Five Years and Dismissal," *NYT*, November 1, 1946, 16.

January 14, 1946, 18.
32. Undated, unsigned letter from Japan, folder "General Correspondence Jan.– March 1946," box 4, Anne O'Hare McCormick Papers, NYPL.
33. McCormick to James Coveney, March 1, 1946, box 4, Anne O'Hare McCormick Papers; Anne O'Hare McCormick, "Overseas Echoes of Voices at Home," *NYT*, January 19, 1946, 12. 無責任な民間人に対するマコーミックの批判は、同時代の他の評論家にも共有されていた。Engler, "Individual Soldier," 77–86.
34. Silbar to mom, January 12, 1946, box 2, Howard J. Silbar Papers; Bob LaFollette to family, January 11, 1946, folder 1, box 168, Philip Fox LaFollette Papers, WHS.
35. E. Kirschenbaum to McCormick, January 14, 1946, box 4, Anne O'Hare McCormick Papers; "The GIs and the Brass," *NYT*, March 20, 1946, 20; Robert Neville, "What's Wrong with Our Army?," *Life*, February 25, 1946, 108.
36. Lee, "Army 'Mutiny,'" 556–557; John Winner to Mother, Betty Jeanne and Mema, June 22, 1945, folder 21, box 1, John D. Winner Papers, WVM; Patsy to George Wolf, May 19, 1945, George L. Wolf Papers.
37. Watkins Diary, May 9, 1946, box 22, James Thomas Watkins Papers, HIA.
38. Watkins Diary, January 13, 1946, and February 5, 1946, box 22, James Thomas Watkins Papers.
39. Harry to Jinny McMasters, September 29, 1945, Harry L. McMasters Letters to His Wife, HIA.
40. Venice T. Spraggs, "Forrestal Order Rebukes Flattop Chief," *Chicago Defender*, December 22, 1945, 1. ル・アーヴルの兵員「在庫」について以下を参照。Ballard, *Shock of Peace*, 83.
41. Bob LaFollette to family, January 9, 1946, folder 1, box 168, Philip Fox LaFollette Papers; "War Department Denies Jim Crow on Okinawa," *Chicago Defender*, January 19, 1946, 13; Rufus to Vivian, November 26, 1945, folder 4, box 1, Lawrence D. Reddick WWII Project, SCRBC.
42. GIによるハワイのデモに関与した共産主義者の組合オーガナイザーに関する共感的な仲間内の語りについて、以下を参照。Erwin Marquit, "The Demobilization Movement of January 1946," *Nature, Society and Thought* 15 (2002): 5–39. 以下も参照。Garcia, "Class and Brass," 684–685. Both Lee and Sparrow minimize the role played by communist organizers in the protest movement; リーとスパローは、抗議運動において共産主義オーガナイザーが果たした役割をごく小さく見積もっている。Lee, "Army 'Mutiny,'"561, 568–570; John C. Sparrow, *History of Personnel Demobilization*, 215, 394, 476. 男子皆軍事訓練制度の成り行きについて以下を参照。William A. Taylor, *Every Citizen a Soldier: The Campaign for Universal Military Training after World War II* (College Station: Texas A&M Press, 2014). Negro Soldiers in the Pacific Theater, "To the American People," *Cleveland Call and Post*, February 2, 1946, 4B.
43. Marquit, "Demobilization Movement"; John C. Sparrow, *History of Personnel Demobilization*, 215. 王立空軍について以下を参照。David Duncan, "Mutiny in the RAF: The Air Force Strikes of 1946," Socialist History Society Occasional Papers Series No. 8, 1998, accessed May 8, 2016, http://libcom.org/book/export/html/26188. インド人兵士の反抗について以下を参照。Ronald Spector, "The Royal Indian Navy Strike of 1946: A Study of Cohesion and Disintegration in Colonial Armed Forces," *Armed Forces and Society* 7 (1981): 271–284. インドネシア独立運動に対するオーストラリアの労組からの支援について、以下を参照。Heather Goodall, "Port Politics: Indian Seamen, Australian Unions and Indonesian Independence, 1945–47," *Labour History* 94 (2008): 43–68. 日本帝国の崩壊とヨーロッパ諸国による植民地の再建という、より大きな文脈について以下を参照。Ronald H. Spector, *In the Ruins of Empire: The Japanese Surrender and the Battle for Postwar Asia* (New York: Random House, 2007); C. A. Bayly and T. N. Harper, *Forgotten Wars: Freedom and Revolution in Southeast Asia* (Cambridge, MA: Belknap Press of Harvard University Press, 2007).
44. 大西洋憲章について以下を参照。Elizabeth Borgwardt, *A New Deal for the World: America's Vision for Human Rights* (Cambridge, MA: Belknap Press of Harvard University Press, 2005). Garcia, "Class and Brass," 693–694; Roi Ottley, "GI Protests Seen Cause for Alarm to Imperialists," *Pittsburgh Courier*, February 2, 1946, 12. 反帝国主義的な批評は合衆国軍内の新聞各紙にも登場した。Garcia, "Class and Brass," 690–691.
45. Garcia, "Class and Brass," 692. 中国における海兵隊の作戦について以下を参照。E. B. Sledge, *China Marine* (Tuscaloosa: University of Alabama Press, 2002). "Morale," *Time*, January 21, 1946, 21–22; Zeller quoted in memo, 401st CIC Detachment, HQ U.S. Army Forces, Middle Pacific, January 11, 1946, box 7, Robert C. Richardson Papers, HIA.
46. 「共産主義者と疑われる者」について以下を参照。John C. Sparrow, *History of Personnel Demobilization*, 394. Memo, 401st CIC Detachment, HQ U.S. Army Forces, Middle Pacific, January 11, 1946, box 7, Robert C. Richardson Papers.
47. Walter Trohan, "Identify Red as Sparkplug of GI Protest," *CDT*, January 24, 1946, 7.『タイム』は、一月の抗議行動の最中にバイアーズが発した、「破壊分子が周到に活動している」との言葉も引用している。"Morale," 21. 下院非米活動委員会について以下を参照。James T. Sparrow, *Warfare State*, 238.
48. Robert Eichelberger, "Memoranda on MG," dictation, February 28, 1948, folder "Japan: Occupation, Misc. 1945–49," box 64, Robert L. Eichelberger Papers; "Army Censors Criticism from Manila GI Daily," *CDT*, January 12, 1946, 5; "Army Explains Its Controls on G.I. Paper," *New York Herald Tribune*, January 12, 1946, 7A.
49. George Patton Diary, October 3, 1946, folder 12, box 3, George S. Patton Papers, LOC. ウィリーとジョーの戦時中の経験について、再録されたものを以下で参照できる。Bill Mauldin, *Up Front* (New York: Henry Holt, 1945). Jack to Mary Whitelaw, September 17, September 16, and October 8, 1945, box 1, John L. Whitelaw Papers, USAMHI.
50. Jack to Mary Whitelaw, October 14, 1945, box 1, John L. Whitelaw Papers.
51. Neville, "What's Wrong with Our Army?"; Paul Deutschman, "Second Class Citizens," *Life*, February 25, 1946, 114; Eichelberger to Miss Em, April 5, 1946, folder 2, box 11, Robert L. Eichelberger Papers.
52. Lt. Gen. John A. Heintges, interview with Major Jack A. Pellicci, 1974, Senior Officers Oral History Program, USAMHI; Eichelberger to Miss Em, February 17, 1946, folder 2, box 11, Robert L. Eichelberger Papers.

動について幅広く知るため、以下の陸軍作戦史を参照。John C. Sparrow, *History of Personnel Demobilization in the United States Army* (Washington, DC: Office of the Chief of Military History, Department of the Army, 1951); Jack Stokes Ballard, *The Shock of Peace: Military and Economic Demobilization after World War II* (Washington, DC: University Press of America, 1983), 73–116; Daniel Eugene Garcia, "Class and Brass: Demobilization, Working Class Politics, and American Foreign Policy between World War and Cold War," *Diplomatic History* 34 (2010): 681–698; James T. Sparrow, *Warfare State: World War II Americans and the Age of Big Government* (New York: Oxford University Press, 2011), 237–242.

6. "Army & Navy—Morale: My Son, John," *Time,* January 21, 1946; "Army & Navy— Demobilization: Home by Spring?," *Time,* January 14, 1946; Lee, "Army 'Mutiny,'" 561.
7. 点数システムの運用の詳細について以下を参照。Ballard, *Shock of Peace*, 75–76; Lee, "Army 'Mutiny,'" 556. パターソンの無知については以下を参照。ibid., 562. Howard Silbar to mom, January 12, 1946, box 2, Howard J. Silbar Papers, USAMHI.
8. Silbar to mom, December 11, 1945, box 2, Howard J. Silbar Papers; Bess Katz to Jake [Rosenfeld], May 12, 1945, folder 235, box 9, Jack Rosenfeld Papers, KCSC; Patsy to George Wolf, May 19, 1945, George L. Wolf Papers, USAMHI.
9. Robert Trumbull, "20,000 Manila GI's Boo General; Urge Congress to Speed Sailings," *NYT*, January 8, 1946, 1; "MPs Break Up GIs Marching on General," *WP*, January 7, 1946, 1; "Soldiers Plan Ad Campaign to Oust Patterson," *LAT*, January 9, 1945, 4; "GIs in Philippines Hold Fresh Rally," *NYT*, January 9, 1945, 6.
10. "Soldiers Get Aid of Mrs. Roosevelt," *NYT*, January 12, 1946, 6; Kathleen McLaughlin, "GI's in Frankfort Deride McNarney as They Fail to Get Sailing Dates," *NYT*, January 11, 1946, 4; "GIs Protest on Slow Demobilization," *NYT*, January 13, 1946, E1; Lee, "Army 'Mutiny,'" 562–563.
11. "Caution on Morale Given Eighth Army," *NYT*, January 10, 1946, 4.
12. Byers to My Precious Ones, January 9, 1946, box 10, Clovis E. Byers Papers, HIA.
13. Byers to wife, January 11, 1946, box 10, Clovis E. Byers Papers.
14. Stimson quoted by Michael Sherry, *Preparing for the Next War: American Plans for Postwar Defense, 1941–45* (New Haven, CT: Yale University Press, 1977), 191–192.「帰国目前の兵士たち」の写真は、フィリップ・ブロードヘッドが保管する図解入り特集記事の中に含まれている。Philip Broadhead Scrapbook, oversize item 9/10, WWII Collection, MS.2012, UTK.
15. Robert Daniels to Dearest Babes, May 29, 1945, folder 6, box 1, Robert E. Daniels Papers, SHC; John Bartlow Martin, "A*NYT*hing Bothering You, Soldier?," Harper's, November 1, 1945, 453–457; Bill Taylor to "Mudder and Dad," August 12, 1945, and November 14, 1945, "Dear Mudder and Dad: The WWII Letters of William Wellington Taylor, Jr.," https:// wwiiwwtaylor.wordpress.com/letters/.
16. Samuel A. Stouffer et al., *The American Soldier: Combat and Its Aftermath* (Princeton, NJ: Princeton University Press, 1949), 549–595; Nathaniel Warner, "The Morale of Troops on Occupation Duty," *American Journal of Psychiatry* 102 (1946): 749–757.
17. Edward Laughlin, *World War II Memoirs: A Paratrooper's Journey*, typescript memoir, 1999, Edward Laughlin Memoir, WWII Collection, MS.2669, UTK; Robert Engler, "The Individual Soldier and the Occupation," *Annals of the American Academy of Political and Social Science* 267 (1950): 82.
18. Milo Flaten to Mom and Pop, June 4, 1945, folder 9, box 1, Milo G. Flaten Papers, WVM.
19. Keith Mason to Emily Gosnald, June 29, 1945, folder 15, box 9, WWII Collection, MS.21012, UTK; "Ratio of Negro GI Releases to Be Lower than Whites," *Pittsburgh Courier*, May 19, 1945, 15; "Discharge Bias Charged," *NYT*, August 19, 1945, 4; Langston Hughes, "Simple and the GI's," *Chicago Defender*, February 9, 1946, 9.
20. Norm to Miss Tait, December 17, 1945, Marion Tait Papers, NJHS; Milo Flaten to Mom and Pop, December 14, 1945, folder 10, box 1, Milo G. Flaten Papers.
21. Earl F. Ziemke, *The U.S. Army in the Occupation of Germany, 1944–1946* (Washington, DC: Center of Military History, U.S. Army, 1975), 403.
22. Chargé in the Soviet Union (Kennan) to the Secretary of State, telegram, February 22, 1946, no. 861.00/2-2246, National Security Archive, http://nsarchive.gwu.edu/coldwar/documents/episode-1/kennan.htm.
23. "Occupation by Volunteers," *Collier's*, August 25, 1945, 86; Eichelberger Diary, September 14, 16, and 19, box 1, Robert L. Eichelberger Papers, DMR. マッカーサーの「非公認発言」について以下を参照。Howard B. Schonberger, *Aftermath of War: Americans and the Remaking of Japan, 1945–52* (Kent, OH: Kent State University Press, 1989), 48–49.
24. Eisenhower's testimony delivered on January 15, 1945, quoted by Lee, "Army 'Mutiny,'" 567. "Why the GI's Demonstrate," 73.
25. Bill Taylor to Mudder and Dad, August 18, 1945, "Dear Mudder and Dad," https:// wwiiwwtaylor.wordpress.com/letters/august-1945/.
26. Rebecca West, *A Train of Powder: Six Reports on the Problem of Guilt and Punishment in Our Time* (New York: Viking, 1955), 3, 4; Janet Flanner, "Letter from Nuremberg," March 15, 1946, originally published in the *New Yorker* under her pen name, Genêt, reprinted in Irving Drutman, ed., *Janet Flanner's World: Uncollected Writings, 1932–1975* (New York: Harvest/Harcourt Brace Jovanovich, 1979), 116.
27. Hanns Anders to mother, August 18, 1945, box 1, Winfred Hanns Anders Papers, USAMHI.
28. Sidney Eisenberg to Silv, Ralph and Hope, August 13, 1945; Sidney to Silv and Ralph, July 9, 1945; Sidney to Mutterchen, June 12, 1945, all in box 1, Sidney S. Eisenberg Papers, USAMHI.
29. Edward Sausville to Miss Macdonald, March 26, 1946, Marghita Macdonald Papers, USAMHI.
30. Ballard, *Shock of Peace*, 84; Bob Titus to Pop, August 28, 1945, box 5, William A. Titus Papers, UWO.
31. Hal Boyle, "Morale at Lowest Ebb since 1941," *LAT*, January 7, 1946, 4; Anne O'Hare McCormick, "Army of Occupation Faces Grave Problems," *NYT*, November 12, 1945, 20; Anne O'Hare McCormick, "When the Policemen Want to Go Home," *NYT*,

quoted by Caprio, "Resident Aliens," 183. Orlando Ward Diary, October 16, 1946, and October 19, 1946, box 10, Orlando W. Ward Papers, USAMHI.

60. Walt Sheldon, *The Honorable Conquerors: The Occupation of Japan, 1945–1952* (New York: Macmillan, 1965), 215.
61. "Aliens in Japan," quoted by Caprio, "Resident Aliens," 181. 竹前はもう一つの矛盾を指摘している。それは、合衆国陸軍による『民生の手引き』が朝鮮人の保護を求めながら、彼らを鉄道及び道路整備のための『苦力』として使い続けることはよしとしている点である。Eiji Takemae, *Inside GHQ: The Allied Occupation of Japan and Its Legacy* (New York: Continuum, 2002), 447.
62. Bassin quoted by Morris-Suzuki, *Borderline Japan*, 60.
63. Howard Handleman, "Pirates Murder Hundreds in Korean Repatriation Fraud," *Atlanta Constitution*, December 19, 1945, 1.
64. David Conde, "The Korean Minority in Japan," *Far Eastern Survey*, February 26, 1947, 44.
65. Gane, Repatriation, 41. SCAP report quoted by McWilliams, *Homeward Bound*, 59. Eichelberger to Miss Em, March 27, 1946, box 11, Robert L. Eichelberger Papers; Berkeley, interview with Benis Frank, 1973, USMC OHP. 財産の持ち出し制限をかいくぐろうとする日本人の試みについて、以下を参照。Howard Kahm, "Between Empire and Nation: A Micro-historical Approach to Japanese Repatriation and the Korean Economy during the US Occupation of Korea, 1945–6," *Journal of Contemporary History*, September 2014 (online version), doi:10.1177/002200 9414544772.
66. 取り締まりを逃れる難しさについて以下を参照。Gane, Repatriation, 88. 密航者と密輸人という語の結びつきについて、以下を参照。Morris-Suzuki, *Borderline Japan*, 55. Beans, interview with Major Thomas E. Donnelly, 1976, USMC OHP; Roland Glenn, *The Hawk and the Dove: World War II at Okinawa and Korea* (Kittery Point, ME: Smith/Kerr, 2009), 184.
67. Conde, "Korean Minority in Japan," 41; Irving to Joan Heymont, November 21, 1945, and November 22, 1945, Irving Heymont Papers. ドイツ警察の再武装について以下を参照。E. N. Harmon, *Combat Commander: Autobiography of a Soldier* (Englewood Cliffs, NJ: Prentice-Hall, 1970), 279–294. ブラックマーケットにおけるユダヤ人の責任に関する、ドイツ人の見解について、以下を参照。Michael Berkowitz and Suzanne Brown-Fleming, "Perceptions of Jewish Displaced Persons as Criminals in Early Postwar Germany," in "*We Are Here*," ed. A. Patt and M. Berkowitz (Detroit: Wayne State University Press, 2010), 167–193.
68. Robert Eichelberger, "Memoranda on Japan—Japanese People," dictation, February 22, 1948, box 64, Robert L. Eichelberger Papers; Berkeley, interview with Benis Frank, 1973, USMC OHP; "Some GI's Justify German Attack; Army Poll Shows Little Hostility," *NYT*, January 25, 1946, 5; "Anti-Semitism Is Laid to GIs at Landsberg," *New York Herald Tribune*, May 3, 1946, 3; Stephen G. Fritz, *Endkampf: Soldiers, Civilians, and the Death of the Third Reich* (Lexington: University Press of Kentucky, 2004), 242–243; George Patton Diary, September 17, 1945, folder 12, box 3, George S. Patton Papers; Clifton Lisle Diary, October 2 and September 7, 1945, box 13, Clifton Lisle Papers. その頃までに、ライルはマンハイムに駐留するようになっていたことから、彼の非難の対象にはハトラーが含まれている可能性もある。
69. Jack to Mary Whitelaw, August 27, 1945, box 1, John L. Whitelaw Papers.
70. George Patton Diary, September 22, 25, 29, and October 1, 2, 1945, folder 12, box 3, George S. Patton Papers; HQ USFET, PR Division, "Transcript of a Press Conference Given by Lt. Gen. Walter B. Smith at Frankfurt," September 26, 1945, folder 16, box 3, George S. Patton Papers.
71. George Patton to B., October 22, 1945, folder 17, box 13, George S. Patton Papers; fan mail, box 42, box 43, George S. Patton Papers.
72. Jack to Mary Whitelaw, November 18, 1945, and December 8, 1945, box 1, John L. Whitelaw Papers.
73. Hannah Arendt, "The Aftermath of Nazi Rule: Report from Germany," *Commentary* 1 (1950): 342; George Patton Diary, September 22, 1945, and October 2, 1945, folder 12, box 3, George S. Patton Papers.

第6章　低下する士気、動員解除を望む声

1. Truman quoted by David McCullough, *Truman* (New York: Simon and Schuster, 1992), 571.「軍事的天才」について以下を参照。Marshall Andrews, "Shrill Task Force Intercepts Ike on Way to Testify in House," *WP*, January 23, 1946, 1.「怒り狂って」手に負えない「兵士の妻」について以下を参照。J. Emlyn Williams, "'Ike' Says Army Can't Release All Dads," *Christian Science Monitor*, January 22, 1946, 1.
2. 九月の一ヶ月間だけで、トルーマンは動員解除に関する手紙を約一千通も受け取り、連邦議会議員たちは八万通を受け取った。Ann Elizabeth Pfau, *Miss Yourlovin: GIs, Gender, and Domesticity during World War II* (New York: Columbia University Press, 2008), http://www.gutenberg-e.org/pfau/epilogue.html.「パパを返して」クラブについて以下を参照。R. Alton Lee, "The Army 'Mutiny' of 1946," *Journal of American History* 53 (1966): 558–559; "GI Wives Unite to Bring Back Their 'Daddies,'" *CDT*, November 10, 1945, 3; "'Ask Congress' Aid to 'Bring Back Daddy,'" *CDT*, January 5, 1946, 13.『トリビューン』紙は、一九四五年一二月一日に行われたクラブの創設について記事と写真を掲載している。"Bring Back Dad Club Is Formed by 200 Mothers," *CDT*, December 1, 1945, 8. "Baby Shoes Plead for Return of G.I.s," *New York Herald Tribune*, January 9, 1946, 3A.
3. "'War Brides,' 56,000 Strong, Here by July," *WP*, January 5, 1946, 2; Mrs. Dorothy Galomb quoted by Andrews, "Shrill Task Force."
4. Williams, "'Ike' Says"; Andrews, "Shrill Task Force"; Thomas J. Hamilton, "Wives of Soldiers Query Eisenhower," *NYT*, January 23, 1946, 1; "Why the GI's Demonstrate," *New Republic*, January 21, 1946, 72. 広く噂されたアイゼンハワーとサマーズビーの情事について、以下を参照。Alvin C. Schottenfeld, typescript memoir, n.d., p. 14, AFC 2001/001/4611, VHP.
5. May quoted by Thomas J. Hamilton, "Wives of Soldiers Query Eisenhower," *NYT*, January 23, 1946, 3. 動員解除を求める抗議運

Hostile Environment," *Journal of Contemporary History* 49 (2014): 92–114; Loescher and Scanlan, *Calculated Kindness*, 1–24.

37. Hutler, *Agony of Survival*, 22; Albert to Leanore Hutler, August 19, 1945, Albert Hutler Papers.
38. "Text of Eisenhower's Letter to Truman on Displaced Persons," *NYT*, October 17, 1945, 8; Templeton, *A Complete Change of Life*, 94.
39. John Wortham, *A Short Account of My Endeavors in World War II for My Daughters, Sue and Jan*, typescript memoir, July 1984, folder 3, box 20, WWII Collection, MS.2012, UTK.〈移住民〉の性行動について以下を参照。Grossmann, *Jews, Germans, and Allies*, ch. 5. アメリカ軍のユダヤ人従軍司祭たちが示した〈移住民〉の性的振る舞いへの反応について、以下を参照。Julius Carlebach and Andreas Brämer, "Flight into Action as a Method of Repression: American Military Rabbis and the Problem of Jewish Displaced Persons in Postwar Germany," *Jewish Studies Quarterly* 2 (1995): 71. Michael Feldberg, "'The Day Is Short and the Task Is Great': Reports from Jewish Military Chaplains in Europe, 1945–1947," *American Jewish History* 91 (2003): 607–625; Lisa Haushofer, "The 'Contaminating Agent': UNRRA, Displaced Persons, and Venereal Disease in Germany, 1945–1947," *American Journal of Public Health* 100 (2010): 993–1003.
40. "Truman's Letter to Eisenhower and Part of Harrison's Report on Displaced Persons in Europe," *NYT*, September 30, 1945, 2.
41. "Text of Report to the President on Conditions among Refugees in Western Europe," *NYT*, September 30, 1945, 38.
42. Susan L. Carruthers, "Compulsory Viewing: Concentration Camp Film and German Re-education," *Millennium: Journal of International Studies* 30 (2001): 733–759.
43. "Text of Eisenhower's Letter," 8; George Patton Diary, August 29, 1945, folder 12, box 3, George S. Patton Papers, LOC. 食物と給食と飢餓にまつわる、緊張に満ちた戦後ドイツの政治について、以下を参照。Alice Weinreb, "'For the Hungry Have No Past nor Do They Belong to a Political Party," *Central European History* 45 (2012): 50–78.
44. George Patton Diary, April 12, 1945, April 15, 1945, and September 17, 1945, folders and 12, box 3, George S. Patton Papers.
45. George Patton Diary, September 15, 1945, and September 21, 1945, folder 12, box 3, George S. Patton Papers.
46. Irving Heymont Papers Relating to Displaced Persons in Landsberg and Other Camps, 1945–1946, RG-19.038, USHMM. 出版されたヘイモントの日記は、何ヶ所か、オリジナルと大きく異なるところがある。Jacob Rader Marcus and Abraham J. Peck, eds., *Among the Survivors of the Holocaust—1945: The Landsberg DP Camp Letters of Major Irving Heymont, United States Army* (Cincinnati: American Jewish Archives, 1982).
47. Irving to Joan Heymont, October 4, 1945, Irving Heymont Papers.
48. Irving to Joan Heymont, November 7, 1945, Irving Heymont Papers.
49. Irving to Joan Heymont, September 19, 1945, September 23, 1945, and October 2, 1945, Irving Heymont Papers.「人間の糞便」に関する率直な言及として、以下を参照。"Blame UNRRA and Jews for Filth of Camps," *CDT*, December 7, 1945, 16.『ニューヨーク・タイムズ』も、同じAP電の記事を、以下のような大人しい見出しで報じている。"Army Finds Camp of Jews Crowded," *NYT*, December 7, 1945, 5. より同情的なランズベルクからのルポとして、以下を参照。Arthur Gaeth, "A Visit to a Displaced Persons' Camp," *Jewish Advocate*, January 3, 1946, 7.
50. Irving to Joan Heymont, September 20, 1945, and October 12, 1945, Irving Heymont Papers; Frank Howley, Personal Diary, July 1, 1945–July 1, 1946, vol. 2, Kommandatura 14th Meeting, October 8, 1945, p. 120, box 2, Frank L. Howley Papers, USAMHI. 強制的な移住と自発的な移住という、問題の多い二分法について、以下を参照。B. S. Chimni, "The Birth of a 'Discipline': From Refugee Studies to Forced Migration Studies," *Journal of Refugee Studies* 22 (2009): 11–29.
51. Irving to Joan Heymont, October 30, 1945, Irving Heymont Papers.
52. Marcus and Peck, *Among the Survivors*. しかし、ユダヤ人〈移住民〉のトラウマ体験に対する、ヘイモントの同情的な理解は、アメリカ・ホロコースト記念ミュージアムのために撮影されたオーラル・ヒストリーのほうに、むしろ強く表れている。Irving Heymont, oral history interview, February 14, 1995, RG-50.470*0008, USHMM, http://collections.ushmm.org/search/catalog/irn511053. ヘイモントの共感の限界に対しては、彼の出版された書簡に依拠して、ウィリアム・ヒッチコックが批判を加えている。ヒッチコックはこの書簡を「日記」と呼んでいる。William I. Hitchcock, *The Bitter Road to Freedom: A New History of the Liberation of Europe* (New York: Free Press, 2008), 325–332. 帰還兵の記憶の変化について以下を参照。Adam R. Seipp, "Buchenwald Stories: Testimony, Military History, and the American Encounter with the Holocaust," *Journal of Military History* 79 (2015): 721–744.
53. Irving to Joan Heymont, November 1, 1945, and October 30, 1945, Irving Heymont Papers; Leo Schwarz, *The Redeemers: A Saga of the Years 1945–1952* (New York: Farrar, Straus and Young, 1953), 62.
54. "22 Nazis Hanged for War Crimes," *Daily Boston Globe*, May 28, 1947, 21; Irving to Joan Heymont, November 5, 1945, and November 6, 1945, Irving Heymont Papers.
55. Irving to Joan Heymont, October 7, 1945, Irving Heymont Papers; Albert to Leanore Hutler, August 19, 1945, Albert Hutler Papers.
56. Brig. Gen. Fred D. Beans, interview with Major Thomas E. Donnelly, 1976, USMC OHP; Watt, *When Empire Comes Home*, 46; McWilliams, *Homeward Bound*, 16–17.
57. 朝鮮における送還の作戦史は、合衆国軍政府〈移住民〉部門の軍政官として、わずか一四人の名前しか挙げていない。William J. Gane, *Repatriation from 25 September 1945 to 31 December 1945* (Seoul: U.S. Army *Military Government* in Korea, n.d.). 佐世保について以下を参照。McWilliams, *Homeward Bound*, 18. 同じく、朝鮮に対して侮蔑的な英連邦占領軍の見解を批判したものとして、以下を参照。Tessa Morris-Suzuki, "An Act Prejudicial to the Occupation Forces: Migration Controls and Korean Residents in Post-surrender Japan," *Japanese Studies* 24 (2004): 5–28. 一例として以下を参照。Allan S. Clifton, *Time of Fallen Blossoms* (New York: Alfred A. Knopf, 1951), 157–166. 朝鮮で送還者にDDTを散布したことに関する、兵士の回想として以下を参照。Ephraim P. Goodman Collection, AFC 2001/001/15661, audio recording, VHP.
58. Lt. Gen. James Berkeley, interview with Benis Frank, 1973, USMC OHP.
59. "Basic Initial Post-surrender Directive to Supreme Commander for the Allied Powers for the Occupation and Control of Japan,"

the Occupied, ed. Christine de Matos and Mark E. Caprio (Basingstoke, UK: Palgrave Macmillan, 2015), 206–225; Matthew R. Augustine, "From Empire to Nation: Repatriation, Immigration, and Citizenship in Occupied Japan, 1945–1952" (PhD diss., Columbia University, 2009). 英連邦の占領軍については以下を参照。Ian Nish, ed., *The British Commonwealth and the Allied Occupation of Japan, 1945–1952: Personal Encounters and Government Assessments* (Leiden, Netherlands: Brill, 2013).

10. 「頭痛のタネ」という感情は以下で吐露されている。Jack to Mary Whitelaw, April 8, 1945, box 1, John L. Whitelaw Papers, USAMHI. Templeton, letter from Munich, May 22, 1945, folder "Letters, March 26 to Dec. 31, 1945," box 1, Payne Templeton Papers, USAMHI.
11. Payne Templeton, *A Complete Change of Life: Into World War II*, typescript memoir, n.d., p. 94, box 1, Payne Templeton Papers; Theodore Francis Inman Collection, AFC2001/001/94947, video recording, VHP.
12. Anne Alinder, circular letter, July 6, 1945, box 1, Anne Alinder Korbel Papers, WVM; Betty Olson to family, August 19, 1945, and September 5, 1945, box 1, Betty M. Olson Papers, USAMHI.
13. SHAEF, G5 Division, Displaced Persons Branch, CA/d9, *Guide to the Care of Displaced Persons in Germany* (rev. May 1945), 8, 9, 25, copy in box 3, RG-19.047.03*05, Samuel B. Zisman Papers, USHMM.
14. Malkki, "Refugees and Exile"; SHAEF, *Guide to the Care*, 25.
15. SHAEF, *Guide to the Care*, 5.
16. Albert to Leanore Hutler, May 7, 1945, RG-19.028, Albert Hutler Papers, USHMM; Albert Hutler, *Agony of Survival* (Macomb, IL: Glenbridge, 1989), 13; Kenneth Clouse, *Precious Friends and Vanishing Sights: The Memoirs of Kenneth Lamar Clouse*, typescript memoir, p. 18, Kenneth L. Clouse Papers, USAMHI; Clifton Lisle Diary, August 31, 1945, box 13, Clifton Lisle Papers, USAMHI.
17. Maurice to Laya Kurtz, June 22, 1945, box 1, Maurice Kurtz Papers, SHC; William H. Puntenney, *For the Duration: An Autobiography of the Years of Military Service of a Citizen Soldier during World War II, June 6, 1941–Dec. 21, 1945*, typescript memoir, n.d., p. 120–122, William H. Puntenney Papers, USAMHI.
18. 公衆衛生と〈移住民〉について以下を参照。Jessica Reinisch, *The Perils of Peace: The Public Health Crisis in Occupied Germany* (Oxford: Oxford University Press, 2013).
19. Harold Berge, *The War Years, Nov. 25, 1940–Sept. 17, 1945*, typescript memoir, p. 27, AFC 2001/001/1436, VHP.
20. Terrence Des Pres, *The Survivor: An Anatomy of Life in the Death Camps* (New York: Oxford University Press, 1976); Frank Costigliola, "'Like Animals or Worse': Narratives of Culture and Emotion by U.S. and British POWs and Airmen behind Soviet Lines, 1944–1945," *Diplomatic History 28 (2005): 768; Mary Douglas, Purity and Danger: An Analysis of Concepts of Pollution and Taboo* (London: Routledge and Kegan Paul, 1966); SHAEF, *Guide to the Care*, 35.
21. Dan Stone, *The Liberation of the Camps: The End of the Holocaust and Its Aftermath* (New Haven, CT: Yale University Press, 2015), ch. 2.
22. Frederick J. Kroesen, oral history interview, March 16, 1998, by G. Kurt Piehler and Lynn Marley, ROHA; Raymond Daniell, "Released 'Slaves' Troubling Allies," *NYT*, May 18, 1945, 7; Dorothy Thompson, "Revise Occupation Policies," *Atlanta Constitution*, June 8, 1945, 11; Berget to Dad, Mom and All, May 6, 1945, box 2, Wilbur C. Berget Papers, WVM.
23. Center for Military History, *Reports of General MacArthur Prepared by His General Staff*, vol. 1 (Washington, DC: U.S. Army Chief of Staff, 1966), 90–93; A. E. Schanze, *This Was the Army*, typescript memoir, n.d., p. 47, A. E. Schanze Papers, USAMHI.
24. Clovis to Marie Byers, August 31, 1945, box 30, Clovis E. Byers Papers, HIA.
25. Eichelberger Diary, September 4, 1945, box 1, Robert L. Eichelberger Papers, DMR; Clovis to Marie Byers, September 11, 1945, box 30, Clovis E. Byers Papers; Eichelberger Diary, September 8, 1945, box 1, Robert L. Eichelberger Papers. この日記には、さらに、九月一〇日と、最後の積み荷が到着した九月二〇日に行われた、元囚人の出迎えが記されている。
26. *Eighth U.S. Army in Japan, 30 August 1945–1 May 1946* (Tokyo: Eighth US Army Printing Plant, Boonjudo Printing Works, 1946), 3.
27. Clovis to Marie Byers, October 3, 1945, box 30, Clovis E. Byers Papers.
28. Robert Trumbull, "Omori Camp to Get Tokyo War Chiefs," *NYT*, October 1, 1945, 6; "Accused Japanese Begin Camp Rigors," *NYT*, October 6, 1945, 5.
29. Maurice to Laya Kurtz, June 27, 1945, box 1, Maurice Kurtz Papers.
30. SHAEF, *Guide to the Care*, 10–15.
31. Albert to Leanore Hutler, April 3, 1945, and April 12, 1945, Albert Hutler Papers.
32. Albert to Leanore Hutler, May 7, 1945, June 22, 1945, and August 4, 1945, Albert Hutler Papers.
33. Clifton Lisle Diary, June 25, 1945, Clifton Lisle Papers.
34. Murphy quoted by Cathal J. Nolan, "Americans in the Gulag: Detention of US Citizens by Russia and the Onset of the Cold War," *Journal of Contemporary History* 25 (1990): 533. Anna Holian, *Between National Socialism and Soviet Communism: Displaced Persons in Postwar Germany* (Ann Arbor: University of Michigan Press, 2011), 45.
35. Albert to Leanore Hutler, September 7, 1945, Albert Hutler Papers. 強制送還に対して合衆国の占領軍兵士が感じた良心のとがめは、祖国に宛てた手紙よりも、むしろ後年の回想のほうに、より強く表れている。反共主義が強まり、スターリンにおもねって嫌がる人々をソヴィエトに強制送還したと、保守派がFDRを罵倒する空気の中、かつての合衆国の方針の正当性に対する疑いが強まったか、あるいは、再燃し、お墨つきを与えられたということだろう。Mark R. Elliott, *Pawns of Yalta: Soviet Refugees and America's Role in Their Repatriation* (Urbana: University of Illinois Press, 1982). 帰還兵の疑念について以下を参照。Lt. Gen. Herron Maples, oral history, interviewed by Terry Anderson, June 22, 1981, Texas A&M University, USAMHI; Leon C. Standifer, *Binding Up the Wounds: An American Soldier in Occupied Germany, 1945–1946* (Baton Rouge: Louisiana State University Press, 1997), 87.
36. Moore, "Between Expediency and Principle"; Jan-Hinnerk Antons, "Displaced Persons in Postwar Germany: Parallel Societies in a

75. Zeiger, *Entangling Alliances*, 180–189. 日本でのアメリカ人の恋愛経験は大目に見てもらえるという期待は、占領を回顧する後の文章にまで影響を与えた。以下の本の序文は「若く、経験に乏しい兵士たちが、愛の道に導かれていった」と述べている。Vincent W. Allen, *A Very Intimate Occupation* (New York: Vantage Press, 2000), xi.
76. Jacob Van Staaveren, *An American in Japan, 1945–1948* (Seattle: University of Washington Press, 1994), 3. See also Green, *Black Yanks*, 31–32.
77. 「親愛なるジョンへの手紙」について以下を参照。Gerald F. Linderman, *The World within War: America's Combat Experience in World War II* (New York: Free Press, 1997), 310–311. Paul Fussell, *Wartime: Understanding and Behavior in the Second World War* (New York: Oxford University Press, 1989), 96–114; Maurice to Hinda Neufeld, February 4, 1944, folder 7, box 5, Maurice F. Neufeld Papers.
78. Hostetter, *Combat Doctor*.
79. George Cronin Diary, May 26, 1946, George C. Cronin Papers, SHC.

第5章　根こそぎにされた人、不機嫌な人

1. John Maginnis Diary, September 16, 1945, box 2, John J. Maginnis Papers, USAMHI. 合衆国による占領と追放者について以下を参照。Adam R. Seipp, *Strangers in the Wild Place: Refugees, Americans, and a German Town, 1945–1952* (Bloomington: Indiana University Press, 2013); Adam R. Seipp, "The Driftwood of War: The US Army, Expellees, and West German Society, 1945–52," War and Society 32 (2013): 211–232. より広範な追放について以下を参照。R. M. Douglas, *Orderly and Humane: The Expulsion of the Germans after the Second World War* (New Haven, CT: Yale University Press, 2012).
2. John Maginnis, "Principal MG Operations of Interest in Berlin," n.d., box 2, John J. Maginnis Papers; George Woodbridge, *UNRRA: The History of the United Nations Relief and Rehabilitation Administration* (New York: Columbia University Press, 1950); Jessica Reinisch, "Internationalism in Relief: The Birth (and Death) of UNRRA," in *Post-war Reconstruction in Europe: International Perspectives, 1945–1949*, ed. Mark Mazower, Jessica Reinisch, and David Feldman (Oxford: Oxford University Press, 2011); Silvia Salvatici, "'Help the People to Help Themselves': UNRRA Relief Workers and European Displaced Persons," *Journal of Refugee Studies* 25 (2012): 428–451.
3. 統計については以下を参照。Mark Spoerer and Jochen Fleischhacker, "Forced Laborers in Nazi Germany: Categories, Numbers, and Survivors," *Journal of Interdisciplinary History* 33 (2002): 197; Mark E. Caprio and Yu Jia, "Occupations of Korea and Japan and the Origins of the Korean Diaspora in Japan," in *Diaspora without Homeland*, ed. Sonia Ryang and John Lie (Berkeley: University of California Press, 2009), 27. 戦略諜報局（略称OSS）の報告書「日本の外国人」が以下で引用されている。Mark E. Caprio, "Resident Aliens: Forging the Political Status of Koreans in Occupied Japan," in *Democracy in Occupied Japan: The U.S. Occupation and Japanese Politics and Society*, ed. Mark E. Caprio and Yoneyuki Sugita (New York: Routledge, 2007), 182.〈移住民〉に関する近年の著作の多くがヨーロッパだけを対象とするため、「〈移住民〉」という用語はヨーロッパ人と同義になってしまったかのようだ。例えば、以下の著作はアジアの「強制移住」にまったく触れていない。Ben Shepherd, *The Long Road Home: The Aftermath of the Second World War* (New York: Alfred A. Knopf, 2011). ヨーロッパとアジアの両方を検討している著作は少ない。Pamela Ballinger, "Entangled or 'Extruded' Histories? Displacement, National Refugees, and Repatriation after the Second World War," *Journal of Refugee Studies* 25 (2012): 366–386.
4. 難民が祖国に愛着を持つだろうという想定について、以下を参照。Liisa H. Malkki, "Refugees and Exile: From 'Refugee Studies' to the National Order of Things," *Annual Review of Anthropology* 7 (1995): 495–523; Liisa H. Malkki, "National Geographic: The Rooting of People and Territorialization of Identity among Scholars and Refugees," *Cultural Anthropology* 7 (1992): 24–44.
5. Kendall Moore, "Between Expediency and Principle: U.S. Repatriation Policy toward Russian Nationals, 1944–1949," *Diplomatic History* 24 (2000): 381–404; George Ginsburgs, "The Soviet Union and the Problem of Refugees and Displaced Persons 1917–1956," *American Journal of International Law* 51 (1957): 325–361.
6. Atina Grossmann, *Jews, Germans and Allies: Close Encounters in Occupied Germany* (Princeton, NJ: Princeton University Press, 2007), 1; Gerard Daniel Cohen, *In War's Wake: Europe's Displaced Persons in the Postwar Order* (New York: Oxford University Press, 2012), 126. 以下も参照。Zeev W. Mankowitz, *Life between Memory and Hope: The Survivors of the Holocaust in Occupied Germany* (Cambridge: Cambridge University Press, 2002); Margarete Myers Feinstein, *Holocaust Survivors in Postwar Germany, 1945–1957* (New York: Cambridge University Press, 2010).
7. Cohen, In War's Wake, 15; Gil Loescher and John A. Scanlan, *Calculated Kindness: Refugees and America's Half-Open Door, 1945 to the Present* (New York: Free Press, 1986).
8. Silvia Salvatici, "Between Nation and International Mandates: Displaced Persons and Refugees in Postwar Italy," *Journal of Contemporary History* 49 (2014): 515. トリエステについて以下を参照。Pamela Ballinger, *History in Exile: Memory and Identity at the Borders of the Balkans* (Princeton, NJ: Princeton University Press, 2003); Alfred Connor Bowman, *Zones of Strain: A Memoir of the Early Cold War* (Stanford, CA: Hoover Institution Press, 1982).
9. 朝鮮で実施された「優先順位制」について以下を参照。William J. Gane, "Foreign Affairs of South Korea: August 1945 to August 1950" (PhD diss., Northwestern University, 1951), ch. 3. Lori Watt, *When Empire Comes Home: Repatriation and Reintegration in Postwar Japan* (Cambridge, MA: Harvard University Asia Center/Harvard University Press, 2009); Wayne C. McWilliams, *Homeward Bound: Repatriation of Japanese from Korea after World War II* (Hong Kong: Asian Research Service, 1988); Tessa Morris-Suzuki, *Borderline Japan: Foreigners and Frontier Controls in the Postwar Era* (Cambridge: Cambridge University Press, 2010); Matthew R. Augustine, "Dividing Islanders: The Repatriation of 'Ryūkyūans' from Occupied Japan," in *Japan as the Occupier and*

50. Kovner, *Occupying Power*, 22. Ikeda quoted by Eiji Takemae, *Inside GHQ: The Allied Occupation of Japan and Its Legacy* (New York: Continuum, 2002), 68. 占領下の日本における売買春について、以下も参照。John W. Dower, *Embracing Defeat: Japan in the Wake of World War II* (New York: W. W. Norton, 1999), 121–139; Holly Sanders, "Panpan: Streetwalking in Occupied Japan," *Pacific Historical Review* 81 (2012): 404–431; Yasuhiro Okada, "Race, Masculinity, and Military Occupation: African American Soldiers' Encounters with the Japanese at Camp Gifu, 1947–51," *Journal of African American History* 96 (2011): 179–203; Michiko Takeuchi, "'Pan-Pan Girls: Performing and Resisting Neocolonialism(s) in the Pacific Theater: U.S. Military Prostitution in Occupied Japan, 1945–1952," in *Over There: Living with the U.S. Military Empire from World War Two to the Present*, ed. Maria Höhn and Seungsook Moon (Durham, NC: Duke University Press, 2010), 78–108.
51. A. E. Schanze, *This Was the Army*, typescript memoir, n.d., pp. 45–46, A. E. Schanze Papers, USAMHI.
52. Eichelberger Diary, September 11, 1945, box 1, Robert L. Eichelberger Papers, DMR; Kovner, *Occupying Power*, ch. 1.
53. HQ Fifteenth U.S. Army, "Control of Venereal Disease," June 27, 1945, folder "15th Army Medical History," box 2, Harold Richard Hennessy Papers, USAMHI.
54. Robert Eichelberger, "Our Soldiers in the Occupation," dictation, February 21, 1948, folder "Japan: Occupation, Misc. 1945–49," box 64, Robert L. Eichelberger Papers. メイ法について以下を参照。Marilyn E. Hegarty, *Victory Girls, Khaki-Wackies, and Patriotutes: The Regulation of Female Sexuality during World War II* (New York: New York University Press, 2008), 37–39. フランスにおける軍隊と売春宿について、以下を参照。Roberts, *What Soldiers Do*, 159–160.
55. Paul A. Kramer, "The Darkness That Enters the Home: The Politics of Prostitution during the Philippine-American War," in *Haunted by Empire: Geographies of Intimacy in North American History*, ed. Laura Ann Stoler (Durham, NC: Duke University Press, 2006), 366–404.
56. 朝鮮について以下を参照。Na Young Lee, "The Construction of Military Prostitution in South Korea during the U.S. Military Rule, 1945–1948," *Feminist Studies* 33 (2007): 453–481; Seungsook Moon, "Regulating Desire, Managing the Empire: U.S. Military Prostitution in South Korea, 1945–1970," in Höhn and Moon, Over There, 39–77.
57. 性売する子どもと、ポン引きをする家族について以下を参照。H. A. Miller, Vignettes of 12102794, typescript memoir, n.d., folder 38, box 9, WWII Collection, MS.2012, UTK. 戦闘的な言葉遣いは以下の覚え書きからの引用。HQ, Metropolitan Area, PBS, Office of the Surgeon, "VD Control," April 13, 1944, box 17, Charles Poletti Papers, CU.
58. Editorial, "Venus and the Navy," *WP*, November 13, 1945, 6. 1945年11月5日付の『デモイン・レジスター』に初めて掲載されたラクールの手紙は、以下の記事に丸ごと転載され、長い論評を添えられた。"The Navy Provides Social Protection for Servicemen in Japan," *Journal of Social Hygiene* 32 (1946): 82–89.「ウィローラン」について以下を参照。Mark Gayn, *Japan Diary* (New York: William Sloane, 1948), 213–214.
59. Clyde Edwards, "Japanese Open Tokyo 'USO,'" *Stars and Stripes*, September 8, 1945, quoted by Kovner, *Occupying Power*, 18. 以下も参照。Frank Kelley, "Geisha Industry Buys Up Girls to Entertain GIs," *New York Herald Tribune*, October 21, 1945, 5.
60. Milo Flaten to Mom and Pop, June 13, 1945, folder 9, box 1, Milo G. Flaten Papers, WVM.
61. Paul to Margaret Skuse, June 19, 1945, box 23, James Thomas Watkins Papers.
62. Harry to Jinny McMasters, September 10, September 17, and October 4, 1945, Harry L. McMasters Letters to His Wife.
63. Eichelberger to Miss Em, April 5, 1946, and May 28, 1946, box 11, Robert L. Eichelberger Papers; Eichelberger, "Our Soldiers in the Occupation."
64. Eichelberger to Miss Em, May 20, 1946, box 11, Robert L. Eichelberger Papers.
65. Noel F. Busch, *Fallen Sun: A Report on Japan* (New York: D. Appleton-Century, 1948), 12; Lindesay Parrott, "Geisha Girl—GI version," *NYT*, November, 25, 1945, 92; Peyton Gray, "Gray Finds Japan's Geisha Girls Are Not Prostitutes," *Afro-American*, November 3, 1945, 14; Walters to My Dearests, October 27 and October 31, 1945, folder 13, box 1, John H. Walters Papers, WVM; Louis to Anna Geffen, December 5, 1945, folder 6, box 14, Louis and Anna Geffen Family Correspondence, MARBL.
66. Seligman to Dearest All, October 25, 1945, Mary Jane Anderson Papers, USAMHI.
67. Clovis to Marie Byers, October 1, 1945, box 30, Clovis E. Byers Papers, HIA; Philip H. Hostetter, *Combat Doctor in the South Pacific or Red Beach to Mandog Hill*, typescript memoir, n.d., box 2, 24th Infantry Division, WWII Veterans' Collection, USAMHI.
68. Seligman to Dearest All, October 25, 1945, Mary Jane Anderson Papers; Clovis to Marie Byers, October 1, 1945, box 30, Clovis E. Byers Papers.
69. Marvin Reichman to mom, November 15 and November 25, 1945, and Marvin to Mark Reichman, December 3, 1945, box 2, 24th Infantry Division, WWII Veterans' Collection.
70. Reichman to mom, April 1 and April 6, 1946, box 2, 24th Infantry Division, WWII Veterans' Collection.
71. Harold J. Noble, What It Takes to Rule Japan (New York: U.S. Camera, 1946), 92–93. ヨーロッパの少女に関する同様の記述として、以下を参照。Victor Dallaire, "The American Woman? Not for This GI," *NYT Magazine*, March 10, 1946, 8. Bill Hume, *Babysan: A Private Look at the Japanese Occupation* (Tokyo: Kasuga Bokei, 1953).
72. シェップについて以下を参照。"Speaking of Pictures . . . GIs Blowzy Frauleins Hurt Germans' Feelings," *Life*, June 17, 1946, 12–13; Goedde, *GIs and Germans*, 93–94.
73. Tania Long, "Pro-German Attitude Grows as U.S. Troops Fraternize," *NYT*, September 29, 1945, 1.
74. 日本人戦争花嫁について以下を参照。Susan Zeiger, *Entangling Alliances: Foreign War Brides and American Soldiers in the Twentieth Century* (New York: New York University Press, 2010), 179–189. より広範な日本イメージの「女性化」については以下を参照。Naoko Shibusawa, America's Geisha Ally: Reimagining the Japanese Enemy (Cambridge, MA: Harvard University Press, 2006).「寝巻」について以下を参照。Elliott Chaze, *The Stainless Steel Kimono* (New York: Permabooks, [1947] 1955), 61. Walt Sheldon, *The Honorable Conquerors: The Occupation of Japan, 1945–1952* (New York: Macmillan, 1965), 116.

Rogers, WWII Collection, MS.2112.

33. Jack to Mary Whitelaw, September 17, 1945, and August 20, 1945, box 1, John L. Whitelaw Papers. ズート・スーツとそれに付与された意味について、以下を参照。Kathy Peiss, *Zoot Suit: The Enigmatic Career of an Extreme Style* (Philadelphia: University of Pennsylvania Press, 2011).
34. Hanns Anders to mother, July 25, 1945, and letters throughout the fall, box 1, Winfred Hanns Anders Papers, USAMHI.
35. Felix to Dorothea Vann, May 21, 1945, Felix Vann Papers; Judy Barden, "Candy-Bar Romance—Women of Germany," in *This Is Germany*, ed. Arthur Settel (New York: William Sloane, 1950), 165; Robert J. Lilly, *Taken by Force: Rape and American GIs in Europe during World War II* (New York: Palgrave Macmillan, 2007), 117–119.
36. Bill Taylor to Mudder and Dad, May 20, 1945, "Dear Mudder and Dad: The WWII Letters of William Wellington Taylor, Jr.," https://wwiiwwtaylor.wordpress.com/letters/may-1945/. ドイツの合衆国当局が否定したこの話に、報道機関はほとんど注目しなかった。David Darrah, "Stuttgart Pins Raping Blame on Moroccans," *CDT*, July 26, 1945, 7. 赤軍によるレイプについて以下を参照。Elizabeth Heineman, "The Hour of the Woman: Memories of Germany's 'Crisis Years' and West German National Identity," *AHR* 101 (1996): 354–395; Norman M. Naimark, *The Russians in Germany: A History of the Soviet Zone of Occupation, 1945–1949* (Cambridge, MA: Belknap Press of Harvard University Press, 1995), 69–140; Atina Grossmann, "A Question of Silence: The Rape of German Women by Occupation Soldiers," *October* 72 (1995): 42–63; Atina Grossmann, *Jews, Germans and Allies: Close Encounters in Occupied Germany* (Princeton, NJ: Princeton University Press, 2007), 69. ベルリンに拠点を置く将校が、レイプについてほとんど、あるいは、まったく言及しなかったことの例として、以下を参照。John J. Maginnis Papers; Frank Howley, Personal Diary, box 2, Frank L. Howley Papers, USAMHI; and John L. Whitelaw Papers. Jack to Mary Whitelaw, April 12, 1945, box 1, John L. Whitelaw Papers.
37. David Brion Davis, "The Americanized Mannheim of 1945–1946," in *American Places: Encounters with History*, ed. William Leuchtenberg (New York: Oxford University Press, 2002), 90. 黒人兵士とドイツ人女性の性的関係について、以下を参照。Heide Fehrenbach, *Race after Hitler: Black Occupation Children in Postwar Germany and America* (Princeton, NJ: Princeton University Press, 2005); Timothy L. Schroer, *Recasting Race after World War II: Germans and African Americans in American-Occupied Germany* (Boulder: University Press of Colorado, 2007); Maria Höhn and Martin Klimke, *A Breath of Freedom: The Civil Rights Struggle, African American GIs, and Germany* (New York: Palgrave Macmillan, 2010). 半自伝的な以下の小説も参照。William Gardner Smith, *Last of the Conquerors* (New York: Signet Books, 1949).
38. Reddick interview with Roi Ottley, 1946, folder 11, box 1, Lawrence D. Reddick WWII Project, SCRBC. 黒人兵士のほうがドイツ・イタリアの女性をうまくものにできた理由について、レディックのインタビューを受けた他の者も同じことを言っている。例えば、以下を参照。Interview with Cpl. Horace Evans of Detroit, January 12, 1946, folder 8; interview with Leonard D. Stevens, 1945, folder 12; interview with Cruz and Robinson, 1946, folder 8; interview with Wilbur Young, August 9, 1946, folder 13, all in box 1, Lawrence D. Reddick WWII Project.
39. Jack Rosenfeld to Sylvia Solov, June 3, 1945, folder 328, box 12, Jack Rosenfeld Papers, KCSC.
40. Leland to Claire Hiatt, November 11, 1945, and Leland to folks, November 1, 1945, Leland D. Hiatt Papers, AFC 2001/001/92139, VHP.
41. Draft paper, "About the Okinawans," 24th Corps HQ, April 20, 1945, folder "Fraternization and Relations with Civilians," box 6, James Thomas Watkins Papers, HIA.
42. HQ Tenth Army, Office of the Commanding General, Operational Directive Number 1A, May 2, 1945, box 3, James Thomas Watkins Papers. 規則違反者に対する営倉入りの脅しについて、以下を参照。"Fraternization," LaMotte MS, June 11, 1945, box 19, James Thomas Watkins Papers.
43. Note, "Fraternization: The News-Pix Picture," n.d., folder "Fraternization and Relations with Civilians," box 6, James Thomas Watkins Papers; Watkins Diary, June 25, 1945, box 22, James Thomas Watkins Papers.
44. 行き来する移民について以下を参照。Yuichiro Onishi, "Occupied Okinawa on the Edge: On Being Okinawan in Hawai'i and U.S. Colonialism toward Okinawa," *American Quarterly* 64 (2012): 741–765.
45. Notes from LaMotte MS, box 19, James Thomas Watkins Papers; Watkins Diary, July 2, 1945, box 22, James Thomas Watkins Papers.
46. Yukiko Koshiro, *Transpacific Racisms and the U.S. Occupation of Japan* (New York: Columbia University Press, 1999). レイプの問題について以下を参照。"Fraternization," LaMotte MS, June 28, 1945, box 19, James Thomas Watkins Papers. レイプの責任は主にアフリカ系アメリカ人兵士にあると考えたワトキンスは、一九四六年四月、ワーナー・バーソフという部下の将校に頼んで、島から黒人兵士を完全に排除することを求める覚え書きを起草させた。のちにバーソフは、この行為を悔やんでいる。Warner Berthoff, "Memories of Okinawa," *Sewanee Review* 121 (2013): 150. ヨーロッパでも日本でも、アフリカ系アメリカ人兵士は、兵員に占めるその比率から考えて極端に不釣り合いなほど、数多くレイプで訴追され、有罪とされている。Lilly, *Taken by Force*. Watkins Diary, September 30, 1945, box 22, James Thomas Watkins Papers. 朝鮮人「慰安婦」について以下を参照。MG HQ IsCom, "Report of MG Activities for October 1945," November 23, 1945, box 3, James Thomas Watkins Papers.
47. Watkins Diary, January 19, 1946, box 22, James Thomas Watkins Papers; M. D. Morris, Okinawa: *Tiger by the Tail* (New York: Hawthorn, 1968), 60.
48. Quoted by Sarah Kovner, *Occupying Power: Sex Workers and Servicemen in Postwar Japan* (Stanford, CA: Stanford University Press, 2012), 36.
49. 親交に関して将校が出した様々な命令について、以下を参照。Michael Cullen Green, *Black Yanks in the Pacific: Race in the Making of American Military Empire after World War II* (Ithaca, NY: Cornell University Press, 2010), 41. Harry McMasters to wife, September 23, 1945, Harry L. McMasters Letters to His Wife, HIA.

11. 『ガレリア』に対する反応について以下を参照。David Margolick, *Dreadful: The Short Life and Gay Times of John Horne Burns* (New York: Other Press, 2013).『異国の出来事』について以下を参照。Werner Sollors, *The Temptation of Despair: Tales of the 1940s* (Cambridge, MA: Belknap Press of Harvard University Press, 2014), 247–277.
12. Douglas F. Habib, "Chastity, Masculinity and Military Efficiency: The United States Army in Germany, 1918–1923," *International History Review* 28 (2006): 737–757; Erika A. Kuhlman, "American Doughboys and German Fräuleins: Sexuality, Patriarchy, and Privilege in the American-Occupied Rhineland, 1918–23," *Journal of Military History* 71 (2007): 1077– 1106. 男性兵士が得た異性とのセックスの権利について以下を参照。Beth Bailey and David Farber, *The First Strange Place: Race and Sex in World War II Hawaii* (Baltimore: Johns Hopkins University Press, 1992). 女性兵士に対する二重基準について以下を参照。Leisa D. Meyer, *Creating GI Jane: Sexuality and Power in the Women's Army Corps during World War I* (New York: Columbia University Press, 1996). Lt. Gen. Frederick Morgan quoted by Earl F. Ziemke, *The U.S. Army in the Occupation of Germany, 1944–1946* (Washington, DC: Center of Military History, U.S. Army, 1975), 98.
13. Oliver J. Frederiksen, *The American Military Occupation of Germany, 1945–1953* (Darmstadt, Germany: Historical Division, Headquarters, United States Army, Europe, 1953), 129; Hilldring quoted by Ziemke, *U.S. Army*, 97.
14. Eisenhower quoted by Ziemke, *U.S. Army*, 98; Goedde, *GIs and Germans*, 56–57.
15. 写真の検閲について以下を参照。George H. Roeder, *The Censored War: American Visual Experience during World War II* (New Haven, CT: Yale University Press, 1993), visual essay 3. Ryan Mungia, ed., *Protect Yourself: Venereal Disease Posters of World War II* (Los An- geles: Boyo Press, 2014).
16. ペイン・テンプルトンは、地元市長と握手を交わしたことを運転手から咎められたと記している。Payne Templeton, *A Complete Change of Life: Into World War II*, typescript memoir, n.d., box 1, Payne Templeton Papers, USAMHI. John Maginnis Diary, May 22, 1945, box 2, John J. Maginnis Papers, USAMHI.
17. Sidney Eisenberg to Silv, Ralph, Bob, and Hope, May 5, 1945, box 1, Sidney S. Eisenberg Papers, USAMHI.
18. Paul N. Haubenreich, Memories of Service in the Second Platoon, Company K, 407th Infantry, March 1944–Sept. 1945, typescript memoir, n.d., folder 20, box 7, WWII Collection, MS.2012, UTK; Jack to Mary Whitelaw, April 8, 1945, box 1, John L. Whitelaw Papers.
19. S.Sgt. Alfred Wesley Rogers to Norma Rogers, n.d., folder 10, box 21, Norma Rogers Selections from the Letters of S/Sgt Alfred Rogers, WWII Collection, MS.2112, UTK. 陸軍技師のジョン・カーツは、庭師の住居に引っ越した家主たちについて回顧している。John Junji Katsu, AFC 2001/001/89308, DVD oral history interview, VHP. 別のGIは、自分の宿舎の持ち主がボート小屋に住んでいたと回想している。Walter C. Krause, *So I Was a Sergeant: Memoirs of an Occupation Soldier* (Hicksville, NY: Exposition Press, 1978), 83–91.
20. James E. Thompson, letter dated July 22, 1945, in "*Dearest Folks*": *A Collection of Letters Written Home while in World War II Europe by James E.* "*Ed*" *Thompson with* "*Lots of Love,*" typescript memoir, n.d., folder 1, James E. Thompson Papers, USAMHI; John Wortham, *A Short Account of My Endeavors in World War II for My Daughters, Sue and Jan*, typescript memoir, July 1984, folder 3, box 20, WWII Collection, MS.2012, UTK.
21. 洗濯の問題について以下を参照。Franklin M. Davis, *Come as a Conqueror: The United States Army's Occupation of Germany, 1945–1949* (New York: Macmillan, 1967), 144. 手紙の検閲について以下を参照。Pfau, *Miss Yourlovin*, ch. 3. Clarence to Eve Davis, May 23, 1945, box 1, Clarence W. Davis Letters, DMR.
22. Leo Bogart to family, June 6, 1945, box 4, Leo Bogart Papers, DMR; Ivey to wife, May 26, 1945, folder 60, box 7, WWII Collection, MS.2012, UTK. ドイツ人女性と親交を結ぶGIに対してドイツの男が抱く怒りに関わる事象の方が、より広く議論されている。Perry Biddiscombe, "Dangerous Liaisons: The Anti-fraternization Movement in the U.S. Occupation Zones of Germany and Austria, 1945–1948," *Journal of Social History* 34 (2001): 611–647.
23. Maurice to Laya Kurtz, May 31, 1945, folder 4, box 1, Maurice Kurtz Papers, SHC.
24. Eddy to Charlie, May 21, 1945, and July 8, 1945, folder 17, box 2, Mina Curtiss Col- lection, SML.「カワイ子ちゃん」について以下を参照。Robert E. Daniels to wife and daughter, June 3, 1945, folder 6, box 1, Robert E. Daniels Papers, SHC.
25. Thompson, letter to dad, July 12, 1945, in "*Dearest Folks.*" ウィリアム・リースマンも同様のパターンについて書いているが、それは、ドイツからオーストリアへと兵士を追いかける〈移住民〉の「キャンプ・フォロワー」に関する話だった。William Leesemann, untitled memoir, n.d., folder 52, box 8, WWII Collection, MS.2012, UTK.
26. Felix to Dorothea Vann, May 21, 1945, Felix Vann Papers; Ziemke, *U.S. Army*, 324.
27. Felix to Dorothea Vann, July 1, 1945, Felix Vann Papers; Alan T. Sterling to sister Ruth, April 2, 1946, folder 3, box 1, Alan T. Sterling Papers, DMR.
28. 六〇ドルの罰金について以下を参照。Haubenreich, *Memories*; S.Sgt. Alfred Wesley Rogers to Norma Rogers, June 1945, folder 10, box 21, Norma Rogers Selections from the Letters of S/Sgt Alfred Rogers, WWII Collection, MS.2112, UTK; John Maginnis Diary, May 28, 1945, box 2, John J. Maginnis Papers; Clifton Lisle Diary, June 11, 1945, box 13, Clifton Lisle Papers, USAMHI.
29. Ziemke, *U.S. Army*, 325. 食事の列のコンドーム入りボウルについて、以下を参照。*The Memoirs of Gerald Freedman*, typescript memoir, July 26, 2014, edited by Jeffrey Winkelman (in author's possession). さらに同じテーマについて以下を参照。Edward C. Arn, *Arn's War: Memoirs of a World War II Infantryman, 1940–1946* (Akron, OH: University of Akron Press, 2006), 206.
30. "German Girls," *Life*, 36.
31. Ziemke, *U.S. Army*, 325. 非ナチ化の失敗について以下を参照。Goedde, *GIs and Germans*, 76. 社交を制限しようとした、ある将校の試みについて以下を参照。John Maginnis Diary, August 9, 1945, box 2, John J. Maginnis Papers. Clifton Lisle Diary, September 22, 1945, Clifton Lisle Papers.
32. S.Sgt. Alfred Wesley Rogers to Norma Rogers, n.d., folder 10, box 21, Norma Rogers Selections from the Letters of S/Sgt Alfred

45. Richardson, Random Recollections, 65. 本拠を動こうとしないマッカーサーについて、以下を参照。Dower, *Embracing Defeat*, 205. アイケルバーガーは、マッカーサーの引きこもりに対するコメントを日記の各所に書き、常日ごろ日本中を経めぐる自分と、無遠慮に対比している。Eichelberger Diary for 1945, 1946, 1947, box 1, Robert L. Eichelberger Papers.
46. Lt. Gen. Thomas E. Bourke interview with Maj. L. E. Tatem, 1973, USMC OHP; John W. Dower, *War without Mercy: Race and Power in the Pacific* (New York: Pantheon, 1986).『日本における我らの任務』について以下を参照。Dower, *Embracing Defeat*, 214–217.
47. Martha Wayman to Mother, October 21, 1945, box 2, Martha A. Wayman Papers, USAMHI. Vサインについて以下を参照。Randolph V. Seligman to Dearest All, October 10, 1945, Mary Jane Anderson Papers, USAMHI. 投げキスについて以下を参照。Lt. Gen. George F. Good Jr. interview with Benis Frank, 1974, USMC OHP.
48. Richardson, Random Recollections, 47.「ブルマー」については以下を参照。Byers to Precious Ones, October 2, 1945, box 30, Clovis E. Byers Papers.
49. Jean Smith, *General Mac's WACs*, part 3, Japan, 1946–49: Tokyo, from Fear to Friendship, typescript memoir, box 1, Jean Smith Papers, USAMHI.
50. Herbert Sparrow, October 14, 1945, in *Letters from Japan: First Month of Occupation (Osaka Area)* (McLean, VA: H. G. Sparrow, 1989), 30, copy in USAMHI.
51. Ibid., 33; Harold R. Isaacs, *No Peace for Asia* (New York: Macmillan, 1947), 10. ミニチュアのような寸法について以下を参照。Philip H. Hostetter, *Combat Doctor in the South Pacific or Red Beach to Mandog Hill*, typescript memoir, n.d., box 2, 24th Infantry Division, WWII Veterans' Collection, USAMHI; Charles Hunt to Family, October 1, 1945, folder 17, box 1, Charles D. Hunt Papers, IHS.
52. Sparrow, October 4, 1945, in *Letters from Japan*, 19; Lt. Gen. James Berkeley interview with Benis Frank, 1973, USMC OHP.
53. Sparrow, September 27, 1945, in *Letters from Japan*, 5.
54. Byers to My Precious Ones, September 11, 1945, box 30, Clovis E. Byers Papers.
55. Byers to My Precious Ones, October 2, 1945, box 30, Clovis E. Byers Papers.
56. Elliott Chaze, *The Stainless Steel Kimono* (New York: Permabooks, [1947] 1955), vii; Sy Kahn, diary entry for September 15, 1945, in *Between Tedium and Terror: A Soldier's World War II Diary, 1943–45* (Urbana: University of Illinois Press, 1993), 296. ヘンリー・ザイルストラも同じような調子で、「もし世論調査をしたら、日本にいるアメリカ人は、ほとんど例外なく日本人に好感を持ち、彼らに魅了されていることが判明するだろう」との予想を、一九四五年一〇月二七日付の日本からの手紙に書いている。Henry Zylstra, *Letters from Occupied Japan* (Orange City, IA: Middleburg, 1982), 64.
57. "The People: Their Nation Is Beaten but They Are Not Bowed," *Life*, September 10, 1945, 32.
58. 計画変更について以下を参照。Brig. Gen. Joseph L. Stewart interview with Benis Frank, 1973, USMC OHP. 波打ち際の行軍について以下を参照。Sparrow, September 27, 1945, in *Letters from Japan*, 6.
59. Dower, *Embracing Defeat*, 292–296; Naoko Shibusawa, America's Geisha Ally: Reimagining the Japanese Enemy (Cambridge, MA: Harvard University Press, 2006), 96–99.
60. Harry to Jinny McMasters, September 8, 1945, Harry L. McMasters Letters to His Wife.
61. Sparrow, October 14, 1945, in *Letters from Japan*, 30.

第4章　兵士と性

1. "Interpreters and Mistresses," *Time*, October 15, 1945, 30; Jack to Mary Whitelaw, October 20, 1945, box 1, John L. Whitelaw Papers, USAMHI.
2. John Hersey, "AMGOT at Work," *Life*, August 23, 1943, 31. モースの写真について以下を参照。Mary Louise Roberts, *What Soldiers Do: Sex and the American GI in World War II France* (Chicago: University of Chicago Press, 2013), 68–73.
3. Julian Bach, *America's Germany: An Account of the Occupation* (New York: Random House, 1946), 77; Maurice Neufeld Diary, May 23, 1943, box 1, Maurice F. Neufeld papers, LOC; Milton Bracker, "Venereal Disease Increases in Italy," *NYT*, April 19, 1944, p. 3.
4. Roberts, *What Soldiers Do*; Robert M. Hill and Elizabeth Craig Hill, *In the Wake of War: Memoirs of an Alabama Military Government Officer in World War II Italy* (Tuscaloosa: University of Alabama Press, 1982), 20. 連合国派遣軍最高司令部の反親交プロパガンダについて、以下を参照。Petra Goedde, *GIs and Germans: Culture, Gender, and Foreign Relations, 1945–1949* (New Haven, CT: Yale University Press, 2003), 71–72.
5. "The Germans Crumble in the West," *Life*, March 19, 1945, 29.
6. "German Girls: U.S. Army Boycott Fails to Stop GIs from Fraternizing with Them," *Life*, July 23, 1945, 35.『星条旗新聞』の写真について以下を参照。Ann Elizabeth Pfau, *Miss Yourlovin: GIs, Gender, and Domesticity during World War II* (New York: Columbia University Press, 2008), http://www.gutenberg-e.org/pfau/detail/Bad531301.html.
7. "International: Leave Your Helmet On," *Time*, July 2, 1945, 25. この文章に対する批評として以下を参照。Susanne zur Nieden, "Erotic Fraternization: The Legend of German Women's Quick Surrender," in *Home/Front: The Military, War and Gender in Twentieth Century Germany*, ed. Karen Hagemann and Stefanie Schüler-Springorum (Oxford: Berg, 2002), 297–310.
8. Percy Knauth, "Fraternization: The Word Takes on a Brand-New Meaning in Germany," *Life*, July 2, 1945, 26.
9. Edward P. Morgan, "Heels among the Heroes," Collier's, October 19, 1946, 17.
10. Felix to Dorothea Vann, July 1, 1945, Felix Vann Papers, NJHS. MacArthur's letter quoted by John La Cerda, *The Conqueror Comes to Tea* (New Brunswick, NJ: Rutgers University Press, 1946), 53; Bach, America's Germany, 71.

box 6, James Thomas Watkins Papers, HIA.

18. "MG Headquarters, Morgan MS.," box 4, James Thomas Watkins Papers; note on "Training" (LaMotte), box 20, James Thomas Watkins Papers.
19. Lt. Richard Rendleman to Mother, September 29, 1945, folder 2, box 1, Richard James Rendleman Papers, SHC.
20. Rendleman to Mother, October 23, 1945, folder 2, box 1, Richard James Rendleman Papers.
21. Watkins letter IV, June 13, 1945, letter XI, August 19, 1945, and letter XII, August 29, 1945, box 22, James Thomas Watkins Papers.
22. 「グーク」について以下を参照。James T. Watkins, Reports on Morale, box 20, James Thomas Watkins Papers; on Crist, see "MG Headquarters, Morgan MS.," box 4, James Thomas Watkins Papers.
23. Brig. Gen. Crist to Maj. Gen. John Hilldring, May 1945, box 10, James Thomas Watkins Papers. 元海軍情報将校が書いた沖縄の荒廃に関する詳細な記述として、以下を参照。Daniel D. Karasik, "Okinawa: A Problem in Administration and Reconstruction," Far Eastern Quarterly 7 (1948): 254–267. 自決のありさまと数について以下を参照。Danielle Glassmeyer, "'The Wisdom of Gracious Acceptance': Okinawa, Mass Suicide, and the Cultural Work of Teahouse of the August Moon," *Soundings: An Interdisciplinary Journal* 96 (2013): 398–430.
24. Ben R. *Games, The Guardian Angel: Class 43K*; *One Member's Autobiography*, typescript memoir, p. 57, box 2, Ben Games Papers, USAMHI; Pfc. John W. Taussig (USMC) to Dearest Folks, April 29, 1945, folder 34, box 3, Mina Curtiss Collection, SML. 腐りゆく死体について以下を参照。"Odyssey of Robert Malcolm Titus."
25. Lt. John C. Dorfman, AFC/2001/001/64154, video recording, VHP.
26. Fisch, *Military Government*, 44–60; Lt. C. C. Ford (USNR), to Crist, MG HQ Is[land]Com[mand], "Military Government Operations in Northern Okinawa from 21 April to 28 May 1945," box 10, James Thomas Watkins Papers; on magic wands, see LaMotte, MS entry for April 17, 1945, box 20, James Thomas Watkins Papers.
27. Paul to Margaret Skuse, June 19, 1945, and June 23, 1945, box 23, James Thomas Watkins Papers.
28. Paul to Margaret Skuse, June 24, 1945, box 23, James Thomas Watkins Papers.
29. Ibid.
30. MG HQ IsCom, "History of MG Operations on Okinawa, 1 May–31 May 1945," June 10, 1945, box 3, James Thomas Watkins Papers.
31. Paul to Margaret Skuse, June 28, 1945, and July 16, 1945, box 23, James Thomas Watkins Papers.
32. MG HQ IsCom, "History of MG Operations on Okinawa, 1 May–31 May 1945."
33. 那覇の破壊について以下を参照。Ford to MG HQ IsCom, "Military Government Operations in Northern Okinawa from 21 April to 28 May 1945." Letter from M.Sgt. John C. Plock to Cpl. Harold Kahlert, September 11, 1945, Harald P. Kahlert Papers. 移動中の死について以下を参照。MG HQ IsCom, "Incident Involving Civilians at c-13 on 22 June, 1945," memo, June 25, 1945, box 8, James Thomas Watkins Papers.
34. MG HQ IsCom, "History of MG Operations on Okinawa, 1 May–31 May 1945."「顔面美容整形」について以下を参照。Paul Steiner to William Schwartz, December 11, 1947, box 3, James Thomas Watkins Papers. 家屋の九五%が損傷もしくは破壊されたとする軍の推計について、シュタイナーは「控えめに過ぎる」と見ていた。失われた文明について以下を参照。Thorlaksson quoted in Watkins Diary, July 1, 1945, box 22, James Thomas Watkins Papers.
35. MG HQ IsCom, "Burning of Native Dwellings" and "Demolition of Tombs and Similar Monuments," May 1945, box 3, James Thomas Watkins Papers. 道路拡幅工事について以下を参照。"Notes by Caldwell concerning Planning at Army Level for ICEBERG," n.d., box 4, James Thomas Watkins Papers. 楚辺について以下を参照。Karasik, "Okinawa," 259.
36. "Okinawa Now," *Saturday Evening Post*, November 17, 1945, 26–27.
37. Watkins Diary, December 31, 1945, box 22, James Thomas Watkins Papers; Crist to Hilldring, May 1945, box 10, James Thomas Watkins Papers; "MG Headquarters, Morgan MS.," box 4, James Thomas Watkins Papers; Watkins Diary, January 13, 1946, box 22, James Thomas Watkins Papers. 日本人の遺体も、ある種の土産物漁りの格好の獲物と見なされていた。"Odyssey of Robert Malcolm Titus." ミュージアム収蔵品の強奪の速さについて以下を参照。Watkins Diary, January 13, 1946, box 22, James Thomas Watkins Papers.
38. Army Service Command I, MG HQ Okinawa, Circular No. 159, "Attacks upon Civilians by Military Personnel," August 6, 1945, box 6, James Thomas Watkins Papers; Donald W. Titus to William Titus, June 2, 1945, box 5, William A. Titus Papers; Paul to Margaret Skuse, August 22, 1945, box 23, James Thomas Watkins Papers; Watkins letter X, August 11, 1945, box 22, James Thomas Watkins Papers; Lt. Jack Ahearn to Aunt Florrie, September 23, 1945, box 3, Gaffney-Ahearn Family Correspondence, NYPL.
39. William L. Worden, "These Japs Took to Conquest," *Saturday Evening Post*, June 9, 1945, 24; Villegas quoted by Arthur Vesey, "Okinawa Gives Yanks Taste of Jap Occupation," *CDT*, August 27, 1945, 5; Eichelberger Diary, August 19, 1945, box 1, Robert L. Eichelberger Papers.
40. Walter Lee Diary, August 27, 1945, folder 33, box 12, WWII Collection, MS.1764, UTK. ATISの隊員向けに出された同様の警告について以下を参照。Donald Richardson, *Random Recollections*, typescript memoir, 1991, p. 69, MS.2653, Donald Richardson World War II Memoir, UTK.
41. A. E. Schanze, *This Was the Army*, typescript memoir, n.d., A. E. Schanze Papers, USAMHI; Byers to My Precious Ones, August 31, 1945, box 30, Clovis E. Byers Papers.
42. "MacArthur Arrives," *Life*, September 19, 1945, 30; Byers to My Precious Ones, August 31, 1945, box 30, Clovis E. Byers Papers.
43. Cpl. Marvin O. Reichman to Mom, October 25, 1945, box 2, 24th Infantry Division, WWII Veterans' Collection, USAMHI. 以下も参照。Chuck Wilhelm to Mother, November 18, 1945, Wilhelm Family Letters, WHS.
44. Harry to Jinny McMasters, September 10, 1945, Harry L. McMasters Letters to His Wife.

dated May 14, 1945, Donald R. Sheldon Papers, HIA.
46. 兵士が感情統御の方法として、日記を用いたことについて、以下を参照。Aaron William Moore, *Writing War: Soldiers Record the Japanese Empire* (Cambridge, MA: Harvard University Press, 2013). See also Jochen Hellbeck, "'The Diaries of Fritzes and the Letters of Gretchens': Personal Writings from the German-Soviet War and Their Readers," *Kritika: Explorations in Russian and Eurasian History* 10 (2009): 571–606. Bogart letter to family, April 7, 1945, box 4, Leo Bogart Papers.
47. Maurice to Laya Kurtz, May 3, 1945, folder 4, box 1, Maurice Kurtz Papers.
48. Anders to mother, July 16, 1945, box 1, Winfred Hanns Anders Papers.
49. Maurice to Laya Kurtz, June 11, 1945, folder 4, box 1, Maurice Kurtz Papers.
50. Atkinson, *Guns at Last Light*, 623–626. ベルリン陥落にまつわる強い感情について以下を参照。Frank Costigliola, *Roosevelt's Lost Alliances: How Personal Politics Helped Start the Cold War* (Princeton, NJ: Princeton University Press, 2012), especially ch. 10.
51. John Maginnis Diary, June 23, 1945, box 2, John J. Maginnis Papers.
52. John Maginnis Diary, July 1, 1945, box 2, John J. Maginnis Papers.
53. Frank Howley, Personal Diary, June 1944–July 1946, vol. 1, pp. 78, 139, box 2, Frank L. Howley Papers, USAMHI.
54. Edward Laughlin, *World War II Memoirs: A Paratrooper's Journey, typescript memoir*, 1999, Edward Laughlin Memoir, WWII Collection, MS.2669, UTK; Clifton Lisle Diary, August 3, 1945, box 13, Clifton Lisle Papers.

第3章　アジアでの勝利を演出する

1. Nicholas Pope Diary, "My Stay in Japan," September 2, 1945, Nicholas Pope Collection, USAMHI.
2. *Eighth U.S. Army in Japan, 30 August 1945–1 May 1946* (Tokyo: Eighth U.S. Army Printing Plant, Boonjudo Printing Works, 1946), 2.
3. Allan S. Clifton, *Time of Fallen Blossoms* (New York: Alfred A. Knopf, 1951), vii; Robert L. Eichelberger, *Our Jungle Road to Tokyo* (New York: Viking, 1950), 262.
4. MacArthur quoted in "U.S. Occupies Japan," *Life*, September 10, 1945, 29. アイケルバーガーは、マッカーサーが、「皇居か、さもなければ帝国ホテルに住みたい」と希望したことを記録している。Eichelberger Diary, August 15, 1945, box 1, Robert L. Eichelberger Papers, DMR. Eichelberger, *Jungle Road*, 264.
5. William Manchester, *American Caesar: Douglas MacArthur, 1880–1964* (New York: Back Bay Books, 2008), 451; John W. Dower, *Embracing Defeat: Japan in the Wake of World War II* (New York: W. W. Norton, 1999), 41; Clovis Byers to My Precious Ones, September 2, 1945, box 30, Clovis E. Byers Papers, HIA.
6. Dower, *Embracing Defeat*, 41.
7. Kase ("penitent schoolboys") quoted by Manchester, *American Caesar*, 451. Dower, *Embracing Defeat*, 41; Eichelberger Diary, August 20, 1945, box 1, Robert L. Eichelberger Papers. ここで試みられた男性身体の象徴的な配置が、のちになってニュルンベルク裁判の被告の守衛にアフリカ系アメリカ人を割り当てるという結果をもたらした。Werner Sollors, *The Temptation of Despair: Tales of the 1940s* (Cambridge, MA: Belknap Press of Harvard University Press, 2014), 187.
8. MacArthur quoted in Manchester, *American Caesar*, 444. Russell Brines, *MacArthur's Japan* (Philadelphia: J. B. Lippincott, 1948), 54; Eichelberger Diary, September 2, 1945, box 1, Robert L. Eichelberger Papers; Byers to Precious Ones, September 2, 1945, box 30, Clovis E. Byers Papers.
9. Byers to My Darlings, September 1, 1945, box 30, Clovis E. Byers Papers.
10. Byers to My Darlings, September 1, 1945, and September 2, 1945, box 30, Clovis E. Byers Papers.
11. 記念カードの写真は以下で閲覧。Callie Oettinger, "September 2, 1945: Formal Surrender of Japan in Images," The History Reader, September 2, 2011, http://www.thehistoryreader.com/modern-history/september-2-1945-formal-surrender-japan-images/.
12. Eichelberger, *Jungle Road*, 264; Eichelberger Diary, September 2, 1945, box1, Robert L. Eichelberger Papers.
13. M.Sgt. John C. Plock to Cpl. Harold Kahlert, September 11, 1945, Harald P. Kahlert Papers, WVM. 厚木に降り立つなりマッカーサーが発した言葉は、表向きアイケルバーガーに向けられていたものの、実際には、広く報道されるように劇的な演出を施され、よく聞こえるように大声で発せられていた。Eichelberger, *Jungle Road*, 262; "MacArthur Arrives," *Life*, September 19, 1945, 30. Harry to Jinny McMasters, September 15, 1945, Harry L. McMasters Letters to His Wife, HIA.
14. 報道に対する検閲について以下を参照。Eiji Takemae, *Inside GHQ: The Allied Occupation of Japan and Its Legacy* (New York: Continuum, 2002), 67. "MacArthur Outlines Policy for Japan; Will Let Regime Carry Out Orders, with Troops Ready to Act if Needed," *NYT*, September 10, 1945, 1; Don Caswell, "Don't Display Underwear, or Bare Toes, Girls Told," *Atlanta Constitution*, September 18, 1945, 18.
15. John Curtis Perry, *Beneath the Eagle's Wings: Americans in Occupied Japan* (New York: Dodd, Mead, 1980), xiii; Lee Kennett, *GI: The American Soldier in World War II* (New York: Scribner, 1987), 222.
16. 侵攻計画と死傷者数の推計について以下を参照。Nicholas Evan Sarantakes, *Keystone: The American Occupation of Okinawa and U.S.-Japanese Relations* (College Station: Texas A&M University Press, 2000), 3. Clellan S. Ford, "Occupation Experiences on Okinawa," *Annals of the American Academy of Political and Social Science* 267 (1950): 175–182. 死傷者については以下を参照。Arnold G. Fisch, *Military Government in the Ryukyu Islands, 1945–1950* (Washington, DC: Center of Military History, United States Army, 1988), 42.
17. 無差別射撃については以下を参照。"Odyssey of Robert Malcolm Titus," August 26, 1945, box 5, William A. Titus Papers, UWO. Draft paper, "About the Okinawans," 24th Corps HQ, April 20, 1945, folder "Fraternization and Relations with Civilians,"

ル近郊にあるナッツヴァイラーであった。以下を参照。Robert Abzug, *Inside the Vicious Heart: Americans and the Liberation of Nazi Concentration Camps* (New York: Oxford University Press, 1985); Dan Stone, *The Liberation of the Camps: The End of the Holocaust and Its Aftermath* (New Haven, CT: Yale University Press, 2015).

23. George Patton Diary, April 12, 1945, folder 11, box 3, George S. Patton Papers; Philip Broadhead Papers, inscription on reverse of loose photograph, folder 21, box 3, WWII Collection, MS.2012, UTK. 合衆国軍兵士がダッハウのSS看守を「冷酷に」殺した事件を、陸軍軍医デヴィッド・ウィルビー大尉の手紙に基づき報じた近年の記事として、以下を参照。Steve Friess, "A Liberator but Never Free," *New Republic*, May 17, 2005, http://www.newrepublic.com/article/121779/liberator-never-free.
24. Clifton Lisle Diary, May 10, 1945, box 13, Clifton Lisle Papers; letter from M.Sgt. Joseph Jamison to Evelyna Marable, April 25, 1945, folder 2, box 2, Lawrence D. Reddick WWII Project; Julian Hayes to sister, April 22, 1945, folder 14, box 1, Julian Mixon Hayes Papers, SHC.
25. Letter from M.Sgt. Joseph Jamison to Evelyna Marable, April 25, 1945, folder 2, box 2, Lawrence D. Reddick WWII Project.
26. こうした傍観者と被害者の対峙について、以下を参照。Barbie Zelizer, *Remembering to Forget: Holocaust Memory through the Camera's Eye* (Chicago: University of Chicago Press, 1998); Barnouw, Germany 1945, ch. 1.
27. Susan L. Carruthers, "Compulsory Viewing: Concentration Camp Film and German Re-education," *Millennium: Journal of International Studies* 30 (2001): 733–759; Leonard Linton, Kilroy Was Here, typescript memoir, 1997, p. 75, box 1, Leonard Linton Papers, USAMHI.
28. John Maginnis Diary, April 29, 1945, box 2, John J. Maginnis Papers, USAMHI. 編集されたヴァージョンは以下を参照。John J. Maginnis, with Robert A. Hart, *Military Government Journal: Normandy to Berlin* (Amherst: University of Massachusetts Press, 1971), 245.
29. Templeton, *Complete Change of Life*, 87; Bogart letter to family, April 14, 1945, box 4, Leo Bogart Papers.
30. Milo Flaten to Mom and Pop, May 18, 1945, folder 9, box 1, MS 1701, Milo Flaten Papers, WVM.
31. S.Sgt. Alfred Wesley Rogers to Norma Rogers, May 3, 1945, folder 10, box 21, Norma Rogers Selections from the Letters of S/Sgt Alfred Rogers, WWII Collection, MS.2112; Albert to Leanore Hutler, June 23, 1945, Albert Hutler Letters.
32. Dan Self to Mrs. Blocker, April 24, 1945, folder 25, box 17, WWII Collection, MS.1764, UTK; Paul N. Haubenreich, *Memories of Service in the Second Platoon, Company K, 407th Infantry, March 1944–Sept. 1945*, typescript memoir, n.d., ch. 10, folder 20, box 7, WWII Collection, MS.2012, UTK.
33. Jack to Mary Whitelaw, May 16, 1945, box 1, John L. Whitelaw Papers, USAMHI; Clifton Lisle Diary, June 5, 1945, box 13, Clifton Lisle Papers.
34. Bogart letter to family, April 7, 1945, box 4, Leo Bogart Papers.
35. Victor J. Fox to Mom and all, March 1945, folder 44, box 6, WWII Collection, MS.2012; Aubrey Ivey to wife, May 4, 1945, folder 60, box 7, WWII Collection, MS.2012.
36. ジャック・R・デヴィットは、「リビングに十字架が置いてあるが、本棚には『我が闘争』が置いてある」との、陸軍従軍司祭の言葉を引用している。Jack R. DeWitt Soldier Memories, typescript memoir, 1982, p. 123, box 1, Jack R. DeWitt Papers, VWM; Jack to Mary Whitelaw, May 30, 1945, box 1, John L. Whitelaw Papers.
37. Army Information Branch, *Pocket Guide*, 1; John D. Winner to Mother, Betty Jeanne and Menna, May 14, 1945, folder 21, box 1, John D. Winner Papers; Atkinson, *Guns at Last Light*, 544–545; Seth A. Givens, "Liberating the Germans: The US Army and Looting in Germany during the Second World War," *War in History* 21 (2013): 33–54. 十字架の略奪について以下を参照。Ziemke, U.S. Army, 147.
38. Marion Davy, untitled memoir, n.d., ch. 11, p. 8, Marion Davy Papers, USAMHI; Henry to Louisa Baust, April 29, 1945, folder "Letters January–April 1945," box 2, Henry Baust, Jr. Papers, USAMHI; Milo Flaten to Mom and Pop, April 14, 1945, folder 8, box 1, Milo G. Flaten Papers.
39. Alexander Gordeuk, oral history interview, April 1, 1996, by G. Kurt Piehler and Richard J. Fox, ROHA. ロバート・ローウェンシュタインは、「ヒトラーの切手」の盗難について論じている。Robert Lowenstein, oral history interview, June 3, 1999, by Lynn Marley and Shaun Illingworth, ROHA. William G. Van Allen mentions an officer swiping a major stamp collection; William G. Van Allen, oral history interview, May 10, 1996, by G. Kurt Piehler and Sandra Holyoak, ROHA. Sidney Eisenberg to Silv, Ralph, and Hope, October 3, 1945, and Eisenberg to folks, November 11, 1945, box 1, Sidney S. Eisenberg Papers; Samuel to Jake [Jack] Rosenfeld, n.d. [circa April] 1945, folder 125, box 4, Jack Rosenfeld Papers, KCSC.
40. William H. Puntenney, *For the Duration: An Autobiography of the Years of Military Service of a Citizen Soldier during World War II, June 6, 1941–Dec. 21, 1945*, typescript memoir, n.d., p. 128, William H. Puntenney Papers, USAMHI; Templeton, *Complete Change of Life*, 82; Henry Wales, "Yanks' Looting in Reich Called Major Problem," *CDT*, May 14, 1945, 4; Victor M. Wingate, "GI's Mailing Germany Home to Their Folks," *Baltimore Sun*, June 10, 1945, A3.
41. Reddick interview with Roi Ottley, 1946, folder 11, box 1, Lawrence D. Reddick WWII Project.
42. Clifton Lisle Diary, June 16, 1945, box 13, Clifton Lisle Papers; Linton, Kilroy Was Here, 79.
43. "German Civilians Turn to Looting Their Supply Depots," *NYT*, April 10, 1945, 10; Seymour Freidin, "Hannover Looted by Citizens; Volkssturm and Police Join In," *New York Herald Tribune*, April 12, 1945, 1A; Dorothy Thompson, "Revise Occupation Policies," *Atlanta Constitution*, June 8, 1945, 11; Templeton, Complete Change of *Life*, 75.
44. Bogart letter to family, April 7, 1945, box 4, Leo Bogart Papers; Marion Davy, memoir, ch. 11, pp. 9–10, Marion Davy Papers.
45. Kenneth Clouse, *Precious Friends and Vanishing Sights: The Memoirs of Kenneth Lamar Clouse*, typescript memoir, p. 18, Kenneth L. Clouse Papers, USAMHI; Leon C. Standifer, *Binding Up the Wounds: An American Soldier in Occupied Germany, 1945–1946* (Baton Rouge: Louisiana State University Press, 1997), 11; Donald Sheldon, untitled typescript memoir, enclosing excerpt from letter home

ment of Germany," April 1945 (hereafter cited as JCS 1067), reprinted in Carl J. Friedrich et al., *American Experiences in Military Government in World War II* (New York: Rinehart, 1948), 381–402. 合衆国の対ドイツ政策について以下を参照。 Merle Fainsod, "The Development of American *Military Government* Policy during World War II," in Friedrich, *American Experiences in Military Government*, 23–51; Melissa Willard-Foster, "Planning the Peace and Enforcing the Surrender: Deterrence in the Allied Occupations of Germany and Japan," *Journal of Interdisciplinary History* 40 (2009): 33–56. ヤルタ合意の文面について以下を参照。"The Yalta Conference," Lillian Goldman Law Library website, 2008, http://avalon.law.yale.edu/wwii/yalta.asp.

5. JCS 1067, 385. マーガレット・ミード、タルコット・パーソンズ、エーリッヒ・フロムが参加した「戦後のドイツ」に関する座談会では、「ドイツ人は戦争が他国に与えた被害に対する責任を回避しようとし、自らの苦境を他人のせいにして、非難するだろう」と論じられている。*Journal of Orthopsychiatry* 15 (1945): 405. ドイツ人の再教育について以下を参照。 James F. Tent, *Mission on the Rhine: Re-education and Denazification in American-Occupied Germany* (Chicago: University of Chicago Press, 1996); Richard Merritt, *Democracy Imposed: U.S. Occupation Policy and the German Public, 1945–1949* (New Haven, CT: Yale University Press, 1995); Nicholas Pronay and Keith Wilson, eds., *The Political Re-education of Germany and Her Allies after World War II* (London: Croom Helm, 1985).
6. Your Job in Germany, directed by Frank Capra (U.S. Army Signal Corps, 1945); Donald E. Pease, "Dr. Seuss in Ted Geisel's Never-Never Land," *MLA Notes* 126 (January 2011): 197–202.
7. Army Information Branch, United States Army, *Pocket Guide to Germany* (Washington, DC: Government Printing Office, 1944), 2, 3, 16, 17. より包括的な議論として以下を参照。 Petra Goedde, *GIs and Germans: Culture, Gender, and Foreign Relations, 1945–1949* (New Haven, CT: Yale University Press, 2003), 46–51.
8. Fritz, *Endkampf*, 1–22; Perry Biddiscombe, *Werwolf! The History of the National Socialist Guerrilla Movement, 1944–1946* (Toronto: University of Toronto Press, 1998).
9. Ferdinand A. Hermens, "The Danger of Stereotypes in Viewing Germany," *Public Opinion Quarterly* 9 (Winter 1945–1946): 420.
10. "Friedl" Anders to Anna Josephine ("Mummel") Anders, April 4, 1945, box 1, Winfred Hanns Anders Papers, USAMHI. 「我々は征服者としてやってきたが、抑圧者としてやってきたわけではない」という、瞬く間に有名になったフレーズは、敗戦後のドイツに対する、アイゼンハワーの最初の声明文に登場する。そこでの言葉遣いと翻訳に関する問題が以下で論じられている。 Earl F. Ziemke, *The U.S. Army in the Occupation of Germany, 1944–1946* (Washington, DC: Center of Military History, U.S. Army, 1975), 88–89.
11. Julian Hayes to folks, March 11, 1945, folder 14, box 1, Julian Mixon Hayes Papers, SHC.
12. World War II soldier to his mom, July 13, 1945, MS.2659, UTK; Maurice to Laya Kurtz, April 9, 1945, folder 3, box 1, Maurice Kurtz Papers, SHC.
13. Maurice to Laya Kurtz, April 9, 1945, folder 3, box 1, Maurice Kurtz Papers; Bogart to family, March 1945, in Leo Bogart, *How I Earned the Ruptured Duck: From Brooklyn to Berchtesgaden in World War II* (College Station: Texas A&M Press, 2004), 89; Clarence to Eve Davis, April 18, 1945, box 1, Clarence W. Davis Letters, DMR.
14. Ziemke, U.S. *Army, 226*; Albert to Leanore Hutler, April 7, 1945, RG-19.028*01, Albert Hutler Letters, USHMM; Bogart letter, April 1945, Ruptured Duck, 98; Clarence to Eve Davis, April 27, 1945, box 1, Clarence W. Davis Letters. 丸見えのトイレについて以下を参照。 Pfc. Lewis W. Hollingsworth, AFC 2001/001/06057, Memoir, VHP. 敗戦の美的側面について以下を参照。 Stefan-Ludwig Hoffmann, "Gazing at Ruins: German Defeat as Visual Experience," *Journal of Modern European History* 3 (2011): 328–350; Dagmar Barnouw, *Germany 1945: Views of War and Violence* (Bloomington: University of Indiana Press, 1996), 88–135; Werner Sollors, *The Temptation of Despair: Tales of the 1940s* (Cambridge, MA: Belknap Press of Harvard University Press, 2014), ch. 3.
15. 「瓦礫の女たち Trümmerfrauen」は、ドイツ人にとって、敗戦イメージのレパートリーの一つとなった。 Elizabeth Heineman, "The Hour of the Woman: Memories of Germany's 'Crisis Years' and West German National Identity," *AHR* 101 (1996): 354–395. これらの女性に対してドイツと連合国が示した、より複雑な初期の反応について以下を参照。 Atina Grossmann, *Jews, Germans and Allies: Close Encounters in Occupied Germany* (Princeton, NJ: Princeton University Press, 2007), 82–83. John Winner to Mother, Betty Jeanne, and Mema, July 4, 1945, folder 23, box 1, John D. Winner Papers, WVM; Clifton Lisle Diary, July 30, 1945, box 13, Clifton Lisle Papers, USAMHI.
16. Maurice to Laya Kurtz, May 2, 1945, folder 4, box 1, Maurice Kurtz Papers; Bogart letters, May (n.d.) and June 6, 1945, *Ruptured Duck*, 124, 125; Eisenberg to family, May 11, 1945, box 1, Sidney S. Eisenberg Papers, USAMHI; Donald Sheldon, untitled typescript memoir, extract from letter dated May 25, 1945, p. 29, box 1, Donald R. Sheldon Papers, HIA; S.Sgt. Alfred Rogers to Norma Rogers, April 15, 1945, folder 10, box 21, Norma Rogers Selections from the Letters of S/Sgt Alfred Rogers, WWII Collection, MS.2112, UTK.
17. Bogart letter to family, April 7, 1945, box 4, Leo Bogart Papers, DMR.
18. Reddick interview with Capt. Leonard Taylor, January 22, 1946, folder 12, box 1, Lawrence D. Reddick WWII Project, SCM 98-19 MG 490, SCRBC.
19. Bogart letter to family, April 7, 1945, box 4, Leo Bogart Papers.
20. Major General J. Milnor Roberts, USAWC/USAMHI Senior Officer Oral History Program, Project 83-A, 1982, USAMHI; C. Harrison Hill, oral history interview, November 29, 1995, by G. Kurt Piehler and David Tsang Hou, ROHA, http://oralhistory.rutgers.edu/interviewees/30-interview-html-text/530-hill-c-harrison.
21. Paul Mitchell, *After the Guns Have Quietened on the Western Front*, typescript memoir, in Sam Thomas, Diary Excerpts, folder 17, box 18, WWII Collection, MS.1764, UTK.
22. 一九四五年四月というのは、合衆国軍の通り道に当たるオーアドルフ、ノルトハウゼン、ダッハウ、ブーヘンヴァルト、その他の収容所が解放された日である。アメリカ兵が一九四四年一二月に最初に遭遇したドイツの収容所は、独仏国境付近のストラスブー

46. Poletti, manuscript chapter, "To Palermo," folder "AMG General File January–November 1943," box 17, Charles Poletti Papers. 彼は『アメリカン・マガジン』にも以下の記事を寄稿している。"Scrubbing Up after the Dictator," November 1944. Deane Keller, "American Impressions of Italians and Italian Customs," lecture, Yale University CATS, September 1943, p. 2, in Office of the Provost Marshal General, *History of Military Government Training*, vol. 3.
47. Maurice to Hinda, November 15, 1943, folder 6, box 5, Maurice F. Neufeld Papers; Hinda to Maurice, March 7, 1944, folder 7, box 5, Maurice F. Neufeld Papers.
48. Philip Broadhead to Mary Broadhead, December 23, 1943, folder 23, box 3, MS.2012, World War II Collection, UTK; Fleming, *The Last "Good" War*, folio 8, p. 7, box 1, Dean S. Fleming Papers; Lt. Col. Poletti, Civil Affairs Report, HQ Seventh Army, July 15, 1943, folder "AMG General File, January–November, 1943," box 17, Charles Poletti Papers.
49. Hersey, *A Bell for Adano*, 148, 115–120; Toscani Notebook, box 27, John Hersey Papers; reports of AMGOT divisions up to November 1, 1943, folder "Part III," box 23, Frank J. McSherry Papers, USAMHI; Maurice Neufeld Diary, July 22, 1943, folder 1, box 1, Maurice F. Neufeld Papers; Thomas H. Barber, "Experiences in Military Government," February 16, 1943, box 1, Records of the SMG, ASSSCL.
50. "Panorama of Sicily" (1944), Excerpts from Charlie's Letters, folder 1, box 1, Maurice F. Neufeld Papers.
51. SHAEF, *Civil Affairs Public Safety Manual of Procedures in Liberated Territories* (n.p., 1944), 7; AMGOT Proclamations for Sicily, box 16, Frank J. McSherry Papers; petition "To the *Civil Affairs* Officer Marsala," enclosed with Maurice's V-mail to Hinda, January 31, 1944, folder 7, box 5, Maurice F. Neufeld Papers.
52. Maurice Neufeld Diary, July 22, 1943, folder 1, box 1, Maurice F. Neufeld Papers; MacLean, *Adventures in Occupied Areas*, 91.
53. Alan Moorehead, *Eclipse* (New York: Coward-McCann, 1945), 62; Toscani Notebook, box 27, John Hersey Papers; Poletti, *Civil Affairs* Report, HQ Seventh Army, July 15, 1943, folder "AMG General File, January–November, 1943," box 17, Charles Poletti Papers. このほか、以下も参照。Charles Poletti, "Bread, Spaghetti, but No Fascisti," *NYT Magazine*, July 16, 1944, SM8.
54. Poletti Notebook, July 17, 1943, folder "AMG General File, January–November, 1943," box 17, Charles Poletti Papers; Poletti, *Civil Affairs* Report, HQ Seventh Army, July 15, 1943, folder "AMG General File, January–November, 1943," box 17, Charles Poletti Papers; MacLean, *Adventures in Occupied Areas*, 91; Henry M. Adams, "Allied *Military Government* in Sicily, 1943," *Military Affairs* 15 (1951): 163.
55. Poletti to John McCloy, September 27, 1943, box 17, Charles Poletti Papers. 占領地連合国軍政府の略称〔AMGOT〕に対する、この読み替えについて以下を参照。 Robert M. Hill and Elizabeth Craig Hill, *In the Wake of War: Memoirs of an Alabama Military Government Officer in World War II Italy* (Tuscaloosa: University of Alabama Press, 1982), 17.
56. Leon T. David, "Italy: Special Service Section," October 26, 1943, box 1, Leon T. David Papers, USAMHI; Maurice Neufeld Diary, January 6, 1944, folder 1, box 1, Maurice F. Neufeld Papers.
57. "Mr. Poletti and the AMGOT," *CDT*, July 25, 1943, 14; Poletti to Milton Diamond, August 30, 1944, box 18, Charles Poletti Papers. 他のコラムニスト、とりわけハーバート・マシューズが好意的だった。Royall notebook, folder "Notes on ACC and Military Government," box 21, Kenneth C. Royall Papers, SHC.
53. War Department, memo for chief, Analysis Branch, "Press Views on Allied *Military Government* in Operation," August 9, 1943, box 17, Charles Poletti Papers. 一般的な思い込みに反して、多くの二世は完全なバイリンガルではなかった。これは、移民に対するアメリカの同化圧力が非常に強かったためである。Takashi Fujitani, *Race for Empire: Koreans as Japanese and Japanese as Americans during World War II* (Berkeley: University of California Press, 2011).
59. Maurice F. Neufeld, "The Failure of AMG in Italy," *Public Administration Review* 6 (1946): 137–148.
60. Hersey, *A Bell for Adano*, 14; Anthony Muto to Allyn Butterfield, February 24, 1944, RG 107, Records of the Office of the Secretary of War, Bureau of Public Relations, Correspondence relating to Motion Pictures with Military Themes, Motion Picture Scripts, 1942–1946, box 8, NARA; Neufeld, "Failure of AMG," 137. 同様に、ヘンリー・アダムズも、クレアの訓練生たちが詳細な計画プロセスを無視し、「自らの世間知と生来の能力があれば……十分任務を果たせると考えていた」と不平を洩らしている。Henry Adams, "Allied *Military Government* in Sicily," 158.
61. David W. Ellwood, *Italy 1943–1945* (Leicester: Leicester University Press, 1985), 2; Max Ascoli, "Italy, an Experiment in Reconstruction," *Annals of the American Academy of Political and Social Science* 234 (1944): 37; Callender, "AMGOT Taking Over," E5.
62. Colonel Jesse Miller quoted in "Rotary Hears of Occupation Technique," *WP*, August 12, 1943, B8. "Army authorities" quoted by Callender, "Occupation Duties Taught," 42.

第2章　征服の日々

1. George Patton Diary, March 24, 1945, folder 11, box 3, George S. Patton papers, LOC. ブラッドレイへの電話について以下を参照。Rick Atkinson, *The Guns at Last Light: The War in Western Europe, 1944–1945* (New York: Henry Holt, 2013), 558.
2. ドイツ征服について以下を参照。Atkinson, *Guns at Last Light*; Stephen G. Fritz, *Endkampf: Soldiers, Civilians, and the Death of the Third Reich* (Lexington: University Press of Kentucky, 2004); Peter Schrijvers, *The Crash of Ruin: American Combat Soldiers in Europe during World War II* (New York: New York University Press, 1998).
3. Payne Templeton, *A Complete Change of Life: Into World War II*, typescript memoir, n.d., p. 80, box 1, Payne Templeton Papers, USAMHI.
4. "Occupation: Germany; Directive to Commander in Chief of United States Forces of Occupation Regarding the *Military Govern-*

Company K: A Sociological Study of Demoralization (Berkeley: University of California Press, 1978), 87. Eiichiro Azuma, "Brokering Race, Culture, and Citizenship: Japanese Americans in Occupied Japan and Postwar National Inclusion," *Journal of American-East Asian Relations* 16 (2009): 189.

31. Richardson, Random Recollections, 6; Kelli Y. Nakamura, "'They Are Our Human Secret Weapons': The Military Intelligence Service and the Role of Japanese-Americans in the Pacific War and in the Occupation of Japan," Historian 70 (2008): 60; Tad Ichinokuchi, *John Aiso and the M.I.S.: Japanese-American Soldiers in the Military Intelligence Service, World War II* (Los Angeles: Military Intelligence Club of Southern California, 1988).
32. Richardson, Random Recollections, 12–16, 36. ミシガン州キャンプ・サヴェッジとフォート・スネリングのもう一人の卒業生グラント・K・グッドマンは、自身の回想録に「つぼみの中のニップス」のリハーサル写真を収録している。Grant K. Goodman, *America's Japan: The First Year, 1945–1946* (New York: Fordham University Press, 2005).
33. Anon. letter to "faculty, family and friends," August 22, 1943, folder 45, box 3, Mina Curtiss Collection; George McCaffrey Diary, May 10, 1943, box 1, George Herbert McCaffrey Papers, SUL.
34. William A. Lessa claims to have coined this nickname; *Spearhead Governatore: Remembrances of the Campaign in Italy* (Malibu: Undena, 1985), 16. この詩的な描写は以下を参照。Maurice Neufeld Diary, June 1, 1943, box 1, Maurice F. Neufeld Papers, LOC. さらに以下も参照。George McCaffrey Diary, May 27, 1943, box 1, George Herbert McCaffrey Papers. Henry M. Adams, "Allied *Military Government* in Sicily, 1943," *Military Affairs* 15 (1951): 157; Theodore J. Shannon, AFC 2001/001/68906, video recording, VHP.
35. Eisenhower to Combined Chiefs of Staff, November 14, 1942, quoted by Andrew Buchanan, *American Grand Strategy in the Mediterranean during World War II* (New York: Cambridge University Press, 2014), 72. これらの不安と、それに対するワシントンの対処について、以下を参照。Buchanan, *American Grand Strategy, ch. 4; Steven Casey, Cautious Crusade: Franklin D. Roosevelt, American Public Opinion, and the War against Nazi Germany* (New York: Oxford University Press, 2001), 110–128.
36. Dean S. Fleming, *The Last "Good" War: A Contemporary, Eye Witness Account of World War II, 1940–1945*, typescript memoir, folio 6, p. 1, box 1, Dean S. Fleming Papers, USAMHI; "The Kernel's Journal," p. 8, box 1, George Herbert McCaffrey Papers; John Horne Burns, *The Gallery* (New York: New York Review Books, [1947] 2004), 49; "The Kernel"s Journal," 8; George McCaffrey Diary, June 1, 1943, box 1, George Herbert McCaffrey Papers.
37. Fleming, *The Last "Good" War*, folio 7, 11–12; Rick Atkinson, *The Day of Battle: The War in Sicily and Italy, 1943–1944* (New York: Henry Holt, 2007).
38. Harold Callender, "AMGOT Taking Over as Allies Advance," *NYT*, July 25, 1943, E5; Herbert L. Matthews, "We Test a Plan for Governing Europe," *NYT Magazine*, August 22, 1943, SM3; *Raleigh News and Observer* quoted in War Department, memo for chief, Analysis Branch, "Press Views on Allied *Military Government* in Operation," August 9, 1943, folder "AMG General File January–November 1943," box 17, Charles Poletti Papers; Benedict S. Alper, *Love and Politics in Wartime: Letters to My Wife, 1943–45* (Urbana: University of Illinois Press, 1992), xix.
39. John Hersey, *A Bell for Adano* (New York: Alfred A. Knopf, 1944). 以下、特に断りのない場合、この版を参照。Paul Osborn, *A Bell for Adano: A Play in Three Acts* (New York: Dramatists' Play Service, 1945); A Bell for Adano, directed by Henry King (Los Angeles: Twentieth Century Fox, 1945). これらの小説が果たしたイデオロギーに関する作用について、以下を参照。Andrew Buchanan, "'Good Morning, Pupil!': American Representations of Italianness and the Occupation of Italy, 1943–1945," *Journal of Contemporary History* 43 (2008): 217–240; Susan L. Carruthers, "'Produce More Joppolos:' John Hersey's A Bell for Adano and the Making of the 'Good Occupation,'" *Journal of American History* 100 (2014): 1086–1113.
40. John Hersey, "AMGOT at Work," *Life*, August 23, 1943, 29; Toscani Notebook and Hersey Notebook, box 27, John Hersey Papers, BRB. ハーシーは自分の「怒涛のような速さ」について、モダンライブラリー版の序文に書いている。John Hersey, *A Bell for Adano* (New York: Modern Library, 1946), v. Hersey, A Bell for Adano, 48. マーヴィン将軍がノロノロとしたラバを撃つように命じるエピソードを書く際、ハーシーは、パットンの自制心のなさを示す有名な出来事を下敷きにした。また、ハーシーは、パットンが砲弾神経症の兵士を殴打したという事件についても、否定的な印象を持っていた。Carlo D'Este, *Patton: A Genius for War* (New York: HarperCollins, 1995), 533–555. Hersey wrote Adano before this incident was publicized in America, but the novel appeared after its disclosure; "Italy Invaded à la American: Fiction Story Based on Facts," *Atlanta Constitution*, February 13, 1944, 6D.
41. Hersey, *A Bell for Adano*, 45, 117, 269.
42. Ibid., vii.
43. Diana Trilling, "Fiction in Review," *Nation*, February 12, 1944, 194–195. More typical was Ben Ray Redman's gushing "A Man of Good Will," *Saturday Review*, February 12, 1944, 8. イギリスの外交官ハロルド・ニコルソンはウィルソン主義的なジョッポロの気質を称賛している。Harold Nicholson, "Marginal Comment," Spectator, November 3, 1944, 406. F. Scott and Zelda Fitzgerald's daughter, meanwhile, hailed Joppolo as a Christlike figure; Scottie Fitzgerald to Hersey, March 3, 1944, box 19, John Hersey Papers. John Hersey, "Soldiers Come Home to Adano," *Reader's Digest*, June 1944, 92–94. 戦時書籍評議会については以下を参照。Robert O. Ballou, *A History of the Council on Books in Wartime, 1942–46* (New York: Country *Life*, 1946). 同評議会による『アダノ』の宣伝について以下を参照。"Council Names Hersey Novel as New 'Imperative,'" *Publishers' Weekly*, March 25, 1944, 1287–1289. Archibald Ogden to Lewis Gannett, March 22, 1944, folder 10, "Imperative Book Plan #5," box 10, Council on Books in Wartime Records, SGMML; Albert Einstein to Hersey, August 6, 1944, box 19, John Hersey Papers.
44. Margaret Clement to Hersey, March 2, 1944, box 27, John Hersey Papers; Cpl. Sam Pillsbury to Hersey, box 19, John Hersey Papers.
45. Maurice Neufeld Diary, January 6, 1944, folder 1, box 1, Maurice F. Neufeld Papers; Hinda to Maurice, February 7, 1944, Maurice to Hinda, March 2, 1944, and Maurice to Hinda, March 27, 1944, folder 7, box 5, Maurice F. Neufeld Papers; Maurice to Hinda, May 7, 1944, folder 1, box 6, Maurice F. Neufeld Papers.

Provost Marshal General, *History of Military Government Training*, 3; H. A. Smith, *Military Government* (Fort Leavenworth, KS: General Service Schools Press, 1920); War Department, *Basic Field Manual on Military Government—Field Manual 27-5* (Washington, DC: War Department, 1940); Walter M. Hudson, Army Diplomacy: *American Military Occupation* and Foreign Policy after World War II (Lexington: University Press of Kentucky, 2015), 27–59.

17. 学生はデヴィッド・ヤンシー・トーマスの手になる以下の教本を読んでいた。David Yancey Thomas, *A History of Military Government in Newly Acquired Territory of the United States* (New York: Columbia University Press, 1904). Ralph H. Gabriel, "American Experience with Military Government," *American Political Science Review* 37 (1943): 420. ガブリエルの講義録はすべてイェールにある彼の個人文書で読むことができる。特に以下を参照。"Preliminary Survey of American Experience with Military Government," SMG Class VII, February 7, 1944, folder 306, box 16, Ralph Henry Gabriel Papers, SML.
18. Ickes to FDR, December 28, 1942, folder OF 5136, School of Military Government (Charlottesville, VA) 1942, and Padover to Ickes, January 8, 1943, folder OF 5136, School of Military Government (Charlottesville, VA) 1943, box 3, Official File OF 5130, FDRL. 海軍での任務中、プランテーション購入に関心を示したことも含め、ローズヴェルトとハイチの関係については以下を参照。Hans Schmidt, *The United States Occupation of Haiti, 1915–1934* (New Brunswick, NJ: Rutgers University Press, 1995), 110–111.
19. Paul Shipman Andrews, "Liaison," SMG Class IV, May 18, 1943, and Thomas H. Barber, "Functions of a Civil Affairs Staff Team," June 12, 1943, RG 389, PMG, Military Govt. Division, Liaison and Studies Branch Files, 1942–46, 100.2–200.9, box 840, NARA; "Outline of Objectives," May 15, 1943, folder "School of Military Government Memos (1942)," box 41, Hardy Cross Dillard Papers, AJMLL.
20. Gabriel, "American Experience with Military Government," 419; "Preliminary Survey," 1; T. Harry Williams, "An Analysis of Some Reconstruction Attitudes," *Journal of Southern History* 12 (1946): 469–486; Bruce E. Baker, *What Reconstruction Meant: Historical Memory in the American South* (Charlottesville: University of Virginia Press, 2007). 率直に示された、ある南部人の不満について、以下を参照。Leon C. Standifer, *Binding Up the Wounds: An American Soldier in Occupied Germany, 1945–1946* (Baton Rouge: Louisiana State University Press, 1997), 10. Howard Fast, *Freedom Road* (New York: Duell, Sloan and Pearce, 1944). 著者が意図したメッセージについては以下を参照。"Freedom Road," folder 4, box 24, Council on Books in Wartime Records, SGMML.
21. Woodrow Wilson, "The Reconstruction of the Southern States," *Atlantic Monthly*, January 1901, 1–15; William A. Dunning, "Military Government during Reconstruction," in Essays on the Civil War and Reconstruction (Gloucester, MA: Peter Smith, [1897] 1969). こうした過去に関する理解が、ドイツの戦後処遇に対するウィルソンの姿勢をどのように規定したのかについて、以下を参照。Gideon Rose, *How Wars End: A History of American Intervention from World War I to Afghanistan* (New York: Simon and Schuster, 2010), 31–32. 人種と自治の関係について以下を参照。Erez Manela, *The Wilsonian Moment: Self-Determination and the International Origins of Anticolonial Nationalism* (New York: Oxford University Press, 2007).
22. War Department, *Basic Field Manual, FM 27-5, Military Government* (Washington, DC: Government Printing Office, 1940), 5. シャーロッツヴィルの学生は、ハント報告書を読まされた。United States Army, American Military Government of Occupied Germany, 1918–1920: Report of the Officer in Charge of Civil Affairs, Third Army and American Forces in Germany (Washington, DC: Government Printing Office, [1921] 1943). Gabriel, "American Experience with Military Government," 639; Justin Williams, "From Charlottesville to Tokyo: Military Government Training and Democratic Reforms in Occupied Japan," *Pacific Historical Review* 52 (1982): 416.
23. Jeremi Suri, *Liberty's Surest Guardian: American Nation-Building from the Founders to Obama* (New York: Free Press, 2011); Gregory P. Downs, *After Appomattox: Military Occupation and the Ends of War* (Cambridge, MA: Harvard University Press, 2015). 南軍軍人のブロンズ像について以下を参照。Harold Callender, "Trained to Govern," *NYT Magazine*, May 2, 1943, SM10; "Ode to the Overseasers," Yearbook of the Second Class, box 2, Records of the SMG, ASSSCL.
24. "Patterson Says Military Rule Formulated for Occupied Areas," *WP*, December 30, 1942, 13; "Songs of the Third Class," folder "SMG Clippings," box 41, Hardy Cross Dillard Papers, AJMLL.
25. *Inquiry into Army and Navy Educational Program, Hearings before the Committee on Military Affairs, House of Representatives, Seventy-Eighth Congress, Second Session*, January 21 and 25, 1944 (Washington, DC: Government Printing Office, 1944), 14 (testimony of Col. Jesse Miller).
26. Alice Myers, "B. P. W. Told Why Women Are Barred from AMG," *Christian Science Monitor*, March 10, 1944, 5; "4 WACS Take GI Government," *Atlanta Constitution*, July 31, 1944, 9.
27. Gullion, PMG, to chief, *Civil Affairs* Division, "Plan for Civil Affairs Officers for Duty in Japan," memorandum, December 31, 1943, reproduced in Office of the Provost Marshal General, *History of Military Government Training*, vol. 1, tab 22; James C. McNaughton, *Nisei Linguists: Japanese Americans in the Military Intelligence Service during World War II* (Washington, DC: Department of the Army, 2006), 24; "First AMG Course Is Opened to WACs," *NYT*, July 31, 1944, 16.
28. McNaughton, Nisei Linguists, 15–21; Donald Richardson, *Random Recollections*, typescript memoir, 1991, p. 1, MS.2653, Donald Richardson World War II Memoir, UTK.
29. "Mundt Urges Army Run Jap Alien Centers," *WP*, June 27, 1943, M13. ムントの計画は実現しなかったが、WRAのキャンプで働く人類学者たちは日本人の心理に関する「情報」を軍に提供しており、それが後の日本占領を円滑化したのかもしれない。David H. Pryce, *Anthropological Intelligence: The Deployment and Neglect of American Anthropology in the Second World War* (Durham, NC: Duke University Press, 2008).
30. Gullion to chief, "Plan for Civil Affairs Officers for Duty in Japan." すべてのCATSが日本語指導を行っていたわけではない。日本語は、ハーヴァード、ノースウェスタン、スタンフォード、イェール、シカゴ、ミシガンの各大学におけるカリキュラムに含まれた。陸軍通信隊は、スタンフォード大学とジョージタウン大学、それに、アーリントンの特別学校で学生を訓練した。以下を参照。McNaughton, Nisei Linguists, 159–160.「地獄の巣（ヘル・ホール）」について以下を参照。Tamotsu Shibutani, *The Derelicts of*

第1章　占領準備

1. Malcolm S. MacLean, *Adventures in Occupied Areas*, typescript memoir, July 1975, p. 12, box 1, Malcolm S. MacLean Papers, USAMHI; H. E. Robison, preface to ibid., ii. 伝記情報は以下を参照。"Biographical Sketch of Malcolm S. MacLean (b. 1893)," University of Minnesota Archives, 2002, http://special.lib.umn.edu/findaid/xml/uarc00120.xml.
2. *New Republic*, August 2, 1943, quoted in War Department, memo for chief, Analysis Branch, "Press Views on Allied *Military Government* in Operation," August 9, 1943, folder "AMG General File, January–November 1943," box 17, Charles Poletti Papers, CU; "U.S. Is Training Men to Govern Occupied Areas," *CDT*, December 31, 1942, 2; "Yankee Gauleiters," *CDT*, August 14, 1943, 10; "American Gauleiters," *CDT*, January 8, 1943, 12. 海外での帝国主義が本国に影響を与え、国内の政治生活を汚染するという発想は、二〇世紀転換期の帝国をめぐる議論の中にも現れた月並みな、保守派による反帝国主義論である。Paul Kramer, *The Blood of Government: Race, Empire, the United States, and the Philippines* (Chapel Hill: University of North Carolina Press, 2006).
3. Susan A. Brewer, *Why America Fights: Patriotism and War Propaganda from the Philippines to Iraq* (New York: Oxford University Press, 2009); Elizabeth Borgwardt, *A New Deal for the World: America's Vision for Human Rights* (Cambridge, MA: Belknap Press of Harvard University Press, 2005). 国際連合の組織形態と権限をめぐる戦時中の議論に植民地主義が与えた影響について、以下を参照。Mark Mazower, *No Enchanted Palace: The End of Empire and the Ideological Origins of the United Nations* (Princeton, NJ: Princeton University Press, 2009).
4. Col. Harry A. Auer, JAGD, to Brig. Gen. Wade H. Haislip, G-1, September 5, 1941, G-1 files, 16308-125, in Harry L. Coles and Albert K. Weinberg, eds., *Civil Affairs: Soldiers Become Governors* (Washington, DC: Office of the Chief of Military History, Department of the Army, 1964), 6; Gullion to Brig. Gen. Edwin Watson, secretary to the president, February 6, 1943, in Coles and Weinberg, *Civil Affairs*, 28; Arthur A. Ekirch, *The Civilian and the Military: A History of the American Antimilitarist Tradition* (New York: Oxford University Press, 1956); William M. Leary, "Books, Soldiers and Censorship during the Second World War," *American Quarterly* 20 (1968): 237–245. 省庁間の議論については以下を参照。folder 5136, School of Military Government (Charlottesville, VA) 1942, box 3, Official File 5130, FDRL; Coles and Weinberg, *Civil Affairs*, 3–29; Earl F. Ziemke, *The U.S. Army in the Occupation of Germany, 1944–1946* (Washington, DC: Center of Military History, U.S. Army, 1975), 2–33; Office of the Provost Marshal General, *History of Military Government Training* (Washington, DC: Office of the Provost Marshal General, 1945).
5. Memo, Col. Robert N. Young, October 30, 1942, in Coles and Weinberg, *Civil Affairs*, 23. FDR's preference for civilian rule was well publicized, inter alia by Drew Pearson's "Washington Merry-Go-Round" tattle column; "Roosevelt Skeptical of Army Rule," *WP*, January 5, 1943, B7; Allen W. Gullion, "Military Government," *Cavalry Journal* 52 (1943): 60.
6. 「二流の教授陣」については以下を参照。Roosevelt to Stimson, October 29, 1942, in Coles and Weinberg, *Civil Affairs*, 22. Jonathan Daniels to FDR, n.d. [circa late November 1942], folder OF 5136, box 3, Official File OF 5130, FDRL.
7. Wayne Coy to FDR, August 11, 1942, folder OF 5136, box 3, Official File OF 5130, FDRL; Jonathan Daniels to FDR, n.d. [circa late November 1942], folder OF 5136, box 3, Official File OF 5130, FDRL. ミラーの反論について以下を参照。Jonathan Daniels, diary, November 19, 1942, box 71, Jonathan W. Daniels Papers, SHC. MacLean, *Adventures in Occupied Areas*, 8.
8. Jennings L. Wagoner and Robert L. Baxter, *Higher Education Goes to War: The Impact of World War II on the University of Virginia*, 1992, MS S 13525, ASSSCL; Army Service Forces, School of Military Government, Charlottesville, General Orders No. 4, May 16, 1944, box 1, Records of the SMG, ASSSCL; Frank Kelley, "Course at Virginia University Looks to Postwar World," *WP*, January 3, 1943, S4.
9. マクリーンが参加した第三期生の平均年齢は四五歳だった。Harold Callender, "Occupation Duties Taught to Officers," *NYT*, April 12, 1943, 42. Anon. letter to "faculty, family and friends," August 22, 1943, folder 45, box 3, Mina Curtiss Collection, SML.
10. Ziemke, U.S. Army, 7; Thomas W. Huntington, "AMGOT—a Symbol for Order," *WP*, August 15, 1943, B1; Miller to Gullion, January 10, 1942, in Office of the Provost Marshal General, *History of Military Government Training*, vol. 1, tab 2; Arnold Wolfers, "How to Treat the Germans," SMG Class III, May 1, 1943, box 1, School of Military Government Records, 1943–1945, RG-6/34.981, ASSSCL.
11. Office of the Provost Marshal General, *History of Military Government Training*, vol. 1.
12. Jessica Reinisch, "Internationalism in Relief: The Birth (and Death) of UNRRA," in *Post-war Reconstruction in Europe: International Perspectives, 1945–1949*, ed. Mark Mazower, Jessica Reinisch, and David Feldman (Oxford: Oxford University Press, 2011), 258–289; Ben Shephard, "Becoming Planning Minded: The Theory and Practice of Relief, 1940–1945," *Journal of Contemporary History* 43 (July 2008): 405–419; Saul K. Padover to Ickes, January 8, 1943, folder OF 5136, School of Military Government (Charlottesville, VA) 1943, box 3, Official File OF 5130, FDRL.
13. Margaret Mead, "Food and Feeding in Occupied Territory," *Public Opinion Quarterly* 7 (1943): 618–628; War Department, "Address by Major General Allen W. Gullion, PMG, U.S. Army, at Convention of the Kentucky Press Association, Louisville, Kentucky, January 28, 1943," press release, box 1, SMG Records, ASSSCL.
14. Office of the Provost Marshal General, *History of Military Government Training*, vol.1, The Program—General, 3, 4.
15. Richard V. Van Wagenen, lecture notes on Major Barber, May 3, 1943, box 1, Richard V. Van Wagenen Papers, USAMHI.
16. Cornelius W. Wickersham, "Military Government," *Federal Bar Association Journal* 5 (May 1943): 43. これらカリブ海と中央アメリカの占領について以下を参照。Mary A. Renda, *Taking Haiti: Military Occupation and the Culture of U.S. Imperialism, 1915–1940* (Chapel Hill: University of North Carolina Press, 2001); Alan McPherson, *The Invaded: How Latin Americans and Their Allies Fought and Ended U.S. Occupations* (New York: Oxford University Press, 2014). 両大戦間期の訓練について以下を参照。Office of the

Chicago Press, 2005); Mary Louise Roberts, *What Soldiers Do: Sex and the American GI in World War II France* (Chicago: University of Chicago Press, 2013). 戦時中に発された口先の反帝国主義について以下を参照。 Elizabeth Borgwardt, *A New Deal for the World: America's Vision for Human Rights* (Cambridge, MA: Belknap Press of Harvard University Press, 2005). 戦後の日本帝国に対する連合国の処遇については、以下を参照。Ronald H. Spector, *In the Ruins of Empire: The Japanese Surrender and the Battle for Postwar Asia* (New York: Random House, 2007).

15. 簡潔な概観として以下を参照。John Whiteclay Chambers II, "Military Government and Occupation," in *Encyclopedia of the American Military*, vol. 3, ed. John E. Jessup (New York: Charles Scribner's Sons, 1994), 1850–1861.
16. Milo Flaten to Mom and Pop, April 12, 1945, folder 8, box 1, Milo G. Flaten Papers, WVM.
17. ヨーロッパ戦勝記念日の時点で、ヨーロッパ戦域には 307 万 7 千人の合衆国軍兵士が存在した。Earl F. Ziemke, *The U.S. Army in the Occupation of Germany, 1944–1946* (Washington, DC: Center of Military History, U.S. Army, 1975), 320. その後の数ヶ月間で兵員数は急速に削減された。当初の日本占領兵力は 35 万人程度であった。Hajo Holborn, *American Military Government: Its Organization and Policies* (Washington, DC: Infantry Journal Press, 1947), xi.
18. *Mount Up! The History of Company C, 17th Armored Infantry Battalion, 12th Armored Division*, n.d., p. 16, folder 12, box 8, Sherman B. Lans Papers, WWII Collection, MS.2012, UTK; George Patton Diary, May 13, 1945, folder 11, box 3, George S. Patton Papers, LOC. Abruptly terminated wartime histories include Rick Atkinson, *The Guns at Last Light: The War in Western Europe, 1944–1945* (New York: Henry Holt, 2013); Edwin P. Hoyt, *The GI's War: The Story of American Soldiers in World War II* (New York: McGraw Hill, 1988); Peter Schrijvers, *The Crash of Ruin: American Combat Soldiers in Europe during World War II* (New York: New York University Press, 1998).
19. 著作の数が多すぎて、網羅的な引用はできない。最近の注目すべき成果には以下のようなものがある。Tony Judt, *Postwar: A History of Europe since 1945* (New York: Penguin Press, 2005); Atina Grossmann, *Jews, Germans and Allies: Close Encounters in Occupied Germany* (Princeton, NJ: Princeton University Press, 2007); Adam R. Seipp, *Strangers in the Wild Place: Refugees, Americans, and a German Town, 1945–1952* (Bloomington: Indiana University Press, 2013); Tara Zahra, *Lost Children: Reconstructing Europe's Families after World War II* (Cambridge, MA: Harvard University Press, 2011); Anna Holian, *Between National Socialism and Soviet Communism: Displaced Persons in Postwar Germany* (Ann Arbor: University of Michigan Press, 2011); Petra Goedde, *GIs and Germans: Culture, Gender, and Foreign Relations, 1945–1949* (New Haven, CT: Yale University Press, 2003); Jennifer Fay, *Theaters of Occupation: Hollywood and the Reeducation of Postwar Germany* (Minneapolis: University of Minnesota Press, 2008); Hiroshi Kitamura, *Screening Enlightenment: Hollywood and the Cultural Reconstruction of Defeated Japan* (Ithaca, NY: Cornell University Press, 2010); Sarah Kovner, *Occupying Power: Sex Workers and Servicemen in Postwar Japan* (Stanford, CA: Stanford University Press, 2012). Noah Feldman, *What We Owe Iraq: War and the Ethics of Nation Building* (Princeton, NJ: Princeton University Press, 2004), 1; John Dower, "A Warning from History: Don't Expect Democracy in Iraq," *Boston Review*, February/March 2003, http://www.bostonreview.net/BR28/dower.html.
20. James Dobbins et al., *America's Role in Nation-Building: From Germany to Iraq* (Santa Monica: Rand, 2003); Francis Fukuyama, ed., *Nation-Building: Beyond Afghanistan and Iraq* (Baltimore: Johns Hopkins University Press, 2005). より陰影のついた比較分析として以下を参照。David M. Edelstein, *Occupational Hazard: Success and Failure in Military Occupation* (Ithaca, NY: Cornell University Press, 2008); Peter M. R. Stirk, *The Politics of Military Occupation* (Edinburgh: Edinburgh University Press, 2009).
21. 不十分な計画というのは、イラクに関する評論の主要なテーマである。Thomas E. Ricks, *Fiasco: The American Military Adventure in Iraq* (New York: Penguin Press, 2006); Larry Jay Diamond, *Squandered Victory: The American Occupation and the Bungled Effort to Bring Democracy to Iraq* (New York: Times Books, 2005); James M. Fallows, *Blind into Baghdad: America's War in Iraq* (New York: Vintage Books, 2006).「良い戦争」のイメージ生成については、以下を参照。Paul Fussell, *Wartime: Understanding and Behavior in the Second World War* (New York: Oxford University Press, 1989); Michael C. C. Adams, *The Best War Ever: America and World War II* (Baltimore: Johns Hopkins University Press, 1994); Kenneth D. Rose, *Myth and the Greatest Generation: A Social History of Americans in World War II* (New York: Routledge, 2008); Philip Beidler, *The Good War's Greatest Hits: World War II and American Remembering* (Athens: University of Georgia, 1998). 戦後占領に対する最近の評価の高まりについて、以下を参照。John W. Dower, *Cultures of War: Pearl Harbor, Hiroshima, 9–11, Iraq* (New York: W. W. Norton, 2010).
22. Wolfgang Schivelbusch, *The Culture of Defeat: On National Trauma, Mourning and Recovery* (New York: Metropolitan Books, 2003). See also Jenny Macleod, ed., *Defeat and Memory: Cultural Histories of Military Defeat in the Modern Era* (Basingstoke, UK: Palgrave Macmillan, 2008).
23. A. J. P. Taylor, *A Personal History* (London: Hamilton, 1983), 301; J. D. Salinger, "For Esmé—with Love and Squalor," *New Yorker*, April 8, 1950, 33.
24. Malcolm S. MacLean, *Adventures in Occupied Areas*, typescript memoir, July 1975, p. 127, box 1, Malcolm S. MacLean Papers, USAMHI.
25. Maurice to Laya Kurtz, May 3, 1945, folder 4, box 1, Maurice Kurtz Papers, SHC. 身元を入れ替えられた兵士の帰還について、以下を参照。Natalie Zemon Davis, *The Return of Martin Guerre* (Cambridge, MA: Harvard University Press, 1983). AMCのドラマシリーズ『マッド・メン』の主人公ドン・ドレイパーは、最近のフィクションにおける一例だが、自らの重たい過去から逃れようとして、死んだ兵士の身元を手に入れる。
26. Ken Adelman, "Cakewalk in Iraq," *WP*, February 13, 2002, A27. ジョージ・パッカーは、「菓子と花」というフレーズの出典がカナン・マキヤだと述べている。マキヤの編み出したイメージは、合衆国軍が「解放者として迎えられる」だろうというチェイニーの発言にも影響を与えた。*The Assassins' Gate: America in Iraq* (New York: Farrar, Straus, and Giroux, 2005), 96–98.
27. Marion Sanders to T. L. Barnard, April 25, 1945, "Liberated Nations of Europe: Information Problems of the U.S. Government after VE Day," box 2, Charles Hulten Papers, Harry S. Truman Library, Independence, MO.

註

序論　「占領」という不快な言葉

1. *The Mouse That Roared*, directed by Jack Arnold (Los Angeles: Columbia Pictures, 1959).
2. この類比は、二〇〇三年一〇月に初めて報じられた。David E. Sanger and Eric Schmitt, "U.S. Has a Plan to Occupy Iraq, Officials Report," *NYT*, October 11, 2002, A1. ブッシュに近い助言者全員の考えが同じだったわけではない。ある高官は、ダグラス・マッカーサーを仄めかして、「もっともいらないのは、コーンパイプを手に歩き回り、イラク人に政府の作り方を教えるような人間だ」と、言ったらしい。David E. Sanger and James Dao, "Threats and Responses: The White House, U.S. Is Completing Plan to Promote a Democratic Iraq," *NYT*, January 6, 2003, 1.
3. "President George W. Bush Speaks at AEI's Annual Dinner," American Enterprise Institute, February 28, 2003, http://www.aei.org/publication/president-george-w-bush-speaks-at-aeis-annual-dinner/; "President's Radio Address," White House website, March 1, 2003, http://georgewbush-whitehouse.archives.gov/news/releases/2003/03/20030301.html.
4. CIAの報告書について以下を参照。*Report of the Select Committee on Intelligence on Prewar Intelligence Assessments about Postwar Iraq*, 110th Congress, First Session, Senate, May 2007, 102–103, http://www.cfr.org/iraq/report-select-committee-prewar-intelligence-assessments-postwar-iraq/p13540.
5. 合衆国軍の海外基地に関する社会学研究として、以下を参照。Charlotte Wolf, *Garrison Community: A Study of an Overseas American Military Colony* (Westport, CT: Greenwood, 1969); John P. Hawkins, *Army of Hope, Army of Alienation: Culture and Contradictions in the American Army Communities of Cold War Germany* (Tuscaloosa: University of Alabama Press, 2005). 基地の政治と実践について以下を参照。C. T. Sandars, America's Overseas Garrisons: The Leasehold Empire (New York: Oxford University Press, 2000); Kent E. Calder, *Embattled Garrisons: Comparative Base Politics and American Globalism* (Princeton, NJ: Princeton University Press, 2007); Alexander Cooley, *Base Politics: Democratic Change and the U.S. Military Overseas* (Ithaca, NY: Cornell University Press, 2008); Catherine Lutz, ed., *The Bases of Empire: The Global Struggle against U.S. Military Posts* (London: Pluto Press, 2009); David Vine, *Base Nation: How U.S. Military Bases Abroad Harm America and the World* (New York: Metropolitan Books, 2015).
6. Melissa Willard-Foster, "Planning the Peace and Enforcing the Surrender: Deterrence in the Allied Occupations of Germany and Japan," *Journal of Interdisciplinary History* 40 (2009): 33–56; Yoshiro Miwa and J. Mark Ramseyer, "The Good Occupation? Law in the Allied Occupation of Japan," *Washington University Global Studies Law Review* 8 (2009): 363–378, http://openscholarship.wustl.edu/law_globalstudies/vol8/iss2/13/; Bruce Cumings, *The Origins of the Korean War: Liberation and the Emergence of Separate Regimes, 1945–1947* (Princeton, NJ: Princeton University Press, 1981).
7. ドナルド・ラムズフェルドは二〇〇二年一〇月、「占領」という語の使用に「難色を示した」という。David S. Broder, "Rumsfeld's Rush," *WP*, October 16, 2002, A25; Scott Wilson, "Bremer Adopts Firmer Tone for US Occupation of Iraq," *WP*, May 26, 2003, A13. 占領に関する国際法とそのイラクへの適用については、以下を参照。Eyal Benvenisti, *The International Law of Occupation* (Princeton, NJ: Princeton University Press, 2004), xi–xv.
8. "American Gauleiters," *CDT*, January 8, 1943, 12.
9. Benjamin Akzin, *Data on Military Government in Occupied Areas, with Special Reference to the United States and Great Britain* (Washington, DC: Library of Congress, Legislative Reference Service, 1942); Ralph H. Gabriel, "Preliminary Survey of American Experience with Military Government," February 7, 1944, folder 12, box 8, Ralph Henry Gabriel Papers, SML; Ralph H. Gabriel, "American Experience with Military Government," *American Political Science Review* 37 (1943): 417–438; Ralph H. Gabriel, "American Experience with Military Government," *AHR* 49 (1944): 630–643.
10. John Hersey, foreword to *A Bell for Adano* (New York: Alfred A. Knopf, 1944), v–vii.
11. Paul Fussell, introduction to *The Gallery*, by John Horne Burns (New York: New York Review Books, [1947] 2004), ix. スタッズ・ターケルが、簡潔なオーラル・ヒストリーの書名に「良い戦争」の語を用い、人口に膾炙させた時、その言葉には間違いなく皮肉な響きがあった。"*The Good War": An Oral History of World War Two* (New York: Pantheon Books, 1984).
12. Gallup Organization, Gallup poll, November 1944, "What do you think we should do with Japan, as a country, after the war?," USGALLUP, 122044.R02A (Storrs, CT: Roper Center for Public Opinion Research, iPOLL); Nathaniel Peffer, "Occupy Japan?," *Harper's Magazine*, April 1944, 385–390; FDR quoted by William I. Hitchcock, *The Bitter Road to Freedom: A New History of the Liberation of Europe* (New York: Free Press, 2008), 175.
13. これは公的な記録に残っている。"Says Rule by Army Will End on Peace," *NYT*, December 30, 1942, 6. 占領の計画と訓練については以下を参照。Harry L. Coles and Albert K. Weinberg, *Civil Affairs: Soldiers Become Governors* (Washington, DC: Office of the Chief of Military History, Department of the Army, 1964).
14. フランスとベルギーの処遇が、批判的な注目を集めている。Hitchcock, Bitter Road; Peter Schrijvers, *Liberators: The Allies and Belgian Society, 1944–1945* (Cambridge: Cambridge University Press, 2009); Alice Kaplan, *The Interpreter* (Chicago: University of

227, 230, 245, 246, 256, 370

【ま】
マッカラン=ウォルター法（1952年） McCarran Walter Act 425

【み】
民政訓練学校 Civil Affairs Training Schools (CATS) 50

【め】
メイ法（1941年） May Act (1941) 199

【や】
『野戦マニュアル 27–5』 Basic Field Manual on Military Government - Field Manual 27–5 40, 44, 445

【よ】
ヨーロッパ戦勝記念日 V- E Day 18, 58, 105, 110, 118, 162, 178, 224, 280, 356, 379, 381, 422

【ら】
ラインラント 26, 38, 39, 66, 83, 93, 168, 433
ランツベルク 98, 239, 253–255, 257–261

【り】
陸軍女性部隊 Women's Army Corps (WACs) 48, 150, 177, 189, 194, 226, 303, 332, 334, 339, 340, 348, 349, 358, 362, 366, 368, 391, 396, 414, 420, 423
陸軍情報部語学学校 Military Intelligence Service Language School 50
陸軍専門訓練計画 Army Specialized Training Programs 50, 61

【れ】
連合国管理理事会 Allied Control Council 81
連合国救済復興機関 United Nations Relief and Rehabilitation Administration (UNRRA) 37, 72, 219, 226, 228, 247, 253, 255, 256, 259, 262, 295, 296, 399, 439
連合国軍最高司令官総司令部 Supreme Commander for the Allied Powers (SCAP) 153, 195, 213, 215, 266–268, 281, 311, 329, 394, 405, 411, 414, 417, 423, 424
連合国軍政府 Allied Military Government (AMG) 57
連合国派遣軍最高司令部 Supreme Headquarters Allied Expeditionary Force (SHAEF) 67, 100, 118, 168, 169, 178–180, 196, 227–228, 233, 240, 278

事項索引

【あ】

『アダノの鐘』 A Bell for Adano (Hersey) 13, 57, 58, 60–62, 74, 231, 259, 433, 435, 436, 438

アフガニスタン 20, 437

アメリカユダヤ人合同分配委員会 American Joint Distribution Committee 253

アメリカ国民演劇及びアカデミー American National Theatre and Academy (ANTA) 426

アメリカ自由人権協会 American Civil Liberties Union (ACLU) 370, 410, 411

アルジェリア 53, 54, 65

【い】

『異国の出来事』 A Foreign Affair 167, 336, 398

イタリア 9, 11, 16, 23, 26, 29, 36, 48, 53–55, 57, 58, 60, 63, 64, 68, 70–73, 75, 76, 162, 163, 165, 167, 199, 200, 215, 223, 241, 259, 343, 353, 399, 406, 435, 437, 440

イラク 8, 11, 13, 19, 20, 26, 426, 435

「イラクの自由」作戦 Operation Iraqi Freedom 8, 11

【お】

オーアドルフ 98, 113, 251

オーストリア 16, 241, 256, 345, 441

大森収容所 237, 238

オリエンタル排斥法（1924 年） Oriental Exclusion Law 425

【か】

下院非米活動委員会 House Un-American Activities Committee 311

『ガレリア』 Th e Gallery (Burns) 54, 167

韓国 9, 233, 425

【き】

キャンプ・サヴェッジ Camp Savage 50

キューバ 41, 42

強制移住民法（1948 年） Displaced Persons Act 244

【く】

グアム 16, 266, 279, 282, 290

【さ】

サイパン 16, 24, 196

佐世保 207, 263

【し】

シチリア島 13, 16, 24, 57, 59, 62–70, 73–76, 133, 433, 434, 437, 452

『死の工場』 Die Todesmühlen 249

『自由の道』 Freedom Road (Fast) 43

人民解放軍 People's Liberation Army 291, 310

JCS 1067 81, 82, 84, 100, 180

【せ】

『星条旗新聞』 Stars and Stripes 164, 202, 211, 303, 311–313, 380, 391, 395

占領地連合国軍政府 Allied Military Government of Occupied Territories (AMGOT) 53, 57, 58, 71

戦時書籍評議会 Council on Books in War time 60

戦時転住局 War Relocation Authority (WRA) 49

戦争花嫁法（1945 年） War Brides Act 422, 423

【そ】

ソ連 10, 232, 291, 311, 356, 357, 367, 369

【り】

リーマン、ハーバート　Lehman, Herbert　37
リチャードソン、ドナルド　Richardson, Donald　50, 51, 149
リチャードソン、ロバート・C　Richardson, Robert C.　282, 310, 311

【る】

ルース、ヘンリー　Luce, Henry　12, 314

【れ】

レア、メレディス　Lair, Meredith　338

【ろ】

ローズヴェルト、エレノア　Roosevelt, Eleanor　282
ローズヴェルト、フランクリン・D　Roosevelt, Franklin D.　15, 17, 29–31, 33, 34, 41, 59, 68, 81, 98, 106, 169, 283, 309
ローゼンフェルド、ジャック　Rosenfeld, Jack　109, 188, 280, 341
ラフリン、エドワード　Laughlin, Edward　120, 287, 288
ロジャース、アルフレッド　Rogers, Alfred　93, 104, 105, 181
ロバーツ、メアリー・ルイーズ　Roberts, Mary Louise　162
ロンメル、エルヴィン　Rommel, Erwin　47, 53

【わ】

ワイルダー、ビリー　Wilder, Billy　167, 336, 398, 399
ワトキンス、ジェームズ　Watkins, James T.　135, 144, 145, 304, 305
ワトソン、デヴィッド　Watson, David　335, 367

ブランド、マーロン　Brando, Marlon　429
フレータン、マイロ　Flaten, Milo　17, 103, 108, 289, 290
プレスリー、エルヴィス　Presley, Elvis　444
ブレマー、ポール　Bremer, Paul　11, 20
フレミング、ディーン　Fleming, Dean　54-56, 65
ブロードヘッド、フィリップ　Broadhead, Philip　65, 98, 286

【へ】
ヘイズ、ジュリアン　Hayes, Julian　87-90, 92, 99
ヘイモント、アーヴィング　Heymont, Irving　253-262, 269
ペッファー、ナサニエル　Peffer, Nathaniel　14
ヘミングウェイ、アーネスト　Hemingway, Ernest　437
ペリー、ジョン・カーチス　Perry, John Curtis　130
ペリー、マシュー・C　Perry, Matthew C.　124

【ほ】
ボイル、ケイ　Boyle, Kay　337, 399
ボーガート、レオ　Bogart, Leo　91, 94, 95, 102, 103, 106, 113, 115, 116, 174
ボートン、ヒュー　Borton, Hugh　36
ホールジー、ウィリアム　Halsey, William　127, 146
ボールドウィン、ロジャー・ナッシュ　Baldwin, Roger Nash　410, 411, 424, 425
ボルトン、ジョン　Bolton, John　8
ホルボーン、ハヨ　Holborn, Hajo　18
ポレッティ、チャールズ　Poletti, Charles　63, 66, 69-72
ホワイトロー、ジャック　Whitelaw, Jack　105, 107, 182, 183, 185, 271, 273, 313, 314, 370, 371
本間雅晴　239

【ま】
マーシャル、ジョージ　Marshall, George　33, 382
マギニス、ジョン　Maginnis, John　102, 119, 120, 170, 178, 218, 219, 339, 356, 357, 361, 362
マクナーニー、ジョセフ　McNarney, Joseph　421, 440
マクマスターズ、ハリー　McMasters, Harry　129, 148, 156, 158, 196, 204, 305, 370
マクリーン、マルコム　MacLean, Malcolm　24, 28, 29, 34, 68
マコーミック、アンヌ・オヘア　McCormick, Anne O'Hare　298-301, 324
マッカーサー、ダグラス　MacArthur, Douglas　122-130, 147, 149, 150, 158, 166, 167, 195, 196, 199, 235, 292, 311, 316, 351, 375, 382, 392, 394, 405, 406, 412, 431, 440
マレー、スチュアート　Murray, Stuart　127

【み】
ミード、マーガレット　Mead, Margaret　37
ミラー、ジェシー・I　Miller, Jesse I.　33, 36, 48

【む】
ムント、カール・E　Mundt, Karl E.　49, 50

【め】
メイ、アンドリュー　May, Andrew　276, 278
メニンガー、ウィリアム・C　Menninger, William C.　323

【も】
モーム、W・サマセット　Maugham, W. Somerset　400
モールディン、ビル　Mauldin, Bill　312-314
モントゴメリー、バーナード　Montgomery, Bernard　53, 78, 165, 292

【ら】
ライス、コンドリーザ　Rice, Condoleezza　8
ライル、クリフトン　Lisle, Clifton　99, 105, 111, 121, 178, 180, 230, 242, 270, 271
ラフォレット、ボブ　LaFollette, Bob　302, 306, 342, 359
ラムズフェルド、ドナルド　Rumsfeld, Donald　8, 26

79-81, 102, 110, 112, 224, 232, 245

【と】

東條英機　238
トーマス、エルマー　Thomas, Elmer　276
トスカーニ、フランク　Toscani, Frank　58, 63, 65, 66, 69, 436
ドス・パソス、ジョン　Dos Passos, John　326-327
トルーマン、ハリー・S　Truman, Harry S.　244, 247, 248, 271, 275, 276, 286, 290, 307, 309, 316, 320, 329, 374, 380, 383
トンプソン、ジェームス　Thompson, James　172, 176

【な】

ナッシュ、キャスリーン　Nash, Kathleen　332-336, 340, 355, 367

【に】

ニミッツ、チェスター　Nimitz, Chester　127
ニューフェルド、ヒンダ　Neufeld, Hinda　62, 64, 68
ニューフェルド、モーリス　Neufeld, Maurice　62-64, 66-68, 71, 74, 162, 215

【ぬ】

ノーブル、ハロルド　Noble, Harold　210, 211

【は】

バーク＝ホワイト、マーガレット　Bourke-White, Margaret　328
ハーシー、ジョン　Hersey, John　13, 57-64, 66, 69, 72-74, 133, 161, 167, 179, 259, 385, 433-437
パーシヴァル、アーサー　Percival, Arthur　126
バーンズ、ジョン・ホーン　Burns, John Horne　54, 167, 436
バイアーズ、クローヴィス　Byers, Clovis　126, 127, 155, 196, 208, 236-238, 283-285, 319, 320, 322, 323, 387-389, 394, 405, 412, 413
ハウリー、フランク　Howley, Frank　119, 178, 256, 257, 356, 360
パターソン、ロバート　Patterson, Robert　46, 279-283, 408
パットン、ジョージ・S　Patton, George S.　18, 58, 61, 63, 78-80, 98, 120, 250-252, 270-274, 312, 366
ハトラー、アルバート　Hutler, Albert　92, 104, 229, 230, 240, 243-245, 261
バトラー、ベンジャミン・F　Butler, Benjamin F.　45
パトリック、ジョン　Patrick, John　426, 428
ハリソン、アール・G　Harrison, Earl G.　247-250, 256, 258, 261, 270
パロット、リンゼイ　Parrott, Lindesay　206, 328, 378
ハント、アーヴィン・L　Hunt, Irvin L.　38
ハント、チャールズ　Hunt, Charles　321, 339
ハンナ、ウィラード・「レッド」　Hanna, Willard "Red"　144

【ひ】

ピーターソン、エドワード　Peterson, Edward　443, 444
ヒクスワ、ジョセフ　Hicswa, Joseph　316-320
ヒトラー、アドルフ　Hitler, Adolf　31, 78, 80, 82, 83, 87, 89, 93, 107, 108, 118, 181, 239, 240, 270, 271, 327, 344-346
ヒューズ、ラングストン　Hughes, Langston　289
ヒューム、ビル　Hume, Bill　211
ヒルドリング、ジョン　Hilldring, John　168
裕仁（昭和天皇）　Hirohito　31, 122, 123, 158

【ふ】

ファッセル、ポール　Fussell, Paul　13, 20, 214
ファノン、フランツ　Fanon, Frantz　401
フォレスタル、ジェームズ　Forrestal, James　306
フセイン、サダム　Hussein, Saddam　8
ブッシュ、ジョージ・W　Bush, George W.　8-10, 13, 19, 26
ブラッドレイ、オマール　Bradley, Omar　78, 86, 98

フレッド　Kissinger, Heinz (Henry) Alfred　385
キャッツ、ベス　Katz, Bess　280, 303

【く】

クライン、クリスティーナ　Klein, Christina　428
グリーン、グレアム　Greene, Graham　336
クリスト、ウィリアム　Crist, William　135, 136, 140, 142, 144, 192, 193
グリフィン、チャールズ　Griffin, Charles　306
クレイ、ルシアス・D　Clay, Lucius D.　335, 398, 408
クローズ、ケネス　Clouse, Kenneth　113, 114, 230
クローニン、ジョージ　Cronin, George　216, 217, 342, 343
グロスマン、アティーナ　Grossmann, Atina　185, 221

【け】

ゲーリング、ヘルマン　Göring, Herman　106, 294
ケナン、ジョージ　Kennan, George　291, 402, 405

【こ】

コフナー、サラ　Kovner, Sarah　196

【さ】

サーモンド、ストロム　Thurmond, Strom　385
ザイガー、スーザン　Zeiger, Susan　423
サリンジャー、J・D　Salinger, J. D.　22
サルズバーガー、サイラス　Sulzberger, Cyrus　330, 384

【し】

ジームキー、アール　Ziemke, Earl　178, 379
シヴェルブシュ、ヴォルフガング　Schivelbusch, Wolfgang　21
重光葵　124, 127
ジャット、トニー　Judt, Tony　19
シャンツェ、A・E　Schanze, A. E.　197, 235
蔣介石　291, 310
シルバー、ハワード　Silbar, Howard　280, 301, 347

【す】

スクーズ、ポール　Skuse, Paul　138–141, 203, 364, 365
スターリン、ヨシフ　Stalin, Joseph　81
スターリング、アラン　Sterling, Alan　178, 342, 363, 364
スティムソン、ヘンリー　Stimson, Henry　47, 286
スナイダー、ヴァーン　Sneider, Vern　207, 427, 431, 433, 434
スミス、ジーン　Smith, Jean　152, 362

【せ】

セラーズ、ピーター　Sellers, Peter　7
セリグマン、ランドルフ　Seligman, Randolph　207, 342

【た】

ダルラン、ジャン＝フランソワ　Darlan, Jean-François　54
ダワー、ジョン　Dower, John　19, 124, 401

【ち】

チェイニー、ディック　Cheney, Dick　26
チャーチル、ウィンストン　Churchill, Winston　15, 21, 81

【て】

ティアニー、ジーン　Tierney, Gene　167
ディートリヒ、マレーネ　Dietrich, Marlene　163, 167, 336, 348, 398
デイヴィ、マリオン　Davy, Marion　108, 113
テイラー、ビル　Taylor, Bill　185, 287, 293, 295
ディラード、ハーディー・クロス　Dillard, Hardy Cross　35, 43
デーヴィス、クラレンス　Davis, Clarence　91, 92, 173, 346
デフォレスト、コーネリアス　DeForest, Cornelius　367, 391, 392
テンプルトン、ペイン　Templeton, Payne

人名索引

【あ】

アイヴィー、オーブリー　Ivey, Aubrey　106, 107, 110, 174

アイケルバーガー、エマリーナ（ミス・エム）　Eichelberger, Emalina (Miss Em)　205, 268, 314, 377, 378, 387, 392, 395, 400

アイケルバーガー、ロバート　Eichelberger, Robert　122, 123, 125, 126, 128, 146, 147, 195–198, 205, 206, 208, 236–238, 268, 270, 283, 292, 312, 314, 315, 318–320, 330, 338, 340, 341, 343, 349–351, 373–375, 377, 378, 381, 383, 387, 388, 392, 394, 395, 398, 400, 403, 412, 413, 442

アイゼンバーグ、シドニー　Eisenberg, Sidney　93, 109, 171, 296

アイゼンハワー、ドワイト・D　Eisenhower, Dwight D.　53, 54, 71, 81, 87, 98, 100, 168, 169, 179–182, 195, 245, 247, 250–252, 256, 271, 272, 274, 275–279, 281, 282, 285, 288, 292, 293, 301, 324, 382

アインシュタイン、アルバート　Einstein, Albert　61

アクチン、ベンジャミン　Akzin, Benjamin　12

アダムス、マイケル・C・C　Adams, Michael C. C.　20

アトリー、クレメント　Attlee, Clement　244

アリンダー、アンヌ　Alinder, Anne　226, 368, 369

アレント、ハンナ　Arendt, Hannah　273

アンダース、ハンス　Anders, Hanns　87, 116, 183, 184, 295, 296

【い】

池田勇人　197

イッキーズ、ハロルド　Ickes, Harold　32, 37, 41

【う】

ヴァン、フェリックス　Vann, Felix　177, 184

ウィナー、ジョン　Winner, John　93, 304, 357, 384, 385, 390

ウィルソン、ウッドロー　Wilson, Woodrow　44, 60

ウェイマン、マーサ　Wayman, Martha　349, 354, 360, 414, 415

ウェインライト、ジョナサン　Wainwright, Jonathan　126, 127

ウェスト、レベッカ　West, Rebecca　294, 346

ウェルズ、オーソン　Welles, Orson　336

ウォード、オーランド　Ward, Orlando　264, 265, 404

ヴォネガット、カート　Vonnegut, Kurt　429

【え】

エーデルマン、ケネス　Adelman, Kenneth　26

【お】

オトリー、ロイ　Ottley, Roi　111, 187, 330

オモアンドロ、ワイリー　O'Mohundro, Wiley　415, 416

オルソン、ベティ　Olson, Betty　226, 366, 401, 402

【か】

カーツ、モーリス　Kurtz, Maurice　89, 90, 115–117, 175, 231, 240, 344

ガイゼル、セオドア　Geisel, Theodor　83, 150

ガブリエル、ラルフ・ヘンリー　Gabriel, Ralph Henry　12, 13, 15, 41–43, 45

ガリオン、アレン　Gullion, Allen　31, 32, 48

【き】

キッシンジャー、ハインツ（ヘンリー）・アル

【著者略歴】

スーザン・L・カラザース（Susan L. Carruthers）

ウォーリック大学歴史学部教授。博士（リーズ大学）。歴史学者。専門は20世紀以降のメディアと戦争の関係、冷戦文化、植民地における「対反乱作戦（counterinsurgency）」。著書に *Winning Hearts and Minds: British Governments, the Media and Colonial Counter-Insurgency 1944-60*（Leicester University Press, 1995）, *The Media at War*（2nd edition, Palgrave/Macmillan, 2011）, *Cold War Captives: Imprisonment, Escape, and Brainwashing*（University of California Press, 2009）など。

【訳者略歴】

小滝 陽（こたき よう）

関東学院大学国際文化学部専任講師。博士（一橋大学大学院社会学研究科）。歴史学者。専門はアメリカ合衆国の現代史、特に戦争と福祉、障碍者リハビリテーション。著書・論文に『新 世界の社会福祉 第6巻 アメリカ合衆国／カナダ』（旬報社、2019年、共著）、「冷戦期アメリカ軍の軍人家族保護政策」『歴史評論』第780号（2015年）など。

良い占領?——第二次大戦後の日独で米兵は何をしたか

二〇一九年九月二〇日　初版第一刷印刷
二〇一九年九月三〇日　初版第一刷発行

著　者——スーザン・L・カラザース
訳　者——小滝　陽
発行者——渡辺博史
発行所——人文書院
〒六一二-八四四七
京都市伏見区竹田西内畑町九
電話　〇七五（六〇三）一三四四
振替　〇一〇〇〇-八-一一〇三
装　幀——間村俊一
印　刷——創栄図書印刷株式会社

ISBN978-4-409-51081-0